Procureurs – Accusateurs – Commissaires

Europäische Hochschulschriften

Publications Universitaires Européennes

European University Studies

Reihe II

Rechtswissenschaft

Série II Series II

Droit

Law

Bd./Vol. 4092

PETER LANG

Frankfurt am Main · Berlin · Bern · Bruxelles · New York · Oxford · Wien

Susanne Wulff-Kuckelsberg

Procureurs – Accusateurs – Commissaires

Die ursprünglichen Funktionsträger der Staatsanwaltschaft

PETER LANG
Europäischer Verlag der Wissenschaften

Bibliografische Information Der Deutschen Bibliothek
Die Deutsche Bibliothek verzeichnet diese Publikation in der Deutschen Nationalbibliografie; detaillierte bibliografische Daten sind im Internet über <http://dnb.ddb.de> abrufbar.

Zugl.: Passau, Univ., Diss., 2002

D 739
ISSN 0531-7312
ISBN 3-631-50468-3

www.peterlang.de

Meinen Eltern

Vorwort

Die vorliegende Arbeit wurde im Sommersemester 2002 von der Juristischen Fakultät der Universität Passau als Dissertation angenommen.

Zwischen der ersten Idee und der Fertigstellung der Arbeit habe ich so umfassende Unterstützung, Ermutigung und Ansporn erfahren, wie man es sich nicht besser wünschen kann.
Allen voran sei dem Betreuer der Arbeit, Prof. Dr. Bernhard Haffke, gedankt, der mich nicht nur mit konstruktiver Kritik, sondern auch mit viel Toleranz begleitete. Seine unermüdliche Bereitschaft zum Gedankenaustausch, seine intensive Beschäftigung mit bereits vorhandenen Kapiteln der Arbeit und sein immmerwährendes Interesse für die Thematik haben das gewöhnliche Maß an Betreuung bei weitem übertroffen. Prof. Dr. Ulrike Seiff hat zügig das Zweitgutachten erstellt.
Meinem Vater Herrn Hartmut Kuckelsberg möchte ich meinen größten Dank ausdrücken. Ohne seine fachkundige Unterstützung in sprachlicher Hinsicht wäre es mir nicht gelungen, Herr der vorhandenen Quellen zu werden. Nicht nur die zu übersetzenden Debatten in der französischen Nationalversammlung waren eine sprachliche Herausforderung, sondern auch die Gesetztesentwürfe, die jegliche systematische Terminologie vermissen ließen.
Keinesfalls unerwähnt lassen will ich die Hilfe meines Mannes Dr. Carsten Wulff, ohne dessen unermüdlichen Ansporn und tatkräftige Unterstützung die Fertigstellung dieser Arbeit nicht möglich gewesen wäre - auch ihm nochmals ein tief verbundenes Dankeschön.

Die Tatsache, dass ich meine universitäre Ausbildung mit dieser Arbeit beenden konnte, verdanke ich aber nicht zuletzt der ideellen und materiellen Hilfe meiner Eltern, denen ich als Ausdruck meiner ehrlichen Dankbarkeit diese Arbeit widme.

München, im Juli 2002 S. Wulff-Kuckelsberg

Aufbau der Untersuchung

Inhaltsverzeichnis

Einleitung

A) Einführung

Laßt uns nun die Funktionen der Staatsanwaltschaft (ministère public)[1] *analysieren, die der aktuellen Verfassung zufolge essentiell nur noch von der Exekutive abhängen können ...*
Erstens ... bei der Ausübung der Justiz alle Gesetze aufrechterhalten, die die allgemeine Ordnung angehen ...
zweitens ... für die Vollstreckung der Urteile sorgen, weil davon die Ausführung der Gesetze selbst abhängt, auf denen das Urteil basiert.
Drittens über das Verhalten der Richter wachen ...

Eine andere Funktion erfüllen die öffentlichen Ankläger, die bisher durch die Prokuratoren des Königs ausgeübt wurde und die üblicherweise als die essentielle Funktion der Staatsanwaltschaft angesehen werden könnte. Seitdem jedoch die Staatsanwaltschaft eine Zweigstelle der Exekutive geworden ist, anstelle eines ***Amtes im Dienst des Volkes*** *(un ministère populaire), verdient die Übertragung der Anklagefunktion höchste Aufmerksamkeit ...*
Ich komme nun ohne Umschweife auf den wesentlichen Punkt der Diskussion zu sprechen; ich prüfe, was die öffentliche Anklage von ihrer Natur aus ist, und ich zögere nicht zu betonen, daß es eine ***volkseigene Funktion*** *(une fonction populaire) ist.*

Mit diesen Worten stellte der Abgeordnete THOURET am 4. August 1790[2], also ein gutes Jahr nach Ausbruch der französischen Revolution, der französischen Nationalversammlung den Entwurf der neuen Gerichtsverfassung vor. Als Berichterstatter des zuständigen Gesetzgebungsausschusses oblag es ihm, im Plenum die Hintergründe zu erläutern, die den vorzustellenden Gesetzesvorschlag bedingt hatten.[3]
Nicht nur in seiner Zeit, sondern auch heutzutage rufen THOURETs Worte Erstaunen hervor. Allem voran stehen die Einstufung der öffentlichen Anklage als volkseigene Funktion (fonction populaire) und die Staatsanwaltschaft als Zweigstelle der Exekutive anstelle eines Amtes im Dienste des Volkes (ministère populaire).
Beachtung verdient aber auch die Aussage, daß die öffentliche Anklage *"bisher durch die Prokuratoren des Königs ausgeübt wurde"* und *"als die essentielle Funktion der Staatsanwaltschaft angesehen werden könnte"*. Schließlich würde

---

1) wörtliche Übersetzung: Dienststelle/Amt für öffentliche Angelegenheiten.

2) Archives parl., 1ère série, Sitzung v. 4. Aug. 1790, Bd. XVII, S. 608ff.

3) Auf diese Rede wird im 10. Kapitel (unter II) noch im Detail einzugehen sein.

das bedeuten, daß es in Frankreich bereits zu vorrevolutionären Zeiten eine anklagende Staatsanwaltschaft gegeben haben müßte, die sich in den folgenden Jahren hätte weiter entwickeln können.
Um Licht in dieses Dunkel zu bringen, bedurfte es eines sehr intensiven Studiums dieser und anderer Reden und Debatten, die anläßlich der Staatsanwaltschaft in den Revolutionsjahren 1789-1799 geführt wurden.
Wie natürlich alle anderen Reden in der französischen Nationalversammlung wurde auch diese in französischer Sprache gehalten. Auch die Protokolle der Nationalversammlung haben nur in französischer Sprache vorgelegen, so daß ausnahmslos mit Übersetzungen gearbeitet wurde, die unter fachkundiger Hilfesstellung eigenhändig angefertigt werden mußten.[4]
Um dem der französischen Sprache mächtigen Leser die Möglichkeit des Nachlesens zu erleichtern, sind die wichtigsten Reden im Originaltext als Fußnote aufgenommen worden. Gleiches gilt für einzelne Gesetzesartikel. Eine Ausnahme bildet die Strafprozeßordnung vom September 1791, die auszugsweise im Anhang zu finden ist.
Ebenso im Anhang befindet sich eine alphabetisch geordnete Liste der im Text häufiger zitierten Abgeordneten und einiger wichtiger Persönlichkeiten der Revolution. Sie soll dem Leser dazu dienen, die jeweiligen Beiträge der Abgeordneten zu den Debatten leichter einordnen zu können.
Zuletzt sei noch auf den geschichtlichen Überblick hingewiesen, der, ohne den Anspruch auf Vollständigkeit erheben zu können, die Möglichkeit eröffnen soll, historische Ereignisse einzubeziehen.

Mit Hilfe all dieser Quellen wird zunächst klarzustellen sein, daß zumindest im französischen Inquisitionsprozeß durch die Beteiligung königlicher Prokuratoren am Strafprozeß erste Spuren einer öffentlichen Anklage zu finden sind. Wegen Beteiligung dieser königlichen Prokuratoren wird eine kontinuierliche Entwicklung zur Staatsanwaltschaft aufzuzeigen sein, die beweist, daß die Staatsanwaltschaft kein "Kind der Revolution" gewesen ist.

Da es zwischen Staatsverständnis und der Bedeutung der Anklagebehörde einen Zusammenhang gibt, werden die Auswirkungen der Revolution auf die Funktion der Anklage zeigen, daß sie als eine Angelegenheit des Volkes (fonction populaire) eingestuft wurde, die vertretungshalber von einem öffentlichen Ankläger auszuüben war. Diese Institution des öffentlichen Anklägers ist jedoch nur als "revolutionäre Episode" zu bewerten, weil sie bereits 1799 für immer aufgelöst wurde.
Mit Abschaffung dieses öffentlichen Anklägers beginnt die Geschichte der modernen Staatsanwaltschaft.

---

4) Um das Ziel einer möglichst wortgetreuen Übersetzung zu erreichen, sind stilistische Unebenheiten, die teilweise auch auf die veraltete Ausdrucksweise zurückzuführen sind, in Kauf genommen worden.

B) Einfügung in die Debatte

1) Die Entstehung der StA in Frankreich

Höchst selten geht die Forschung deutscher Juristen über die Entstehung der Staatsanwaltschaft weiter zurück als bis zum Jahr 1811, in dem die napoleonische Strafprozeßordnung ('Code d'instruction criminelle')[5] in Kraft trat. Über den Sturz Napoleons hinaus galt diese auch in Deutschland in den linksrheinischen und einigen anderen Gebieten[6] und dient insofern häufig als Anknüpfungspunkt. Tatsächlich aber reicht die Frage nach der Entstehung der Staatsanwaltschaft in Frankreich weiter zurück und wird ebenso wie die Frage nach ihrer Entstehung in Deutschland kontrovers diskutiert.

Die hauptsächlich vertretene Kontinuitätsthese beinhaltet, daß es sich bei der in der Revolutionsgesetzgebung verankerten Staatsanwaltschaft um "die Übernahme und Fortentwicklung eines vorrevolutionären Instituts"[7] handelte.
Bereits Autoren wie MITTERMAIER und ZACHARIÄ, die sich Mitte des 19. Jahrhunderts aktiv um die Reformgesetzgebung bemühten[8], konstatierten eine "auch in Frankreich seit Jahrhunderten existierende Staatsbehörde", die die Verbrechensverfolgung durch öffentliche Ankläger bezweckte[9]. Das Institut der Staatsanwaltschaft, welches insbesondere in Frankreich schon vor der Revolution entwickelt worden sei, habe in der späteren napoleonischen Gesetzgebung seine volle Ausbildung erhalten.[10] Ihre Kenntnisse stützten sie hauptsächlich auf HELIE[11], demzufolge Ordonnanzen aus der Mitte des 14. Jahrhunderts bereits belegten, daß es die Institution einer aktiven Staatsanwaltschaft gab.[12] Auch

---

5) abgedr. in HAEBERLIN, "Sammlung", S. 3ff.

6) s. dazu im Detail HABER, "Strafgerichtl. Öffentlichkeit", S. 11ff; KNOLLMANN, "Einführung der StA", S. 90f.

7) SCHMIDT, "Einführung", S. 326.

8) s. dazu HABER in ZStW 91 (1979), S. 590ff, 598f, 606f.

9) MITTERMAIER (in "Mündlichkeit", S. 309) spricht sogar von einem in Deutschland weit verbreiteten Irrtum, daß das Institut der Staatsanwaltschaft "nur aus Frankreich, vorzüglich aus Einrichtungen stamme, die in der französischen Revolution sich bildeten"Auch ZACHARIÄ (in "Gebrechen", S. 262) nennt es einen Irrtum, daß die Staatsanwaltschaft eine "Frucht der Revolution" sei.

10) ZACHARIÄ, "Gebrechen", S. 264.

11) Französischer Autor, der 1845 die neuesten strafprozeßgeschichtlichen Forschungen publiziert hatte.

12) HELIE, "Traité de l'instruction criminelle", Bd. 1, S. 467: "Maintenant si nous franchissons l'espace de quarante ou cinquante années, si nous nous transportons au

ESMEIN[13] bestätigte einige Jahrzehnte später, daß im 14. Jahrhundert eine Strafverfolgung von Amts wegen vorgenommen worden sei, deren Hauptagitator die Staatsanwaltschaft war.[14] Dementsprechend findet sich im Lehrbuch von v.KRIES auch der Hinweis, daß der "erste Keim des Instituts der Staatsanwaltschaft" im 14. Jahrhundert zu finden sei.[15] Auch im Schrifttum des 20. Jahrhunderts[16] wird diese Erkenntnis zugrundegelegt. Noch 1978 bestätigten BLANKENBURG/TREIBER, daß die seit 1302 als Vertreter des Königs fungierenden Prokuratoren einen beamtenähnlichen Status erhielten und durch die zunehmende Hierarchisierung und Bürokratisierung der erste Schritt zur Staatsanwaltschaft getan worden sei.[17] Die mit der französischen Revolution erfolgte Abschaffung des Königtums habe allerdings einen erheblichen Machtverlust für die Staatanwaltschaft bedeutet, da "Stärke und Schwäche der Staatsanwaltschaft mit Macht und Ohnmacht des Königtums in Frankreich korrelierte"[18].

Diese These einer kontinuierlichen Entwicklung wird von HABER allerdings vehement in Frage gestellt, der in der Abschaffung der königlichen Prokuratoren einen deutlichen Bruch der Tradition konstatiert[19]. Er begründet das zum einen

---

milieu du même siècle, nous trouverons l'institution du ministère public déjà établie en quelque sorte en pleine vigueur ..."

13) ESMEIN hatte 1880 auf Veranlassung eines Preisausschreibens der 'Akademie der Geistes- und Politikwissenschaften' sein prämiertes Werk über die frz. Strafprozeßrechtsgeschichte geschrieben, in dem er sich hauptsächlich auf Originalquellen stützte (vgl. Préface in "Histoire de la procédure criminelle", S. X).

14) ESMEIN, "Histoire", S. 100: "Au XIVe siècle, la pousuite d'office est déjà presque armée de toutes pièces; alors apparaît son principal organe, le *ministère public*."

15) v. KRIES, "Lehrbuch des dt. Strafprozeßrechts", S. 55.

16) CARSTEN, "Geschichte der StA in Deutschland", S. 10; SCHÜRER, "Entwicklung des Legalitätsprinzips", S. 20; FELDHAUSEN, "Geschichte des Strafprozeßrechts", S. 5; KNOLLMANN, "Einführung der Staatsanwaltschaft", S. 91; SCHUBERT, "Französisches Recht in Deutschland", S. 547.

17) in Leviathan 6 (1978), S. 161ff, S. 167.

18) ibidem, S. 167.

19) in "Strafgerichtliche Öffentlichkeit", 3. Teil/3. Kap., S. 252ff, 259.

mit deren verfahrensrechtlichen Stellung[20] und zum anderen mit deren "feudalabsolutistischen Ämterverfassung"[21].

Die hauptsächlich von HABER in Frage gestellte Kontinuitätsthese hat allerdings in Deutschland nicht - wie logischerweise zu erwarten gewesen wäre - dazu geführt, daß man die Staatsanwaltschaft als eine schon vor der Revolution angelegte Institution erkannte. Vielmehr haben sich die im folgenden darzustellenden Positionen herausgebildet.

2) Die Entstehung der StA in Deutschland

Gemeinhin wird in Deutschland die Staatsanwaltschaft als liberale Errungenschaft dargestellt, da der Ruf nach der Staatsanwaltschaft Bestandteil liberaler Forderungen in Deutschland gewesen sei.[22]
Anläßlich des 100-jährigen Bestehens der Hamburger Staatsanwaltschaft sprach ROXIN[23] von der Staatsanwaltschaft als "Erbe der Aufklärung", deren Wurzeln in der französischen Revolution zu suchen seien. Noch ohne jede Einschränkung[24] bezeichnete er sie "als Mittel staatsbürgerlicher Befreiung", die "nicht als Instrument obrigkeitlicher Repression ins Leben getreten" sei. Auch BÖRKER schließt sich diesem Urteil an, indem er die Staatsanwaltschaft als "Kind freiheitlichen Denkens und zugleich eine der ältesten Säulen des Rechtsstaats" deklariert.[25]

---

20) ibidem, 1. Teil/2. Kap. II, S. 36ff. HABER bezeichnet die königlichen Prokuratoren lediglich als Hilfsorgan der gerichtlichen Strafverfolgung, die dem Gericht gegenüber unterlegen gewesen seien (S. 57). Eine Einflußnahmemöglichkeit auf die gerichtliche Überzeugungsbildung habe nicht bestanden, insbesondere im Hinblick auf eine fehlende Anklagefunktion (S. 53).

21) ibidem, 1. Teil/2. Kap. III, S. 65ff. Damit spielt HABER auf die Ämterkäuflichkeit und -erblichkeit an, die in krassem Gegensatz zum bürokratischen Behördenaufbau einer Staatsanwaltschaft gestanden habe (S. 66).

22) Sowohl in gängigen Lehrbüchern wie MITTEIS/LIEBERICH, "Dt. Rechtsgeschichte", S. 472; KÖBLER, "Dt. Rechtsgeschichte", S. 202; EISENHARDT, "Dt. Rechtsgeschichte", Rz. 550f; ROXIN, "StrafverfahrensR", S. 528; als auch bei E. SCHMIDT, "Einführung", S. 330; COING, "Epochen der Rechtsgeschichte", S. 98ff; und in Monographien wie z.B. KNOLLMANN, "Einführung der StA", S. 17; E. RICHTER, "Entwicklung des Legalitätsprinzips", S. 20.

23) in DRiZ 1969, 385ff.

24) Anläßlich des 150-jährigen Bestehens der Berliner Staatsanwaltschaft (1996) hielt ROXIN eine Festrede, in deren Verlauf er sich dem Thema, ob die Staatsanwaltschaft "Frucht der liberal-aufklärerischen Reformbewegung des 19. Jahrhunderts" oder "Produkt eines staatserhaltenden Konservatismus" sei, in nuancierter Weise widmete (in DRiZ 1997, S. 109ff) s. dazu unten.

25) in JR 1953, S. 237ff.

Es wurde sogar der Begriff von der Staatsanwaltschaft als "Kind der Revolution" geprägt[26], dem sich GÖSSEL[27] zwar grundsätzlich anschloß, aber unter Hinweis auf "schwächliche Frühgeburten"[28].

Allerdings gibt es auch kritische Stimmen, allen voran BLANKENBURG und TREIBER[29]. Sie werfen den Vertretern des oben dargestellten ideengeschichtlichen Ansatzes "Strukturblindheit" vor, da "die Bedeutung von ökonomischen wie Herrschaftsstrukturen als innovationsfördernde wie innovationshemmende Faktoren" ignoriert würden[30]. Allein schon aus der Tatsache, daß der Ausbau der Staatsanwaltschaften in die Zeit der Restauration fiel, ziehen sie den Schluß, daß die Staatsanwaltschaft "als Mittel der obrigkeitlichen Kontrolle mit Mitteln des Straf- und Strafverfahrensrechts" genutzt worden sei.[31] Grundsätzlich stimmt ihnen WOHLERS zu, betont jedoch, daß aus heutiger Sicht weniger die Funktion der Staatsanwaltschaft als Herrschaftsinstrument interessiere als vielmehr die Frage nach Funktion und Rechtsstellung der Staatsanwaltschaft, insbesondere im Hinblick auf eine etwaige Kontrollfunktion gegenüber den Gerichten.[32]
COLLIN beendet seine Arbeit mit dem Aufruf, sich umzuorientieren, da die Geschichte der preußischen Staatsanwaltschaft "einige Illusionen genommen habe, was die angeblich so zweifelsfreie rechtsstaatliche und liberale Herkunft der Staatsanwaltschaft betreffe".[33]
Auch CARSTEN konstatiert, daß die Regierungen in Deutschland die Staatsanwaltschaft "zu einem sicheren und verläßlichen Instrument der herrschenden Gewalten in der Rechtspflege machte".[34] Diesem Urteil schließt sich auch

---

26) GÜNTHER (in "StA - Kind der Revolution", S. 20) betont, "daß die Staatsanwaltschaft in der Tat 'ein Kind der Revolution' ist; nicht allein der französischen, sondern insbesondere auch unserer - mehr oder weniger mißglückten - Revolution von 1848."

27) in GA 127 (1980), S. 325ff, 328.

28) Diese Ausdruckweise prägte schon GÜNTHER (in "StA - Kind der Revolution", S. 15), der in Hinblick darauf, daß in Preußen die StA bereits 1846 gegründet wurde, die vermeintliche Revolution aber erst 1848 stattfand, von einer "Frühgeburt" sprach.

29) in Leviathan 6 (1978), S. 161ff.

30) in Leviathan 6 (1978), S. 165.

31) in Leviathan 6 (1978), S. 161.

32) in "Entstehung und Funktion der StA", S. 47.

33) in "Wächter der Gesetze", S. 416.

34) in "Geschichte d. StA in Deutschland", S. 20. Er bezeichnet die StA sogar als dazu berufen gewesen, den Einfluß im Sinne der Regierung geltend zu machen.
Ähnlich auch MECKBACH (in "Inquisitionsrichter und Staatsanwalt", S. 61), der unter Hinweis auf die "Metternichsche Ära unter dem Zeichen der heiligen Allianz

KINTZI an, der sogar zu dem Schluß kommt, daß nicht zuletzt "an der Stellung des Staatsanwalts der Geist ablesbar" sei, der in den einzelnen deutschen Staaten geherrscht habe.[35]
HABER dagegen verweist auf das Bürgertum, dessen Eigeninteressen in Wirklichkeit die Reformdebatte dominiert habe.[36]

Beide Wertungen über die Einführung der Staatsanwaltschaft in Deutschland lehnt dagegen RÜPING ab. Die Staatsanwaltschaft sei weder ein Ausdruck des Fortschritts noch der Restauration, da sie in einer Art politischen Kompromisses bewußt als ein "unfertiges Organ" ins Leben gerufen worden sei, um in der Auseinandersetzung mit Gericht und Polizei Konturen zu gewinnen.[37] Sein Fazit lautet, daß die Staatsanwaltschaft seit ihrer Geburt im Strafverfahren als ein "trojanisches Pferd" erscheine. Die Ambivalenz ihrer Funktion sei eine Folge ihrer problematischen Geburt.[38]

Auch ROXIN vertrat 1996 eine differenzierendere Position als in der oben zitierten Festrede von 1969. Das Berliner Gesetz von 1846, das erstmals die Prinzipien verwirklichte, die wir heute als mit der Funktion der Staatsanwaltschaft unlösbar verbunden ansähen, sei zwar seiner Substanz nach eine echte "Prozeßreform" gewesen. Allerdings habe dahinter nur der Reformwille des damaligen Justizministers Uhden gestanden, während in der Regierung dafür keine Mehrheit zu finden gewesen sei.[39] Mit der Einführung der Staatsanwaltschaft sei sicherlich auch der Wille verbunden gewesen, dem staatlichen Strafverfolgungsinteresse eine Stimme im Prozeß zu verschaffen.[40]
Dieser differenzierenden Auffassung schließen sich auch HAFT/HILGENDORF an, die die Bezeichnung "Kind der Revolution" als "mißverständlich" einstufen, da die preußische Staatsanwaltschaft "teilweise geradezu als Büttel der Regierung Bismarck" gedient habe.[41]

Gleichgültig aber welcher der Positionen man folgt, ist allen Meinungen doch eines gemeinsam: die Annahme, daß die Staatsanwaltschaft in Deutschland nach

---

zur Erhaltung eines ewigen Status quo" auf die zunächst ablehnende Haltung der Regierungen hinweist.

35) in DRiZ 1988, S. 86ff, 87.

36) in ZStW 91 (1979), 590ff, 623.

37) in GA 139 (1992), S. 147ff, 150.

38) ibidem, S. 158.

39) in DRiZ 1997, S. 109ff, 112.

40) Zusätzlich weist es darauf hin, daß nach dem Scheitern der Revolution von 1848 die Landesregierungen in der zweiten Hälfte des 19. Jahrhunderts vielfach versucht hätten, die Staatsanwaltschaft einseitig zur Vertretung staatlich-politischer Interessen anzuhalten (ibidem, S. 113).

41) HAFT/HILGENDORF, StA Schleswig-Holstein-FS 1992, S. 279ff, 281.

französischem Vorbild geschaffen wurde, ihre Wurzeln folglich in Frankreich zu suchen sind.
Trotzdem wird dieser Gedanke nicht aufgegriffen und mit der oben dargestellten Kontinuitätsthese verknüpft. Vielmehr bleiben die Entstehungsgeschichte der französischen und der deutschen Staatsanwaltschaft nebeneinander stehen, so als gäbe es keinen Zusammenhang.
Hinweise für die Beantwortung der Frage, ob die Staatsanwaltschaft ein Ausdruck des Fortschritts oder der Restauration gewesen ist, müssen auch in Frankreich gesucht werden. Wie selbstverständlich gilt die Institution der Staatsanwaltschaft als Errungenschaft der Aufklärung, die in Deutschland - sei es aus liberalen oder sei es aus konservativen Gründen - fortgeführt wurde. Genau das aber ist in Frage zu stellen und näher zu untersuchen.
Nicht nur das napoleonische 'ministère public' spielt als Vater der deutschen Staatsanwaltschaft eine Rolle, sondern auch deren eventuelle Großväter und Urgroßväter.

3) StA - Exekutivbehörde oder Rechtspflegeorgan

Die Frage nach dem tatsächlichen Ursprung der Staatsanwaltschaft hat jedoch nicht nur rechtsgeschichtlichen Wert, sondern könnte auch Aufschluß geben über die bis heute nicht wirklich geklärte Frage, ob die Staatsanwaltschaft ein Organ der Judikative ist oder eine Exekutivbehörde[42]. Insoweit kann der Meinung WOHLERS nicht zugestimmt werden, daß "das Problem der Zuordnung der Staatsanwaltschaft zur Dritten Gewalt aus heutiger Sicht wohl als im Sinne Eb.Schmidts geklärt angesehen werden kann"[43].

SCHMIDT gab der Diskussion zunächst folgenden richtungsweisenden Impuls[44]:

> *"Staatsanwaltschaft und Gericht erfüllen gemeinsam die der Justiz übertragene Aufgabe der Justizgewährung. Beide sind als Justizbehörden Organe der Rechtspflege; beide verwirklichen im Bereiche der Strafrechtspflege zusammen das, was die 'rechtsprechende Gewalt' hier zu leisten hat; beide unterstehen dabei ausschließlich dem Recht; beide sind in gleicher Weise dafür verantwortlich, daß sich in der Strafrechtspflege, und zwar in allen Abschnitten des Verfahrens, der Rechtsgeist und der Rechtswille des Staates behauptet ...".*[45]

---

42) Noch eine 1997 veröffentlichte Dissertation von KOLLER trägt den Titel "Die Staatsanwaltschaft - Organ der Judikative oder Exekutivbehörde?"

43) WOHLERS, "Entstehung und Funktion der StA", S. 30.

44) Dieser erfolgte im Zusammenhang mit der Vorbereitung eines Richtergesetzes, in das die weisungsgebundenen Staatsanwälte nicht eingbunden werden sollten (DRiZ 1957, S. 273ff).

45) DRiZ 1957, S. 279.

Wegen der Gleichwertigkeit, nicht Gleichheit, dieser beiden Organe der Rechtspflege stellte er sogar die organisatorische Trennung der Staatsanwaltschaft und der Gerichte in Frage[46], hielt aber die Zeit der Verschmelzung von Richtertum und Staatsanwaltschaft noch nicht für gekommen. Klar war für ihn, daß die Staatsanwaltschaft ein echter Bestandteil der "Dritten Gewalt" sei[47], deren Weisungsgebundenheit nicht überschätzt werden dürfe, weil es durch das Legalitätsprinzip begrenzt werde[48].
SCHMIDT grenzte sich aber einige Jahre später bewußt und deutlich von GÖRCKE ab[49], der wegen der "Richtergleichheit" der Staatsanwälte von einem "Organ der Rechts**prechung**" ausging[50]. Er unterstrich nochmals, daß die Staatsanwaltschaft "eine zur staatlichen Justizgewährung maßgeblich mit berufene Justizbehörde" sei, "für die es nur die Intention auf Wahrheit und Gerechtigkeit gebe".[51]
Auch die Rechtsprechung griff die Terminologie SCHMIDTs auf. Sowohl der Bundesgerichtshof betonte, daß die Staatsanwaltschaft "ein dem Gericht gleichgeordnetes Organ der Rechts**pflege**" sei, dessen Tätigkeit in der Hauptverhandlung in der Antragsstellung seinen Höhepunkt finde[52] als auch das Bundesverfassungsgericht stufte sie trotz ihres Beamtenstatus' als "notwendiges Organ der Strafrechtspflege" ein[53], wenn auch in deutlicher Abgrenzung zu den Richtern[54].
Trotzdem aber herrscht in der Frage, welche Stellung die Staatsanwaltschaft im Staatsapparat einnimmt, keine Einigkeit.

Zwar findet man die These, daß es sich um ein Rechts**prechungs**organ handele, in letzter Zeit nicht mehr vertreten, dafür aber mehren sich immer wieder Stimmen, die die Staatsanwaltschaft als Exekutive einstufen[55]. Noch in seiner kürzlich erschienenen Arbeit kommt KOLLER zu dem Ergebnis, daß "die zur Initiativentscheidung im Einzelfall befugte Staatsanwaltschaft von Verfassungs wegen

---

46) Wenn auch aus heutiger Sicht völlig belanglos, so erschien es SCHMIDT "höchst fragwürdig", daß der Staatsanwalt "ins Parkett vor dem Richtertisch verwiesen" worden sei (DRiZ 1957, S. 279).

47) DRiZ 1957, 281.

48) DRiZ 1957, 282.

49) MDR 1964, 629ff, 629.

50) ZStW 73 (1961), S. 561ff, insb. 578ff; so auch WAGNER, NJW 1963, S. 8ff.

51) MDR 1961, S. 626ff, 271.

52) BGHSt 24 (1972), 171.

53) BVerGE 32 (1972), S. 199ff, 216.

54) Das BVerfG entschied gegen die besoldungsrechtliche Gleichstellung von Richtern und Staatsanwälten.

55) KLEINKNECHT/MEYER-GOSSNER, Vor § 141 GVG Rz. 6; KREY, "Strafverfahrensrecht", Bd. 1, Rz. 338; RANFT, "Strafprozeßrecht", Rz. 233.

in die Exekutive einzugliedern"[56] sei. Trotzdem sei die Staatsanwaltschaft ein "Organ der Rechtspflege"[57], wenn auch Träger einer anderen Funktion als ein Richter. Deshalb dürfe auch die einheitliche Laufbahn von Staatsanwälten und Richtern nicht zu übergroßer kollegialer Nähe führen.[58]

Tendenziell ist aber mittlerweile eine vermittelnde Theorie als herrschend zu verzeichnen. Sie betont nicht nur die Unabhängigkeit gegenüber der Judikative, sondern auch gegenüber der Exekutive[59], indem sie die Bindung an höchstrichterliche Rechtsprechung verneint[60] und die Weisungsbefugnis streng an Recht und Gesetz bindet.[61] ROXIN spricht davon, daß die Staatsanwaltschaft "eine Brücke zwischen Exekutive und Judikative" bilde und dadurch zwischen beiden Gewalten stehe.[62] KINTZI weist der Staatsanwaltschaft einen eigenständigen Status und Verantwortungsbereich zu, "angesiedelt an der Nahtstelle zwischen Verwaltung und Rechtsprechung".[63] Er sieht "in der Verzahnung und Abhängigkeit der staatsanwaltschaftlichen und richterlichen Funktionen einen Beweis für Unabhängigkeit und Selbständigkeit mit gegenseitigen Kontrollmechanismen"[64]. ODERSKY spricht von der "horizontalen Arbeitsteilung" zwischen dem Gericht und der Staatsanwaltschaft[65], die er als Institution eigener Art einstuft[66].
Als Umschreibung der Stellung des Staatsanwalts zwischen Verwaltung und Rechtspflege finden sich auch die Begriffe "Zwischenrolle"[67], "Doppelrolle"[68] und "Zwitterstellung"[69].

---

56) in "Die StA - Organ der Judikative oder Exekutivbehörde?", S. 384.

57) ibidem, S. 384.

58) ibidem, S. 385.

59) HAFT/HILGENDORF, StA Schleswig-Holstein-FS 1992, S. 279ff; KINTZI, DRiZ 1987, S. 457ff; ROXIN, DRIZ 1997, S. 109ff; BEULKE, "Strafprozeßrecht", Rz. 88; KÜHNE, "Strafprozeßrecht", Rn. 133; PETERS, "Strafprozeß", § 23 II.

60) HAFT/HILGENDORF, StA Schleswig-Holstein-FS 1992, S. 279ff, 295; KINTZI, DRiZ 1987, S. 457ff, 459; ROXIN, DRIZ 1997, S. 109ff, 115.

61) ROXIN, DRiZ 1997, S. 109ff, 118.

62) ROXIN, DRiZ 1997, S. 109ff, 114.

63) KINTZI, DRiZ 1987, S. 457ff, 459.

64) KINTZI, DRiZ 1987, S. 457ff, 458.

65) ODERSKY in FS für Rebmann, S. 343ff, 353.

66) ODERSKY in FS für Bengl, S. 54ff, 58; ders. in FS für Rebmann, S. 343ff, 343.

67) KÜHNE, "Strafprozeßrecht", Rn. 133.

68) PETERS, "Strafprozeß", §23 II.

69) BEULKE, "Strafprozeßrecht", Rz. 88.

C) Zum Gang der Untersuchung

Wie bereits oben angedeutet, war der Ausgangspunkt der vorliegenden Arbeit die Fragestellung, ob es in vorrevolutionären Zeiten in Frankreich bereits eine anklagende Staatsanwaltschaft gegeben hat und falls ja, welche Entwicklung diese Institution während der Revolutionsjahre 1789-1799 genommen hat.

Zu diesem Zweck ist eine Untergliederung in vier Hauptteile vorgenommen worden, die sich jeweils aus mehreren Kapiteln zusammensetzen.
Während sich der erste Teil der vorrevolutionären Phase widmet, sind der zweite und dritte Teil im wesentlichen auf die Jahre 1789-1791 beschränkt. Der vierte Teil schließlich zeichnet die Entwicklung auf bis zur Gründung des Konsulats im Jahre 1799 und ein wenig darüber hinaus.

1) Erster Hauptteil

Zunächst ist der generelle Verlauf des im Mittelalter vorherrschenden Inquisitionsprozesses darzulegen, gefolgt von der Untersuchung des französischen Prozeßverlaufs. Dieser nämlich wies die Besonderheit auf, seit dem 14. Jahrhundert königliche Prokuratoren am Prozeß zu beteiligen. Anhand einer Ordonnnanz von 1670, die der Rechtsvereinheitlichung im Reich diente, ist die Rolle der königlichen Prokuratoren zu definieren.

Nach Darlegung der rechtlichen Lage am Vorabend der Revolution soll sowohl die philosophische als auch die historische Situation nicht unbeachtet bleiben. Zwar handelt es sich hierbei um von der Rechtswissenschaft scharf getrennte Disziplinen, jedoch erscheint es sinnvoll, zumindest in der wie hier leider nur rudimentären Art und Weise die Aufkärungsphilosophie und geschichtlichen Ereignisse in die rechtliche Entwicklung einzubeziehen. Viele Zusammenhänge wären unerkannt geblieben ohne das Wagnis, fachübergreifend zu forschen; die eine oder andere methodische Unzulänglichkeit in den nichtjuristischen Disziplinen muß deshalb in Kauf genommen werden.[70]

2) Zweiter Hauptteil

Der vorrevolutionären Phase folgt ein verfassungsrechtlich orientierter Abschnitt, in dem nicht nur die Verfassung von 1791 und deren Präambel, die französische Menschen- und Bürgerrechtserklärung vom August 1789, behandelt wird, sondern auch deren Entstehungsgeschichte.

---

70) Als Vorbild diente insoweit Erik WOLF, der in seinem Vorwort zur ersten Auflage auf die enge Verzahnung zwischen Geschichte, Geistesleben und Rechtsanschauung hinweist ("Große Rechtsdenker", S. IV).

Letztlich liegt dann aber das Augenmerk auf dem Kapitel der Verfassung, das der Judikative gewidmet wurde, um die neue Institution des öffentlichen Anklägers und die königlichen Kommissare, die vermeintlichen Nachfolger der königlichen Prokuratoren, näher zu beleuchten.
Den Abschluß bildet ein verfassungsrechtlicher Ausblick, also die Frage nach dem Werdegang des öffentlichen Anklägers und des königlichen Kommissars. Nicht nur die in Kraft getretenen Verfassungen werden berücksichtigt, sondern auch die Verfassungsentwürfe der unterschiedlichen politischen Lager werden Beachtung finden. Beendet wird dieser Ausblick mit der Konsulatsverfassung vom Dezember 1799.

3) Dritter Hauptteil

In diesem Teil der Arbeit, der auch der längste sein wird, steht das einfache Gesetz im Vordergrund. Chronologisch gesehen hätte dieser Teil vor dem verfassungsrechtlichen Abschnitt behandelt werden müssen, allerdings ist dieses aus normenhierarchischer Sicht nicht erfolgt. Von einer parallelen Abhandlung verfassungsrechtlicher und einfachgesetzlicher Entwicklung mußte abgesehen werden, um der enormen Komplexität entgegenzuwirken.

Den Beginn der strafprozessualen Erneuerungen nach der Revolution machte ein Dekret vom Oktober 1789, dem schon im August 1790 die neue Gerichtsverfassung folgte. In den dazwischen liegenden 10 Monaten wurde heftigst debattiert und eine Menge verschiedener Entwürfe wurden in der Nationalversammlung vorgestellt. Genau diese Entwicklung wird im Detail aufzuzeigen sein.

Den Abschluß dieses Teils bildet im längsten Kapitel der Arbeit die neue Strafprozeßordnung vom September 1791. Nach der vorgreifenden Darstellung des Prozeßverlaufs wird unter Einbeziehung der Parlamentsdebatten auch deren Entstehungsgeschichte erläutert. Diese Reihenfolge wurde um des Verständnis willen gewählt.

4) Vierter Hauptteil

Dieser Teil, der in etwa den Zeitraum 1791-1799 umfaßt, wird aufdecken, wie schnell die infolge der Revolution vorangetriebenen Reformen wieder reformiert wurden. Auch hier wieder sollen die historischen Ereignisse einbezogen werden.

Von der Jakobinerherrschaft wird es übergehen in das Direktorium, zu dessen Beginn die rechtliche Situation von 1791 wiederhergestellt wurde. Das allerdings war nicht von langer Dauer infolge der grundlegenden Änderungen des Konsulats.
Erstmals wird in diesem Teil versucht, die Parallelität der verfassungsrechtlichen und einfachgesetzlichen Entwicklung darzustellen.

Fazit dieser Untersuchung wird sein, daß die Staatsanwaltschaft keine alleinige Errungenschaft der französischen Revolution war. Der Staatsanwalt entstand nicht wie Phoenix aus der Asche, sondern entwickelte sich vielmehr im Laufe der Jahrhunderte zu der Institution, die dann in Deutschland Mitte des 19. Jahrhunderts als Vorbild dienen sollte.

Für die oben[71] skizzierte rechtswissenschaftliche Diskussion wird von besonderer Bedeutung sein, daß die Vorgänger der Staatsanwaltschaft urprünglich die Interessen des Königs vertraten, mit dessen zunehmender Macht aber auch öffentliche Interessen. Daraus entstand zwangsläufig eine Interessenskollision, der man nach 1789 mit einer Teilung des Amtes in zwei Funktionen entgegentrat. 1799 wurde diese Teilung endgültig rückgängig gemacht und mit der Vereinigung dieser zwei kollidierenden Funktionen wurde die moderne Staatsanwaltschaft geboren. Genau diese Ambivalenz zwischen zwei Funktionen war es aber, die Mitte des 19. Jahrhunderts auch in Deutschland eine Staatsanwaltschaft entstehen ließ, die nicht zu Unrecht als "trojanisches Pferd" bezeichnet wird.

---

71) unter B).

1. Hauptteil: Mittelalter und 'ancien régime'

1. Kapitel: Rechtliche Situation am Vorabend der Revolution

Noch im 18. Jahrhundert galt in Frankreich die Ordonnance von 1670[1], die unter Ludwig XIV. auf Veranlassung Colberts erarbeitet wurde[2]. Da dieses Gesetzeswerk alle bisher auf dem Gebiet des Strafprozeßrechts ergangenen Ordonnanzen erfassen sollte, stellte sie kein schöpferisches Werk dar[3], sondern diente vielmehr der Rechtsvereinheitlichung im Reich. Geprägt war die in ihr enthaltene Strafprozeßordnung noch vom Inquisitionsprozeß.
Geläufig ist der Begriff der "Inquisition" in der Kirchengeschichte. Man verbindet mit ihm üblicherweise die auf Veranlassung der Kirche durchgeführten Strafverfahren gegen Ketzer, in denen inhumane Vernehmungsmethoden angewandt wurden, um Geständnisse zu erreichen[4].
Der Begriff Inquistionsprozeß umschreibt aber eigentlich die im Mittelalter weiterentwickelte Form des Strafverfahrens.

A) Begriffsklärung

Bevor eine geschichtliche Einordnung des Inquisitionsprozesses erfolgen wird, ist die terminologische Vielfalt einen Versuch wert, den Terminus näher zu definieren.
Dabei soll die hier vorgenommene Begriffsdefinition keinen Anspruch auf Allgemeingültigkeit stellen, sondern dem Zweck dienen, daß für das folgende Kapitel deutlich wird, mit welcher Bedeutung die Termini zu belegen sind.

I) Terminologische Entwirrung

Zu unterscheiden ist zunächst Inquisitions**prozeß** und Inquisitions**prinzip**.
Während der erste Begriff eine Verfahrensart beschreibt, handelt es sich bei dem zweiten um einen Beweisgrundsatz.[5]

---

1) abgedr. in ISAMBERT/DECRUSY/TAILLANDIER, "Recueil général", Bd. XVIII, S. 370ff.

2) ESMEIN, "Histoire", S. 177ff.

3) FELDHAUSEN, "Geschichte des Strafprozeßrechts", S. 1f.

4) CREIFELDS, "Rechtswörterbuch", Anm. "Inquistionsprozeß"

5) Der Begriff "Inquisitionsprinzip" wird von manchen Autoren allerdings auch herangezogen, um eine Verfahrensart zu umschreiben (vgl. BEULKE, "Strafprozeß-

Tatsächlich galt im Inquisitionsprozeß auch das Inquisitionsprinzip, allerdings ist dieser Beweisgrundsatz nicht das Charakteristikum des Inquisitionsprozesses schlechthin.
Nicht jedes Verfahren, in dem das Inquisitionsprinzip gilt, ist ein Inquisitionsprozeß.

II) Inquisitionsprinzip

Mit dem Inquisitionsprinzip umschreibt man den Untersuchungsgrundsatz im Strafverfahren, das heißt, daß das Gericht die für die Entscheidung des Rechtsstreits erheblichen Tatsachen von Amts wegen zu ermitteln, in den Prozeß einzuführen und ihre Wahrheit festzustellen hat. Im gegenwärtigen deutschen Strafprozeß ist dieses Prinzip in §§ 155 Abs. 2, 244 Abs. 2 StPO verankert. Als Synonyme werden auch die Begriffe Ermittlungsgrundsatz, Instruktionsprinzip oder Prinzip der materiellen Wahrheit genannt.[6]

In diesem Zusammenhang ist auch der Begriff des Offizialprinzips zu erwähnen. Dieser kann als eine Art Kompetenzzuweisung beschrieben werden.
Ihm zufolge sind nämlich grundsätzlich nur staatliche Organe befugt, die Straftäter zu verfolgen und zur Aburteilung zu bringen.
Auch dieses Prinzip ist im heutigen deutschen Strafprozeß verankert, nämlich in § 152 Abs. 1 StPO.

III) Inquisitionsprozeß

Kommen wir nun zum Begriff des Inquisitionsprozesses, der sich erheblich unterschiedlicher Definitionen "erfreut".

1) 1. Definitionsansatz

Das Wesen des Inquisitionsprozesses soll laut SCHMIDT[7] die Verbindung zweier Elemente ausmachen: die Offizialmaxime und die mit ihr gekoppelte Instruktionsmaxime. Wo also Strafverfolgung und Prozeßführung auf amtlicher Initiative beruhen (= Offizialmaxime) und sich die amtlichen Organe über die materiellen Tatsachen und die objektive Wahrheit zu instruieren haben (= Instruktionsmaxime), soll der Inquisitionsprozeß vorliegen.

---

recht", Rz. 18; BIECHTLER, "Geschichtliche Entwicklung des Eröffnungsverfahrens", S. 4).

6) ROXIN, "Strafverfahrensrecht", § 11, Rz. 1; § 15 Rz. 3.

7) SCHMIDT, "Einführung in die Geschichte", § 70.

2) 2. Definitionsansatz

Als "Maxime des Inquisitionsprozesses" definiert BIENER[8] hingegen die Beauftragung von Staatsbeamten, kraft Amtes die Verbrecher zu verfolgen. Diese führe zu zwei, nur formell unterschiedlichen Gestaltungen des Prozesses: entweder mit öffentlichem Ankläger oder so, daß der Richter allein untersuche.

Die beiden Definitionsansätze sollen exemplarisch einen Eindruck davon vermitteln, wie schwierig es zu sein scheint, den Begriff des Inquisitionsprozesses zu definieren. Den beiden obigen Definitionen zufolge müßte selbst der heutige deutsche Strafprozeß auch ein Inquisitionsprozeß sein, da sowohl das Offizial- als auch das Instruktionsprinzip gelten.
Dieses Ergebnis jedoch steht in deutlichem Widerspruch zu § 151 StPO, demzufolge im geltenden deutschen Strafprozeßrecht lückenlos der Anklagegrundsatz gilt. Das Gericht kann nie von Amts wegen vorgehen, selbst wenn eine Straftat vor Augen des Gerichts in der Sitzung begangen wird. Der Grundsatz: "Wo kein Kläger, da kein Richter" gilt ausnahmslos!
Infolgedessen kann man den beiden oben referierten Definitionsansätzen nicht folgen, da sie das Wesen des Inquisitionsprozesses mindestens unzureichend, wenn nicht sogar falsch umschreiben.

3) 3. Definitionsansatz

Wesentlich mehr Aufschluß gibt die von ROXIN[9] gegebene Umschreibung dessen, was das Wesen des Inquisitionsprozesses ausmacht. Er unterstreicht zum einen, daß Verhaftung, Vernehmung, Untersuchung und Verurteilung durch dieselbe Person erfolgten, nämlich den Richter. Zum anderen sei dieser von sich aus tätig geworden, einer Klage, durch wen auch immer, habe es folglich nicht bedurft.
Anstelle eines Klägers und Angeklagten gab es nur den als Inquirenten fungierenden Richter und den Inquisiten, der das Objekt des Inquirenten war.[10]
Dadurch, daß die Wahrheitserforschung allein in der Hand des Inquirenten lag, vereinigten sich zwei unterschiedliche Prozeßrollen, die des Strafverfolgers und die des Urteilenden.[11]

---

8) BIENER, "Geschichte des Inquisitionsprozesses", S. 6.

9) ROXIN, "Strafverfahrensrecht", § 13 Rz. 2, § 17 Rz. 3.

10) Auch E. RICHTER ("Entwicklung des Legalitätsprinzips", S. 7) definiert den Inquisitionsprozeß als eine Prozeßart, die "alle Rollen - Verfolgung, Verteidigung, Entscheidung - in der einen Hand des Gerichts vereinigte."

11) Laut KERSEBAUM ("Strafverfolgungspflicht des Staatsanwalts", S. 1) besteht das Wesen des Inquisitionsprozesses darin, daß öffentliche Anklage eine Aufgabe des Richteramtes ist.

ROXIN stuft diese Vereinigung zweier Prozeßrollen als höchst bedenklich ein[12], da derjenige, der das Belastungsmaterial selbst gesammelt habe, dem Ergebnis der Ermittlungen nicht mehr unbefangen gegenüberstehen könne. Er spricht sogar von einer "psychologischen Überforderung" des Richters.[13]
Zwar nimmt SCHMIDT in seiner Definition diese Rollenvereinigung nicht auf, jedoch stuft auch er die Tatsache als problematisch ein, daß die Aufgabe des Inquisitionsrichters darin bestand, vom ersten aufkeimenden Verdacht bis zur Spruchreife des Aktenmaterials das Verfahren durchzuführen.[14] SCHMIDT gelangt aufgrunddessen auch zu der Einschätzung, daß "im Rahmen des Strafprozesses der Inquirent den Geist der absoluten Staatsgewalt repräsentierte, die bevormundend und reglementierend die Angelegenheiten der Untertanen in die Hand nahm und im Untertanen nur ein unmündiges Objekt zu sehen vermochte".[15]

Wie sich aus dem folgenden ergeben wird, umschreibt die geschilderte Rollenvereinigung exakt das, was den Inquisitionsprozeß charakterisierte.
Allerdings würde man den Inquisitionsprozeß falsch einstufen, wenn man aus dem von ROXIN beschriebenen und kritisierten Charakteristikum der Vereinigung zweier Prozeßrollen die Intention einer **gezielten** Machtkonzentration folgerte.

Die beschriebene Machtkonzentration stellte im Absolutismus eine willkommene Konsequenz dar. Allerdings war sie nicht der Beweggrund für die Einführung des Inquisitionsprozesses. Dessen Entwicklung hatte vielmehr rechtsgeschichtliche Hintergründe, die im folgenden - wenn auch nur kurz - betrachtet werden sollen.

B) Kurze geschichtliche Einordnung

I) Erste Spuren

Der Inquisitionsprozeß wurde bereits Anfang des 13. Jahrhunderts in kirchlichen Verfahren praktiziert. Die weltlichen Rechtsordnungen hingegen wandten grundsätzlich den Akkusationsprozeß an, das heißt, die Eröffnung einer gerichtlichen Untersuchung war bedingt durch die Erhebung einer Klage. Jegliche Initiative

---

12) SCHÜRER ("Entwicklung des Legalitätsprinzips", S. 20) beschreibt diesen Zusammenfall als einen "Mißstand", den es zu beseitigen galt.

13) in "Strafverfahrensrecht", § 17, Rz. 3.

14) SCHMIDT, "Einführung in die Geschichte", § 185.

15) ibidem.

mußte vom Verletzten bzw. von dessen Sippe ausgehen. Da es jedoch keine Pflicht zu Klageerhebung gab, blieben viele Rechtsbrecher ungestraft.[16]
Nur, wenn durch eine Tat die Rechtsgemeinschaft beeinträchtigt wurde und ein staatliches Interesse an der Beseitigung der Störung bestand, ließ man den Inquisitionsprozeß zur Anwendung kommen. Dementsprechend wurde der Inquisitionsprozeß als der "außerordentliche" und der Anklageprozeß als der "ordentliche" Prozeß bezeichnet.[17]

Der Umstand unbestraft bleibender Straftaten war jedoch auf Sicht unhaltbar, wie sich anhand der im folgenden aufgezeichneten Entwicklung zeigen wird.

II) Rechtsgeschichtliche Hintergründe

Das Verständnis von Verbrechen und Strafe befand sich nicht zuletzt auch infolge des sich ändernden Strukturbildes der sozialen Gegebenheiten[18] in einem Wandel.

Diesen Entwicklungsprozeß teilt BIENER in folgende vier unterschiedliche Stufen ein[19]:
In der ersten Stufe galt das Verbrechen als alleinige Rechtsverletzung des Beleidigten, so daß die Strafe reine Selbstrache des jeweilig Beleidigten war.
Sodann unterstützte der Staat die Ausübung dieser Rache, indem der Richter im Rahmen eines akkusatorischen Prozesses die formelle Beweisführung übernahm. Ankläger aber blieb der in seinen Rechten Verletzte (2.Stufe).
Später stufte man das Verbrechen nicht nur als Verletzung der Rechte eines Einzelnen ein, sondern auch als Verletzung der Rechtsordnung des Staates. Bestraft wurde der Täter nicht aus persönlicher Rache, sondern um das begangene Übel zu vergelten. Anklageberechtigt war jeder Bürger (3.Stufe).
Erst danach entstand ein Verständnis dafür, daß Strafe nicht mehr nur der Vergeltung des Geschehenen diente, sondern auch der Erhaltung der Rechtssicherheit und Verhütung künftiger Rechtsverletzungen (4.Stufe).
Hier entstand zum ersten Mal das Bewußtsein über einen präventiven Strafzweck, der eine fortdauernde Grundlage des Kriminalprozesses bleiben sollte.[20]
Dahinter stand die zunehmende Ausbildung des Staates, dessen Verpflichtung allmählich größer wurde, für eine gewisse bürgerliche Ordnung zu sorgen und

---

16) BIECHTLER, "Geschichtliche Entwicklung des Eröffnungsverfahrens", S. 7.

17) HABER, "Strafgerichtliche Öffentlichkeit", S. 23f; HEITSCH, "Beweis und Verurteilung im Inquisitionsprozeß", S. 26.

18) ERLER/KAUFMANN, "Handwörterbuch zur dt. Rechtsgeschichte", II. Band, S. 379, Stichwort "Inquisitionsprozeß".

19) vgl. die bei BIENER vorgenommenen "Abstractionen aus der Geschichte des Criminalprozesses" ("Geschichte des Inquisitionsprozesses", S. 3ff).

20) BIENER, "Geschichte des Inquisitionsprozesses", S. 6.

Rechtssicherheit zu gewährleisten. Daraus ergab sich folglich die Pflicht des Staates, nunmehr nichts ungestraft zu lassen.
In Ermangelung von Anklägern und angesichts der eingeschränkten Sachaufklärungsmittel von Privatpersonen, mußte Staatsbeamten aufgetragen werden, kraft ihres Amtes Verbrechen zu verfolgen.[21]

III) Bedeutung des Inquisitionsprozesses in der Geschichte

Der Inquisitionsprozeß bedeutete also in der Geschichte die erste Anerkennung des Offizialprinzips[22], mit anderen Worten Verbrechensverfolgung durch den Staat anstelle durch den Verletzten. Wegen der sich daraus ergebenden Notwendigkeit staatlicher Einrichtungen stuft BIECHTLER den Inquisitionsprozeß gegenüber dem Akkusationsprozeß auch als das kompliziertere Verfahren ein.[23] Tatsächlich gelangte man erst nach einer Voruntersuchung durch den Richter in den Anklagezustand und nicht schon aufgrund der Willkür[24] eines Klägers.
Die Sachverhaltserforschung durch den Richter ließ das "Inquisitionsprinzip" zur Geltung kommen, so daß der Richter nicht mehr an die Parteianträge gebunden war, sondern das wahre Geschehen ermitteln konnte.

Beschränkte man die Definition auf diese genannten Komponenten, hat der Inquisitionsprozeß auch positive Wirkung gezeigt. Warum dieser Verfahrensart trotzdem ein so "schlechter Ruf" vorauseilt, liegt darin begründet, daß mit dem Inquisitionsprozeß auch die Anwendung der Folter in Gebrauch gekommen ist, mit der "eine ans Bestialische grenzende Grausamkeit in das Strafverfahren eingedrungen ist"[25]. Wie das im einzelnen vonstatten ging, soll nach einer kurzen Übersicht über die geschichtliche Entwicklung an französischem und deutschem Beispiel in den "Wesentlichen Grundzügen" behandelt werden.

---

21) Auch im "Handwörterbuch zur dt. Rechtsgeschichte" findet sich der Hinweis, daß "im Interesse einer wirksamen Verbrechensbekämpfung und -aufklärung den amtlichen Strafverfolgungsorganen die Initiative und Verfahrensdurchführung als Amtspflicht auferlegt wurde.

22) ROXIN, "Strafverfahrensrecht", § 13 Rz. 2.

23) BIECHTLER, "Geschichtliche Entwicklung des Eröffnungsverfahrens", S. 4.

24) BIENER, "Geschichte des Inquisitionsprozesses", S. 9. Allerdings räumt er ein, daß der willkürliche Kläger wegen Verleumdung belangt werden konnte.

25) SCHMIDT, "Einführung in die Geschichte", § 77.

IV) Die Entwicklung an französischem und deutschem Beispiel

1) Der Inquisitionsprozeß in Frankreich

In Frankreich finden sich bereits erste Spuren des Inquisitionsprozesses in einem Gesetz von Ludwig IX. aus dem Jahre 1254.
Im Gegensatz zu Deutschland spielte diese Verfahrensart eine untergeordnete Rolle, jedoch wurde sie in immer wieder neu erlassenen Ordonnanzen weiter etabliert. Infolgedessen war die gesetzliche Lage in vorabsolutistischer Zeit nicht nur unübersichtlich, sondern stellte ein "unförmliches Chaos"[26] dar. Da keines der alten Gesetze aufgehoben worden war, führte das zwangsläufig dazu, daß die Gesetze untereinander in Bezug auf Vorrang, Geltungsgebiet und Inhalt konkurrierten.[27]
Erst im Jahre 1670, also in der Blütezeit des französischen Absolutismus, fand in der bereits oben erwähnten Ordonnanz von Ludwig XIV. die gesetzliche Regelung des Inquisitionsprozesses ihren Höhepunkt[28] und stellte den Abschluß einer Bewegung[29] dar, die seit dem XIII. Jahrhundert ihren Anfang genommen hatte. Damit war die erste geschlossene Regelung dieser Prozeßart in Frankreich bereits durch den Absolutismus geprägt und ist insoweit wenig geeignet, das Wesen des Inquisitionsprozesses daran herauszuarbeiten.[30] Wesentlich geeigneter erscheint es, einen Blick auf die deutsche Strafprozeßgeschichte zu werfen.

2) Der Inquisitionsprozeß in Deutschland

In Deutschland finden sich erst in der Peinlichen Gerichtsordnung Karls V. (constitutio criminalis carolina[31]) aus dem Jahre 1532 Verfahrensvorschriften für einen Inquisitionsprozeß, der jedoch neben dem üblichen Akkusationsprozeß eine nur untergeordnete Rolle spielte.[32]

---

26) E. HERTZ, "Voltaire und die frz. Strafrechtspflege", S. 2.

27) PASTORET (zit. nach ERHARD, "Des lois pénales", Bd. I, S. 16) legt die Absurdität der Gesetzeslage wie folgt offen: "Es gibt keine Meinung, ja ich möchte sagen, keinen eigensinnigen Einfall irgend eines Richters, der nicht in einem förmlichen Gesetze Autorität und Rechtfertigung fände."

28) BIENER, "Geschichte des Inquisitionsprozesses", S. 192ff.

29) E. HERTZ, "Voltaire und die frz. Strafrechtspflege", S. 35.

30) Inwieweit sich die absolutistischen Spuren in der Ordonnanz von 1670 niedergeschlagen haben, wird am Ende dieses Kapitels kurz dargestellt werden.

31) kurz: Carolina

32) MALBLANK, "Geschichte der peinlichen Gerichtsordnung", S. 68; MECKBACH, "Inquisitionsrichter und Staatsanwalt", S. 3f;

Rund 100 Jahre später, im Jahre 1635, konnte Benedikt Carpzov[33] das weitgehend willkürlich praktizierte Verfahren in weiten Bereichen formalisieren.[34] Sein Werk fußte nicht nur auf einer umfassenden Kenntnis der europäischen Strafrechtsliteratur[35], sondern stellte zum ersten Mal den in mehreren europäischen Staaten praktizierten Inquisitionsprozeß geschlossen dar. Durch sein unbeschreibliches Ansehen[36] konnte er das inquisitorische Verfahren in einem so hohen Grad befestigen, daß es in Deutschland als das gewöhnliche und ordentliche angesehen wurde.
Infolge der zu Frankreich unterschiedlichen politischen Entwicklung in Deutschland[37] war das Werk Carpzovs im Gegensatz zu der nur 30 Jahre jüngeren französischen Ordonnanz durch den Absolutismus nicht geprägt.

SCHMIDT gibt jedoch (in "Einführung in die Geschichte", § 108) zu bedenken, daß der Akkusationsprozeß der Carolina nichts anderes als ein Inquisitionsprozeß gewesen sei, da dem privaten Kläger seine Rolle gründlichst verleidet wurde.

33) Carpzov, 1595 in Wittenberg als Sohn eines Rechtsgelehrten geboren, studierte und promovierte 1618 zum Doktor beider Rechte. Er begann seine Karriere mit dem Amt eines Leipziger Schöffen, wurde dann Beisitzer, Rat und Hofrat, um schließlich Dekan und Vorsitzender des Spruchausschusses der Leipziger Juristenfakultät zu werden. Er verstarb im Jahre 1666.

34) Dieses von Carpzov ausgearbeitete Werk trug den Titel "Practica nova imperialis Saxonica rerum criminalium" (s. dazu HEITSCH, "Beweis und Verurteilung im Inquisitionsprozeß"). Das Werk, das das gesamte materielle Strafrecht und das Strafprozeßrecht umfaßte, beherrschte fast ein Jahrhundert lang die deutsche Strafrechtspflege weit über den sächsischen Raum hinaus. Carpzov wollte auf der Grundlage der Carolina unter maßgeblicher Berücksichtigung des kursächsischen Rechts und des heimischen Gerichtsgebrauchs ein deutsches Recht erarbeiten (s. SCHMIDT, "Einführung in die Geschichte", §§ 137ff).

35) SCHMIDT, "Einführung in die Geschichte", § 139.

36) So erklärt MALBLANK ("Geschichte der peinlichen Gerichtsordnung", S. 69) Carpzovs Bedeutung, dem er selbst fehlenden Scharfsinn nachsagte und folgendes vernichtendes Urteil über ihn fällte: "... auch sein blinder und zuweilen dummer Religionseifer umnebelte seinen Verstand, daß er oft am hellen Mittag im Finstern tappte ... Seine Theorie des Hexenprozesses, auf deren Ansehen ... so viele hundert Menschen ... grausam hingerichtet wurden ... wird ein unvergeßliches Denkmal des menschlichen Unsinns bleiben (S. 223)."
Auch BÖHMER ("Handbuch der Litteratur des Criminalrechts", S. 508) schließt sich der Kritik mit den Worten an, daß es Carpzov an Humanität und Kraft fehlte, um sich über das Gemeine und Herkömmliche zu erheben.

37) In Deutschland besaß wegen der Kleinstaaterei der durch Fürsten gewählte deutsche Kaiser eine nur sehr beschränkte Regierungsgewalt, die keinesfalls mit der Oberhoheit des französischen Königs zu vergleichen war (s. MANDROU, "Staatsräson und Vernunft", S. 14).

Erst nach Carpzovs Tod begünstigte das Aufblühen des Absolutismus in Deutschland[38] das immer stärkere Abweichen von den Formvorschriften. Auf diese Weise erlangte der Inquisitionsprozeß das Gesicht eines Prozesses, in dessen Verlauf der Untertan ein rechtloses, der Obrigkeit unterworfenes Objekt wurde.

Diese anhand von Deutschland und Frankreich vollkommen unterschiedliche Entwicklung des Inquisitionsprozesses spiegelt wider, daß der Inquisitionsprozeß keineswegs eine Erfindung des Absolutismus gewesen ist. Vielmehr hatte er sich bereits im Laufe der Jahrhunderte entwickelt und diente gerade im Zeitalter des Absolutismus als Machtinstrument des Staates.

Um jedoch das Wesen des Inquisitionsprozesses ohne absolutistischen Einfluß erfassen zu können, erscheint es sinnvoll, anstelle der absolutistisch geprägten französischen Ordonnanz von 1670 die Carpzovsche Prozeßordnung von 1635 genauer zu studieren. Sie entsprach in ihren Grundzügen auch dem in Frankreich praktizierten Inquisitionsprozeß.
Im Anschluß daran soll die französische Besonderheit der Prokuratoren anhand der französischen Ordonnanz von 1670 herausgearbeitet werden.

C) Wesentliche Grundzüge des Inquisitionsprozesses

Der Inquisitionsprozeß untergliederte sich in drei Abschnitte[39]: eine Generalinquisition, auch "informatio" genannt, eine Spezialinquisition, auch "inquesta" genannt, und eine Urteilsfällung.[40] Während die erste Phase lediglich eine Art Vorverfahren darstellte, könnte man die Spezialinquisition als das eigentliche Kriminalverfahren bezeichnen, das in die Urteilsfindung durch ein Richterkolleg mündete.
Das wird sich auch in der folgenden Darstellung widerspiegeln, in der diesen drei Prozeßabschnitten vertiefte Aufmerksamkeit gewidmet werden soll.

---

38) Erst in den vierziger Jahren des 18. Jahrhunderts kam es - nicht zuletzt durch den Herrscherwechsel in Berlin - zu einer Wende in Richtung eines "aufgeklärten Absolutismus" (s. MANDROU, "Staatsräson und Vernunft", S. 241f).

39) Häufig wird der Inquisitionsprozeß als zweistufig (d. h. bestehend aus einer General- und Spezialinquisition) beschrieben, jedoch wird dabei außer Acht gelassen, daß die Urteilsfindung vor dem Richterkollegium von den übrigen Verfahrensabschnitten deutlich getrennt werden muß.

40) HEITSCH ("Beweis und Verurteilung im Inquisitionsprozeß", S. 28f) vermutet, daß auch Carpzov eine Zweiteilung des Verfahrens in General- und Spezialinquisition nicht hat übernehmen wollen. Anstelle dessen habe er einen dreistufigen Beweisaufbau konstatieren wollen: Einleitung der Inquisition, Anwendung der Folter, Verurteilung.

I) Generalinquisition

Die Generalinquisition wurde von einem Richter geleitet, auch Inquirent genannt, und diente der Kenntnis des "corpus delicti". Das bedeutet, daß zunächst untersucht wurde, ob überhaupt eine Tat begangen wurde, ohne die Untersuchung auf eine bestimmte Person zu richten. Als Beweismittel standen die uneidlichen Vernehmungen der Zeugen zur Verfügung, wobei selbst der Tatverdächtige in einem summarischen Verhör[41] quasi nur als Zeuge gehört wurde. Zugrunde lag eine deutliche Trennung zwischen Tatbeweis und Täterschaftsbeweis.[42]
Je nach Deliktstypus war die Maßgabe an die Feststellung eines "corpus delicti" unterschiedlich: verlangte man bei Tötungsdelikten einen Leichnam mit tödlichen Verwundungen und bei Brandstiftung eine Brandstätte, mußten in Fällen der Gotteslästerung oder Beleidigung der Zeugenbeweis ausreichen.

Die Entscheidung, ob sich an die Generalinquisition eine Spezialinquisition anschließen würde, oblag einem Spruchkörper, dem der untersuchende Richter meist selbst angehörte. Dieser entschied, ob der Beweis des objektiven Verbrechenstatbestandes ge- oder mißlungen sei.[43] Entsprechend wurde die Spezialinquisition eingeleitet oder das Verfahren "aufgehoben".

II) Spezialinquisition

Auch die Spezialinquisition wurde von dem Richter geleitet, der bereits die Generalinquisition vorgenommen hatte. Sie diente der Erforschung der materiellen Wahrheit, das heißt, sie erfolgte sowohl zugunsten als auch zulasten des Inquisiten, also des Tatverdächtigen.

1) "artikulierte Verhöre"

In der Regel setzte die Spezialinquisition mit der Verhaftung des Verdächtigen ein, der mit Einleitung dieses Verfahrensabschnittes zum Inquisiten wurde[44]. Es

---

41) Summarisch war das Verhör des Tatverdächtigen insofern, als nur allgemeine Erklärungen über seinen Zusammenhang mit der Tat gefordert werden konnten (vgl. MITTERMAIER, "Peinl. Prozeß", Bd. II, S. 107). Der Richter durfte keine speziellen Verdachtsgründe vorhalten (ibidem, S. 103).

42) HEITSCH, "Beweis und Verurteilung im Inquisitionsprozeß", S. 29.

43) Unter Carpzov wurden die beiden für die Einleitung einer Spezialinquisition notwendigen Voraussetzungen, nämlich deliktisches Handeln (constare de delicto) einerseits und Tatobjekt (corpus delicti) andererseits, zusammengefaßt zu einem einheitlichen Merkmal (constare de corpore delicti), so daß die Praxis sich auch mit Indizien begnügte und ein körperliches Augenscheinsobjekt nicht mehr vorzuliegen brauchte, vgl. HEITSCH, "Beweis und Verurteilung im Inquisitionsprozeß", S. 30.

44) BIECHTLER, "Geschichtliche Entwicklung des Eröffnungsverfahrens", S. 9.

folgten die Vernehmungen des Inquisiten und der Zeugen in sog. "artikulierten Verhören"[45].

Bei diesen Vernehmungen war der als Inquirent tätige Richter ursprünglich strengen Formen unterworfen, da er das in der Generalinquisition gewonnene Material in einzelnen, schriftlich festzulegenden Fragen verarbeiten mußte.

Zu diesem Zweck wurden zum einen die Zeugen in Abwesenheit des Inquisiten noch einmal verhört und vereidigt. Das über die Vernehmung erstellte Protokoll wurde als Grundlage für das Urteil benötigt.

Zum anderen mußte sich auch der Inquisit diesem "artikulierten Verhör" durch den Inquirenten unterziehen. Es bliebe jedoch eine unvollständige, wenn nicht sogar falsche Darstellung des Verfahrens, wenn man sich auf diese Ausführung beschränkte[46].

2) Anwendung der Folter

Der Inquisit hatte nämlich nicht nur das Recht, sondern auch die Pflicht, sich zu äußern und ein Geständnis abzulegen. Letztgenannte Pflicht konnte durch die Folter erzwungen werden.

a) Zweck der Folteranwendung

Hintergrund dessen war, daß eine Verurteilung nur dann erfolgen konnte, wenn ein Geständnis des Inquisiten vorgelegen hatte oder die Tat durch zwei Zeugen[47] bewiesen worden war. Da jedoch eine Subsidiarität des Zeugenbeweises gegenüber dem Geständnis bestand, versuchte man erst einmal ein Geständnis zu erlangen, bevor man sich mit dem Zeugenbeweis zufriedengab. HEITSCH geht

---

45) SCHMIDT, "Einführung in die Geschichte", §§ 167, 188.
MITTERMAIER (in "Peinl. Prozeß", Bd. II, S. 99f) erklärt diesen Ausdruck in Abgrenzung zum summarischen Verhör der Generalinquisition so, daß es sich um ein Verhör in einem "articulirten Verfahren" gehandelt habe. Das bedeutete, daß nur artikelweise nach vorhandenen Akten verhört werden durfte, also nur über vorher ausgesetzte Fragen.

46) So aber erstaunlicherweise MECKBACH ("Inquisitionsrichter und Staatsanwalt", S. 10), der zu dem mehr als nur befremdlichen Ergebnis kommt, daß der Inquisitionsprozeß "gemessen an unseren heutigen Maßstäben durchaus auch als ein rechtsstaatliches Verfahren bezeichnet werden muß" (ibidem, S. 33).

47) Es sei kurz darauf hingewiesen, daß es sich bei dem "Zweizeugenbeweis" um einen aus der Bibel stammenden Grundsatz handelt (Matthäus 18, Vers 16).
Waren im germanischen Recht ursprünglich zur Erfüllung des "Beweisvertrages" zwischen Kläger und Beklagten nur Eid, Gottesurteil und Zweikampf als Beweismittel zugelassen (SCHMIDT, "Einführung in die Geschichte", § 29), gewann der klägerische Zeugenbeweis im 12. Jahrhundert zunehmend an Bedeutung (ibidem, § 65).

sogar so weit zu behaupten, daß das Geständnis das Ziel des Inquisitionsprozesses gewesen sei, entweder freiwillig oder in der Folter abgelegt.[48] FELDHAUSEN spricht ebenfalls von einer Überbewertung des Tätergeständnisses, dessen notwendige Folge der Gebrauch der Folter war.[49] Auch SCHMIDT kommt zu dem Schluß, daß die Folter mit dem Inquisitionsprozeß in Gebrauch gekommen sei.[50]

Daraus darf man nun nicht den Schluß ziehen, daß in jedem Verfahren die Folter willkürlich angewandt wurde. Zumindest im Carpzovschen Inquisitionsprozeß galten durchaus - wenn auch höchst fragwürdige - Restriktionen in der Anwendung der Folter.

b) Restriktionen der Folteranwendung

Bei dem zu erforschenden Delikt mußte es sich erstens um ein Kapitalverbrechen handeln.
Im Gegensatz zur heutigen Terminologie war nach damaligem Verständnis darunter ein Verbrechen zu verstehen, für das Todes- bzw. Körperstrafen angedroht waren ("wann die Klage gehet zu Haut und Haaren"). Da jedoch diese Strafen im Gegensatz zu Gefängnisstrafe, Verweisung und Geldstrafe die Regel bildeten, war diese Einschränkung praktisch bedeutungslos.[51]

Zweitens mußte der Beweis der **Tat** bereits erbracht sein, bevor zum Beweise der **Täterschaft** die Folter angewandt werden durfte. Für den Tatbeweis reichten auch Indizien aus, jedoch bedurften diese einer gewissen Qualität. Während für die Überleitung von der Generalinquisition in die Spezialinquisition "leichte Indizien" (indicia levia) ausreichten, bedurfte es zur Anwendung der Folter "sicherer, schwerer und unzweifelhafter Indizien" (indicia certa, graviora ac indubitata).[52]

Inwieweit diese Unterscheidung von Tat- und Täterschaftsbeweis wirklich praktikabel war, muß hier offen bleiben. Auch die Qualitätsunterscheidung der Indizien ist nur schwer nachvollziehbar. Carpzov orientierte sich jedenfalls an der Indizienlehre der Carolina, die von Schwarzenberg[53] im Rahmen der beiden Rezeptionsgesetze Bambergensis und Carolina entwickelt wurde.[54]

---

48) HEITSCH, "Beweis und Verurteilung im Inquisitionsprozeß", S. 54.

49) FELDHAUSEN, "Geschichte des Strafprozeßrechts", S. 5.

50) SCHMIDT, "Einführung in die Geschichte", § 76.

51) HEITSCH, "Beweis und Verurteilung im Inquisitionsprozeß", S. 35.

52) ibidem, S. 37.

53) Schwarzenberg (1463(?)-1528) war eine der bedeutendsten Richterpersönlichkeiten seiner Zeit, der jedoch nicht gelehrter Jurist war! Bereits in bischöflichen Diensten erlangte er 1501 die Stellung als Vorsitzender des Hofgerichts. Beseelt von dem

c) geschichtliche Hintergründe der Indizienlehre

Im Hintergrund dieser von Schwarzenberg entwickelten Indizienlehre lagen die Mißstände der Kriminaljustiz, die sich im 14./15. Jahrhundert entwickelt hatten. Anstatt mit aller gebotenen Vorsicht die Wahrheit zu finden und ein gerechtes Urteil zu gewinnen, sollte bei Verdacht am schnellsten ein Geständnis erzielt werden, um einen raschen Abschluß des Verfahrens zu ermöglichen. Der "Grundsatz der materiellen Wahrheit" wurde zum Verhängnis, da die Ermittlung der Wahrheit keinen Regeln unterworfen war, sondern der inquirierende Richter nach freiem Ermessen die das Schicksal des Inquisiten besiegelnde Folter zum Einsatz bringen konnte.[55]
Um diese Mißstände zu beenden, entwickelte Schwarzenberg seine Indizienlehre, so daß der Richter eine praktische Anleitung hatte.

Freilich war sich auch Carpzov bei der Übernahme dieser Indizienlehre darüber im klaren, daß die Aufzählung der Indizien nicht erschöpfend sein konnte. Jedenfalls würde aber der Richter im Falle nicht erfaßter Tatmodalitäten nach der Ratio der aufgeführten Beispiele fragen müssen. Auf diese Weise stünde die richterliche Entscheidung für oder gegen die Anwendung der Folter nicht im freien Belieben des Richters, sondern es handelte sich um ein rechtliches Ermessen (iustum arbitrium), das sich an der Rechtsordnung zu orientieren habe.[56]

3) Konfrontation

Taten sich nach den "artikulierten Verhören" von Inquisit bzw. Inquisiten und Zeugen zu große Widersprüche auf, griff man in der Praxis zu dem Mittel der Konfrontation, d. h. der Richter stellte die sich widersprechenden Personen[57]

Gedanken, die deutsche Strafrechtspflege zu reformieren, machte er sich die Ergebnisse der italienischen Strafrechtswissenschaft zu eigen und schuf die Constitutio criminalis bambergensis. Möglicherweise wirkte er als Mitglied des Reichsregiments (1522-1524) bei den Vorarbeiten der Carolina mit. Den Lehren Luthers nahestehend schied er 1524 aus bischöflichen Diensten.

54) HEITSCH, "Beweis und Verurteilung im Inquisitionsprozeß", S. 38.

55) SCHMIDT, "Einführung in die Geschichte", § 81.

56) HEITSCH ("Beweis und Verurteilung im Inquisitionsprozeß", S. 38f) weist zu Recht darauf hin, daß sich diese Deduktion zwar "einleuchtend und meisterhaft" lesen ließe, man aber "manchen Beschränktheiten und zuweilen sogar krassen Fehlern" begegne.
MECKBACH ("Inquisitionsrichter und Staatsanwalt", S. 29) hingegen konstatiert, daß im Inquisitionsprozeß "**in gar keiner Weise** ... der Willkür Tür und Tor geöffnet ist und der Beschuldigte nur das Opfer in den Fängen der Justiz ist"

57) Der sog."Confrontat" sollte durch die Aussage des "Confrontanten" zum Geständnis der Wahrheit gebracht werden (MITTERMAIER, "Peinl. Prozeß", Bd. II, S. 191).

einander gegenüber. Nicht nur eine Gegenüberstellung von Inquisit und Zeuge konnte vorgenommen werden, sondern auch zwischen Mitbeschuldigten und zwischen Zeugen. Man erhoffte sich davon, daß selbst der kühnste Lügner in Gegenwart des anderen, welcher die Wahrheit sagt, von einer unwahren Aussage abzubringen sei.
MITTERMAIER zweifelt nicht im geringsten an der Zweckmäßigkeit dieses Mittels und verwirft als Surrogat für die Konfrontation die Möglichkeit der Verlesung der Aussage.[58]

4) Verteidigung des Inquisiten

Hatte der Inquirent die "artikulierten Verhöre" beendet und nach einer eventuellen Konfrontation das Aktenmaterial spruchreif aufbereitet, hatte der Inquisit eine Art Akteneinsichtsrecht.[59]
Bis dahin blieb ihm grundsätzlich keine Verteidigungsmöglichkeit. Lediglich von einigen deutschen Staaten ist bekannt, daß auch der Inquisit für die Zeugenvernehmung Fragen einreichen durfte.[60]
Der Inquisit hatte so zumindest vor Urteilsfällung die Möglichkeit, sich zur Anklage zu äußern und rechtfertigende und entlastende Tatsachen in einer Verteidigungsschrift aufzuführen.[61] Ob und inwieweit über dieses Vorbringen jedoch Beweis zu erheben sei, war Sache des Gerichts, an das zwecks Urteilsfällung die Akten weitergeleitet wurden.[62]

III) Das Urteil

1) Der Ablauf

Hatte der Inquirent die Untersuchung abgeschlossen, wurden die Akten an ein Richterkolleg weitergeleitet, das nach Maßgabe der Akten ein Urteil zu fällen hatte. Um diese Funktion zu erfüllen, bestellte das Gericht einen Berichterstatter, der den Prozeß an Hand der Akten vortragen und sämtliche Schriftstücke verle-

---

58) in "Peinl. Prozeß", Bd. II, S. 202f.

59) MECKBACH, "Inquisitionsrichter und Staatsanwalt", S. 12f.

60) Zumindest galt das für Sachsen und Kurbrandenburg (vgl. SCHMIDT, "Einführung in die Geschichte", § 188; MECKBACH, "Inquisitionsrichter und Staatsanwalt", S. 11).

61) SCHMIDT, "Einführung in die Geschichte", § 189.

62) FELDHAUSEN, "Geschichte des Strafprozeßrechts", S. 4.

sen sollte. Zum Berichterstatter wurde meist der Richter gewählt, der bis dahin als Inquirent das Verfahren geführt hatte.[63]
Nach dem Vortrag des Berichterstatters, der mit einem Entscheidungsvorschlag endete, wurde ein Urteil gefällt.

2) Theoretische Entscheidungsmöglichkeiten

Theoretisch gab es mehrere Möglichkeiten: erstens ein Interlokut, in dem entweder weitere Ermittlungen oder eine Folterung angeordnet wurden, zweitens ein Endurteil, entweder in Gestalt einer Verurteilung zu einer bestimmten Strafe, oder einem Freispruch, oder drittens eine Instanzentbindung (= absolutio ab instantia), das heißt eine Art von vorläufiger Aussetzung, bis neue Beweise eine Verurteilung oder Freispruch zuließen.

3) Das Urteil: eine "pro forma- Entscheidung"

Praktisch handelte es sich jedoch um eine "pro forma-Entscheidung", da das Urteil durch den Inquirenten indirekt bereits gefällt worden war.[64]
Erstens war das Richterkolleg durch die Berichterstattung des Inquirenten schon voreingenommen, da dieser seine eigenen Ermittlungsergebnisse wohl kaum objektiv darstellte.
Zweitens - und das war noch gravierender - mußte im Fall eines Geständnisses zwingend die Verurteilung folgen.

a) "Einschränkungen" der Geständnisverwertung

Zwar stellte Carpzov Regeln für die Verwertbarkeit des Geständnisses auf, die jedoch bedeutungslos bleiben mußten, wie die folgenden Ausführungen zeigen werden.
Erstens mußte das Geständnis durch rechtmäßige Folter erzielt und zweitens ratifiziert worden sein.
Unrechtmäßig war die Folter dann, wenn die beiden bereits genannten Voraussetzungen, nämlich "Kapitalverbrechen" und sichere Indizien, nicht vorgelegen hatten. Die eher geringe Bedeutung, wenn nicht sogar totale Bedeutungslosigkeit dieser Restriktionen wurden bereits hervorgehoben.
Ratifiziert wurde das Geständnis durch den Angeklagten selbst, und zwar außerhalb der Folterkammer, eine gewisse Zeit nach der Folterung und im Beisein des Richters und von Schöffen. Wollte der Angeklagte sein "erfoltertes" Geständnis nicht ratifizieren, wurde er wieder ins Gefängnis geführt und weiterhin "peinlich

63) ibidem, S. 3.

64) SCHMIDT, "Einführung in die Geschichte", §§ 81, 113; MECKBACH, "Inquisitionsrichter und Staatsanwalt", S. 29f.

befragt", das heißt gefoltert. Durch diese drohende nochmalige Folteranwendung dürfte wohl kaum ein Inquisit nicht "geständig" gewesen sein.

b) Vorverurteilung durch den Inquirenten

Der Inquisit wurde also im Grunde nicht infolge der im Laufe des Verfahrens zusammengetragenen Beweise von dem Richterkolleg verurteilt. Vielmehr mußte für ihn an sich schon die Tatsache, Objekt einer Inquisition zu sein, eine halbe Verurteilung bedeuten. Inquisition war im Grunde fast gleichbedeutend mit der Folteranwendung zwecks Geständniserlangung, da die oben erwähnten Folterrestriktionen[65] praktisch bedeutungslos waren.
Das Geständnis, als stärkster Beweis das Ziel des Inquisitionsprozesses[66], ließ im Grunde jegliche Wahrheitserforschung und Urteilsfindung nach Aktenlage überflüssig werden. Die Trennung von ermittelndem und urteilendem Richter, die MECKBACH so deutlich unterstreicht[67], war letztlich eine Farce. War der Inquisit einmal "in die Mühlen der Inquisition" gelangt, gab es kaum noch ein Entrinnen. Durch die bedingungslose Geltung des Inquisitionsprinzips waren der Willkür des Inquirenten keinerlei Grenzen gesetzt.
Auch Rechtsmittel konnten den Inquisiten vor der Willkür des Inquirenten nicht retten, da es solche nicht gab.[68]

4) Eigene Stellungnahme

An dieser Stelle sei ein Hinweis auf die anfangs referierten Definitionsansätze für den Inquisitionsprozeß erlaubt.[69] Denn nach dieser Zusammenfassung des Prozeßverlaufs kann nur ROXIN Recht gegeben werden, der als wesentliches Charakteristikum des Inquisitionsprozesses die Rollenvereinigung des Strafverfolgers und des Urteilenden hervorhob.
Laut Prozeßvorschriften hatte zwar nach der Generalinquisition ein Spruchkörper über die Einleitung einer Spezialinquisition zu entscheiden, da jedoch diesem Gremium auch der Inquirent selbst angehörte, konnte die Entscheidung eines

---

65) Kapitalverbrechen und "indicia certa, graviora ac indubitata"

66) HEITSCH, "Beweis und Verurteilung im Inquisitionsprozeß", S. 54.

67) MECKBACH,"Inquisitionsrichter und Staatsanwalt", S. 24.

68) MECKBACH, "Inquisitionsrichter und Staatsanwalt", S. 15; SCHMIDT, "Einführung in die Geschichte", § 198.
MECKBACH bewertet diesen Umstand erstaunlicherweise als unbedenklich, da "Rechtsmittel in einem vom Inquistionsprinzip beherrschten Verfahren überflüssig seien, da die keiner Beschränkung unterworfene, alles umfassende Untersuchung notwendigerweise zur Erforschung der materiellen Wahrheit führe" ("Inquisitionsrichter und Staatsanwalt", S. 26).

69) vgl. A III.

solchen Kollegiums nicht ernsthaft als unabhängig bezeichnet werden. Nicht viel anders ist die Urteilsfällung durch ein Richterkolleg einzustufen, dem durch die Berichterstattung des Inquirenten gar keine eigene Meinungsbildung mehr möglich sein konnte.

Nachdem der grundsätzliche Verlauf eines Inquisitionsprozesses anhand der Carpzovschen Regeln dargelegt worden ist, soll nun im folgenden das Augenmerk auf die französische Besonderheit der Beteiligung von Prokuratoren gerichtet werden.

2. Kapitel: Der vorrevolutionäre Strafprozeß in Frankreich

A) Die französische Besonderheit: Die Prokuratoren

Neben Italien, Spanien und Portugal[70] beteiligte auch Frankreich sog. Prokuratoren (procureurs) am Inquisitionsprozeß. In welcher Funktion sie tätig waren, soll nach einem kurzem Überblick über ihre Entstehung anhand der Ordonnanz von 1670 dargestellt werden.

I) Entstehung

Im 11./12. Jahrhundert zwangen die Verhältnisse den König, während seiner Abwesenheit Stellvertreter einzusetzen, die seiner gerichtlichen Tätigkeit nachkamen und gleichzeitig seine königlichen Domänen verwalteten. Diese Stellvertreter nannte man (Land-)Vogte (les baillis), die Aufgabe, die sie erfüllten, Kronamt.

Mit dem Erwerb einiger Besitzungen von Lehensfürsten trat der König in deren Rechte ein und wurde Lehensfürst über ursprünglich souveräne Freiherrn.[71] Jedoch durfte er über diese Besitzungen nicht frei verfügen wie über seine königlichen Domänen, sondern war festen Lehensregeln unterworfen. Auch in diesem Bereich bedurfte er einer Stellvertretung, die zunächst von Seneschallen[72] übernommen wurde. Diese Aufgabe nannte man das Lehensamt.

In schrittweiser Entwicklung vereinigte man das Kronamt mit dem Lehensamt, so daß im 13. Jahrhundert die Landvogte sowohl den König als Lehensbesitzer als auch als Privatbesitzer vertraten.

Durch geographisch festgelegte Zuständigkeiten in Vogteien[73] waren sie praktisch "die Arme des Königs im Land, das sie mit der Zentrale verbanden"[74] und

---

70) BIENER, "Geschichte des Inquisitionsprozesses", S. 208ff.

71) Der Begriff "Lehen" (feudum, feodum, fief) umschrieb seit dem Ende des 11. Jahrhunderts das sog."beneficium". Dabei handelte es sich um die nicht zwingend materielle Gegenleistung für Treue und Dienstleistungen der Gefolgsleute (Vasallen) gegenüber ihrem Herrn.
Jeder Grundherr sicherte sich Treuebindungen entweder auf Kosten seines eigenen Grundbesitzes oder auch auf Kosten des Benefiziums, das er selber empfangen hatte (vgl. FAVIER, "Frankreich im Zeitalter der Lehensherrschaft", S. 30f).

72) frz. : les sénéchaux.

73) frz. : le baillage.

74) EHLERS, "Geschichte Frankreichs", S. 139.

wurden dadurch zu den "Hauptstützen des politischen Zusammenhalts des Reiches"[75].

Die Vereinigung des Kronamtes mit dem Lehensamt führte allerdings insbesondere im Bereich der gerichtlichen Vertretung zu Interessenskollisionen[76].
Fielen nämlich in einer Vogtei königlicher Privatbesitz und königliches Lehen zusammen, konnte es zu einer Interessenskollision zwischen den Belehnten und dem König als Privatbesitzer kommen. In einem solchen Fall konnte der Vogt den König zwar vertreten, jedoch konnte er nicht gleichzeitig auch als dessen Anwalt auftreten. Deshalb bediente sich der König sog. Prokuratoren (procureurs), die ihn als Privatbesitzer vor Gericht zu verteidigen hatten und als seine Sachwalter in Privatangelegenheiten auftraten.
Im 13. Jahrhundert hatten die Prokuratoren folglich noch keine öffentliche und amtliche Stellung, weil sie nur für das Privatinteresse des Königs eingesetzt waren. Insofern ist es auch erklärbar, daß ESMEIN sie ursprünglich sogar als "Geschäftsleute"[77] bezeichnet. In ihrer Eigenschaft als Vertreter vor Gericht agierten sie wie Advokaten, die sich von ihren Kollegen zunächst nur dadurch unterschieden, daß sie eine zahlungskräftige Klientel hatten.[78]

Erst 1302 findet sich erstmals die Erwähnung der "procuratores regis" in einer Verordnung[79]. Dieser zufolge hatten nunmehr die Prokuratoren des Königs wie

---

75) FAVIER, "Frankreich im Zeitalter der Lehensherrschaft", S. 170.

76) Grundsätzlich fungierte der König als oberster Lehensherr auch als höchste Berufungsinstanz (FAVIER, "Geschichte Frankreichs", S. 118). Allerdings galt in Folge des "Prinzips der lehensherrlichen Gerichtsbarkeit", daß der Verleihung des Grundbesitzes auch die Gerichtsbarkeit folgte (STEIN, "Geschichte des französischen Strafrechts", S. 154 ff). Konsequenz dessen war, daß die Territorialfürsten, die im 12. Jahrhundert nach vorübergehender Lossagung vom König in die königliche Lehensfolge zurückgezwungen wurden, einerseits ihre Gerichtsbarkeit behielten, andererseits aber der Obergerichtsbarkeit des Königs unterworfen waren. Ein mit seinem Urteil unzufriedener Vasall konnte folglich Berufung beim königlichen Gericht einlegen. Auf diese Weise konnte die Rechtsprechung der Grundherrn systematisch untergraben werden (vgl. FAVIER, "Geschichte Frankreichs", S. 297; HABER, "Strafgerichtliche Öffentlichkeit", S. 32 Fn. 2).

77) in "Histoire", S. 100: "Les procureurs ... ne furent à l'origine que des hommes d'affaires."

78) Ursprünglich waren also die zum "Prokurator" Ernannten nichts anderes als besondere Advokaten. Allerdings unterschieden sie sich seit dem 14. Jahrhundert deutlich durch ihren Beamtenstatus von den gewöhnlichen Advokaten, die "de simples advocats" genannt wurden. Sowohl der König als auch die anderen Lehensherren verfügten zusätzlich über diese letztgenannten Advokaten, jedoch blieben diese lange ohne konkrete Aufgabe und erhielten weder ein Gehalt noch irgendeine Unterhaltszahlung (ESMEIN, "Histoire", S. 100).

79) abgedr. in ISAMBERT/DECRUSY/TAILLANDIER, "Recueil général", Band II.

alle anderen königlichen Beamten einen Eid zu schwören, daß sie, abgesehen von Angelegenheiten enger Anverwandter, nur königliche Sachen führen dürften.[80] Mit diesem Verbot, Prozesse von Privatpersonen übernehmen zu dürfen, vollzog sich v. KRIES zufolge bereits die Umwandlung zu einer Behörde.[81]
Eine Verordnung von 1303[82] erwähnt ein Gehalt und Abgabenfreiheit.
Die Prokuratoren waren sowohl in Zivil- als auch Kriminalverfahren beteiligt.[83]

Seit 1344 war eine häufige Tätigkeit der Prokuratoren in Kriminalsachen zu beobachten.[84] War bis dahin ihre Tätigkeit eher beratender Natur[85], wurde 1344 in einer Verordnung[86] den Prokuratoren gestattet, Informationen wegen Verbrechen anzustellen.
Vornehmlich bestand zunächst das Interesse nur an der Einziehung von Geldbußen und Konfiskationen, da diese eine der Haupteinnahmequellen des Königs und der Lehensherren waren[87]. Die Prokuratoren wirkten deshalb nur nach erfolgreicher Generalinquisition und nach Aufforderung der Richter mit.[88]
Mit zunehmender Macht des Königs traten Autoritäts- und Glaubwürdigkeitsaspekte hinzu, denn der König schuldete ausnahmslos allen Gerechtigkeit und war an einer konsequenten Verbrechensverfolgung interessiert.[89]
Damit gewannen die Prokuratoren erstmalig eine öffentliche Bedeutung, da sie auch zu Vertretern des öffentlichen Interesses aufstiegen. Da sich das Königtum in Frankreich mehr und mehr zum Träger der öffentlichen Sicherheit enwickelte, vermengten sich zunehmend königliche und öffentliche Interessen und aus dem

---

80) Erstaunlicherweise sollen sie deshalb vom sog."iusiurandum calumniae" nicht befreit gewesen sein (vgl. BIENER, "Geschichte des Inquisitionsprozesses", S. 198). Das bedeutet, daß sie gegebenenfalls ausdrücklich schwören mußten, nicht aus Schikane zu klagen.

81) v. KRIES, "Lehrbuch des deutschen Strafprozeßrechts", S. 55.

82) abgedr. in ISAMBERT/DECRUSY/TAILLANDIER, "Recueil général", Band II.

83) Hier wird das Interesse auf die Funktion in Kriminalverfahren beschränkt bleiben.

84) BIENER, "Geschichte des Inquisitionsprozesses", S. 200.

85) So berichtet BIENER von Vorschriften, die Stadt Toulouse betreffend, denen zufolge der Prokurator nur unter bestimmten Voraussetzungen zu hören war ("Geschichte des Inquisitionsprozesses", S. 199).

86) abgedr. in ISAMBERT/DECRUSY/TAILLANDIER, "Recueil général", Band IV, S. 508ff.

87) ESMEIN, "Histoire", S. 101.

88) Tatsächlich bestand die Funktion des Prokurators nicht darin, eine Strafverfolgung durch den Richter ins Rollen zu bringen, sondern umgekehrt war es der Richter, der dem Prokurator gestattete zu agieren.
Erst nach 1539 hatten die Richter die Pflicht, den Prokurator zu informieren (CARSTEN, "Geschichte der StA in Deutschland", S. 8).

89) ESMEIN, "Histoire", S. 101.

Privatprokurator des Königs wurde der Staatsprokurator.[90] So kommt auch STEIN[91] zu der These "das Maass der Rechte der Procureurs du Roi bezeichnet daher die Stellung des Königthums selber".
Auch HÉLIE beschreibt diesen Zusammenhang mit folgenden Worten: *"Als die Rechte der Gesellschaft sich mit den Rechten des Königs vermengten, als der König Chef und Herrscher des Staates wurde, erweiterten sich deren* [der Prokuratoren] *Funktionen genauso wie das königliche Interesse."*[92]

II) Funktion der Prokuratoren in Kriminalsachen

Die Grundlage für die folgende Darlegung der Funktionen der Prokuratoren in späterer Zeit wird die bereits oben erwähnte Ordonnanz von 1670 sein. Sie kann als rechtsvereinheitlichendes Projekt den besten Überblick verschaffen über all die Ordonnanzen, die im Laufe der Jahrhunderte die Aufgabe der Prokuratoren genauer festlegten. Allerdings ist die Annahme falsch, daß die Ordonnanz eine umfassende und abschließende Regelung darstellte. Vielmehr ist auch das mit einzubeziehen, was mangels Untersagung in der Ordonnanz einfach praktiziert wurde.

1) "informatio" (Generalinquisition)

Dem Gesetzestext[93] zufolge gab es nur zwei Arten der Einleitung einer Generalinquisition: die Anzeige durch einen unbeteiligten Dritten (la dénonciation) und eine Klage (la plainte). Letztere konnte entweder eingereicht werden durch den Tatgeschädigten oder den Prokurator. Unerwähnt aber blieb die Einleitung eines Strafverfahrens durch den Richter von Amts wegen.

---

90) STEIN, "Geschichte des französischen Strafrechts", S. 390f.
Im nächsten Kapitel wird zu beobachten sein, daß auch die Enzyklopädie, eine Art Universallexikon aus dem 18. Jh., den Prokurator gleichzeitig als Interessenvertreter des Königs und der Gesellschaft definierte (vgl. 3. Kap. C II).
HÉLIE, "Traité de l'instruction criminelle", Bd. 1, S. 472, zufolge hat sich sogar aus der gesellschaftlichen Neuordnung, daß der König zum einzigen Repräsentanten des Allgemeininteresses wurde, sogar die wahre Quelle der Staatsanwaltschaft entwickelt.

91) "Geschichte des französischen Strafrechts", S. 484.

92) "Traité de l'instruction criminelle", Bd. 1, S. 473: "Et quand les droits de la société se confondirent avec les droits du roi, quand le roi devint le chef et le maître de l'État, leurs fonctions s'agrandirent en même temps que les interêts du roi s'agrandissaient ..."

93) Titre III der Ordonnanz.

Der Gesetzestext räumte sogar der Klage durch den Tatgeschädigten den Vortritt ein[94], indem es vorsah:
"Erst wenn überhaupt kein privater Kläger (partie civile) vorhanden ist, dann werden die Verfahren auf Betreiben und im Namen unserer Prokuratoren geführt..."[95].

Tatsächlich aber sah die Rechtspraxis anders aus, indem die Generalinquisition auf dreierlei Weise eingeleitet werden konnte, nämlich durch eine Anzeige (dénonciation), durch eine Klage (plainte) und von Amts wegen durch den Richter (la poursuite d'office du juge).

a) Einleitung durch Anzeige

Den Anzeigenerstatter, der ohne persönliches Interesse eine Straftat anzeigte, nannte man 'dénonciateur'. Seine Anzeige, die 'dénonciation', konnte er nicht nur beim Richter selbst, sondern auch beim Prokurator vornehmen[96], der dann die Angelegenheit an den erstgenannten weiterleitete. Der 'dénonciateur' spielte während des Verfahrens keine Rolle, mußte allerdings für den Fall eines Freispruchs mindestens mit einer Verurteilung zu Schadensersatz rechnen.[97]

b) Einleitung durch Klage

Die Klage (la plainte) konnte sowohl aus Eigeninteresse durch den Tatgeschädigten erhoben werden als auch aus Allgemeininteresse durch den Prokurator.
Der private Kläger, der mit persönlichem Interesse eine Straftat anzeigte, konnte durch seine Klage und eine entsprechende Erklärung[98] im Verfahren als zivile Prozeßpartei (partie civile) auftreten. Auf diese Weise konnte er zwar eventuelle Schadensersatzforderungen geltend machen[99], trug jedoch bei Freispruch auch das Risiko von Sanktionen. Seine Anträge konnten allerdings nicht auf Strafe gerichtet sein.

---

94) ESMEIN, "Histoire", S. 221.

95) Titre III, art. 8: "S'il n'y a point de partie civile, les procès seront poursuivis à la diligence, et sous le nom de nos procureurs ..."

96) Titre III art. 6: "Nos procureurs ... auront un registre pour recevoir et faire écrire les dénonciations qui seront circonstanciées et signées par les dénonciateurs ..."

97) Titre III art. 7: "Les dénonciateurs qui se trouveront mal fondés, seront condamnés aux dépens, dommages et interêts des accusés, et à la plus grande peine s'ils échoient: ..."

98) Titre III art. 5: "Les plaignans ne seront réputés parties civiles, s'ils ne le déclarent formellement ou par la plainte, ou par acte subséquent ..."

99) Insoweit ist die Position der zivilen Prozeßpartei also vergleichbar mit dem Adhärenten (§ 403 StPO), nicht aber mit dem Nebenkläger (§ 395 StPO).

Das war alleinige Angelegenheit des Prokurators in seiner Funktion als öffentliche Partei (partie publique), derzufolge er im Interesse der gesellschaftlichen Ordnung[100] zu handeln hatte. Selbst wenn eine private Prozeßpartei die Untersuchung eingeleitet hatte, mußte der Prokurator als öffentliche Prozeßpartei das Verfahren kontrollierend begleiten und Strafantrag stellen.

Machte der Prokurator im Allgemeininteresse eine Eingabe beim Richter für die Einleitung einer Generalinquisition oder - wie STEIN treffender formuliert - handelte er als "denonciateur im öffentlichen Interesse"[101], so trug diese spezielle Klage die irreführende Bezeichnung 'Anklage' (accusation).[102] Diese Art der Klage reichte der Prokurator entweder auf Hinweis eines Denunzianten oder aus Eigeninitiative beim Richter ein, der die Einleitung der Generalinquisition nicht verweigern konnte[103].
Die 'Anklage' durch den Prokurator stellte wohl den am häufigsten auftretenden Fall dar, in dem der Richter zur Einleitung einer Generalinquisition veranlaßt wurde.[104]
Damit hatte sich aber auch schon - zumindest für diesen Prozeßabschnitt - die Tätigkeit des Prokurators erschöpft, da die folgende Generaluntersuchung alleinige Angelegenheit des Richters war.

c) Einleitung von Amts wegen durch den Richter

Die dritte, allerdings umstrittene Art der Einleitung einer Generalinquisition geschah von Amts wegen durch den Richter selbst. Während PASTORET[105] behauptet, daß die Einleitung einer Untersuchung grundsätzlich irgendeiner Art von Anzeige bedurft habe, berichtet E. HERTZ[106], daß nur in drei Fällen das Verfahren durch das Gericht selbst eingeleitet werden durfte, nämlich im Falle

---

100) HÉLIE ("Traité de l'instruction criminelle", Bd. 1, S. 616) drückt das mit folgenden Worten aus: "L'action de la partie publique était fondée sur l'intérêt de l'ordre social qu'elle avait mission de soutenir."

101) in "Geschichte des französischen Strafrechts", S. 486.

102) Irreführend insofern, als es sich zu diesem Zeitpunkt noch gar nicht um eine Anklage in eigentlichen Sinne handeln konnte. Im Grunde handelte es sich um eine Aufforderung des Prokurators an das Gericht, ein bestimmtes Verbrechen zu untersuchen.

103) STEIN, "Geschichte des französischen Strafrechts", S. 487, unter Hinweis auf eine Ordonnanz von Dez. 1344.

104) ibidem, S. 579.

105) zit. nach ERHARD, "Des lois pénales", Bd. I, S. 78f: "Die Klage ist allezeit nothwendig, und es ist sehr irrig, wenn einige unserer Criminalisten sie in mehreren Fällen für unnütz halten."

106) "Voltaire und die frz. Strafrechtspflege", S. 39.

des Verdachts eines öffentlichen Verbrechens (crime public[107]), im Falle von Notorietät, also bei offensichtlicher Tatbegehung (crime notoire) und im Fall des auf frischer Tat Ertappten (flagrant délit).
STEIN[108] zufolge konnte die Generalinquisition ebenso gut auf bloßes Ermessen des Richters von Amts wegen erfolgen, war also weder irgendwelchen Restriktionen ausgesetzt noch angewiesen auf Anzeigen irgendwelcher Art. Auch HÉLIE[109] betonte, daß die Ordonnanz von 1670 in der Machtposition des Richters zwar einiges verändert hatte, die Strafverfolgung von Amts wegen aber durch den Richter beibehalten worden sei. Allerdings wurde das nicht ausdrücklich geregelt, sondern mangels Untersagung so praktiziert.[110]

d) vorläufige Ermittlung mit Auswertung durch den Prokurator

Die sich anschließende Untersuchung wurde von einem Richter[111] unter strikter Geheimhaltung geführt (Titre VI). Dabei handelte es sich jedoch lediglich um eine Art "Vorbereitung"[112] des eigentlichen Prozesses, der erst im Rahmen der Spezialuntersuchung gegen einen Angeklagten geführt wurde. Den "rein präparatorischen[113]" oder gar "provisorischen"[114] Charakter unterstrich auch die Tatsache, daß Zeugenaussagen gegen den Angeklagten in diesem Prozeßstadium keine

---

107) Die Unterscheidung 'crimes publics' und 'crimes privés', die auf römisches Recht zurückzuführen war, basierte auf dem Kriterium der Tatopfer. Während die erstgenannten die Taten umschrieben, durch die die Öffentlichkeit geschädigt wurde, betrafen die zweitgenannten eine Privatperson (CARBASSE, Chap. 4 Rz. 147).

108) STEIN ("Geschichte des französischen Strafrechts", S. 672) beruft sich insoweit auf den zeitgenössischen Kommentar von JOUSSE ("Commentaire sur l'ordonnace criminelle du mois d'Août 1670", Paris 1753, Einl. zu Titre III).
PASTORET (zit. nach ERHARD, "Des lois pénales", Bd. I, S. 78 Fn. 7) hingegen stellt eben diese Ausführungen JOUSSEs über Titre III art. 1 der Ordonnanz als irrig hin.

109) "Traité de l'instruction criminelle", Bd. 1 S. 618.

110) Nur so ist es zu erklären, daß ESMEIN in seinen Ausführungen über die Strafverfolgungsvorschriften in der Ordonnanz mit keiner Silbe die Einleitung der Generalinquisition von Amts wegen erwähnt ("Histoire", S. 221ff).

111) Sowohl HÉLIE ("Traité de l'instruction criminelle", Bd. 1, S. 619) als auch E. HERTZ ("Voltaire und die frz. Strafrechtspflege", S. 39) berichten davon, daß bis zum Erlaß der Ordannanz 1670 die Richter nicht einmal selbst zu agieren brauchten, sondern die Protokolle konnten von einem Notar, Gerichtsschreiber oder gerichtlichem Amtmann vertretungshalber aufgenommen werden.

112) STEIN, "Geschichte des französischen Strafrechts", S. 579.

113) E. HERTZ, "Voltaire und die frz. Strafrechtspflege", S. 44.

114) HÉLIE ("Traité de l'instruction criminelle", Bd. 1 S. 619) betont den "caractère provisoire".

Beweiskraft hatten, wenn der Zeuge vor der Spezialuntersuchung verstarb und seine Aussage nicht mehr bestätigen konnte.[115]

Nach den streng geheimen Untersuchungen hatte der untersuchende Richter den Prokurator von den Ermittlungsergebnissen in Kenntnis zu setzen, indem er das gesammelte Beweismaterial in einem 'cahier d'information' versiegelt bei der Gerichtsschreiberei niederlegte.
Innerhalb von drei Tagen mußte nun der Prokurator auf der Grundlage der richterlichen Ermittlungsergebnisse seinen Antrag[116] formulieren, ohne den der Richter zwar keine weiteren Schritte einleiten durfte[117], an den er aber nach herrschender Meinung[118] trotzdem nicht gebunden war.
Gerichtet werden konnte dieser Antrag des Prokurators entweder auf Aufhebung des Verfahrens oder Erlaß eines richterlichen Dekrets, wenn sich nach Meinung des Prokurators ausreichendes Belastungsmaterial ergeben hatte.
War letzteres der Fall, konnte je nach Beweislage, Schwere der Tat und Lebensumständen des Täters das beantragte Dekret drei unterschiedliche Maßnahmen beinhalten: ein Verhör des Verdächtigen, ein Vorführ- oder sogar ein Haftbefehl.[119]

---

115) HÉLIE, "Traité de l'instruction criminelle", Bd. 1, S. 619: "Les preuves ne résultaient que du récolement".
Umso erstaunlicher ist es, daß ESMEIN diesen Verfahrensabschnitt als den wichtigsten des Prozesses bezeichnet ("Histoire", S. 223: "la partie capitale du procès"). Dieses kann eigentlich nur damit zu erklären sein, daß insbesondere die strikte Trennung von General- und Spezialinquisition aus Gründen der Praktikabilität und Beschleunigung des Verfahrens weichen mußte (s. MECKBACH, S. 16).

116) Der Terminus 'conclusions' soll hier zunächst einmal ohne Wertung mit 'Antrag' übersetzt werden. Erst in einer sich anschließenden Verfahrensanalyse (vgl. B) soll geprüft werden, inwieweit STEIN (S. 666) zu Recht den Terminus mit '*Straf*antrag' übersetzt.
PASTORET (zit. nach ERHARD, "Des lois pénales", Bd. I S. 79) spricht sogar von einer *förmlichen Klage* durch den Prokurator, die den Prozeßgegenstand genau festlegte, um der richterlichen Willkür Einhalt bieten zu können!

117) Der Gesetzestext bestimmte, daß jegliche richterliche Verfügung auf den "Anträgen" des Prokurators zu basieren hätte (Titre X, art. 1: "Tous décrets seront rendus sur conclusions de nos procureurs ...").

118) HÉLIE, "Traité de l'instruction criminelle", Bd. 1, S. 622 unter Hinweis auf ord. 1498, art. 107 und ord. 1539, art. 145; STEIN, "Geschichte des französischen Strafrechts", S. 675; CARSTEN, "Geschichte der StA in Deutschland", S. 9; E. HERTZ, "Voltaire und die frz. Strafrechtspflege", S. 40; a.A. nur ESMEIN, "Histoire", S. 225 Fn. 4.

119) Titre X art. 2: Selon la qualité des crimes, des preuves, et des personnes, sera ordonné que la partie sera assignée pour être ouie, ajournée à comparoir en personne, ou prise au corps.

Die Entscheidung darüber oblag allein dem Richter, der mit dem Erlaß des Dekrets den fließenden Übergang zur Spezialinquisition einleitete.[120] Allerdings war die Entscheidung des Richters dem Rechtsbehelf der 'Appellation' zugänglich.[121]
An dieser Stelle bereits sei auf einen grundlegenden Unterschied zum Carpzovschen Prozeß hingewiesen: die Pflicht des Richters vor der endgültigen Einleitung einer Spezialinquisition den Antrag des Prokurators abzuwarten. Wenn auch der Richter nach hM nicht an diesen Antrag gebunden war, so waren seiner Willkür durch das Anfechtungsrecht des Prokurators doch gewisse Grenzen gesetzt.[122]

2) "inquesta" (Spezialinquisition)

a) Verhör des Angeklagten

An das vom Richter erlassene Dekret schlossen sich zunächst Verhöre an, sog. 'interrogatoires'.[123]
Diese Verhöre nahm nicht nur auch der Richter vor, der bereits die Generalinquisition geleitet hatte, sondern sie fanden ebenso im Rahmen eines geheimen Verfahrens statt. Außer einem Schreiber, der das Verhör protokollierte, wohnte dem Verhör keine weitere Person bei[124].
Gegenstand der Verhöre sollten die Tatsachen sein, die in der Voruntersuchung aufgefunden wurden, allerdings dienten sie nicht nur dazu, Belastungsmaterial gegen den Angeschuldigten zu erhalten, sondern auch dessen Einwände zu kennen.
Das soll in der Praxis dazu geführt haben, daß die Richter ihre Fertigkeit darin verwandten, dem Angeschuldigten ein Geständnis zu entlocken.[125]
Einen Rechtsbeistand durfte der Angeklagte, abgesehen von bestimmten im Gesetz genau aufgeführten Fällen[126], nicht hinzuziehen. War der Angeklagte

---

120) HÉLIE ("Traité de l'instruction criminelle", Bd. 1, S. 623) mißt diesem Dekret sogar die Bedeutung eines vorbereitenden Urteils (un véritable jugement préparatoire) bei.

121) STEIN, "Geschichte des französischen Strafrechts", S. 675.

122) Zur Erinnerung sei kurz darauf hingewiesen, daß zwar im Carpzovschen Prozeß die Entscheidung, ob sich an die Generalinquisition eine Spezialinquisition anschließen sollte, von einem Spruchkörper gefällt wurde. Diesem gehörte der untersuchende Richter jedoch meist selbst an (vgl. 1. Kap. C I).

123) Titre XIV ord. 1670.

124) Titre XIV art. 6: "... sans assistance d'autre personne que du juge et du greffier".

125) HÉLIE, "Traité de l'instruction criminelle", Bd. 1, S. 625; HERTZ, "Voltaire und die frz. Strafrechtspflege", S. 42.

nicht bereit zu antworten oder reichten dem untersuchenden Richter die Antworten für die Beweisführung nicht aus, stand ihm das Mittel der Folter zur Verfügung (Titre XI).
Auch die Prokuratoren waren bei dem Verhör des Angeklagten nicht anwesend, allerdings berechtigt, den inquirierenden Richter zu ersuchen, dem nunmehr 'Angeklagten' Fragen zu stellen[127]. Unmittelbar nach dem Verhör wurde ihnen das Ergebnis der Befragung mitgeteilt, um die Stellung weiterer Anträge zu ermöglichen.[128]
In diesem Prozeßstadium konnten die Prokuratoren zweierlei beantragen: die Fortführung des Strafprozesses oder Beendigung des Verfahrens nach zivilprozessualen Grundsätzen.
Nur für den Fall, daß es sich um eine Tat handelte, die lediglich Geldstrafe[129] nach sich zog, konnte das Verfahren nach zivilprozessualen Grundsätzen zu Ende geführt werden[130], d. h. im Rahmen eines 'ordentlichen Prozesses' (procès ordinaire). Andernfalls hatte der Prokurator beim Richter die Entscheidung zu einem 'außerordentlichen Prozeß' (procès extraordinaire) zu beantragen.[131] Die Entscheidung über die Fortführung des Strafprozesses ('règlement à l'extraordinaire') oder Beendigung des Verfahrens nach zivilprozessualen Grundsätzen

---

126) Die Hinzuziehung eines Rechtsbeistandes war dem Angeklagten nur in Fällen wie Unterschlagung, Veruntreuung, Betrug und Personenstandsfälschung gestattet (vgl. Titre XIV art. 8: "... si ce n'est pour crime de péculat, concussion, banqueroute frauduleuse, vol de commis ou associés en affaires de finance ou de banque, fausseté de pièces, suppositions de part, et autres crimes où il s'agira de l'état des personnes ...").

127) Titre XIV art. 3: Nos procureurs ... pourront donner des mémoires au juge pour interroger l'accusé, tant sur les faits portés par l'information, qu'autres, pour s'en servir par le juge, ainsi qu'il avisera.

128) Titre XIV art. 17: "Les interrogatoires seront incessamment communiqués à nos procureurs ... pour prendre droit par eux, ou requérir ce qu'ils aviseront.

129) Man unterschied drei unterschiedliche Straftypen: die auf den Körper wirkende Strafe (peine afflictive), d. h. auch Todesstrafe, die entehrende Strafe (peine infamante) und die pekuniäre Bestrafung (peine pécuniaire).

130) Man nannte diese Vorgehensweise die 'réception en procès ordinaire', also **Annahme** im Wege des ordentlichen Zivilverfahrens. Im Gegensatz dazu gab es auch die umgekehrte Situation, die man allerdings 'conversion des procès civils en criminels', also **Umwandlung** vom Zivil- in Strafprozeß nannte (STEIN, "Geschichte des französischen Strafrechts", S. 677; HÉLIE, "Traité de l'instruction criminelle", Bd. 1, S. 633; E. HERTZ, "Voltaire und die frz. Strafrechtspflege", S. 43).

131) Terminologisch sind die Bezeichnungen "ordentlicher" und "außerordentlicher" Prozeß auf die geschichtlichen Ursprünge des Inquisitionsprozesses zurückzuführen. Der Inquisitionsprozeß bildete ursprünglich die Ausnahme zum Anklageprozeß (vgl. 1. Kap. B I).

('règlement à l'ordinaire') war alleinige Angelegenheit des Richters.[132] E. HERTZ[133] mißt ihr sogar die Bedeutung eines präparatorischen Urteils bei. HÉLIE[134] beurteilt diese Entscheidung als Zäsur zwischen erster und zweiter Ermittlungsphase.

b) Zeugenbefragung und Gegenüberstellung

Hatte der Richter auf den Antrag des Prokurators hin mit dem 'règlement à l'extraordinaire' die Fortführung des Strafprozesses beschlossen, bedeutete das für die bereits verhörten Zeugen nochmalige Befragung und Vereidigung (récolement) und erforderlichenfalls die Gegenüberstellung mit dem Angeklagten (confrontation).[135]

Den Zeugen wurden die früheren Aussagen in der Form des gesamten Verhörs vorgehalten und sie erlangten erst jetzt endgültige Beweiskraft.[136] Wollte ein Zeuge seine Aussage nach dieser zweiten Befragung korrigieren, wurde er wegen Falschaussage bestraft[137].

Dem schloß sich nur dann eine Gegenüberstellung von Angeklagten und Zeugen an, wenn der Zeuge den Angeklagten tatsächlich belastete. Die Gegenüberstellung diente nämlich einerseits der Identitätsfeststellung des Angeklagten durch den Zeugen und sollte andererseits dem Angeklagten Gelegenheit geben, Einwendungen gegen die Person des Zeugen zu erheben (reproches). Dieses Einwendungsrecht war insofern ein unwirksamer Verteidigungsbehelf, als er nur aus dem Stegreif Einwendungen gegen die Person und die Glaubwürdigkeit des Zeugen erlaubte[138], nicht aber gegen dessen Aussage. Hatte der Angeklagte ein-

---

132) Nur JOUSSE soll als einziger in seinem Kommentar die Meinung vertreten haben, daß die Entscheidung über die Fortführung des Strafprozesses nur einem Richterkollegium und nicht dem inquirierendem Richter allein oblag (vgl."Commentaire sur l'ordonnace criminelle du mois d'Août 1670", Paris 1753, S. 296; zit. nach ESMEIN, "Histoire", S. 235).

133) in "Voltaire und die frz. Strafrechtspflege", S. 43.

134) in "Traité de l'instruction criminelle", Bd. 1, S. 632: "C'est ici que commence la deuxième phase de l'instruction"

135) Titre XV art. 1: "Si l'accusation mérite d'être instruite, le juge ordonnera les témoins ouis ès-informations, et autres qui pourront être ouis de nouveau, seront récolés en leurs dépositions, et si besoin est, confrontés à l'accusé ..."

136) HÉLIE, in "Traité de l'instruction criminelle", Bd. 1, S. 635, spricht ab da von den Zeugen als 'alligati testes' (= gebundene bzw. verpflichtete Zeugen).

137) Titre XV art. 11: "Les témoins qui depuis le récolement rétracteront leurs dépositions ou les changeront dans des circonstances essentielles, seront poursuivis et punis comme faux témoins."

138) Titre XV art. 16: "L'accusé sera ensuite interpellé par le juge de fournir sur-le-champ ses reproches contre le témoin ..."

mal Kenntnis von den Aussagen erlangt, konnte er keine Einwendungen mehr erheben.[139]
Ihm blieb lediglich die Chance, über den Richter die Zeugen durch Fragen und Aufdecken von Widersprüchen zur Revidierung ihrer Aussagen zu bewegen.[140]
Da den Zeugen aber im Fall der Aussageänderung eine Bestrafung wegen Falschaussage drohte, war auch diese Art der Verteidigung fruchtlos.
Mit dem zweiten Verhör der Zeugen und der Gegenüberstellung endete erst einmal die Phase der endgültigen Tatsachenermittlung[141].

Bevor der letzten Phase, nämlich der Urteilsfindung, volle Aufmerksamkeit geschenkt werden soll, sei kurz das Augenmerk auf die unterschiedliche Wertschätzung des soeben beschriebenen Verfahrensabschnittes gerichtet: E. HERTZ[142] mißt ihm die Bedeutung bei, die "die contradictorische Hauptverhandlung im öffentlich mündlichen Accusationsprocesse in Anspruch nimmt", auch HÉLIE[143] spricht davon, daß Zeugenverhör und Gegenüberstellung die öffentliche contradiktorische Debatte vor Gericht ersetzten, einschließlich der Plädoyers.
Demgegenüber läßt ESMEIN[144] ernsthafte Zweifel am Gewicht dieses Prozeßabschnittes aufkommen, da nur belastende Zeugenaussagen Beachtung gefunden hätten und die Gegenüberstellung wegen der Strafandrohung der Zeugen eine Farce[145] gewesen sei.
Diese von ESMEIN zu Recht geäußerten Zweifel lassen sich zusätzlich dadurch untermauern, daß eine Hauptverhandlung nur dann kontradiktorisch hätte verlaufen können, wenn sich zwei etwa gleichwertige Prozeßparteien gegenübergestanden hätten. In Anbetracht aber der vollkommen eingeschränkten Verteidigungsmöglichkeiten des Angeklagten konnte dieser das Belastungsmaterial gar nicht ausreichend widerlegen. Man muß sich also ernsthaft fragen, worin die Kontradiktion bestanden haben sollte.

---

139) Titre XV art. 19: "L'accusé ne sera plus reçu à fournir de reproches contre le témoin, après qu'il aura entendu la lecture de sa déposition."

140) Titre XV art. 22: "Si l'accusé remarque dans la déposition du témoin quelque contrariété ou circonstance qui puisse éclaircir le fait et justifier son innocence, il pourra requérir le juge d'interpeller le témoin de les reconnoître, sans pouvoir luimême faire l'interpellation au témoin ..."

141) Man sprach dementsprechend von einem 'procès instruit', also von einem Verfahren, in dessen Verlauf die nötigen Kenntnisse erlangt wurden.

142) in "Voltaire und die frz. Strafrechtspflege", S. 43.

143) "Traité de l'instruction criminelle", Bd. 1, S. 634.

144) "Histoire", S. 235.

145) Wörtlich spricht ESMEIN von "diesem komplett illusorischen Verteidigungsbehelf" (cette ressource presque entièrement illusoire).

3) Das Urteil

a) Schlußantrag des Prokurators

Nach Beendigung der endgültigen Tatsachenermittlung wurden die Akten erst einmal an den Prokurator weitergeleitet, damit dieser sich ein Bild von dem Prozeß machen und seinen endgültigen Antrag formulieren konnte.[146]
Dieser war je nach Beweislage entweder auf ein Endurteil oder auf ein Interlokut gerichtet. Hatte also das bisherige Verfahren entschiedenen Beweis geliefert, konnte der Antrag des Prokurators auf Freispruch oder Verurteilung lauten. War dieses jedoch nicht der Fall, so konnte nach Ermessen des Prokurators ein Interlokut ergehen: sei es in Form der Aufforderung an das Gericht, weitere Ermittlungen anzustrengen, sei es in Gestalt einer Folterverhängung oder sei es gegenüber dem Angeklagten auf die Erwirkung des Gegenbeweises durch den Angeklagten.[147]
Der Antrag des Prokurators erfolgte schriftlich, geheim und durfte keine Gründe beinhalten.[148] Auch geöffnet werden durfte er zunächst nicht. Das sollte dem Zweck dienen, jegliche Beeinflussung der Richter zu unterbinden.

b) Die Berichterstattung

Sodann wurden die Akten zwecks Urteilsfällung an ein Richterkollegium aus mindestens drei Richtern bestehend[149] weitergeleitet. Diesem wurden zwar die Vehörprotokolle verlesen, jedoch machten sich die Richter hauptsächlich mit Hilfe eines Berichts ein Bild von dem Prozeß. Dieser wurde für sie angefertigt von einem Berichterstatter, meist der Inquirent selbst! Dessen Funktion war folglich von erheblichem Gewicht, da er die Entscheidung grundlegend beeinflussen konnte.[150] Insofern müssen auch erhebliche Zweifel an der Objektivität

---

146) Titre XXIV art. 1: "Après que le récolement et la confrontation auront été parachevés, nos procureurs ... prendront communications du procès, pour y donner leurs conclusions définitives, ce qu'ils seront tenus de faire incessamment."

147) HÉLIE zufolge ("Traité de l'instruction criminelle", Bd. 1, S. 638) waren diese Entschiedungsalternativen in der Ordonnance von 1539 in art. 157 bereits verankert.

148) Titre XXIV art. 3: "Les conclusions seront données par écrit et cachetées, et ne contiendront les raisons sur lesquelles elles sont fondées."

149) Titre XXV art. 10: "Aux procès qui seront jugés à la charge de l'appel ... assisteront au moins trois juges ..."

150) ESMEIN, "Histoire", S. 237.

dieses Berichts aufkommen. Wie nämlich sollte der Inquirent die Beweiskraft der von ihm angestellten Untersuchung objektiv beurteilen können?[151]
Ausdrücklich ausgeschlossen von dieser Berichterstattung waren die Prokuratoren[152], allerdings wurde unmittelbar danach der Antrag des Prokurators bekannt gemacht. Dieser war zwar für das Richterkollegium nicht bindend, jedoch konnte der Prokurator im Falle eines Abweichens Rechtsmittel einlegen[153].

c) Das letzte Angeklagtenverhör (dernier interrogatoire)

Bevor das Richterkollegium ein Urteil fällte, kam es zu einem letzten Verhör des Angeklagten (dernier interrogatoire). Da es das erste Mal war, daß die Richter den Angeklagten zu Gesicht bekamen, konnte sich der Angeklagte hier zum ersten und letzten Mal verteidigen, Stellung beziehen zu den Zeugenaussagen und eventuelle entlastende Tatsachen vorbringen ('faits justificatifs'). Inwieweit zu diesem Zeitpunkt überhaupt noch das Richterkollegium Argumenten zugänglich war, mag dahingestellt bleiben. Jedenfalls muß der Verdacht einer nur pro forma bestehenden Verteidigung aufkommen.
Über die Frage, ob und über welche der vom Angeklagten angeführten Verteidigungsmittel Beweis zu erheben sei, blieb im Ermessen der Richter[154], durfte aber erst nach der letzten Aktendurchsicht entschieden werden[155].

d) Letzte Aktendurchsicht vor Urteilsfällung (visite du procès)

Bevor das endgültige Urteil gefällt wurde, waren die Richter durch strenge Formvorschriften[156] gezwungen, die gesamten Akten des Prozesses zu überprüfen.[157]

---

151) vgl. über den Mißbrauch ESMEIN, "Histoire", S. 238.

152) Titre XXIV art. 2: "Leur défendons d'assister à la visite, ou au jugement du procès, pour 'y donner leurs conclusions de vive voix, dont nous abrogeons l'usage ..."

153) vgl. unter 4).

154) Titre XXVIII art. 2: "L'accusé ne sera point reçu à faire preuve d'aucuns faits justificatifs, que de ceux qui auront été choisis par les juges, du nombre de ceux que l'accusé aura articulés dans les interrogatoires et confrontations."

155) Titre XXVIII art. 1: "Défendons à tous juges, même à nos cours, d'ordonner la preuve d'aucuns faits justificatifs, ni d'entendre aucuns témoins pour y parvenir, qu'après la visite du procès."

156) E. HERTZ, "Voltaire und die frz. Strafrechtspflege", S. 50, berichtet davon, daß den Richtern geboten war, die Verhörsprotokolle zu paginieren, Abänderungen und durchstrichene Stellen in den Protokollen zu paraphieren und jede Seite des Protokolls zu unterzeichnen.

157) Titre XIV art. 8: "Laissons au devoir et à la religion des juges d'examiner avant le jugement, s'il n'y a point de nullité dans la procédure."

E. HERTZ[158] interpretiert an dieser Stelle die Ordonnanz so, daß in Ermangelung von Advokaten die Verantwortlichkeit der Richter erhöht worden sei. Gleichzeitig aber zitiert er einen Zeitgenossen, der den Sinn dieser Förmlichkeiten darin sah, selbst "einen Process, der die Ausgeburt schwärzester Bosheit war, vor jeder Anfechtung sicher zu stellen."[159]
Dem Gesetzestext zufolge sollte jedenfalls die letzte Aktendurchsicht dazu dienen, eventuelle Mängel im Beweisverfahren zu beheben.
Mit der letzten Akteneinsicht war schließlich vorgesehen, daß die Richter über eine etwaige Beweiserhebung der entlastenden Tatsachen zu entscheiden hatten.[160] Wollten sie jede Verteidigung abschneiden, konnten sie die Verteidigungsmittel einfach für unerheblich erklären.

e) Der Urteilspruch

Wurde der Angeklagte verurteilt, so überwog die Verhängung folgender Strafen: Todesstrafe, Folter[161], Verbannung, Galeere, Peitschenhiebe.[162]
Wurde der Angeklagte nicht verurteilt, gab es die Möglichkeiten des Freispruchs, der Nichtverurteilung aus Mangel an Beweisen und der "Instanzentbindung" (=absolutio ab instantia), einer Art vorläufiger Aussetzung.[163]

---

158) in "Voltaire und die frz. Strafrechtspflege", S. 50.

159) DUPATY, "Lettres sur la procédure criminelle", S. 122, zit. nach E. HERTZ, "Voltaire und die frz. Strafrechtspflege", S. 51.

160) Offensichtlich ist es, zu welchen Unzuträglichkeiten diese Bestimmung in der Praxis führte. Häufig gingen dem Angeklagten die wichtigsten Beweismittel für seine Entlastung verloren oder die bisherige Untersuchung hätte nie stattgefunden, wenn man die Stichhaltigkeit der entlastenden Tatsachen rechtzeitig geprüft hätte (vgl. E. HERTZ, "Voltaire und die frz. Strafrechtspflege", S. 48, der die Absurdität an Hand von folgendem Prozeß offenlegt: Im Laufe der Untersuchung gegen Mme P., die wegen Mordes an ihrem Ehegatten angeklagt war, stellte sich der angeblich Ermordete wieder lebend ein. Da die Behauptung der Angeklagten, ihr Mann lebe noch, eine entlastende Tatsache war, mußte zuvor die Beweisführung darüber, daß der Ehemann tot und ermordet sei, in gesetzlich vorgeschriebener Weise zu Ende geführt werden.).

161) Erstaunlicherweise wurde die Folter nicht nur als effektives Mittel bei Befragungen eingesetzt, sondern auch als eine Art von Strafe verstanden.

162) In Art. 13 des XXV. Titels gab es ein in seiner Intensität fein abgestuftes System von Strafen (Après la peine de mort naturelle, la plus rigoureuse est celle de la question avec la réserve des preuves en leur entier, des galères perpétuelles, du banissement perpétuel, de la question sans réserve des preuves, des galères à temps, du fouet, de l'amende honorable, et du banissement à temps).

163) Die französischen Termini lauteten: l'absolution, la mise hors cour, le plus amplement informé. Da eine wörtliche Übersetzung unmöglich erscheint, können die hier gewählten Begriffe nur ungefähr deren Sinn treffen.

Nur im Fall des Freispruchs konnte der Angeklagte von dem privaten Kläger Schadensersatz verlangen. Die am häufigsten gewählte Alternative war die "Instanzentbindung", die den Angeklagten in einen unsicheren und zweifelhaften Status versetzte, da der Prokurator jederzeit die Verfolgung wiederaufnehmen konnte.
Wer also einmal in die "Mühlen" eines Inquisitionsprozesses geraten war, hatte kaum eine Möglichkeit, ohne "Kratzer seiner Ehre oder Freiheitseinschränkungen"[164] davonzukommen. Selbst wenn er nicht verurteilt wurde, so endete das Verfahren meist damit, daß er jederzeit die Wiederaufnahme durch den Prokurator fürchten mußte.

4) Rechtsmittel

Erstaunlich liberale Züge trug die Ordonnanz von 1670 insofern, als sie sogar einen Titel dem Rechtsmittel der Berufung widmete.[165] Sowohl der Verurteilte als auch der Prokurator und der private Ankläger hatten das Recht, Berufung einzulegen.
Der Prokurator konnte gegen die Urteile Berufung einlegen, wenn seiner Meinung nach die Bestrafung nicht der Art und Schwere der Tat entsprach oder wenn der Strafausspruch von seinem Antrag abwich.[166] Falls er gegen einen Freispruch Berufung einlegte, mußte der Angeklagte trotz des Suspensiveffektes des Rechtsmittels im Gefängnis verweilen.

Gegen die auf die Berufung ergehende Entscheidung stand dem Verurteilten noch das von der Ordonnanz nicht geregelte Rechtsmittel der Revision offen. Begründet werden konnte diese nur mit einer Gesetzesverletzung.
Hintergrund dieses nicht gesetzlich vorgesehenen Rechtsmittels war folgender: Grundsätzlich waren die Berufungsurteile nicht angreifbar. Allerdings verstand man die Richter als Beamte, die für den König Recht sprechen sollten. Für den Fall, daß einer dieser Beamten sich irrte und das vom König gegebene Recht nicht richtig anwandte, sollte dem Verurteilten die Möglichkeit offenstehen, beim königlichen Rat die richtige Anwendung der königlichen Rechtsvorschriften einzuklagen. Das Rechtsmittel war also keine Besonderheit der Ordonnanz von 1670, sondern war vielmehr eine zwingende Folge des Verständnisses, daß die Rechtsprechungsorgane für den König quasi als dessen Vertreter Recht sprachen.[167]

---

164) ESMEIN, "Histoire", S. 245.

165) Titre XXVI art. 1-16.

166) ESMEIN, "Histoire", S. 248.

167) ibidem, S. 249: "Toute justice résidait dans le roi et émanait de lui."

B) Verfahrensanalyse

Im Anschluß an diese Beschreibung des französischen Inquisitionsprozesses soll unter Berücksichtigung zweier Aspekte eine kurze Bewertung erfolgen: erstens die Beurteilung der Funktion des Prokurators und zweitens die sich daraus ergebende Frage, welche Prozeßart dem französischen Inquisitionsprozeß zugrundelag.

I) Funktionsbewertung des Prokurators

1) Die unterschiedlichen Funktionen

Der Prokurator spielte in allen Verfahrensabschnitten eine Rolle:
Durch ihn konnte die Generalinquisition eingeleitet werden (s. A II 1b), sein Antrag nach abgeschlossener Voruntersuchung bildete die Grundlage für entsprechende Maßnahmen zur Einleitung der Spezialinquisition (s. A II 1d), über den Inquirenten stand ihm ein Fragerecht bei den Verhören zu (s. A II 2a), vor den endgültigen Zeugenbefragungen hatte der Richter den Antrag des Prokurators auf Weiterführung des Strafprozesses abzuwarten (s. A II 2b) und das Urteil schließlich konnte er beeinflussen durch seinen endgültigen Antrag (s. A II 3a).
Entsprach der Ausgang des Prozesses nicht den Vorstellungen des Prokurators, konnte er Rechtsmittel einlegen oder hatte im Falle der "vorübergehenden Aussetzung" die Möglichkeit der Wiederaufnahme des Verfahrens.
Im folgenden sollen nun diese Funktionen im Detail bewertet werden.

a) Funktion in der Generalinquisition

Für die Einleitung des Verfahrens spielte der Prokurator von Gesetzes wegen eine nur untergeordnete Rolle[168], de facto aber waren private Ankläger selten, da sie für den Fall des Freispruchs gegenüber dem Angeklagten schadensersatzpflichtig wurden[169].

Nicht zu verkennen ist jedenfalls die Funktion des Prokurators, im Anschluß an die Voruntersuchung den konkreten Antrag auf der Grundlage des 'cahier d'information' zu stellen.
Wenn auch der Richter - wie oben bereits betont wurde - an diesen Antrag nicht gebunden war, so durfte er ohne diesen keine weiteren Schritte einleiten und seine Entscheidung war anfechtbar.

---

168) Titre III Art. 8: "S'il n'y a point de partie civile ..."

169) ESMEIN, "Histoire", S. 244.

Damit hatte der Prokurator eine Schlüsselfunktion, da er die Weichen für die weitere Vorgehensweise stellen konnte. Er legte quasi die Basis für die Entscheidung für oder gegen eine Spezialinquisition.
Insofern ist es auch nicht verwunderlich, daß STEIN[170] sogar von einem "Strafantrag" spricht, der "auf die Ergebnisse der richterlichen Untersuchung begründet" wurde. Er kommt zu folgendem Ergebnis: "Auf diese Weise wurden die 'conclusions' der procureurs du roi zu förmlichen Anklagen ihrem Inhalt wie ihrer Form nach, nur mit dem Unterschied, daß das Untersuchungsverfahren nicht erst auf eine solche Anklage begann, sondern daß sie innerhalb des Prozesses als ein Teil des ganzen Verfahrens auftrat."[171]
Auch PASTORET[172] mißt diesem Antrag erhebliche Bedeutung bei, indem er darauf hinweist, daß durch genaue Bestimmung der Gegenstände, worüber die Zeugen antworten und der Richter urteilen sollten, die Anklage nicht willkürlich durch den Richter geändert werden konnte.[173]

b) Funktion in der Spezialinquisition

Im Rahmen der folgenden Spezialinquisition stand dem Prokurator ein Fragerecht zu. Auch wenn er nur über den untersuchenden Richter die Fragen stellen durfte, so konnte er den Verfahrensverlauf insofern beeinflussen, als er bestimmte Tatsachen zur Sprache brachte. Da von den Verhören Protokolle angefertigt wurden, die vor dem urteilenden Richtergremium verlesen wurden, konnten diese Tatsachen mit in die Entscheidung einbezogen werden.

Nach exakter Kenntnisnahme der Verhörsprotokolle war es wieder der Prokurator, der den nächsten Prozeßabschnitt einleitete: die Entscheidung des Richters, ob das Strafverfahren fortgeführt oder nach zivilprozessualen Grundsätzen abgeschlossen werden würde. Auch hier wieder war zwar der Richter an den Antrag des Prokurators nicht gebunden, aber letzterem stand gegen die Entscheidung ein Rechtsmittel zur Verfügung.[174]

Von Bedeutung war desweiteren der Schlußantrag, den der Prokurator nach endgültiger Tatsachenermittlung unverzüglich zu formulieren hatte. Wenn auch ohne Angabe von Gründen erhielt das Richtergremium noch vor der Urteilsfäl-

---

170) in "Geschichte des französischen Strafrechts", S. 666.

171) ibidem.

172) zit. nach ERHARD, "Des lois pénales", Bd. I S. 79.

173) Die genaue Festlegung des Prozeßgegenstandes ist eigentlich eine Konsequenz des Anklagegrundsatzes (vgl. ROXIN, "Strafverfahrensrecht", § 20 Rz. 1). Ob überhaupt, und wenn, inwieweit dieser wirklich Geltung hatte, soll unten (B II 3) eingehend diskutiert werden.

174) E. HERTZ, "Voltaire und die frz. Strafrechtspflege", S. 44.

lung Kenntnis von diesem Antrag, so daß eine gewisse Beeinflussung möglich war.
Inwieweit die Rechtsmittelbefugnis des Prokurators für den Fall von Bedeutung war, daß das Urteil von seinem Schlußantrag abwich, läßt sich aus heutigem Verständnis nur schwer beurteilen. Im Gegensatz zu heute war die Justiz nicht unabhängig, sondern die Rechtsprechungsorgane waren Vertreter des Königs, die an seiner Stelle das königliche Recht ausübten. Infolgedessen ist es nicht auszuschließen, daß das Einlegen von Rechtsmitteln für die Richter, deren Urteil angegriffen wurde, Konsequenzen nach sich zog.
Zuletzt ist das nicht zu unterschätzende Machtinstrument der Wiederaufnahme im Falle einer "Instanzentbindung" zu nennen. Der Prokurator hatte dadurch nicht nur ein Druckmittel gegenüber dem Angeklagten, sondern auch gegenüber dem entscheidenden Richtergremium, das er immer wieder von neuem heranziehen konnte.

2) Bewertung in der Literatur

Bevor nun aus den oben beschriebenen Einzelaufgaben des Prokurators Schlußfolgerungen gezogen werden über dessen Funktion im Prozeßverlauf, soll ein kurzer Überblick über die in der Literatur vertretenen Positionen gegeben werden.
Auffällig dabei ist zum einen die Vielfältigkeit[175] der verschiedenen Positionen und zum anderen auch die Kontinuität[176], mit der diese Frage behandelt wird.

a) Zeitgenössische Literatur

Bereits MONTESQUIEU schrieb in seinem bekanntesten Werk "De l'esprit des lois" über die Prokuratoren. Zum einen erfüllten sie die Funktion eines Strafverfolgungsorgans[177], so daß es keiner Denunzianten mehr bedürfe. Zum anderen erfüllten sie vor Gericht die Funktion dessen, der Tatsachenermittlung vorantreibe und Anklage erhebe.[178]

---

175) Vom "Prozeßbegleiter" über "eigenständiges Prozeßorgan" zum "objektiven Gesetzeswächter"

176) Bis ins 20. Jahrhundert hat man sich mit der Frage auseinandergesetzt, welche Funktion der Prokurator im Inquisitionsprozeß bekleidete.

177) Liv. VI, chap. VIII: ... que le prince ... prépose un officier ... pour poursuivre en son nom tous les crimes: de sorte que la fonction des délateurs est inconnue parmi nous.

178) Liv. XXVIII, chap. XXXVI: "Je trouve dans les lois de ... une création de l'emploi de procureur du roi, avec les fonctions qu'ont aujourd'hui les nôtres (qui continue "nostram sacram curiam sequi teneatur, instituatur qui facta et causas in ipsa curia promoveat atque prosequatur"). An dieser Stelle sei kurz darauf hingewiesen, daß

Auch im damaligen Universallexikon, in der Enzyklopädie DIDEROTs[179], ist eine Definition zu finden:

> *"Tatsächlich ist der Prokurator sozusagen 'dominus litis' (Herr des Verfahrens); er ist es, der in die Streitigkeit einführt und den Prozeß leitet ..."*[180]

In demselben Beitrag findet man sogar die Feststellung, daß die Prokuratoren in bestimmten Fällen Funktionen erfüllten, "die denen eines Richters sehr nahe" kamen.[181] Dementsprechend wurde die Tätigkeit des Prokurators auch als ausnahmslos ehrwürdig eingeschätzt.[182] Im Rang folgte er unmittelbar den Advokaten[183].
Als "procureur d'office"[184] habe er als Parteivertreter der Öffentlichkeit in Strafverfahren agiert. In dieser Eigenschaft sei er offiziell damit betraut worden, das öffentliche Interesse zu vertreten[185] und habe als Vertreter der Öffentlichkeit[186] gegolten.

PASTORET beschrieb den Prokurator des Königs in deutlicher Abgrenzung zum Privatankläger als öffentlichen Ankläger, dessen Amtspflicht[187] darin bestanden

---

die Bedeutung des Wortes 'prosequi' im Mittelalter erweitert wurde (v. Wartburg, "Frz. etymologisches Wörterbuch", Bd. 9, S. 465, Anm. 'prosequi').

179) Auf die politische Bedeutung dieses Werkes soll im folgenden Kapitel näher eingegangen werden.

180) "Encyclopédie" [Hrsg. DIDEROT/d'ALEMBERT], tome XXVII, Artikel "Procureur", S. 483: "En effet. le procureur est, comme on l'a dit, dominus litis; c'est lui qui introduit la contestation, et qui fait l'instruction ..."

181) ibidem, S. 485: "Les procureurs font en certains cas des fonctions qui approchent beaucoup de celles des juges ..."

182) ibidem: "... elles n'ont rien que d'honnorable ..."

183) ibidem, S. 483: "Le rang des procureurs est immédiatement après les avocats ..."

184) ibidem, S. 490.

185) "Encyclopédie", tome XXIV, Artikel "Parties", S. 329: "Partie publique, c'est celui qui est chargé de l'intérêt public, tels sont ... les procureurs généraux ..."

186) In Anbetracht dessen aber, daß es sich um einen Beamten handelte, der bei Amtsantritt auf die Ordonnanzen, Befehle und Richtlinien des Hofes vereidigt wurde ("Encyclopédie", tome XXVII, Artikel "Procureur", S. 483), trat er wohl eher für königliche denn öffentliche Belange auf.

187) PASTORET spricht von "Pflicht, die die verhaßten Schritte entschuldigen muß, die er zu tun hat" (zit. nach ERHARD, "Des lois pénales", Bd. I, S. 75).
Später offenbart er, wie er die Notwendigkeit eines Pflichtanklägers einschätzt: "Allein, in einem despotischen Staat, wo der süße Name Vaterland unbekannt ist, wo der Mensch unter einer ungeheuren Volksmenge dennoch vereinzelt lebt ... wo man des Egoism bedarf, um sich für das Unglück der Sclaverey zu trösten, in einem sol-

habe, auf Strafe zu klagen, um die der ganzen Gesellschaft gebührende Genugtuung zu verlangen.[188]

b) Literatur der 1. Hälfte des 19. Jahrhunderts

BIENER beschäftigte sich eingehend mit der zunehmenden Kompetenzausweitung der Prokuratoren seit dem 14. Jahrhundert und meinte den Grund dafür darin gefunden zu haben, daß der "königliche Fiscus bei den Confiscationen und Geldstrafen" ein sehr bedeutendes Interesse hatte. Desweiteren verwies er auf das im Mittelalter allgemein wachsende Bedürfnis, Verbrechen verfolgt und bestraft zu wissen.[189]
Die Rolle, die die Prokuratoren dadurch gespielt hätten, sei aber keineswegs vergleichbar mit der eines öffentlichen Anklägers gewesen.[190]
Vielmehr habe die Funktion des Prokurators der Rolle entsprochen, die im kanonischen Recht dem Erstatter einer Strafanzeige zugekommen sei als "promovens/prosequens inquisitionem" (= der die Untersuchung Vorantreibende/Begleitende)[191]. Eine Anzeige inform einer accusatio oder denunciatio[192] bewirkte, daß der Anzeigeerstatter zwar als "Quasi-Assistent" des Inquirenten die Inquisition unterstützen und vorantreiben konnte, jedoch trat er nicht als Ankläger auf.

MITTERMAIER[193] berichtete von einer "Staatsbehörde"[194], an deren Anträge die Richter in der Verfahrensfortsetzung immer gebunden gewesen seien. Damit war nicht die materielle Bindung an den Antrag gemeint, das heißt: der Richter konnte frei entscheiden, jedoch konnte er das Verfahren ohne Staatsbehörde nicht vorantreiben.

---

chen Staate ist die Seele, unfähig einer edlen Sorge für das allgemeine Beste ...", (zit. nach ERHARD, "Des lois pénales", Bd. II S. 176).

188) zit. nach ERHARD, "Des lois pénales", Bd. I, S. 75.

189) BIENER, "Geschichte des Inquisitionsprozesses", S. 200.

190) ibidem, S. 201.

191) ibidem, S. 201.

192) Ursprünglich war eine 'denunciatio' nicht auf die Bestrafung eines Vergehens gerichtet, sondern bezweckte bloße Buße. Erst durch Innozenz III., der das kanonische Recht umfassend reformierte, führte nicht nur die 'accusatio', sondern auch die 'denunciatio' zu einer Inquisition, in deren Verlauf der Denunziant als Beweisführer tätig werden konnte. (BIENER, "Geschichte des Inquisitionsprozesses", S. 57f).

193) in "Dt. Strafverfahren", S. 330.

194) "Staatsbehörde" ist die von Mittermaier gewählte Übersetzung für 'ministère public', deren Beamte er "Staatsprokuratoren" nannte.

Auch HÉLIE[195] betonte das Wechselspiel zwischen Richtern und Prokuratoren, das zwangsläufig aus der Verpflichtung der Richter entstand, vor Übergang ins nächste Prozeßstadium die Anträge der Prokuratoren abzuwarten.

c) Literatur der 2. Hälfte des 19. Jahrhunderts

ZACHARIÄ[196] (1861) zufolge erfüllte der königliche Prokurator eine Doppelfunktion. Er sei teils als amtlich verpflichteter 'promotor inquisitionis' (der die Untersuchung Vorantreibende) teils als Ankläger in der contradiktorischen Verhandlung mit dem Angeklagten aufgetreten.

Auch STEIN berichtete von der Doppelfunktion der Prokuratoren, also 'promotores inquisitionis' und Ankläger zugleich[197].
Über die Anklagefunktion führte er aus, daß die Prokuratoren Ankläger der Verbrecher im Interesse des Königtums gewesen seien. Anfänglich, d. h. im 13. Jahrhundert, hätten sie im materiellen Interesse in Beziehung auf die Bußen gehandelt. Dann aber, d. h. ab dem 14. Jahrhundert, hätten sie auch im ideellen Interesse agiert, nämlich als Vertreter des Prinzips, daß das Königtum der Träger und Schutz der öffentlichen Sicherheit überhaupt sein sollte.[198]

ESMEIN schließlich beschreibt die Funktion der Prokuratoren als einem starken Wandel unterworfen.
Während die Prokuratoren anfangs wie Advokaten die Interessen ihrer Herren vertreten hätten, seien sie im 14. Jahrhundert erst einmal zu Beamten geworden, die einen ordentlichen Gang des Gerichtsbetriebes und Beachtung der Gesetze garantiert hätten.
In diesem Stadium sei der Prokurator noch keineswegs als Ankläger aufgetreten, allerdings hätte er Ermittlungen des Richters von Amts wegen bewirken können. Insofern sei seine Rolle durchaus vergleichbar gewesen mit dem Strafanzeigenerstatter im kanonischen Recht als Promotor.[199]
Allerdings habe sich diese untergeordnete Rolle im Laufe der Zeit so gewandelt, daß die Prokuratoren sich zu wirklichen und einzigen Anklägern entwickelt hätten[200], insbesondere auch in Hinsicht darauf, daß die Privatkläger lediglich Schadensersatz einklagen konnten.[201]

---

195) in "Traité de l'instruction criminelle", Bd. 1 S. 618 : "... le juge ne pouvait avancer le procès qu'avec le concours du ministère public; qu' à chaque phase de le procédure, il devait lui communiquer les pièces et prendre ses conclusions.

196) in "Handbuch", S. 189.

197) in "Geschichte des französischen Strafrechts", S. 665.

198) ibidem, S. 484.

199) Soweit vgl. oben auch BIENER, "Geschichte des Inquisitionsprozesses".

200) ESMEIN, "Histoire", S. 105: "Plus tard, nous verrons s'établir la maxime que le procureur ... est un véritable accusateur, et qui lui seul a droit à ce titre; mais de

d) Literatur des 20. Jahrhunderts

Die Einschätzung, die CARSTEN vornimmt, sticht aus den bisher referierten Meinungen heraus. Er sagt den Prokuratoren sogar die Funktion eines "objektiven Gesetzeswächters" nach, die zu "Hütern der öffentlichen Ordnung überhaupt" geworden seien.[202]
Im Machtkampf zwischen König und den Parlamenten[203], den obersten Gerichten, übernahmen die Prokuratoren die Vermittlerrolle und infolge des Sieges durch den König wuchs auch die Bedeutung der Prokuratoren, die ein über den Gerichten stehendes, die gesamte Rechtspflege beherrschendes Organ darstellten.

A.HERTZ berichtet von einer entscheidenden "Eigentümlichkeit" des französischen Rechts: dem beamteten öffentlichen Ankläger, dem als zweites staatliches Organ neben dem Richter die Initiative der Strafverfolgung oblag.[204] Damit meinte er die Prokuratoren, die zwar ursprünglich nur die Parteianwälte des Königs gewesen seien, dann aber mit dem Verbot der Prozeßführung für Privatpersonen zu Beamten wurden.

SCHÜRER[205] beschrieb die 'procureurs' als eine Einrichtung, die sich nach anfänglicher Anwaltstätigkeit in Privatprozessen zu einer Behörde entwickelt hätte, welche die Verbrechen bei Gericht anzeigte, bei der Untersuchung mitwirkte, die Strafe beantragte und vollstreckte.[206]

---

l'idée première il restera toujours quelque chose; jusqu'au bout, le juge pourra se saisir lui-même de la connaissance du délit."

201) ibidem, S. 221: "... il est vrai de dire qu'il n'y a qu'un véritable accusateur, le procureur ..."

202) CARSTEN, "Geschichte der StA in Deutschland", S. 9.

203) In der Parlamentsjustiz herrschten große Mängel zum einen wegen der Käuflichkeit des Richteramtes, zum anderen in Folge der Tatsache, daß sich die Parlamentarier nicht auf die Rechtsprechung beschränkten. Vielmehr verfügten sie über eine obere Polizeigewalt und einen Anteil der Gesetzgebung, so daß sie sich zu politischen Körperschaften entwickelten (vgl. näheres dazu E. HERTZ, "Voltaire und die Strafrechtspflege", S. 93ff).

204) in "Geschichte des Legalitätsprinzips", S. 9. Nach anfänglich einheitlicher Zugehörigkeit zum Frankenreich habe die verschiedene Entwicklung der strafprozessualen Gesetzgebung sich erst durch die politische Trennung von Deutschland und Frankreich ergeben (durch den Vertrag von Verdun im August 843 wude das ohnehin schon brüchig gewordene Frankenreich in drei Hauptkönigreiche aufgespalten: westfränk. /ostfränk. Reich und Italien, vgl. HARTMANN, "Geschichte Frankreichs", S. 9).

205) in "Entwicklung des Legalitätsprinzips", S. 20

206) Diese Einrichtung der 'procureurs' habe als Vorbild gedient im Zusammenhang mit der Forderung, Verbrechensverfolgung und Anklageerhebung einer besonderen Be-

Auch FELDHAUSEN spricht von einer prozeßbeteiligten Staatsanwaltschaft, die mit der Ausbreitung des inquisitorischen Verfahrens eine sich festigende Stellung als Prozeßorgan einnehmen konnte.[207]

MECKBACH beschreibt die Aufgabe der Prokuratoren so, daß sie nicht nur Untersuchungen einleiten konnten, an denen sie weitgehend mitwirkten, sondern auch Anklage erhoben.[208]

HABER schließlich beschreibt die Prokuratoren als nichtrichterliche Amtsinhaber[209], in deren Zuständigkeitsbereich die Strafverfolgung fiel, allerdings spricht er ihnen ausdrücklich die Funktion eines öffentlichen Anklägers ab in Ermangelung einer öffentlichen mündlichen Hauptverhandlung.[210] Seiner Meinung nach werde die Stellung des Anklägers grundlegend geprägt von der des Angeklagten. "Erst die staatliche Anerkennung einer rechtlich im Strafprozeß zu wahrenden Freiheitssphäre des Angeklagten" habe einen Ankläger vorausgesetzt, der "Träger einer die Person der Angeklagten und den Prozeßgegenstand bestimmt umreißenden Amtsanklage war".[211]

3) Eigene Stellungnahme

Die oben referierten Literaturmeinungen lassen sich grob in drei Hauptrichtungen einteilen: erstens der Prokurator als bloßes Strafverfolgungsorgan ohne Anklagefunktion, zweitens als eigenständiges Prozeßorgan, das neben Strafverfolgung auch Anklagefunktion erfüllt und drittens als objektiver Gesetzeswächter.

---

hörde zu übertragen. Diese Forderung sei geäußert worden, um den im dt. Inquisitionsprozeß bestehenden Mißstand zu beseitigen, daß Strafverfolgung und Aburteilung ein und derselben Person oblagen.

207) in "Geschichte des Strafprozeßrechts", S. 5.

208) in "Inquisitionsrichter und Staatsanwalt", S. 62.

209) in "Strafgerichtliche Öffentlichkeit", S. 34.

210) So stellt er u. a. die Behauptung auf, daß die napoleonische StA erst durch die öffentliche und mündliche Hauptverhandlung die Funktion eines öffentlichen Anklägers verliehen bekam (ibidem, S. 38). Diese Verknüpfung des Öffentlichkeitsprinzips mit dem Anklagegrundsatz ist nicht nur gewagt, sondern m. E. auch falsch. Denn so wie eine nicht öffentliche Verhandlung mit öffentlichem Ankläger vorstellbar ist, so bedarf die öffentliche mündliche Hauptverhandlung nicht zwingend eines öffentlichen Anklägers (z.B. Ordnungswirigkeitsverfahren).

211) ibidem, S. 39. Auch diese Aussage kann widerlegt werden: weil der Anklagegrundsatz den Angeklagten vor richterlicher Willkür schützen soll, entfaltet ein öffentlicher Ankläger tatsächlich nur dann seine volle Funktion, wenn der Angeklagte über eine zu schützende Freiheitssphäre verfügt. Jedoch kann der öffentliche Ankläger durchaus als Kontrollorgan des Richters fungieren, ohne daß dem Angeklagten ausdrücklich eine Freiheitssphäre gewährt wird.

Nur zwei Autoren vertreten die erstgenannte Auffassung: BIENER[212] und HABER[213]. BIENER beschreibt zwar die zunehmende Kompetenzausweitung des Prokurators seit dem 14. Jahrhundert kommt aber über das Mittelalter nicht hinaus. Das hat zur Folge, daß er ein wichtiges Entwicklungsstadium außen vor läßt. HABER hingegen untermauert seine These mit der Verknüpfung von Öffentlichkeitsprinzip und Anklagegrundsatz. Auch diese Auffassung ist wenig überzeugend, da diese beiden Prozeßgrundsätze historisch betrachtet nah beieinander liegen, aber inhaltlich zu trennen sind.
Aber auch die zuletzt genannte Auffassung, der Prokurator habe als objektiver Gesetzeswächter fungiert, vermag nicht zu überzeugen, weil die Kompetenzen dafür nicht ausreichten. Um aktiv über etwas zu wachen, bedarf es effektiver Kontrollmöglicheiten mit Enscheidungskompetenzen.

Den Vorzug verdient die Auffassung derer, die die Doppelfunktion des Prokurators konstatieren, einerseits nämlich das Strafverfolgungsorgan, andererseits das eigenständige Prozeßorgan in ihm sehen.
Nicht nur die Häufigkeit, sondern auch die Regelmäßigkeit, mit der der Prokurator im Laufe des Verfahrens in Funktion trat, ist ein deutlicher Hinweis darauf, daß er ein eigenständiges Prozeßorgan war. Seine Aufgabe war keineswegs auf die Strafverfolgung beschränkt, sondern er hatte auch im Laufe des Prozesses in jeder Phase seine eigene Funktion.
Der Prokurator spielte also nicht nur eine Nebenrolle, im Rahmen derer er den untersuchenden Richter unterstützte, sondern er bekleidete ein Amt, das ihm die Möglichkeit gab, selbständig zu agieren und dadurch eine gewisse Kontrolle über den Richter auszuüben.
Im Gegensatz zum deutschen Inquisitionsprozeß war also der Richter durch die Einschaltung eines Prokurators nicht so allmächtig, daß er nach Gutdünken Ermittlungen anstellen konnte. Allerdings wäre es übertrieben, wenn man den Prokurator als Kontrollorgan des Richters einstufte, da beide Beamte des Königs waren und somit demselben Herrn dienten. Um wirklich die Rolle eines objektiven Gesetzeswächters spielen zu können, hätte der Prokurator wirksamere Waffen in den Händen halten müssen. Er hatte keine Kompetenz, den untersuchenden Richter zu stoppen, sondern er konnte immer nur dem urteilenden Richtergremium die Entscheidung überlassen.
Klar geworden ist dadurch, daß die Einschätzung des Prokurators als "eigenständiges Prozeßorgan" dessen Position am besten umschreibt. Der Prokurator erfüllte zu viele eigene Aufgaben, um ein bloßer Promotor zu sein, aber er hatte zu wenig Kompetenzen um ein wirksamer "objektiver Gesetzeswächter" zu sein.
Gleichgültig, ob man nun den Einschätzungen der Enzyklopädie beipflichtet oder sie als übertrieben einstuft, so wird doch deutlich, daß der Prokurator ein hohes

212) s. o. unter 2b).

213) s o. unter 2d).

Ansehen genoß und seine Rolle im Prozeß als eigenständig beurteilt wurde. Als Vertreter der Öffentlichkeit, der vor Gericht das öffentliche Interesse vertreten sollte, fungierte er jedenfalls nicht nur als bloßer Prozeßbegleiter.

II) Einstufung nach Prozeßart

Nach dieser detaillierten Auseinandersetzung mit der Funktion der Prokuratoren schließt sich folgerichtig die Frage an, unter welche Prozeßart der französische Strafprozeß eigentlich einzuordnen ist. Durch die Beteiligung der Prokuratoren könnten ernsthafte Zweifel daran aufkommen, ob es sich bei diesem Prozeß trotz Beteiligung der Prokuratoren um einen Inquisitionsprozeß handelte.
Zu Beginn des 1. Kapitels[214] sind mehrere Definitionsansätze für den Inquisitionsprozeß vorgestellt worden, von denen der den Vorzug verdiente, der auf die Rollenvereinigung abstellte.[215] Insbesondere die Vereinigung von Ankläger und Richter wurde hervorgehoben.
Versteht man nun den Prokurator zumindest als Strafverfolgungsorgan, wenn nicht sogar als öffentlichen Ankläger, ist die den reinen Inquisitionsprozeß charakterisierende Rollenvereinigung zumindest abgeschwächt, wenn nicht sogar unterbrochen. Es stellt sich folglich die Frage, welcher Prozeßart der französische Strafprozeß vor der Revolution eigentlich angehörte.

1) Einstufung in der Literatur

Einer der wohl ältesten Autoren, der sich mit dem Problem befaßte, war MALBLANK. Er spricht für den Fall, daß das Vorverfahren rein inquisitorisch abgelaufen ist, dann aber ein Ankläger und ein Defensor ernannt wird, von einem 'processum accusatorium mixtum'.[216] MALBLANK führt dann allerdings nicht näher aus, wie genau Ankläger und Verteidiger in Funktion traten. Für die vorliegende Beurteilung kann diese Einschätzung auch allein deshalb schon nicht dienen, weil auch das französische Strafverfahren keinen Verteidiger zuließ.

Von größerem Wert dagegen sind die Einschätzungen, die im Grundsatz von einem inquisitorischen Verfahren ausgehen, das eine Modifikation durch die Beteiligung der Prokuratoren erfuhr.
STEIN konstatiert die "Anwendung des Untersuchungsverfahrens mit öffentlicher Anklage"[217]. ZACHARIÄ wählt die Bezeichnung "processus mixtus", da es

---

214) unter A III.

215) vgl. ROXIN in "Strafverfahrensrecht", SCHÜRER in "Entwicklung des Legalitätsprinzips", KERSEBAUM in "Strafverfolgungspflicht des Staatsanwalts".

216) MALBLANK, "Geschichte der peinlichen Gerichtsordnung", S. 69.

217) STEIN, "Geschichte des französischen Strafrechts", S. 582.

sich um ein inquisitorisches Verfahren "mit gewissen accusatorischen Formen"[218] gehandelt habe.
MECKBACH schließlich spricht vom "modifizierten Inquisitionsverfahren", bei dem die Anklage durch amtlich bestellte Ankläger[219] vertreten worden sei.

Gleichgültig also, welchem Ausdruck man den Vorzug gibt, wird auf alle Fälle deutlich, daß der französische Strafprozeß vor der Revolution mit der Bezeichnung 'Inquisitionsprozeß' nur unzureichend charakterisiert werden kann, weil er offensichtlich auch akkusatorische Spuren enthielt.
Bevor jedoch eine eigene Stellungnahme vorgenommen werden kann, erscheint es sinnvoll, in Abgrenzung zum Inquisitionsprozeß und -prinzip, die Begriffe Akkusationsprozeß und -prinzip zu klären.

2) Begriffsklärung

a) Akkusationsprozeß

Anfangs wurde bereits klargestellt, daß 'Inquisitionsprozeß' eine Verfahrensart beschreibt, während das 'Inquisitionsprinzip' einen Beweisgrundsatz darstellt.
Auch der Begriff 'Akkusationsprozeß' (= Anklageprozeß) umschreibt eine Verfahrensart.[220]
Im "reinen" Anklageprozeß handelt es sich um ein Parteiverfahren, dessen Eröffnung durch Erhebung einer Klage bedingt ist und in dessen Verlauf der Richter als eine Art neutraler Schiedsrichter fungiert. Die Prozeßparteien, Anklagevertreter und Verteidiger, verfügen - etwa wie im deutschen Zivilverfahren - über den Prozeßgegenstand, so daß nur die von der Anklage beigebrachten Tatsachen zur Verurteilung führen. Der Richter hingegen leitet nur die Verhandlung, ohne durch eigene Untersuchungshandlungen die Urteilsgrundlagen zusammenzutragen. Auf diese Weise werden Ermittlungs- und Urteilstätigkeit streng voneinander getrennt. Das sich daraus ergebende Wesen des Akkusationsprozesses läßt sich also in deutlicher Abgrenzung zum rollenvereinigenden Inquisitionsprozeß mit strenger Rollentrennung beschreiben.

b) Akkusationsprinzip

Für die Verfahrenseinleitung gilt im Akkusationsprozeß der Grundsatz des 'Akkusationsprinzips'.[221]

---

218) ZACHARIÄ, "Handbuch", S. 189

219) MECKBACH, "Inquisitionsrichter und Staatsanwalt", S. 48.

220) Im früheren deutschen Recht war das eine Form der Strafverfolgung des Straftäters durch den Verletzten vor Gericht, häufig verbunden mit der Verfolgung zivilrechtlicher Ansprüche (CREIFELDS, "Rechtswörterbuch", Anm. 'Akkusationsprozeß').

Dieser beinhaltet zum einen, daß die Eröffnung einer gerichtlichen Untersuchung durch die Erhebung einer Klage bedingt ist, zum anderen kann das Gericht das anhängige Verfahren nicht auf andere Personen oder andere rechtlich selbständige Taten ausdehnen.
Zwingend setzt er die Rollentrennung von ermittelnder und urteilender Behörde voraus, denn der Richter bedarf eines Klägers, der eine bestimmte Person für eine bestimmte Straftat anklagt.

c) Mischformen

Die oben beschriebene Form des reinen Anklageprozesses läßt durchaus Modifikationen zu.
So ist ein Akkusationsprozeß vorstellbar, in dem Akkusations- und Inquisitionsprinzip nebeneinander bzw. nacheinander gelten.
Bestes Beispiel ist der deutsche Strafprozeß: Ermittlungs- und Urteilstätigkeit werden von zwei voneinander unabhängigen Behörden ausgeführt und die Eröffnung einer gerichtlichen Untersuchung ist durch eine Klageerhebung bedingt. Nach Erhebung der öffentlichen Klage geht jedoch die Verfahrensherrschaft auf den Richter allein über. Das bedeutet, daß mit Eröffnung des Hauptverfahrens das Prinzip der materiellen Wahrheit gilt, nicht mehr die Prozeßparteien, sondern der Richter übernimmt die Wahrheitsermittlung. Die strikte Trennung von ermittelnder und urteilender Behörde wird - zumindest in diesem Verfahrensabschnitt – aufgehoben.
Es gelten somit in einem Akkusationsprozeß Akkusations- und Inquisitionsprinzip nacheinander.[222]

Erheblich komplizierter wird die Diskussion, wenn im Rahmen eines Inquisitionsprozesses auch akkusatorische Formen gelten sollen.
Grundsätzlich nämlich schließt der Inquisitionsprozeß den Anklagegrundsatz aus, da Letztgenannter für die Verfahrenseinleitung zwei voneinander unabhängige Behörden voraussetzt, während der Inquisitionsprozeß von der Strafverfolgung bis zur -vollstreckung alle Aufgaben in der Person des Richters vereinigt.
Trotzdem aber charakterisierten die oben zitierten Autoren den französischen Inquisitionsprozeß als Mischform, als modifiziert durch eine öffentliche Anklage.
Inwieweit tatsächlich eine "öffentliche Anklage" erhoben wurde, bleibt der folgenden Stellungnahme überlassen, als Fazit bleibt, daß es einen Inquisitionsprozeß mit uneingeschränkt geltendem Anklagegrundsatz nicht geben kann.
Vorstellbar dagegen ist ein grundsätzlich vom Richter kontrolliertes Verfahren, in dessen Verlauf ein Organ hinzutritt, das der Richter zu informieren hat und an

---

221) ROXIN, "Strafverfahrensrecht", § 11 Rz. 1.

222) ROXIN spricht vom "Anklageverfahren mit Ermittlungsgrundsatz" ("Strafverfahrensrecht", § 17 Rz. 6).

dessen Anträge er zumindest formell gebunden ist. In diesem Fall ließen sich akkusatorischen Spuren im Prozeßverlauf finden, ohne daß das Wesen des Inquisitionsverfahrens aufgehoben würde. Man könnte von einem mit akkusatorischen Elementen aufgeweichten Inquisitionsprozeß sprechen.

3) Eigene Stellungnahme

Der hier zu beurteilende französische Strafprozeß kommt der zuletzt beschriebenen Mischform des Inquisitionsprozesses am nächsten.
Grundsätzlich nämlich hielt der Richter trotz der Beteiligung von Prokuratoren den Prozeßverlauf so in den Händen, daß er von der Aufnahme der Strafverfolgung bis zur Strafvollstreckung Herr des Verfahrens blieb. Auch wenn die Rolle der Prokuratoren so einzustufen ist, daß sie als eigenständiges Prozeßorgan fungierten, behielt doch letztlich der Richter die Entscheidungskompetenz.
In mehreren Prozeßstadien hatte er den Prokuratoren gegenüber eine Informationspflicht und deren Anträge abzuwarten, allerdings bestand nur eine 'formale Bindung' an diese Anträge. Wichtig war also, daß überhaupt ein Antrag gestellt wurde, inhaltlich hingegen war der Richter frei in seiner Entscheidung.
Das läßt sich beispielhaft an dem der Generalinquisition folgenden Antrag festmachen, den STEIN als "öffentliche Anklage" bezeichnete und dem PASTORET erhebliche Bedeutung beimaß, da durch ihn der Prozeßgegenstand konkret festgelegt worden sei.[223]
Zwar war der Richter formal daran gebunden, d. h. er hatte den Antrag des Prokurators abzuwarten, jedoch ging dieser Antrag auf seine eigenen geheimen Ermittlungen zurück, die er in einem 'cahier d'information' zusammenfaßte. Der Prokurator mußte seinen Antrag also mit den richterlichen Untersuchungsergebnissen begründen. Auch wenn er nicht im Sinne des Richters beantragte, konnte dieser auf der Grundlage seiner eigenen Untersuchungen frei über Verfahrensaufhebung oder Einleitung einer Spezialinquisition entscheiden.

Lediglich eine Einschränkung der richterlichen Verfahrensherrschaft könnte darin bestanden haben, daß zumindest PASTORET zufolge durch den Antrag der Prozeßgegenstand festgelegt wurde, also eine Art 'thematische Bindung'[224] für das Gericht bestand.
Tatsächlich sollten die Zeugenbefragung in der Spezialinquisition und das darauf folgende Urteil sich thematisch auf das beschränken, was in der Generalinquisition ermittelt wurde und im 'cahier d'information' niedergelegt worden war. Allerdings bedeutete das insofern nicht die Einschränkung der richterlichen Verfahrensherrschaft, als der Richter selbst diese Ermittlungen angestrengt und die

---

223) vgl. oben B I 1a).

224) Diesen Ausdruck prägte SCHMIDT, um die dem Akkusationsprinzip entspringende Festlegung des Prozeßgegenstandes durch die Anklage zu umschreiben (Lehrkomm. § 155 Nr. 353).

Ergebnisse im 'cahier d'information' niedergelegt hatte. Nicht der Antrag des Prokurators, sondern die eigenen Ermittlungsergebnisse schafften eine thematische Bindung. Weil Ermittlungs- und Urteilstätigkeit nicht voneinander getrennt waren, konnte der Antrag des Prokurators den Richter nicht thematisch binden und dessen Verfahrensherrschaft ernsthaft einschränken.
Die inquisitionsspezifische Rollenvereinigung war auf diese Weise zwar mit Spuren des Akkusationsprinzips durchzogen, aber eine Geltung des Akkusationsprinzips kann trotz der Beteiligung von Prokuratoren nur ansatzweise konstatiert werden. Der französische Strafprozeß verdiente insofern die Bezeichnung "akkusatorisch angehauchter Inquisitionsprozeß".

III) Absolutistische Spuren

Die Verfahrensanalyse an dieser Stelle zu beenden, führte zur Unvollständigkeit, da die Rolle des Königs bisher vollkommen unbeachtet blieb. Schließlich waren sowohl die Richter als auch die Prokuratoren Beamte des Königs. Letztlich hielt der König die Macht in seinen Händen, und auch wenn man durch die Institution der Prokuratoren im Gegensatz zum deutschen Inquisitionsprozeß der Willkür der Richter gewisse Grenzen setzte, ist es falsch, den französischen Inquisitionsprozeß als willkürlosen Prozeß einzustufen.
Vielmehr regierte auch in Frankreich die absolute Willkür[225], da - wie bereits oben angedeutet - der in der Ordonnanz von 1670 geregelte Ablauf des Inquisitionsprozesses vom Absolutismus geprägt war.

> Unter 'Absolutismus' versteht man die "Durchsetzung des königlichen Willens auf dem gesamten Staatsgebiet mit Hilfe einer vom König abhängigen Bürokratie, eines stehenden Heeres und vom König erhobener Steuern, wobei die königlichen Gerichte das Monopol der hohen Gerichtsbarkeit haben"[226]. Prägend ist folglich die Vereinigung der drei Staatsgewalten in der Hand des absoluten Herrschers ohne jegliche Beschränkung der Machtausübung.[227]
> Zum Selbstverständnis des absolutistischen Herrschers gehört seine Legitimation durch das Gottesgnadentum[228], die ihm die Stellung eines Stellvertreters Gottes auf Erden gibt.[229]

---

225) CONRAD, "Richter und Gesetz", S. 8f.

226) aus: "Staatslexikon" - Recht, Wirtschaft, Gesellschaft -, Bd. 1, S. 37.

227) An dieser Stelle sei kurz darauf hingewiesen, daß sich zwar historisch der Absolutismus mit der Monarchie verknüpft, begrifflich allerdings nicht, weil Inhaber der absoluten Gewalt auch eine Gruppe sein kann (vgl. CREIFELDS, "Rechtswörterbuch", Anm. "Absolutismus").

228) HENSMANN, "Staat und Absolutismus", S. 129.

Das hatte sich auch in der Ordonnanz von 1670 niedergeschlagen, wie zum Beispiel an der Tatsache, daß in zweiter Instanz ausnahmslos königliche Richter urteilten[230].

Desweiteren hatte der König das Recht, den gerichtlichen Ablauf zu stoppen und Gnade vor Recht ergehen zu lassen durch Erteilung einer Art Gnadenbrief[231].

Genauso konnte er aber auch ohne weitere Verhandlung durch einen "Siegelbrief" (lettre de cachet) Strafen nach Gutdünken verhängen, insbesondere Exil oder Gefängnisstrafe. Diese Art der Strafverhängung bedurfte keiner Regelung in der Ordonnanz. Allerdings bestand dazu auch gar keine Notwendigkeit, da der König als "Quelle allen Rechts" ("la source de toute justice") als einziger das Privileg hatte, über Freiheit und Eigentum der Bürger zu entscheiden.[232]

Zwar hatte der König die Ausübung der rechtsprechenden Gewalt grundsätzlich auf seine Justizbeamten übertragen, konnte aber jederzeit nach eigenem Gutdünken intervenieren.

Bei Zweifeln und Schwierigkeiten in der Anwendung eines königlichen Gesetzes durften die Gerichte dieses grundsätzlich nicht interpretieren, sondern der Rechtsfall mußte dem König vorgelegt werden. Entscheidend war der Wille des Königs als Gesetzgeber.[233]

Aufschlußreich ist in diesem Zusammenhang der von ESMEIN zitierte Satz aus den Protokollen der Ordonnanz: "Das wahre Wesen der Strafjustiz, die sich das Recht des Schwertes nennt, ist ein Recht der Blutrache des Königs gegenüber seinen Untertanen, das - genau gesagt - in der Hand seiner Majestät liegt, der es seinen Beamten überträgt."[234]

Die Funktion der am Prozeß beteiligten Beamten konnte also ganz schlicht mit "Handlanger des Königs" umschrieben werden.

Aus dem Gesetzesauslegungs- und Ergänzungsverbot der Richter folgt einerseits, daß der König als Gesetzgeber fungierte, und andererseits die mangelnde Unab-

---

229) Im Gegensatz dazu verfügt im aufgeklärten Absolutismus der Herrscher über eine Staatszwecken dienende Macht und sieht sich als ersten Diener seines Volkes (HENSMANN, "Staat und Absolutismus", S. 94).

230) Titre XXVI, art. 6 der Ordonnance 1670.

231) Man unterschied in Titre XVI. vielfältige Varianten der "Lettres de grâce", vgl. nähere Ausführungen bei ESMEIN, "Histoire" S. 253ff.

232) ibidem, S. 257.

233) dazu im näheren CONRAD, "Richter und Gesetz", S. 8ff.

234) ESMEIN ("Histoire", S. 214) aus "Procès verbal de l'Ordonnance de 1667", S. 15-17: "La véritable propriété de la justice (criminelle), qui s'appelle ius gladii, est un droit de sang sur les sujets du Roi, résidant - à proprement parler - en la main de sa Majesté, qui le communique à ses officiers."

hängigkeit des Richters durch die Bevormundung des Gesetzgebers[235] in der Gesetzesauslegung.
Vermag es da noch zu erstaunen, daß die damalige Strafrechtspflege als "schwarz von Willkürherrschaft und rot von Menschenblut"[236] beschrieben wird? Auch die Beteiligung von Prokuratoren änderte daran nicht viel, da auch diese als Beamte gegenüber dem König weisungsgebunden waren. Die oben dargestellte 'eigenständige Funktion' der Prokuratoren gab dem König vielmehr eine zusätzliche Möglichkeit, den Prozeß zu steuern.
Das System krankte also nicht nur an der mangelnden Kontrolle durch Gewaltenteilung sowie an einer nicht existierenden richterlichen Unabhängigkeit. Vielmehr wurde der gesamte Prozeßverlauf durch den König kontrolliert, indem er die Schlüsselfunktionen mit seinen Beamten besetzen konnte. Die Kontrolle konnte auch insofern perfekt funktionieren, als mehrere Beamte beteiligt wurden. Auf diese Weise erhielt nicht ein Beamter umfassende Macht, deren Mißbrauch befürchtet werden mußte, sondern durch gute "Portionierung" der Macht kontrollierten sich die Beamten gegenseitig.
Die Beteiligung von Prokuratoren zu absolutistischen Zeiten war also bestens geeignet, den königlichen Einfluß auf die Justiz zu potenzieren. Was auch immer mit der Institution der Prokuratoren ursprünglich bezweckt worden war, konnte der Absolutismus daraus ein wirksames Instrument der Prozeßkontrolle durch den König entwickeln.

Im folgenden wird jedenfalls zu untersuchen sein, inwieweit die Institution der Prokuratoren mittlerweile so eng an ein Königtum gebunden war, daß sie mit dem Sturz Ludwigs XVI. ihre Existenzberechtigung verloren haben könnte. Die sich daran anschließende Frage betrifft die Nachfolge der Prokuratoren. Diese könnte durch den sog. öffentlichen Ankläger angetreten worden sein, ein Institut, das erst zu Revolutionszeiten auftaucht.
Um allerdings diverse Zusammenhänge zu erfassen, soll zuvor der geschichtlichen und philosophischen Entwicklung Aufmerksamkeit geschenkt werden.

235) ibidem, S. 21.

236) GLUECK, in seiner Ansprache anläßlich der Verleihung der Beccaria-Medaille am 12. 12. 1964 (in "Beccaria und die Strafjustiz").

3. Kapitel: Philosophische Hintergründe am Vorabend der Revolution

Nach dieser Darlegung des vorrevolutionären Strafprozeßrechts sollen zunächst die philosophischen Hintergründe am Vorabend der Revolution beleuchtet werden.
Als nämlich im Laufe des 18. Jahrhunderts die Aufklärungsphilosophen die alte Gesellschaftskonzeption verwarfen, hatte dieses vornehmlich Auswirkungen auf das Staatsverständnis. Allerdings ergaben sich auch Konsequenzen für den Bereich des Straf- und Strafprozeßrechts.
In den folgenden Ausführungen soll deshalb auch das Augenmerk auf die staatstheoretischen Erneuerungen gerichtet werden, um das Verständnis der Auswirkungen auf das Straf- und Strafprozeßrecht zu erleichtern.

A) Montesquieu

Als "Begründer der konstitutionellen Staatslehre"[237] und "Vater der Kriminalpolitiker"[238] bezeichnet, ist an erster Stelle Montesquieu zu nennen. Bereits 1721 spielte er in seinen "Persischen Briefen" auf die Reformbedürftigkeit des Kriminalrechts an. Herausragend aber war sein 1748 publiziertes Werk "De l'Esprit des Lois", in dem er gewissermaßen ein "Reformprogramm"[239] niederlegte.
So war er der Meinung, daß die richterliche Gewalt von keinem ständigen Senat, sondern "von Personen ausgeübt werde, die zu bestimmten Zeiten des Jahres in einer durch das Gesetz vorgeschriebenen Weise aus der Mitte des Volkes entnommen werden (wie in Athen), um ein Gericht zu bilden, welches nur so lange dauert, als die Notwendigkeit es erfordert".[240]
Nachdrücklich forderte Montesquieu die Verhältnismäßigkeit zwischen Verbrechen und Strafe[241] und wandte sich gegen die Willkür in der Strafrechtspflege.[242]
Ganz deutlich nahm er jedoch Position ein gegen die Popularanklage zugunsten eines vom Fürsten zu benennenden Beamten, der in dessen Namen zu verfolgen

---

237) HETTNER, "Geschichte der frz. Literatur", S. 253.

238) BÖHMER, "Handbuch der Litteratur des Criminalrechts", S. 859.

239) FISCHL, "Einfluß der Aufklärungsphilosophie", S. 29.

240) MONTESQUIEU, "De l'esprit des lois", Buch XI Kap. 6, übersetzt von Fortmann S. 134.

241) ibidem, livre VI, chapitres IX et XVI; livre XII, chap. IV.

242) ibidem, livre XII, chapitre IV: "C'est le triomphe de la liberté, lorsque les lois criminelles tirent chaque peine de la nature particulière du crime. Tout l'arbitraire cesse; la peine ne descend point du caprice du législateur, mais de la nature de la chose ..."

habe[243]. Bezeichnenderweise nannte er diesen Beamten den "vengeur public", den öffentlichen Rächer.[244]
Gegen eine Popularanklage mußte schon Montesquieus feudalistische Haltung sprechen. Denn wird er auch heutzutage als der Vater des Gewaltenteilungsprinzips hochgehalten, darf man nicht außer Acht lassen, daß er deutlich zwischen dem Volk und den priviligierten Schichten unterschied[245]. Montesquieu wandte sich mit seinen Schriften an die "Geisteselite aller Völker" und schrieb als "Staatsmann für Staatsmänner".[246] Sein eigentliches Ziel bestand daher wohl eher in der Wiederherstellung der aristrokratischen Vorrechte und der vorabsolutistischen Ordnung[247].
Das veranlaßt auch HABER zu der These, Montesquieu habe nur dem Adel eine zentrale Stellung im Staatsgefüge verschaffen und sichern wollen[248], sein Werk "De l'Esprit des Lois" beinhalte daher keine Begründung der Rechtsprechungsgewalt des Volkes, sondern bloße Verneinung einer richterlichen Gewalt des Königs.[249]

B) Die Enzyklopädisten

1751 wagte Diderot mit seiner bis 1780 insgesamt auf 35 Bände angewachsenen Enzyklopädie[250] Angriffe auf die geltende Ordnung.

---

243) ibidem, livre VI, chapitre VIII: "Nous avons aujourd'hui une loi admirable: c'est celle qui veut que le prince, établi pour faire exécuter les lois, prépose un officier dans chaque tribunal, pour poursuivre, en son nom, tous les crimes: de sorte que la fonction des délateurs est innconnue parmi nous."

244) ibidem, livre VI, chapitre VIII a. E.

245) ibidem, Buch III, 4. Kapitel, "Das Prinzip der Aristokratie", übers. von Fortmann: "Das Volk, welches hier zu den Adligen in demselben Verhältnis steht wie die Untertanen zum Monarchen, wird durch die Gesetze in Schranken gehalten ... Die aristokratische Regierung besitzt in sich selbst eine gewisse Kraft, welche der Demokratie fehlt. Die Adligen bilden hier eine Körperschaft, welche durch ihre Vorrechte und besonderen Interessen das Volk in Schranken hält."

246) FISCHL, "Einfluß der Aufklärungsphilosophie", S. 37.

247) HENSMANN, "Staat und Absolutismus", S. 94.

248) HABER, "Strafgerichtliche Öffentlichkeit", S. 74.

249) ibidem, S. 77.

250) Die in den Jahren 1751/52 erschienenen beiden ersten Bände führten den Titel: "Encyclopédie ou Dictionnaire raisonné des sciences, des arts et des métiers, par une société de gens de lettres, mis en ordre et publié par Mr. Diderot, de l'académie royale des sciences et des belles lettres de Prusse, et quant à la partie mathématique par Mr d'Alembert, de l'académie royale des sciences de Paris, de celle de Prusse et de la société royale de Londres" (vgl. HETTNER, "Geschichte der frz. Literatur", S. 274).

Dabei handelte es sich zum einen um eine Art Universallexikon, das nicht nur Nachschlagewerk für alle auf jedem Gebiet sein sollte, sondern auch neuestes Wissen vermitteln und als Sprachrohr religiöser, politischer und sozialer Ideen zu dienen bestimmt war. Zum anderen sollte eine "science universelle" entwickelt werden, d. h. alle Bereiche des menschlichen Geistes waren so miteinander zu verbinden, daß jede Wissenschaft auf möglichst wenige Prinzipien zurückzuführen war.[251]

Auf diese Weise wurde die Enzyklopädie zu einem Sammelbecken aller geistigen Strömungen des zeitgenössischen Frankreichs[252]. Ihr Ziel bestand in der Aufklärung und Erweiterung des Leserwissens.

Die einzelnen Beiträge der Autoren, deren Anzahl auf mittlerweile 178 geschätzt wird[253], bestanden teilweise aus reiner Kompilation, häufig aber stellten sie originäre Beiträge auf allen möglichen wissenschaftlichen Gebieten dar. Sie beschränkten sich nicht auf nur rein sachliche Erläuterungen, sondern übten auch durchaus versteckte Kritik, für die die Verfasser selbst die Verantwortung trugen.[254] Aufgrunddessen sind die Urteile über die politische Bedeutung dieser Enzyklopädie auch sehr kontrovers.[255]

Die Partei, zu der sich die Schriftsteller dieser Enzyklopädie vereinigten, nannte sich selbst die philosophische Partei[256], ein Zeitgenosse soll sie sogar - laut HETTNER zu Recht[257] - als "Die heilige Konföderation gegen Fanatismus und Tyrannei" bezeichnet haben. Zum engsten und prominentesten Kreise der Schriftsteller gehörten d'Alembert, Boucher d'Argis, Condorcet, Diderot, Holbach, de Jaucourt, Quesnay, Rousseau, Turgot und Voltaire.[258]

---

251) WEIS, "Geschichtsschreibung und Staatsauffassung", S. 2.

252) ibidem S. 1.

253) ibidem S. 7.

254) HETTNER ("Geschichte der frz. Literatur", S. 274) beschreibt die Enzyklopädie sogar als "riesige Belagerungsmaschine und Angriffswaffe."

255) WEIS, "Geschichtsschreibung und Staatsauffassung", S. 17ff.

256) im näheren dazu E. HERTZ, "Voltaire und die frz. Strafrechtspflege", S. 122f.

257) HETTNER, "Geschichte der frz. Literatur", S. 279/80: "... war es für jenes Zeitalter in der Tat eine volle geschichtliche Wahrheit, wenn CABANIS in der Einleitung zu seinem Buch über die "Rapports du physique et du moral de l'homme" mit einem freilich etwas übrerschwenglichen Ausdruck die Enzyklopädisten "la sainte confédération contre le fanatisme et la tyrannie" nannte."

258) Im Verzeichnis der Autoren des Werkes wird auch Montesquieu genannt, allerdings enthält das Werk nur ein nachgelassenes Fragment zum Artikel "Goût". Nicht zu verkennen ist hingegen die mittelbare Mitwirkung Montesquieus durch sein Werk 'De l'esprit des lois', dessen Inhalt in den Artikeln seiner Bewunderer beinahe reproduziert ist (WEIS, "Geschichtsschreibung und Staatsauffassung", S. 7).

Von diesen sind hier vor allem Diderot, Rousseau und Voltaire von Bedeutung, da sie sich, wie im folgenden näher zu klären sein wird, deutlich gegen das bestehende Rechtssystem aussprachen. Boucher d'Argis und de Jaucourt hingegen beschränkten sich darauf, das geltende Strafrecht in einer lediglich referierenden Art darzustellen[259], während sich die übrigen Genannten hauptsächlich anderen Sachgebieten widmeten[260].

Obwohl die Enzyklopädisten vielmehr Reformen als eine Revolution erstrebten, versuchten insbesondere die Jesuiten und Jansenisten[261] die Herstellung und den Vertrieb dieses Werkes zu unterbinden.[262] Trotzdem gelang es Diderot immer wieder Wege und Mittel zu finden, sein Werk erfolgreich fortzusetzen. Seine Taktik soll darin bestanden haben, in denjenigen Abhandlungen, in welchen die Behörde am sichersten verfängliche Stellen erwarten mußte, kluge Vorsicht walten zu lassen, in den anderen dagegen Kampf mit offenem Visier zu wagen.[263]

Im folgenden soll nun nach einem kurzen Blick auf die Reformen eine kleine Auswahl einzelner Beiträge exemplarisch einen Eindruck von den Autoren der Enzyklopädie vermitteln.

I) Die Reformen

Man würde die Enzyklopädie falsch einschätzen, wenn man in ihr eine geschlossene Staatslehre finden wollte. Laut WEIS trug dazu nicht nur die Vielzahl der untereinander sehr verschiedenen Mitarbeiter bei, sondern auch die deutliche Unterscheidung zwischen Theorie und Praxis. Während erstere die verschieden-

---

259) FISCHL, "Einfluß der Aufklärungsphilosophie", S. 34.

260) D'Alembert sowie Condorcet verfaßten Artikel auf mathematischem Gebiet, Holbach schrieb als Chemiker. Quesnay und Turgot äußerten sich als Ökonomisten in volkswirtschaftlicher Hinsicht.

261) Beim Jansenismus handelt es sich um eine der großen frühneuzeitlichen Bewegungen der katholischen Theologie. Ausgelöst wurde sie durch das Buch "Augustinus" des niederländischen Theologen Jansen, der Teile der durch Augustinus entwickelten Kirchenlehre in Frage stellte und von den Jesuiten deshalb heftig bekämpft wurde. Da sich viele Opponenten des Königs um diese Bewegung scharten, nahm sie im Laufe der Zeit einen eher politischen Charakter an. 1711 durch die Bulle des Papstes verworfen, führte diese Bewegung zu einer Spaltung der Kirche und des Volkes (vgl. HARTMANN, "Geschichte Frankreichs", S. 33).

262) 1752 gelang ihnen das zum ersten Mal, 1757 zum zweiten und 1758 zum dritten Mal (vgl. STACKELBERG, "Diderot", S. 34).
Dabei kam Diderot laut WEIS (in "Geschichtsschreibung und Staatsauffassung", S. 8) sehr zustatten, daß Jesuiten und Jansenisten einander so verhaßt waren, daß gemeinsame Aktionen undenkbar waren.

263) HETTNER, "Geschichte der frz. Literatur", S. 279.

sten Folgerungen zuließ, zeigte die Anwendung dieses Staatsdenkens auf die Verhältnisse und Probleme der eigenen Zeit wesentlich traditionsgebundenere Züge.[264]

Einigkeit herrschte jedoch insoweit, als der Staat seinen Charakter als göttliche Institution verlor und anstatt den Anspruch zu erheben, Selbstzweck zu sein, nunmehr nur noch seiner Bürger halber da zu sein hatte.[265]

In ihren Augen war zwar die Demokratie die ideale Staatsform, da sie jedoch deren Einführung für nicht realisierbar hielten, strebten sie auf lange Sicht eine "monarchie limitée" an.[266] Darunter verstand man eine Monarchie, in der Gewaltenteilung durchgeführt wurde und das Volk durch seine Repräsentation an der Legislative teilnahm.[267]

Die Staatsauffassung der Enzyklopädisten ist also eher als gemäßigt einzuschätzen; sie dachten eher an Reformen als an eine generelle Änderung der bestehenden politischen Verhältnisse.[268]

Insofern ist es auch gar nicht abwegig, daß HERTZ zu folgendem Schluß kommt:

Wenn auch die Revolution das zu verwirklichen versuchte, was von der Literatur vertreten wurde, war sie doch nicht das Werk der Aufklärer.[269]

Die von den Enzyklopädisten geplanten Reformen erstreckten sich allerdings auf weite Teile des öffentlichen Lebens: u. a. Reform und Humanisierung des Strafrechts[270], Meinungs- und Pressefreiheit[271], Neuordnung der Wirtschaft[272], Armen- und Krankenfürsorge [273], Beseitigung der Mißstände infolge des Privilegienwesens[274].

---

264) WEIS, "Geschichtsschreibung und Staatsauffassung", S. 174.

265) E. HERTZ, "Voltaire und die frz. Strafrechtspflege", S. 124f.

266) WEIS, "Geschichtsschreibung und Staatsauffassung", S. 203.

267) DIDEROT, Denis aus dem Artikel "Monarchie" [abgedr. in "Encyclopédie", tome XXII. (MOB-NLA)]: Monarchie limitée, sorte de monarchie où les trois pouvoirs sont tellement fondus ensemble, qu'ils se servent l'un à l'autre de balance et de contrepoids."

268) HENSMANN, "Staat und Absolutismus", S. 104.

269) E. HERTZ, "Voltaire und die frz. Strafrechtspflege", S. 145.

270) Das wird im 3. Hauptteil (8. -11. Kap.) erörtert werden.

271) WEIS ("Geschichtsschreibung und Staatsauffassung", S. 214) führt das auf die in der Enzyklopädie vertretenen Grundprinzipien der Toleranz und der individuellen Freiheit zurück.

272) WEIS (ibidem, S. 210) verweist darauf, daß alle damals vorhandenen nationalökonomischen Richtungen in der Enzyklopädie vertreten wurden: sowohl merkantilistische wie physiokratische und freihändlerische Theorien im Sinne Turgots.

273) WEIS (ibidem, S. 212) betont, daß die Sorge um die notleidenden Volksschichten nicht nur die Kritik am Reichtum der Priviligierten, sondern auch an der Ver-

Ein Großteil dieser Reformen findet sich bereits in dem Reformpaket Turgots, der 1774 von Ludwig XVI. als Generalkontrolleur der Finanzen ins Amt berufen wurde. Turgot war Anhänger der Physiokraten[275] und hatte einige Artikel der Encyklopädie[276] verfaßt.[277]
Reorganisierung der Armenfürsorge, Steuergerechtigkeit, Abschaffung der Feudalrechte, allgemeine Handels- und Gewerbefreiheit und Dezentralisation gehörten zu den Hauptforderungen Turgots. Er wurde aber bereits 1776 entlassen, ohne daß es zur Verwirklichung dieser Reformen kam.
Manche Autoren haben das Scheitern dieser Reformen sogar als Grund dafür bezeichnet, daß es "nur die Revolution vorbereiten konnte"[278] bzw. deshalb "eine andere Revolution"[279] zu erwarten gewesen sei.

II) Diderot

Diderot war nicht nur Herausgeber der Enzyklopädie, sondern hat auch zahlreiche Artikel selbst verfaßt, nach neuester Schätzung stammen mehrere Tausend Artikel aus seiner Feder.[280]
HETTNER sagte ihm "wahrhaft wunderbare Vielseitigkeit und Beweglichkeit nach".[281] Er schrieb über Metaphysik, Psychologie, Sitten- und Staatslehre, Kunst, Handwerk und Handel, vertiefte sich in Mathematik, Physik, Physiologie, Geschichte, Kunst- und Literaturgeschichte und verfaßte Romane und Dramen.

---

schwendungssucht bei Hofe umfaßt. Unter Verweis auf den von Jaucourt verfaßten Artikel "mendiant" (Bettler) habe sich allerdings grundsätzlich die Haltung gegenüber der Armenfürsorge von der herkömmlichen Praxis unterschieden.

274) WEIS (ibidem, S. 216) macht auf Diderots Ironie in dessen Artikel über erbliche Privilegien aufmerksam, weist aber gleichzeitig auch darauf hin (ibidem, S. 217), daß kein Artikel expressis verbis die Aufhebung der Privilegien fordere.

275) In seinem Werk "Staat und Absolutismus im Denken der Physiokraten" verweist HENSMANN darauf, daß es eigentlich keine allgemein anerkannte Definition für die physiokratische Lehre gibt (S. 1ff). Zumindest kann man eine Zuordnung zum Wirtschaftsliberalismus und zu den Strömungen der Aufklärung vornehmen. Auch wenn HENSMANN (ibidem S. 15) von einer eigenständigen Staatslehre der Physiokraten ausgeht, so soll hier der Hinweis auf die Nähe zum aufgeklärten Absolutismus (despotisme éclairé) genügen.

276) "Existance", "Etymologie", "Expansabilité", "Fondation" von 1756.

277) im näheren dazu HENSMANN, "Staat und Absolutismus", S. 223ff.

278) ROSCHER, "Geschichte der Nationalökonomik", S. 480.

279) ALFF, "Zur Einführung in Beccarias Leben und Denken", in BECCARIA, "Über Verbrechen und Strafen", S. 28.

280) STACKELBERG, "Diderot", S. 35.

281) HETTNER, "Geschichte der frz. Literatur", S. 295.

Neben gesetzlicher Moral soll er eine übergesetzliche Moral zugelassen haben, die er jedoch von krimineller Moral wegen der Gesetzeswidrigkeit abgrenzte.[282]
Im Rahmen seines engen Briefkontaktes zu Katharina von Rußland behandelte er politische Fragen in eingehendem Maße, wenn ihn auch wie in den politischen Artikeln der Enzyklopädie die äußeren Umstände zur Zurückhaltung zwangen. Er verabscheute das bestehende Willkürregime, legte Mittel und Absichten des Absolutismus offen.[283]
In seinem Artikel "*Autorité politique*" im ersten Band der Enzyklopädie propagierte Diderot einen Gesellschafts- und Herrschaftsvertrag, der dem Monarchen lediglich eine abgeleitete Stellung mit vertraglichen Grenzen zugestand[284]. Dem Zusammenschluß zur Gemeinschaft, dem eigentlichen Gesellschaftsvertrag, folge die Übertragung der Regierungsgewalt an einen oder mehrere Mitglieder der Gesellschaft, dem Herrschaftsvertrag.
Dahinter stand Diderots Feststellung, daß kein Mensch von Natur aus das Recht hat, über andere zu herrschen.[285] Die Regierungsgewalt sei nicht das Gut eines einzelnen, sondern ein öffentliches Gut (bien public), das dem Volk folglich niemals entrissen werden könne. "Nicht der Staat gehört dem Regierungsoberhaupt, sondern das Regierungsoberhaupt gehört zum Staat"![286]

III) Rousseau

Rousseau hingegen erachtete in seinem 1762 veröffentlichen *"Contrat social"*[287] unter radikaler Ablehnung eines solchen Herrschaftvertrages allein den Gesellschaftsvertrag für den entscheidenden Ausgangspunkt einer Staatsbildung[288].

---

282) Dieses Problem der Moral behandelte Diderot wohl eingehender in seiner Erzählung "Entretien d'un père avec ses enfants" von 1773 und in einem Theaterstück "Est-il bon? est-il méchant?" von 1781 (vgl. HETTNER, "Geschichte der frz. Literatur", S. 326).

283) In "Principes de la politique des souverains" von 1775 muß diese Abscheu besonders zum Vorschein gekommen sein (vgl. HETTNER, "Geschichte der frz. Literatur", S. 327).

284) DIDEROT, Denis aus dem Artikel "Autorité politique", Encyclopédie, 1751, [abgedr. in "Oeuvres complètes de Diderot", tome V, Encyclopédie I (Lettre A)]: "... la première loi que la religion, la raison et la nature leur imposent est de respecter eux-mêmes les conditions du contrat qu'ils ont fait, de ne jamais perdre de vue la nature de leur gouvernement ..."

285) ibidem: "Aucun homme n'a reçu de la nature le droit de commander aux autres."

286) ibidem: "Le gouvernement ... n'est pas un bien particulier, mais un bien public, qui par conséquent, ne peut jamais être enlevé au peuple ..."
Ce n'est pas l'Etat qui appartient au prince, c'est le prince qui appartient à l'Etat."

287) Der komplette Titel lautet: "Du contrat social ou Principes du droit publique".

Wie Rousseau die bestehenden gesellschaftlichen Verhältnisse einschätzte, wurde bereits in seiner Abhandlung "De l'inégalité" aus dem Jahre 1754 deutlich:

> *"Der wahre Gründer unserer Gesellschaft ist derjenige, dem es als erstem gelang, ein Terrain abzugrenzen, sich dann unterstand zu sagen: 'Das gehört mir!' und auf Menschen traf, die dumm genug waren, das zu glauben."*[289]

Sein Ziel war es,

> *"eine Gesellschaftsform zu finden, die mit aller Kraft die Person und die Güter jeden Gesellschaftsmitgliedes schützt und verteidigt, und durch die jeder, obgleich mit allen vereint, nur sich selbst gehorcht und frei bleibt wie zuvor".*[290]

Für die Strafrechtstheorien seiner Zeit war Rousseaus Lehre vom Gesellschaftsvertrag insoweit von Bedeutung, als er das Wesen des Verbrechens als Vertragsbruch beschrieb, das den Täter gegenüber der Staatsgewalt rechtlos mache. In strenger Konsequenz trat er dann auch für die Todesstrafe ein.[291] Genauso wie Montesquieu betonte aber Rousseau, daß es dem Gesetzgeber mehr auf Prävention als auf Repression ankommen müsse. Belohnung der Tugend war für ihn deshalb ein wichtiges Ziel, das auch in der Erziehung beherzigt werden sollte.[292]

---

288) ROUSSEAU, "Du contrat social ou Principes du droit politique", übersetzt von Denhardt/Bahner, 1. Buch, 4. Kapitel: "Da kein Mensch eine von der Natur verliehene Gewalt über seinesgleichen hat und da die Stärke kein Recht gewährt, so bleiben also die Vereinbarungen als die einzige Grundlage jeder rechtmäßigen Gewalt unter den Menschen übrig.

289) ROUSSEAU, "Discours sur l'origine et les fondements de l'inégalité parmi les hommes": "Le premier qui ayant enclos un terrain s'avisa de dire: Ceci est à moi, et trouva des gens assez simples pour le croire, fut le vrai fondateur de la société civile"
Mit diesen berühmt gewordenen Worten beschrieb ROUSSEAU die Vernichtung des Naturzustandes, in dem vermeintlich allgemeine Gleichheit bestanden haben sollte.

290) ROUSSEAU, "Du contrat social", Livre premier Chapitre VI - Du pacte social: "Trouver une forme d'association qui défende et protège de toute la force commune la personne et les biens de chaque associé, et par laquelle chacun, s'unissant à tous, n'obéisse pourtant qu'à lui-même, et reste aussi libre qu'auparavant"

291) ROUSSEAU, "Contrat social", II. Buch, 5. Kapitel.

292) Dieses drückt er aus in seinem "Discours sur l'économie politique" (III) mit den Worten "Laßt die Tugendhaftigkeit regieren!"(Faites régner la vertu!). Dabei handelt es sich um Ausführungen, die ROUSSEAU für einen Artikel der Enzyklopädie schrieb und in deren V. Band sie 1755 publiziert wurden.

Gleichgültig, ob man nun Rousseau als Verfechter der Volkssouveränität[293] oder egalitärer Volksherrschaft[294] versteht oder auch in ihm eher den Moralisten als den Politiker[295] sieht, hat er mit dem Werk "Contrat social", das 1762 - genauso wie sein Buch "Émile" - in Genf vernichtende Kritik erfuhr, einen Wegbereiter für die Déclaration des droits de l'homme et du citoyen von 1789 geschaffen.[296] Auch der Verfassungsentwurf der Bergpartei von 1793[297] sollte seine Handschrift tragen.[298]
HETTNER beschreibt ihn als gleichzeitigen Erben und Gegner der Aufklärung, da er zwar den Haß gegen den bestehenden Staat geteilt habe[299], allerdings aus anderen Beweggründen und mit einem anderen Ziel.[300]
WEIS hingegen geht so weit, ihn als Gegensatz zu den Enzyklopädisten darzustellen, da Rousseau radikal mit der Vergangenheit gebrochen habe, während die Enzyklopädisten bei der Neugestaltung des Staats viel mehr an eine Kombination von bewährten Einrichtungen und Maximen gedacht hätten.[301]

---

293) HETTNER ("Geschichte der frz. Literatur", S. 439) begründet diese Position mit den gesellschaftlichen Verhältnissen, in die Rousseau als Kind eines Genfer Bürgers 1707 hineingeboren wurde: eine von der Bürgerschaft so heftig umkämpfte Patrizierherrschaft, daß sie mit den Gracchischen Unruhen im alten Rom vergleichbar war.

294) HABER, "Strafgerichtliche Öffentlichkeit", S. 74.

295) JOUVENEL, "Essai sur la politique de Rousseau", S. 16f.

296) Art. 1er de la déclaration: "Les hommes naissent et demeurent libres et égaux en droits."

297) Vgl. unten im 7. Kapitel B III.

298) Art. 3 de la déclaration: "Tous les hommes sont égaux par la nature et devant la loi. Art. 8: Il [le peuple] nomme immédiatement ses députés."

299) Den "Discours sur l'origine et les fondements de l'inégalité parmi les hommes" beschreibt HETTNER als "leidenschaftlichen Aufschrei der Armen und Gedrückten" und als "feurige und entschlossene Kriegserklärung gegen die Grundlagen und Einrichtungen der herrschenden Staatsform" ("Geschichte der frz. Literatur", S. 462).

300) HETTNER, "Geschichte der frz. Literatur", S. 438: "Wie wundersam ist es, daß mitten in einer glänzenden und bildungsreichen Zeit unversehens ein Mann antritt, welcher diese Bildung, Wissenschaft und Literatur als nichtiges und verderbliches Flitterwerk brandmarkt und dafür die Einfalt der Natur und die Größe schlicht bürgerlicher Tugend predigt, ja im Vergleich zur Überfeinerung und Verweichlichung der gebildeten Welt sogar den Urzustand der Wilden mit den glühendsten Farben als mustergültig und beneidenswert preist, dem Bildungsstolz den Naturstolz entgegenstellt!"

301) WEIS, "Geschichtsschreibung", S. 219.

IV) Voltaire

Voltaire, der zunächst als Dichter seine Laufbahn begann, entwickelte erst seit 1754 "im halben Exil"[302] lebend und fern der Hofluft seine wahre schriftstellerische Tätigkeit.[303]
An den ersten Bänden der Enzyklopädie war er auch nicht beteiligt, sondern erst seit dem 6. Band[304].
Laut HERTZ[305] gelangte Voltaire erst mit seinem Engagement für Jean Calas[306] auf den Höhepunkt, der ihn zu dem großen Schriftsteller werden ließ, den die Geschichte als "Wohlthäter der Menschheit"[307] pries. Erst als er sich als fast 70-jähriger Greis der Unschuld des Jean Calas noch nach dessen Exekution annahm, soll er den Kampf gegen die bestehende Strafrechtspflege eröffnet haben.[308]
Tatsächlich ist es beachtlich, daß es Voltaire gelang, eine Revision dieses Verfahrens einzuleiten und drei Jahre nach der Exekution eine völlige Rehabilitation

---

302) E. HERTZ, "Voltaire und die frz. Strafrechtspflege", S. 141.

303) ibidem, S. 142ff. Auch HETTNER ("Geschichte der frz. Literatur", S. 161f) spricht von der letzten und in vieler Beziehung wichtigsten Epoche in VOLTAIREs Leben, die von seinem Wahlspruch "Rottet den niederträchtigen Aberglauben aus!" (Écrasez l'infâme!) geprägt wurde. Das Zitat taucht 1759 erstmals in der Korrespondenz mit Mme d'Epinay auf (in NAVES, Brief Nr. 138) und wird heute noch als Aufruf zum Kampf gegen Intoleranz und religiösen Wahn gebraucht (vgl. DUDEN, Bd. 12, S. 128).

304) Laut CLARAC erschienen die Bände II-VII in den Jahren 1752-1757: vgl."Le XVIIIe Siécle", S. 212.

305) E. HERTZ, "Voltaire und die frz. Strafrechtspflege", S. 142.

306) Jean Calas, ein protestantischer Kaufmann aus Toulouse soll den Freitod seines am 13. 10. 1761 verstorbenen Sohnes aus Furcht vor der Schande für die Familie verheimlicht haben. Der ermittelnde Beamte, davon überzeugt, daß der Sohn von seiner Familie ermordet wurde, da er Katholik werden wollte, ließ keine Gelegenheit aus, um jede Spur zu verwischen. So beraubte man Calas sämtlicher Verteidigungsmittel, verurteilte ihn trotz mangelnden Schuldbeweises auf der Basis entfernter Indizien, deren Quantität die Qualität ersetzen mußte. Vgl. detaillierte Darstellung der Calasschen Prozeßgeschichte bei E. HERTZ, "Voltaire und die frz. Strafrechtspflege", 4. Kapitel.

307) HETTNER beschreibt ihn sogar als den "Bekämpfer des Fanatismus, Rächer des verletzten Gesetzes, Freund und Beschützer der Leidenden und Bedrückten" ("Geschichte der frz. Literatur", S. 163/164).

308) E. HERTZ, "Voltaire und die frz. Strafrechtspflege", S. 157ff. Auch FISCHL ("Einfluß der Aufklärungsphilosophie", S. 45) kommt zu dem Ergebnis, daß der Prozeß der Familien Calas und Sirvens und des jungen la Barre Voltaire den Anstoß gaben, um "in flammenden Schriften die Geister aus dumpfer Gleichgültigkeit zum Kampf gegen das Unrecht weckte".

Calas' sowie eine Entschädigung für diesen Justizmord zu erreichen.[309] Dem Engagement im Prozeß Calas folgte rege Anteilnahme an weiteren Justizmorden[310], die Voltaire zwar nicht verhindern, deren Opfer er allerdings zumindest zugunsten der Familien rehabilitieren konnte.
Wie Montesquieu trat auch er für das richtige Verhältnis zwischen Verbrechen und Strafe ein.[311] Von beachtenswertem Engagement Voltaires gegen das geltende Strafrecht der Ordannanz von 1670 berichtet FISCHL[312]: nicht nur das geheime Verfahren, auch die Anwendung der Folter, die gesetzliche Beweistheorie und mangelnde Verteidigungsmöglichkeiten des Angeklagten prangerte er an.[313] Voltaire erwartete wohl "Rettung aus den trostlosen Rechtszuständen" durch Abschaffung zweier Grundübel: Käuflichkeit der Richterstellen und Vereinheitlichung des Strafrechts[314].

In seinem philosophischen Lexikon aus dem Jahre 1764 verlieh Voltaire seiner Unzufriedenheit über den französischen Staat in folgendem Wortwechsel Ausdruck[315] :

> *"In welchem Staat, unter welcher Herrschaft wollten Sie am liebsten leben?", fragt der Berater. - 'Überall, nur nicht bei mir', antwortet sein Partner ... Ein weiteres Mal fragt der Europäer: 'Welchem Staat geben Sie den Vorzug?' Der Brahmane antwortet: 'Dem Staat, in dem man einzig und allein dem Gesetz gehorcht. - 'Das ist eine bekannte Antwort', entgegnet der Berater. 'Deshalb ist sie aber nicht schlechter als andere',*

---

309) Die genaueren Hintergründe sind von HERTZ im 5. Kapitel zusammengetragen, vgl. "Voltaire und die frz. Strafrechtspflege", S. 186ff.
In diese Epoche ist auch Voltaires Werk "Traité sur la tolérance à l'occassion de la mort de Jean Calas" einzuordnen, das im Sommer 1763 in Genf als anonymes Werk gedruckt wurde.

310) - Pierre Paul Sirven, der Protestant, der aus Haß gegen den Katholizismus seine Tochter ertränkt haben sollte;
- Jean François de la Barre, der angeblich ein Kruzifix von einer Brücke gestürzt hatte;
- François Joseph Montbailli, dem Mord an der eines natürlichen Todes verstorbenen Mutter nachgesagt wurde;
- General Lally, dem Verrat beim Indienfeldzug vorgeworfen wurde.

311) VOLTAIRE, "Commentaire", Chap. II et X.

312) FISCHL, "Einfluß der Aufklärungsphilosophie", S. 50f.

313) VOLTAIRE, "Commentaire", Chap. XII.

314) VOLTAIRE, "Commentaire", Chap. XIII.

315) VOLTAIRE (alias François-Marie AROUET), "Dictionnaire philosophique", Kapitel "États, Gouvernements - Quel est le meilleur?"

sagt der Brahmane. 'Und wo befindet sich dieses Land?', fragt der Berater. Der Brahmane antwortet: 'Man muß es suchen.'"[316]

In diesem Wortwechsel bekennt Voltaire eindeutig, daß in dem Frankreich, in dem er lebt, nicht einzig und allein das Gesetz regiert, sondern vielmehr die Willkür.

Politisch stand Voltaire aber trotzdem auf dem Boden des aufgeklärten Despotismus. Demokratische Gedanken, wie sie Rousseau äußerte, kann man von ihm nicht erwarten, da er die niederen Volksmassen, die von ihrer Hände Arbeit lebten, für durchaus bildungsunfähig hielt und der Überzeugung war, daß diese Schicht des Volkes sich niemals aus dem Zustand geistiger Barbarei erheben werde[317].

STACKELBERG beschreibt das Verhältnis der drei genannten Philosophen sogar so: *"Voltaire plus Rousseau gleich Diderot"*[318]. Damit will er aber nicht nur die polaren Spannungen zwischen Voltaire und Rousseau beschreiben, sondern auch Diderots Ideen- und Empfindungsreichtum hervorheben.[319]

Die Bedeutung Voltaires, insbesondere auch für Strafrechtspflege, wird von einigen Autoren sehr hoch eingeschätzt, da er durch sein - wenn auch spätes - Engagement im Rahmen der bereits erwähnten Prozesse die desolaten Zustände der Strafsrechtspflege aufdeckte.[320] Noch ein Jahr vor seinem Tod trat er 1777

---

316) -Dans quel État, sous quelle domination aimeriez-vous mieux vivre? dit le conseiller. - Partout ailleurs que chez moi, dit son compagnon ... - Mais, encore une fois, dit l'Europeén, quel État choisiriez-vous?" Le brame répondit: "Celui où l'on n'obéit qu'aux lois. - C'est une vieille réponse, dit le conseiller. - Elle n'en est pas plus mauvaise, dit le brame. - Où est ce pays-là?" dit le conseiller. Le brame dit: "Il faut le chercher."

317) VOLTAIRE, Brief an E. N. Damilaville vom 1. April 1766 [abgedr. in "Les oeuvres complètes de Voltaire" Bd. 114, Correspondence and related documents XXX].

318) STACKELBERG, "Diderot", S. 10.

319) ibidem.

320) FISCHL, "Einfluß der Aufklärungsphilosophie", S. 44: "... von noch gewaltigerem Einfluß auf sein ganzes Zeitalter, auf die ganze Aufklärungsbewegung, deren anerkannter Führer er war, befand sich Voltaire."
E. HERTZ, "Voltaire und die frz. Strafrechtspflege", S. IV: "Voltaires Eintreten für die Reform des Strafrechts verdient deshalb eingehend geschildert zu werden, weil es den Mittelpunkt jener Bewegung bildet, die sich in Frankreich um die Mitte des XVIII. Jahrhunderts gegen das alte Strafrecht erhob und zum völligen Zusammenbruch desselben in der Revolution führte. Durch Voltaire gerieth diese Bewegung erst in Fluss."
HETTNER, "Geschichte der frz. Literatur", S. 136: "Der Grundgedanke und die epochemachende That Voltaires besteht darin, daß er der Stifter und das Haupt jener französischen Aufklärungsphilosophie wurde, welche gegen die Satzungen und

dadurch hervor, daß er ein Preisausschreiben der ökonomischen Gesellschaft zu Bern finanziell unterstützte[321], in dem ein Plan für eine vollständige Kriminalgesetzgebung[322] verlangt wurde.[323]

C) Die Enzyklopädie und die Strafrechtspflege

I) Stellung des Angeklagten

Schlägt man nun mit diesem Wissen die Enzyklopädie auf, um über Strafrechtspflege nachzulesen, erstaunt die deutliche Kritik am bestehenden System nicht mehr.

Im Artikel "Angeklagter"[324] findet man folgende Ausführungen:

> *"Kann man sich dessen sicher sein, daß im Strafprozeß immer die Regel beachtet wird, von der sich nie zu entfernen die Humanität uns gebietet? ... Man kann kriminell sein, ohne angeklagt zu sein; man kann angeklagt sein, ohne kriminell zu sein ... Erst wenn er [ein Zeuge] Aussagen macht, die so beweiskräftige Indizien beinhalten, um legalerweise anzunehmen, daß der Angeklagte schuldig ist, ...erst ab dann ist auch der Moment, ab dem der Justiz verziehen werden kann, ihn mit Härte zu behandeln ...*[325]
> *Vor allem gibt es eine Sache, die empfindlichen Gemütern Kummer bereitet: es ist die Tatsache, daß man den Angeklagten sämtlicher Verteidiger beraubt. Es ist die Tatsache, daß man ihm die Namen und Aussagen der Zeugen vorenthält, die gegen ihn gesammelt wurden ...*

Überlieferungen der herrschenden römischen Kirche ankämpfte und die großen Entdeckungen und Anschauungen Newtons und Lockes zur Grundlage und zum Wesen der allgemeinen Denkart zu erheben suchte."

321) Er erhöhte den ausgesetzten Preis auf 100 Louis d'or (s. dazu auch im 8. Kap. A).

322) Verlangt wurde ein vollständiger, bis ins Einzelne eingehender Gesetzesentwurf, welcher nicht nur alle Verbrechen samt den für sie angemessenen Strafen und alle Beweisarten und Rechtsvermutungen nach Wesen und Stärke zu enthalten hatte, sondern auch den Weg angeben sollte, der im Strafprozeß hinsichtlich der Beweisfrage einzuschlagen sei.

323) Zur Erläuterung dieses Preisausschreibens verfaßte Voltaire die wenn auch kurze Schrift *"Prix de la Justice et de l'humanité"* (vgl. BÖHMER, "Handbuch der Litteratur des Criminalrechts", S. 207).

324) "Encyclopédie", tome I. (A-AKR)/partie II., Artikel "Accusé", S. 382ff.

325) "Peut-on se flatter que la procédure criminelle suive toujours cette règle dont l'humanité lui crie de ne s'écarter jamais? ... On peut être criminel, sans être accusé; l'on peut être accusé, sans être criminel ... Mais s'il fait des dépositions, d'assez puissans indices pour faire présumer légalement que l'accusé est coupable ... c'est aussi dès ce moment seul que la justice est pardonnable d'agir avec rigueur contre lui."

Terrasson bemerkt in seiner 'Geschichte der römischen Jurisprudenz", daß in Rom einem Angeklagten bis zu vier Verteidigern zugestanden wurden ...[326]
Welchen Nachteil würde man darin sehen, diesem würdigen und freien Prozeß bei uns zu folgen, aus dem, wie man so schön gesagt hat, die römische Großzügigkeit atmet; während unser Prozeß nichts anderes widerzuspiegeln scheint als Schüchternheit, Mißtrauen und die Lust zu überrumpeln. Woher kommt es, dem Angeklagten nicht sofort die Belastungszeugen zu nennen und ihm eine Kopie von deren Aussagen zu geben? Woher kommt es, dem Angeklagten zu verbieten, mit einem Verteidiger darüber zu beraten?
Die Ehre und das Leben der Menschen sind etwas so Wertvolles, daß sie ihrer nicht beraubt werden dürfen, wenn nicht zuvor alle Mittel zu deren Erhaltung ausgeschöpft wurden."[327]

Hier wird ganz deutlich, daß man dem Angeklagten zum ersten Mal Rechte zubilligte. Nicht nur ein Recht auf Verteidigung sollte bestehen, sondern man ging grundsätzlich von der Unschuld des Angeklagten aus, die es erst einmal zu widerlegen galt, bevor man irgendwelche staatliche Härte als gerechtfertigt ansah. Der Autor des Artikels spricht mit einer nicht zu verhehlenden Abneigung über den französischen Kriminalprozeß. Auffallen muß da insbesondere "die Lust zu überrumpeln" *(l'envie de surprendre)*, denn damit wird den Richtern nicht nur unverhohlen die Unparteilichkeit abgesprochen, sondern auch ein gewisser Sadismus unterstellt.
Hingewiesen sei an dieser Stelle auch auf die offensichtliche Bewunderung, die man insbesondere den Römern zollte. Auch der Verweis auf die Engländer be-

326) Il est une chose sur-tout qui fait peine aux âmes sensibles, c'est qu'un accusé soit dénué de conseils; c'est qu'on lui cache le nom et les dépositions des témoins qu'on a rassemblés contre lui ... Terrasson, dans son 'Histoire de la Jurisprudence Romaine, observe qu'à Rome on donnoit à l'accusé jusqu'à quatre défenseurs ...

327) Quel inconvénient trouveroit-on à suivre parmi nous cette procédure noble et franche qui respiroit, comme on l'a si bien dit, toute la magnanimité romaine, tandis que la nôtre semble n'annoncer que la timidité, la défiance, l'envie de surprendre? D'où vient ne nommerait-on pas toute de suite les témoins à l'accusé , et ne lui donneroit-on pas une copie de leurs dépositions? D'où vient lui seroit-il défendu d'en conférer avec un conseil? ... L'honneur et la vie des hommes sont quelque chose d'assez précieux, pour qu'on ne doive les leur ravir qu'après avoir épuisé tous les moyens de leur conserver."

gegnet dem Leser der Enzyklopädie nicht selten[328] und verbirgt meist eine versteckte Kritik an Frankreichs Regime.[329]

II) Der König als Inhaber der rechtsprechenden Gewalt

Etwas versteckt im Artikel über "Richter" findet man die Information, daß

> *"die gesamte Justiz vom König ausgeht, sei es durch seine Beamten oder andere Personen, die aufgrund eines Privilegs oder anderer Bewilligung in den Genuß kommen."*[330]

Nicht weniger aufschlußreich sind die Erklärungen, mit denen die Funktion der königlichen Prokuratoren[331] beschrieben wird:

> *"Sie verfolgen alle Angelegenheiten, die den König* ***oder*** *die Öffentlichkeit angehen."*[332]

Dementsprechend ist im Artikel über den Kriminalprozeß zu lesen:

> *"Es sind die Leute des* ***Königs****, die Strafverfolgung und Verbrechensbestrafung durch die Obrigkeit* ***im Namen der Gesellschaft*** *durchführen."*[333]

Anhand dieser Ausführungen wird die Gleichschaltung von König und Öffentlichkeit deutlich. Der König vertrat die Gesellschaft, so daß die Vertreter des

---

328) Auch ESMEIN unterstreicht das Augenmerk der Enzyklopädisten auf ausländische Staaten, insbesondere auf die Römer und Engländer, vgl. "Histoire" S. 358f.

329) So läßt DIDEROT beispielsweise keine Zweifel darüber aufkommen, daß für ihn die in England praktizierte "parlamentarische Monarchie" dem französischen System vorzuziehen ist. (vgl."Encyclopédie", tome XXII., Artikel "Monarchie" s. monarchie limitée: "La monarchie limitée ... paroît être la meilleure forme de monarchie, parce que ... le corps législatif y est composé de deux parties ... Tel est le gouvernement de l'Angleterre ...").

330) "Encyclopédie", tome XIX. (JON-LIEU) partie I., Artikel "Juges", S. 177: "Toute justice en France est émanée du roi, soit qu'elle soit exercée par les officiers ou par d'autres personnes qui en jouissent par un privilège ou concession."

331) Zur kurzen Erinnerung sei darauf hingewiesen, daß es sich dabei um nichtrichterliche Amtsträger mit Strafverfolgungskompetenz handelt.

332) "Encyclopédie", tome XXVII. (POSA-PYX)/partie II., Artikel "Procureur" s. procureur du roi, S. 491: "Les procureurs du roi poursuit à sa requête toutes les affaires qui intéressent le roi ou le public."

333) "Encyclopédie", tome I. /partie II., Artikel "Action" s. action criminelle, S. 471: "Ce sont les gens du roi qui poursuivent la vindicte publique."
Für den Terminus 'la vindicte publique' ist die wörtliche Übersetzung (= die öffentliche Rache) wenig aussagekräftig. Deshalb wird hier der sinngemäßen Wiedergabe der Vorzug gegeben (vgl."Le petit Robert", S. 2393, Anm. 'vindicte').

Königs gleichzeitig zu Vertretern der Öffentlichkeit wurden. Der König war quasi die Öffentlichkeit.[334]

Selbst hundert Jahre später (1845) ist genau diese Vermengung königlicher und öffentlicher Interessen von HÉLIE aufgegriffen worden. Zur Entstehungsgeschichte der Staatsanwaltschaft führt er folgendes aus:

> *"Aber als sich das Königtum anschickte, das Zentrum aller Interessen des Staates zu werden ..., wurde er [der König] zum einzigen Repräsentanten der Gesellschaft, und **die Interessen der Allgemeinheit vermengten sich mit seinen eigenen Interessen**. So floß in die juristischen Regeln ein, daß der König, als Repräsentant des Staates, nicht nur die Strafverfolgung der Verbrechen aufnehmen mußte, die Unruhen verursachten, sondern auch daß er an dieser Ahndung interessiert war. Diese Maxime stellte den wahren Ursprung der Staatsanwaltschaft dar."*[335]

III) Der König als "Verwalter" der rechtsprechenden Gewalt

Jedoch deutete man diese Ausführungen falsch, wenn man in ihnen die Zustimmung der Enzyklopädisten zum bisherigen Kriminalprozeß sehen wollte. Dieser trug allenthalben zur Aufrechterhaltung der absolutistischen Herrschaft bei, dessen Anhänger die Enzyklopädisten nun keinesfalls waren.

Anders als in einem absolutistischen Staat, in dem der Monarch die gesamte Staatsgewalt in seiner Hand hält[336], wird in DIDEROTs Artikel über das Staatsoberhaupt[337] betont, daß dem Souverän nur so viel Macht durch das Volk übertragen wird, wie er benötigt, um seiner Aufgabe gerecht zu werden.
Diese seine Funktion sollte nämlich darin bestehen, die Gesellschaft, die sich aus gleichen Individuen[338] zusammenfügt, zu lenken.[339] Das Staatsoberhaupt sollte eine Ruhe und Ordnung zwischen den Bürgern herstellen, die

---

334) Diese Entwicklung ist bereits im vorhergehenden Kapitel erwähnt worden im Zusammenhang mit der Entstehungsgeschichte der Prokuratoren (s. 2. Kap. A I).

335) HÉLIE, "Traité de l'instruction criminelle", Bd. 1, S. 472: "Mais quand la royauté tendit à devenir le centre de tous les intérêts de l'État, ... il devint le seul représentant de la société, et les intérêts généraux se confondirent avec ses interêts particuliers. Alors il entra dans les formules juridiques que le roi, représentant de l'État, devait poursuivre la répression des crimes qui y jetaient le désordre, et qu'il avait interêt à cette répression. Cette maxime fut la véritable source du ministère public."

336) DIDEROT beschreibt das in seinem Artikel "MONARCHIE ABSOLUE", weist aber auf eine deutliche Unterscheidung zum Despotismus und zur Willkürherrschaft hin ("Encyclopédie", tome I., S. 103).

337) "Encyclopédie", tome XXXI. (SI-SUBU)/partie II., Artikel "Souverains", S. 539ff.

338) ibidem, S. 539: "... chaque individu est egal à un autre ..."

"das Eigentum sichert, die Schwachen vor den Unternehmungen der Starken schützt, Leidenschaftlichkeit durch Strafe mäßigt, Tugendhaftigkeit durch Lohn fördert".[340]

Dazu gehörte auch die Macht,

> *"diejenigen zurückzudrängen, die die anderen im Genuß ihres Besitzes, in ihrer Freiheit oder ihrer Person stören".*[341]

Das beinhaltete das Recht,

> *"Gerichtshöfe einzurichten und Justizbeamte einzusetzen, die die Schuldigen bestrafen nach bestimmten und unveränderbaren Regeln".*[342]

Bei all diesen Ausführungen muß sich jedoch der Leser darüber im klaren sein, daß DIDEROT im Hinterkopf hatte, daß es das Volk ist, das den König als Staatsoberhaupt mit dieser Macht ausstattet.

> *"Die Souveränität geht ursprünglich vom Volk aus."*[343]

> *"Das rechtmäßige Fundament dieser Errungenschaft ist die Zustimmung oder der Willen des Volkes."*[344]

Ein Hauptbestandteil der Souveränität ist *"das Recht, Strafen zu verhängen gegenüber denjenigen, die die Gesellschaft in ihrer Ordnung stören"*[345], also das sogenannte ius puniendi[346].

---

339) ibidem, S. 539: "Ce sont ceux à qui la volonté des peuples a conféré le pouvoir nécessaire pour gouverner la société ...
Leur pouvoir et leurs droits ne sont fondés que sur le consentement des peuples ... ils deviennent légitimes, que lorsque le consentement des peuples a confirmé aux souverains les droits dont ils s'étoient emparés."

340) ibidem, S. 540: "... pour assurer leurs possessions, pour protéger les faibles contre les entreprises des forts, pour retenir les passions par des peines et encourager les vertus par des récompenses."

341) ibidem, S. 541: "... réprimer ceux qui voudroient troubler les autres dans la jouissance de leurs possessions, de leur liberté, de leur personne ..."

342) ibidem, S. 541: "... le droit d'établir des tribunaux et des magistrats qui rendent la justice et qui punissent les coupables suivant des règles sûres et invariables."

343) "Encyclopédie", tome XXXI., aus Artikel "Souveraineté", S. 542: "La souveraineté réside originairement dans le peuple."

344) ibidem, S. 543: "... le seul fondement légitime de cette acquisition est le consentement ou la volonté du peuple."

345) ibidem, S. 543: "La seconde partie essentielle de la souveraineté est le droit d'établir des peines contre ceux qui troublent la société par leurs désordres ..."

Da aber *"Souveränität nur zum öffentlichen Wohl existiert"*[347], folgt daraus der logische Schluß. daß der vom Volk beauftragte König dieses ius puniendi nur zugunsten des öffentlichen Wohles ausüben darf, keinesfalls aber aus eigenen Machtbestrebungen.
So kommt es dann auch zu Feststellungen wie

> *"Gute Machthaber wissen, daß sie im Grunde die Verwalter der Macht sind nur zum Wohl des Staates."*[348]

Unterstrichen werden diese Ausführungen durch die Definition "Verbrechen":

> *"... ist eine Verletzung der sowohl natürlichen wie zivilen Gesetze, die darauf gerichtet ist, die öffentliche Ordnung zu stören, so daß diese an einer gerichtlichen Verfolgung interessiert ist, oder einem einzelnen einen solchen Klagegrund gibt, so daß die Tat eine Bestrafung verdient."*[349]

Deutlich wird hier, daß entweder die Gesellschaft oder ein Einzelner vor dem verbrecherischen Verhalten eines anderen geschützt werden soll. Nicht mehr die vom König vorgegebene Ordnung, sondern die Gesellschaft und ihre einzelnen Mitglieder sollten vor Übergriffen geschützt werden.
OVERBECK macht auf die Anlehung an MONTESQUIEU aufmerksam, verweist aber darauf, daß die Betonung utilitaristischer Gesichtspunkte in der Enzyklopädie weit über MONTESQUIEU hinausginge, da dem Souverän nur noch aus Nützlichkeitserwägungen ein Recht zu Strafverhängung gegeben sei.[350]
Auch in den Ausführungen zum Thema "Strafe" wird unmißverständlich als oberster Strafzweck das allgemeine Wohl[351] bzw. die Sicherheit und Ruhe der Gesellschaft[352] bezeichnet.

---

346) An dieser Stelle sei auf einen Beitrag neueren Datums hingewiesen, in dem der Autor Zweifel an der rechtlichen Legitimität des Straf-"Rechts" des Staates äußert, KLOSE, in ZStW 1974 (Bd. 86), S. 33ff.

347) "Encyclopédie", tome XXXI., aus Artikel "Souveraineté", S. 543: "La souveraineté n'existe que pour le bien public ..."

348) "Encyclopédie", tome XXVII., aus dem Artikel "Pouvoir", S. 185: "Les bons princes savent qu'ils ne sont dépositaires du pouvoir que pour le bonheur de l'état."

349) "Encyclopédie", tome IX. (CON-CRI)/Partie II., aus dem Artikel "Crime", S. 921: "violation des lois tant naturelles que civiles, et qui tend à troubler l'ordre public, de manière que la vindicte publique y est interessée, ou fait à quelque particulier un grief tel que le fait mérite punition."

350) v. OVERBECK, "Das Strafrecht der fanzösischen Encyklopädie", S. 29.

351) "Encyclopédie", tome XXV. (PAUX-PIZ)/Partie I., aus dem Artikel "Peine", S. 62: "Le bien public est Le Grand but des peines ..."

352) ibidem, S. 61: "Le principal et dernier but des peines est la sûreté et la tranquillité de la société ..."

Unter Hinweis auf Plato stellt Diderot fest, daß *"die vollendete Glückseligkeit eines Königreiches"* darin bestehe,

> *"daß die Untertanen ihrem König gehorchen, der König dem Gesetz gehorcht und das Gesetz redlich geschaffen sein soll und sich immer am öffentlichen Wohl orientiert"*[353].

Denn über eines scheinen sich die Enzyklopädisten klar zu sein, und das ist die Notwendigkeit einer Kontrolle über den Machthaber durch Beschränkung der Macht.
Man findet Äußerungen wie:

> *"Die Erfahrungen aller Zeiten lehrt, daß, je umfassender die Macht der Menschen ist, desto größer die Versuchung* (wörtl.: *Leidenschaft) ist, sie zu mißbrauchen."*[354]

Aus diesen Ausführungen läßt sich entnehmen, daß die Enzyklopädisten den Absolutismus ablehnten und damit verbunden auch die Gesetze, die zu dessen Aufrechterhaltung beitrugen.
Allerdings kann man diese Kritik nicht offen finden, sondern erst durch paralleles Lesen der Artikel wird sie deutlich.
WEIS beschreibt diese Vorgehensweise zwar als "taktisch vorsichtig, aber im Grunde doch unmißverständlich".[355]
OVERBECK beschreibt es als Eigentümlichkeit der Enzyklopädie, "einerseits Älteres, Überlebtes ohne ein Wort der Kritik darzustellen, während an anderen Stellen die modernsten Gedanken kühn und vorsichtig zugleich, ans Licht dringen".[356] Ihn verwundert, daß ein Werk, das "dem Kampf für Humanität und Aufklärung" dienen sollte, "die kaltblütigsten Schilderungen barbarischer Strafen" enthält.[357]

Erst die hier vorgenommene Zusammenstellung verschiedenster Artikel läßt jedenfalls erkennen, daß die Enzyklopädisten dem Inquistionsprozeß den Krieg erklärten.

---

353) "Encyclopédie", tome X. (CRITH-DINW)/Partie II., aus dem Artikel "Déspotisme", S. 793: "... que la parfaite félicité d'un royaume est qu'un prince soit obéi de ses sujets, que le prince obéisse à la loi, et que la loi soit faite droit et toujours dirigée au bien public."

354) "Encyclopédie", tome XXXI., aus Artikel "Souveraineté", S. 540: "L'expérience de tous les temps apprend, que plus le pouvoir des hommes est grand, plus leurs passions les portent à en abuser."

355) WEIS, "Geschichtsschreibung und Staatsauffassung", S. 218.

356) v. OVERBECK, "Strafrecht der Enzyklopädie", S. 57.

357) ibidem.

Anstelle eines geheimen schriftlichen Verfahrens ohne Verteidigungsmöglichkeiten für den Angeklagten sollte ein Verfahren eingeführt werden, das die Rechte des Angeklagten gebührend beachtet und klaren, unveränderbaren Regeln folgt.
Mehr oder weniger verdeckt forderten sie eine Neukonzeption des Kriminalprozesses, da sie sich durchaus dessen bewußt waren, daß der von Willkür geprägte Kriminalprozeß ein Machtpfeiler für den König war.

Auch wenn die Enzyklopädisten keine Revolution anstrebten, so vertraten sie doch Gedanken, die auf eine Revolution hinauslaufen mußten.

D) Beccaria

Am Ende dieses Kapitels sei noch ein kurzer Blick auf einen der bedeutensten "juristischen Außenseiter"[358] seiner Zeit hingewiesen.
Berühmt wurde der erst 1738 geborene BECCARIA mit seinem Werk "Dei delitti e delle pene"[359], das 1764 anonym ohne Angabe des Druckorts in Livorno erstmals erschien.
Beccaria wurde durch die Enzyklopädisten stark beeinflußt [360], da er als Mitglied des Mailänder Diskussionskreises "accademia dei pugni"[361] ("Akademie der Fäuste") in den Erörterungen dieser Gesellschaft die Hauptwerke der französischen Aufklärung kennenlernte. Die von diesem Kreis herausgegebene Zeitschrift "Il Caffè" ("Das Kaffeehaus") wurde eine Art journalistische Enzyklopädie, in der alle Themen auf unterhaltsame Weise behandelt wurden.[362]
Laut WEIS[363] und E. HERTZ[364] standen aber auch die Enzyklopädisten unter dem Einfluß der Strafrechtslehre Beccarias, zumindest in den später geschriebenen Artikeln.

---

358) NASS, in FS "Zweihundert Jahre später", S. 9.

359) deutsche Übersetzung: BECCARIA, "Über Verbrechen und Strafen", von Alff.

360) BECCARIA soll in seinen Briefen an den Enzyklopädisten Morellet, der sein Werk ins Französische übersetzte, häufiger geäußert haben, daß er den Enzyklopädisten viel zu verdanken habe (vgl. NASS, in FS "Zweihundert Jahre später", S. 11).

361) Mitglieder dieser Gruppe waren u. a. die Grafen Pietro und Alessandro Verri, der Mathematiker und Physiker Paolo Frisi, der Nationalökonom und Öffentlichrechtler Alfonso Longo und der Natonalökonom Carli. Im Hinblick auf die Rücksichtslosigkeit rationalen Argumentierens muß es in den Diskussionen wie im Eisernen Zeitalter zugegeangen sein (vgl. ALFF, "Zur Einführung", S. 14).

362) ALFF, "Zur Einführung", S. 31.

363) WEIS, "Geschichtsschreibung und Staatsauffassung", S. 214.

364) E. HERTZ, "Voltaire und die frz. Strafrechtspflege", S. VI, der zu Ehren Beccarias sogar seinen Grundsatz brach, ausnahmslos französischen Aufklärern in seinem Werk Aufmerksamkeit zu schenken.

Tatsächlich muß Beccarias Werk "Dei delitti e delle pene" von umwälzender Bedeutung gewesen sein. GLUECK geht sogar so weit, einen Vergleich mit Galilei, Newton, Darwin und Einstein zu wagen.[365] ELLENBERGER zieht eine Parallele zwischen Beccaria und Hippokrates. Das, was letzterer für die Wissenschaft der Medizin bedeute, sei Beccaria für die Kriminologie.[366]
Hauptforderungen Beccarias waren das Willkürverbot für die Strafverfolgungsorgane[367], eine strenge Bindung des Richters an das Gesetz[368], die Durchsetzung des Grundsatzes "nulla poena sine lege"[369], die Öffentlichkeit der Gerichtsverhandlungen[370]. Berücksichtigung von kriminalpolitischen Nützlichkeitserwägungen[371], Abschaffung der Folter[372] und der Todesstrafe[373].

---

365) GLUECK, in FS "Zweihundert Jahre später", S. 39.

366) ELLENBERGER, in "Kriminologie-Heute", S. 33.

367) BECCARIA, "Über Verbrechen" Kap. III *-Folgerungen-* : "... kein Beamter kann, denn auch er ist Teil der Gesellschaft, gerechterweise über ein anderes Mitglied der Gesellschaft, der er angehört, Strafen verhängen.
... daher darf ein Beamter, unter welchem Vorwand des Eifers oder des öffentlichen Wohls es auch sei, die für einen verbrecherischen Bürger festgesetzte Strafe nicht erhöhen."
ibidem, Kap. XXIX *-Von der Untersuchungshaft-* : " Ein ... Irrtum liegt darin, daß man es dem Belieben der die Gesetze ausführenden Behörden überläßt, einen Bürger zu verhaften, einem Gegner unter leichtfertigem Vorwand die Freiheit zu nehmen und einen Freund trotz der stärksten Anzeichen für seine Schuld unbestraft zu lassen."

368) ibidem, Kap. IV *-Auslegung der Gesetze-* : Bei jedem Verbrechen hat der Richter einen Syllogismus zu vollziehen: den Obersatz bildet das allgemeine Gesetz, den Untersatz die mit dem Gesetz übereinstimmende oder nicht übereinstimmende Handlung; die Schlußfolgerung muß in Freispruch oder Strafe bestehen.
Es gibt nichts Gefährlicheres als jenes verbreitete Axiom, daß man den Geist des Gesetzes zu Rate ziehen müsse.
Der Geist der Gesetzes wäre folglich das Ergebnis der guten oder schlechten Logik eines Richters, er wäre von dessen guter oder schlechter Verdauung abhängig, von der Stärke seiner Leidenschaften, der Schwäche der Angklagten, von den Beziehungen des Richters zu dem Verletzten ...

369) ibidem, Kap. III *-Folgerungen-* : ... allein die Gesetze die Strafe für die Verbrechen bestimmen können, und diese Befugnis kann nur dem Gesetzgeber zustehen ...

370) ibidem, Kap. XV *-Geheime Anklagen-* : Ein augenfälliges, doch nachgerade geheiligtes Übel, ... sind die geheimen Anklagen.

371) ibidem, Kap. VIII *-Einteilung der Verbrechen-* : Wir haben gesehen, wonach die Verbrechen bemessen werden sollen, nämlich nach dem der Gesellschaft zugefügten Schaden.
Kap. XII *-Zweck der Strafen-* : ... ergibt sich klar, daß der Zweck der Strafen nicht darin besteht, ein mit Empfindung begabtes Wesen zu quälen und zu kränken noch ein bereits begangenes Verbrechen ungeschehen zu machen. Der Zweck des Scha-

WEIS legt Beccarias Ausführungen in Kapiteln XLIV und XLV[374] so aus, daß Beccaria eine Kriminalpolitik fordere, die durch bessere Aufklärung, weltanschauliche Toleranz, durch Bildung und Erziehung dem Verbrechen vorbeugt.[375] Die Kritik an geheimen Gerichtsverfahren und willkürlichen Verhaftungen sowie die Forderung nach der Abschaffung der Folter und Todesstrafe fällt vermutlich nicht nur zufällig in die Zeitspanne, in der VOLTAIRE in einem Revisionsverfahren den Justizmord des Jean Calas[376] aufklärte.[377]
Allerdings sollte man die Rolle Beccarias nicht zu sehr heroisieren. WEIS zitiert einen Brief, in dem Beccaria bekennt: "Ich habe Verteidiger der Menschen sein wollen, ohne hierdurch zum Märtyrer zu werden."[378] Deutlich tritt dieses zutage in seinen Ausführungen in Kapitel XXXIX seines oben zitierten Werkes, wo er sich mehr als nur zurückhaltend über die Hexenprozesse ausläßt[379].

---

dens kann somit kein anderer als der sein, den Schuldigen daran zu hindern, seinen Mitbürgern abermals Schaden zuzufügen. Diejenigen Strafen ... verdienen den Vorzug, die unter Wahrung des rechten Verhältnisses zum jeweiligen Verbrechen den wirksamsten und nachhaltigsten Eindruck in den Seelen der Menschen zurücklassen, für den Leib des Schuldigen hingegen so wenig qualvoll wie möglich sind.

372) ibidem, Kap. XVI -*Über die Folter*- : "Es ist dies das sichere Mittel kräftige Verbrecher freizusprechen und schwache Unschuldige zu verurteilen."

373) ibidem, Kap. XXVIII -*Über die Todesstrafe*- : "Mit welchem Recht maßen es die Menschen sich an, ihresgleichen zu töten? ... Folglich stellt die Todesstrafe kein Recht dar, und sie kann kein Recht sein ... sie ist ein Krieg der Nation gegen den Bürger, weil sie die Vernichtung seines Daseins für notwendig oder nützlich erachtet."

374) ibidem, Kap. XLIV -*Belohnungen*- : " Ein weiteres Mittel, den Verbrechen vorzubeugen, besteht in der Belohnung der Tugend."
Kap. XLV -*Erziehung*-: " Schließlich ist das sicherste doch schwierigste Mittel zur Vorbeugung gegen das Verbrechen die Vervollkommnung der Erziehung ..."

375) WEIS, "Cesare Beccaria" (1738-1794), S. 15.

376) Vgl. oben B IV).

377) Auch NASS, in FS "Zweihundert Jahre später", S. 8, spielt auf diese zeitliche Übereinstimmung an.

378) "Ho voluto essere difensore degli uomini senza esserne il martire." Vgl. aus WEIS, "Cesare Beccaria", S. 18.

379) BECCARIA, "Über Verbrechen und Strafen", Kap. XXXIX -*Von einer eigentümlichen Art Verbrechen*- : " Wer diese Schrift liest, wird bemerken, daß ich eine Art von Verbrechen übergangen habe, welche Europa mit Menschenblut bedeckt und jene schrecklichen Scheiterhaufen errichtet hat, auf denen die Leiber lebendiger Menschen den Flammen zur Nahrung dienten ... Aber die vernünftigen Menschen werden einsehen, daß der Ort, das Jahrhundert und der Gegenstand es mir nicht erlauben, die Natur eines solchen Verbrechens zu untersuchen."

Andererseits aber bekennt er klar:

> *"...wenn ich durch mein Eintreten für die Menschenrechte und die unbesiegbare Wahrheit dazu beitragen würde, nur irgendein Opfer der Tyrannei oder der ebenso verhängnisvollen Unwissenheit den Schmerzen und Ängsten des Todes zu entreißen, so würden die Segnungen und die im Überschwang der Freude vergossenen Tränen eines einzigen Unschuldigen mich über die Verachtung der Menschen trösten."*[380]

An dieser Stelle soll nun der Blick "nach hinten" beendet werden und stattdessen "nach vorne" auf die Phase der Revolution gerichtet werden. Viele der nun folgenden Gesetzesdebatten werden im Lichte der vorhergehenden Aufklärungphilosophie leichter einzuordnen sein. Hingewiesen sei an dieser Stelle darauf, daß das vorhergehende Kapitel lediglich den Einstieg erleichtern sollte, ohne den Anpruch auf Vollständigkeit zu erheben.

---

380) ibidem, Kap. XI am Ende.

4. Kapitel: Die Entstehung der Constituante

A) Die Einberufung der Generalstände

I) Politische Hintergründe

Als 1788 der Staat vorübergehend zahlungsunfähig war, wurde der Genfer Bankier NECKER[381] erneut in den Staatsdienst berufen. Von Juni 1777 bis Mai 1781 bekleidete er bereits das Amt des Finanzministers, wurde aber vermutlich wegen der Veröffentlichung eines Berichtes über die Verschwendung bei Hofe entlassen.
Sein Nachfolger CALONNE[382] ruinierte die Staatsfinanzen vollkommen, weshalb ihn der König im April 1787 ins Exil schickte.

Wegen der desolaten finanziellen Lage verlangte bereits im Juli 1787 die Gruppe Orléans[383] die Einberufung der Generalstände[384], die seit dem Jahre 1614 nicht mehr zusammengetreten waren. Deren bisherige Suspendierung wurde geradezu als Symbol des bourbonischen Absolutismus verstanden[385]. Die Einberufungsentscheidung Ludwigs XVI. im August 1788 ist daher als Eingeständnis zu werten, daß die königliche Regierung die finanzpolitischen Probleme nicht mehr zu lösen imstande war.

---

381) NECKER, Jacques (1732-1804) verlangte nach vergeblichen Sanierungsversuchen, die Reformen des Physiokraten Turgot durchzuführen (vgl. 3. Kap. B I).

382) CALONNE, Charles Alexandre de (1734-1802) wird beschrieben als "windig wie ein ungedeckter Wechsel" (vgl. ORIEUX, "Talleyrand", S. 63). TALLEYRAND pflegte mit ihm als er noch Abbé de Périgord war, regelmäßigen Kontakt. ORIEUX äußert sogar die Vermutung, daß die von Calonne vorgenommene Einberufung der Notabeln zwecks Besteuerung des Adels und der Geistlichkeit auf TALLEYRANDS Initiative zurückgeht (ibidem, S. 64).

383) Gruppe "Orléans": Gruppe, deren "Seele" Philipp v. Orléans gewesen sein soll. Sie wurde offen beschuldigt, Ludwig XVI. und die ältere Bourbonen-Linie ausschalten zu wollen, um Philipp auf den Thron zu bringen und somit eine konstitutionelle Monarchie in Frankreich zu errichten (ORIEUX, "Talleyrand, S. 88).

384) Im Kgr. Frankreich waren zu den das gesamte Königreich repräsentierenden Generalständen (Etats généraux) seit dem 15. Jh. nicht nur die königlichen Städte, sondern auch Vertreter der ländlichen Kommunen zugelassen. Sie wählten in indirekten Wahlen ihre Abgeordneten, die auf den Generalständen dann einen gemeinsamen dritten Stand bildeten (vgl. DANN, "Einleitung" zu SIEYES, "Was ist der dritte Stand", übersetzt v. Ebel, S. 2).

385) ibidem, S. 4.

Damit waren erstmals die Schichten des Dritten Standes in der Geschichte der französischen Monarchie auf nationaler Ebene aufgefordert, Wünsche und Vorstellungen zur Staatsreform zu formulieren. Diese sollten inform von Beschwerdeheften (cahiers de doléances)[386] schriflich niedergelegt werden.
Die Einberufung erregte deshalb die ungeheure Begeisterung, daß die Ständevertreter die philosophischen Grundforderungen nach Vernunft und Menschlichkeit in Gesetze fassen sollten.

II) Sieyes: "Qu'est-ce que le Tiers État"?

Praktisch bedeutete das die Aufhebung der Pressezensur[387], so daß zahlreiche Flugschriften erschienen, u. a. die des Abbé SIEYES[388] mit dem Titel "Qu'est-ce que le Tiers État?"[389].

> SIEYES gilt als einer der führenden Köpfe der frühen Nationalversammlung, wenn er auch wenig im Blickpunkt der Öffentlichkeit stand. Für Europa wurde er zum Wegbereiter der Konzeption der verfassungsgebenden Gewalt und ist bis heute einer der wichtigsten Theoretiker der Nationalrepräsentation und des freien Mandats[390]. Er gehörte zu den wenigen, die die französische Geschichte von 1789 bis 1815 in führenden Positionen miterlebte und prägte[391].
>
> Indem er jedoch im Herbst 1799 Napoleons Staatsstreich vorbereitete und ihm zum Gelingen verhalf, hat SIEYES auch zur Beendigung der Revolution, der er ursprünglich zum Durchbruch verhalf, aktiv beigetragen.[392]

Mit seinem im Januar 1789 zunächst anonym publizierten Traktat über den Dritten Stand wendete sich SIEYES gegen die absolutistische, vornehmlich aber ge-

---

386) MELCHIOR-BONNET, "Dictionnaire de la Révolution" S. 64.

387) SCHMITT/REICHARD, "Politische Schriften 1788-1790", S. 8.

388) SIEYES, Abbé (1748-1836), aus dem "Dritten Stand" stammend, wurde Abgeordneter des Klerus (Orléans), doch die Spitzenpositionen blieben ihm als Nichtadeligen versagt. Im Mai 1789 wurde er auch als Abgeordneter des Dritten Standes in die Generalstände gewählt (vgl. CARATINI, "Dictionnaire des personnages", S. 506.).

389) übersetzt: "Was ist der Dritte Stand?"

390) SCHMITT/REICHARD, "Politische Schriften 1788-1790", S. 10.

391) DANN, "Einleitung" zu SIEYES, "Was ist der dritte Stand", übersetzt v. Ebel, S. 14ff.

392) ibidem, S. 21.

gen die ständische Form der nationalen Repräsentation[393]. Er erklärte die bürgerliche Gesellschaft des Dritten Standes zum neuen Repräsentanten der Nation[394], die unabhängig von jeder Verfassungsform bleiben müsse[395]. Daraus folge die Verpflichtung des Dritten Standes, *"für sich allein eine Nationalversammlung zu bilden und vor der Vernunft und dem Recht den Anspruch zu bekräftigen, den dieser Stand erheben könnte, nämlich: für die ganze Nation ohne Ausnahme zu beraten und abzustimmen"*[396].

SIEYES hielt seine Grundsätze zum damaligen Zeitpunkt für nicht anwendbar und glaubte sich auch nicht dafür berufen, sie durchzuführen[397]. Aber es sollte keine sechs Monate mehr dauern bis sich die Vertreter des Dritten Standes auf SIEYESs Vorschlag selbst als Nationalversammlung (Assemblée Nationale) ausrufen würden.

III) Der Ausgang der Wahlen

Auf Veranlassung Neckers wurde also im Januar 1789 das Volk aufgefordert, Wahlmänner zu wählen, aus deren engerer Wahl die Abgeordneten des dritten Standes in den Generalständen hervorgehen sollten. Bisher war der dritte Stand zu respektvoll gewesen, um von Männern aus dem eigenen Stand vertreten sein zu wollen.

Die privilegierten Stände hingegen, also Adel und Klerus, wählten ihre Abgeordneten direkt.

---

393) SIEYES, "Was ist der Dritte Stand?", Kap. I (*Der dritte Stand ist eine vollständige Nation*): "Eine solche Klasse [die Adligen] gehört wahrlich wegen ihrer Faulenzerei nicht zur Nation."
Kap. VI *(Was zu tun übrig bleibt)*: "Es ist ausgemacht, daß die Abgeordneten der Geistlichkeit und des Adels nicht Stellvertreter der Nation sind; sie sind also nicht befugt, für sie abzustimmen ..."

394) ibidem, Kap. VI: "Wir haben aufgezeigt ... den *gemeinschaftlichen* Willen nur in der Meinung der Mehrheit zu suchen ... Daraus folgt, daß der nationale Wille in Frankreich wahrhaft den Stellvertretern des Dritten Standes anvertraut ist.

395) ibidem, Kap. V (*Was man hätte tun sollen)*: "Die Regierung übt nur insofern eine wirkliche Gewalt aus, als sie verfassungsmäßig ist. Sie ist nur insofern gesetzmäßig, als sie den ihr auferlegten Gesetzen treu ist. Der Nationalwille dagegen braucht nur seine Existenz, um stets gesetzmäßig zu sein; er ist der Ursprung aller Gesetzlichkeit ... Eine Nation *darf* sich nicht, wenn sie auch könnte, die Fesseln einer positiven Verfassungsform anlegen.

396) ibidem, Kap. VI.

397) ibidem, Kap. VI: "Meine Rolle, die ich mit allen patriotischen Schriftstellern gemein habe, besteht darin, die Wahrheit bekannt zu machen. Andere werden sich je nach ihren Kräften und nach den Umständen derselben mehr oder weniger nähern ..."

Vermutlich um des Ruhmes willen und um von den Salons und vom großen Publikum gefeiert und gepriesen zu werden[398], verdoppelte Necker die Abgeordneten des dritten Standes. Dahinter stand der Gedanke, daß gleichgültig wie zahlreich auch immer, der dritte Stand einer von dreien bleiben würde, also nur eine Stimme gegen zwei innehätte. Necker gedachte nämlich keineswegs, die von SIEYES im obengenannten Traktat geforderte Abstimmung nach Köpfen[399] durchzuführen.[400]
MICHELET stellt Necker so dar, daß er zweifellos glaubte, "politisch sehr klug zu handeln", da er Land- und Dorfbevölkerung zur Wahl aufrief. So, wie der demokratische Geist in den Städten erwacht gewesen sei, hätten Adel und Klerus das Land beherrscht.[401]

Der Ausgang der Wahlen täuschte jedoch jede Berechnung, da selbst in den ländlichen Bezirken unter den Abgeordneten der privilegierten Stände zahlreiche Demokraten ihren Platz fanden. Die auf die Wahl besser vorbereitete und aufgeklärte Stadtbevölkerung bewies ein lebhaftes Bewußtsein ihres Wahlrechts. Man sah es an der Gleichförmigkeit der Hefte, in die sie ihre Klagen verzeichneten.[402] Man hatte sehr, allzu sehr mit der Unfähigkeit des Volkes gerechnet, sonst hätte man den Anstoß zu der großen Bewegung nicht gewagt.[403] Die Einberufung der Generalstände war nun nicht mehr zu bremsen und erfolgte feierlich am 4. Mai 1789.

ORIEUX beschreibt die Prozession als "ein herrliches Schauspiel"[404]. Es habe Ordnung auf den Straßen geherrscht, die Ideen unter den Perücken seien jedoch offensichtlich ein wenig verworren gewesen.[405]

---

398) MICHELET, "Geschichte der französischen Revolution", Buch 1, S. 67.

399) SIEYES, "Was ist der dritte Stand?", Kap. III (*Was verlangt der dritte Stand)*, 3. Forderung.

400) MICHELET, "Geschichte der französischen Revolution", Buch 1, S. 67.

401) ibidem, S. 68.

402) Aus der beachtlichen Anzahl von etwa 50.000 Beschwerdeheften, die je nach Verfasser sehr unterschiedlich formuliert waren, war deutlich die Treue gegenüber dem König zu entnehmen. Jedoch forderten die Wähler die Aufgabe der Lehensherrschaft, Steuergleichheit, Abschaffung der lettres de cachet (s. dazu 2. Kap. B III), Unterbindung des Justizmißbrauchs und vor allem eine Verfassung (vgl. MELCHIOR-BONNET, "Dictionnaire de la Révolution", S. 64).

403) MICHELET, "Geschichte der französischen Revolution", Buch 1, S. 66.

404) ORIEUX, "Talleyrand", S. 87.

405) ibidem.

B) Die Nationalversammlung (assemblée nationale)

I) Nach Ständen getrennte Beratung

Die insgesamt 1200 Abgeordneten der Generalstände versammelten sich erstmals am 5. Mai 1789, um drei Reden anzuhören, u. a. auch die Neckers. Dieser brachte klar zum Ausdruck, daß die beiden ersten Stände, allein und frei in ihrem Entschluß, ihre finanziellen Opfer darbringen sollten. Die Vereinigung mit dem dritten Stand solle später erfolgen, um über Fragen gemeinsamen Interesses zu verhandeln.[406]
Mit anderen Worten bedeutete das: wenn der Bankrott vermieden ist, die Teuerung aufgehört und die öffentliche Meinung sich beruhigt hat, werden die Fragen des Rechts und der Garantie vertagt, die Ungleichheit und die Willkür wieder gestärkt. Entsprechend berieten Adel und Klerus, jeder für sich in seinen Räumen, während der dritte Stand kraft seiner großen Zahl und als Herr des großen Saales zwecks gemeinsamer Beratung erklärte, "daß er die beiden anderen Stände erwarte".[407]

Am 10. Juni erging auf Vorschlag SIEYES die letzte Aufforderung der Abgeordneten des dritten Standes (les Communes) gegenüber Adel und Klerus, innerhalb einer Stunde zu erscheinen unter Androhung eines Versäumnisurteils gegen alle Nichterschienenen. Die Reaktion bestand in verächtlichem Schweigen des Hofes und einer unbedeutenden Zahl von Überläufern aus dem Klerus.

II) Proklamation der Nationalversammlung

Was blieb nun den "Communes" anderes übrig als einen zweiten Schritt zu tun, um ihre Glaubwürdigkeit nicht zu verlieren?
Sie mußten das in ihr verkörperte Recht der Nation gegenüber dem Privileg behaupten und vor allem nach außen sichtbar machen. Man mußte der Versammlung der Communes den wahren Namen geben: Nationalversammlung.
MIRABEAUs[408] Vorschlag der Umbenennung in "Vertreter des französischen Volkes" wurde mit einem Sturm der Entrüstung abgelehnt, da sich dahinter angeblich seine royalistische Neigung verbarg.[409] Aus MIRABEAUs Worten spricht

---

406) MICHELET, "Geschichte der französischen Revolution", Buch 1, S. 81.

407) ibidem.

408) MIRABEAU, Honoré Gabriel RIQUETTI, regierte die Abgeordnetensitze durch die Zuschauertribüne, da er als Mensch vom Volk geliebt wurde (vgl. HUGO, in "Der Redner der Revolution", S. 9ff); näheres vgl. Anhang B.

409) MICHELET, "Geschichte der französischen Revolution", Buch 1, S. 90f.

allerdings vielmehr die Vorsicht, sich angesichts der bestehenden Umstände nicht zu weit vorzuwagen.[410]
Es siegte in den frühen Morgenstunden des 17. Juni 1789 SIEYES Vorschlag: von den 580 Abgeordneten des dritten Standes stimmten 491 für die Proklamation als Nationalversammlung.[411]
Man schätzte diesen Alleingang der "Communes" jedoch falsch ein, wenn man in ihm einen geplanten Affront gegen den König hineininterpretierte, denn die Proklamation erfolgte unter dem Ausruf: "Es lebe der König!"[412]

Der König jedoch, anstatt den Beschluß der Versammlung für ungültig zu erklären und sich selbst als "provisorischen Gesetzgeber Frankreichs" zu erklären, begnügte sich stattdessen mit dem Befehl, den Versammlungssaal zu schließen.
So sahen sich die Abgeordneten der Nationalversammlung am 20. Juni gezwungen, einen anderen Ort zu finden. Die Wahl fiel auf das Ballhaus in Vieux-Versailles, einem öden, häßlichen, kahlen und ärmlichen Ort. MICHELET sieht darin ein gewisse Symbolik und meint an diesem Tage habe die Versammlung das Volk umso mehr vertreten.[413]

III) Der Ballhausschwur

In diesem kahlen und unmöblierten Raum also, in dem sich die Versammlung gegen den Willen des Königs vereinigte, schwor sie am 20. Juni 1789 den berühmten Ballhauseid (serment du Jeu de Paume).
Der von dem Advokaten TARGET[414] verfaßte Eid wurde von BAILLY[415] zuerst verlesen und geschworen:

---

410) ARCHIVES PARL., 1ère série, Bd. VIII, S. 113, Rede vom 15. Juni 1789 vor den Generalständen (übersetzt in GÜNTHER, Horst, "Redner der Revolution", S. 166 ff): "... ich anerkenne, daß der Vorschlag des Abbé Sieyes der Strenge der Prinzipien entspricht, wie man das auch von einem Staatsbürger und Philosophen erwarten darf. Aber, meine Herren, es ist nicht immer ratsam und es nicht immer angemessen, ausschließlich das Recht zu befragen, ohne die Umstände zu berücksichtigen ... Und dennoch enthält diese so wenig beunruhigende, so wenig anmaßende, so unersetzbare Benennung alles, umfaßt alles und gibt allen Bescheid. Sie wird leicht beim Thron ankommen ..."

411) ARCHIVES PARL., 1ère série, Sitzung v. 17. Juni 1790, Bd. VIII, S. 127.

412) ibidem.

413) MICHELET, "Geschichte der französischen Revolution", Buch 1, S. 96f.

414) TARGET, Advokat und Abgeordneter des 3. Standes, wirkte intensiv bei der Ausarbeitung der Verfassung von 1791 mit. Als ihn Ludwig XVI. 1792 um seine Verteidigung bat, wies er diese "schicksalsträchtige Ehre" zurück (vgl. CARATINI, "Dictionnaire des personnages", S. 516).

"Die Mitglieder dieser Versammlung schwören, sich niemals zu trennen, und sich überall zu versammeln, wo die Umstände es erfordern, bis die Verfassung des Königreichs auf sicheren Grundlagen beschlossen und bestätigt ist."[416]

Damit hatte der dritte Stand nicht nur die geplante Auflösung der Generalstände unterbunden, sondern auch eine vollkommen andere Zielsetzung vorgenommen, nämlich die Begründung einer Verfassung. So war es einstimmig in den schriftlich niedergelegten Beschwerden (cahiers de doléances) verlangt.[417]
Aus den Abgeordneten des dritten Standes, den Communes, war damit also die Nationalversammlung, die assemblée nationale, geworden.

C) Verfassungsgebende Versammlung (assemblée nationale constituante)

I) Nationalversammlung contra König

Die Proklamation als Nationalversammlung beantwortete der König damit, daß er am 23. Juni die Abgeordneten aller drei Stände empfing. Er erklärte die Beschlüsse der Nationalversammlung nicht nur für nichtig, ungesetzlich und verfassungswidrig, sondern gab Anweisung, die Versammlung sofort aufzulösen und am nächsten Tag nach Ständen getrennt in den angewiesenen Räumen die Sitzungen wiederaufzunehmen.[418] Damit ignorierte er zum einen den Willen von 5 Millionen Bürgern, deren schriftlich niedergelegte Beschwerden er zwar als Richtschnur, nicht aber als bindenden Auftrag der Abgeordneten verstand[419].

---

415) BAILLY war Abgeordneter des 3. Standes und erster Präsident der Nationalversammlung. Nach dem 14. Juli wurde er erster Bürgermeister von Paris und Kommandeur der Pariser Miliz. Auf sein Konto sollte später das Massaker vom Champ-de-Mars (17. Juli 1791) gehen. Er starb auf der Guillotine (vgl. CARATINI, "Dictionnaire des personnages", S. 56f).

416) ARCHIVES PARL., 1ère série, Band VIII, Sitzung v. 20. Juni 1789, S. 138, übersetzt in MIRABEAU, "Der Redner der Revolution", S. 180.

417) s. o. A I.

418) ARCHIVES PARL., 1ère série, Band VIII, Sitzung v. 23. Juni 1789, S. 143, *Déclaration du Roi, concernant la présente tenue des Etats généraux*, Art. 1er.

419) ibidem, Art. 6: "... les cahiers ou mandats puissent être jamais considerés comme impératifs; ils ne doivent être que des simples instructions confieés à la conscience et à la libre opinion des députés dont on aura fait choix.

Damit offenbarte er zum zweiten, daß nur er allein sich als wahrer Vertreter des Volkes betrachtete.[420]

Die Reaktion der Nationalversammlung war Schweigen, während sich Adel, Klerus und der König aus dem Saal entfernten. Auch auf die ausdrückliche Aufforderung des Zeremonienmeisters räumte man den Saal nicht, sondern setzte die Sitzung fort.[421]
Um der in Reih und Glied aufgestellten Garde Angst zu machen, durch die man befürchtete, gefangen genommen zu werden, erklärte die Versammlung auf MIRABEAUs Antrag, daß ihre Mitglieder unverletztlich seien, daß wer immer die Hand an einen Abgeordneten lege, ein Verräter sei, ehrlos und des Todes schuldig.[422]
Damit hatte die Nationalversammlung begonnen, die französische Garde auf ihre Seite zu ziehen. Dieses mußte schon deshalb auf einen fruchtbaren Nährboden fallen, da der König in seiner Erklärung am 23. Juni deutlichst zu verstehen gegeben hatte, daß der Adel weiterhin immer die Rangstufen innehaben würde, der Bürgerliche also niemals aufsteigen könne.[423]

II) Die Vereinigung der Stände

Einige Tage später, am 27. Juni gab der König nach: er vereinigte die Stände, indem er in einem Brief seine Erklärung vom 23. Juni für teilweise ungültig erklärte.[424] Jedoch fragt es sich, inwieweit man überhaupt von einer Vereinigung reden konnte. Plötzlich sollten sich die verfeindeten politischen Gegner einigen. So wird im Protokoll auch der ausdrückliche Protest von 45 Abgeordneten des Adels festgehalten.[425]
Weder der Hof noch das Volk wollten Kompromisse, der Klerus hatte ausdrücklich Vorbehalte gemacht. Laut MICHELET boykottierte der Adel die Sitzungen, indem deren Abgeordneten umhergingen, anstatt ihren Platz einzunehmen und so

---

420) ibidem, S. 145: "... seul je ferai le bien de mes peuples; seul je me considérerai comme leur véritable représentant ..."

421) Auf die Räumungsaufforderung antwortete MIRABEAU diese berühmt gewordenen Worten: "... denn wir verlassen unsere Plätze nur auf die Gewalt der Bajonette (ARCHIVES PARL., 1ère série, Band VIII, Sitzung v. 23. Juni 1789, S. 146, übersetzt in MIRABEAU, "Redner der Revolution, S. 181).

422) ARCHIVES PARL., 1ère série, Band VIII, Sitzung v. 23. Juni 1789, S. 147, übersetzt in MIRABEAU, "Redner der Revolution", S. 182.

423) MICHELET, "Geschichte der französischen Revolution", Buch 1, S. 103/109.

424) ARCHIVES PARL., 1ère série, Band VIII, Sitzung v. 27. Juni 1789, S. 162.

425) ibdem S. 163.

taten, als seien sie lediglich Zuschauer.[426] Sowohl der Kardinal de la Rochefoucauld als Vertreter des Klerus und der Fürst von Luxemburg als Vertreter des Adels gaben deutlich zu verstehen, daß sie nur auf den ausdrücklichen Wunsch des Königs die Vereinigung der Stände akzeptierten.[427]
Entsprechend beendeten die Generalstände ihre Arbeit und eröffneten die vereinten Stände als Nationalversammlung ihre Arbeit mit dem Ruf: "Vive le Roi!"[428]

III) Die verfassungsgebende Nationalversammlung

Trotz dieser Lage war man in der Nationalversammlung der Meinung, daß alles gerettet sei, wenn endlich eine Verfassung zustande käme. Die Advokaten, aus der sich hauptsächlich die Versammlung zusammensetzte[429], glaubten allzusehr an die Macht des Wortes.[430] So wurde anläßlich des Rechenschaftsberichtes des ersten Verfassungskomitees[431] durch MOUNIER am 9. Juli 1789 aus der Nationalversammlung eine verfassungsgebende Nationalversammlung, die "Assemblée nationale constituante", kurz "la Constituante".
Dieses Verfassungskomitee, das erste konkrete Vorschläge für die Erarbeitung einer Verfassung vorstellte, plante eine Verfassung in drei Haupttiteln: 1. eine Präambel, die eine Menschen- und Bürgerrechtserklärung beinhalte; 2. die Etablierung eines monarchischen Staats; 3. die Rechte der Nation.[432]

Damit war also das, was SIEYES in seinem Traktat als wünschenswert, aber noch lange nicht durchführbar beschrieben hatte, Realität geworden: die Nation

---

426) MICHELET, "Geschichte der französischen Revolution", Buch 1, S. 115.

427) ARCHIVES PARL., 1ère série, Sitzung v. 27. Juni 1789, Bd. VIII, S. 168.

428) ibidem, S. 169.

429) In Ansehung der "Redeschlachten" in der Nationalversammlung bedauert TALLEYRAND die zu große Zahl von "Advokaten, eine Gattung von Menschen, die durch die Gewohnheit des Geistes im allgemeinen sehr gefährlich sind" (vgl. ORIEUX, "Talleyrand", S. 93).

430) Derselben Meinung ist auch SIEYES: "... vor allem das große Vorhaben der Verfassung ... ist also das wahre Mittel, dem jetzigen Zwiespalt und möglichen Unruhen in der Nation ein Ende zu machen" (in "Was ist der dritte Stand?", Kap. VI.).

431) Die Mitglieder: DÉMEUNIER, RABAUT SAINT-ETIENNE, FRÉTEAU, VIRIEU, PÉTION, ANSON, TÜRCKHEIM, MOUNIER, CLERMONT-TONNERRE, REGNIER, ULRY, BERGASSE, BOUCHE, BAILLY, VOLNEY, LA REVELLIERE-LÉPAUX, VERNIER, LAMETH, VAILLANT, LALLY-TOLLENDAL, RICARD DE SÉALT, PÉRISSE DU LUC, EMMERY, ANDRÉ, GLEZEN, LANJUINAIS, LE GRAND, TREILHARD, BROCHETON.

432) ARCHIVES PARL., 1ère série, Sitzung v. 9. Juli 1789, Bd. VIII, S. 217.

verfügte über eine Nationalversammlung, die als einzige Treuhänderin des allgemeinen Willens das Recht hatte, für sie zu beraten und abzustimmen.[433]

IV) Die Nachfolger der Constituante

Die verfassungsgebende Nationalversammlung blieb bis 1791 bestehen. Sie löste sich am 30. September 1791 nach Inkrafttreten der Verfassung auf. Ihr folgte für ein Jahr die gesetzgebende Versammlung (assemblée nationale législative), die aus 745 Mitgliedern bestand.[434]
An dieser Stelle sei kurz auf die Vereinbarung hingewiesen, daß die Mitglieder der verfassungsgebenden Versammlung nicht in die gesetzgebende Versammlung gewählt werden durften.[435]

Am 21. September 1792 trat eine neue Kammer, der sogenannte Nationalkonvent zusammen. Erst dieser rief die Republik aus.
Sowohl unter der Constituante und der gesetzgebenden Versammlung war Frankreich eine konstitutionelle Monarchie.
Der Nationalkonvent übertrug wegen der schwierigen Lage Frankreichs sowohl die Legislative als auch die Exekutive an den von DANTON bzw. später von ROBESPIERRE beherrschten Wohlfahrtsausschuß (Comité de salut public). Dieser handelte durch seine Ausschüsse anstelle von Ministerien. So kam es zu der blutigen Schreckensherrschaft der Jakobiner, des Revolutionstribunals und des Pariser Pöbels.

---

433) SIEYES, "Was ist der dritte Stand?", Kap. VI. (*Was zu tun übrig bleibt)*: "Der dritte Stand ist die Nation. In dieser Hinsicht bilden seine Stellvertreter die ganze Nationalversammlung, denn sie haben alle Vollmacht dazu. Da sie die einzigen Treuhänder des allgemeinen Willens sind, ... haben sie es nicht nötig um Rat zu fragen."

434) Titre III, chap. I, sect. 1ère, art. 1er der Const. du 3 Sept. 1789.

435) Dekret vom 16. 5. 1791 in ARCHIVES PARL., 1ère série, Bd. XXVI, S. 123.

2. Hauptteil: Verfassungsrecht

5. Kapitel: Die verfassungsrechtlichen Neuerungen der Constituante

Ein unüberwindbares Problem stellte es dar, wenn man alle Neuerungen der Constituante erfassen wollte. Durch die Bildung von Komitees erzielte sie nämlich einen so schnellen und entscheidenden Geschäftsgang, daß die Menge und Vielfältigkeit der von ihr entworfenen Gesetze beachtlich ist.
Für die einzelnen Zweige verteilten sich die Mitglieder in Komitees, um die Einzelheiten der Gesetze auszuarbeiten, deren Grundsätze zuvor im Plenum geklärt worden waren.[1]
Auf diese Weise erarbeitete die Constituante neben der Verfassung auch eine neue Gerichtsorganisation sowie eine neue Zivil- und Kriminalgerichtsordnung. Letztere wurde per Dekret am 16. September 1791 begründet[2], also nur wenige Tage nach Inkrafttreten der Verfassung und nur wenige Tage vor der Auflösung der Constituante.

Im Mittelpunkt dieser Arbeit sollen zwar Neuerungen strafrechtlicher Art im Vordergrund stehen, jedoch sind diese nicht zuletzt auch durch die staatsrechtliche Konzeption beeinflußt worden. Daher erscheint es sinnvoll, zunächst auf die Verfassung einzugehen.
Zur Erinnerung sei darauf hingewiesen, daß sich die Versammlung zwar hauptsächlich aus Abgeordneten des dritten Standes zusammensetzte, die politisch jedoch nach wie vor monarchistisch orientiert waren, das heißt eine konstitutionelle Monarchie anstrebten. Nicht zuletzt auch deshalb hat BARNAVE[3] noch am 9. Januar 1790 die Parlamentarier als "die Verteidiger der alten Aristokratie" bezeichnet[4].

---

1) RICHTER, Karl T., "Staats- und Gesellschaftsrecht", Bd. 1, S. 283.

2) ARCHIVES PARL., 1ère série, Sitzung v. 16. Sept. 1791, Bd. XXX, S. 696ff: Loi sur la police de sûreté, la justice criminelle, et l'institution des jurés.

3) BARNAVE, 1793 exekutiert, galt als Gemäßigter in der Constituante. Als Schüler Montesquieus erkannte er die Wichtigkeit von Rousseau. Hauptziel für ihn stellte die Verfassung, einschließlich einer Menschenrechtserklärung und Sicherung der Freiheit dar. Das Recht des Volkes, seine Richter zu wählen, verglich er mit der Wahl der Abgeordneten. (vgl. CARATINI, "Dictionnaire des personnages", S. 65f; LEMAY, "Constituants", S. 59ff).

4) ARCHIVES PARL., 1ère série, Sitzung v. 9. Jan. 1790, Bd. XI, S. 140: "Les Parlements, les défenseurs de l'ancienne aristocratie ..."

Die Constituante löste sich kurz nach Inkrafttreten der Verfassung auf, allerdings spiegelt sich in deren Vollendung das wider, was bereits vorher Tatsache war.[5]

A) Die Präambel: Déclaration des droits de l'homme et du citoyen

I) Stellenwert

Im Juli 1789 nahm der erste Verfassungsausschuß[6] seine Arbeit auf, wurde dann aber nach der ersten Berichterstattung schon Mitte Juli durch ein achtköpfiges Komitee ersetzt.[7]
Dieses legte bereits Ende Juli mehrere Vorschläge für eine Menschen- und Bürgerrechtserklärung vor[8], die als Präambel der Verfassung dienen sollte.
Dieser Berichterstattung des zweiten Ausschusses durch CHAMPION DE CICÉ[9] folgten heftige Debatten über Inhalt und Funktion einer solchen Erklärung, die schließlich in detaillierte Beratungen im Plenum mündeten.[10] GAUCHET beschreibt diese Debatten als Suche der Abgeordneten nach ihrer eigenen Legitimität und Autorität, als "symbolische Schlacht", in der "die Rechteerklärung die Hauptwaffe" war, ein "papierner Säbel mit rein imaginärer Schneide".[11]

Man wollte die gesamte Verfassung unter das Motto der Menschen-und Bürgerrechtserklärung stellen, denn "Ignoranz, Vergessen oder Verachtung der Men-

---

5) RICHTER, "Staats- und Gesellschaftsrecht", Bd. 1, S. 262.

6) Mitglieder bis 14. Juli 1789: ANDRE, ANSON, BAILLY, BERGASSE, BOUCHE, BRASSART, BROCHETON, CLERMONT-TONNERRE, LEGRAND, MOUNIER, PERISSE DULUC, PETION DE VILLENEUVE, RABAUT SAINT-ETIENNE, REGNIER, RICARD DE SEALT, TREILHARD, TURCKHEIM, ULRY, VAILLANT, VERNIER, VIRIEU, VOLNEY.

7) Mitglieder bis 12. Sept. 1789:
Klerus: TALLEYRAND, CHAMPION DE CICE
Adel: Graf von CLERMONT-TONNERRE, Marquis von LALLY-TOLLENDAL;
Dritter Stand: LE CHAPELIER, MOUNIER, SIEYES, BERGASSE.

8) ARCHIVES PARL., 1ère série, Sitzung v. 27. Juli u. 30. Juli 1789, Bd. VIII, S. 288ff; S. 306.

9) CHAMPION DE CICÉ war Erzbischof von Bordeaux. Seine Hauptaufgabe als Abgeordneter des Klerus bestand in der Berichterstattung über die Arbeit des Verfassungsausschusses (vgl. LEMAY, "Constituants", S. 193f).

10) ARCHIVES PARL., 1ère série, insb. Sitzungen v. 17. -26. August 1789, Bd. VIII, S. 438ff (vgl. detaillierte Darstellungen der parlamentarischen Auseinandersetzungen bei SAMWER, "Die französische Erklärung der Menschen- und Bürgerrechte", S. 103ff).

11) GAUCHET, "Die Erklärung der Menschenrechte", S. 16.

schenrechte" sollte für die Staatskrise und die Korruption der Regierung verantwortlich sein[12].
Jedoch gab es noch weitere Gründe dafür, die "Rechteerklärung" von der Verfassung zu trennen.
Zum einen war es voraussehbar, daß sich die Debatten über die Verfassung schwierig gestalten und über längere Zeit hinziehen würden. Bereits in dieser Übergangsphase sollte für die Bevölkerung klar und sicher sein, daß das ancien régime nicht mehr existierte und eine neue Ordnung herrschte. Die Erklärung wurde so zur Kriegserklärung an die alte Staatsordnung und Grundlage einer neuen staatlichen Ordnung.[13]
Zum anderen weist SAMWER darauf hin, daß der Entstehungsgrund der Rechte außerhalb des Staates gelegen habe. Sie seien somit unabhängig von Zweckmäßigkeitsänderungen der Staatsverfassung gewesen und hätten selbständig neben ihr gestanden.[14]
Auch GAUCHET spricht davon, daß es bei der Menschenrechtserklärung um die Gründung einer neuen Gesellschaft ging.[15] In dieser sollte der Vorrang der gesetzgebenden Gewalt gesichert sein, allerdings mit der Möglichkeit einer monarchistischen Exekutive.[16]
Da die Abgeordneten jedoch nichts und niemanden ersetzten, sondern nur repräsentierten, sei es nach damaligem Verständis das Volk gewesen, das die Gesetze machte, die Repräsentanten bildeten nur sein Organ.[17]

II) Auszüge der parlamentarischen Auseinandersetzungen

Nach intensivem Studium der einzelnen Artikel vom 20. bis 26. August 1789 verabschiedete die Constituante die "Menschen-und Bürgerrechtserklärung".
Aufschlußreich in dieser Debatte ist, daß der Höhepunkt in der Diskussion um die Religionsfreiheit lag, während man den Freiheitsrechten (Art. 1-10, bzw.12) geringere Bedeutung beimaß.[18] Da die Zeit drängte, wollte man sogar die ersten zehn Artikel des Entwurfs übernehmen, obwohl ANSON dem Entwurf die Quali-

---

12) MIRABEAU in ARCHIVES PARL., 1ère série, Sitzung v. 17. August 1789, Bd. VIII, S. 438: "... considérant que l'ignorance, l'oubli ou le mépris des droits de l'homme, sont l'unique cause des malheurs publics et de la corruption du gouvernement ..."

13) SAMWER, "Erklärung der Menschen- und Bürgerrechte", S. 45f.

14) ibidem, S. 46.

15) GAUCHET, "Erklärung der Menschenrechte", S. 13.

16) ibidem, S. 22.

17) ibidem, S. 24.

18) ibidem, S. 173f.

tät eines bloßen Gedankenschemas zugestand[19] und TARGET ihm mangelnde Ausdrucksstärke nachsagte[20].
Dieses Begehren fand allerdings keine Unterstützung, so daß die Plenardebatten ab dem 20. August starteten.

Straf- bzw. strafprozeßrechtlich von Bedeutung waren insbesondere die Artikel 5 S. 1, Artikel 7 und Artikel 8. Im folgenden soll diesen etwas Aufmerksamkeit gewidmet werden.

1) Artikel 5 Satz 1

Artikel 5 S. 1 bestimmt: *"Das Gesetz hat nur das Recht, Handlungen, die der Gesellschaft schädlich sind, zu verbieten."*[21]

Diese endgültige Fassung basierte auf einem Vorschlag von A. DE LAMETH[22], der so lautete:

> *Das Gesetz kann nur die Handlungen verbieten, die der Gesellschaft offensichtlich schädlich sind.*[23]

In der folgenden Diskussion bemängelte man zum einen die Offensichtlichkeit der schädlichen Handlung, die zu einer zu starken Einschränkung der gesetzgeberischen Kompetenz führe.
Zum anderen aber sollte die Formulierung "kann nur verbieten" geändert werden in "kann und darf nur verbieten", da die Menschenrechte dazu dienten, einen Mißbrauch der gesetzgebenden Gewalt zu verhindern. Adressat der Erklärung war folglich nicht der Bürger, sondern der Gesetzgeber.
Man wollte also einerseits die gesetzgeberischen Kompetenzen ausweiten, andererseits aber einschränken.[24]
Man einigte sich schließlich für die Streichung des Wortes "offensichtlich", dafür aber formulierte man anfangs "das Gesetz hat nur das Recht". Damit sollte laut SAMWER die Bindung des Gesetzgebers verstärkt werden[25].

---

19) ARCHIVES PARL., 1ère série, Sitzung v. 20. August 1789, Bd. VIII, S. 461: "Ce n'était pas qu'un simple canevas ..."

20) ibidem, S. 462: "... mais elle manque d'énergie et d'expression; ... avec des changements, des corrections et des modifications, on pourrait en faire une bonne."

21) L'article 5: "La Loi n'a le droit de défendre que les actions nuisibles à la société ..."

22) LAMETH, A., gehörte er zu den wenigen liberalen Adeligen, die als Mitglied der Generalstände den Zusammenschluß der drei Stände unterstützten. Er trug hauptsächlich zu verfassungsrechtlichen und militärischen Debatten bei.

23) ARCHIVES PARL., 1ère série, Sitzung v. 21. August 1790, Bd. VIII, S. 464: "La Loi ne peut défendre que les actions évidemment nuisibles á la société."

24) AMELUNG beschreibt es als "Begrenzung der Strafgewalt, in "Rechtsgüterschutz und Schutz der Gesellschaft", S. 20 unter B.

Auffällig an dieser Formulierung ist nicht nur das, was SAMWER klarstellt, nämlich daß nicht dem Gesetz selbst, sondern demjenigen, der das Gesetz schafft, dieses Recht eingeräumt wird. Vielmehr muß auch auffallen, daß es sich um ein Recht, nicht aber um eine Pflicht handelte.
Zusätzlich ist darauf hinzuweisen, daß die im Deutschen nur sehr schwierig wiederzugebende Formulierung ("n'a le droit que") einen gewissen Ausnahmecharakter symbolisierte. Kein Zufall ist es, daß man nicht die Formulierung wählte, die im Deutschen zu übersetzen wäre mit: "Das Gesetz hat das Recht ...". Der Gesetzgeber hatte folglich nicht nur keine Handlungspflicht, sondern der Fall, in dem der Gesetzgeber zu verbieten berechtigt war, sollte die Ausnahme bleiben. Insofern könnte man den Sinn dieses Artikels mit folgenden Worten wiedergeben: *"Grundsätzlich hat der Gesetzgeber nicht das Recht, Handlungen zu verbieten, es sei denn, sie sind der Gesellschaft schädlich."*[26]
AMELUNG zufolge hat sich in dieser Vorschrift deutlich die Staatszwecklehre und das Gesellschaftsbild der Aufklärung niedergeschlagen: Die Lehre von gesellschaftlichen Verträgen ergibt, daß der Staat nur die Handlungen verbieten und bestrafen darf, die den Bedingungen zuwiderlaufen, die menschliches Zusammenleben ermöglichen.[27]

2) Artikel 7

Artikel 7 bestimmt: *"Ein Mensch darf nur in den gesetzlich bestimmten Fällen in der vom Gesetz vorgeschriebenen Form angeklagt, verhaftet oder gefangengehalten werden. Diejenigen, die willkürliche Anordnungen veranlassen, ausfertigen, ausführen oder ausführen lassen, müssen bestraft werden ..."*[28]

Auch dieser Wortlaut stellte eine Art Kompromiß dar. Ausgangspunkt war folgende Formulierung:

> *"Kein Mensch darf weder angeklagt, noch in seiner Eigentumsnutzung gestört, noch in seiner Freiheit beschränkt werden, es sei denn kraft Gesetzes in*

---

25) SAMWER, "Erklärung der Menschen- und Bürgerrechte", S. 181.

26) AMELUNG (in "Rechtsgüterschutz und Schutz der Gesellschaft", S. 20 unter B) interpretiert diese Vorschrift so, daß der Angriff gegen subjektive Rechte zum Wesensmerkmal des Verbrechens wird. Wo dieses Wesensmerkmal, die Sozialschädlichkeit, nicht vorliegt, hat der Staat kein Recht zu strafen.

27) ibidem, S. 20 unter A.

28) ARCHIVES PARL., 1ère série, Sitzung v. 22. August 1790, Bd. VIII, S. 472: "Nul homme ne peut être accusé, arrêté ni détenu que dans les cas déterminés par la loi.

den gesetzlich vorgeschriebenen Verfahrensformen und gesetzlich bestimmten Fällen."[29]

Diesem Vorschlag wurde von TARGET folgender Alternativentwurf entgegengesetzt:

> *"Kein Mensch darf weder angeklagt, verhaftet, gefangengehalten noch bestraft werden, außer im Namen des Gesetzes, in den vorgesehenen Verfahrensformen und gemäß den präzisen Anweisungen des Gesetzes. Deshalb muß jede willkürliche Anordnung, die sich gegen die Freiheit richtet, bestraft werden. Diejenigen, die solche angeregt, ausgefertigt, ausgeführt haben oder haben ausgeführen lassen, müssen bestraft werden."*[30]

Auffällig an dem Alternativentwurf ist zum einen, daß TARGET nicht nur die Anklage, sondern auch die Verhaftung, die Gefangennahme, die Bestrafung ausdrücklich strengen gesetzlichen Regeln unterwarf. Der erste Entwurf hingegen sprach abgesehen von der Anklage nur ganz global von Freiheitsbeschränkungen.
Die sich hinter TARGETs Entwurf verbergende Absicht bestand darin, einen möglichst kleinen Beurteilungsspielraum zu gewähren und somit die bis dato gängige Praxis, mit einem "Siegelbrief" (lettre de cachet) Strafen nach Gutdünken zu verhängen, zu unterbinden.[31]

Zum anderen erscheint hier mit dem zweiten Satz die Idee der Verantwortlichkeit der ausführenden Beamten. Damit sollte blinder Gehorsam unterbunden und eine Art von Selbstkontrolle der Verwaltung eingeführt werden. Keiner sollte sich mehr darauf berufen können, daß er nur ausführendes Organ sei.
Entgegen den Vorschlägen von MARTINEAU[32] wurde diese Passage über die Verantwortlichkeit der Staatsdiener weder ganz gestrichen noch für die Verfas-

---

29) ibidem, S. 470: "Nul citoyen ne peut être accusé ni troublé dans l'usage de sa propriété, ni gêné dans celui de sa liberté, qu'en vertu de la loi, avec les formes qu'elle a prescrites, et dans les cas qu'elle a prévus."

30) ibidem, S. 471: "Aucun citoyen ne peut être accusé, arrêté, détenu, puni qu'au nom de la loi, et qu'avec des formes prescrites, et suivant les dispositons précises de la loi.
Tout ordre arbitraire contre la liberté doit être puni. Ceux qui l'ont sollicité, expédié, exécuté et fait exécuter, doivent être punis."

31) vgl. Kommentar des Abgeordneten GOUY-D'ARCY : "... une déclaration doit être précise, et que les lettres de cachet n'y ont aucun rapport ..." (ARCHIVES PARL., 1ère série, Bd. VIII, Sitzung v. 22. August 1790, S. 472)."

32) MARTINEAU, Abgeordneter des dritten Standes von Paris, war Advokat und setzte sich für eine starke Exekutive ein, neben der die Legislative nur das Gesetzesinitiativrecht haben sollte (vgl. LEMAY, "Constituants", S. 638f).

sung aufgehoben.[33] Federführende Rolle in dieser Diskussion spielte wie so oft MIRABEAU, der für den Fall der Nichtverantwortlichkeit der Staatsdiener das Sklaventum voraussagte.[34]

Von einiger Bedeutung ist auch der Einwand des Abgeordneten MARTINEAU, der die Variante der Anklage herausstreichen wollte. Als Argument hierfür nannte er die Tatsache, daß es nicht das Gesetz sei, das anklage, sondern vielmehr der Mensch.[35]

Der Einwand blieb unerwidert, was jedoch nicht so zu deuten ist, daß es sich um eine Nebensächlichkeit handelte. Vielmehr hatte MARTINEAU damit einen Punkt angesprochen, der rechtstheoretisch von Bedeutung ist, wenn man ihm nachgeht: Ist es nicht das Gesetz, sondern der Mensch, der anklagt, kann nicht die Anklage, sondern nur der Anklagende gesetzlichen Regeln unterworfen werden.

Insofern war also die Formulierung in Artikel 7 ungenau, wenn es dort hieß, daß man nur in den vom Gesetz definierten Fällen angeklagt werden dürfe. Im Gesetz war nur definiert, welches Handeln unter Strafe gestellt werden **könne**, nämlich das der Gesellschaft schädigende, nicht aber welches Handeln dann angeklagt werden sollte.

Auf die Frage hingegen, ob das unter Strafe gestellte Handeln immer zur Anklage führen sollte, konnte man in keinem der Artikel der Menschenrechtserklärung eine Antwort finden. Die Anklage, im Grunde nichts anderes als die Reaktion der Mitmenschen auf die Nichteinhaltung der gesetzlich bestimmten Grenzen, war keinen konkreten Regeln unterstellt.

Genauso wie in Artikel 5 keine Verbotspflicht, sondern nur eine Verbotsmöglichkeit konstatiert werden konnte, war in Artikel 7 eine Anklagemöglichkeit eröffnet, nicht aber eine Anklagepflicht.

3) Artikel 8

Artikel 8 bestimmt: *"Das Gesetz darf nur die Strafen vorsehen, die unbedingt und offensichtlich notwendig sind; und nichts kann bestraft werden außer aufgrund eines rechtmäßig angewandten Gesetzes, das vor der Tatbegehung erlassen und verkündet worden ist."*[36]

---

33) ARCHIVES PARL., 1ère série, Sitzung v. 22. August 1790, Bd. VIII, S. 472.

34) ibidem, S. 471: "Si la loi de la responsabilité ne s'étendait pas sur tous les agents subalternes du despotisme ... il n'y aurait pas une nation sur la terre plus faite que nous pour l'esclavage."

35) ARCHIVES PARL., 1ère série, Sitzung v. 22. August 1790, Bd. VIII, S. 471: "... je propose d'ôter le mot accusé, parce que ce n'est pas la loi qui accuse, mais l'homme seul."

36) ARCHIVES PARL., 1ère série, Sitzung v. 22. August 1790, Bd. VIII, S. 472: "La loi ne doit établir que des peines strictement et évidemment nécessaires, et nul ne

Dieser Artikel ist wortgleich auf einen Vorschlag DUPORTs[37] zurückzuführen, der aufgrund seiner beruflichen Erfahrung als Anwalt und unter Hinweis auf England hervorhob, daß milde und menschliche Strafgesetze zu Ruhm und Ehre der Nation gereichten, die sie anwendete. Die französische Praxis nannte er barbarisch, insbesondere in Bezug auf die Art und Weise, wie man mit den Häftlingen vor ihrer Verurteilung umgehe.[38]
Deutliche Unterstützung erhielt er von LALLY-TOLLENDAL[39], der in unmißverständlicher Weise von den Verwüstungen des Justizdespotismus[40] sprach und anprangerte, daß ein willkürlich Angeklagter auch noch mit Schimpf und Schande überhäuft werde[41]. Rhetorisch ging er insofern geschickt vor, als er diese Zustände zunächst fiktiv darstellte und erst am Schluß konstatierte, daß es sich um das eigene Land handelte, in dem man selbst wohnte, aber das man auch zu erneuern berufen sei.[42]

In den nächsten Tagen folgten weitere Debatten, die am 26. August 1789 beendet waren. Damit war die Menschen- und Bürgerrechtserklärung vollendet, jedoch sollte ihr erst am 2. September 1791 ihre endgültige Position als Präambel der Verfassung verliehen werden[43].

III) Voraussetzung: Die vorherige Aufgabe der Feudalrechte

Vor der endgültigen Verabschiedung bedurfte es allerdings noch eines politischen Schrittes, ohne den die "Menschen- und Bürgerrechtserklärung" eine Farce

---

peut être puni qu'en vertu d'une loi établie et promulguée antérieurement au délit, et légalement appliquée."

37) DUPORT war Anwalt in Paris. Auch als Abgeordneter des Adels war er ein Gegner der absoluten Monarchie, trat für strikte Gewaltenteilung, politische Verantwortlichkeit der Minister, eine starke Legislative und regelmäßige Wahlen ein. Er setzte sich für die Anklage durch einen vom Volk gewählten Vertreter (10. 8. 1790) und für gerechte und milde Strafen ein (vgl. LEMAY, "Constituants", S. 317ff).

38) ARCHIVES PARL., 1ère série, Bd. VIII, Sitzung v. 22. August 1790, S. 471.

39) LALLY-TOLLENDAL gehörte zur Fraktion der Monarchisten und trat nach englischem Muster für ein Zweikammersystem in der Legislative ein. Er stimmte mit MIRABEAU für ein absolutes Vetorecht des Königs im Gesetzgebungsverfahren, ohne das er lieber in Konstantinopel als in Frankreich leben wollte (vgl. LEMAY, "Constituants", S. 505).

40) ibidem: "... un pays où le despotisme judiciaire exerça ses ravages ..."

41) ibidem: "... un pays où l'on eût rassasié d'opprobes un malheureux accusé par le despotisme d'un seul homme ..."

42) ibidem: "Sachons supporter la verité: ce pays est celui que nous habitons, mais aussi celui que nous régénérons."

43) ARCHIVES PARL., 1ère série, Bd. XXX, Sitzung v. 2. Sept. 1791, S. 151f.

gewesen wäre: die Aufgabe der Feudalrechte. Diese nämlich standen in krassem Gegensatz zu Art. 1 der Menschenrechtserklärung, in dem bestimmt werden sollte, daß alle Menschen von Geburt an frei und gleich an Rechten sind und bleiben.[44]

Am 4. August 1789 kam sogar aus den Reihen der Aristokratie durch den Vicomte DE NOAILLES[45] der Vorschlag, Steuergleichheit einzuführen, freien Zugang zu allen Ämtern zu ermöglichen, Lehensrechte aufzugeben und Frondienste abzuschaffen.[46]

Mit salbungsvollen Worten setzte sodann LALLY-TOLLENDAL hinzu, daß man des Königs gedenken müsse, dem man den Zusammenruf der Generalstände und somit die Vereinigung der Stände und des gesamten französischen Volkes zu verdanken habe[47]. So wie man Ludwig XIII. den "Vater des Volkes" genannt habe, so verdiene Ludwig XVI. den Titel "Erneuerer der französischen Freiheit".[48]

In den nächsten Tagen folgten lebhafte Debatten[49], die mit der Verabschiedung eines Dekrets am 11. August 1789[50] endeten. Dieses beinhaltete die Abschaffung der Feudalordnung (Art. 1), an deren Stelle ein Klassenstaat trat, gewährte Ämter- und Gewerbefreiheit (Art. 11) und befreite mit Abschaffung der Lehensherrschaft die Bauern. Zum Schluß wurde tatsächlich dem König der Titel "Erneuerer der französischen Freiheit" (Art. 17) verliehen!

---

44) Art. 1er: Les hommes naissent et demeurent libres et égaux en droits.
In dieser Fassung wurde Art. 1 der Menschenrechtserklärung in der Sitzung v. 21 August 1789 angenommen (vgl. ARCHIVES PARL., 1ère série, Bd. VIII, S. 463).

45) NOAILLES, ehemaliger Offizier im amerikanischen Bürgerkrieg wurde politisch bekannt durch seinen Vorschlag am 4. August 1789, die Feudalrechte aufzugeben (vgl. LEMAY, "Constituants", S. 716).

46) ARCHIVES PARL., 1ère série, Bd. VIII, Sitzung v. 4. August 1789, S. 343f.

47) ARCHIVES PARL., 1ère série, Sitzung v. 4. August 1789, Bd. VIII, S. 349f: "... ne devons-nous pas nous souvenir du Roi? du Roi, qui nous a convoqués, lorsque les Assemblées nationales étaient interrompues depuis près de deux siècles ..."

48) ibidem, S. 350: "... Louis XVI soit proclamé le *Restaurateur de la liberté française*."

49) Vgl. Sitzungen v. 5. -11. August 1789 in ARCHIVES PARL., 1ère série, Bd. VIII, S. 353ff.

50) ibidem, Sitzung v. 11. August 1789, S. 397f: "Décret relatif à l'abolition des privilèges".

B) Die Verfassung von 1791

I) Entstehungsgeschichte

1) Vom Juli 1789 bis Juli 1790

a) Die Geschehnisse in der Constituante

Ende August 1789 wurde durch den zweiten Verfassungsausschuß[51] der erste Bericht über dessen Arbeit abgegeben. Er beinhaltete sechs Artikel, in denen eine konstitutionelle Monarchie und eine strikte Gewaltenteilung festgelegt wurde.[52] Dem König war die exekutive Gewalt übertragen, aber strengstens jedweder Einfluß auf die Judikative untersagt, indem die Unabhängigkeit der Richter gesichert wurde.[53]
Schon Mitte September wurde der Verfassungsausschuß neu gewählt, so daß BERGASSE[54], MOUNIER und LALLY-TOLLENDAL demissionierten.[55]
Insbesondere das Ausscheiden von BERGASSE ist erwähnenswert, da er in einer Rede vor der Constituante im August 1789 mit seinen Ausführungen über die Judikative brillierte.[56] Sein Beitrag erfolgte im Rahmen der Berichterstattung über die Arbeit des Verfassungsausschusses an der rechtsprechenden Gewalt.[57]

---

51) Mitglieder: TALLEYRAND, CHAMPION DE CICÉ, CLERMONT-TONNERRE, LALLY-TOLLENDAL, LE CHAPELIER, MOUNIER, SIEYES, BERGASSE.

52) ARCHIVES PARL., 1ère série, Sitzung v. 28. August 1789, Bd. VIII, S. 504.

53) ibidem, Art. 3: Le pouvoir éxecutif suprême réside exclusivement dans les mains du Roi.
Art. 4: Le pouvoir judiciaire ne doit jamais être exercé par le Roi, et les juges auxquels il est confié ne pourront être dépossédés de leurs offices pendant le temps fixé par les lois, si ce n`est pas les voies légales.

54) BERGASSE kritisierte die Unterscheidung nach Ständen und verglich sie mit den Kasten der indischen Gesellschaft, obwohl er für eine Erbmonarchie plädierte. Im Sept. 1790 bezeichnete er die Verfassungsentwürfe als "monströse Konfusion der drei Staatsgewalten" (vgl. LEMAY, "Constituants", S. 84).

55) Der neue Verfassungsausschuß setzte sich wie folgt zusammen: DÉMEUNIER, LE CHAPELIER, RABAUT SAINT-ETIENNE, SIEYES, TALLEYRAND, TARGET, THOURET, TRONCHET (vgl. ARCHIVES PARL., 1ère série, Bd. VIII, Sitzung v. 12. Sept. 1789, S. 641).

56) ARCHIVES PARL., 1ère série, Sitzung v. 17. August 1789, Bd. VIII, S. 441-446.

57) Auf diese Ausführungen wird an späterer Stelle einzugehen sein (vgl. 6. Kap. A I).

Kurz nach der Demission der obengeannten Abgeordneten fügte man den Bestimmungen noch hinzu, daß auch die Legislative keinen Einfluß auf die Judikative haben dürfe[58]. Damit hatte sich eindeutig die Dreigewaltenteilung MONTESQUIEUs durchgesetzt.
Dieses ist insofern erwähnenswert, als THOURET[59] im Rahmen der ersten Ausführungen über die Verfassungsprinzipien zunächst noch von vier Gewalten sprach, nämlich von der legislativen, exekutiven, judikativen und der administrativen Gewalt.[60]

Im Februar 1790 hielt der König vor der Constituante anläßlich der zu erarbeitenden Verfassung eine bemerkenswerte Rede.[61]
Jedoch bagatellisierte man diese Ausführungen, wenn man sie damit zusammenfaßte, daß der König die Verfassung anerkannt habe. Vielmehr erkannte der König mit seinen Worten ausdrücklich die verfassungsgebende Gewalt der Constituante an, die ihm als Exekutivorgan seine Aufgaben zuweisen und mit der nötigen Autorität ausstatten solle, um eine dauerhafte Ordnung zu erhalten.[62] Er stellte das Wohl der Nation über das eigene[63] und machte deutlich, daß sein Wille dem allgemeinen Wunsch entspreche, die konstitutionelle Freiheit zu verteidigen.[64]

---

58) ARCHIVES PARL., 1ère série, Sitzung v. 23. Sept. 1789, Bd. IX, S. 124, Art. 4: Le pouvoir judiciaire ne pourra, en aucun cas, être exercé par le Roi, ni par le Corps législatif ...

59) THOURET war nicht nur im Verfassungsausschuß, sondern auch im Komitee für die Kriminalgesetzgebung. Er sollte eine eine federführende Rolle in der radikalen Neuordnung der Justiz spielen (vgl. LEMAY, "Constituants", S. 890f).

60) ARCHIVES PARL., 1ère série, Sitzung v. 1. August 1789, Bd. VIII, S. 326: "Les pouvoirs publics se divisent en quatre classes, ou espèces différentes: ... De là l'Assemblée nationale, ... le pouvoir législatif. De là le Roi, ... le pouvoir exécutif. De là les assemblées provinciales, ... le pouvoir administratif. De là les tribunaux de justice, ... le pouvoir judiciaire."

61) ARCHIVES PARL., 1ère série, Sitzung v. 4. Febr. 1790, Bd. XI, S. 429ff.

62) ibidem, S. 430: "... en achevant votre ouvrage, vous vous occuperez sûrement avec sagesse et avec ardeur de l'affermissement du pouvoir exécutif, cette condition sans laquelle il ne saurait exister aucun ordre durable au dedans ni aucune considération au dehors."

63) ibidem: "J'aurais bien aussi des pertes à compter ... mais je trouve une compensation pleine et entière dans l'accroissement du bonheur de la nation; et c'est du fond de mon coeur que j'exprime ici ce sentiment."

64) ibidem: "Je défenderai donc, je maintiendrai la liberté constitutionelle, dont le voeu général, d'accord avec le mien, a consacré les principes."

Mit dieser patriotischen Erklärung gewann der König in der Constituante nicht nur große Sympathien, sondern rief einen solchen Enthusiasmus[65] unter deren Abgeordneten hervor, daß diese unmittelbar danach den staatsbürgerlichen Eid schworen. Sie versprachen damit der Nation, dem Gesetz und dem König die Treue und schworen mit aller Kraft die von der Constituante erstellte und vom König akzeptierte Verfassung aufrechtzuerhalten.[66]

Inwieweit die Worte des Königs seiner tatsächlichen Einstellung entsprachen, soll den Nachforschungen der Historiker überlassen bleiben. MICHELET jedenfalls bezweifelt die vermeintliche Loyalität des Königs und beschreibt dessen Verhalten so: Vertrauen heucheln und fünf bis sechs Monate verstreichen lassen.[67]
Um diese Einschätzung nachvollziehen zu können, ist es hilfreich, kurz einen Blick auf die politische Lage zu werfen, sowohl in innen- als außenpolitischer Hinsicht.

b) Innenpolitische Lage

Bedeutsam war zum einen, daß die Vollmacht vieler Abgeordneter auf ein Jahr beschränkt war[68]. Der Hof wartete und lauerte auf den Moment der Auflösung der Versammlung, auf die gefährlichen Tage, in denen die alte Versammlung nicht mehr sein werde, die neue aber noch nicht sein würde. Wer sonst als der König sollte während dieser Zwischenphase durch Verordnungen regieren?[69] Man kann die vermutliche Bestürzung der Royalisten erahnen, als die Versammlung im April die Verlängerung der befristeten Abgeordnetenmandate beschloß.[70]

---

65) MICHELET beschreibt, daß die Versammlung den Kopf verloren und wie irre reagiert habe ("Geschichte der französischen Revolution", Buch 2, S. 293). Dem Protokoll der Constituante (Arch. Parl., Bd. XI, S. 431) ist zumindest zu entnehmen, daß der Auftritt des Königs ungeheure Wirkung gehabt haben muß, da nicht nur von Beifall und genereller Zustimmung die Rede ist, sondern von Liebesbezeugungen ("temoignage de l'amour"). Der damalige Präsident Bureaux de Pusy sprach sogar von einer "heiligen Zeremonie" (ibidem, S. 432).

66) Dieser "serment civique" genannte Eid lautete wie folgt: "Je jure d'être fidèle à la Nation, à la Loi et au Roi et de maintenir de tout mon pouvoir la Constitution décrétée par l'Assemblée Nationale et acceptée par le Roi". In nahezu gleichem Wortlaut wurde er in der Verfassung v. 2. /3. September verankert (Titre II, art. 4).

67) MICHELET, "Geschichte der französischen Revolution", Buch 2, S. 297.

68) ARCHIVES PARL., 1ère série, Sitzung v. 19. 4. 1790, Bd. XIII, S. 106.

69) So zumindest interpretiert MICHELET die Situation (vgl. "Geschichte der französischen Revolution", Buch 2, S. 300).

70) ARCHIVES PARL., 1ère série, Sitzung v. 19. 4. 1790, Bd. XIII, S. 106ff. In dieser Debatte spielte MIRABEAU eine federführende Rolle, der durch seinen Vergleich mit

Ein weiterer Hinweis auf die dubiose Loyalität des Königs war die Tatsache, daß er ungeheure Pensionen an Emigranten zahlte und auf diese Weise durch seinen Bruder, den Grafen von Artois[71], mitten unter den tödlichen Feinden der Verfassung einen beständigen Agenten unterhielt. Diese Verschwendung deckte der Abgeordnete CAMUS[72] Ende März 1790 vor der Constituante auf und berichtete in einer von der Öffentlichkeit ausgeschlossenen Sitzung[73]. Wenig später[74] wurde eine Liste als das "Rote Buch"[75] veröffentlicht mit dem Zweck, der "Nation die Augen zu öffnen über die Dreistigkeit der Minister"[76]. Fraglich allerdings ist, ob die Abgeordneten neben der finanzpolitischen auch die außenpolitische Brisanz dieser Liste ermessen konnten.

c) Außenpolitische Lage

Die Pensionen, die Ludwig XVI. an viele Emigranten zahlte, waren insofern auch außenpolitisch von Bedeutung, als sich dahinter eine antirevolutionäre Koalition verbarg. Nicht nur die königlichen Haustruppen wurden in Trier wei-

---

der Verschwörung des Catilina und Ciceros Eid sein rhetorisches Talent unter Beweis stellte: "Meine Herren, Sie alle kennen den Gedanken jenes Römers, der zur Rettung seines Vaterlandes vor einer großen Verschwörung genötigt war, die ihm gesetzlich zugestandene Macht zu überschreiten ... Er antwortete: Ich schwöre, daß ich das Vaterland gerettet habe. - Meine Herren, ich schwöre, daß Sie das Gemeinwohl gerettet haben! (vgl. Übersetzung seiner Ausführungen in MIRABEAU, "Der Redner der Revolution", S. 251ff).

71) Graf ARTOIS, einer der beiden Brüder Ludwigs XVI. wurde im Jahre 1824 bis 1830 als Karl X. König von Frankreich. Er trat damit die Nachfolge seines Bruders Ludwig XVIII. an, der nach der Verbannung Napoleons von 1814 bis 1824 die bourbonische Thronfolge wieder antrat.

72) CAMUS gehörte zu den moderaten Abgeordneten des 3. Standes. Bekannt wurde er durch die Veröffentlichung des "Livre rouge" (1. 4. 1790), das die Liste der Pensionäre beinhaltete, die Ludwig XVI. im Ausland finanzierte. So konnte der Verbleib ungeheurer Summen geklärt werden (vgl. LEMAY, "Constituants", S. 168f).

73) ARCHIVES PARL., 1ère série, Sitzung v. 31. Mrz. 1790, Bd. XII, S. 489: M. CAMUS: "Je crois qu'il n'est pas décent que les séances fussent ouvertes demain et après-demain matin ..." Man beachte die Wortwahl 'décent' (=schicklich, anständig)!

74) ARCHIVES PARL., 1ère série, Sitzung v. 21. April 1790, Bd. XIII, S. 176ff.

75) Dieses "Livre rouge" beinhaltete eine Liste der Emigranten, die beachtliche Pensionen von Ludwig XVI. erhielten. Nachdem CAMUS, der Berichterstatter des Finanzausschusses, über den Verbleib von 60 Millionen Livres zunächst im Unklaren blieb, händigte der König ihm diese Liste aus, in der Hoffnung, es werde zwischen dem Ausschuß und ihm geheim bleiben (vgl. MICHELET, "Geschichte der französischen Revolution", Bd. 2, S. 318).

76) ARCHIVES PARL., 1ère série, Sitzung v. 21. April 1790, Bd. XIII, S. 177.

terhin unterhalten[77], sondern es existierte außerdem eine Emigrantenarmee mit Hauptquartier in Worms[78]. Nicht zu unterschätzen sind die Intrigen[79] des Grafen von Artois, Ludwigs XVI. Bruder, der als absoluter Verächter der aufklärerischen Ideen beschrieben wird[80].

Zu erwähnen ist an dieser Stelle auch die "Revolution von Brabant"[81], die im Januar 1790 zum Ausruf der "Vereinigten belgischen Staaten" führte und somit zum Abfall vom römischen Reich deutscher Nation.

Kaiser Leopold II., Marie Antoinettes Bruder, wollte die belgischen Niederlande jedoch wieder unter seine Herrschaft stellen. Zu diesem Zweck stand er seit März in Verhandlungen, zog allerdings auch Waffengewalt in Betracht. Ludwig XVI. wartete nun darauf, daß Österreich die Revolution von Brabant mit der Billigung von Großbritanien, Holland und Preußen niederschlagen werde.[82] Um seinen Schwager zu unterstützen, sagte Ludwig XVI. sogar Leopold II. zu, daß die österreichischen Truppen durch französisches Territorium ziehen könnten.

Damit entstand also die vollkommen groteske Situation, daß der König, der noch im Februar 1790 der Verfassung, einer Errungenschaft der Revolution, die Treue

---

77) Dieses geschah unter Führung des Prinzen von Lambesc (vgl. MICHELET, "Geschichte der französischen Revolution", Bd. 2, S. 317).

78) Die Leitung hatte der nach dem 14. Juli nach Worms geflüchtete Prinz von Condé, ein Vetter Ludwigs XVI. (CARATINI, "Dictionnaire des personnages", S. 191).

79) Insbesondere den Bruder Marie Antoinettes, Leopold II., der von 1790-1792 deutscher Kaiser war, muß Graf Artois immer wieder versucht haben, für die Sache der Emigranten zu gewinnen. Unklar allerdings bleibt, ob er bei einer Restauration selbst den Thron hätte besteigen wollen. Letztere Vermutung soll Marie Antoinette in einem Briefwechsel mit ihrem Bruder Leopold geäußert haben (vgl. PEHAM, "Leopold II.", S. 285).

80) CARATINI, "Dictionnaire des personnages", S. 172.

81) Historiker sind sich darüber uneins, inwieweit die französische und belgische Revolution zusammenhängen. Man erklärt den Abfall Belgiens von Österreich wie folgt: Maria-Theresia hatte die belgische Verfassung und Verwaltung in den österreichischen Niederlanden unverändert beibehalten und durch einen Statthalter regieren lassen. Als ihr Sohn Joseph II. 1780 ihre Nachfolge antrat, wollte er selbst Herrschaft über das Land ausüben und betrieb deshalb eine ausgeprägte Zentralisierung. Das führte zunächst zu kleineren Revolten und mündete im Dezember 1789 in eine Revolution, die seit Monaten durch französische Insurgenten vorbereitet war (vgl. PEHAM, "Leopold II.", S. 212ff; MIKOLETZKY, "Österreich - Das große 18. Jahrhundert", S. 368f).

82) Um Belgien zu isolieren, schloß Leopold II. am 27. Juli 1790 mit Großbritanien, Holland und Preußen ein Abkommen (Konvention von Reichenbach). MICHELET wertet dieses Abkommen als erstes Bündnis Europas gegen die Revolution ("Geschichte der französischen Revolution", Bd. 2, S. 375).

geschworen hatte, dem deutschem Kaiser dazu verhalf, die Revolution in Belgien niederzuschlagen.[83]
Von dieser Durchmarschzusage erlangte die Constituante im Juli 1790 Kenntnis[84] und widerrief unter Berufung auf ein Dekret vom Februar[85], demzufolge der König nicht das Recht habe, allein darüber zu entscheiden, welche Truppen französisches Staatsgebiet betreten dürften.[86]
Dabei ging es nicht nur darum, den König in seine Grenzen zu weisen, sondern man mißtraute den Absichten des deutschen Kaisers. Tatsächlich ist es nicht ganz abwegig, daß es nicht bei einem bloßen Durchzug der Truppen bleiben würde. Wenn Leopold II. die Revolution von Brabant beenden wollte, warum nicht auch die französische. Damit hätte er seiner Schwester und seinem Schwager einen beachtlichen Dienst erwiesen.[87] Jedoch darf man nicht außer Acht lassen, daß Leopold II. zum einen ausreichend Probleme mit Ungarn, Belgien, Preußen und den Türken hatte. Zum anderen bestand seit 1756 ein Bündnis mit Frankreich, das Leopold nicht ohne zwingende Gründe in Frage stellen wollte.

d) Die Konterrevolution durch den Klerus

Bedeutenden Einfluß auf die Verfassungsgeschichte hatte aber auch die durch den Klerus angezettelte Konterrevolution.

---

83) Nachdem sich die Stände nicht freiwillig österreichischer Herrschaft unterwarfen, marschierte die österreichische Armee im November in einer Stärke von 30.000 Mann in die abgefallenen belgischen Provinzen ein. Damit war die Revolution von Brabant beendet.

84) ARCHIVES PARL., 1ère série, Sitzung v. 27. Juli 1790, Bd. XVII, S. 379f.

85) ARCHIVES PARL., 1ère série, Sitzung v. 28. Febr. 1790, Bd. XI, S. 741, Art. 3: "Il ne peut être introduit dans le royaume, ni admis au service de l'Etat, aucun corps de troupes étrangères, qu'en vertu d'un acte du Corps législatif, sanctionné par le roi."

86) ARCHIVES PARL., 1ère série, Sitzung v. 28. Juli 1790, Bd. XVII, S. 392: "Qu'en conséquence, les ordres émanés du secrétariat de la guerre, est adressés aux commandants des frontières du royaume, seront réputés non-avenus ..."

87) Dem Briefwechsel zwischen Marie Antoinette und Leopold II. soll auch tatsächlich zu entnehmen sein, daß sie ihren Bruder immer wieder um Hilfe bat, der ihr jedoch keine konkreten Zusagen gab (vgl. PEHAM, "Leopold II.", S. 285).
Von Bedeutung war in diesem Zusammenhang auch, daß der österreichische Botschafter Graf Mercy-Argenteau, der von Paris aus eine zentrale Rolle in den belgischen Verhandlungen führte, ein enger Vertrauter und väterlicher Freund Marie Antoinettes war (ibidem, S. 219).

Die Bischöfe, empört über die am 2.11.1789 beschlossene Verstaatlichung der Kirchengüter[88], vermittelten dem niederen Klerus, wäre er für die Nation, so wäre er gegen die Kirche und stände außerhalb der katholischen Einheit.
Damit wurde die französische Revolution, die TOCQUEVILLE[89] zufolge zwar politischer Natur war, aber in religiösen Bahnen verlief, auch religiös von Bedeutung. Nebensächlich war, worin die Kirche jener Zeit als religiöse Institution versagte, wichtig vielmehr war, worin sie der sich vorbereitenden politischen Revolution ein Hindernis bereitete und den Hauptförderern unbequem sein mußte.[90]
Seitens des Klerus schürte man gezielt den Haß gegen die Protestanten[91], zu deren Gunsten zwar ein Toleranzedikt im Jahre 1787[92] ergangen war, die allerdings nicht als Bürger galten und von bürgerlichen Ämtern ausgeschlossen blieben.
Infolge des 14. Juli wurden die Prostestanten den Katholiken gleichgestellt, beide waren Franzosen. Die sich bildenden Ausschüsse in den Städten setzten sich gleichermaßen aus Katholiken und Prostestanten zusammen. Auch die Nationalgarde war gemischt. Zwei bis drei Monate verstrichen, bis sich in Nîmes und Montauban ausschließlich katholische Kompagnien bildeten.[93]
Umso provokativer mußte es wirken, daß am 15. März 1790 ein Prostestant zum neuen Präsidenten der Nationalversammlung gewählt wurde[94], RABAUT-SAINT-ETIENNE[95].
Einen Monat später debattierte man allen Ernstes in der Constituante über den Antrag, den Katholizismus zur herrschenden Staatsreligion zu erklären.[96] Nicht nur für die Prostestanten, sondern für alle Nicht-Katholiken hätte das zur Folge

---

88) ARCHIVES PARL., 1ère série, Sitzung v. 2. Nov. 1789, Bd. IX, S. 649: "... a rendu le décret suivant: 1°Que tous les biens ecclésiastiques sont à la disposition de la nation ..."

89) TOCQUEVILLE, "Der alte Staat und die Revolution", übersetzt v. Oelckers, 1. Buch, 3. Kapitel, S. 26ff.

90) ibidem, 3. Buch, 2. Kapitel, S. 153.

91) MICHELET, "Geschichte der französischen Revolution", Bd. 2, S. 329.

92) ISAMBERT/DECRUSY/TAILLANDIER, "Recueil général", Bd. XXVIII, S. 472ff.

93) MICHELET, "Geschichte der französischen Revolution", Bd. 2, S. 328.

94) ARCHIVES PARL., 1ère série, Sitzung v. 15. Mrz. 1790, Bd. XII, S. 169.

95) RABAUT SAINT-ETIENNE engagierte sich nicht nur insbesondere für die Akzeptanz der Protestanten in Frankreich, sondern auch für andere Nicht-Katholiken wie die Juden.

96) ARCHIVES PARL., 1ère série, Sitzung v. 13. April 1790, Bd. XII, S. 714ff, S. 714: "... décréter que 'la religion catholique, apostolique et romanique est et demeurera pour toujours la religion de la nation, et que son culte sera le seul public, autorisé'."

gehabt, daß sie ihren Kult nicht mehr hätten ausüben dürfen. MIRABEAU brillierte auch in dieser Debatte mit theatralischen Andeutungen auf die Bartholomäusnacht[97] und erinnerte an das Edikt von Nantes[98]. Der Antrag wurde abgelehnt, spiegelte jedoch leider in nicht unerheblichen Maße die aufgeheizte Situation in der Bevölkerung wider. Als dann einige Tage später[99] die Nationalversammlung die Ausgabe von Assignaten als Pfandverschreibungen auf die Güter des Klerus beschloß und die klerikalen Güter damit dem Papiergeld zum Pfand dienten, folgte eine "katholische Erklärung" mit der Forderung, dem König die Macht und der katholischen Religion das Kultusmonopol wiederzugeben[100]. Parallel dazu brachen in Toulouse, Nîmes und Toulon Konterrevolutionen aus, wo man demonstrativ die weiße Kokarde[101] trug mit den Worten: "Nieder mit der Nation!"[102]

Erst im Juni 1790 wurde man Herr über diese vom Klerus angezettelte Konterrevolution, die die alten Religionskriege wieder hatte aufleben lassen, um das Volk aufzuwiegeln und einen Bürgerkrieg herauszufordern.

---

97) In der Bartholomäusnacht (23. /24. 8. 1572), auch "Pariser Bluthochzeit" genannt, wurden auf Veranlassung der Königinmutter Catharina von Medici 2000 protestantische Hugenotten niedergemetzelt, wenige Tage nach der Hochzeit des protestantischen Heinrich von Navarra, dem späteren Heinrich IV., mit der Tochter Karls IX.

98) Das Edikt von Nantes (April 1598) beendete die dreieinhalb Jahrzehnte andauernden Religionskriege in Frankreich: Das Januaredikt von 1562, das den Prostestanten erstmals Gewissens- und beschränkte Kultusfreiheit gewährt hatte, führte aufgrund der Intransigenz des katholischen Hochadels zu den Hugenottenkriegen unter Führung der Herzöge von Guise im Bunde mit Spanien. Als Admiral Coligny, der Führer der Hugenotten, der Bartholomäusnacht zum Opfer fiel, übernahm Heinrich von Navarra seine Funktion, der 1589 den Thron erbte. Zwar konvertierte letzterer 1793 aus politischen Gründen zum Katholizismus, bestätigte aber seinen ehemaligen Glaubensgenossen im Edikt von Nantes freie Religionsausübung und eine politische Sonderstellung. Das Edikt wurde unter Ludwig XIV. am 23. 10. 1685 wieder aufgehoben. Erst 1787 wurde den Prostestanten wieder staatliche Duldung gewährt (vgl. MIECK, "Die Entstehung des modernen Frankreich", S. 230ff).

99) ARCHIVES PARL., 1ère série, Sitzung v. 16. April 1790, Bd. XIII, S. 85.

100) ARCHIVES PARL., 1ère série, Sitzung v. 21. April 1790, Bd. XIII, S. 159ff, S. 171ff; MICHELET, "Geschichte der französischen Revolution", Bd. 2, S. 331.

101) Die Kokarde war ein revolutionäres Emblem, das am 17. 7. 1789 im Rathaus dem König übergeben wurde. Es handelte sich um eine Art von Stoffblume, die dreifarbig war: blau und rot symbolisierten Paris, weiß galt als die Farbe des Königtums. Mit der Akzeptanz der Kokarde wehte für Frankreich auch eine blau-weiß-rote Flagge (vgl. MELCHIOR-BONNET, "Dictionnaire de la Révolution", S. 132).

102) MICHELET, "Geschichte der französischen Revolution", Bd. 2, S. 334.

In dieser Lage kam es nur gelegen, daß sich die Ereignisse des 14. Juli 1789 jährten und sich ein gewisser Enthusiasmus verbreitete. MERCIER[103], ein zeitgenössischer Schriftsteller, beschreibt mit sichtlicher Begeisterung von der Geschäftigkeit, die sich auf dem "Champ des Mars" anläßlich des Föderationsfestes ausbreitete und von den Klängen "Ça ira! Ça ira!"[104] begleitet wurde.[105]
Nach den Worten TALLEYRANDs konnte dieses Fest der Föderation nicht feierlich genug begangen werden, damit es eine solch glorreiche Erinnerung wachrufe, daß die Bande der Brüderlichkeit zwischen allen Bürgern gefestigt würden.[106]
So wurde der 14. Juli 1790 auf dem Champs-de-Mars mit einer feierlichen Messe gefeiert unter Leitung von TALLEYRAND[107], dem Bischof von Autun.
Schenkt man den Erzählungen ORIEUXs Glauben, muß es TALLEYRAND am 14. Juli 1790 tatsächlich gelungen sein, Kirche, Verfassung und Volk an diesem Tage zu vereinen. "Er personifizierte die durch die neuen Ideen verjüngte Vergangenheit, er adelte die Revolution, und wie kein anderer revolutionierte er das Ancien régime".[108]

---

103) MERCIERs häufigen Besuche von Theater und literarischen Cafés ermöglichten ihm eine Annäherung an ROUSSEAU und DIDEROT. Im Alter von 30 Jahren schrieb er einen futuristischen Roman ("L'an 2440"), in dem er ein von der Aufklärung geprägtes Paris im Jahre 2440 darstellt. Während des Direktoriums veröffentlichte er "Le Nouveau Paris", eine Art Tagebuch der revolutionären Geschehnisse.

104) übersetzt: Es wird schon klappen! Dabei handelte es sich um ein Revolutionslied, das anläßlich des Jahrestages v. 14. Juli 1789 gesungen wurde. Der ursprünglich harmlose Text wurde von den Sansculottes erst durch später antiaristokrastische Strophen ersetzt (vgl. MELCHIOR-BONNET, "Dictionnaire de la Révolution", S. 64.).

105) MERCIER, ""Le Nouveau Paris", Tome I Nr. 14, S. 392ff.

106) ARCHIVES PARL., 1ère série, Sitzung v. 7. Juni 1790, Bd. XVI, S. 136: "... cette fête vraiment nationale ne pourrait se faire avec trop de solennité ... en réveillant des souvenirs glorieux, en resserrant les liens de la fraternité entre tous les citoyens ..."

107) TALLEYRAND-PERIGORD, seit Januar 1789 Bischof, stellte den folgenschweren Antrag v. 10. 10. 1789, infolgedessen am 2. 11. 1789 die Güter des Klerus der Nation zur Verfügung gestellt wurden. Durch die sog. Zivilverfassung, wonach alle Geistlichen einen Eid auf die Verfassung zu schwören hatten, überwarf er sich mit Rom, trat im Januar 1791 v. Bischofsamt zurück und wurde im Frühjahr 1792 exkommuniziert. Unter Napoleon war er über 10 Jahre Außenminister (1797-1807). 1814/15 wirkte er beim Wiener Kongreß mit (vgl. LEMAY, "Constituants, S. 873ff; ORIEUX, "Talleyrand", 1. Teil).

108) ORIEUX, "Talleyrand", S. 113: "... ganz Paris sah in der Person des Bischofs von Autun die Vereinigung von Kirche, Verfassung und Volk. Er für sich allein war bereits eine Föderation."

2) Von August 1790 bis September 1791

Obwohl man mit dem Föderationsfest den Revolutionsgeist wieder geweckt und aufgefrischt hatte, bereitete die Fertigstellung der Verfassung auch in den folgenden Monaten eine Menge von Problemen. Viele Bereiche mußten unter nach wie vor unruhigen Verhältnissen reformiert werden. Dabei tauchten viele Fragen mit Verfassungsrang auf, so daß der Verfassungsausschuß häufig gezwungen war, zunächst die Beratungsergebnisse anderer Ausschüsse abzuwarten.

So galt es beispielsweise im Rahmen des Gerichtswesens zunächst Einigkeit zu erlangen, durch wen die Richter ernannt werden und ob Geschworenengerichte einzuführen seien, bevor man die Grundzüge der Judikative in der Verfassung niederlegen konnte.

Wegen zunehmender Koordinierungsprobleme schlug LE CHAPELIER[109], der seit Juli 1789 Mitglied des Verfassungsausschusses war, im September 1790 erstens die Einrichtung eines Zentralausschusses vor.[110] Dieser sollte die Arbeit der unterschiedlichen Ausschüsse koordinieren und die Zusammenarbeit optimieren, so daß in möglichst kurzer Zeit die Verfassung verabschiedet werden könne. LE CHAPELIER pochte zu diesem Zweck insbesondere auf die strikte Einhaltung der vereinbarten Tagesordnung bei den Sitzungen der Constituante.

Zweitens regte er in derselben Sitzung die Einrichtung eines Revisionsausschusses[111] an, dessen Funktion darin bestehen solle, unabhängig vom Verfassungsausschuß die Normen mit Verfassungsrang zu prüfen und von den einfachen Gesetzen zu trennen.[112]

Bis jedoch der erste fast komplette und revidierte Verfassungsvorschlag von THOURET verlesen werden konnte, dauerte es dann aber doch noch ein Jahr.[113] Da dieses nicht weniger ereignisreich war als das vorherige, seien einige prägnante Geschehnisse erwähnt.

---

109) LE CHAPELIER war zwar ein großer Verfechter der strikten Dreigewaltenteilung und wandte sich deshalb gegen den König als "co-législateur" und ein absolutes Vetorecht, trat allerdings zugunsten einer konstitutionellen Monarchie gegen republikanische Strömungen ein (LEMAY, "Constituants", S. 562f).

110) ARCHIVES PARL., 1ère série, Sitzung v. 23. Sept. 1790, Bd. XIX, S. 147.

111) Dieser Ausschuß setzte sich aus 7 Abgeordneten zusammen: BARNAVE, BRIOIS DE BEAUMETZ, BUZOT, CLERMONT-TONNERRE, DUPORT, LAMETH, PÉTION.

112) ARCHIVES PARL., 1ère série, Sitzung v. 23. Sept. 1790, Bd. XIX, S. 147.

113) ARCHIVES PARL., 1ère série, Sitzung v. 5. August 1791, Bd. XXIX, S. 207ff.

a) Zivilverfassung des Klerus

Ende 1790 verweigerte ein Großteil des Klerus den Eid auf die sog. Zivilverfassung (Constitution civile du clergé)[114]. Sie war eine Art weltliche Verfassung, indem sie den Klerus der weltlichen Macht unterstellte.[115] Ende November erging der energische Beschluß der Constituante, daß innerhalb von acht Tagen sämtliche Bischöfe, Priester und Vikare den Eid auf die Verfassung zu leisten hätten.[116] Im Falle der Nichtvereidigung sollten sie vor ein Gericht gestellt werden und ihr Amt nicht mehr ausüben können.

Durch diesen Beschluß stellte sich die Versammlung gegen einen Großteil der Bevölkerung und teilte die Nation in zwei Lager.[117] Laut MICHELET fügten die Priester aber auch das Ihrige hinzu, um das Volk aufzuhetzen.[118]

Die Sitzung vom 4. Januar 1791[119] bedeutete dann den Sieg des Klerus, da auch Einlenkungsversuche[120] durch Abbé GREGOIRE[121] und MIRABEAU nicht mehr

---

114) Diese Zivilverfassung, abgekürzt CCC, wurde gegen den Widerstand vieler Konservativer am 12. Juli 1790 in der Constituante verabschiedet (vgl. ARCHIVES PARL., 1ère série, Bd. XVII, S. 55ff).

115) Der Klerus wurde in mehrerlei Hinsicht der weltlichen Macht unterstellt: Die Einteilung der Bistümer war an die 83 Départements gekoppelt. Erzbischöfe, Bischöfe und Priester sollten in Zukunft von Wahlgremien der Départements und Distrikte gewählt werden. Der Papst brauchte zukünftig nur noch in Kenntnis gesetzt zu werden. Die ins Amt tretenden Priester und Bischöfe hatten die Treue zur Nation, zum König und zur Verfassung zu schwören (vgl. MELCHIOR-BONNET, "Dictionnaire de la Révolution", S. 105f).

116) ARCHIVES PARL., 1ère série, Sitzung v. 27. Nov. 1790, Bd. XXI, S. 80.

117) So zumindest beurteilt MELCHIOR-BONNET die Situation ("Dictionnaire de la Révolution", S. 106).

118) So sollen beispielsweise die Priester den Käufern der verstaatlichen Kirchengüter ewige Verdamnis prophezeit haben, vgl. MICHELET, "Geschichte der französischen Revolution", Bd. 2, S. 455.

119) ARCHIVES PARL., 1ère série, Sitzung v. 4. Jan. 1791, Bd. XXII, S. 14ff.

120) Abbé GREGOIRE versicherte, daß man mit der Zivilverfassung keineswegs die spirituelle Seite habe berühren wollen, die außerhalb des Kompetenzbereiches der Constituante liege. Der Eid fordere nichts weiter als Gesetzestreue der Geistlichen (ibidem, S. 14).
MIRABEAU unterstrich, daß man keinesfalls die Eidesverweigerer als Kriminelle und Unruhestifter einstufe. Vielmehr habe man klarstellen wollen, daß das Amt des Geistlichen mit der Gesetzestreue so eng verbunden sei, daß eine Eidesverweigerung dazu führen müsse, das Amt niederzulegen.

121) GREGOIRE legte selbst als Abgeordneter des Klerus im Juni 1789 die gemeinsamen Machenschaften der klerikalen Adeligen mit dem Adel offen. Er unterstützte mit allen Kräften die Zivilverfassung des Klerus und wurde im Februar 1792 zum Bischof von Blois gewählt (vgl. LEMAY, "Constituants", S. 427ff).

verhindern konnten, daß es zu einem öffentlichen Affront kam. Als Reaktion auf die kompromißlose Forderung BARNAVES[122], die Vereidigung zu vollziehen, verweigerte, bis auf wenige Ausnahmen, der Klerus den Eid. Selbst die Viertelstunde, die die Constituante schweigend verharrte, um weitere Eidesleistungen zu ermöglichen, verlief ergebnislos. Der Bischof von Poitiers äußerte mit folgenden Worten seine Weigerung: *"Reich an Jahren und Erfahrung, möchte ich mein Alter nicht entehren, will ich den Eid nicht schwören ..."*[123]

Diese Reaktion seitens eines Bischofs war keine Seltenheit, da von 134 Bischöfen nur sieben, unter anderen auch TALLEYRAND, den sogenannten Verrätereid[124] leisteten.[125]

Die auf Bestrafung pochende Constituante mußte letztlich einsehen, daß sie ihre bisherige Gangart würde ändern müssen, wenn sie nicht einen Großteil der Bevölkerung gegen sich haben wollte.

Aber die Constituante hatte nicht nur die Bevölkerung gegen sich, sondern auch den Vatikan. Von dort erhielt man im März und April 1791 ein päpstliches Breve, das die Zivilverfassung verdammte und den vereidigten Geistlichen die Exkommunikation androhte.[126] Das dadurch entstandene Schisma sollte bis zum Konkordat Napoleons im Jahre 1801 andauern.

Für die Revolution bedeutete dieses nicht nur einen erneuten Rückschlag, sondern sie verhalf dem Klerus auf diese Weise zu Märtyrerruhm[127].

b) Die Flucht des Königs

Bereits Ende Mai machten sich Gerüchte breit, die von Fluchtplänen der Königsfamilie berichteten. Als dann sogar die Zeitung *"Moniteur universel"* einen Artikel veröffentlichte[128], in dem durch einen anonymen Verfasser von zwei angeblich authentischen Briefen mit detaillierten Fluchtplänen berichtet wurde, erfolg-

---

122) ARCHIVES PARL., 1ère série, Sitzung v. 4. Jan. 1791, Bd. XXII, S. 15: "... en ce moment on doit exécuter le décret ..."

123) ibidem, S. 18: "Accablé d'années et d'études, je ne veux pas déshonorer ma vieillesse, je ne veux pas prêter un serment ..."

124) Laut ORIEUX müssen die Pfarrer von Autun diesen Begriff geprägt haben, als sie erfuhren daß TALLEYRAND noch während seiner Amtszeit als Bischof von Autun den Eid leistete. Der Vorwurf des Verrates sollte TALLEYRAND sein Leben lang begleiten (in "Talleyrand", S. 103).

125) MELCHIOR-BONNET, "Dictionnaire de la Révolution", S. 106.

126) ibidem.

127) MICHELET, "Geschichte der französischen Revolution", Bd. 3, S. 60

128) *Moniteur universel*, Ausgabe v. 31. Mai 1791 (Nr. 151), S. 1, abgdr. in ARCHIVES PARL., 1ère série, Bd. XXVI, S. 690.

te ein offizielles Dementi des Außenministers Montmorin"[129]. Es sei dahingestellt, ob Montmorin wirklich nichts von den königlichen Fluchtplänen wußte, zumindest belegen laut PEHAM Briefwechsel zwischen Marie Antoinette und ihrem Bruder Leopold II., daß die königliche Familie schon Anfang des Jahres 1791 Fluchtgedanken hegte.[130] PEHAM äußert sogar die Vermutung, daß das Königspaar gezielt durch seine "geheime" Flucht eine ausländische Intervention herausfordern wollte.[131]

Die am 20. Juni 1791 geplante Flucht der königlichen Familie nach Varennes verlief erfolglos, da bereits einen Tag später die königliche Kutsche aufgespürt wurde. Das Königspaar wurde gezwungen, nach Paris in die Tuilerien zurückzukehren und war damit wieder "Gefangener der Revolution"[132].

aa) Die Reaktionen auf die Flucht

Versetzt man sich heutzutage in die damalige politische Situation, liegt eine Frage sehr nahe, nämlich die Frage nach der Gründung einer Republik. Diese wurde anläßlich der Flucht nicht ausgerufen. In der antiroyalistischen Stimmung, die sich in der Empörung des Volkes über die Abtrünnigkeit des Königs widerspiegelte[133], wäre der Ausruf einer Republik mit Sicherheit bejubelt worden. Warum also zögerten die Abgeordneten der Constituante, eine Republik zu proklamieren?

Zwei Gründe lassen sich anführen: zum einen die Angst vor der Unmündigkeit des Volkes, das in einer Monarchie zum Gehorsam erzogen war. Zum anderen darf man die bloße Verneinung der Monarchie nicht mit einer republikanischen Gesinnung gleichsetzen.

Die Mehrheit der Abgeordneten der Constituante wollte eine konstitutionelle Monarchie.

Bezeichnend dafür sind einige vermeintliche Nebensächlichkeiten: Bevor der amtierende Präsident der Constituante BEAUHARNAIS[134] das Verschwinden des

---

129) ibidem, Sitzung v. 1. Juni 1791, S. 690f.

130) PEHAM ("Leopold II.", S. 287ff) berichtet sogar von einem Brief Marie Antoinettes an den österreichischen Botschafter Graf Mercy-Argenteau v. Februar 1791, in dem sie bereits von Einzelheiten einer Flucht berichtet.

131) ibidem, S. 290.

132) ibidem, S. 291.

133) MICHELET beschreibt die Reaktion der Landbevölkerung als verwirrt, die sich von ihrem König verraten fühlte und in seiner Flucht einen Vertrauensbruch sah ("Geschichte der französischen Revolution", Bd. 3, S. 91). Die Bevölkerung von Paris hingegen habe eher Haß und Erbitterung gezeigt (ibidem, S. 101).

134) BEAUHARNAIS (dessen Gattin Josephine die spätere Gattin Napoleons wurde) war liberaler Abgeordneter des Adels. Seine Kommentare anläßlich der Flucht des Kö-

Königs in der Constituante bekanntgab, kündigte er nicht nur eine betrübliche Neuigkeit an, sondern prophezeite Bestürzung im Parlament.[135]
In der folgenden Debatte um zu ergreifende Maßnahmen, stieß die Formulierung, den König zu verhaften (arrêter), auf massiven Widerstand, und die verfolgende Nationalgarde erhielt den Befehl, den König und seine Familie daran zu hindern, "die Route fortzusetzen", und "zu ihrem üblichen Aufenthaltsort zurückkehren zu lassen".[136]
Während der Präsident von einer "Abreise" des Königs (départ du roi) sprach, fiel innerhalb der folgenden Diskussion die Bezeichnung "Entführung" (enlèvement).[137] Entsprechend erhielten die Bewohner des Reiches (les habitants de l'Empire) - und nicht etwa die Franzosen - die Erklärung, daß man mit größter Entschlossenheit die Befreiung des entführten Königs vorantreiben werde und die Schuldigen des Attentats zur Rechenschaft ziehen wolle.[138]
Aus dem abtrünnigen König wurde nicht nur ein gepeinigtes Opfer, sondern die Franzosen, die Herren der Nation, wurden wieder zu Kindern des Königreiches.

Um jedoch das Land nicht vollkommen unregierbar werden zu lassen, mußte das königliche Zustimmungserfordernis und die Ausfertigung von Gesetzen durch den König aufgehoben werden. Noch am 21. Juni verabschiedete man ein entsprechendes Dekret, demzufolge der König am Gesetzgebungsverfahren nicht mehr beteiligt war.[139]
Diesem folgte wenige Tage später anläßlich des Wiedereintreffens des Königs in Paris ein weiteres Dekret, das den König seiner bisherigen Aufgaben enthob.[140]
Trotzdem aber wurde der Kurs beibehalten, den König als Opfer eines Komplotts auszugeben, was dann mit Hilfe eines an die Constituante gerichteten Schreibens von BOUILLE gelang, in dem er sich selbst mit folgenden Worten denunzierte:

---

nigs wurden als schwülstig bzw. schmeichlerisch (flatteuses) eingestuft. (vgl. LEMAY, "Constituants", S. 69ff).

135) ARCHIVES PARL., 1ère série, Bd. XXVII, Sitzung v. 21. Juni 1791, S. 358: "Messieurs, j'ai une nouvelle affligeante à vous communiquer, ... qui sans doute jettera la consternation de l'Assemblée ..."

136) ibidem, S. 359: "... soient tenus de prendre les mesures les plus promptes pour empêcher le roi et les membres de la famille royale de continuer leur route et pour les faire revenir dans leur séjour ordinaire."

137) ibidem, S. 358/359.

138) ibidem, S. 362: "L'Assemblée nationale déclare ... à tous les habitants de l'Empire, que la même fermeté ... va diriger ses delibérations à l'occasion de l'enlèvement du roi ... Qu'elle a pris les mesures les plus actives pour suivre la trace de ceux qui se sont rendus coupables de cet attentat ..."

139) ibidem, S. 369.

140) ibidem, Sitzung v. 25. Juni 1791, S. 521.

"Klagen Sie niemanden an wegen eines Komplotts oder wegen einer angeblichen Verschwörung gegen das, was Sie Nation nennen, und gegen Ihre teuflische Verfassung. Alles habe ich in die Wege geleitet, geregelt und befohlen; der König selbst hat keinen Befehl gegeben, das war allein mein Werk. ... Es ist gegen mich allein, wogegen sich Ihr blutrünstiger Zorn richten muß, für den die Klingen Ihrer Dolche geschärft sein müssen und Ihr Gift prepariert."[141]

Mit diesem unmißverständlichen Schreiben war das Ansehen des Königs wieder gerettet, und der Weg für eine Verfassung, die als Staatsoberhaupt einen Monarchen vorsah, war geebnet.

bb) Das Memorandum Ludwigs XVI.

Sehr aufschlußreich ist auch die Erklärung Ludwigs, die er über die Nationalversammlung an die Franzosen richtete, als er Paris verließ.[142]
Darin erklärte er zunächst sämtliche Maßnahmen und Bestätigungen seit Oktober 1789 für null und nichtig, da er sich nicht habe frei entscheiden können.[143] Nachdem er sich dann über die Unannehmlichkeiten des Stadtschlosses beschwert hatte, "an die Seine Majestät nicht gewöhnt sei"[144], monierte er seine Gefangenschaft im eigenen Staat[145], der nur noch dem Schein nach als Königreich existiere[146].
Nach diesen eher allgemeinen Äußerungen ließ er sich aber auch im Detail über die einzelnen Machtbereiche aus, unter anderem über die Justiz:
Der König habe weder ein aktives Recht im Gesetzgebungsverfahren noch in der Rechtsprechung. Die Tatsache, daß das Recht im Namen des Königs gesprochen werde, sei ein bloße Formsache. Nicht einmal mehr die Vertretung der öffentli-

---

141) ARCHIVES PARL., 1ère série, Bd. XXVII, Sitzung v. 30. Juni 1791, S. 604: "Au surplus, n'accussez personne de complot et de la conspiration prétendue contre ce que vous appelez la nation et contre votre infernale Constitution. J'ai tout arrangé, tout reglé, tout ordonné; le roi lui-même n'a pas fait des ordres, c'est moi seul ... C'est contre moi seul que doit être dirigée votre fureur sanguinaire, que vous devez aiguiser vos poignards et préparer vos poisons."

142) ibidem, Sitzung v. 21. Juni 1791, S. 378ff. Dort wird diese Erklärung als "Déclaration du roi adressée à tous les Français à sa sortie de Paris" angekündigt.

143) ibidem, S. 378: "... la nullité dont le défaut absolu de liberté entache toutes les démarches qu'il a faites depuis le mois d'octobre 1789 ..."

144) ibidem: "Rien n'était prêt pour recevoir le roi, et la disposition des appartements est bien loin de procurer les commodités auxquelles Sa Majesté était accoutumée dans les autres maisons royales ..."

145) ibidem: "Le roi, gardé ainsi, s'est vu par là prisonnier dans ses propres Etats ..."

146) ididem, S. 379: "Que reste-t-il au roi, autre chose que le vain simulacre de la royauté?"

chen Partei (la partie publique)[147] läge in seiner Hand, da die Prokuratoren[148] nur noch einen Bruchteil ihrer ehemaligen Kompetenz hätten. Vielmehr liege die Hauptaufgabe der öffentlichen Partei in den Händen eines anderen Justizbeamten.[149]
Zudem habe man dem König zu guter Letzt auch noch eine der besten Errungenschaften eines Königreiches genommen: das Recht der Gnadenerteilung und der Strafmilderung durch den König. Dadurch habe man ihn in den Augen der Bevölkerung degradiert, die seit so langer Zeit daran gewöhnt gewesen sei, mit ihren Bedürfnissen und Klagen an den König heranzutreten und in ihm den gemeinsamen Vater zu entdecken, der all ihren Kummer zu beheben wüßte.[150]

Inwieweit der König mit dieser diminuierenden Einschätzung seiner Funktion die Lage richtig erkannt hatte, soll bis zum nächsten Unterkapitel[151] dahingestellt bleiben.
Wichtig vielmehr ist, daß diesen Worten des Königs klar zu entnehmen ist, wie wenig er mit den Prinzipien einer konstitutionellen Monarchie übereinstimmte. Gewaltenteilung und Volkssouveränität - beides grundlegende Komponenten einer konstitutionellen Monarchie[152] - widerstrebten ihm offensichtlich.
Die Nichtigerklärung sämtlicher Erklärungen seit Oktober 1789 betraf dann auch inbesondere die Verfassungstreue.
Es wurde bereits eine aufsehenerregende Rede des Königs im Februar 1790 erwähnt[153], in der der König ausdrücklich die verfassungsgebende Gewalt der Constituante anerkannte. Nun plötzlich behauptete der König, daß er dieses Zu-

---

147) "Encyclopédie", Bd. XXIV, Artikel "Parties/partie publique", S. 329: "Die öffentliche Partei ist die, die das öffentliche Interesse zu vertreten hat (vgl. dazu genauer 6. Kap. C II 1).

148) vgl. 2. Kapitel: Die Prokuratoren waren nichtrichterliche Strafverfolgungsorgane, die vor Gericht als Vertreter der öffentlichen Partei fungierten.

149) ARCHIVES PARL., 1ère série, Sitzung v. 21. Juni 1791, Bd. XXVII, S. 379: "Le roi n'a aucune participation à la confection des lois ... La justice se rend au nom du roi ... mais ce n'est qu'une affaire de forme, et le roi a seulement la nomination des commissaires du roi ... qui n'ont qu'une partie des attributions des anciens procureurs généraux, ... toute la partie publique est dévoluée à un autre officier de justice ..."

150) ibidem: "... l'Assemblée vient de priver le roi d'une des plus belles prérogatives attachées partout à la royauté: celle de faire grâce et de commuer les peines.
Combien d'ailleurs cette disposition ne diminue-t-elle pas la majesté royale aux yeux des peuples, étant accoutumés depuis si longtemps à recourir au roi dans leurs besoins et dans leurs peines, et à voir en lui le père commun qui pouvait soulager leurs afflictions!

151) siehe unten II 2.) Inhaltliche Grundzüge.

152) CREIFELDS/LICHTENBERGER, "Staatsbürgertaschenbuch", S. 10.

153) Abschnitt B I 1a) dieses Kapitels.

geständnis nicht freiwillig gemacht habe und kündigte eine Verfassung an, die er aus freien Stücken akzeptieren würde.[154] Diese Verfassung sollte dann auch "die heilige Religion anerkennen"[155], mit anderen Worten also den Katholizismus als Staatsreligion festlegen.
Dieser Teil des Memorandums ist nicht nur ein deutlicher Hinweis auf die Doppelzüngigkeit des Königs, sondern auch auf dessen Hinterlistigkeit. Mit der Ankündigung, für die "Akzeptanz" des Katholizismus in der Verfassung zu sorgen, stellte er sich auf die Seite des Klerus, den Urheber der Konterrevolution[156], der durch die Eidesverweigerung auf die Zivilverfassung auch große Sympathien im Volk gewonnen hatte[157]. Durch das Versprechen, eine Verfassung aufzustellen, erweckte er beim Volk den Eindruck eines Herrschers, der sich den Gesetzen unterwerfen wolle.

Grundlegende Bedeutung hatten auch seine Äußerungen über die öffentliche Partei, die Prozeßpartei, die bereits vor der Revolution in Kriminalprozessen die Öffentlichkeit vertrat[158]. Für den König schien es selbstverständlich zu sein, daß seine Beamten die Öffentlichkeit verträten. Nach seinem Verständnis war er selbst die Öffentlichkeit. Sein Interesse war das öffentliche Interesse.
Aus diesem Blickwinkel ist es dann auch keineswegs vermessen, daß der König den Kompetenzverlust der Prokuratoren kritisierte. Er, der Maßstab aller Dinge, hatte damit ein wichtiges Instrument der Einflußnahme auf Gerichtsprozesse verloren. Nach seinem Verständnis sprach er zu **seinem** Volk über die Verhältnisse in **seinem** Staat. Er sah sich als den einzig wahren Freund des Volkes, als dessen gütiger Vater[159], der in die herrschende Anarchie Ordnung zurückbringen würde, indem er eine metaphysisch und philosophisch angehauchte Regierung durch eine stabile und handlungsfähige Regierung ersetzen würde, unter der das Eigentum geschützt wäre und die Gesetze nicht ungeahndet übertreten würden[160].

---

154) ARCHIVES PARL., 1ère série, Sitzung v. 21. Juni 1791, Bd. XXVII, S. 383: "... une Constitution qu'il aura acceptée librement."

155) ibidem: "... que notre sainte religion sera respectée ..."

156) siehe unter B I 1d).

157) siehe unter B I 2a).

158) vgl. Ausführungen im 2. Kapitel unter A I) und im 6. Kapitel unter C II 1.

159) ARCHIVES PARL., 1ère série, Sitzung v. 21. Juni 1791, Bd. XXVII, S. 383: "... méfiez-vous des suggestions et des mensonges de vos faux amis; revenez à votre roi; il sera toujours votre père, votre ami."

160) ibidem: "... le gouvernement sera établi sur un pied stable et utile par son action, que les biens et l'état de chacun ne seront plus troublés, que les lois ne seront plus enfreintes impunément ..."

Nach diesen Ausführungen des Königs erübrigt es sich, näher darauf einzugehen, wie wohl die seinen Vorstellungen entsprechende Verfassung ausgesehen hätte. Das Ziel, das Ludwig mit diesem Memorandum verfolgte, ist jedenfalls eindeutig: die Constituante schwächen, das gläubige Volk gegen ihre Repräsentanten aufhetzen und sich selbst wieder als Herrscher von Gottes Gnaden auf den Thron setzen.

c) Das Massaker auf dem Marsfeld

Trotz dieses intrigenträchtigen Memorandums sah man in der Constituante keine Veranlassung, den König in irgendeiner Form zur Verantwortung zu ziehen. Zwar entbrannten heftigste Debatten über die Unantastbarkeit des Königs[161], jedoch entschied man, daß der König erst dann für sein Handeln angeklagt werden könne, wenn er abgedankt habe. Erst dadurch würde er zu einem "einfachen Bürger", den man im Gegensatz zum König strafrechtlich belangen könne.[162]
Das Dekret vom 25. Juni 1791, das den König vorläufig seines Amtes enthoben habe, solle so lange gelten bis er die Verfassung akzeptiert habe.[163]
Im Rahmen dieser Debatten um die Immunität des Königs wurden jedoch auch Stimmen laut, die eine wesentlich weitreichendere Frage aufwarfen, nämlich die nach einer Republik. So findet sich im Protokoll der Constituante vom 15. Juli 1791 ein Beitrag mit der Überschrift "Über die Republik - oder - Bedarf es eines Königs, um die Freiheit zu bewahren?"[164] von CONDORCET[165]. Im Rahmen dieses Beitrags führte CONDORCET folgendes aus:

> *"In einem freien Land gibt es keine andere wirkliche Macht als die Nation selbst; die durch sie und für sie etablierten Staatsgewalten können nur dann Kraft entwickeln, wenn sie das Vertrauen des Volkes besitzen und das Gesetz respektieren."*[166]

---

161) ARCHIVES PARL., 1ère série, insbesondere in den Sitzungen v. 13. -15. Juli 1791, Bd. XXVIII, S. 231ff; S. 255ff; S. 316ff.

162) ibidem, S. 331, Art. 3: "Un roi qui aura abdiqué reviendra simple citoyen, et sera accusable, comme eux, pour tous les actes subséquents à son abdiction."

163) ibidem, S. 377: "... que l'effet de ce décret subsistât jusqu'à ce que l'acte constitutionnel fût achevé."

164) ibidem, S. 336: "De La République *ou* un Roi est-il nécessaire à la conservation de la liberté?"

165) CONDORCET war vor 1789 bekannt durch brilliante mathematische Arbeiten und als Enzyklopädist eines der bekanntesten Mitglieder (MELCHIOR-BONNET, "Dictionnaire de la Révolution", S. 96).

166) ARCHIVES PARL., 1ère série, Bd. XXVIII, S. 337: "Mais dans un pays libre il n'existe de force réelle que celle de la nation même, les pouvoirs établis par elle et pour elle ne peuvent avoir que la force qui naît de la confiance du peuple et de son respect pour la loi."

Er betonte des weiteren, daß für den Fall, daß es einen Monarchen gäbe, diesem klar sein müsse, daß er diesen Titel vom Volk verliehen bekommen habe[167], sozusagen König von Volkes Gnaden statt von Gottes Gnaden sei.
Für ihn war jedoch die Frage nach einer Republik oder konstitutionellen Monarchie keineswegs geklärt. Er wollte im Gegensatz zu vielen anderen Abgeordneten dem Volk diese Entscheidung überlassen.[168]
Die Mehrheit der Abgeordenten meinte jedoch, daß sie als die Repräsentanten berufen gewesen seien, diese Entscheidung für das Volk zu fällen.
Das äußerte sich zum einen klar in einer am 16. Juli 1791 verfaßten Bekanntmachung gegenüber der Öffentlichkeit, in der es heißt:

> *"Bürger, Eure Repräsentanten haben gesprochen; das Gesetz hat gesiegt; über das Schicksal der Nation ist ein weiteres Mal entschieden."*[169]

Zum anderen sollte es sich am 17. Juli auf dem Marsfeld zeigen, wo sich eine Petition des Volkes für die Einführung einer Republik einsetzte und gegen das Dekret demonstrierte, demzufolge der König nur so lange seines Amtes enthoben sei, wie er der Verfassung noch keine Treue geschworen habe. Man wollte weder Ludwig XVI. noch einen anderen König anerkennen. Man warf der Constituante Dreistigkeit vor, da sie die Frage zugunsten des Königs entschieden habe, ohne die Stimme Frankreichs abgewartet zu haben.[170]
Da es laut MICHELET aufgrund eines unglücklichen Mißverständnisses zum Tode zweier Bürger kam[171], hatten die Abgeordenten einen willkommenen Anlaß, die Demonstration zu unterbinden.
Sämtliche Geschehnisse auf dem Marsfeld wurden zur Gefährdung der öffentlichen Sicherheit erklärt, das Verhalten der dort Anwesenden als Rebellion bezeichnet und der Nationalgarde grünes Licht für Festnahmen gegeben.[172]
Statt der Festnahmen kam es jedoch zu einer Schießerei, die als "Das Massaker auf dem Marsfeld"[173] in die Geschichte einging.

---

167) ibidem, S. 338: "lui apprît à ne pas oublier que c'est du peuple qu'il tiendra le titre de roi."

168) ibidem: "Ils doivent aux citoyens d'examiner cette grande question avec toute la liberté, toute la maturité que nécessite une décision ..."

169) ibidem: "Citoyens! vos représentants ont parlé; la loi est portée; le sort de l'Empire est encore une fois décidé."

170) MICHELET, "Geschichte der französischen Revolution", Bd. 4, S. 186.

171) ibidem, 182ff.

172) ARCHIVES PARL., 1ère série, Sitzung v. 17. Juli 1791, Bd. XXVIII, S. 380/381: "Tout individu qui ... aura ... manifesté la résolution d'empêcher l'exécution de la loi, provoqué la désobéissance, ou porté le peuple à resister aux autorités constituées, sera regardé comme séditieux, comme pertubateur du repos public. En conséquence, les officiers de police sont autorisés à le faire arrêter sur-le-champ et à le remettre aux tribunaux ..."

d) Das endgültige Inkrafttreten der Verfassung

Mit der Niederschlagung dieser Manifestation war zunächst die Revolution gebremst, die republikanischen Strömungen waren zumindest vorübergehend unterbrochen.
Man wollte endlich die eine konstitutionelle Monarchie vorsehende Verfassung in Kraft treten lassen, an der man nunmehr fast zwei Jahre gearbeitet hatte.

In der Zeit vom 8.-27. August wurde Artikel für Artikel der Verfassung verlesen und nach eventuellen Änderungen verabschiedet. Am 2. September 1791 war die erste Verfassung so weit fertiggestellt, daß sie mit allen Korrekturen, Zusätzen und Streichungen verlesen werden konnte.[174] Lediglich der letzte Titel, in dem die Voraussetzungen für eine Verfassungsänderung festgelegt sein sollten, war noch nicht ganz komplett. Dessen endgültige Fassung wurde dann einen Tag später verabschiedet.[175]
Mit einer ausführlichen Begründung erklärte am 13. September 1791 der König schriftlich die Annahme der Verfassung, die er umzusetzen und zu verteidigen bereit sei.[176] Um seine Absicht glaubwürdig erscheinen zu lassen, ging er auf seine Flucht im Juni 1791 ein und machte indirekt die Abgeordneten dafür verantwortlich, da sie einige Monate zuvor nicht mehr Herr der Lage gewesen seien.[177] Einen Tag später wurde der König auf die neue Verfassung vereidigt[178] und von den Abgeordneten der Nationalversammlung sogar zum Schloß zurückgeleitet!
Damit konnte die Verfassung in Kraft treten und die Constituante, obwohl in den beiden letzten Jahren auch als Gesetzgeber tätig, hatte trotzdem ihre Aufgabe

---

173) MELCHIOR-BONNET, "Dictionnaire de la Révolution", S. 162: "La fusillade du Champ-de Mars".
Unklar ist geblieben, von welcher Seite die ersten Schüsse fielen. Bei dem Blutbad sind jedenfalls eine große Menge von Demonstranten durch die Nationalgarde erschossen worden, an deren Spitze General La Fayette und BAILLY standen.

174) ARCHIVES PARL., 1ère série, Sitzung v. 2. Sept. 1791, Bd. XXX, S. 151ff.

175) ibidem, S. 186ff.

176) ibidem, S. 620: "J'accepte la Constitution; je prends l'engagement de la maintenir au dedans, de la défendre contre les attaques du dehors, et de la faire exécuter par tous les moyens qu'elle met en mon pouvoir."

177) ibidem: "Que chacun se rappelle le moment où je me suis éloigné de Paris: la Constitution était près de s'achever ; et cependant l'autorité des lois semblait s'affaiblir chaque jour; l'opinion, loin de se fixer, se subdivisait en une multitude de partis."

178) ibidem, S. 635: "Je viens consacrer ici solennellement l'acceptation que j'ai donné à l'acte constitutionnel; en conséquence, je jure d'être fidèle à la nation et à la loi, d'employer tout le pouvoir qui m'est délégué à maintenir la Constitution décrétée par l'Assemblée nationale constituante."

beendet. Am 19. September beschloß man, die Constituante am 30. September aufzulösen[179].

II) Inhaltliche Grundzüge

Allein berechtigter Souverän war laut dieser Verfassung die Nation, das Volk, das die von ihr allein ausgehende Gewalt aber nicht selbst ausüben konnte.[180] Deshalb übertrug die Nation die gesetzgebende Gewalt auf die Nationalversammlung, die aus vom Volk auf Zeit gewählten Repräsentanten bestand.[181] Sie delegierte die Exekutivgewalt auf den König[182] und übergab die Gerichtsgewalt den vom Volk auf Zeit gewählten Richtern.[183]

Da jedoch das Zensuswahlrecht (suffrage censitaire) galt[184], war das in der Präambel verankerte Prinzip der Gleichheit[185] bereits durchbrochen.

Dadurch bildete der Besitz die Basis der Volkssouveränität. RICHTER umschreibt das als eine "in Form einer Actiengesellschaft constituirte Bevölkerung"[186] und bewertet den Zensus als "Vorboten der Geldaristocratie"[187].

Der König wurde zum obersten Beamten des Staats[188], der gegenüber der gesetzgebenden Gewalt nur ein suspensives Veto geltend machen konnte.[189] RICHTER

---

179) ARCHIVES PARL., 1ère série, Sitzung v. 19. Sept. 1791, Bd. XXXI, S. 78.

180) Titre III, art. 1er: La Souveraineté ... appartient à la Nation;
Art. 2: La Nation, de qui seule émanent tous les pouvoirs, ne peut les exercer que par délégation.

181) Titre III, art. 3: Le Pouvoir législatif est délégué à une Assemblée Nationale composée de représentants temporaires, librement élus par le peuple, pour être exercé par elle ...

182) Titre III, art. 4: ... le pouvoir exécutif est délégué au Roi, pour être exercé sous son autorité, par des ministres et autres agents responsables ...

183) Titre III, art. 5: Le Pouvoir judiciaire est délégué à des juges élus à temps par le peuple.

184) Titre III, chap. 1er, sect. II, art. 1er: Pour former L'Assemblée nationale législative, les citoyens actifs se réuniront tous les deux ans ...
Art. 2. : Pour être citoyen actif, il faut ... payer ... une contribution directe ...

185) Art. 1er de la Déclaration des droits de l'Homme et du Citoyen: "Les hommes naissent et demeurent libres et égaux en droits" (vgl. dazu oben A).

186) RICHTER, "Staats- und Gesellschaftsrecht", Bd. 1, S. 263.

187) ibidem, S. 288.

188) DUVERGER, "Elements de droit public", S. 32.

189) Titre III, chap. III, sect. III *(de la sanction royale)*, art. 1er: Les décrets du Corps législatif sont présentés au Roi, qui peut leur refuser son consentement.

konstatiert eine so starke Entmachtung des Königs, daß er zu dem Urteil kommt: "Diese Constitution wollte die Monarchie ohne den Monarchen!"[190]
Auffällig war die strikte Trennung der Gewalten[191], die eine gegenseitige Kontrolle von Legislative und Exekutive ausschließen sollte. Der König hatte weder das Recht, die Nationalversammlung aufzulösen noch konnte die Legislative die Minister des Königs zur politischen Verantwortung ziehen.

Art. 2. : Dans le cas où le Roi refuse son consentement, ce refus n'est que suspensif. - Lorsque les deux législatures qui suivront ... auront successivement représenté le même décret dans les mêmes termes, le Roi sera censé avoir donné la sanction.

190) RICHTER, "Staats- und Gesellschaftsrecht", Bd. 1, S. 286.

191) DUVERGER, "Elements de droit public", S. 32.

6. Kapitel: Kapitel V des III. Titels der Verfassung

Im 5. Kapitel von Titel III[192] widmete sich die Verfassung der Judikative. Auch hier war strikteste Gewaltenteilung festgelegt.[193] Nochmals wurde betont, daß die Justiz ausschließlich durch vom Volk auf Zeit gewählte Richter ausgeübt werde, die nur aufgrund einer Amtspflichtverletzung des Amtes enthoben oder auf der Basis einer angenommenen Anklage verurteilt werden könnten.[194]

A) Funktion der Judikative nach revolutionärem Verständnis

Diesem Kapitel der Verfassung wird im folgenden verstärkt Aufmerksamkeit gewidmet werden. Deshalb soll zunächst geklärt werden, wie der Begriff "Judikative" im Rahmen der Constituante zu verstehen ist. Worin auch immer nach heutigem Verständnis die Charakteristika der rechtsprechenden Gewalt bestehen, ist im Rahmen dieser Arbeit das damalige "revolutionäre" Verständnis ausschlaggebend.
Zu diesem Zweck sollen exemplarisch die Beiträge von vier Abgeordneten über die Rolle der Judikative näher beleuchtet werden, nämlich die der Abgeordneten BERGASSE, THOURET, DUPORT und CHABROUD[195].

I) Ausführungen von Bergasse

Bereits im August 1789 machte BERGASSE als Mitglied des ersten Verfassungsausschusses aufschlußreiche Ausführungen über die Rolle und Funktion der Judikative,[196] die man mit der Überschrift "Über die politische und private Freiheit" versehen könnte.

---

192) Die in sieben Titel unterteilte Verfassung wurde innerhalb der Titel in Kapitel gegliedert. Jedes Kapitel bestand aus mehreren Artikeln, deren Nummerierung pro Kapitel neu begann.

193) Titre III, chap. V, art. 1er: Le Pouvoir judiciaire ne peut, en aucun cas, être exercé par le Corps législatif ni par le Roi.

194) Art. 2. : La justice sera rendue gratuitement par des juges élus à temps par le Peuple ... Ils ne pourront être, ni destitués que pour forfaiture dûment jugée, ni suspendus que pour une accusation admise.

195) CHABROUDs Vorbild waren die Engländer, die seiner Meinung nach zu Recht althergekommene Institutionen bewahrten. Er trat für Geschworenengerichte ein, während die vom Volk gewählten Richter nur über Rechtsfragen zu entscheiden hatten. Die Aufgaben der Staatsanwaltschaft ordnete er der exekutiven Staatsgewalt zu (LEMAY, "Constituants", S. 186f).

196) ARCHIVES PARL., 1ère série, Sitzung v. 17. August 1789, Bd. VIII, S. 441-446.

BERGASSE ging in seiner Rede zunächst allgemein auf die Funktion einer Rechtsordnung ein, um sodann daraus die entsprechende Konsequenz für die Judikative zu ziehen:
Um existieren zu können, bedarf die Gesellschaft einer Rechtsordnung, die aus den Gesetzen der Moral und der Natur hervorgehen muß. Aufgabe des Gesetzes ist es, dem Bürger die Freiheit zu garantieren, alle von der Verfassung gewährten Rechte zu genießen. Diese Freiheit umfaßt zwei unterschiedliche Arten: die des politischen Lebens und die des privaten Lebens. Während die politische Freiheit die Möglichkeit umfaßt, an der Schaffung von Gesetzen mitzuwirken, soll die private Freiheit jedem Bürger ermöglichen, alles zu tun, solange es gesetzlich nicht verboten ist.
BERGASSE zog aus diesen Aufgaben des Gesetzes für die Judikative den Schluß, daß sie weder die private noch die politische Freiheit gefährden dürfe. Dieses meinte er dadurch gewährleisten zu können, daß die Judikative einerseits infolge ihrer Organisation so allmächtig sein müsse, daß alle und alles verteidigt bzw. aufrechterhalten werden könne. Andererseits aber sollte sie so ohnmächtig sein, daß keine Mißbrauchsmöglichkeiten bestünden.
Daraus folgten für ihn folgende Grundsätze[197]:

1. Die Judikative muß vom Willen der Nation abhängen, nicht vom Willen einzelner.
2. Die Judikative darf nicht in den Händen derer liegen, die eine aktive Rolle in der Gesetzgebung spielen.
3. Die Judikative darf sich nicht zusammensetzen aus einer Gruppe weniger, aber mächtiger Magistraten.
4. Gerichte und Justizverwaltung müssen voneinander getrennt werden.
5. Die öffentliche Gewalt darf weder als persönliches Eigentum noch als anvertrautes Eigentum eines Einzelnen verstanden werden.
6. Die Wahl der Richter darf sich nicht gänzlich dem Einfluß des Volkes entziehen.
7. Die rechtsprechende Gewalt wirkt im gesamten Gebiet jederzeit für jedermann.
8. Die Justiz ist öffentlich, sowohl in Zivil- als auch in Strafverfahren.
9. Der Richter darf nicht nach eigenem Gutdünken das Gesetz interpretieren oder ergänzen.
10. Im Strafverfahren sollte ein Angeklagter solange als unschuldig gelten, wie seine Schuld nicht bewiesen ist.
11. Das Gesetz sollte Mißbrauchsmöglichkeiten verhindern, insbesondere im Bereich der Verbrechensvorbeugung.
12. Die Richter können für ihre Urteile zur Rechenschaft gezogen werden.

Aus diesen Ausführungen lassen sich einige Grundprinzipien herleiten:

---

197) ibidem, S. 445/46.

Es ist die Gesellschaft selbst, die sich eine Rechtsordnung schafft. Die Regeln dieser Rechtsordnung unterliegen Nützlichkeitserwägungen und sind somit nicht unumstößlich. Die Rechtsordnung wird nicht um ihrer selbst Willen aufrechterhalten, sondern darf nur insoweit einschränken, als es das gesellschaftliche Zusammenleben erfordert. Es handelt sich folglich nicht um starre Regeln.
Da die Basis dieser Rechtsordnung der Natur und Moral entstammt, handelt es sich um eine Art Naturrecht. Jeder Bürger, gleich welcher Herkunft, ist gleichermaßen Träger dieser Rechte.
Die Trennung von gesetzgebender und rechtsprechender Gewalt sollte nicht darüber hinwegtäuschen, daß ursprünglicher Träger dieser Staatsgewalten derselbe ist, nämlich die Nation, die an jeweils unterschiedliche Organe die Ausübung dieser Gewalt übertragen hat. Sowohl die Legislative als auch die Judikative wird von Repräsentanten der Nation ausgeübt. Nicht nur die Abgeordneten, auch die Richter sind vom Volk gewählt! Nicht nur die Abgeordneten sind ihren Wählern gegenüber verantwortlich, sondern auch die Richter können zur Rechenschaft gezogen werden.

II) Ausführungen Thourets

Wenige Monate später äußerte THOURET im Rahmen der Debatte um eine neue Gerichtsverfassung[198] über die Judikative folgende Meinung[199]:

> *"Die Judikative ist die Gewalt, die den größten Einfluß auf das Schicksal des einzelnen, auf den Fortschritt des 'esprit public', die Aufrechterhaltung der politischen Ordnung und die verfassungsrechtliche Stabilität hat. ... und das öffentliche Vertrauen in die fortschreitende Wiederherstellung wird wachsen bzw. schwächer werden, je nachdem, wie gut die Judikative organisiert ist ...*
> *Die Ausübung der Judikative ist so entartet, daß es nicht nur erforderlich ist, die wahren Prinzipien wiederzufinden, sondern die Richter, die Beamten und die gesamte Nation in Zukunft vor den falschen Vorstellungen, denen man bisher erlegen war, zu bewahren."*[200]

Die oben zitierten Ausschnitte THOURETs sollten lediglich der Einführung seines Beitrags dienen, sind aber deshalb nicht minder aussagekräftig.
Deutlich wird hier, daß THOURET auf die gewichtige Rolle der Judikative hinweisen wollte. Er sah in ihr ein Barometer des öffentlichen Vertrauens (la confiance publique), eine wirkame Einflußnahmemöglichkeit auf die Bildung eines Gemeinschaftsgeistes (le progrès de l'esprit public) und vor allem auch ein In-

---

198) ARCHIVES PARL., 1ère série, Sitzung v. 22. Dez. 1789, Bd. X, S. 735ff.

199) ARCHIVES PARL., 1ère série, Sitzung v. 24. Mrz. 1790, Bd. XII, S. 344ff.

200) ibidem, S. 344.

strument, um politische Ordnung und verfassungsrechtliche Stabilität zu gewinnen.
Hintergrund dieser Funktionen war der Gedanke, den BERGASSE bereits äußerte, nämlich die Rechtsordnung als von der Gesellschaft selbst aufgestellte "Spielregeln", die das Zusammenleben ermöglichen sollte. Die rechtsprechende Gewalt war keine Bedrohung mehr, mit deren Hilfe sich der Herrscher seine Untertanen gefügig machte, sondern es entstand ein Gefühl der Zusammengehörigkeit der Bürger. Es sollte das Bewußtsein entstehen, daß die Bürger selbst der Staat bzw. die Nation seien.
Nicht mehr der König sollte bestimmen, worin das öffentiche Interesse bestünde, sondern es sollte sich eine selbständige öffentliche Meinung bilden.

III) Ausführungen Duports

Wenige Tage später griff DUPORT diesen Gedanken noch einmal auf im Rahmen seiner Ausführungen über allgemeine Prinzipien zur neuen Gerichtsverfassung[201].

> *"Die Basis der Judikativen besteht in ihrer Ganzheit und ausnahmslos im Interesse des Volkes. Das Recht soll klar, direkt und unparteiisch sein; weit davon entfernt, Schikane oder Bösgläubigkeit zu favorisieren: aufgeklärte, ehrenhafte, furchtlose Richter, die Vertrauen vermitteln, deren Entscheidung von den freien Bürgern respektiert werden kann und die sich nur dem Gesetz unterwerfen.*
> *Wenn gegen den Gesellschaftsvertrag verstoßen wird, wenn das Gesetz oder die Justiz einzelne Bürger oder Gesellschaftsschichten gesondert behandeln, ist es das Recht und die Pflicht jeden Bürgers, sich dieser ungerechten Justiz zu widersetzen.*
> *Wenn das Gesetz nicht mehr die Interessen eines jeden einzelnen ausdrückt, wenn das Gesetz nicht mehr dem Willen der meisten Bürger entspricht, dann ist der Mensch nicht mehr frei; er gehorcht dann nicht mehr seinem bzw. dem Willen des Gesetzes, sondern dem Willen eines einzelnen, er wird dessen Sklave, und die Gesellschaft stellt nichts anderes mehr dar als ein Abbild von Despotismus und Anarchie."*[202]

Von besonderer Bedeutung war das ausdrückliche Aufgreifen der Idee des Gesellschaftsvertrages. Sobald dieser nicht eingehalten worden sei, habe das Recht seine Existenzberechtigung verloren; viel mehr noch, die Einhaltung eines solchen Rechts bedeutete sogar die Verletzung einer Bürgerpflicht.

---

201) ibidem, Sitzung v. 29. Mrz. 1790, S. 409ff.

202) ibidem, S. 410.

DUPORT wollte klar hervorheben, daß das Gesetz um der Bürger Willen gelte. Nicht mehr der Bürger diente dem Gesetz, sondern das Gesetz diente dem Bürger.

IV) Ausführungen Chabrouds

CHABROUD unterstrich dann in seinem Beitrag vehement die Gewaltenteilung:

> *"Die Judikative muß so organisiert sein, daß sie weder die politische noch die zivile Freiheit gefährdet.*
> *Daraus haben Sie geschlossen, daß die Judikative nicht vermengt werden darf weder mit der Legislative noch mit der Exekutive.*
> *Berufe ich jedoch den die Exekutive innehabenden Monarchen, die Einsetzung der Richter zu beeinflussen, verknüpfe ich die Exekutive mit der Judikative und habe damit die obengenannte gefährliche Vermengung."*[203]

Diese Ausführungen CHABROUDs müssen in die Diskussion der Wählbarkeit der Richter durch das Volk eingeordnet werden. Da im ancien régime die Richter vom König ernannte Beamte waren[204], spielte diese Frage eine erhebliche Rolle. CHABROUD erkannte zu Recht, daß das Gewaltenteilungsprinzip durchbrochen sei, wenn der König irgendwelchen Einfluß - und sei es nur in Form der Zustimmung - auf die Entscheidung habe, wer die judikative Gewalt ausübe. Der König war selbst nur Beauftragter des Volkes, der mit der Ausübung der exekutiven Gewalt betraut war.
Hätte man dem König die Möglichkeit einräumen wollen, die Organe der judikativen Gewalt zu bestimmen, hätte er dieses nur als "Exekutiv-Bevollmächtigter" der Nation tun können, da nur diese Träger der Staatsgewalt war. So wäre man in die vollkommen groteske Lage geraten, daß die Organe der Judikative Bevollmächtigte des Königs geworden wären, der von der Nation zur Ausübung der Exekutivmacht bevollmächtigt wurde. Damit hätte der König als "Exekutiv-Beauftragter" legislative Funktionen erfüllt!

V) Vergleich mit dem ancien régime

Unterzieht man nun diese Ausführungen einem Vergleich mit der Rolle der Judikative im ancien régime[205], wo der König **Träger** der rechtsprechenden Gewalt war und in dieser Eigenschaft die Richter benannte und jederzeit den gerichtlichen Ablauf beeinflussen konnte, ist schon ein deutlicher Sinneswandel zu beobachten.

---

203) ibidem, Sitzung v. 30. Mrz. 1790, S. 445

204) "Encyclopédie", Bd. XIX, Artikel "Juges", S. 177; vgl. auch 3. Kapitel C II.

205) vgl. oben 3. Kapitel A II und D II.

Bemerkenswert ist aber vor allem, daß selbst die seinerzeit "revolutionäre" Haltung der Enzyklopädisten, die den König als **Verwalter** der Judikative einstuften[206], weit überholt war.
Dem König sollte nach Meinung der Enzyklopädisten als Staatsoberhaupt die Macht übertragen werden, die Gesetzesbrecher zurückzudrängen, zu bestimmen, was das Recht beinhalte, Gerichtshöfe einzurichten und Justizbeamte einzusetzen. Hier war noch nicht die klare Trennung zwischen Exekutive und Judikative gelungen.
In der Debatte der Constituante hingegen wurden mittlerweile Exekutive und Judikative deutlich unterschieden. Die rechtsprechende Gewalt war nicht mehr Bestandteil der exekutiven Gewalt.

B) Die Redaktionsgeschichte von Art. 2 des V. Kapitels/Titel III

Nachdem sowohl die Eidesverweigerung des Klerus[207], die Flucht des Königs[208] als auch die Geschehnisse auf dem Marsfeld[209] die Beratungen der Constituante verzögert hatten, wurde - wie oben bereits erwähnt - endlich am 5. August 1791 durch THOURET der erste, revidierte Verfassungsentwurf verlesen.[210]
Das Kapitel, in dem die Judikative geregelt worden war, erfuhr jedoch in den darauffolgenden Debatten eine erwähnenswerte Erweiterung.

Artikel 2 dieses Kapitels lautete in dem Entwurf wie folgt:

> *"Das Recht wird unentgeltlich durch Richter gesprochen. Die Richter sind auf Zeit vom Volk gewählt und durch königliche Patentschriften ins Amt eingesetzt sind. Sie können ihres Amtes enthoben werden nur aufgrund einer rechtmäßigen Verurteilung wegen Amtspflichtverletzung, sie können nur dann suspendiert werden, wenn eine gegen sie erhobene Anklage [durch die Geschworenen der Anklage] angenommen worden ist."*[211]

---

206) vgl. oben 3. Kapitel C III.

207) vgl. oben 5. Kapitel B I 2a.

208) vgl. oben 5. Kapitel B I 2b.

209) vgl. oben 5. Kapitel B I 2c.

210) ARCHIVES PARL., 1ère série, Sitzung v. 5. Aug. 1791, Bd. XXIX, S. 207ff.

211) ibidem, S. 215: "La justice sera rendue gratuitement par des juges élus à temps par le peuple, institués par lettres patentes du roi, et qui ne pourront être destitués que pour forfaiture dûment jugée ni suspendus que par une accusation admise.

Nachdem dieser Artikel im Rahmen der Verfasungsdebatte zwecks Verabschiedung nochmals verlesen worden war, meldete sich der Abgeordnete BUZOT[212] zu Wort:

> *"Es gibt insbesondere einen Mann, der in der Justiz besonders wichtig ist, und zwar den* ***öffentlichen Ankläger***[213]*. Es ist von großer Bedeutung, daß dieser Mann* ***nicht*** *durch den König ernannt wird. Ich schlage vor, daß zum derzeitigen Zeitpunkt klargestellt wird, daß der Ankläger immer vom Volk ernannt wird."*[214]

BUZOT wurde zunächst durch DEMEUNIER[215], dem Berichterstatter des Verfassungsausschusses gebeten, diesem Zusatz erst im Rahmen von Artikel 8[216] desselben Kapitels Aufmerksamkeit zu schenken.
Dessen erster Absatz lautete wie folgt:

> *"Im Strafverfahren kann kein Bürger verurteilt werden, es sei denn auf der Grundlage einer Anklage, die durch Geschworene angenommen oder*

---

212) BUZOT äußerte sich vornehmlich zu Verfassungsfragen, Interessen des Volkes und zu einer neuen Gerichtsordnung. Eine "Vetternwirtschaft" der Minister mit den Richtern befürchtend, trat er zwar für die Wiederwählbarkeit der Richter ein, aber gegen deren Ernennung auf Lebenszeit. Die Macht der durch den König zu ernennenden "Gerichtskommissare" wollte er ebenfalls klar beschränken. Er trat für Geschworenengerichte sowohl im Zivil- als auch im Strafverfahren ein. (LEMAY, "Constituants", S. 165f).

213) Bevor in einem der folgenden Kapitel der neuen Kriminalgerichtsordnung mehr Aufmerksamkeit geschenkt werden wird, soll an dieser Stelle um des Verständnisses willen vorausgeschickt werden, daß der öffentliche Ankläger einzig und allein die Aufgabe hatte, vor Gericht die Anklage als Vertreter der Öffentlichkeit zu übernehmen.
Die Entscheidung, ob die Ermittlungen ausreichten, um eine Anklage vor Gericht zu erheben, oblag den Geschworenen der Anklage (=jurés d'accusation). Sie entschieden über die Annahme der Anklage, hatten dann aber mit dem Schuldspruch nichts mehr zu tun. Dieser nämlich erfolgte durch die Geschworenen des Schuldspruchs (=jurés de jugement). Der Strafausspruch schließlich war Sache eines Richters.

214) ibidem, Sitzung v. 16. Aug. 1791, S. 461: "Il y a surtout un homme fort essentiel dans la justice, c'est l'accusateur public. Il est très intéressant que cet homme ne soit pas nommé par le roi. Je demande qu'il soit dit actuellement que l'accusateur sera toujours nommé par le peuple."

215) DÉMEUNIER spielte häufig eine Vermittlerrolle in den Debatten und wollte das Werk der Constituante durch Mäßigung und Weisheit vollenden. Er gehörte zu den Fünfen, die die Menschenrechterklärung formulierten (LEMAY, "Constituants", S. 278f).

216) Artikel 8 des Entwurfes entspricht Artikel 9 der endgültigen Verfassung.

vom Parlament in den Fällen verordnet wurde, in denen es seine Aufgabe ist, die Anklage zu erheben."[217]

Bei der Abstimmung über diesen Artikel griff man BUZOTs Vorschlag auf und fügte unmittelbar im Anschluß daran hinzu:

"Der öffentliche Ankläger wird vom Volk ernannt."[218]

Damit war zweierlei festgelegt: Das Volk nimmt nicht nur durch seine Geschworenen prinzipiell die Anklage an, sondern es ist auch das Volk, das diese Anklage vor Gericht durch einen Repräsentanten, nämlich den öffentlichen Ankläger vertritt.
Dahinter stand das Verständnis, das DUPORT bereits ein Jahr zuvor mit folgenden Worten zum Ausdruck gebracht hatte:

> *"Mittlerweile ist es die Entscheidung ihrer Bürger, wer angeklagt wird. Die Gesellschaft wird einem öffentlichen Amtsträger die Aufgabe erteilen, ihre Rechte auszuüben und in ihrem Namen zu verfolgen."*[219]

Durch die obige Hinzufügung an dieser konkreten Stelle der Verfassung wurde jedenfalls die Position des öffentlichen Anklägers als Volksvertreter unterstrichen und man stellte klar, daß die Anklage aus zweierlei Schritten sich zusammensetzte: erstens die Zulassung der Anklage und zweitens ihre Erhebung. Beide Schritte oblagen dem Volk, das sich zur Ausführung unterschiedlicher Repräsentanten bediente.

Jedoch entsprach die Position dieser Regelung noch nicht der endgültigen Version. Als es nämlich am 2. September 1791 zur endgültigen Verabschiedung der Verfassung kam, hatte der Verfassungsausschuß die Bestimmung, daß der öffentliche Ankläger vom Volk bestimmt werde, an der Stelle eingefügt, wo BUZOT es auch ursprünglich vorgeschlagen hatte, nämlich als dritten Absatz von Artikel 2, Kapitel V.[220] Dieser lautete also nun endgültig wie folgt:

---

217) ARCHIVES PARL., 1ère série, Sitzung v. 5. Aug. 1791, Bd. XXIX, S. 216: "En matière criminelle, nul citoyen ne peut être jugé que sur une accusation reçue par des jurés, ou décrétée par le corps législatif dans le cas où il appartient de poursuivre l'accusation."

218) ibidem, Sitzung v. 16. August 1791, S. 464: "L'accusateur public sera nommé par le peuple."

219) ARCHIVES PARL., 1ère série, Sitzung v. 27. Nov. 1790, Bd. XXI, S. 52: "Maintenant, c'est la décision de ses concitoyens qu'il est accusé. La société va remettre à un officier public la mission d'exercer ses droits, et de le poursuivre en son nom."

220) ARCHIVES PARL., 1ère série, Sitzung v. 2. Sept. 1791, Bd. XXX, S. 164.

(1)[221] *Das Recht wird unentgeltlich durch Richter gesprochen. Die Richter sind auf Zeit vom Volk gewählt und durch königliche Patentschriften ins Amt eingesetzt. Der König kann deren Amtseinsetzung nicht verweigern.*
(2) Sie [die Richter] können ihres Amtes enthoben werden nur aufgrund einer rechtmäßigen Verurteilung wegen Amtspflichtverletzung, sie können nur dann suspendiert werden, wenn eine gegen sie erhobene Anklage [durch die Geschworenen der Anklage] angenommen worden ist.
(3) Der öffentliche Ankläger wird vom Volk ernannt.

C) Der öffentliche Ankläger - eine umstrittene Institution

Vollkommen falsch schätzte man die Lage ein, wenn man aus der oben beschriebenen Redaktionsgeschichte den Schluß der Einstimmigkeit in der Constituante ziehen wollte. Es bestand nicht nur Uneinigkeit darüber, in welchem Artikel innerhalb der Judikative der öffentliche Ankläger zu erwähnen sei. Vielmehr gab es auch Stimmen, denen zufolge die Funktion der Anklage der Exekutivgewalt zuzuordnen war. Eines zusätzlichen Instituts wie das des öffentlichen Anklägers hätte es dann gar nicht bedurft, weil die Funktion der öffentlichen Anklage durch bereits institutionalisierte Organe der Exekutive erfüllt werden sollte.

I) Die Staatsanwaltschaft als Ankläger

Der Abgeordnete PEZOUS ließ beispielsweise gar keine Zweifel daran aufkommen, daß er die Institution eines öffentlichen Anklägers nicht nur für überflüssig erachte, sondern letztere auch für ungeeignet halte, die gewünschte Funktion zu erfüllen. Er befürchtete Mißbrauchsmöglichkeiten infolge der Wahl durch das Volk.[222] Seiner Meinung nach sollten die Beamten der Staatsanwaltschaft unter Beibehaltung ihrer bisherigen Bezeichnung als 'procureurs du roi' die Funktion der Anklage erfüllen.[223]

Auch dem folgendem Beitrag CHABROUDs ist zu entnehmen, wie überflüssig auch er die Institution des öffentlichen Anklägers hielt[224]:

---

221) Die Einteilung nach Absätzen ist in der Verfassung nicht vorgesehen. Sie soll an dieser Stelle die Zitierung vereinfachen.

222) ARCHIVES PARL., 1ère série, Sitzung v. 9. Aug. 1790, Bd. XVII, S. 675: "... laisser aux agents du pouvoir exécutif la fonction d'accuser, qu'ils ne peuvent seuls remplir utilement, et dont ils ne peuvent pas abuser sous des juges que le choix du peuple aura placés dans les tribunaux."

223) ibidem, S. 674: "... concernant le ministère public, je ne demanderai pas au comité pourquoi il a supprimé l'ancien nom du *procureur* du roi, qui était clair et juste, pour y substituer le nom vague de *commissaire* ..."

224) ARCHIVES PARL., 1ère série, Sitzung v. 30. Mrz. 1790, Bd. XII, S. 447.

"Ich denke also entgegen der Meinung Ihres Ausschusses, daß der König keinerlei Mitspracherecht bei der Ernennung der Richter haben darf.
Aber im Gegensatz zum Gesetzesausschuß halte ich es für unbedingt erforderlich, dem König die freie und ausschließliche Wahl der Beamten der Staatsanwaltschaft zu überlassen.[225]
Letztere sind unmittelbar Beauftragte der Exekutive.
Sie befreien den Monarchen von der Pflicht, die ihm auferlegt worden ist, als ihm die Verantwortung für öffentliche Klagen vom Volk aufgebürdet wurde, dessen Sache sie eigentlich sind.
Sie begleiten in seinem Namen die Gerichte, um dem Gesetz dauerhafte Geltung zu verschaffen, um Delikte, die das Gesetz verletzen, vor Gericht zu bringen, um die saubere Beachtung des Gesetzes aufrechtzuerhalten.
Sie sind direkt dem Monarchen gegenüber zur Rechenschaft verpflichtet, sie korrespondieren mit ihm und repräsentieren ihn in ihrer Funktion.
Diese Beamte sind folglich nichts anderes als Beauftragte des Monarchen, dessen Sachwalter, in der strikten Bedeutung dieses Wortes. Man muß alle Ideen stürzen, die von Beauftragten ausgehen, die nicht ernannt sein sollen durch den, der sie beauftragt hat. Je wichtiger der Auftrag, umso wichtiger ist es, daß er auf Vertrauen aufbaut. Nachdem Sie dem König umfangreiche Pflichten auferlegt haben, sind Sie ungerecht und inkonsequent, wenn Sie ihn zwingen, seine Kooperatoren 'in Empfang zu nehmen ...'[226]
Ich möchte auf die gegenseitige Kontrolle hinweisen, die sich so entwickeln wird zwischen den vom Volk ernannten Richtern und der vom Monarchen eingesetzten Staatsanwaltschaft. Ein gelungener Wettstreit wird die Beamten an ihre Pflicht binden, er wird der Aufrechterhaltung der Verfassung dienen. Jegliche Mißachtung, jeglicher Machtmißbrauch, jeg-

---

225) Je pense donc, contre l'opinion de votre comité, que le roi ne doit avoir aucune part à la nomination des juges.
Mais, opposé encore à votre comité en ce qui concerne les magistrats qui exercent le ministère public, je crois qu'il faut abandonner au roi le choix libre et entier.

226) Ceux-ci sont les préposés immédiats du pouvoir exécutif. Ils acquittent le prince du devoir qui lui fut imposé lorsque les actions publiques furent mises sur sa tête par le peuple à qui elles appartiennent. Ils suivent, à son nom, les tribunaux, pour y faire parler sans cesse la loi, pour leur déférer les délits qui blessent la loi, pour maintenir l'observation pure de la loi. Ils sont immédiatement comptables au prince, ils correspondent avec lui, ils le représentent dans leurs fonctions.
Ces officiers ne sont donc, en effet, que les préposés du roi, ses procureurs, dans l'acception rigoureuse du mot. Il faut renverser toutes les idées pour concevoir des préposés qui ne soient pas nommés par celui qui les commet. Plus le mandat est important, plus il est nécessaire qu'il soit le fruit de la confiance. Après avoir imposé au prince de grandes obligations, si vous le forcez à recevoir ses coopérateurs, vous êtes injustes et inconséquents ...

liche Ausuferung von Autorität wird verschwinden durch die Anträge der königlichen Prokuratoren und die Aufforderungen der Richter. Das Gesetz, durch dieses Gleichgewicht bewahrt, wird an den Gerichtshöfen niemals mißachtet werden.
Ich schließe damit, daß es ausschließlich dem Volk überlassen bleiben muß, seine Richter zu wählen, und daß der Monarch ohne Interventionsmöglichkeit des Volkes seine Prokuratoren ernennen muß."[227]

CHABROUD machte diese Ausführungen zwar im Rahmen einer Debatte über die neue Gerichtsverfassung, trotzdem aber kann sein Beitrag auch in verfassungsrechtlicher Hinsicht insoweit dienen, als er die starke Opposition gegen den öffentlichen Ankläger exemplarisch widerspiegelt. Deshalb wird diese Rede CHABROUDs im folgenden einer genaueren Betrachtung unterzogen werden:
Das erste, was auffallen muß, ist die Tatsache, daß überhaupt kein öffentlicher Ankläger erwähnt wurde, sondern nur "die Staatsanwaltschaft" (ministère public).
Desweiteren ging CHABROUD von zwei Voraussetzungen aus, deren Richtigkeit zumindest zu diesem Zeitpunkt angezweifelt werden mußte: erstens die Feststellung, daß die Funktion der Anklage Angelegenheit der Staatsanwaltschaft sei[228] und zweitens die Behauptung, daß das Volk die Verantwortung für die öffentliche Klage dem König übertragen habe[229].
Im folgenden soll gezeigt werden, daß diese beiden Prämissen einem Wandel unterworfen waren, den CHABROUD nicht einbezogen hatte. Um diese Entwicklung aber nachzuvollziehen, muß zunächst die allgemeine Aufgabe der Staatsanwaltschaft vor und nach 1789 gegenübergestellt werden.[230] Zu diesem Zweck ist es hilfreich, die Ausführungen der Enzyklopädie heranzuziehen, die - wie im

---

227) Je veux parler de la censure réciproque, qui s'établira entre les juges nommés par le peuple, et le ministère public institué par le prince. Une heureuse émulation attachera les magistrats à leurs devoirs, elle servira au maintien de la constitution. Toute négligence, tout abus de pouvoir, toute extension d'autorité disparaîtra devant les réquisitions des procureurs du roi, ou devant les injonctions des juges; et la loi, conservée par cet équilibre, ne sera jamais oubliée dans les tribunaux.
Je conclus qu'il faut laisser au peuple le choix absolu de ses juges, et que le roi doit nommer ses procureurs sans l'intervention du peuple."

228) Dem Gesetzesentwurf, der diesen Ausführungen folgte, ist das im Titel III und VII im Detail zu entnehmen (ibidem, S. 451ff).

229) ibidem, S. 447: "Ils acquittent le prince du devoir qui lui fut imposé lorsque les actions publiques furent mises sur sa tête par le peuple à qui elles appartiennent."

230) Im 2. Kapitel wurden mit dem Ablauf des Kriminalprozesses auch im Detail die konkreten Funktionen der Prokuratoren, den Beamten der französischen Staatsanwaltschaft, dargestellt. An dieser Stelle nun soll der Vergleich anhand der allgemeinen Aufgabe erfolgen.

3. Kapitel erwähnt - bereits vor der Revolution verfaßt wurde und insofern Aufgaben einer Staatsanwaltschaft vor der Revolution beschrieb.

II) Aufgabenwandel der Staatsanwaltschaft

1) Aufgabe der Prokuratoren vor 1789

Das ministère public, üblicherweise mit Staatsanwaltschaft, wörtlich aber übersetzt "Dienststelle für öffentliche Angelegenheiten"[231], wurde in der Enzyklopädie wie folgt definiert:

> *"Streng genommen umschreibt dieser Terminus einen öffentlichen Dienst, ein öffentliches Amt, eine öffentliche Funktion. Üblicherweise aber versteht man darunter diejenigen, die die Funktion der öffentlichen Partei erfüllen ... Das ministère public fordert all das, was für das öffentliche Interesse (l'intérêt public) notwendig ist. Es übt die Rache aus für öffentliche Delikte (*crimes publics*), fordert das, was für die Polizei und die öffentliche Ordnung (l'ordre public) notwendig ist und stellt Anträge*[232] *in allen Angelegenheiten, die für den König und den Staat ... von Belang sind ..."*[233]

---

231) An dieser Stelle sei ein kurzer etymologischer Hinweis erlaubt zum Begriff 'ministère', der seinen Ursprung im lateinischen *'ministerium'* (=Dienstleistung, Amt, Aufgabe) hat. Wortstamm ist *'minor'* (=weniger, Komparativ *zu parvus*=klein) als der Gegensatz zu *'magis'* (=mehr, größer, Komparativ *zu magnus*=groß). Davon abzuleiten ist das Gegensatzpaar *'minister'* - *'magister'*, sinngemäß zu übersetzen mit Diener und Dienstherr, oder auch *'ministerium'* - *'magisterium'*, sinngemäß übersetzt 'Amt des Dieners' und 'Amt des Dienstherrn'.
Der Begriff 'ministère' kennzeichnet damit also, zumindest etymologisch, nur ein untergeordnetes Amt. Die politische Sinngebung, die das heutige "Ministerium" beinhaltet, insbesondere die unbedingte Zuordnung zur Exekutive, ist erst das Ergebnis einer Entwicklung, die bei der Übersetzung 200-jähriger Reden unbedingt zu beachten ist. Bestätigt wird die vorgeschlagene Übersetzung von der im folgenden zitierten Definition der Enzyklopädie.

232) Der Ordonnanz von 1670 (Titre XXIV) zufolge unterschied man zwischen den vorbereitenden ("conclusions préparatoires") und den endgültigen Anträgen ("conclusions définitives"). Die erstgenannten bereiteten die endgültigen Strafanträge vor und dienten der Regelung von Untersuchung und Verfahren (dazu genauer 2. Kap. A II, 1d und 3a).

233) "Encyclopédie", Bd. XXI, Artikel "ministère", S. 894: "Ce terme pris dans une étroite signification, veut dire service ou emploi public, fonction publique. Mais on entend plus ordinairement par ce terme, ceux qui remplissent la fonction de partie publique ... Le ministère public requiert tout ce qui est nécessaire pour l'intérêt du

Dieser Erklärung zufolge war der Beamte der Staatsanwaltschaft, seinerzeit 'Prokurator' genannt[234], ein Anwalt für die 'Öffentlichkeit', der für 'öffentliche Delikte' Rache ausübte. Allerdings bedarf es zum Verständnis dieser Erklärung einer näheren Definition der Begriffe 'öffentliche Delikte' und 'Öffentlichkeit'.

> *"Die Delikte sind dem römischen Recht folgend in private und öffentliche Delikte unterteilt ... Die öffentlichen Delikte sind solche, die die öffentliche Ordnung stören und deren Wiedergutmachung die Öffentlichkeit interessiert.*
> *Bei den Römern war die Strafverfolgung allen Bürgern erlaubt, selbst wenn sie daran kein Verfolgungsinteresse hatten. Bei uns hingegen ist die Strafverfolgung nur den geschädigten Parteien vorbehalten oder dem ministère public."*[235]

> *"Das öffentliche Wohl oder das öffentliche Interesse meint das gleiche wie das Interesse der Öffentlichkeit, das, was für die Öffentlichkeit* bzw. *die Gesellschaft vorteilhaft ...*
> *Die Bewahrung des öffentlichen Interesses ist dem Souverän des Staats anvertraut und den Beamten, die unter seinem Befehl mit dieser Aufgabe betraut sind.*
> *In den Fällen, die die Öffentlichkeit angehen, bedarf es der Anträge des ministère public; fehlte es daran und wäre einem abweisenden Urteil zufolge überhaupt kein öffentliches Interesse gegeben, bestünde noch immer die Möglichkeit des zivilen Verfahrens."*[236]

---

public; il poursuit la vengeance des crimes publics, requiert ce qui est nécessaire pour la police et le bon ordre, et donne des conclusions dans toutes les affaires qui intéressent le roi ou l'état ..."

234) "Encyclopédie", Bd. XXIV, Artikel "Parties", S. 329: "Partie publique, c'est lui qui est chargé de l'intérêt public, tels sont ... les procureurs ..."(vgl. dazu 2. Kap. A II, 1b).

235) "Encyclopédie", Bd. IX, Artikel "crime", S. 922: "Les crimes sont divisés, suivant le droit romain, en crimes privés et publics ... Les crimes publics sont ceux qui troublent l'ordre public et dont la réparation intéresse le public. Chez les Romains, la poursuite en étoit permise à toutes sortes de personnes, quoique non-intéressés. Mais parmi nous, la poursuite n'en est permise qu'aux parties intéressés, ou au ministère public ..."

236) "Encyclopédie", Bd. XXVII, Artikel "Public": "Le bien public ou l'intérêt public est la même chose que si on disoit l'intérêt du public, ce qui est avantageux au public ou à la société ... La conservation de l'intérêt public est confiée au souverain, et aux officiers qui sous ses ordres sont chargés de ce dépôt. Dans les affaires qui intéressent le public, il faut des conclusions du ministère public; autrement et s'il n'y en avoit point eu dans un arrêt rendu en pareil cas, ce seroit un moyen de requête civile.

Klar ist damit erstens, daß die Verfolgung und Ahndung öffentlicher Delikte zur Verhinderung einer Popularanklage vertretungshalber für die Öffentlichkeit durchgeführt werden sollte. Nicht jeder Bürger - wie bei den Römern - sollte verfolgen dürfen, sondern nur der Geschädigte oder der für die Öffentlichkeit Handelnde, nämlich der öffentliche Anwalt.
Zweitens ist aus der Formulierung, daß das Interesse der Öffentlichkeit das ist, "was für die Öffentlichkeit bzw.[237] die Gesellschaft vorteilhaft ist", zu schließen, daß die Öffentlichkeit die Gesellschaft selbst war.
Allerdings war die Wahrung des öffentlichen - also gesellschaftlichen - Interesses dem Souverän des Staates anvertraut. In einer Demokratie, in der die Volkssouveränität herrscht, wäre das unbedenklich.[238] Zu Zeiten des ancien régime mußte das aber eine Interessensvermengung zur Folge haben. Da der König nämlich nicht nur Staatsoberhaupt, sondern auch Staatssouverän war, hielt er die Wahrung des öffentlichen Interesses in seinen Händen. Er bestimmte, was im öffentlichen Interesse war. Zwischen königlichem und öffentlichem Interesse gab es dadurch keinen Unterschied[239]. Die Beamten der Staatsanwaltschaft handelten im Interesse des Königs und damit automatisch im "öffentlichen" Interesse.
Auf diese Weise war es für sie auch unproblematisch, gleichermaßen königliche und "öffentliche" Belange zu wahren.

Zusammenfassend bestand die Aufgabe der Staatsanwaltschaft also darin, die Strafverfolgung aufzunehmen, über die Einhaltung von Rechtsvorschriften vor Gericht zu wachen und die Anklagefunktion zu erfüllen. Maßstab ihres Handelns war zwar das öffentliche Interesse, das jedoch durch den König, den Träger der Staatsgewalt, bestimmt wurde. De facto stand folglich das königliche Interesse im Vordergrund.

2) Aufgabe nach 1789

Infolge der Revolution hatte sich das Staatsverständnis dahingehend geändert, daß die gesamte Staatsgewalt vom Volk ausging, der König sein Amt folglich von Volkes Gnaden und nicht von Gottes Gnaden bekleidete. Der König war zwar noch Staatsoberhaupt, aber nicht mehr Staatssouverän.

---

237) Die Konjunktion "oder" (ou) ist hier nicht alternativ verwendet, sondern soll zwei Synonyme miteinander verbinden, nämlich Öffentlichkeit und Gesellschaft.

238) An dieser Stelle sei kurz darauf hingewiesen, daß das Gegensatzpaar Monarchie/Republik umschreibt, wer das **Staatsoberhaupt** ist, während die Begriffe Demokratie/Oligarchie/Monokratie den **Träger der Staatsgewalt** bestimmen.

239) vgl. 3. Kapitel C II.

DUPORT formuliert die Position des Königs in Frankreich nunmehr als die des obersten Chefs der Exekutive im Gegensatz zu England, wo der König selbst die Exekutive sei.[240]

In Frankreich konnte der König nicht mehr sein eigenes als das öffentliche Interesse deklarieren und als solches schützen, sondern er war dem Gesetz gegenüber verpflichtet. Er war nicht mehr Auftraggeber des Volkes, sondern Beauftragter des Volkes.

Unter solchen Vorzeichen diente das ministère public nicht mehr gleichermaßen der Öffentlichkeit und dem König, sondern unter Führung des Königs der Öffentlichkeit.

a) Die königlichen Kommissare

Mit dieser Veränderung sollten in Zukunft die Beamten der Staatsanwaltschaft auch nicht mehr Prokuratoren heißen, sondern 'königliche Kommissare'[241].

Allerdings wandelte sich mit der Amtsbezeichnung auch der Aufgabenbereich bzw. verringerte sich. THOURET gibt darüber nähere Auskunft in einer Debatte über die neue Gerichtsverfassung im August 1790.

Danach hatte das minstère public erstens in der Rechtspflege die Gesetze zu schützen, die die allgemeine Ordnung angingen[242], zweitens die Urteile zu vollziehen[243] und drittens über das Betragen der Richter zu wachen und Verfehlungen zu ahnden, die das Vertrauen und den Respekt in die Justiz untergraben oder zumindest schmälern könnten[244].

---

240) ARCHIVES PARL., 1ère série, Sitzung v. 27. Nov. 1790, Bd. XXI, S. 52: "En Angleterre, le roi est à lui seul le pouvoir exécutif ... et, à cet effet il nomme tous les agents d'exécution, les juges, les administrateurs, les officiers du fisc.
En France, le roi n'est que le chef suprême du pouvoir exécutif; il ne nomme pas les agents de l'exécution pour l'intérieur, il s'en sert seulement, c'est le peuple qui les lui désigne, qui les remet dans la main du roi pour être employés par lui ..."

241) 'Décret de l'organisation judiciaire' in ARCHIVES PARL., 1ère série, Sitzung v. 16. Aug. 1790, Bd. XVIII, S. 108: Titre VIII, Art. 1er. Les officiers du ministère public ... porteront le nom de *Commissaires du roi.*

242) ARCHIVES PARL., 1ère série, Sitzung v. 4. Aug. 1790, Bd. XVII, S. 608: "Premièrement ... doit maintenir, dans l'exercice de la justice, toutes les lois qui intéressent l'ordre général."

243) ibidem: "Secondement doit faire exécuter les jugements ..."

244) ibidem: "Troisièmement ... doit veiller sur la conduite des juges, et réprimer ... des écarts qui ... pourraient y conduire par la suite, ou du moins altérer, dans l'opinion publique, la confiance et le respect pour la justice."

Die Verfassung von 1791 regelte dementsprechend, daß die vom König zu ernennenden[245] königlichen Kommissare, die den Weisungen des Königs unterworfen waren[246], während des Ermittlungsverfahrens, für die Urteilsfindung und in der konkreten Strafverhängung über Einhaltung formellen und materiellen Rechts zu wachen hatten und für die Vollstreckung der gefällten Urteile verantwortlich waren.[247] Der neuen Gerichtsverfassung[248] zufolge wurden die königlichen Kommissare als Beamte der Staatsanwaltschaft eingestuft, die die Exekutive vor Gericht zu vertreten hatten.[249]
Sowohl in der Verfassung als auch in der Gerichtsverfassung wurde ausdrücklich betont, daß die königlichen Kommissare zwar zur Anklage gehört werden mußten, aber keineswegs die Ankläger waren.[250]

b) Der Ankläger

Anläßlich der Berichterstattung über die neu zu entwerfende Gerichtsverfassung hielt THOURET eine Rede[251], in deren Verlauf er den ehemaligen Beamten der Staatsanwaltschaft, den Prokuratoren, in unmißverständlicher Weise die Anklagefunktion entzog:

> *"Eine andere Funktion erfüllen die öffentlichen Ankläger, die bisher durch die Prokuratoren des Königs ausgeübt wurde und üblicherweise als die essentielle Funktion der Staatsanwaltschaft angesehen werden könnte. Seitdem jedoch die Staatsanwaltschaft eine Zweigstelle der Exekutive ge-*

---

245) Titre III, Chap. IV, art. 2 [Satz 7]: "Il [*le roi*] nomme les commissaires auprès des tribunaux."

246) Das ist folgender Vorschrift zu entnehmen: "Les commissaires du Roi auprès des tribunaux dénonceront ... soit d'office, soit d'après les ordres qui leur seront donnés par le Roi (Titre III, Chap. V, art. 26).

247) ibidem, art. 25: "Les fonctions des commissaires du Roi auprès des tribunaux, seront de requérir l'observation des lois dans les jugements à rendre, et de faire exécuter les jugements rendus ... et requerront pendant le cours de l'instruction pour la régularité des formes, et avant le jugement pour l'application de la loi.

248) dazu im Detail 10. Kapitel.

249) Titre VIII, Art. 1er: "Les officiers du ministère public sont agents du pouvoir exécutif auprès des tribunaux ... ils porteront le nom de *Commissaires du roi.*" (ARCH. PARL., 1ère série, Sitzung v. 16. Aug. 1790, Bd. XVIII, S. 108).

250) Constitution du 3 sept. 1791, titre III, chap. V, art. 25: "... Ils ne seront point accusateurs publics, mais ils seront entendus sur toutes les accusations ..."

251) Dieser Rede THOURETs wird im 10. Kapitel noch genaueste Aufmerksamkeit gewidmet werden.

worden ist, anstelle eines Dienstes für das Volk (ministère populaire)[252], *verdient die Übertragung der Anklagefunktion größte Aufmerksamkeit ...*[253]
Ich komme nun ohne Umschweife auf den wesentlichen Punkt der Diskussion zu sprechen; ich prüfe, was die öffentliche Anklage von ihrer Natur aus ist, und ich zögere nicht zu betonen, daß es eine ***volkseigene Funktion*** *ist ...*[254]
Die öffentliche Anklage ...war bei den antiken freien Völkern ein Recht von jedermann gewesen ... Allerdings hat die Popularanklage einige schwerwiegende Nachteile. Wenn jedermann berufen ist, über die Einhaltung der Rechtsvorschriften zu wachen, kommt irgendwann der Moment, in dem keiner mehr wacht. Außerdem können unter dem Vorwand, die öffentliche Ruhe und Ordnung zu schützen, Parteigeist, allgemein verbreitete Voreingenommenheit oder persönliche Vorurteile und Ressentiments die öffentliche Ruhe und Ordnung stören.[255]
Laßt uns die weise Einrichtung eines Amtsträgers beibehalten, dessen Aufgabe im Anklagen besteht. Wenn aber die öffentliche Anklage keine Aufgabe des gesamten Volkes bleibt, sondern vertretungshalber durch einen Amtsträger ausgeführt werden soll, kann es da überhaupt Zweifel darüber geben, daß dieser Amtsträger ein Mann des Volkes sein muß ...?
Er muß einer der vom Volk gewählten und ernannten Amtsträger sein; seine Funktion nämlich ist eine der Aufgaben des Volkes, bei deren Übertragung das Volk ein erhebliche Interesse daran hat, daß sie an Menschen geht, derer man sich sicher sein kann ..."[256]

---

252) vgl. Ausführungen zum Übersetzungsvorschlag von 'ministère public' am Beginn dieses Abschnitts (C II).

253) ARCHIVES PARL., 1ère série, Sitzung v. 4. Aug. 1790, Bd. XVII, S. 608: "Il est une autre fonction, celle d'accusateur public, que les procureurs du roi exerçaient, que l'habitude pourrait faire regarder comme essentielle au ministère public, et dont la délégation mérite l'attention la plus sérieuse depuis que le ministère public, au lieu d'être un ministère populaire, est devenu une agence du pouvoir exécutif."

254) ibidem, S. 609: "J'entre maintenant sans obstacle au fond de la discussion; j'examine ce que l'accusation publique est par sa nature, et je n'hésite pas à prononcer qu'elle est une fonction populaire."

255) ibidem, S. 609: "L'accusation publique ... était chez les anciens peuples libres, un droit de chaque citoyen ... Cependant, l'accusation populaire a de grands inconvénients. Quand tout le monde est chargé de veiller, il arrive un moment où personne ne veille; et quand chacun peut accuser, l'esprit de parti, les préventions vulgaires, les préjugés et les ressentiments individuels peuvent trop aisément troubler la tranquillité publique, sous le prétexte de l'assurer."

256) ibidem: "Conservons donc le sage établissement d'un officier public chargé d'accuser. Mais si l'accusation publique, au lieu de rester une action populaire, devient la

Diesen Ausführungen entsprechend regelte dann auch die Verfassung, daß der öffentliche Ankläger vom Volk zu ernennen sei und keineswegs mit den 'königlichen Kommissaren' zu verwechseln sei.[257]
Damit hatte sich die Anklagefunktion gravierend geändert, da sie ausdrücklich nicht mehr in den Aufgabenbereich der Staatsanwaltschaft fiel. Stattdessen sollte sie von Volksvertretern ausgeführt werden. THOURET begründete das mit der Tatsache, daß die Staatsanwaltschaft zur 'Filiale der Exekutive' geworden war, anstatt, wie ihrer wahren Natur als 'volkseigene Funktion' entsprechend, dem Volk zu dienen[258]. Er fand sich zwar damit ab, daß die Staatsanwaltschaft nicht mehr das war, was sie ursprünglich sein sollte, nämlich ein Dienst für das Volk, zog aber die Konsequenz, die typisch volkseigene Funktion der Anklage der Staatsanwaltschaft und somit der Exekutive zu entziehen. Er betonte ausdrücklich, daß dieser Volksvertreter ein besonderes Vertrauen des Volkes genießen würde. Offensichtlich war dieses Vertrauen gegenüber den Beamten der Staatsanwaltschaft nicht gegeben.
Unverändert blieb aber die Anklageerhebung durch Vertreter, das heißt, daß das Volk diese Funktion nur mittelbar ausübte.[259] In THOURETs Ausführungen wurde nämlich nicht nur das Mißtrauen gegenüber den Beamten der Staatsanwalt schaft laut, sondern auch gegenüber dem Volk. Dieses nämlich könnte die der Popularanklage typischerweise anhaftenden Mißbrauchsmöglichkeiten ausschöpfen.

---

commission d'un officier, peut-il rester douteux que cet officier est l'homme du peuple ...? Il doit donc être un des fonctionnaires élus et nommés par le peuple; car sa fonction est une de celles que le peuple a spécialement interêt de ne confier qu'à des hommes dont il soit sûr ..."

257) Chap. V, art. 2."L'accusateur public sera nommé par le peuple."
art. 25."Ils [*commissaires du Roi*] ne seront point accusateurs publics ..."

258) Durch den Terminus 'ministère populaire' (=Amt/Dienst für das Volkes) unterstreicht THOURET deutlich, daß er mit dem Begriff 'ministère public' eigentlich das Amt verbindet, das ursprünglich öffentliche Aufgaben zu erfüllen und nicht der Exekutive zu dienen hatte.

259) Damit distanzierte sich THOURET deutlich von der '**accusation populaire**', also der Anklage durch das Volk selbst, die ein Anklagerecht von jedermann vorausgesetzt hätte.
Man beachte den terminologischen Unterschied zwischen 'accusation **populaire**' und 'accusation **publique**': während der erstgenannte Begriff die Popularanklage umschreibt, bezeichnet der zweite die 'Anklage für die Öffentlichkeit', sei es nun durch einen direkt gewählten Volksvertreter oder ein Organ der Exekutive (vgl. GARRAUD, "Précis de droit criminel", Rdnr. 295f).

III) Beurteilung des Funktionswandels

Vergleicht man nun die Funktionen der Staatsanwaltschaft vor und nach 1789, ist die Funktion, im Rahmen des Gerichtswesens das öffentliche Interesse zu bewahren, bestehen geblieben. Jedoch ist auch in diesem Bereich insofern ein Unterschied zu beobachten, als der König Teil dieser Funktion geworden war, d. h. infolge der Volkssouveränität als Beauftragter des Volkes handelte. Nicht mehr er war der Dienstherr, der bestimmte, worin das öffentliche Interesse bestehen solle, sondern er selbst wurde Diener des öffentlichen Interesses. Letzteres zu bestimmen, oblag nunmehr der Gesellschaft selbst.

Gänzlich entzogen worden war der Staatsanwaltschaft die Anklagefunktion. Dahinter stand hauptsächlich, daß nicht die Exekutive, an deren Spitze der König als Chef saß, die Funktion der Anklage ausüben sollte.

THOURET konstatierte nämlich die Durchbrechung des Gewaltenteilungsprinzips. Insbesondere durch Institutionen des ancien régime, zu denen er auch die Staatsanwaltschaft zählte, sei es infolge der personellen Struktur zu der Vermengung von Nationalinteressen mit königlichen Interessen gekommen.[260]

Damit spielt THOURET auf das an, was bereits oben[261] angeklungen ist: die Vermengung von öffentlichem mit königlichem Interesse infolge der Tatsache, daß zu Zeiten des ancien régime der König nicht nur Staatsoberhaupt, sondern auch Staatssouverän war. Da mittlerweile unter Beibehaltung der Monarchie das Volk als Nation Träger der Staatsgewalt[262] geworden war, konnten öffentliches und königliches Interesse nicht mehr von derselben Institution vertreten werden.

---

260) ARCHIVES PARL., 1ère série, Bd. XVII, S. 609: "Les rois alors, seuls représentants de la nation, exerçaient tous les droits et tous les pouvoirs nationaux confusément avec ceux délégués à la royauté; mais il étaient peu soigneux de rechercher la source et de conserver la distinction de ces pouvoirs. Voilà pourquoi, dans la précédente constitution du ministère public, comme dans tant d'autres établissements de l'ancien régime, il se trouve un mélange de fonctions vraiment nationales avec celles qui dérivent du pouvoir exécutif ... Maintenant que le jour de la séparation des pouvoirs est arrivé, vous remontez aux principes pour départir les fonctions suivant leur nature, et pour le plus grand bien public ..."

261) s. dazu in diesem Kapitel unter C II).

262) Der Begriff 'la Nation' tauchte erstmals in der Menschenrechtserklärung von 1789 im Zusammenhang mit der Volkssouveränität auf (Art. 3: Le principe de toute souveraineté réside essentiellement dans la Nation.).
Theoretisch wurde allerdings zwischen 'souveraineté **nationale**' und 'souveraineté **populaire**' unterschieden:
Die Erstgenannte setzt die Nation als ein tatsächlich bestehendes Gebilde voraus, durch das die Bürger mittelbar an der Souveränität teilhaben können. Die Zweitgenannte hingegen, auf der Idee Rousseaus basierend, umschreibt, daß jeder Bürger für sich als Träger eines Bruchteils dieser Souveränität sie unmittelbar ausüben kann.

Der vorgenommene Vergleich hat zweierlei deutlich gezeigt: erstens einen Statuswechsel des Königs und zweitens eine Aufgabenverringerung der Staatsanwaltschaft.
Der Statuswechsel des Königs als Beauftragter anstatt als Auftraggeber hatte aber auch für die Staatsanwaltschaft die Folge, eine Art "Subdelegierte" geworden zu sein. War sie zuvor direkt Beauftragte der Exekutive, wurde sie nun die Beauftragte des mit der Exekutive beauftragten Königs.
Desweiteren hatte sich der Aufgabenbereich der Staatsanwaltschaft nach 1789 um eine wichtige Funktion verringert, nämlich die Anklage vor Gericht. Zwar akzeptierte man die Staatanwaltschaft als Teil der Exekutive, an deren Spitze der König als Chef stand, allerdings wollte man die Funktion der Anklage zukünftig einem Volksvertreter anvertrauen. Dieser trug dann auch seiner Funktion entsprechend als Vertreter der Öffentlichkeit die Bezeichnung "öffentlicher Ankläger", 'accusateur public'.

Zusammenfassend kann man von einem erheblichen Bedeutungsverlust der Staatsanwaltschaft sprechen, der zugunsten des öffentlichen Anklägers ausfiel. Letztgenanntem wurde nicht nur die Kompetenz der Anklage übertragen, sondern sein Status entsprach dem eines Delegierten des Volkes.

D) Der öffentliche Ankläger: ein verfassungsrechtlich verankertes Institut der Judikative

Bezeichnet man heutzutage eine Institution als verfassungsrechtlich verankert, so verbirgt sich dahinter die Idee, daß diese Institution durch die Aufnahme in die Verfassung zwar keiner **absoluten** Bestandsgarantie unterliegt, in ihrem Bestand jedoch anders gesichert ist, als wenn sie nur im einfachen Recht verankert wäre.[263]
Hintergrund dessen ist, daß der Gesetzgeber diese Institution nur unter den sehr restriktiven Voraussetzungen einer Verfassungsänderung antasten kann.

Dahinter verbirgt sich auch der Gedanke der Normenhierarchie, der die rangförmige Ordnung von Normen umschreibt und die Verfassung an deren Spitze

---

Diese - wenn auch nur theoretische - Unterscheidung spiegelt sich auch in der Verfassung von 1793 wider, die den Begriff der Nation mit 'Volk' ersetzte, beispielsweise Art. 25 der déclaration: "La souveraineté réside dans le peuple ..." (vgl. DUVERGER, "Elements de droit public", S. 29f).

263) Als "verfassungsrechtlich verankertes Institut" werden heutzutage die "Einrichtungsgarantien" definiert (vgl. CREIFELDS, "Rechtswörterbuch, S. 602). Diese "gewährleisten vor allem auch gesellschaftliche Teilsysteme, also bestimmte Gefüge innerhalb der Gemeinschaftsordnung" (vgl. MAUNZ/ZIPPELIUS, "Dt. Staatsrecht", S. 138). Da es dabei allerdings um ein anhand der Grundrechtsproblematik des Grundgesetzes entwickelten Begriff handelt, wird hier der Terminus der "Einrichtungsgarantie" vermieden.

stellt. Der Stufenaufbau der Rechtsordnung bedeutet, daß die Rechtsnormen nicht regellos nebeneinanderstehen, sondern in einem geordneten, abgestuften Verhältnis so zueinanderstehen, daß die nachgeordneten Rechtssätze dem höherrangigen Recht zu weichen haben, wenn sie mit ihm in Widerspruch stehen.[264] Aufgrunddessen finden sich die grundlegenden Normen für den Staat im höchstrangigen Recht, der Verfassung, so daß die nachgeordneten Rechtssätze in dessen Wirkungskreis stehen.

I) Existenz einer "Normenhierarchie"

Setzt man sich mit dem Problem auseinander, welcher Stellenwert dem öffentlichen Ankläger durch die Aufnahme in die Verfassung eingeräumt wurde, ist im voraus zu klären, ob bereits zur Zeit der Constituante das Verständnis für eine Normenhierarchie vorhanden war. Denn ein verfassungsrechtlich verankertes Institut könnte keinen besonderen Stellenwert haben, wenn seinerzeit der Verfassung kein besonderer Rang eingeräumt gewesen wäre.
Das Verständnis einer Normenhierarchie existierte allerdings bereits, wie dem folgenden zu entnehmen ist:
Zunächst sei auf die Einrichtung des Revisionsausschusses im September 1790 hingewiesen[265], dessen Aufgabe darin bestehen sollte, unabhängig vom Verfassungsausschuß die Normen mit Verfassungsrang zu prüfen und von den einfachen Gesetzen zu trennen.
Außerdem sei eine Debatte späteren Datums erwähnt, derzufolge man durchaus zwischen dem verfassungsgebenden und gesetzgebenden Akt[266] unterschied. In dieser Debatte diskutierte man nämlich über den Verfassungstitel, in dem strengste Voraussetzungen für eine Verfassungsänderung festgelegt wurden.[267]
Deutlich wird es im Anschluß an den letzten Titel der Verfassung. In diesem wurde hinzugefügt, daß "die Gesetzgebungsakte der verfassungsgebenden Nationalversammlung, die nicht als Verfassungsakt einbezogen wurden, als einfache Gesetze Geltung erlangen"[268].

---

264) STERN, "Staatsrecht", Bd. 1, S. 86.

265) siehe 5. Kap. unter B I 2.

266) "acte constitutionnel" und "acte législatif".

267) ARCHIVES PARL., 1ère série, Sitzung v. 2. Sept. 1791, Bd. XXX, S. 167ff. Für Titre VII *('De la revision des décrets constitutionnels')*, Art. 7 war sogar die Bestimmung vorgeschlagen worden, die Verfassung vor dem Jahre 1821 nicht zu ändern.

268) ibidem, S. 188: *"Les décrets rendus par l'Assemblée nationale constituante, qui ne sont pas compris dans l' Acte de Constitution. seront exécutés* comme Lois ...

Zuletzt sei noch auf die Enzyklopädie verwiesen, in der man bereits den Unterschied zwischen den "allgemeinen" und "grundlegenden Normen" findet.[269]

Infolge dieses bereits vorhandenen normenhierarchischen Verständnisses soll im folgenden untersucht werden, welcher Stellenwert dem öffentlichen Ankläger eingeräumt werden kann.

II) Stellenwert des öffentlichen Anklägers

Anhand der Redaktionsgeschichte[270] war abzulesen, daß das Institut des öffentlichen Anklägers ursprünglich überhaupt nicht in der Verfassung auftauchte. Erst auf BUZOTs Veranlassung hin, stellte man Überlegungen an, wie dieses Institut in die Verfassung einfließen könne. Bemerkenswert ist, daß zumindest den Protokollen der Constituante kein Widerspruch gegen die Aufnahme des öffentlichen Anklägers in die Verfassung zu entnehmen ist, obwohl das Institut des vom Volk ernannten Anklägers den Royalisten ein "Dorn im Auge" gewesen sein mußte.
BUZOT leitete seinen Vorschlag dann auch entsprechend mit den Worten ein, daß es um einen *"in der Justiz **besonders wichtigen** Mann"* gehe.
War man sich also durchaus über die Bedeutung des öffentlichen Anklägers im klaren, bleibt nun aber noch zu klären, ob diese Bedeutung daran zu messen ist, die man heutzutage einem verfassungsrechtlich verankerten Institut einräumt.

Dafür spricht erstens die Umstellung von Artikel 8 zu Artikel 2 im V. Kapitel/Titel III der Verfassung.
Während in Artikel 8 der öffentliche Ankläger als ein im Kriminalprozeß eingebundener Volksvertreter eingeführt worden wäre, räumte man ihm in Artikel 2 eine bedeutendere Position ein. Dort nämlich fand er neben dem Richter ausdrückliche Erwähnung. Er wurde nicht nur wie zufällig in seiner Funktion eingebunden erwähnt, sondern in einer der ersten Vorschriften über die Judikative, in denen das grundsätzliche Wesen der rechtsprechenden Gewalt festgelegt wurde.
Der öffentliche Ankläger war somit eine in der Judikative angesiedelte Institution. Er wurde nicht nur im Kapitel der Judikative institutionalisiert, sondern auch in einem Atemzug mit den Richtern genannt.

Dafür, daß der öffentliche Ankläger nicht nur zufällig in der Verfassung erwähnt wurde, sondern verfassungsrechtlich verankert werden sollte, spricht zweitens die Tatsache, daß BUZOT als Mitglied des Revisionsausschusses diesen Vorschlag machte. Wie oben bereits erwähnt, hatte dieser Ausschuß einen Trennungsauftrag zwischen verfassungsrechtlichen und einfachgesetzlichen Normen.

---

269) "Encyclopédie", Bd. XX, Artikel "Lois", S. 281f.

270) siehe in diesem Kap. unter B.

BUZOT hatte sich folglich alltäglich mit Problemen der Normenhierarchie auseinanderzusetzen und war außerdem Advokat.
Ihm reichte es nicht, die Funktion des öffentlichen Anklägers in der neuen Kriminalgerichtsordnung festzulegen, sondern insbesondere seine Ernennung durch das Volk sollte in der Verfassung verankert werden.
Von nicht unerheblicher Bedeutung ist, daß BUZOT sogar anders als in der endgültigen Fassung vorschlägt, *"daß der Ankläger **immer** vom Volk ernannt wird."*[271] Auch diese Formulierung unterstreicht den Willen BUZOTs, den öffentlichen Ankläger als bleibende Institution zu verankern.

Bleibt also festzuhalten, daß die Aufnahme des öffentlichen Anklägers in die Verfassung kein Zufall gewesen ist, sondern durchaus beabsichtigt war, um eine verfassungsrechtlich verankerte Institution zu schaffen, die nicht mehr ohne weiteres abzuschaffen war.
Normenhierarchisch hatte das zur Folge, daß in der noch zu erarbeitenden Kriminalgerichtsordnung als nachgeordnetem Recht die Klageerhebung durch einen öffentlichen Ankläger unbedingt zu berücksichtigen war.

III) Der öffentliche Ankläger: ein Organ der Judikative

Im folgenden soll hervorgehoben werden, daß die Ernennung des öffentlichen Anklägers zwar in unterschiedlichen Artikeln vorgesehen war, aber immer unter demselben Kapitel, nämlich der Überschrift "Über die rechtsprechende Gewalt" (Du pouvoir judiciaire).
Auch die Umstellung von Artikel 8 in Artikel 2 innerhalb von Titel III läßt keinerlei Zweifel darüber aufkommen, daß der öffentliche Ankläger grundsätzlich der rechtsprechenden Gewalt zugeordnet wurde.

1) Klare Abgrenzung von der Exekutive

Von nicht unerheblicher Bedeutung sind die Worte, mit denen BUZOT seine Anregung, den öffentlichen Ankläger in die Verfassung aufzunehmen, formuliert:

> *"... Es ist von großer Bedeutung, daß dieser Mann nicht durch den König ernannt wird. Ich schlage vor, daß zum derzeitigen Zeitpunkt klargestellt wird, daß der Ankläger immer vom Volk gewählt wird."*[272]

Damit also hatte er den öffentlichen Ankläger nicht nur eindeutig im Rahmen der Debatte um die Judikative in die Diskussion eingebracht, sondern gleichzeitig auch eindeutig von der Exekutive abgegrenzt. Dem König war gemäß Titel III, Artikel 4 der Verfassung die Ausübung der Exekutivgewalt übertragen, der sich

---

271) siehe in diesem Kap. unter B.

272) siehe in diesem Kap. unter B.

zu diesem Zweck seiner Beamten bedienen konnte.[273] Zu diesen Königsbeamten aber sollte der öffentliche Ankläger gerade eben nicht gehören. Vielmehr sollte er direkt dem Volk unterstellt sein, als dessen Vertreter vor Gericht.

An dieser Stelle sei desweiteren nochmals hervorgehoben[274], daß auch THOURET von einer "fonction populaire"[275] sprach, also von einer volkseigenen Aufgabe und nicht von einer Exekutivaufgabe.
Allerdings könnte das Volk diese nicht selbst erfüllen, weil eine Anklage durch jedermann auf Dauer nicht tragbar sei. Entweder fühlte sich am Ende keiner mehr verantwortlich oder niedere Beweggründe, Vorurteile oder persönliche Ressentiments könnten ohne weiteres die öffentliche Ordnung stören.[276] THOURET wollte unbedingt verhindern, daß irgendwelche Beamten des Hofes dieses Amt bekleideten, da er die öffentliche Anklage als ureigenste Aufgabe des Volkes einstufte. Der öffentliche Ankläger müßte deshalb ein Mann des Volkes sein. Als vom König auf Lebenszeit Ernannter sei er nichts als ein Unterbevollmächtigter des Königs[277]. THOURET kam zu dem Schluß, daß es verfassungswidrig und politisch höchst bedenklich sei, die Funktion der öffentlichen Anklage der Exekutive anzuvertrauen.[278]
Deshalb schlug er die auf Zeit vom Volk direkt gewählten Richter vor, aus deren Mitte man einen vorübergehend mit der Aufgabe der öffentlichen Anklage betrauen könne.[279] Zwar wurde dieser Vorschlag letztlich nicht realisiert, weil der öffentliche Ankläger vom Volk direkt gewählt wurde, aber mit dieser Hintergrundinformation ist es auch keinesfalls mehr verwunderlich, daß der öffentliche Ankläger in demselben Artikel der Verfassung genannt wird wie die Richter.

---

273) siehe in diesem Kap. unter C II 2.

274) siehe in diesem Kap. unter A II; desweiteren auch im 10. Kapitel unter B II.

275) ARCHIVES PARL., 1ère série, Sitzung v. 4. August 1790, Bd. XVII, S. 608ff, insb. S. 611.

276) ibidem, S. 609: "Cependant, l'accusation populaire a des grands inconvénients. Quand tout le monde est chargé de veiller, il arrive un moment où personne ne veille; et quand chacun peut accuser, l'esprit de parti , les préventions vulgaires, les préjugés et les ressentiments individuels peuvent trop aisément troubler la tranquillité publique ..."

277) ibidem, S. 609: "... n'agit pas d'un subdéléguant; ..."

278) ibidem, S. 610: "il en a conclu qu'il serait d'abord inconstitutionnel par la nature de cette fonction, et, de plus, dangereux par la gravité de son influence politique et morale de la confier au pouvoir exécutif.

279) ibidem, S. 611. So hatte es auch zumindest der Entwurf des Ausschusses vorgesehen in Titel VII, Art. 4 (ARCHIVES PARL., 1ère série, Bd. X, S. 737; siehe im Detail dazu 10. Kapitel unter B II, insb. 2e).

Genauso wie der Richter sollte der öffentliche Ankläger zu den typischen Einrichtungen der Judikative gehören. Seine Legitimation erhielt er durch das Volk, das seine Richter und Ankläger wählte.
Hier spiegelt sich noch einmal deutlich das wider, was bereits im vorhergehenden Abschnitt Beachtung gefunden hat: der Verständniswandel der Judikative. Der König sollte keinerlei Kompetenzen mehr im Bereich der Judikative haben. Die Schlüsselfunktionen wurden vielmehr von Volksrepräsentanten ausgeführt.

2) Gebot der Gewaltenteilung

Überdenkenswert ist zusätzlich, daß der Vorschlag, den öffentlichen Ankläger in die Verfassung mit aufzunehmen, von BUZOT stammt, einem Abgeordneten, dessen Beiträgen in der Constituante man entnehmen kann, wie hoch er das Gewaltenteilungsprinzip mit der gegenseitigen Kontrollfunktion einschätzte und wie sehr er eine ministerielle Übermacht befürchtete:
So warnte er im Zusammenhang mit der Ernennung der Richter auf Lebenszeit, daß die Unabsetzbarkeit zu einem Pakt mit dem Monarchen führen müsse, der nach Gutdünken regieren wolle. Verbündeten sich diese unabsetzbaren Magistraten mit den Ministerien, läge die Legislative in ihrer Hand und führe zu einem tödlichen Machtpotential.[280]
Als im Frühjahr 1791 die Verfassung noch immer nicht verabschiedet werden konnte, warf er dem Verfassungsausschuß nicht nur Verschleppungstaktik vor, sondern verlangte ein Gesetz, demzufolge die Minister zur Verantwortung gezogen werden könnten.[281] Nicht lange danach forderte er im Rahmen einer Gesetzesdebatte über die Regentschaft eine Vorschrift, derzufolge die Minister niemals Akte der Legislative sanktionieren könnten.[282]

Diesen Beiträgen ist zu entnehmen, daß BUZOT nicht einer von den Abgeordneten war, die nach dem Zufallsprinzip ihre Einwände zu Gehör brachten. Hinter BUZOTs Forderungen stand dessen Bestreben, die staatlichen Machtbereiche sauber voneinander zu trennen und die Macht der vom König ernannten Minister überschaubar und kontrollierbar zu gestalten.
Entsprechend ist auch sein Beitrag einzuordnen, daß im Titel "Du pouvoir judiciaire" eine Vorschrift einzufügen sei, derzufolge der öffentliche Ankläger vom Volk zu ernennen sei.

---

280) ARCHIVES PARL., 1ère série, Sitzung v. 3. Mai 1790, Bd. XV, S. 370: "... l'inamovibilité dégénérerait en un traité entre le monarque qui voudrait gouverner arbitrairement et les juges ...
Si les magistrats inamovibles se coalisent avec le pouvoir ministériel, ils s'empareraient de la législature; ... le pouvoir ministériel, avec cet appui, prendrait des accroissements funestes ..."

281) ARCHIVES PARL., 1ère série, Sitzung v. 11. März 1791, Bd. XXIV, S. 32.

282) ibidem, Sitzung v. 24. März 1791, S. 338.

IV) Schlußfolgerungen

Aus den obigen Ausführungen ist zu schließen, daß der öffentliche Ankläger nicht nur zufällig in der Verfassung erwähnt wurde, sondern verfassungsrechtlich verankert werden sollte. Die Position, die man ihm einräumte, befand sich im Bereich der Judikative.

Diese verfassungsrechtliche Verankerung in der Judikative bezweckte gezielt eine Kontinuität dieser neuen Institution, deren Funktion aber nicht neu war. Die Erhebung der öffentlichen Klage gab es schon im ancien régime. Da jedoch im Zuge der Revolution nicht mehr der König, sondern das Volk, die Nation, Träger der Souveränität geworden war, oblag es nicht mehr dem König, sondern dem Volk selbst, die öffentliche Klageerhebung zu regeln. Diese Aufgabe übertrug das Volk einem selbst ernannten Amtsträger, dessen Funktion in der Judikative angesiedelt wurde.

Diese verfassungsrechtliche Verankerung des öffentlichen Anklägers in der Verfassung vom September 1791 konnte natürlich nicht gewährleisten, daß die Institution des öffentlichen Anklägers auch spätere Verfassung überdauern würde.

Bevor im nächsten Kapitel der Blick nach vorn auf den verfassungsrechtlichen Werdegang des öffentlichen Anklägers gerichtet wird, sei zuvor ein kurzes Resümee erlaubt, das dazu dienen soll, den öffentlichen Ankläger und die königlichen Kommissare zuzuordnen.

E) Zwischenergebnis

I) Der öffentliche Ankläger als verfassungsrechtliche Neuerung

Greift man bereits hier die Frage auf, ob der öffentliche Ankläger eine Vergangenheit gehabt hat und wenn ja, wessen Nachfolge er überhaupt angetreten haben könnte, muß man sich noch auf eine rein verfassungsrechtliche Betrachtung beschränken. Bisher nämlich hat das Augenmerk nur auf der Verfassung von 1791 gelegen, in der der öffentliche Ankläger erstmals verankert wurde, während die strafprozeßrechtlichen Regelungen, die die Funktionen des öffentlichen Anklägers festlegten, außen vor blieben.

Infolgedessen soll hier nicht die eventuelle Nachfolgeschaft des öffentlichen Anklägers hinsichtlich seiner Funktionen bewertet werden, sondern in Hinsicht auf seine Position, die in der Verfassung manifestiert worden war.

In Betracht zu ziehen ist, daß der öffentliche Ankläger die Nachfolge der Prokuratoren antrat. Letztgenannten kam im Inquisitionsprozeß die Bedeutung einer 'öffentlichen Partei' (partie publique) vor Gericht zu, wenn es keinen Privatkläger

(partie civile) gab[283]. Der öffentliche Ankläger trat als Vertreter der Öffentlichkeit vor Gericht[284] auf.
Auf den ersten Blick zweifelt man nicht daran, daß die Position eines Öffentlichkeitsvertreters beide innehielten. Allerdings kommen die ersten Bedenken, wenn man sich ins Gedächtnis ruft, daß der Prokurator weisungsgebundener Beamter des Königs war, während der öffentliche Ankläger vom Volk ernannt wurde.
Des Rätsels Lösung liegt in der unterschiedlichen Interpretation des Begriffes 'Öffentlichkeit', die nicht nur Gegenstand dieses Kapitels war[285].
Zu monarchischen - insbesondere absolutistischen - Zeiten, in denen der Prokurator wirkte, war der König quasi die Öffentlichkeit und als Souverän von Gottes Gnaden für das Wohl der Öffentlichkeit verantwortlich. Zu revolutionären Zeiten, in denen der öffentliche Ankläger institutionalisiert wurde, verstand man unter Öffentlichkeit hingegen die Gesellschaft.[286]
Auf diese Weise kann man sowohl den Prokurator als auch den öffentlichen Ankläger als 'öffentliche Partei' vor Gericht bezeichnen und doch gleichzeitig von grundlegend unterschiedlichen Positionen reden: einmal vom Vertreter des Königs und das andere Mal vom Vertreter der Gesellschaft. Der erstgenannte, der Prokurator, wachte über die Einhaltung der königlichen Gesetze, denen die Untertanen unterworfen waren. Der zweitgenannte, der öffentliche Ankläger, klagte hingegen die Gesetze ein, denen sich die Gesellschaft selbst unterworfen hatte, um das Zusammenleben zu ermöglichen[287].
Unabhängig von den konkreten Funktionen des jeweiligen Amtes, kann man also konstatieren, daß der öffentliche Ankläger in seiner Position nicht die Nachfolge der Prokuratoren angetreten haben kann, da er in seiner Eigenschaft als Volksanwalt mit einem Vertreter des Königs nichts gemein hatte außer der Tatsache, daß beide als 'öffentliche Partei' vor Gericht galten.

---

283) vgl. 2. Kap. A II 1).

284) vgl. 6. Kap. C II.

285) vgl. 6. Kap. unter C und im 3. Kap. C II.

286) Das war zum einen bereits ROUSSEAUs "Contrat social" zu entnehmen (vgl. oben 3. Kap. B III), demzufolge ein Verbrechen den Bruch des Gesellschaftsvertrages bedeutete. Zum anderen machte der Abgeordnete BRIOIS DE BEAUMETZ in der Sitzung v. 29. 9. 1789 (ARCHIVES PARL. Bd. IX, S. 213ff) dazu nähere Ausführungen, die Gegenstand des 8. Kapitels sein werden (unter C I 2).

287) vgl. dazu die Ausführungen Thourets (6. Kapitel A II).

II) Die königlichen Kommissare als Nachfolger der Prokuratoren?

Eine andere Frage dagegen ist, ob die neben dem öffentlichen Ankläger als Staatsanwaltschaft agierenden 'königlichen Kommissare' die Nachfolge der Prokuratoren angetreten haben könnten.
Dafür könnte ihre Position als Beamte des Königs sprechen, da auch die Prokuratoren letztlich als Handlanger des Königs agierten, über die der König den Prozeßverlauf kontrollierte.
Gegen ihre Nachfolge aber spricht, daß die königlichen Kommissare in ihrer Bedeutung den Prokuratoren aus zwei Gründen um einiges nachstanden: zum einen durch die Entziehung der Anklagefunktion, zum anderen in Folge der Tatsache, nur noch Unterbeauftragte zu sein.

Letztlich muß die aufgeworfene Frage zumindest hier noch offen bleiben, da bisher nur die Regelungen der Verfassung vom September 1791 berücksichtigt werden konnten. Erst die konkreten Funktionen der königlichen Kommissare, die in der neuen, noch zu behandelnden Gerichtsverfassung vom August 1790 festgelegt waren, können darüber Auskunft geben, ob die königlichen Kommissare eine Fortentwicklung der Prokuratoren darstellten.
Als Tendenz kann jedoch ein spürbarer Bedeutungsverlust der königlichen Kommissare im Vergleich zu den Prokuratoren festgehalten werden, der eher gegen als für eine Nachfolge spricht.

7. Kapitel: Schicksal des öffentlichen Anklägers in späteren Verfassungen

Wie schon angedeutet, konnte auch eine verfassungsrechtliche Verankerung der Institution des öffentlichen Anklägers seinen dauernden Fortbestand nicht garantieren. In diesem Kapitel wird ein bemerkenswerter Rollenwechsel des öffentlichen Anklägers zu beobachten sein an Hand der Verfassungsgeschichte von 1791-1799.

Zu diesem Zweck soll zunächst ohne Anspruch auf Vollständigkeit ein kurzer Überblick über diese Phase gegeben werden, um sodann die einzelnen Verfassungen detaillierter zu untersuchen.

A) Kurzer Überblick über die Verfassungsgeschichte 1791-1799

Wie bereits oben[288] ausgeführt, trat nach der Constituante die aus 745 Abgeordneten bestehende gesetzgebende Versammlung (assemblée nationale législative) für ein Jahr zusammen. Nur während dieser Zeit wurde Frankreich, der Verfassung von 1791 entsprechend, als konstitutionelle Monarchie regiert.

Nach den berüchtigten Septembermorden 1792 an Royalisten und Geistlichen[289] trat am 21. September 1792 eine neue Kammer zusammen, der sogenannte Nationalkonvent.[290] Dieser wurde erst 1795 mit Inkrafttreten der Direktorialverfassung aufgelöst.

Erste "Amtshandlung" des Nationalkonvents war die Proklamation der ersten Republik[291], wodurch zwangsläufig das Bedürfnis einer neuen Verfassung entstand. Tatsächlich erarbeitete der Nationalkonvent in drei Jahren drei unterschiedliche Verfassungsentwürfe: Entwurf der Girondisten, Verfassung von 1793 *("constitution montagnarde")* und die Verfassung von 1795, die "Direktorialverfassung".

Der erste Verfassungsentwurf scheiterte am Konflikt zwischen den Girondisten und den "Montagnards", der "Bergpartei".

---

288) vgl. 4. Kapitel C IV.

289) Vom 2. -5. September 1792 drang eine aufgebrachte Menge in Pariser Gefängnisse ein und brachte dort unterschiedslos 1500 Gefangene um. Dieses Massaker verstand sich als Ausdruck von Volksjustiz, war jedoch auf eine Gerichtsfarce zurückzuführen.

290) ARCHIVES PARL., 1ère série, Sitzung v. 21. Sept. 1792, Bd. L, S. 199f.

291) ARCHIVES PARL., 1ère série, Sitzung v. 21. Sept. 1792, Bd. LII, S. 74.

Die Verfassung von 1793 wurde zwar durch einen Volksentscheid angenommen[292], ihr Vollzug wurde jedoch "bis zum Friedensschluß wegen der schwierigen militärischen und innenpolitischen Lage Frankreichs" ausgesetzt. Stattdessen übertrug der Nationalkonvent sowohl Legislative als auch Exekutive an den Wohlfahrtsausschuß (Comité de salut public), was dann in die Geschichte als Schreckensherrschaft der Jakobiner (la terreur) einging. Ironie des Schicksals ist es, daß ausgerechnet diese zuletzt genannte Verfassung die sein sollte, die als die demokratischste aller französischen Verfassungen bezeichnet wurde.

Die dritte Verfassung des Nationalkonvents von 1795 wurde auch per Referendum angenommen und ist aufgrund der Einführung des Revolutionskalenders im Jahre 1792 in die Geschichte eingegangen als die "Verfassung des Jahres III der Republik" oder auch "Direktorialverfassung". Durch sie wurde erstmals in Frankreich ein Zweikammersystem eingeführt (*"Conseil des Cinq-Cents"* und *"Conseil des Anciens"*), die Exekutive bildete ein Gremium von fünf Männern, das Direktorium. Da es jedoch keine legale Schiedsinstanz für Konfliktfälle zwischen Exekutive und Legislative gab, wurde der Staatsstreich während dieser Phase geradezu notwendige Konsequenz dieser Verfassungslücke[293]. Insbesondere nach dem Staatsstreich am 18-Fructidor l'an V (= 4. Sept.1797), mit dem das "zweite Direktorium" begann, gehörte der Staatsstreich zum Alltag.

Vier Jahre später, im Jahre VIII der Republik, gelang General Napoleon Bonaparte der "Staatsstreich des 18-Brumaire" (9. November 1799), da es zwischen Direktorium und den beiden Kammern ständige Auseinandersetzungen gab. Demzufolge bedurfte es einer neuen Verfassung, die am 15. Dezember 1799 als *"la Constitution du 22- Frimaire de l'An VIII"* eingeführt wurde. Sie trug unter dem Deckmantel einer formalen Republik bereits eindeutig autokratische, das heißt auf Napoleon zugeschnittene Züge.

1802 ließ sich Napoleon zum Konsul auf Lebenszeit ernennen, um schließlich 1804 die erbliche Kaiserwürde zu erlangen. Die Bezeichnung "République Française" wurde jedoch erst 1806 förmlich abgeschafft.

---

292) Bereits in der Sitzung v. 21. Sept. 1792 hatte man mit dem Ausruf der Republik auch gleichzeitig festgelegt, daß die neue Verfassung direkt vom Volk anzunehmen sei (ibidem, Bd. LII, S. 72).

293) VOVELLE, "Die frz. Revolution", S. 46.

B) Der öffentliche Ankläger in den Verfassungen

I) Die Abschaffung der königlichen/nationalen Kommissare

Bevor das Augenmerk gänzlich auf den öffentlichen Ankläger gerichtet sein wird, sollen zuvor einige Worte über die königlichen Kommissare verloren werden, die mittlerweile die Amtsbezeichnung 'nationale Kommissare' (='commissaires nationaux')[294] trugen. Bereits im vorangehenden Kapitel wurden sie als die Beamten der Staatsanwaltschaft erwähnt.
Kurz nach dem Sturz der Monarchie und der Proklamation der Republik entschied die Nationalversammlung im Oktober 1792, die Funktionen der ursprünglichen 'königlichen' und mittlerweile 'nationalen' Kommissare auf den öffentlichen Ankläger zu übertragen.[295] Damit wurde also die Trennung von Anklage und Staatsanwaltschaft wieder aufgehoben.
Hinter dieser Funktionsübertragung standen zwei unterschiedliche Aspekte: die republikanische Grundidee und das bereits in der Verfassung von 1791 verankerte Gewaltenteilungsprinzip[296].
In einer Republik war für 'commissaires du Roi' kein Raum mehr, da es keinen König mehr gab. Nicht nur die Rolle des Staatsoberhaupts selbst, sondern auch alle anderen damit verbundenen Funktionen sollten durch **gewählte** Amtsinhaber erfüllt werden. Die Kompetenzverteilung auf den öffentlichen Ankläger war insoweit gelungen, als dessen Ernennung durch das Volk in der Verfassung verankert war.[297]
Desweiteren wurde durch diese Entscheidung die Gewaltenteilung weiter realisiert, da der Exekutive eine weitere Einflußnahmemöglichkeit auf die Judikative entzogen wurde. Schließlich hatten die königlichen Kommissare als Beamte der Staatsanwaltschaft ausdrücklich der Exekutive angehört und hatten der Verfassung von 1791 zufolge gewisse Kontrollmöglichkeiten des Gerichts.[298]
Inwieweit die folgenden Verfassungen bzw. Verfassungsentwürfe diese Entscheidung der Nationalversammlung verwirklichten, wird nun zu untersuchen sein.

---

294) ARCHIVES PARL., 1ère série, Sitzung 10. /11. Aug. 1792, Bd. LI.

295) ARCHIVES PARL., 1ère série, Sitzung v. 20. Okt. 1792, Bd. LII, S. 591: Les commissaires nationaux près les tribunaux criminels sont supprimés, et les fonctions qu'ils exerçaient sont attribuées aux accusateurs publics.

296) Introduction du Titre III de la Constit. du 3 sept. 1791: 'Des pouvoirs publics'.

297) Titre III, chapitre V, art. 2 de la Constit. du 3 sept. 1791: "L'accusateur public sera nommé par le peuple." (s. o. 6. Kap. B).

298) vgl. oben im 6. Kap. C II 2a.

II) Der Verfassungsentwurf der Girondisten

Diese nie in Kraft getretene Verfassung trug den Namen *"la constitution girondine"*, da sie von den Anhängern dieser Partei[299] ausgearbeitet wurde.
Der Entwurf wurde dem Nationalkonvent von CONDORCET[300] vorgestellt[301], der in seiner Vorrede auf die unbedingte Notwendigkeit einer unabhängigen Justiz hinwies und sie als den undurchlässigsten Schutzschild der Freiheit[302] bezeichnete.
Die bedeutendste Rolle sollte allerdings die Legislative spielen[303].
Der aus 370 (!) Artikeln bestehende Verfassungsentwurf sah ein allgemeines Wahlrecht vor und führte für bestimmte Entscheidungen eine unmittelbare Demokratie ein. Die direkt gewählte Exekutive verfügte über eine sehr schwache Position und das Gesetzgebungsverfahren war so kompliziert, daß es vermutlich nicht praktikabel gewesen wäre.[304]

1) Funktionen des öffentlichen Anklägers

Im X. Titel des Entwurfs wurde die Justiz geregelt. Der erste Untertitel beinhaltete grundsätzliche Vorschriften, die unter anderem festlegten, daß die Funktio-

---

299) Nachdem sich im Juli 1791 infolge der Flucht des Königs die Jakobiner in einen gemäßigten (*les feuillants*) und radikal republikanischen (*les Brissotins*) Flügel geteilt hatten, entstanden im August 1792 nach dem Sturm auf die Tuilerien aus dem radikalen Flügel die als gemäßigt geltenden Girondisten (*les girondins*) und die Bergpartei (*les montagnards*). Gemäßigt waren die Girondisten insbesondere gegenüber Louis XVI., dessen unbedingte Verurteilung zum Tode die Bergpartei forderte. Man trat im Gegensatz zu Letztgenannten für eine politische Dezentralisierung ein.
Die zunächst stärkste Fraktion des Nationalkonvents bildeten die Girondisten, weshalb der erste Verfassungsentwurf aus ihrem "Lager" stammte. Mit der Gründung des Wohlfahrtsausschusses im April 1793 wurden die Girondisten allmählich ausgeschaltet. Die Verhaftung von 29 wichtigen Girondisten im Juni 1793 bedeutete den Sieg der Bergpartei über die Girondisten.

300) Bereits im Juni 1791 hatte sich CONDORCET im Rahmen der Debatten um die Immunität des Königs hervorgetan, da er die seiner Zeit weitreichende Frage nach einer Republik aufwarf (vgl. oben 5. Kap. B I 2c).

301) ARCHIVES PARL., 1ère série, Sitzung v. 15. /16 Febr. 1793, Bd. LVIII, S. 602ff, 616ff.

302) ibidem, Sitzung v. 15. Febr. 1793, S. 594: "... l'indépendance absolue des fonctions judiciaires est le bouclier le plus impénétrable de la liberté ..."

303) ibidem: "... il n'y a qu'un seul pouvoir, le pouvoir national, qui réside dans l'organe législatif."

304) DEBBASCH/PONTIER, "Les constitutions de la France", S. 41.

nen der Judikative unter überhaupt gar keinen Umständen von der Legislative oder der Verwaltung ausgeübt werden dürften[305].
Im dritten Untertitel widmete sich der Entwurf der Strafjustiz: Vorgesehen war ein Strafverfahren unter Beteiligung von Geschworenen sowohl in der Frage der Anklageerhebung als auch in der Schuldfrage.[306] Geleitet wurde das Verfahren von einem "Straftribunal", dem neben zwei Richtern und einem Präsidenten auch ein öffentlicher Ankläger angehörte. Diese vier Amtsträger wurden alle zwei Jahre vom Volk gewählt, allerdings mit der Möglichkeit der Wiederwahl.[307]
Ausdrücklich geregelt wurden die Aufgaben des öffentlichen Anklägers, die in unterschiedlichen Verfolgungs- bzw. Prozeßphasen angesiedelt waren:

- Im Bereich der Strafverfolgung hatte er selbst erstens Anzeige bestimmter Verbrechen zu erstatten gegenüber dem Direktor der Anklagejury.[308] Zweitens mußte er die Polizeibeamten beaufsichtigen, um im Fahrlässigkeitfalle ihnen gegenüber Verwarnungen auszusprechen, bei größeren Vergehen aber Anzeige gegen sie zu erstatten.[309]

---

305) Titre X., 1ère section, Art. 5: "Les fonctions judiciares ne peuvent en aucun cas, et sous aucun prétexte, être exercées ni par le corps législatif, ni par les corps administratifs et municipaux."

306) Titre X., section III, Art. 3: "En matière criminelle, nul citoyen ne peut être jugé que par les jurés, et la peine sera appliquée par des tribunaux criminels.
Art. 4: "Un premier jury déclarera si l'accusation doit être admise ou rejetée. Le fait sera reconnu et déclaré par le second jury.

307) Titre X., section III, Art. 9: "Il y aura pour chaque tribunal criminel, un président, deux juges et un accusateur public. Ces 4 officiers seront élus à temps par le peuple; ils seront renouvelés tous les deux ans, mais ils pourront être réélus.

308) Titre X., section III, Art. 10: Les fonctions de l'accusateur public seront de dénoncer au directeur du jury, soit d'office, soit d'après les ordres qui lui seront donnés par le conseil exécutif, ou par le Corps législatif:

1⁰ Les attentats commis contre la liberté individuelle des citoyens;

2⁰ Ceux commis contre le droit des gens;

3⁰ La rebellion à l'exécution des jugements et de tous les actes exécutoires, émanés des autorités constituées;

4⁰ Les troubles occasionnés et les voies de fait commises pour entraver la perception des contributions, la libre circulation des subsistances et autres objets de commerce; ...

309) Titre X., section III, Art. 10: ...

7⁰ De surveiller tous les officiers de police du departement, qu'il sera tenu d'avertir en cas de négligence, et de dénoncer, dans les cas de fautes plus graves, au tribunal criminel.

- Während des Ermittlungsverfahrens oblag es ihm, die Einhaltung der Formvorschriften anzumahnen.[310]
- Hatte die erste Jury für bestimmte Delikte die Anklage zugelassen, hatte er die Strafverfolgung voranzutreiben, indem er deswegen die Anklage erhob.[311]
- Vor der Urteilsfällung gehörte es zu seinen Aufgaben, den Antrag auf die konkrete Strafe zu stellen.[312]

2) Funktionsbewertung

a) verfassungsrechtliche Verankerung

Auffällig an diesen Funktionszuweisungen ist zunächst eine erstaunliche Genauigkeit der Strafprozeßvorschriften auf Verfassungsebene, die man eigentlich in einem Gesetz zum Strafprozeß erwartet hätte, nicht aber in einer Verfassung. Insoweit unterschied sich dieser Verfassungsentwurf auch deutlich von der Verfassung von 1791, in der der öffentliche Ankläger erstmals erwähnt wurde, allerdings nur seine Ernennung durch das Volk.[313]
Unter dem Gesichtspunkt der Praktikabilität[314] ist so eine detaillierte Funktionsbeschreibung auf Verfassungsebene auch fragwürdig. Jedoch könnte sie den Sinn gehabt haben, dieser noch sehr jungen Institution durch möglichst genaue Aufgabenzuteilung einen eigenen und deutlicheren und vor allem dauerhaften Stellenwert zu verleihen.

Bemerkenswert ist desweiteren, daß der öffentliche Ankläger mittlerweile als ein Teil des "Straftribunals" eingestuft wurde, also **neben** den Richtern. Dieses ist insofern der Erwähnung würdig, als man im Rahmen des Verfassungsentwurfs

---

310) Titre X., section III, Art. 10: ...
5⁰ De requérir, pendant le cours de l'instruction, pour la régularité des formes; ...

311) Titre X., section III, Art. 10:..
6⁰ De poursuivre les délits sur les actes d'accusation admis par les premiers jurés; [*'poursuivre'* ist in diesem Zusammenhang zu verstehen wie *'engager contre quelqu'un une action pénale'*, d. h. also mit anderen Worten *'accuser'*, vgl. "Le nouveau petit Robert", S. 1748 unter 'poursuivre' Nr. 5].

312) Titre X., section III, Art. 10: ...
5⁰ De requérir, ... avant le jugement, pour l'application de la loi;

313) Kap. V Art. 2, Absatz 3 d. Verfassung (vgl. oben 6. Kap. B).

314) Im IX. Titel der Verfassung ist das äußerst komplizierte Verfahren für eine Verfassungsänderung beschrieben: das aus einer Kammer bestehende Parlament hat zu dem Zweck einen Konvent zusammenzurufen, wenn die Mehrheit der Bürger sich dafür ausgesprochen hat. Änderungen auf Verfassungsebene müssen vom Volk angenommen werden.

von 1791 sogar an der Notwendigkeit eines Instituts wie dem des öffentlichen Anklägers gezweifelt hatte.[315] Im vorliegenden Verfassungsentwurf wurde wie selbstverständlich der öffentliche Ankläger in einem Atemzug mit den Richtern genannt, der wie letztgenannte vom Volk gewählt wurde.

b) Einflußnahmemöglichkeiten

Betrachtet man nun die einzelnen Aufgaben genauer, fällt nicht nur die Quantität, sondern auch die Qualität ins Auge.
Der öffentliche Ankläger hatte keineswegs - wie man vielleicht infolge seiner Amtsbezeichnung denken könnte - eine nur anklagende Funktion vor Gericht, die er auf Geheiß der Anklagejury zu erfüllen hatte.
Vielmehr sollte er Möglichkeiten haben, von der Anzeigeerstattung bis zur Verurteilung mitzuwirken. Die Aufsicht über die ermittelnden Polizeibeamten und die Verantwortung für die Einhaltung der Formvorschriften im Ermittlungsverfahren eröffneten ihm eine - wenn auch nur - indirekte Einflußnahme auf die Strafverfolgung bzw. auf die Entscheidung der ersten Jury, die über die Anklageerhebung zu entscheiden hatten.
Hatte diese erste Jury entschieden, daß die gesammelten Tatsachen für die Einleitung eines Prozesses reichen würden, führte der öffentliche Ankläger die Untersuchungen weiter und konnte dadurch sogar aktiv Einfluß nehmen auf die zu verhandelnden Tatsachen bzw. auf die Entscheidung der zweiten Jury, die über die Schuldfrage zu entscheiden hatte.
Durch seinen Antrag auf die konkrete Strafe hatte er dann zuletzt auch noch die Möglichkeit der Einflußnahme auf die Richter, die das konkrete Strafmaß festzulegen hatten.

Sieht man diese Funktionen im einzelnen, so haben sie allein gesehen keine grundlegende Bedeutung, da der öffentliche Ankläger zwar die Entscheidungsfindung beeinflussen, aber keine eigenen Entscheidungen fällen konnte. Reiht man sie jedoch aneinander, so fällt auf, daß der öffentliche Ankläger eine die Strafverfolgung und den Strafprozeß lenkende Rolle spielen konnte: in der Strafverfolgung durch seine Überwacherfunktion und während des Prozesses als eigenständiges Prozeßorgan.
Im Laufe des Verfahrens bestanden für ihn immer wieder Einflußnahmemöglichkeiten auf das jeweils zuständige Entscheidungsgremium. Die Gewichtigkeit dieses Amtes entstand also nicht aus einer einzelnen wichtigen Funktion, sondern aus einer steten, immer wiederkehrenden Präsenz, mit der er während des Verfahrens fungierte.

---

315) vgl. oben 6. Kapitel C).

Erstaunlicherweise aber war der öffentliche Ankläger der einzige Prozeßbeteiligte, der in jeder Phase des Verfahrens irgendeine Funktion zu erfüllen hatte.[316]

c) Vergleich mit der früheren Aufgabe

Will man nun die dem öffentlichen Ankläger zugeteilte Aufgabe einem Vergleich mit früheren Verfassungsregelungen unterziehen, stößt man auf das Problem, daß erstmals im Verfassungsentwurf der Girondisten eine so detaillierte Aufgabenzuteilung erfolgte. Insofern ist nur ein Vergleich möglich mit der Gerichtsverfassung (1790) und der Strafprozeßordnung (1791), die jedoch erst Gegenstand eines der folgenden Kapitel sein werden.

Auf verfassungsrechtlicher Ebene ist aber durchaus ein Vergleich mit den nationalen Kommissaren geboten, die in der Verfassung von 1791 noch als königliche Kommissare einen gewissen Stellenwert einnahmen[317], infolge der Proklamation der Republik im Oktober 1792 aber gänzlich abgeschafft wurden. Ihre Aufgaben sollten in Zukunft von den öffentlichen Anklägern erfüllt werden.
Diese Ablöseentscheidung wurde dann auch in den Verfassungsentwurf der Girondisten einbezogen.
Der Verfassung von 1791 zufolge hatten die königlichen Kommissare - kurz gesagt - während des Ermittlungsverfahrens, für die Urteilsfindung und in der konkreten Strafverhängung über Einhaltung formellen und materiellen Rechts zu wachen und waren für die Vollstreckung der gefällten Urteile verantwortlich. Insbesondere die Überwachungsfunktion im Verlauf des gesamten Verfahrens war dem öffentlichen Ankläger durch den Verfassungsentwurf anvertraut worde.
Die Funktionen der Staatsanwaltschaft, die THOURET seinerzeit aufgezählt hatte[318], sollten also an den öffentlichen Ankläger übergehen, an einen Volksvertreter, der der Judikative angehören würde. Der öffentliche Ankläger erfuhr in dem Verfassungsentwurf eine bemerkenswerte Aufwertung, die jedoch im Grunde

---

316) Dieses ist insofern erstaunlich, als bereits im März 1790 im Zusammenhang mit einer Gesetzesdebatte um eine neue Gerichtsverfassung von DUPORT (Mitglied des Verfassungs- und auch Kriminalgesetzgebungsausschusses) folgende grundsätzliche Regel aufgestellt wurde: die am Ermittlungsverfahren Beteiligten müssen sich unbedingt von den Urteilenden unterscheiden (ARCHIVES PARL., 1ère série, Sitzung v. 29. Mrz. 1790 408ff, Bd. XII, S. 413: "Je ne fais aucun doute de penser que ces deux opérations [d'éclaircir le fait et d'appliquer la loi] ne doivent pas être confiées aux mêmes personnes.";
Bd. XXI, Sitzung v. 27. Nov. 1790, S. 52: "... l'accusateur public ne doit être aucun de ceux qui ont déjà agi ..."

317) Zur Erinnerung sei kurz darauf hingewiesen, daß die königlichen Beamten die Beamten der Staatsanwaltschaft waren, die man allerdings zugungsten des öffentlichen Anklägers der Anklagefunktion beraubte.

318) Vgl. 6. Kap. C II 2a).

Verfassungsentwurf eine bemerkenswerte Aufwertung, die jedoch im Grunde nur der Entscheidung der Nationalversammlung entsprach, derzufolge der öffentliche Ankläger die Aufgaben der Nationalkommissare zu erfüllen habe.

III) Verfassungsentwurf der Bergpartei

Die Verfassung von 1793[319], die auf einem Vorschlag der Bergpartei basierte und infolgedessen auch "la constitution montagnarde" genannt wurde, übernahm die Grundzüge des Verfassungsentwurfs der Girondisten.
Im Hinblick auf die spätere Entwicklung war sie insofern von Bedeutung, als sie das allgemeine Wahlrecht für alle männlichen Bürger einführte, das Zensuswahlrecht also abschaffte. Sie bekannte sich zur unbeschränkten Volkssouveränität und enthielt viele Elemente einer direkten Demokratie. Infolgedessen sollte sie durch einen Volksentscheid angenommen werden, jedoch beteiligten sich von den 7 Millionen Stimmberechtigten nur 1,8 Millionen an der Wahl.[320]
Erstmals wurden in dieser Verfassung soziale Grundrechte festgesetzt, wie Unterhaltszahlung der Gesellschaft an Arme, Arbeitsbeschaffungsmaßnahmen und die Pflicht der Gesellschaft, Bildung zu vermitteln. Vorherrschend war der Gleichheitsgedanke, so daß diese Verfassung sehr stark durch Rousseau[321] geprägt wurde, während die Montesquieusche Gewaltenteilung keinerlei Erwähnung fand.[322]

Wie bereits oben erwähnt, ist diese Verfassung jedoch nie in Kraft getreten, da eine nach dem Gewaltakt vom 2. Juni 1793 aus der Bergpartei gebildete Revolutionsregierung die Führung übernahm. Ihr Exekutivorgan war das aus dem Wohlfahrtsausschuß hervorgegangene "Große Komitee", aus 12 Mitgliedern bestehend. Die Polizeigewalt hatte ein - ebenfalls aus 12 Mitgliedern bestehendes - "Komitee der Allgemeinen Sicherheit". Die dadurch entstandene revolutionäre Diktatur sicherte sich durch ein System des Terrors ab.

1) Die Strafjustiz

In der *"constitution montagnarde"* fand der öffentliche Ankläger keinerlei Erwähnung.
Die Strafjustiz wurde in dieser Verfassung in nur zwei Artikeln (Art. 96; 97) geregelt. Darin wurde zwar die Annahme der Anklage durch Anklagegeschwo-

---

319) Über diese Verfassung wurde am 24. Juni 1793 im Nationalkonvent abgestimmt (ARCHIVES PARL., 1ère série, Bd. LXVII, S. 150).

320) DEBBASCH/PONTIER, "Les constitutions de la France", S. 42.

321) s. o. im 3. Kapitel B III).

322) Man sprach nunmehr von der Beschränkung öffentlicher Funktionen (art. 24 de la déclaration: ... les limites des fonctions publiques ...).

rene verankert, wer jedoch diese Anklage vor Gericht erheben sollte, wurde in der Verfassung nicht geregelt.
Die Wahl der Strafrichter wurde mittlerweile Wahlgremien überlassen und nicht, wie in der Verfassung von 1791, dem Volke selbst.[323]
Den Debatten des Nationalkonvents über diese Verfassung läßt sich kein deutlicher Hinweis entnehmen, warum plötzlich der öffentliche Ankläger keinerlei Erwähnung mehr fand. Fest steht zumindest, daß damit die Institution des öffentlichen Anklägers nicht abgeschafft wurde, da sie in der geltenden Kriminalgerichtsordnung, die Gegenstand der nächsten Kapitel sein wird, geregelt wurde.

2) Alternativen und Kritikpunkte

Zwei Beiträge in der Debatte um die Verfassung sind im Zusammenhang mit der Institution des öffentlichen Anklägers allerdings erwähnenswert: zum einen der alternative Verfassungsvorschlag von BARAILLON[324] und zum anderen Gedanken und Aspekte zu einigen Artikeln der Verfassung von SALLE.

BARAILLON hatte einen Entwurf vorgestellt[325], in dessen zweiten Hauptteil das Justizwesen[326] geregelt war. Art. 9 und 10 zufolge hatte jedes Straftribunal in geheimer Wahl zwei "vengeurs nationaux" (nationale Rächer) zu bestimmen, deren Funktion unter anderem auch der des öffentlichen Anklägers entsprechen sollte.[327]
Erwähnenswert ist dieser Vorschlag aus zwei Gründen: zum einen spricht daraus das seinerzeitige Verständnis, daß die Aufgabe des öffentlichen Anklägers der Judikative zuzuordnen sei, zum anderen sollte diese Funktion durch einen Vertreter der Nation ausgeübt werden. Unter Nation war nach damaligem Verständnis das französische Volk zu verstehen.[328]

---

323) Acte constitutionnel du 24 Juin 1793 (vgl. DEBBASCH/PONTIER, "Les constitutions de la France", S. 44ff):
Art. 96: "En matière crmininelle, nul citoyen ne peut être jugé que sur une accusation reçue par les jurés ou décrétée par le corps législatif ..."
Art. 97: "Les juges criminels sont élus tous les ans par les assemblées électorales."

324) BARAILLON, von Berufs wegen Arzt, wurde wegen seiner Konzessionen und seines Kalküls, dank derer er alle politischen Unwetter überlebte, "un véritable thermomètre" genannt (vgl. CARATINI, "Dictionnaire des personnages", S. 61).

325) ARCHIVES PARL., 1ère série, Sitzung v. 24. Juni 1793, Bd. LXVII, S. 187ff.

326) 2de partie, sec. VI: "Du corps judiciaire"

327) Art. 9: Chaque tribunal nommera au scrutin secret ... les deux vengeurs nationaux.
Art. 10: Elles [les fonctions] seront les mêmes qu'étaient cidevant celles du ... et de l'accusateur public ..."

328) Dahinter steht der Begriff der 'souveraineté **nationale**', der im Gegensatz zur 'souveraineté **populaire**' die Nation als ein tatsächlich bestehendes Gebilde voraus-

Der öffentliche Ankläger galt also als ein von der Judikative zu besetzendes Amt zum Zweck der Vertretung des Volkes vor Gericht!

Die von SALLE geäußerten Gedanken und Aspekte zur Verfassung äußerte dieser nicht mündlich vor dem Nationalkonvent, da er zu denjenigen Girondisten gehörte, die am 2. Juni 1793 inhaftiert wurden. Jedoch gelang ihm die schriftliche Niederlegung nach seiner Flucht.[329]
Unter anderem äußerte er sich auch zu Art. 96 der Verfassung, demzufolge ein Bürger erst verurteilt werden dürfe, wenn erstens eine Jury über die Anklageerhebung und zweitens eine weitere Jury über den Schuldspruch entschieden habe. Seiner Meinung nach sei diese Vorschrift viel zu ungenau, um den Bürger vor Gesetzen zu schützen, die ein "blutiges Tribunal" einrichteten. Noch immer seien Mittel der Unterdrückung in den Händen von Aufrührern.[330]
Offensichtlich war SALLE der Meinung, daß zum Schutz der Bürger selbst die Verfassung detaillierteste Regelungen enthalten müsse, um der Legislative keinen Spielraum zu gewähren.[331]
Dieser Beitrag SALLEs läßt zumindest Vermutungen zu, weshalb die Institution des öffentlichen Anklägers in der Verfassung gefehlt haben könnte:
Der Verfassung von 1791 zufolge war der öffentliche Ankläger ein vom Volk gewählter Vertreter und somit potentielles Kontrollorgan des Volkes vor Gericht. Mit einer solchen Institution hatte das Revolutionstribunal unliebsame Zeugen seiner Willkür. Infolgedessen ist es denkbar, daß man die Institution des öffentlichen Anklägers nicht mehr in der Verfassung erwähnte, um der Legislative die Möglichkeit zu geben, die Kriminalgerichtsordnung gegebenenfalls entsprechend einfacher ändern zu können und die Beteiligung eines öffentlichen Anklägers im Strafverfahren umzugestalten und seine Ernennung durch das Volk aufzuheben. Änderungen der Verfassung bedurften nämlich im Gegensatz zu einfachen Gesetzen der Bestätigung durch das Volk[332].
Mangels weiterer Nachweise kann diese Behauptung nicht weiter untermauert werden, sondern muß als bloße Vermutung im Raum stehen bleiben.

---

setzt. Ihm zufolge ist nicht jeder Bürger für sich Träger eines Bruchteils dieser Souveränität, sondern nur mittelbar über die Nation (vgl. oben 6. Kapitel C III).

329) veröffentlicht in: ARCHIVES PARL., 1ère série, Bd. LXVII, Sitzung v. 24. Juni 1793, S. 391ff.

330) ibidem, S. 398: "En un mot, rien n'empêche une législature de constituer de nouveau dans Paris le tribunal de sang qui y existe actuellement ... Ainsi donc toujours des moyens d'oppressions placés dans les mains des factieux de Paris!"

331) Die Geschichte zeigt, wie sehr SALLE mit diesen Bedenken Recht behalten sollte, denn das Blutvergießen, das auf das Konto des Revolutionstribunals gehen sollte, war unvorstellbar.

332) Dieses wird aus Art. 28 der 'déclaration' ("Un peuple a toujours le droit de recevoir, de réformer et de changer sa constitution") gefolgert.

IV) "Direktorialverfassung"

Diese Verfassung vom 22. August 1795, *"constitution du 5-Fructidor An III"* genannt, war die erste republikanische Verfassung, die nicht nur verabschiedet wurde, sondern auch in Kraft trat.[333] Ihre Schwäche lag darin, daß ihre Autoren versucht hatten, sowohl einer Rückkehr zur Monarchie als auch zur jakobinischen Schreckensherrschaft aus dem Wege zu gehen. Infolgedessen vermieden sie sowohl eine zu starke Exekutive als auch zu mächtige Legislative, so daß das politische System nur ineffizient wirken konnte.[334] Geprägt war diese Verfassung insbesondere von einer strikten Gewaltenteilung, so strikt, daß eine gegenseitige Kontrolle ausgeschlossen war.
Wahlberechtigt war jedoch nicht mehr jedermann, sondern infolge des "Mißtrauens gegenüber den Volksmassen"[335] galt wieder das Zensuswahlrecht[336]. Wie bereits 1791 hatte das Besitzbürgertum "das Sagen", weshalb diese Periode auch " Die bürgerliche Republik"[337] genannt wird.

1) Der öffentliche Ankläger

In der "Direktorialverfassung" fand der öffentliche Ankläger im Gegensatz zur *"constitution montagnarde"* wieder Erwähnung.
Zunächst tauchte er in Art. 41 im Zusammenhang mit seiner Wahl durch vom Volk bestimmte Wahlgremien auf.[338] Sodann waren im Kapitel über die Strafjustiz (Art. 222 ff)[339] seine Funktionen festgelegt.

---

333) Zur Erinnerung sei darauf hingewiesen, daß die Verfassung von 1791 eine konstitutionelle Monarchie verankerte und die Verfassung von 1793 nie in Kraft trat.

334) DUVERGER, "Elements de droit public", S. 37. Er betont allerdings, daß die politische Instabilität dieser Periode weniger auf den Schwächen der Verfassung beruhte als auf der Tatsache, daß die politische Führung gleichzeitig an zwei Fronten kämpfen mußte (gegen Jakobiner und Royalisten) und dadurch keine Mehrheit hinter sich hatte.

335) DUVERGER, "Elements de droit public", S. 38.

336) Wahlberechtigt war nur derjenige, der die französische Staatsbürgerschaft hatte. Diese setzte unter anderem voraus, daß ein Zensus gezahlt worden war (Titre II, Art. 8: "Tout homme ... qui paie une contribution directe, foncière ou personnelle, est citoyen français.).

337) WEIS, "Durchbruch d. Bürgertums", S. 151ff.

338) Constitution du 5 fructidor An III (vgl. DEBBASCH/PONTIER, "Les constitutions de la France", S. 44ff):
Art. 41: "Les assemblées électorales élisent ... 5^0 Les président, accusateur public et greffier du tribunal criminel ..."

339) Art. 245: "Le tribunal criminel est composé ... d'un accusateur public, ... du commissaire du pouvoir exécutif près le même tribunal ..."

a) Seine mittelbare Wahl durch die "Bürger"

Wie bereits in der Verfassung von 1791, sollte der öffentliche Ankläger gewählt werden.
Diese Wahl erfolgte mittelbar über Wahlgremien, die unter Anwendung des Zensuswahlrechts entstanden. Insofern ist die Formulierung Wahl durch die "Bürger" nicht zufällig gewählt, da nur derjenige Bürgerschaftsrechte und somit ein Wahlrecht hatte, der Steuern zahlte.
Die Tatsache, daß die Wiedereinführung des Zensuswahlrechts eine Abkehr von den demokratischen Grundwerten einer allgemeinen und gleichen Wahl bedeutete, sei hier nur kurz angemerkt. Unabhängig von dem Wahlsystem verbirgt sich nämlich hinter dieser Wahlregelung das prinzipielle Verständnis von der Funktion des Anklägers: Dieser sollte nämlich als Vertreter der - wenn auch nur wahlberechtigten - Bürger vor Gericht fungieren. Keineswegs aber galt er als Diener des Staates.

b) Seine Funktionen

Bei der genaueren Betrachtung der Funktionen sind zunächst erhebliche Parallelen zum gescheiterten Verfassungsentwurf der Girondisten aus dem Februar 1793[340] auffällig.
Nicht nur die Eingliederung des öffentlichen Anklägers als Teil des Straftribunals[341], sondern auch die in Nr.1 und Nr.3 von Art. 248 festgelegten Aufgaben sind fast wortgleich mit dem Verfassungsentwurf.[342]
Demzufolge hatte sich an der Einstufung des öffentlichen Anklägers als Organ der Judikative nichts geändert. Seine Funktionen bestanden unter anderem darin, nach der Annahme der Anklage durch die Jury die Untersuchungen für die angeklagten Delikte weiterzuführen und die Polizei des Departements zu kontrollieren. Ihm gegenüber erfolgte Anzeigen hatte der öffentliche Ankläger an die Polizei weiterzuleiten.[343]

Art. 248: "L'accusateur public est chargé:-
1° De poursuivre les délits sur les actes d'accusation admis par les premiers jurés;- 2° De transmettre aux officiers de police les dénonciations qui lui sont adressées directement; - 3° de surveiller les officiers de police de département, et d'agir contre eux suivant la loi, en cas de négligence ou de faits plus graves."

340) s. o. B II).

341) Art. 245 = Art. 9 const. girondine.

342) Art. 248, 1° = Art. 10, 6° const. girondine;
Art. 248, 3° = Art. 10, 7° const. girondine.

343) Art. 248, 2°.

Insoweit sind keine Änderungen zum Verfassungsentwurf der Girondisten festzustellen. Hintergrund dieser Parallelen war, daß die Regierung, die sogenannte 'Thermidor-Regierung'[344], girondistisch geprägt war.

c) Kompetenzverlust

Auffallen muß aber, daß der öffentliche Ankläger einen erheblichen Kompetenzverlust erlitt. Dieser vollzog sich bemerkenswerterweise zugunsten eines Organs der Exekutive: dem "commissaire du pouvoir exécutif" (='Exekutivkommissar').

Unter anderen fand dieses Organ auch in Art. 245 der Verfassung Erwähnung und gehörte demzufolge zur Stammbesetzung des Straftribunals. Anders als dessen Richter und der öffentliche Ankläger wurde der Exekutivkommissar aber nicht gewählt, sondern vom Direktorium, das die exekutive Gewalt ausübte, ernannt und entlassen.[345] Wie die Amtsbezeichnung schon sagt, gehörte er der Exekutive an, die durch ihn eine gewisse Kontrolle über die Judikative ausüben konnte.
In Art. 249 der Verfassung[346] wurden seine Aufgaben vor dem Straftribunal definiert.
Demzufolge hatte der Exekutivkommissar im Verfahren vor dem Straftribunal während des Ermittlungsverfahrens die Einhaltung der Formvorschriften anzumahnen, vor Urteilsfällung den konkreten Strafantrag zu stellen und für die Strafvollstreckung zu sorgen.[347]
Damit waren dem Exekutivkommissar Aufgaben zugewiesen, die zumindest dem Verfassungsentwurf der Girondisten vom Februar 1793 zufolge in das Ressort des öffentlichen Anklägers gehörten.
Zwar war es noch immer Angelegenheit des öffentlichen Anklägers, die Polizei des Departements zu beaufsichtigen, allerdings konnte der 'Exekutivkommissar' die Einhaltung der Vorschriften bei den Ermittlungen anmahnen und hatte auf diese Weise nicht nur Einblick, sondern auch Einfluß auf die Ermittlungen.

---

344) Da der Sturz Robespierres im Thermidor (Juli/August) stattgefunden hatte, nannte man die Widersacher Robespierres Thermidorianer und die nachfolgende Regierung 'Thermidor-Regierung'.

345) Art. 234: Chaque tribunal ... est composé ... d'un commissaire du pouvoir exécutif, nommé et destituable par le directoire exécutif ...

346) Art. 249: Le commissaire du pouvoir exécutif est chargé:
1° De requérir, dans le cours de l'instruction, pour la regularité des formes, et avant le jugement, pour l'application de la loi;
2° de poursuivre l'exécution des jugements rends par le tribunal criminel.

347) Der 'Exekutivkommissar' hatte außerdem auch Funktionen vor den 'tribunaux correctionnels', die für Vergehen zuständig waren und in ihrer Rechtsfolgenkompetenz erheblich eingeschränkt waren. Die Rolle dieser "Korrektionstribunale" wird in den strafprozessualen Kapiteln zu behandeln sein.

Vor der Urteilsfällung beantragte nunmehr nicht der öffentliche Ankläger, sondern der Exekutivkommissar die entsprechende Strafe. Von Gesetzes wegen war zwar der Richter an diesen Antrag nicht gebunden, de facto aber stellt sich die Frage, inwieweit der Richter sich der Einflußnahme durch den Exekutivkommissar hat entziehen können. Offensichtlich ist jedenfalls, daß mit der Einführung des Exekutivkommissars der öffentliche Ankläger erheblich an Einfluß verlor.

2) Die Konsequenzen des Kompetenzverlustes

Der im vorhergehenden Abschnitt geschilderte Kompetenzverlust bezieht sich auf den ersten Blick auf nur wenige Funktionen.
Insbesondere durch die weiterhin bestehende Kontrollfunktion der Polizei blieb dem öffentlichen Ankläger eine Schlüsselfunktion im Vorverfahren.
Weit einschneidender ist hingegen die Tatsache, daß mittlerweile der 'Exekutivkommissar' das Recht hatte, den konkreten Strafantrag vor der Urteilsfällung zu stellen. Damit nämlich war zulasten des öffentlichen Anklägers eine nicht unerhebliche Einflußnahmemöglichkeit auf die das Strafmaß festlegenden Richter genommen.
Die Einschaltung des Exekutivkommissars im Strafverfahren bedeutete also nicht Hinzufügung eines weiteren Organs, sondern Umschichtung von Kompetenzen bzw. "Teilentmachtung" des öffentlichen Anklägers zugunsten des Exekutivkommissars. Der gewählte öffentliche Ankläger mußte dem von der Exekutive ernannten Kommissar Platz einräumen.

Noch folgenschwerer wurde dieser Kompetenzverlust dadurch, daß der öffentliche Ankläger, ein Organ der Judikative, zugunsten eines Organs der **Exekutive** zur Seite treten mußte. Ausgerechnet eine Verfassung, die sich durch eine strikte Gewaltenteilung auszeichnete, überließ einem Exekutivorgan Einflußnahme- und Kontrollmöglichkeiten gegenüber der Judikative.

Diese gewichtige Veränderung ist allerdings dann weniger überraschend, wenn man sich mit einem kurzen Rückblick auf das 6. Kapitel die Vergangenheit des öffentlichen Anklägers in Erinnerung ruft.
Ursprünglich wurde der öffentliche Ankläger nur zu Anklagezwecken institutionalisiert, während die übrigen Funktionen der Staatsanwaltschaft in den Händen der königlichen, später nationalen Kommissare verblieben. Erst im Oktober 1792 wurden dem öffentlichen Ankläger die Funktionen der Staatsanwaltschaft übertragen.
In der Direktorialverfassung entzog man dem öffentlichen Ankläger wieder die Überwachungsfunktion und die Kompetenz, den Antrag zur konkreten Strafe zu stellen, um sie einem Exekutivorgan zu **über**geben. Oder sollte man vielleicht besser sagen **zurück**zugeben?
Von einer Rückgabe könnte aus zwei Gründen die Rede sein: erstens sollten die Exekutivkommissare im Strafverfahren dieselben Kompetenzen wie die ehemaligen königlichen bzw. nationalen Kommissare ausüben, zweitens standen sie

durch ihre Ernennung in demselben Abhängigkeitsverhältnis zur Exekutive. Genau wie vor der Kompetenzübertragung an den öffentlichen Ankläger sollte ein von der Exekutive ernanntes Organ die Judikative überwachen bzw. für die Einhaltung der Vorschriften durch die Judikative sorgen. Insoweit kann von der Rückkehr der königlichen bzw. nationalen Kommissare und von der Rückgabe der Kompetenzen die Rede sein.

Automatisch damit verbunden war ein deutlicher Kompetenz- und Ansehensverlust des öffentlichen Anklägers. Anstatt den Zweck, den man mit der Einführung des öffentlichen Anklägers verfolgte[348], weiter zu realisieren, ging man wieder einen Schritt zurück. An der Seite des Anwalts für die Öffentlichkeit vor Gericht ließ man den nationalen Kommissar als Exekutivkommissar wieder aufleben.
Zwar war die Institution des öffentlichen Anklägers - noch(!) - nicht abgeschafft, jedoch verlor sie bereits deutlich an Gewicht.

An dieser Stelle bereits muß der Verdacht aufkommen, daß die Institution des öffentlichen Anklägers ein kurzes Intermezzo darstellte, eingerahmt von den königlichen bzw. nationalen Kommissaren und den Exekutivkommissaren. Diese könnten als die wahren Nachfolger der nationalen Kommissare bezeichnet werden. Jedoch soll die endgültige Beantwortung dieser Frage aufgehoben werden bis zur genaueren Untersuchung der Konsulatsverfassung, die der Direktorialverfassung folgte.
Abschließend jedenfalls ist zu sagen, daß der Kompetenzverlust des öffentlichen Anklägers sowohl aus dem Gewaltenteilungs- als auch aus republikanischem Aspekt als Rückschritt und nicht als Fortschritt zu werten ist. 1795 war der Stellenwert des öffentlichen Anklägers erheblich gesunken, während die nationalen Kommissare als Exekutivkommissare "wiederauflebten". Die Exekutive ging zulasten der Judikative deutlich gestärkt hervor.

---

348) s. o. 6. Kapitel C).

V) "Konsulatsverfassung"

Die *"constitution du 22 frimaire de l'An VIII"*, kurz die "Konsulatsverfassung" genannt, wurde infolge eines Staatsstreichs im November 1799[349] unter SIEYES' Regie ausgearbeitet[350]. Trotzdem aber erhielt diese Verfassung ihre "demokratische Legitimation" durch ein Referendum, infolgedessen von 7 Millionen der Wahlberechtigten 3 Millionen dafür und nur 1562 dagegen stimmten.[351]

Die aus 95 Artikeln bestehende Verfassung war geprägt von SIEYES' Devise "Kurz und unklar"[352], so daß nur jeweils leise Andeutungen[353] übrigblieben. Desweiteren schlug sich die Richtlinie SIEYES' mehrfach nieder, derzufolge "Das Vertrauen von unten komme, die Autorität aber von oben"[354]. So verzichtete man auf eine Erklärung von Grund- und Menschenrechten[355], Freiheit, Gleichheit, Brüderlichkeit blieben unerwähnt, und Bonaparte erhielt als Erster Konsul eine Fülle von Vollmachten der Gesetzgebung und Exekutive. Das Zensuswahlrecht war zwar abgeschafft, aber das vermeintlich allgemeine Wahlrecht war insoweit eine Farce, als SIEYES ein höchst komplexes System der Stufenwahl erdacht hatte.

Die aus drei Konsuln bestehende Exekutive setzte sich zusammen aus dem auf zehn Jahre zum Staatsoberhaupt gewählten Ersten Konsul Bonaparte und den beiden anderen Konsuln CAMBACERES[356] und LEBRUN[357], die allerdings als bloße Berater keine politische Rolle spielten.

---

349) "Staatsstreich des 18-Brumaire" = 9. Nov. 1799.

350) Ursprünglich hatte SIEYES Bonaparte gebeten, diesen Staatsstreich durchzuführen, um eine von ihm konzipierte Verfassung an die Stelle der alten zu setzen. Er mußte jedoch akzeptieren, daß Bonaparte keinesfalls mehr als Befehlsempfänger und Vollzugsorgan zu wirken gedachte. Letzterem ging es nunmehr darum, eine neue Regierung zu bilden, deren einer Konsul er, Bonaparte selbst, werden wollte (ausführlicher dazu vgl. WEIS, "Der Durchbruch des Bürgertums", S. 168f).

351) Die Tatsache, daß sich jedoch 4 Millionen der Wahlberechtigten enthielten, rechtfertigt es, von einem Wahlbetrug zu reden (so PALLUEL-GUILLARD, "Histoire et Dictionnaire du consulat et de l'empire", S. 17).

352) WEIS, "Der Durchbruch des Bürgertums", S. 227.

353) DEBBASCH/PONTIER, "Les constitutions de la France", S. 97: "SIEYES, dira-t-il, n'avait mis partout que des ombres: ombre de pouvoir législatif, ombre de pouvoir judicaire, ombre de gouvernement. Il fallait bien de la substance quelque part; je l'ai mise dans le gouvernement."

354) "La confiance vient d'en bas, mais le pouvoir vient d'en haut" (vgl. DEBBASCH/PONTIER, "Les constitutions de la France", S. 97).

355) Lediglich die Sicherheit vor nächtlicher Hausdurchsuchung und Verhaftung wurde garantiert (vgl. Art. 76; 77).

356) CAMBACERES, zur politischen Mitte gehörend begann seine politische Laufbahn mit dem Konsulat. Während Napoleons militärisch bedingter Abwesenheit fungierte er

Die der Exekutive untergeordnete Legislative bestand aus vier Versammlungen: Staatsrat, Senat, gesetzgebende Körperschaft und Tribunat[358], von denen nur die beiden letztgenannten Überreste legislativer Funktionen erfüllten.[359] Der Senat hatte verfassungsbewahrende Funktion[360] und der Staatsrat formulierte die Gesetzesvorschläge der Regierung aus[361], die das alleinige Initiativrecht[362] hatte.

1802 erfuhr die "Konsulatsverfassung" eine grundlegende Änderung dahingehend, daß Napoleon Bonaparte nunmehr erster Konsul auf Lebenszeit wurde. Durch eine nochmalige "Verfassungsänderung" im Jahre 1804 wurde Bonaparte schließlich als "Empereur des Français" "(Kaiser der Franzosen") die erbliche Kaiserwürde zuerkannt[363]. Trotzdem wurde die in der Verfassung verwendete Bezeichnung "République française" (französische Republik) erst 1806 förmlich abgeschafft.[364]
HEFFTER beurteilt diese Vorgehensweise so, daß Napoleon infolge des noch "demokratischen Militarismus" erfolgreich die Staatsgewalt an sich reißen konnte und daraus eine 'absolute Militärmonarchie' aufbauen konnte. Hinter der zunächst noch liberalen und demokratischen Fassade habe sich ein "revolutionärer Absolutismus" verborgen, der das Königtum des ancien régime weit übertraf an Energie und "kriegerischer Stoßkraft".[365]

---

als dessen Vertreter, der tägliche Briefwechsel belegt jedoch die vollkommene Unterordnung und den Mangel an eigenen Entscheidungsbefugnissen (vgl. CARATINI, "Dictionnaire des personnages", S. 146f).

357) LEBRUN war als 3. Konsul mit der finanziellen Neuordnung und inneren Verwaltung betraut. Er selbst hatte an der Ausarbeitung der Verfassung von 1799 mitgewirkt. Als Anhänger einer konstitutionellen Monarchie war er einer der treuesten Mitstreiter Napoleons, selbst noch während der 100-Tage-Herrschaft. (FIERRO, "Histoire et Dictionnaire du consulat et de l'empire", S. 895; LEMAY, S. 559f).

358) Conseil d'Etat, Sénat, Corps législatif, Tribunat.

359) Aus der Tatsache, daß das Tribunat dabattierte ohne abzustimmen, die gesetzgebende Körperschaft aber abstimmte, ohne zu debattieren, rührte dessen Beiname: 'Corps des muets' (Rat der Stummen).

360) Titre II, Art. 21: "Il maintient ou annule les actes qui lui sont déférés comme inconstitutionnels par le tribunal ou par le gouvernement ..."

361) Titre IV, Art. 52: "Sous la direction des consuls, un conseil d'Etat est chargé de rédiger les projets de lois ..."

362) Titre IV, Art. 44: "Le Gouvernement propose les lois ..."

363) Diese wurde ihm infolge eines Senatsbeschlusses v. 18. Mai 1804 zuerkannt, den eine Volksabstimmung mit der Mehrheit von 3,5 Millionen bestätigte.

364) HAENSCH/TÜMMERS, "Frankreich", S. 30.

365) HEFFTER, "Die deutsche Selbstverwaltung", S. 61.

1) Ersatz für den öffentlichen Ankläger

In dieser möglichst unklar formulierten Verfassung fand der öffentliche Ankläger zwar noch Erwähnung, jedoch nur zu dem Zweck seiner vollkommenen Entmachtung:
Im Titel "Über die Gerichtshöfe"[366] wurde geregelt, daß die Aufgaben des öffentlichen Anklägers vor dem Straftribunal nunmehr der "Regierungskommissar" (=commissaire du Gouvernement) übernehme, ohne näher darauf einzugehen, worin diese Aufgaben bestehen sollten. Im Gegensatz zur Direktorialverfassung lagen damit also wieder die Funktion der öffentlichen Anklage mit denen der Kommissare in einer Hand, da die Regierungskommissare an die Stelle der Exekutivkommissare traten. Allerdings war das nicht wie einst die Hand eines gewählten Volksvertreters, sondern die eines von der Regierung ernannten Organs, das auch als öffentlicher Ankläger fungieren sollte.
Bei den Regierungskommissaren handelte es sich nämlich um Organe, deren Ernennung und auch Abberufung gemäß Art. 41 in den direkten Machtbereich der Regierung fielen, genauer gesagt in den des Ersten Konsuls Bonaparte, der nach Belieben entscheiden konnte.[367]

2) Tragweite dieses Ersatzes

Diese Funktionsübertragung mag zwar auf den ersten Blick harmlos erscheinen, bei der sich anschließenden näheren Untersuchung muß man allerdings zu dem Schluß kommen, daß man sich von einigen revolutionären Errungenschaften endgültig verabschiedete.[368]
Inwieweit diese Tatsache als Rück- oder Fortschritt zu werten ist, wird im darauf folgenden Abschnitt zu behandeln sein.

a) Abschaffung des öffentlichen Anklägers

Erstens kam die Tatsache, daß nunmehr die Regierungskommissare als öffentliche Ankläger fungierten, einer gänzlichen Abschaffung der Institution des öffentlichen Anklägers gleich.
Zwar versuchte man, wie die Formulierung des Art. 63 verrät, diese Abschaffung zu cachieren, indem man sie wie eine bloße Kompetenzverschiebung erscheinen

---

366) Titre V "Des tribunaux", Art. 63: "La fonction d'accusateur public près un tribunal criminel, est remplie par le commissaire du Gouvernement.

367) Titre IV, Art. 41: "Le premier consul ... nomme et révoque à volonté ... les commissaires du Gouvernement près les tribunaux. Il nomme tous les juges criminels ...

368) Zwar verstand sich Bonaparte als Vollender und Vollstrecker der Revolution, jedoch lassen die autokratischen Elemente seines Kaisertums daran starke Zweifel aufkommen.

ließ. Jedoch ergab sich im Ergebnis die Situation, daß die Funktionen vor dem Straftribunal ausnahmslos in die Hände der Regierungskommissare übergingen.
Im Gegensatz zur "Direktorialverfassung", die zugunsten der Exekutivkommissare die öffentlichen Ankläger nur der Funktionen beraubte, die sie von den nationalen Kommissaren sozusagen 'geerbt' hatten, ersetzten in der "Konsulatsverfassung" die Regierungskommissare des Ersten Konsuls die öffentlichen Ankläger vollkommen.
Bestehen blieben nur die Funktionen des öffentlichen Anklägers, die aber nicht mehr durch ihn ausgeübt wurden und auch nie wieder ausgeübt werden sollten.

b) Vom Volksanwalt zum Anwalt der Regierung

Zweitens vollzog sich eine folgenträchtige Entwicklung, derzufolge der öffentliche Ankläger nicht mehr Anwalt des Staatssouveräns, sondern der Regierung war.
Im 6. Kapitel dieser Arbeit, in dem die verfassungsrechtlichen Neuerungen der Constituante genauer untersucht wurden, ergab sich unter anderem als Fazit[369]: Der Souverän des Staates bestimmt, wer die Funktion der öffentlichen Anklage erfüllt. Folglich muß es in einer Demokratie, in der Volkssouveränität herrscht, das Volk sein, das entscheidet. Der öffentliche Ankläger ist in einer Demokratie quasi ein das Volk vertretender Anwalt, ein Volksanwalt.
Genau diese Errungenschaft der Constituante wurde zerstört. Auch wenn die Konsulatsverfassung monokratische Züge verzeichnete, so war ihr zufolge doch das Volk als ganze Nation Träger der Staatsgewalt.[370] Trotzdem aber war es nicht mehr Angelegenheit des Volkes, sondern des Ersten Konsuls, zu bestimmen, wer die Anklagefunktion vor dem Straftribunal zu erfüllen habe.

Die Brisanz dieser "Kompetenzverschiebung" gipfelte dann darin, daß der Erste Konsul Napoleon bei der Ernennung und Entlassung seiner Regierungskommissare nach Gutdünken agierte. SIEYES hatte sich nicht einmal gescheut, das im Gesetzestext der Verfassung wörtlich aufzunehmen: "Der Erste Konsul ernennt und entläßt **nach Belieben** ..."[371]. Der Erste Konsul war folglich überhaupt keinen Regeln unterworfen, unter Beachtung derer er die Ernennung und Entlassung zu begründen hatte. Auf diese Weise konnte Bonaparte den Bereich der Anklage vor dem Straftribunal seinen Gefolgsleuten anvertrauen, die im Falle mangelnden Gehorsams von ihm jederzeit des Amtes enthoben werden konnten.

---

369) vgl. unter C II und III.

370) Hier sei nur kurz darauf hingewiesen, daß es sich in der "Konsulatsverfassung" um eine 'souveraineté **nationale**' und nicht 'souveraineté **populaire**' handelte (VII. Titel, Art. 86, 93f), d. h. daß nicht jeder Bürger für sich Träger eines Bruchteils dieser Souveränität sein konnte, sondern nur mittelbar über die Nation an der Souveränität teilhaben konnte (vgl. 6. Kap. C III).

371) Titre IV, Art. 41: "Le premier consul ... nomme et révoque **à volonté** ...

c) Von der Legislative zur Exekutive

Drittens vollzog sich die komplette Einverleibung bisher judikativer Funktionen in den exekutiven Machtbereich.

Im 6. Kapitel konnte als eine der Neuerungen der Constituante die verfassungsrechtliche Verankerung des öffentlichen Anklägers im judikativen Machtbereich herausgearbeitet werden.[372]

Auch dieser revolutionären Errungenschaft kehrte man den Rücken, jedoch auf verstecktem Wege.

Bereits im IV. Titel "Über die Regierung" fanden die Regierungskommissare im Zusammenhang mit ihrer Ernennung und Entlassung Erwähnung, ungenannt aber blieben ihre Funktionen. Diese nämlich wurden erst im V. Titel "Über die Gerichtshöfe" festgelegt. Das darin liegende Problem war unübersehbar: Nichteinhaltung der Gewaltentrennung bzw. Inkompabilität bestimmter Ämter.

Funktional betrachtet gehörten nämlich die Regierungskommissare der Judikative an, während ihre Position darauf hindeutete, daß sie als Exekutivorgane einzustufen wären. Wie bereits im vorherigen Abschnitt erwähnt, standen die Regierungskommissare in unmittelbarer Abhängigkeit zur Regierung, da sie vom Ersten Konsul nach Belieben ernannt und abgesetzt werden konnten. Infolge dieser organisatorischen Abhängigkeit waren die Regierungskommissare als "Regierungsanwälte" quasi Handlanger des Ersten Konsuls. De facto ergab sich also die für Bonaparte vortreffliche Situation, daß er als Regierungsmitglied seine Beamten mit den Aufgaben des öffentlichen Anklägers betrauen konnte. Diese Funktion beließ man im Kapitel "Über die Gerichtshöfe" und wies sie einfach den "Regierungsanwälten" zu.

Damit suggerierte man, daß die Aufgaben des öffentlichen Anklägers weiterhin im Machtbereich der Judikative angesiedelt blieben.

De facto aber fielen diese Funktionen infolge der direkten Abhängigkeit der Regierungskommissare vom Ersten Konsul in das Ressort der Exekutive. Insofern hätte es näher gelegen, die Funktionsbeschreibung der Regierungskommissare auch dort vorzunehmen, wo auch ihre Ernennung und Entlassung durch den Ersten Konsul behandelt wurden.

Allerdings wäre damit offenkundig geworden, daß erstens bisher judikative Funktionen in Zukunft durch ein Exekutivorgan ausgeübt würden, und zweitens dieses Exekutivorgan unter der direkten Kontrolle des Ersten Konsuls arbeiten müßte. Die totale Entfremdung von der ursprünglichen Funktion des öffentlichen Anklägers wäre unübersehbar geworden und wäre somit mit SIEYES' Devise, eine möglichst unklare Verfassung mit viel Auslegungsspielraum zu verfassen, unvereinbar gewesen.

---

372) vgl. insb. die Schlußfolgerungen unter D IV.

3) Beurteilung des Ersatzes

Aus den bisherigen Ausführungen läßt sich ableiten, daß das Ersetzen des öffentlichen Anklägers durch die Regierungskommissare für Bonaparte einen großen Fortschritt, für das französische Volk aber einen erheblichen Rückschritt bedeuten mußte.
Die Neuregelung war in dreierlei Hinsicht von Bedeutung: aus Souveränitätsgründen, unter demokratischen Gesichtspunkten und schließlich aus Gewaltenteilungsaspekten.
Der Volksanwalt war zum Anwalt der Regierung geworden, der nach deren Belieben ernannt und abgesetzt wurde und trotz seiner Abhängigkeit zur Exekutive judikative Aufgaben erfüllte.
Aus dem Vertreter der Öffentlichkeit war ein Regierungsvertreter geworden, der die Rechtsordnung nur insoweit einzuklagen hatte, als es der Regierung genehm war. Hinzuzufügen ist, daß auch die zur Entscheidung berufenen Strafrichter vom Ersten Konsul ernannt wurden, wenn auch ohne Rückberufungsrecht[373].
Zwangsläufig mußte das dazu führen, daß ein Großteil der Strafjustiz zum Machtinstrument der Regierung bzw. Bonapartes wurde. Konnte es eine wirksamere Methode geben, um unliebsame Kritiker auf vermeintlich legalem Wege mundtot zu machen?

Fazit jedenfalls ist, daß die Regierungskommissare Napoleons wenig Gemeinsamkeit mit dem öffentlichen Ankläger der Revolution hatten. Dieser hatte als Vertreter der Öffentlichkeit die Einhaltung der Rechtsordnung einzuklagen, der sich die Gesellschaft aus Nützlichkeitserwägungen selbst unterstellt hatte.[374]
Der vermeintliche "Revolutionsvollender" hatte also auf dem Gebiet der Strafrechtspflege alles dazu beigetragen, um die Revolution abzubrechen bzw. ihre Errungenschaften, die ihn an einer monokratischen Führung hindern könnten, aus dem Weg zu räumen. Im Ersatz des öffentlichen Anklägers spiegelte sich quasi der schleichende Abschied von der Volkssouveränität, Demokratie und von Montesquieu wider. Es bestand gar kein Bedarf mehr an einer Institution, die für die Öffentlichkeit vor Gericht klagte. Vielmehr bedeutete eine solche Institution eine mangelnde Kontrolle der Exekutive über die Strafjustiz.
Letztlich war die Abschaffung des öffentlichen Anklägers eine zwingende Folge des Staatsgefüges, das in der Konsulatsverfassung verankert worden war. In einer nur "pro forma-Republik"[375], in der die Demokratie infolge eines komplexen Stufenwahlsystems nicht mehr praktiziert werden konnte und Dreigewalten-

---

373) Titre IV, Art. 41: ... Il nomme tous les juges criminels ... sans pouvoir les révoquer.

374) vgl. Ausführungen im 6. Kapitel A) und D).

375) Wie eingangs erwähnt, war der Verfassung von 1799 zufolge der 1. Konsul das auf 10 Jahre **gewählte** Staatsoberhaupt. Schon 1802 wurde Bonaparte Konsul auf Lebenszeit, 1804 wurde ihm die Kaiserwürde zuerkannt.

teilung ein Fremdwort darstellte, da in allen Bereichen Regierungshandlanger saßen, hatte der öffentliche Ankläger überhaupt keine Überlebenschancen.
Die Institution des öffentlichen Anklägers, das Verständnis, in dem ihn die Mitglieder der Constituante geschaffen hatten, setzte Volkssouveränität, praktizierte Demokratie und Unabhängigkeit der Justiz voraus. Stattdessen bildete sich eine monokratisch geführte "Monarchie", in der der Erste Konsul alle Gewalten kontrollierte.
Insofern war die Abschaffung des öffentlichen Anklägers zugunsten der Regierungskommissare eine für Napoleon notwendige Maßnahme, um zukünftig eine effektive Kontrolle über die Strafjustiz zu erlangen.

4) Der Regierungskommissar: Neuling oder Nachfolger

Nachdem in den vorherigen Abschnitten deutlich geworden ist, daß zwar der Regierungskommissar das Erbe des öffentlichen Anklägers angetreten hatte, aber infolge seiner Abhängigkeit vom Ersten Konsul in seiner Position mit ihm schwer zu vergleichen war, stellt sich die Frage nach seiner Bedeutung.
Stand er also mit seiner Funktion als "Anwalt der Regierung" am Beginn einer Entwicklungskette oder wurde durch ihn nur ein bestimmtes Amt unter anderer Amtsbezeichnung weiterfortgeführt? Wenn der Regierungskommissar nicht Nachfolger des öffentlichen Anklägers war, wessen Nachfolge könnte er dann angetreten haben?

In Frage käme eine Nachfolge der Prokuratoren, der königlichen bzw. nationalen Kommissare oder der Exekutivkommissare.
Alle waren weisungsgebundene Beamte der Exekutive, die mindestens prozeßbegleitende Funktionen hatten. Aber nur einer hatte genauso wie der Regierungskommissar anklagende Funktion vor Gericht: der Prokurator[376]. Die königlichen bzw. nationalen Kommissare und die Exekutivkommissare fungierten praktisch nur als "amputierte" Staatsanwaltschaft. Erst den Regierungskommissaren fiel wieder die Anklagefunktion zu. Damit ist die eingangs gestellte Frage dahingehend zu beantworten, daß die Rolle der Regierungskommissare denen der Prokuratoren am nächsten kam.
Jedoch muß diese Feststellung auch an dieser Stelle wieder unter dem Vorbehalt rein verfassungsrechtlicher Beurteilung bleiben.

---

376) s. dazu im 2. Kap. B I 1).

3. Hauptteil: Strafprozeßrecht

8. Kapitel: Reform der Ordonnanz von 1670

In den nun folgenden Kapiteln wird herauszuarbeiten sein, welche Neuerungen die verfassungsgebende Nationalversammlung[1] auf dem Gebiet der Strafrechtspflege vorgenommen hat.
Anhand der aufgezeigten Entstehungsgeschichte der Constituante ist es nicht verwunderlich, daß sich deren Aufgabengebiet nicht darin erschöpfte, eine Verfassung zu schaffen, sondern auch andere gesetzgeberische Aktivitäten umfaßte.

A) Reformentwicklung

Im Bereich des Prozeßrechts verfügte die Constituante im Gegensatz zur Verfassung über einen Anknüpfungspunkt, nämlich die bereits erläuterte Ordonnanz von 1670, die unter Ludwig XIV. erarbeitet wurde.
Von den zeitgenössischen Philosophen bereits stark kritisiert, wurde das in der Ordonnanz von 1670 geregelte Strafverfahren von den Rechtsgelehrten größtenteils hochgehalten. ESMEIN zufolge waren ihnen die Fehler dieses Gesetzes wohlbekannt, trotzdem jedoch beugten sie sich der Autorität des Gesetzes aus Traditionsbewußtsein und Gesetzestreue.[2]
Juristen wie Muyart de Vouglans[3] und Louis Séguier[4] traten jeglichen Reformbewegungen entschieden entgegen und favorisierten das bestehende Rechtssystem.

---

1) Auch wenn die Nationalversammlung bis zum Inkrafttreten der Verfassung im Sept. 1791 die verfassungsgebende Versammlung (la Constituante) genannt wurde, erarbeitete sie auch einfache Gesetze (s. o. 5. Kap. vor A).

2) in "Histoire", S. 371.

3) Von BÖHMER ("Handbuch der Litteratur des Criminalrechts", S. 206) als der 'Carpzov' der Franzosen bezeichnet, dessen Grundsätze "das ganze Gepräge des criminalistischen Rigorismus" trugen, unterstreicht ESMEIN ("Histoire", S. 372f) das Unverständnis und die Polemik, mit der er noch 1767 BECCARIAs Ideen begegnete. Auch LOHMANN ("Marat und das Strafrecht", S. 99) nennt ihn mit seiner 1780 erschienenen Abhandlung (*Les loix criminelles de France dans leur ordre naturel)* als einen der entschiedensten Gegenreformer.

4) ESMEIN ("Histoire", S. 376) berichtet von einer Rede vor dem Pariser Gericht im August 1786, die schon fast wie ein 'Schwanengesang' des alten Kriminalprozesses gewirkt haben muß ('un chant du cygne de la vieille législation'). In ihr muß Séguier die Ordonnanz als fast perfektes Gesetz dargestellt haben, dessen Grausamkeiten er sich nicht scheute zu verteidigen.

Allerdings gab es auch einige Juristen, die die Grausamkeit der Ordonnanz erkannten und öffentlich anprangerten. Zu ihnen gehörte SERVAN, der bereits 1766 die bestehenden Verhältnisse scharf kritisierte.[5]
Aber erst unter der Regentschaft Ludwigs XVI.(1774-1792)[6] wurden - wenn auch nur sehr zögerlich - Reformen eingeleitet. Sich der Unzulänglichkeiten des alten Rechtssystems durchaus bewußt, waren es nicht nur die gegen die Neuerung vorhandenen Widerstände, sondern auch eigenes Traditionsbewußtsein und Religiösität[7], die Ludwig XVI. vor durchgreifenden Reformen zurückschrecken ließen.

Für eine dann letztlich doch starke Reformbewegung spielten zahlreiche Preisausschreiben zur Lösung kriminalpolitischer Fragen eine große Rolle.[8] Ihnen zufolge entstand eine beträchtliche Anzahl von Abhandlungen[9].
Das erste und bereits erwähnte[10] Preisausschreiben stammte 1777 von der Ökonomischen Gesellschaft zu Bern. Verlangt wurde ein vollständiger, bis ins Einzelne eingehender Entwurf für die Kriminalgesetzgebung. Von den 44 eingegangenen Schriften wurden die kursächsischen Juristen Globig und Huster[11] mit dem

---

5) In einem "Discours sur l'administration de la justice criminelle" äußert er sich in außergewöhnlicher Weise: "Erhebt Eure Augen, sagte er seinen Kollegen, und schaut über Euren Köpfen das Bild Eures Gottes, der als Unschuldiger angeklagt war: Ihr seid Menschen, also seid menschlich; Ihr seid Richter, also seid gemäßigt; Ihr seid Christen, also seid barmherzig. Mensch, Richter, Christ, was auch immer Ihr seid, respektiert das Mißgeschick" (zit. nach ESMEIN, "Histoire", S. 388).

6) Erarbeitung der Ordonnanz unter Ludwig XIV. (1643-1715), ungeänderte Anwendung unter Ludwig XV. (1715-1774).

7) LOHMANN ("Marat und das Strafrecht", S. 99 Fn. 6) weist darauf hin, daß fast alle bedeutenden Quellen der Naturrechtslehre auf den Index der katholischen Kirche gesetzt wurden: GROTIUS, *De iure belli ac pacis*; HOBBES, sämtl. Werke; PUFENDORF, *De iure naturae et gentium*; LOCKE, *An essay concerning human understanding*; BECCARIA, *Dei delitti e delle pene*; MONTESQUIEU, *De l'esprit des loix*; VOLTAIRE, 40 Bücher u. a. *Traité sur la tolerance*; ROUSSEAU, *Du contrat social.*

8) FISCHL, "Einfluß der Aufklärungsphilosophie", S. 54; LOHMANN ("Marat und das Strafrecht", S. 11) spricht sogar von einer "wahrhaftigen Mode"

9) Einige der in dieser Phase in Frankreich erschienenen Schriften:
Vues sur la justice criminelle von LETROSNE (1777), *Prix de la justice et de l'humanité* von VOLTAIRE (1777), *Les moyens d'adoucir la rigeur des loix pénales* von BERNARDI (1780), *Théorie des loix criminelles* von BRISSOT (1781), *Observations sur les loix criminelles* von BOUCHER d'ARGIS (1781).

10) 3. Kapitel B IV.

11) v. GLOBIG und HUSTER waren beide Juristen, die speziell juristische Probleme wie Teilnahme, Versuch, Strafschärfung bzw. -milderung in ihrer gemeinsamen "Abhandlung von der Criminalgesetzgebung" ausreichend gewürdigt haben sollen.

Preis ausgezeichnet, den Voltaire verdoppelt hatte. Bewerber waren zumeist Franzosen, u. a. MARAT[12] und BRISSOT de Warville, dem anscheinend nur wegen eines Formfehlers[13] der Preis nicht zugesprochen wurde.
Letztgenannter erhielt dann den 1780 von der Akademie de Châlons-sur-Marne ausgesetzten Preis über die Frage, inwieweit die französischen Strafgesetze gemildert werden könnten, ohne die Strafverfolgung zu gefährden. Auch der von derselben Akademie 1781 ausgesetzte Preis über die Frage, ob dem unschuldig Angeklagten eine Entschädigung zu gewähren sei, wurde BRISSOT zugesprochen.

B) Die ersten Reformen

Die noch unter Ludwig XVI. vorgenommenen Reformen der Ordonnanz von 1670 vollzogen sich in zwei Schritten und betrafen u. a. die Abschaffung der Folter. Im August 1780 wurde die 'question prépatoire' abgeschafft, im Mai 1788 die 'question préalable'.[14]
Damit war also noch vor der Einberufung der Generalstände die Folter abgeschafft.

Die Abhandlung hat wohl die Gerechtigkeits- mit der Nützlichkeitsidee verbunden, jedoch überwog der Gesichtspunkt der Verhütung durch Besserung (FISCHL, "Einfluß der Aufklärungsphilosophie", S. 112 f). Der prozessuale Abschnitt der Abhandlung muß sehr aufklärerisch geprägt gewesen sein: Unabhängigkeit der Richter, Öffentlichkeit der Verhandlung und das Recht auf einen Verteidiger wurden gefordert (FISCHL, "Einfluß der Aufklärungsphilosophie", S. 116f).

12) Wenn auch von Berufs wegen Arzt, beteiligte sich Marat mit einem "Plan de législation en matière criminelle" an diesem Preisausschreiben. Die Arbeit, in die er so große Hoffnung gesteckt hatte, brachte ihm jedoch nur Enttäuschung ein, da die gesamte Auflage vermutlich Zensurmaßnahmen zum Opfer fiel. Dank BRISSOT, der in den Jahren 1782-1785 eine "Bibliothèque philosophique" (10-bändige Sammlung in- und ausländischer Abhandlungen zum Strafrecht) herausgab und auf MARATs Wunsch die Abhandlung anonym darin aufnahm, kann heutzutage etwas über den Inhalt ausgesagt werden (LOHMANN, "Marat und das Strafrecht", S. 93ff).

13) Da die Entscheidung des Preisausschreibens länger auf sich warten ließ, veröffentlichte BRISSOT bereits 1781 seine Schrift in Neuchâtel. Dieses soll das Preisrichterkollegium davon abgehalten haben, BRISSOT den Preis zuzuerkennen (LOHMANN, "Marat und das Strafrecht", S. 93).

14) Die Folter wurde als 'question préparatoire' vor der Verurteilung als Vernehmungsmethode angewandt, während sie als 'question préalable' eine zusätzliche Strafe bedeutete und dazu diente, daß der bereits Verurteilte seine Mittäter benennen sollte (genauer dazu HÉLIE, "Traité de l'instruction criminelle", Bd. I, S. 642f).

Die Reform von 1788 betraf außerdem den Abstimmungsmodus bei der Verhängung von Todesstrafen[15], Begründungspflicht für Richtersprüche[16], verbesserte Begnadigungsmöglichkeiten[17] und die Rehabilitierung eines Freigesprochenen.
Die im Oktober 1789 folgende Reform[18] war bereits das Werk der verfassungsgebenden Versammlung, die sich an den Beschwerdeheften der Generalstände orientierte. Diese spiegelten letztlich die öffentliche Meinung wider und forderten: öffentliches Hauptverfahren, Recht auf Verteidiger, Abschaffung der Vereidigung des Angeklagten, Kompetenzeinschränkung des untersuchenden Richters und endgültige Abschaffung der Folter. Diese Forderungen stellten nicht nur der 'Dritte Stand', sondern auch der Klerus und der Adel.[19]
Sie fanden größtenteils Beachtung im Dekret vom 8./9. Oktober 1789, das jedoch weiterhin die Geltung der Ordonnanz wenn auch mit Änderungen aufrechterhielt[20].

C) Dekret vom 8./9. Oktober

Dieses Dekret wurde bewußt als Provisorium[21] erarbeitet. Durchaus war man sich darüber bewußt, daß im französischen Strafprozeß zu viele Justizirrtümer unterliefen, die im europäischen Ausland sogar den Vorwurf der Barbarei laut werden ließen[22]. Deshalb war eine Neustrukturierung des Strafprozesses geplant, die jedoch nicht so schnell umzusetzen war wie gewünscht. Um aber trotzdem den gröbsten Mißständen Abhilfe zu schaffen, erarbeitete ein Kriminalgesetzge-

15) Das Richterkollegium, das ursprünglich mit der Mehrheit von 2 Stimmen die Todesstrafe verhängen konnte, benötigte nunmehr 3 Stimmen.

16) Verlangt wurde nunmehr, das Vergehen oder Verbrechen, dessen sich der Täter schuldig gemacht hatte und überführt worden war, ausdrücklich zu benennen.

17) Eine Todesstrafe durfte erst 1 Monat nach der Urteilsfällung vollstreckt werden, um die nötige Zeit für eine eventuelle Begnadigung durch den König einzuräumen.

18) ARCHIVES PARL., 1ère série, Sitzung v. 8. /9. Okt. Bd. IX, S. 386ff.

19) nähere Nachweise s. ESMEIN, "Histoire", S. 404f.

20) ibidem, S. 393, art. 28: "L'ordonnance de 1670, et les édits, déclarations et règlements concernant la matière criminelle, continueront d'être observés en tout ce qui n'est pas contraire au présent décret, jusqu'à ce qu'il en ait été autrement ordonné."

21) Der Tagesordnungspunkt spricht von einer 'réforme provisoire' (ARCHIVES PARL., 1ère série, Bd. IX, S. 386).

22) vgl. Rede des Abgeordneten BRIOIS DE BEAUMETZ (ARCHIVES PARL., 1ère série, Bd. IX, S. 213ff): "Depuis longtemps l'Europe accuse de barbarie notre législation criminelle. La voix de l'humanité a retenti dans tous les coeurs: de terribles exemples ont trop prouvé les vices de la loi ..."

bungsausschuß[23] ein Konzept für Sofortmaßnahmen, die unter Beibehaltung der bestehenden Kriminalprozeßordnung die am wichtigsten erscheinenden Regelungen enthielten.

I) Debatte um dieses Dekret

Allerdings wäre es eine Fehleinschätzung, wenn man von einer schnellen Gesetzesänderung ausginge, der keinerlei Beachtung geschenkt wurde.

1) Die Ausführungen des Abgeordneten Bergasse

Bereits im August 1789[24] widmete sich BERGASSE - wenn auch als Mitglied des **Verfassungsausschusses** - in ausführlichem Maß der Reform, indem er neben Ausführungen über die Judikative[25] einen ersten skizzenhaften Gesetzesentwurf für eine neue Gerichtsordnung vorlegte.[26]
Bereits in diesem Entwurf lassen sich Vorschläge erblicken, die dann auch im Dekret vom 8./9. Oktober ihre Ausgestaltung gefunden haben: Beschränkung der richterlichen Macht durch die Beiordnung von vier Notabeln[27], Öffentlichkeit der Hauptverhandlung[28], Recht des Angeklagten auf einen Verteidiger[29] und schließlich reale Verteidigungsmöglichkeiten für den Angeklagten[30].

---

23) Kriminalgesetzbungsausschuß vom 14. Sept. 1789 bis 22. Jan. 1790: BRIOIS DE BEAUMETZ, FRETEAU SAINT-JUST, LALLY-TOLLENDAL, LE BERTHON, TARGET, THOURET, TRONCHET.

24) ARCHIVES PARL., 1ère série, Sitzung v. 17. August 1789, Bd. VIII, S. 440ff.

25) Diese Ausführungen der Rede wurden bereits im Zusammenhang mit der Verfassung (vgl. 6. Kap. A I) zitiert.

26) Damit ging er zwar einerseits weit über seine Aufgabe als Mitglied des Verfassungsauschusses hinaus, andererseits ist die allgemeine Funktion der Judikative durchaus geprägt von der internen Organisation. Insofern ist es nicht verwunderlich, daß sich BERGASSE nicht allein mit einer neuen Verfassung beschäftigte, sondern auch mit einer neuen Gerichtsverfassung.

27) Titre III, art. 3: "Le juge de paix, assisté de quatre notables, entendra l'accusateur et ses preuves, l'accusé et sa première défense."
Unter 'Notabeln' verstand man durch Bildung, Rang und Vermögen ausgezeichnete Mitglieder der **bürgerlichen** Oberschicht.

28) Titre I, art. 8: "L'instruction et le jugement de toute espèce d'affaires sont publics."

29) Titre III, art. 17: "Tout accusé, dorénavant, aura le droit de se choisir un ou plusieurs conseils pour sa défense."

30) Titre III, art. 18: "L'examen des faits justificatifs de l'accusé ne sera plus renvoyé après l'instruction du procès, et les témoins pour ou contre lui seront entendus en même temps à l'audience."

Dem Entwurf fügte BERGASSE noch eine kurze, aber doch prägnante Bemerkung hinzu[31]:

> *"... wir haben uns gezwungen gesehen, Ihnen eine Gerichtsverfassung vorzuschlagen, die sich grundlegend von der unterscheidet, die schon seit so langer Zeit bei uns etabliert ist.*
> *Wäre es uns irgendwie möglich gewesen, das bestehende System einfach zu verbessern, anstelle zu zerstören, um von neuem wiederaufzubauen, hätten wir es umso lieber getan, als die Nation zweifelsohne nicht vergessen hat, was sie den Rechtspflegeorganen schuldet ...*
> *... die aktuellen Umstände erfordern ein anderes Rechtssystem als das, das wir seit so langer Zeit respektiert haben. Unsere Rechtpflegeorgane waren nachdrücklich dafür eingesetzt, sich dem Despotismus zu widersetzen; wenn aber jetzt, wo es keinen Despotismus mehr gibt, unsere Rechtspflegeorgane die gesamte Macht ihrer Institution beibehielten, könnte der Gebrauch dieser Macht mit Leichtigkeit die Freiheit gefährden."*

Zwei wichtige Aspekte lassen diese abschließende Bemerkung erwähnenswert werden. Zum einen ist es offensichtlich, daß man sich von dem in der Ordonnanz von 1670 verankerten Strafprozeß verabschieden wollte. Man verlangte nach Innovation statt nach Ausbesserung. Zum anderen sah man das Problem, daß die Rechtspflegeorgane zu große Machtbefugnisse innehielten und einer Kontrolle bedurften.

Hintergrund dessen war die Tatsache, daß das bisherige Rechtssystem geprägt war von einem absolutistischen Staatsgefüge, das nach den Geschehnissen des 14. Juli 1789 überholt war. Um jedoch nicht in eine Art von Anarchie zu fallen, sah man sich gezwungen, zunächst einmal das alte Rechtssytem weiter aufrechtzuerhalten und nur allernötigste Änderungen vorzunehmen. Allerdings bestand durchaus ein Bewußtsein darüber, daß dieses "Flickwerk" nur ein Provisorium sein durfte.

---

31) ARCHIVES PARL., 1ère série, Sitzung v. 17. August 1789, Bd. VIII, S. 449: "... nous nous sommes vus forcés de vous proposer un ordre de choses absolument différent de celui qui est établi depuis si longtemps au milieu de nous. S'il nous eût été possible d'améliorer simplement, au lieu de détruire pour reconstruire de nouveau, nous l'eussions fait d'autant plus volontiers que la nation n'a sans doute pas oublié tout ce qu'elle doit à ses magistrats ...
... les circonstances présentes demandent un autre ordre judiciaire que celui que nous avons si longtemps respecté. Notre magistrature était fortement instituée pour résister au despotisme; mais maintenant qu'il n'y a plus de despotisme, si notre magistrature conservait toute la force de son institution, l'emploi de cette force pourrait facilement devenir dangereuse à la liberté."

2) Ausführungen des Abgeordneten Briois de Beaumetz

Wenige Tage[32] vor der provisorischen Änderung der Ordonnanz von 1670 berichtete BRIOIS DE BEAUMETZ vor der Nationalversammlung von der Arbeit des Kriminalgesetzgebungsausschusses. In seinen Ausführungen sind vor allem zwei Neuerungen bemerkenswert: Schutz des Angeklagten und die Idee einer gemeinsamen gesellschaftlichen Verantwortung.

a) Schutz des Angeklagten

Den Angeklagten wollte er auf zweierlei Weise geschützt wissen: erstens durch Zulassung eines Verteidigers und zweitens durch eine Kontrolle des inquirierenden Richters.

> *"Niemals war es notwendiger, vom furchterregenden 'Heiligsten' des Gesetzes die dichte Wolkenhülle zu entfernen, die gleichzeitg den Richter, den Angeklagten und das gesamte Verfahren umgab und gegenüber der Öffentlichkeit nichts anderes als Mißtrauen und Schrecken erweckte, wo eigentlich Schutz und Sicherheit hätte vermittelt werden sollen. Niemals war es notwendiger, den Angeklagten mit allen Verteidigungswaffen auszustatten, die seine Unschuld offenbaren, Vorurteile widerlegen und Verdachtsmomente beseitigen können; und sobald ein aufgebrachtes Volk bereit ist, sich mit den Anklägern zu vereinigen, sollte dann nicht der in Ketten gelegte Bürger, allein mit seinem Gewissen, die fachliche Kompetenz eines Ratgebers und die Stimme eines Verteidigers beanspruchen können?"*[33]

Diese Forderung nach einem Verteidiger zeichnete sich nicht nur durch eine bemerkenswerte Nachdrücklichkeit aus, sondern auch durch eine erhebliche Emotionalität.

Die zweite Maßnahme, die BRIOIS DE BEAUMETZ zum Schutz des Angeklagten vorschlug, war eine Kontrolle des inquirierenden Richters:

> *"Man mußte sich also ein Mittel einfallen lassen, um gleichzeitig eine effektive Strafverfolgung mit dem Schutz des Angeklagten zu vereinbaren,*

---

32) ARCHIVES PARL., 1ère série, Sitzung vom 29. Sept. 1789, Bd. IX, S. 213ff.

33) ibidem, S. 214: "Jamais il ne fut plus nécessaire d'écarter du sanctuaire redoutable de la loi ces nuages épais qui, environnant à la fois le juge, le coupable et la procédure, ne présentent au public que méfiance et terreur où il ne doit voir que protection et sûreté. Jamais il ne fut plus nécessaire d'armer les accusés de tout ce qui peut rendre l'innocence évidente, dissiper les préjugés, éteindre les suspicions; et lors'que tout un peuple agité est prêt à se joindre aux accusateurs, le citoyen dans les fers, seul, avec sa conscience, ne pourra-t-il invoquer les lumières d'un conseil, la voix d'un défenseur?"

um die Nachteile von beängstigenden geheimen Untersuchungen und die einer verfrühten Öffentlichkeit zu vermeiden; um das zu bewirken, schlagen wir Ihnen vor, meine Herren, sowohl der Staatsanwaltschaft als auch dem Richter für alle Maßnahmen, die dem 'Eröffnungsbeschluß'[34] *vorangehen, eine bestimmte Anzahl von ausgesuchten angesehenen Bürgern zur Seite zu stellen, die durch einen zweifachen Eid gebunden sind, einerseits an das Geheimnis der Ermittlungsmaßnahmen, deren Zeugen sie sein werden, andererseits zugunsten des Angeklagten die Korrektheit und Unparteilichkeit aller Maßnahmen zu überwachen."*[35]

Trotz Beibehaltung eines geheimen Vorverfahrens sollten der Willkür des inquirierenden Richters im Verlauf des gesamten Verfahrens Grenzen gesetzt werden. Wurde also für die Spezialinquisition durch eine öffentliche Hauptverhandlung diese Kontrolle garantiert, mußte, um die Ermittlungen nicht zu gefährden, für die Generalinquisition eine andere Lösung gefunden werden. Diese lag nach Meinung des Redners bei ehrbaren Bürgern, die die mangelnde Öffentlichkeit der Generalinquisiton quasi ersetzen sollten.

b) Gemeinsame gesellschaftliche Verantwortung

Der Bericht legte außerdem einen Wandel offen, der den Stellenwert der Gesellschaft betraf. Bis dahin galt ganz im Geiste der Scholastik[36] eine Rechtsverletzung als Verletzung göttlichen Willens, die an Gottes statt vergolten werden

---

34) Die Übersetzung von 'décret' mit 'Eröffnungsbeschluß' ist mit Bedacht gewählt. Es handelt sich hierbei um den Beschluß des Richters, der die Generalinquisition beendete und den Übergang zur Spezialinquisition bedeutete. Mit ihm wurden erstmals die Untersuchungen auf eine konkrete Person gelenkt, gegen die in diesem Beschluß entweder Vorführ- oder Haftbefehl erging (vgl. 1. Kap. C I und 2. Kap. A II 1d).

35) ARCHIVES PARL., 1ère série, Sitzung vom 29. Sept. 1789, Bd. IX, S. 215: "Il a donc fallu imaginer un moyen d'accorder la vindicte publique avec la sûreté de l'accusé, d'écarter les inconvénients d'une obscurité alarmante et ceux d'une publicité prématurée; et c'est pour y parvenir que nous vous proposons, Messieurs, d'ajoindre au ministère public et au juge, pour toutes les procédures qui précéderont le décret, un certain nombre de citoyens notables, liés par un double serment, à garder le secret des actes dont ils seront témoins, et à veiller, pour l'accusé, à la régularité, á l'impartialité de toutes ces opérations."

36) Gewöhnlich wird die Philosophie mittelalterlicher Schulen und Universitäten als "Scholastik" bezeichnet. Allgemein kann es als rationalistische Denkrichtung charakterisiert werden, die inhaltlich geprägt war von der Verbindung der christlichen Offenbarungslehre mit philosophischem Denken. Als oberste Quellen des Wissens galten zwar Vernunft und Autorität, letztgenannte aber - auf Bibel, römischem Recht und Aristoteles beruhend - nahm eine beherrschende Stellung ein (STRÖMHOLM, "Geschichte der Rechtsphilosophie", S. 104f).

mußte. Mittlerweile aber galt auch in der staatlichen Gesetzgebung nicht mehr der göttliche Wille als oberstes Prinzip, vielmehr konnte sich ein rationalistisches Naturrecht[37] durchsetzen. In diese Epoche fällt auch der von ROUSSEAU entworfene Gesellschaftsvertrag[38], demzufolge ein Verbrechen Bruch des Gesellschaftsvertrages bedeutete.
Auch BRIOIS DE BEAUMETZ machte sich dieses Gedankengut zueigen, wenn er folgendes ausführt:

> *"Ein Delikt ist begangen worden: die gesamte Gesellschaft ist verletzt durch die Verletzung eines ihrer Mitglieder ... Die öffentliche Ordnung muß gerächt werden ... Der Beamte als Treuhänder des allgemeinen Interesses wendet sich an den Richter ..."*[39]

Damit läßt sich klar feststellen, daß eine Gesetzesverletzung mittlerweile anders interpretiert wurde als im 'ancien régime':
nicht mehr die vom König eingesetzte Rechtsordnung wurde verletzt, sondern die Gesellschaft, die sich selbst eine bestimmte Rechtsordnung auferlegte, um ein geordnetes Zusammenleben zu ermöglichen, wurde in ihrer Ordnung gestört.
Der strafverfolgende Beamte war insofern nicht mehr für königliche Belange tätig, die sich mit den öffentlichen Interessen deckten, sondern handelte im öffentlichen Interesse. Der Gesellschaft reichte es nicht mehr, die öffentlichen Belange durch den König vertreten zu wissen, sondern benannte ihre eigenen Vertreter.

Von vergleichbarer Bedeutung sind auch die folgenden Worte dieses Berichts von BRIOIS DE BEAUMETZ vor der Nationalversammlung[40]:

---

37) So beschreibt STRÖMHOLM ("Geschichte der Rechtsphilosophie", S. 169f) die Denkströmung der französischen Aufklärer, die durch den kühnen Rationalismus von Descartes ('cogito, ergo sum') stark beeinflußt, allen politischen, gesellschaftlichen und religiösen Institutionen, die ihre Wurzeln im Mittelalter hatten und nicht rational gerechtfertigt werden konnten, ein tiefes Mißtrauen entgegenbrachten. Begriffe wie angeborene Menschenrechte, Freiheit der Meinung, der Religion, des Handelns und Gleichheit, die ihren Ursprung schon im früheren Naturrechtsdenken bereits gehabt hätten, seien durch sie erst zu wirksamen Schlagworten geworden.

38) vgl. 3. Kapitel B III.

39) ARCHIVES PARL., 1ère série, Sitzung vom 29. Sept. 1789, Bd. IX, S. 215: "Un délit s'est commis: la société tout entière est blessée dans un de ses membres ... Il faut que l'ordre public soit vengé ... Le magistrat, dépositaire de l'interêt commun s'adresse au juge ..."

40) ibidem: "Les citoyens, accoutumés par cette institution à s'associer aux fonctions augustes de la magistrature, s'élèveraient peu à peu au sentiment si utile de leur propre dignité. Ils ne considéreraient plus le droit de juger leurs semblables, ce droit de tous les hommes libres, comme la prérogative d'une caste particulière; ils s'approcheraient peu à peu de cet esprit public, si necessaire à l'établissement du juge-

"Die Bürger, die sich durch diese Institution [der Beigeordneten] daran gewöhnen würden, sich mit den herausragenden Aufgaben der Rechtspflegeorgane zu assoziieren, würden peu à peu das so wichtige Gefühl für ihre eigene Würde entwickeln. Sie würden das Recht über Ihresgleichen zu richten, das Recht aller freien Menschen, nicht mehr für ein Privileg einer bestimmten Gesellschaftsschicht einschätzen; sie würden sich peu à peu dem Gemeinschaftsgeist annähern, der für die Einrichtung der Geschworenengerichte so wichtig ist; eine Einrichtung, die in Frankreich nicht fremd ist, aber die, um wieder in seinem ursprünglichen 'Klima' zum Leben erweckt zu werden, vielleicht mehr Bewegung im Bewußtwein der Menschen verlangt als einen Wechsel der Institutionen."

Zwei wichtige Gedanken stecken in diesem Teil der Rede: erstens die Feststellung, daß das Recht zu richten nicht einer bestimmten Gesellschaftsschicht vorbehalten ist; zweitens der Hinweis auf einen Bewußtseinswandel in der Gesellschaft, um dieses Recht zu verwirklichen. Gerade dieser zweite Hinweis ist von großem Gewicht, weil er deutlich machte, daß eine bloße Gesetzesreform allein nicht ausreichte, um das bestehende System zu verändern.

BRIOIS DE BEAUMETZ hatte offensichtlich erkannt, daß es eines gemeinsamen Verantwortungsgefühls in der Gesellschaft bedürfe, um eine Reform durchzuführen. Allein die theoretische Konzeption vom Gesellschaftsvertrag konnte nichts bewirken, jeder einzelne Bürger mußte sich darüber im klaren sein, daß das Mitwirkungsrecht auch eine Art von Pflicht war, um ein funktionierendes Gesellschaftsleben zu gewährleisten.
BRIOIS DE BEAUMETZ hatte mit diesem Beitrag folgendes bis heute umstrittene Problem zur Sprache gebracht: Sind es die Gesetze, die die Gesellschaft formen[41] oder formt die Gesellschaft die Gesetze so, wie die Realität ist[42]?
Keine dieser beiden Funktionen kann verleugnet werden, jedoch sei darauf hingeweisen, daß je nach Gesetzesmaterie die jeweilige Funktion von unterschiedlicher Gewichtung sein kann.
Auch BRIOIS DE BEAUMETZ schien diesen unterschiedlichen Stellenwert von Gesetzen insoweit zu kennen, als er es richtig einschätzte, daß Gesetze allein für eine effektive Reformierung des Strafprozesses nicht ausreichten. Nicht nur die Gesetze, sondern auch das Denken derer, die im Rahmen eines Prozesses die Gesetze anzuwenden hatten, bedurfte einer Reformierung.

---

ment par jurés; établissement qui n'est pas étranger à la France, mais qui, pour renaître dans son climat primitif, exige peut-être plus de mouvement encore dans les esprits, que de changement dans les institutions.

41) Insoweit könnte man von einer "Symbolwirkung" der Gesetze sprechen, da sie das symbolisieren, was gesellschaftlich erstrebenswert ist.

42) Insoweit könnte man von einer "Manifestationswirkung" der Gesetze sprechen, da sie bestehende gesellschaftliche Werte manifestieren.

Diese Schlußfolgerung bedarf heutzutage keiner weiteren Erläuterung, aus damaliger Sicht jedoch spiegelte sie einen gewichtigen Bedeutungswandel des Rechts wider.
Diesem Bedeutungswandel in Kürze gerecht zu werden, ist unmöglich und er bedürfte einer fachkundigen und intensiven Betrachtung, die sicherlich weit mehr als nur einige Seiten umfassen würde. Trotz der Fachfremdheit und Komplexität des Problems darf es aber trotzdem nicht gänzlich verschwiegen werden, sondern es soll zumindest ein kleiner Einblick - ohne jeglichen Anspruch auf Vollständigkeit - in einem kurzen Exkurs ermöglicht werden.

c) Exkurs: Recht und Moral

Den Bedeutungswandel des Rechts bis zur Revolution und die Rolle des Rechts in der Epoche der Revolution können an unterschiedlichen Aspekten aufgezeigt werden.
Hier soll das Augenmerk auf das Verhältnis von Recht und Moral gerichtet werden, das in der Geschichte der abendländischen Rechtsphilosophie von absoluter Koinzidenz zu einer Divergenz reichte.[43]
Ursprünglich bildeten Recht, Moral, Sitte und Religion eine undifferenzierte Einheit und Ganzheit, so daß man in diesem Stadium von einer "primitiven Urnorm" spricht.[44]
Sodann spielte lange Zeit die Lehre des Kirchenlehrers Augustinus[45] eine führende Rolle, der den Willen Gottes als die alleinige Quelle des Rechts herausstellte und die Existenz des Staates als Folge der Sünde schlechthin, eine "Nothanstalt" und "Arena der Leidenschaften" bezeichnete. Hauptaufgabe des Staates war für ihn der Schutz der Kirche durch Aufrechterhaltung der kirchlichen Vorschriften und Bestrafung der Irrlehrer durch die äußere Macht der Obrigkeit.[46]
Auch unter Thomas von Aquin[47] änderte sich das Verständnis nicht grundlegend. Fundamentaler Bestandteil in seinem klaren und übersichtlich gegliederten "System des Rechts" war das "ewige Gesetz" (lex aeterna), das mit der göttlichen

---

43) Die Ausführungen können im Rahmen dieser Arbeit in nur sehr beschränktem Ausmaß gemacht werden und basieren hauptsächlich auf Sekundärliteratur. Zur Vertiefung sei auf die zitierte Literatur verwiesen.

44) ENGISCH, "Auf der Suche nach Gerechtigkeit", S. 84f.

45) Lebte von 354-430, wurde 387 zum Christentum bekehrt und war seit 395 Bischof von Hippo Regius in Nordafrika.

46) STAHL, "Die Philosophie des Rechts", S. 52f.

47) Lebte von 1225-1274, stammte aus einem in Mittelitalien begüterten Geschlecht der Grafen von Aquino und verbrachte ab seinem Eintritt in den Dominikanerorden sein ganzes Leben mit Studien, Lehrtätigkeit und der Abfassung scholastischer philosophischer Schriften.

Weisheit identisch war und nur zu einem Bruchteil dem Menschen durch seine Vernunft zugänglich war. Diesen, der menschlichen Vernunft zugänglichen Teil des ewigen Gesetzes nannte er das "natürliche Recht" (lex naturalis), das er auch als moralisches Gesetz oder Sittengesetz bezeichnete. Erst die dritte Kategorie umfaßte schließlich das positive Recht, das sog. menschliche Gesetz (lex humana), das kein eigenes Rechtsgebiet darstellte, sondern nur Ausfluß des natürlichen Sittengesetzes war. Recht und Moral waren nicht zu unterscheiden, weil das positive Recht als "teilweise Sanktion des Sittengesetzes mittels menschlicher Autorität und Strafhandhabung" fungierte.[48]

Erst im 16. Jahrhundert unter dem Einfluß der Reformation wurde dieser theokratische Charakter zerstört und der Zusammenhang zwischen irdisch und überirdisch aufgelöst. Die irdische Lebensordnung wurde von der kirchlichen Hierachie befreit. Dadurch verschwand nicht nur der "überirdische Nimbus" der weltlichen Autoritäten mitsamt ihrer ungebrenzten Macht über Glauben und Tun, sondern der Mensch unterstand unmittelbar Gott und seinem Gewissen.[49] Man unterschied zwischen einem 'forum internum', einem göttlichen Gerichtshof in des Menschen Gemüt, und einem 'forum externum', einem Gerichtshof der Kirche oder des Staates.[50] So kam es zu der Differenzierung von Sittengebot und Rechtsgebot[51] und der Trennung des "Gewissens-" vom "Gesetzesbereich"[52].

Dieses Gedankengut wurde natürlich aufgegriffen und weitergeführt von vielen Rechtsdenkern, von denen sich einige bis zum heutigen Tage großer Berühmtheit

---

48) STAHL, "Die Philosophie des Rechts", S. 58f.

49) ibidem, S. 74f.

50) In der lutherischen Gewissenstheologie (DANNHAUER, zit. nach DITTRICH, "Geschichte der Ethik, Bd. 4, S. 388) finden sich folgende Ausführungen über das Gewissen: "Gott, dem das Gewissen seinen Ursprung und seine Entstehung verdankt, ... hat in die Tafeln des menschlichen Herzens mit göttlichem Finger eingeschrieben und dadurch einen göttlichen Gerichtshof (forum) in des Menschen Gemüt aufgerichtet; zu dem pädagogischen Zwecke, daß ein Aufseher da sei zur Maßgabe für die gegenwärtigen, zur Zensur für die vergangenen, zur Ratgebung für die künftigen Handlungen, ein **inneres Forum** im Gegensatz zu dem **äußeren** der Kirche oder des Staates".

51) ZWINGLI (zit. nach DITTRICH, "Geschichte der Ethik, Bd. 4, S. 151) meint damit die Unterscheidung zwischen "der Forderung Gottes für das Herz jedes einzelnen und der Forderung der menschlichen Gesellschaft für das äußerliche Verhalten ihrer sämtlichen Mitglieder".

52) So benennt CALVIN (zit. nach DITTRICH, "Geschichte der Ethik, Bd. 4, S. 194) diese unterschiedlichen Bereiche und betont außerdem, daß "menschliche Gesetze" zu dem Zweck gegeben seien, uns eine Verpflichtung aufzuerlegen, jedoch "keine Gewissenspflicht" begründen könnten.

erfreuen. Zu ihnen gehört auch GROTIUS[53], der STAHL[54] zufolge mit seiner Ideenkonzeption verschiedenen wissenschaftlichen Gebieten eine neue Bahn eröffnete. Unter anderem sei die Trennung von Ethik und Religion hervorzuheben und die (Wieder-)[55] Entdeckung des Naturrechts[56] durch Unterscheidung von Moral und positivem Recht[57]. In staatstheoretischer Hinsicht verdiente die Annahme eines staatsbegründenden Vertrages zwischen Volk und Regent Beachtung.[58]

---

53) 1583-1645, eigtl. Hugo de Groot, Sohn eines holländisch - burgundischen Kaufmannsgschlechts, dessen Denken als rational-calvinistisch, humanistisch und nationalholländisch beschrieben wird. Gemeinhin ist er als der Vater des Völkerrechts und als (Wieder-)Entdecker des Naturrechts anerkannt (STAHL, "Die Philosophie des Rechts", S. 163ff; WOLF, "Große Rechtsdenker", S. 253ff).

54) in "Die Philosophie des Rechts", S. 172f.

55) WOLF (in "Große Rechtsdenker", S. 254, 257f) zufolge handelte es sich im 17. JH lediglich um eine **Wieder**entdeckung des Naturrechts. Demnach konnte man nachweisen, daß vieles von dem, was man für neu gehalten hatte, bereits von antiken oder scholastischen Autoren stammte und in der Tradition des mittelalterlichen Geistesleben wurzelte.

56) Das Grotiussche Naturrecht (ius naturae) umfaßte Rechtsgrundsätze, die sich nicht auf positive Gesetze gründeten. Dennoch waren sie - in Abgrenzung zur Moral - nicht nur bloß wünschens- und anstrebenswert, sondern bereits wirklich geltende, rechtlich bindende Grundsätze, die unter allen Staatsverfassungen und Staatseinrichtungen schlechthin als unbedingte Rechtsnorm gelten sollten (vgl. Stahl, "Die Philosophie des Rechts", S. 172).

57) Moral nannte Grotius (zit. nach STAHL, "Die Philosophie des Rechts", S. 163ff, 184f) auch das "Recht im weitern oder laxern Sinn", das unter das Prinzip der "rechten Werthschätzung der Dinge" gestellt sei. Positives Recht hingegen war das "Recht im strengern Sinn", das er auf den "Geselligkeitstrieb" (appetitus societatis / socialis natura) des Menschen zurückgeführt habe (vgl. dazu WOLF, "Große Rechtsdenker", S. 261f).

58) Dahinter stand der Gedanke, daß es ein Gebot des Naturrechts sei, Verträge zu schließen, weil es unter den Menschen für eine friedliche Gemeinschaft irgendeine Art "wechselseitiger Obligirung" geben müsse. Das gelte auch in einem Staat, in dem die Bürger durch ausdrücklichen oder stillschweigenden Vertrag versprochen hätten, entweder der Mehrheit oder dem, welchem die Gewalt übertragen worden ist, zu gehorchen. (STAHL, "Die Philosophie des Rechts", S. 166f).
Da jedoch dieser Vertrag rein privatrechtlicher Natur war, hingen Inhalt, Zweck und Umfang der Staatsgewalt von beliebigen Verträgen ab. Damit wurden alle Regierungsformen rechtmäßig (STAHL, "Die Philosophie des Rechts", S. 170).
Auf diese Weise soll es möglich gewesen sein, daß **nach** Grotius der Naturrechtsgedanke eine der Hauptstützen des fürstlichen Absolutismus und des Polizeistaates des 18. JH. wurde (WOLF, "Große Rechtsdenker", S. 258).

In Frankreich kam in dieser Phase noch eine spezielle Strömung hinzu, die Einfluß auf die Rolle des Rechts hatte: der durch die "Monarchomachen"[59] geführte Kampf gegen die Monarchie. Die allmähliche Konsolidierung der zentralistischen bürokratischen königlichen Verwaltung führte zu der Lehre, daß "der Fürst nicht an Gesetze gebunden sei".[60] Dieser Konzeption setzten die Monarchomanen eine Lehre entgegen, derzufolge alle Gewalt vom Volk ausginge und erst durch das Volk auf den König übertragen sei. Das Volk habe deshalb selbst die Strafgewalt über den König und könne die übertragene Gewalt wieder zurückfordern.[61] Hinter dieser Lehre stand jedoch STAHL[62] zufolge keine wissenschaftliche Staatslehre, sondern sie habe eher dazu gedient, "den einzelnen Akt der Empörung zu rechtfertigen". Erst die Verbindung der naturrechtlichen Staatstheorie[63] mit der "Empörungslehre" der Monarchomanen, welche ohne wissenschaftliche Auffassung des Staats bloß vom praktischen Zweck ausging, das Volk zum Richter über die Könige und zum Rächer der Tyrannei machte, habe zu dem Rousseauschen Gesellschaftsvertrag geführt.[64]

d) exemplarische Bedeutung

Erst diese oben kurz umrissene Entwicklung vermag die Bedeutung von BRIOIS DE BEAUMETZs Ausführungen über eine gemeinsame gesellschaftliche Verantwortung vermitteln.
Solange die thomistische Konzeption[65] galt, waren die Gesellschaftsmitglieder Empfänger der von Gott gegebenen Rechtsordnung und somit zu einer Art von Passivität "verurteilt". Erst seit dem 16. Jahrhundert entstanden Strömungen, die Eigenverantwortlichkeit zuließen und eine Gesellschaftskonzeption erlaubten, in

---

59) Als Beispiel seien hier der reformierte Rechtslehrer François Hotman und der Hugenotte Hubert Languet als Königtumsbekämpfer genannt.

60) STRÖMHOLM zufolge ("Geschichte der Rechtsphilosophie", S. 147) versuchte Jean Bodin in seinem berühmtesten Werk (Les six livres de la République, 1576) "mit den Konzeptionen und Termini der Rechtswissenschaft ein System der politischen Theorie aufzustellen". Danach hatte der Staat eine absolute Macht über seine Untertanen, die durch kein Gesetz beschränkbar war. Allein der Staat konnte Gesetze erlassen, ohne daran selbst gebunden zu sein. Gesetze waren danach nichts anderes als Befehle des Souveräns.

61) vgl. dazu im Detail mit weiteren Nachweisen HOLTZMANN, "Frz. Verfassungsgeschichte", S. 319f; STAHL, "Die Philosophie des Rechts", S. 292ff.

62) in "Die Philosophie des Rechts", S. 293/4.

63) s. o. die Ausführungen zu dem von GROTIUS angenommenen staatsbegründenden Vertrag.

64) STAHL, "Die Philosophie des Rechts", S. 295.

65) vgl. oben unter cc) Ausführungen über das Rechtssystem vom Thomas von Aquin (lex aeterna, naturalis und humana).

der sich die Gesellschaft ihr eigenes Recht schafft, um auf dieser Basis funktionieren zu können.
Insoweit spiegeln die Ausführungen von BRIOIS DE BEAUMETZ das Ende einer Entwicklung wider, die sich seit dem 16. Jahrhundert angebahnt hatte und in die Revolution mündete. Die Worte belegen, daß sich der Bedeutungswandel des Rechts zu Revolutionszeiten bereits so durchgesetzt hatte, daß er die Gesetzgebungsverfahren aktiv beeinflußte.
Das jedoch führte gleichzeitig zu folgendem Problem: das Dekret vom 8./9. Oktober 1789 sollte - wie oben bereits ausgeführt - die Ordonnanz von 1670 zwar reformieren, aber nicht ablösen. Die Ordonnanz von 1670 aber war ein absolutistisch geprägtes Gesetz, das alle bis dahin auf dem Gebiet des Strafrechts ergangenen Ordonnanzen zusammenführte, also keinesfalls von neuen Strömungen beeinflußt war, sondern bestehendes Recht konsolidierte.[66] Insoweit war die provisorische Reformierung des Strafprozesses durch das Dekret vom 8./9. Oktober insofern zum Scheitern verurteilt, als es auf einem Gedankengut basierte, das der zu reformierenden Ordonnanz von 1670 vollkommen fremd war.
So revolutionär das Gedankengut, das hinter der Reform vom 8./9. Oktober stand, auch gewesen sein mag, konnte es sich nicht wirklich durchsetzen.
Dieses spiegelte sich auch in den Debatten der Nationalversammlung wider, in deren Sitzungen auch noch nach der Verabschiedung dieses Dekret weiterhin thematisiert wurde:
So verfaßte der seit August ernannte Justizminister CHAMPION DE CICÉ[67] ein Memorandum[68], in dem er auf die wichtigsten Fragen antwortete, die wegen der Reform an ihn herangetragen worden waren. Zwei Wochen später folgte ein weiteres[69], an das sich eine Art von "Ergänzungsdekret"[70] zum Dekret vom 8./9. Oktober anschloß.

II) Inhaltliche Grundzüge

Im Dekret vom 8./9. Oktober wurden nur die dringendsten Anregungen der Generalstände aufgegriffen und unter Beibehaltung des in der Ordonnanz von 1670 vorgesehenen Verfahrens waren folgende Neuerungen vorgesehen: den Richter

---

66) vgl. oben 1. Kapitel.

67) CHAMPION DE CICÉ fand bereits Erwähnung im 5. Kapitel (A I) im Zusammenhang mit der Verfassung. Er gehörte bis zum September 1789 dem zweiten Verfassungsausschuß an, obwohl ihn bereits am 4. August der König zum Justizminister ernannt hatte.

68) ARCHIVES PARL., 1ère série, Annex zur Sitzung v. 9. Dez. 1789, Bd. X, S. 459ff.

69) ARCHIVES PARL., 1ère série, Sitzung v. 24. Dez. 1789, Bd. XI, S. 3ff.

70) ibidem, S. 11f. Dieses Dekret hatte im Grunde Klarstellungsfunktion, d. h. in ihm wurden keine Neuregelungen vorgenommen, sondern die im Dekret vom 8. /9. Oktober enthaltenen Bestimmungen wurden genauer und detaillierter ausgearbeitet.

kontrollierende Beisitzer[71], öffentliche Hauptverhandlung[72], Recht auf einen oder mehrere Verteidiger[73] und wirkliche Verteidigungsmöglichkeiten für den Angeklagten[74].

Erhalten blieb das Institut der Prokuratoren. Für den am häufigsten auftretenden Fall, daß der Prokurator im Allgemeininteresse eine Eingabe beim Richter für die Einleitung einer Generalinquisition machte[75], hatte er nunmehr die Pflicht, anzuzeigen, ob er dieses auf Hinweis eines Denunzianten oder aus Eigeninitiative gemacht habe.[76]

Als Haupterrungenschaften dieses Dekrets galten Öffentlichkeit des Verfahrens und Verteidigung des Angeklagten.[77]

---

71) genannt: des adjoints. Sie wurden ausgesucht aus einer Liste sog. Notabeln (= durch Bildung, Rang und Vermögen ausgezeichnete Mitglieder der **bürgerlichen** Oberschicht), die während des Verfahrens dem Richter assistierten (vgl. art. 1er: ... la communauté d'habitants nommera un nombre suffisant de notables ... parmi lesquels seront pris les adjoints qui assisteront à l'instruction des procès criminels, ainsi qu'il va être dit ci-après). Ihre Hauptaufgabe bestand darin, insbesondere während des geheimen Ermittlungsverfahrens die fehlende Kontrolle der Öffentlichkeit zu ersetzen (vgl. Memorandum des Justizministers in ARCHIVES PARL., 1ère série, Bd. XI, S. 3ff).

72) Dekret 8. /9. Okt. 1789, art. 17: Les procès criminels ne pourront plus être réglés à l'extraordinaire que par trois juges au moins. Lorsqu'ils auront été ainsi réglés, il sera publiquement, et en présence de l'accusé ou des accusés, procédé, d'abord au récolement des témoins, et de suite à leur confrontation.

73) Dekret 8. /9. Okt. 1789, art. 10: L'accusé décrété de prise de corps, pour quelque crime que ce soit, aura le droit de se choisir un ou plusieurs conseils, avec lesquels il pourra conférer librement, en tout état de cause; et l'entrée de la prison sera toujours permise auxdits conseils: dans le cas où l'accusé ne pourrait pas en avoir par lui-même, le juge lui en nommera un d'office, à peine de nullité.

74) Während in der Ordonnanz von 1670 dagegen vorgesehen war, daß der Angeklagte nur in bestimmten Verfahrensabschnitten eingeschränkte Verteidigungsmöglichkeiten hatte (vgl. dazu Ausführungen im 2. Kap. A II zu den "reproches" unter 2b und zu den "faits justificatifs" unter 3c), sollten nun dem Angeklagten in jedem Verfahrensstadium Verteidigungsmöglichkeiten offenstehen (art. 19: L'accusé aura le droit de proposer, **en tout état de cause**, ses défenses, faits justificatifs ou d'atténuation ...).

75) Diesen Akt des Prokurators nannte man irreführenderweise "Anklage" (accusation), vgl. 2. Kap. A II 1b.

76) Dekret 8. /9. Okt. 1789, art. 4: Les procureurs ... qui accuseront d'office, seront tenus de déclarer, par acte séparé de la plainte, s'ils ont un dénonciateur ou non; ils déclareront en même temps son nom, ses qualités et sa demeure, afin qu'il soit connu du juge et des adjoints à l'information, avant qu'elle soit commencée.

77) HÉLIE, "Traité de l'instruction criminelle", Bd. II, S. 14.

III) accusateur und ministère public

Höchst verwirrend ist jedoch, daß in diesem Dekret nach anfänglicher Erwähnung in Art. 4 von den Prokuratoren nicht mehr die Rede war. Vielmehr flossen Begriffe in den Gesetzestext, die in der bisherigen Gesetzgebung neu waren: einerseits ein "accusateur", also ein Ankläger, und andererseits ein "ministère public", also die Staatsanwaltschaft. Die Rede ist von den Artikeln 19[78], 20[79] und 21[80] des Dekrets vom 8./9. Oktober.

Zunächst drängt sich der Gedanke auf, daß entgegen dem bisher Gesagten die Haupterrungenschaft des Dekrets vom 8./9. Oktober die Einführung eines Anklägers und einer Staatsanwaltschaft gewesen sein könnte. Jedoch entpuppt sich diese Annahme bei genauerer Analyse als Trugschluß.

Zu hinterfragen ist, ob mit den unterschiedlichen Bezeichnungen "procureur", "accusateur" und "ministère public" auch unterschiedliche Institutionen gemeint waren oder ob es sich nur um unterschiedliche Funktionen desselben Organs handelte.

Unmöglich ist es, auf diese Frage unmittelbar eine Antwort zu erhalten. Nirgendwo wird ausdrücklich die eine oder andere Position vertreten. Jedoch sind folgende Beiträge zur Lösung des Problems von Bedeutung:

erstens das ergänzende Dekret vom 24. Dez. 1789[81], zweitens die beiden Memoranda des Justizministers vom 9. und 24. Dez. 1789[82] und drittens Ausführungen der Enzyklopädie.

---

78) Dekret 8. /9. Okt. 1789, art. 19, S. 2: Les témoins que l'accusé voudra produire sans être tenu de les nommer sur-le-champ, seront entendus publiquement, et pourront l'être en même temps que ceux de **l'accusateur**, sur la continuation et addition d'information. (Die Zeugen, die der Angeklagte in den Prozeß einführen will, ohne gezwungen zu sein, sie direkt zu benennen, sollen öffentlich vernommen werden, und sie können gleichzeitig mit den Zeugen des Anklägers vernommen werden, als Fortführung oder Hinzufügung der Ermittlungen).

79) Dekret 8. /9. Okt. 1789, art. 20: Il sera libre à l'accusé, soit d'appeler ses témoins, à sa requête, soit de les indiquer au **ministère public**, pour qui'il les fasse assigner ... (Es soll dem Angeklagten überlassen bleiben, entweder seine Zeugen auf seinen Antrag hin vorzuladen oder sie der Staatsanwaltschaft zu nennen, damit diese sie vorlädt ...)

80) Dekret 8. /9. Okt. 1789, art. 21, S. 1: Le rapport du procès sera fait par un des juges, des conclusions du **ministère public** données ensuite et motivées, le dernier interrogatoire prêté, et le jugement prononcé; le tout à l'audience publique.
(Die Berichterstattung über den Prozeß soll durch einen der Richter vorgenommen, die Schlußanträge der Staatsanwaltschaft sodann gestellt und auch mit Günden versehen, das letzte Angeklagtenverhör durchgeführt und das Urteil gesprochen werden, das alles soll in der Öffentlichkeit stattfinden.).

81) ARCHIVES PARL., 1ère série, Bd. XI, S. 11f.

82) ARCHIVES PARL., 1ère série, Bd. X, S. 459ff; Bd. XI, S. 3ff.

1) "Ergänzungsdekret" vom 24. Dez.1789

Da das Dekret vom 8./9. Oktober nur ein Provisorium darstellte, das innerhalb weniger Wochen erarbeitet werden mußte, blieben regelungsbedürftige Sachverhalte offen. Das betraf insbesondere das neu eingeführte Institut der Beigeordneten[83] und Detailfragen bezüglich der Verteidigung des Angeklagten[84]. Infolgedessen legte der damalige Justizminister CHAMPION DE CICÉ der Nationalversammlung bereits zwei Monate später den Entwurf eines Dekrets vor, das diese offen gebliebenen Fragen klären sollte.[85]
Zwei Vorschriften dieses Dekrets sind für die oben erwähnte Begriffskonfusion von Bedeutung: Artikel 7[86] und Artikel 17[87].
Die erstgenannte Vorschrift, die ein Ermittlungsverfahren gegen Beigeordnete regelte, beinhaltete mittelbar die Information, daß die Staatsanwaltschaft auch strafverfolgende Funktion hatte. Die zweitgenannte Vorschrift hingegen betraf

83) Fragen wie: Bedarf es der Assistenz der Beigeordneten, wenn sich im Laufe des Prozesses ein neue Sachlage ergeben sollte, die ein erneutes Ermittlungsverfahren fordert? Können die Beigeordneten ihr Amt ablehnen? Können die Beigeordneten nach begonnener Untersuchung ihr Amt ablehnen? Können die Beigeordneten abgelehnt werden? Welchen Platz nehmen die Beigeordneten ein, als Prozeßpartei oder als Richter?

84) Fragen wie: Muß unabhängig von der Schwere des Verbrechens ein Verteidiger akzeptiert werden? Was kann der Richter tun, wenn der Angeklagte seinen von Amts wegen bestellten Verteidiger ablehnt? Hat auch der säumige Angeklagte ein Recht auf einen Verteidiger?

85) Die einführenden Worte des Abgeordneten TRONCHET lassen keinen Zweifel daran aufkommen, daß das Dekret vom 24. Dez. 1789 Ergänzungs- und nicht Änderungsfunktion hatte: "Ainsi ce rapport vous présente, en premier lieu, à discuter un assez grand nombre de questions, dont la solution vous conduira à **compléter**, par un décret, la loi générale de la réformation provisoire de la procédure criminelle" (So legt Ihnen dieser Bericht in erster Linie eine Anzahl von Fragen vor, deren Beantwortung Sie veranlassen wird, das allgemeine Gesetz über die provisorische Reform der Strafprozeßordnung zu **ergänzen**).

86) Ergänzungsdekret vom 24. Dez. 1789, art. 7: Si le refus, fait par l'adjoint de continuer de son ministère était accompagné d'actes de violence ... l'adjoint pourra être poursuivi extraordinairement à **la requête du ministère public**.
(Wenn ein Beigeordneter mit der Weigerung, sein Amt auszuüben, einen Gesetzesverstoß begeht ... wird gegen den Beigeordneten in einem gesonderten Verfahren durch die Staatsanwaltschaft ermittelt).

87) Ergänzungsdekret vom 24. Dez. 1789, art. 17: Le ministère des adjoints ne sera point nécessaire pour **les plaintes que le ministère public rendra** incidemment à une cause ...
(Der Beteiligung von Beigeordneten bedarf es nicht, wenn es sich um Klageerhebungen handelt, die die Staatsanwaltschaft als "Nebenstreitigkeit" in einen Prozeß einführt ...).

die Staatsanwaltschaft in ihrer Funktion als Kläger, indem sie für "Nebenstreitigkeiten" die Beteiligung von Beigeordneten verneinte.
Damit wurden zwei Funktionen der Staatsanwaltschaft angesprochen, die die Ordonnanz von 1670 den Prokuratoren[88] zugewiesen hatte. Auch im Dekret vom 8./9. Oktober war das nicht verändert worden. Folglich konnte auch das Dekret vom 24. Dezember in seiner ergänzenden Funktion keine Kompetenzänderung bezwecken.
Wenn also die oben zitierten Artikel Funktionen der Prokuratoren der Staatsanwaltschaft zuwiesen, spiegelt das keine Kompetenzverschiebung wider, sondern eine terminologische Entwicklung. War bisher in Gesetzestexten von den Aufgaben der **Prokuratoren** die Rede, sprach man nunmehr von den Aufgaben der Staatsanwaltschaft, dem "ministère public".
Mit der "Staatsanwaltschaft" also war niemand anderes als die Prokuratoren gemeint.

2) Memoranda des Justizministers

Die These, daß mit der Staatsanwaltschaft die Prokuratoren gemeint waren, läßt sich auch anhand weiterer Beiträge vor der Nationalversammlung belegen. Insbesondere die beiden Memoranda des Justizministers vom 9. und 24. Dezember 1789 sind aufschlußreich.

a) Memorandum des Justizministers vom 9. Dez.1789

In der Sitzung vom 9. Dez.1789[89] wurde ein Memorandum des Justizministers CHAMPION DE CICÉ verlesen, in dem er erstmals die durch die Reform aufgeworfenen Fragen aufgriff. Unter anderem ging es um die Frage, wer "das letzte Wort" im Prozeß haben sollte.[90] Die Praxis schaute offensichtlich unterschiedlich

---

88) strafverfolgende Kompetenzen der Prokuratoren bereits seit 1344 belegt (vgl. 2. Kap. A I); Einleitung der Generalinquisition durch Klage des Prokurators, vgl. 2. Kap. A II 1b.

89) ARCHIVES PARL., 1ère série, Bd. X, S. 459ff, 464: "Le plus grand nombre des juges laisse prendre la parole au conseil de l'accusé, immédiatement avant le jugement et après les conclusions du ministère public, de manière qu'il a l'avantage de parler le dernier. Dans d'autres tribunaux il parle aussitôt le rapport et avant les gens du Roi"

90) Dekret 8. /9. Okt. 1789, art. 21, S. 2: "L'accusé ne comparaîtra à cette audience [=audience public] qu'au moment de l'interrogatoire, après lequel il sera conduit, s'il est prisonnier; mais son conseil pourra être présent pendant la séance entière, et parler pour sa défense après le rapport fini, les conclusions données, et le dernier interrogatoire prêté"
(Der Angeklagte soll in der Sitzung nur zum Verhör erscheinen, nach dem er abgeführt werden soll, wenn er sich in Haft befindet; sein Verteidiger dagegen soll wäh-

aus, da die meisten Gerichte den Angeklagtenverteidiger vor Urteilsfällung und **nach** der Staatsanwaltschaft zu Wort kommen ließen, während andere dem Verteidiger schon **vor** der Staatsanwaltschaft das Wort erteilt haben sollen.[91] In diesen Ausführungen gebraucht CHAMPION DE CICÉ für "Staatsanwaltschaft" ein Synonym, nämlich 'Leute des Königs' (les gens du Roi[92]).
Das Rätsel dieser Terminologie kann anhand mehrerer Autoren gelöst werden: allen voran die Enzyklopädie, die im 15. Band aus dem Jahr 1782 erklärt, daß man

> *"im gegenwärtigen Gebrauch unter diesem Terminus diejenigen versteht, die damit beauftragt sind, die Interessen des Königs und der **Staatsanwaltschaft** zu vertreten, also die Generaladvokaten und -prokuratoren vor den selbständigen Gerichtshöfen, die königlichen Advokaten und Prokuratoren in den Landvogteien ..."*[93]

Auch STEIN[94] berichtet von den "gens du Roi", unter denen man ohne weitere Unterscheidung untergeordnete Beamten des Königtums verstand, zu denen später auch die Prokuratoren zählten.
HOLTZMANN[95] berichtet von der Zeit des absoluten Königtums (1437-1789), in der die "gens du Roi" vor höheren Gerichten als Vertreter des Königs fungierten und den Titel Generalprokurator, bzw. Generaladvokat trugen.
Wenn also CHAMPION DE CICÉ von den "gens du Roi" redete, meinte er die Prokuratoren, deren Aufgabe auch noch nach der Reform vom 8./9. Oktober unter anderem darin bestand, als staatsanwaltlicher Vertreter den Schlußantrag zu stellen, ob nun vor oder nach dem Plädoyer des Angeklagtenverteidigers.

---

rend der gesamten Verhandlung anwesend sein und zu seiner Verteidigung sprechen können, nachdem die Berichterstattung beendet, die Schlußanträge gestellt und das letzte Angeklagtenverhör durchgeführt worden sind.)

91) ARCHIVES PARL., 1ère série, Bd. X, S. 4593ff, 464: "Le plus grand nombre des juges laisse prendre la parole au conseil de l'accusé, immédiatement avant le jugement et **après** les conclusions du ministère public, de manière qu'il a l'avantage de parler le dernier. Dans d'autres tribunaux il parle aussitôt le rapport et **avant les gens du Roi**"

92) Ursprünglich 'agentes nostri', entwickelte sich der Terminus 'gentes regis' durch die Übersetzung zu 'gens du Roi'.

93) Encyclopédie, tome XV, Artikel "Gens du roi", S. 975: "Dans l'usage présent ... on n'entend communément par les termes de *gens du Roi*, que ceux qui sont chargés des interêts du roi et du ministère public ... tels que les avocats et procureurs généraux dans les cours souveraines, les avocats et procureurs du roi dans les baillages ..."

94) in "Geschichte des frz. Strafrechts" , S. 387.

95) in "Frz. Verfassungsgeschichte", S. 346.

b) Memorandum des Justizministers vom 24. Dez. 1789

Das zweite Memorandum, an das sich das bereits oben erwähnte Ergänzungsdekret anschloß, behandelte noch weitere durch die Reform enstandene Fragen.
Auf die wiederholte Frage, wer im Prozeß das letzte Wort haben solle, sprach sich der Justizminster für den Angeklagten aus, da er es für ein natürliches Recht hielt, daß die Verteidigung der Anklage folgen müsse.[96]
In diesem Zusammenhang fiel auch die Äußerung, wer diese Funktion des "Anklägers" zu erfüllen habe, nämlich die Staatsanwaltschaft[97]. Allerdings darf man nicht außer Acht lassen, daß CHAMPION DE CICÉ mit dem Begriff "Anklage" an dieser Stelle den Akt meinte, der der Urteilsfällung vorausging, also das Plädoyer der Staatsanwaltschaft.[98]
Deutlich wird jedenfalls daraus, daß der Ankläger kein neues Prozeßorgan darstellte, sondern eine Funktion, die die Staatsanwaltschaft im Prozeßverlauf unter anderem ausübte. Die Staatsanwaltschaft war folglich die Institution, die vor Urteilsfällung den Antrag auf die konkrete Strafe zu stellen hatte und die in dieser Funktion als "Ankläger" bezeichnet wurde.

3) Enzyklopädie

Zuletzt soll auch die in den ersten Kapiteln[99] erwähnte Enzyklopädie hinzugezogen werden, um die Bedeutung der fraglichen Begriffe zu klären.
Zur "Staatsanwaltschaft" findet man die Erklärung, daß man üblicherweise die darunter verstehe,

> *"die die Funktion der öffentlichen Partei erfüllen ..."*[100].

Sucht man dann nach der Erklärung für "öffentliche Partei", heißt es:

---

96) ARCHIVES PARL., 1ère série, Bd. XI, S. 3ff, 10: "Il est de droit naturel que le défendeur puisse répondre le dernier; et tout accusé est defendeur".

97) ARCHIVES PARL., 1ère série, Bd. XI, S. 3ff, 10: "Le devoir du **ministère public** est, sans doute, de protéger l'innocence, comme de provoquer la vengeance publique ... Si les conclusions sont à charge, il n'est plus qu'**accusateur**, et l'accusé doit pouvoir lui répliquer" (Die Aufgabe der Staatsanwaltschaft besteht zweifelsohne einerseits darin, Unschuldige zu schützen, andererseits aber Rache für die Öffentlichkeit zu fordern ... Plädiert der Staatsanwalt auf Verurteilung, dann wird er ausschließlich zum Ankläger und der Angeklagte muß ihn widerlegen können).

98) Dieses läßt sich zweifelsfrei aus dem Zusammenhang entnehmen, demzufolge es um das letzte Wort vor Urteilsfällung ging.

99) vgl. 3. Kap. B und C; 6. Kap. C II 1.

100) Encyclopédie, tome XXI, Artikel "ministère" zu ministère public, S. 894 (s. 6. Kap. C II 1): "... ceux qui remplissent la fonction de partie publique ..."

"Es ist die Partei, deren Aufgabe es ist, für das öffentliche Interesse einzutreten, ... genau das sind die Prokuratoren"[101].

Schlägt man schließlich unter 'Ankläger' nach, wird erklärt:

"... es ist ausnahmslos Sache der Staatsanwaltschaft, d. h. also des Prokurators, ... strafrechtliche Sanktionen zu beantragen; allein die Staatsanwaltschaft ist damit betraut, die Verbrechensverfolgung und -bestrafung voranzutreiben"[102][103].

Aus dieser Zusammenfügung mehrerer Begriffserklärungen wird nochmals deutlich, daß die Staatsanwaltschaft eine Institution darstellte, deren Beamte als "Prokuratoren" bezeichnet wurden. Die Aufgabe der Prokuratoren bestand in der Strafverfolgung und "Anklage" vor Gericht, um die Verbrecher einer Strafe zuzuführen.
Diese Terminologie bestand auch bereits 1781/82, wie am Erscheinungsdatum des jeweiligen Bandes der Enzyklopädie abzulesen ist.

4) Schlußfolgerung

Die oben skizzierten Beiträge geben auf indirektem Wege eine Antwort auf die Frage, welche Bedeutung die erstmals im Dekret vom 8./9. Oktober verwendeten Begriffe "ministère public" und "accusateur" hatten und in welchem Verhältnis sie zueinander und zu den Prokuratoren standen.
Erstens ist festzuhalten, daß der erstmalige Gebrauch in einem Gesetzestext nicht die Einführung neuer Institutionen bedeutete. Zweitens handelte es sich nicht um Synonyme.
Vielmehr setzte sich die Institution Staatsanwaltschaft aus königlichen Beamten zusammen, die Prokuratoren genannt wurden. Neben der Strafverfolgung gehörte es zu deren Aufgabe, vor Gericht als "Ankläger" vor der endgültigen Urteilsfällung zu fungieren, um eine Verbrechensbestrafung zu gewährleisten.
Damit hatte sich das Aufgabengebiet gegenüber der Ordonnanz von 1670 tatsächlich nicht grundlegend geändert

---

101) Encyclopédie, tome XXIV, Artikel "parties", S. 329 (s. 6. Kap. C II 1): "... c'est lui qui est chargé de l'intérêt public, tels sont ... les procureurs."

102) Encyclopédie, tome I, Artikel "accusateur", S. 378: "... mais il n'appartient qu'au ministère public, c'est-à dire au procureur ... de conclure à des réparations pénales; c'est lui seul qui est chargé de la vindicte publique.

103) Zu der hier gewählten Übersetzung des Terminus "la vindicte publique" (vgl. 3. Kap. C II) sei nochmals kurz angemerkt, daß "la vindicte" (stammend von vindicta = Rache, Strafe) wörtlich eine andere Bedeutung hat. Im heutigen Sprachgebrauch bildet es allerdings als "vindicte publique" einen juristischen Terminus, der "die Verbrechensverfolgung und -bestrafung durch die Obrigkeit im Namen der Gesellschaft" bedeutet ("Le petit Robert", S. 2393, Anm."vindicte").

Im 2. Kapitel sind die Funktionen der Prokuratoren im französischen Inquisitionsprozeß genau beschrieben worden. Neben der Funktion, die Einleitung einer Generalinquisition zu beantragen[104], bestand eine wichtige Aufgabe darin, den Schlußantrag ("conclusions définitives") zu stellen[105], dem dann die Urteilsfällung folgte. Genau diese Funktion nahm das Dekret vom 8./9. nochmals auf, da wegen der neu errungenen Öffentlichkeit und der Neueinführung eines Verteidigers Klärungsbedarf bestand. Wenn also Art. 21 des Dekrets vom Schlußantrag der Staatsanwaltschaft spricht ("conclusions du ministère public") dann erstens, um zu klären, daß dieser Antrag in einer öffentlichen Hauptverhandlung und mit Gründen gestellt werden sollte, und um zweitens festzulegen, daß der Angeklagte die anklagenden Ausführungen erwidern können sollte. Keinesfalls aber sollte diese Vorschrift irgendwelche Kompetenzverschiebungen bewirken. Die Prokuratoren hatten weiterhin die Aufgaben zu erfüllen, die ihnen bereits die Ordonnanz von 1670 zugewiesen hatte, wenn auch mit geringen Modifikationen, bedingt durch die neu eingeführte Öffentlichkeit und die Zulassung eines Verteidigers.
Das erstmalige Auftauchen der Begriffe "ministère public" und "accusateur" im Dekret vom 8./9. Oktober war also keinesfalls so spektakulär, wie man vielleicht erwarten würde. Beide Begriffe waren bereits vor 1789 in Gebrauch und standen in direktem Zusammenhang mit den Prokuratoren. Die Staatsanwaltschaft stellte die Institution dar, der die Prokuratoren angehörten und der Ankläger beschrieb eine der Funktionen der Prokuratoren.

104) vgl. 2. Kap. A II 1b

105) vgl. 2. Kap. A II 3a

9. Kapitel: Die Vorläufer der neuen Gerichtsverfassung

A) Entstehungsverlauf und Stellenwert

Der provisorischen Änderung der Ordonnanz sollte eine neue Gerichtsverfassung folgen. Bereits im August 1789 stellte - wie bereits oben[106] erwähnt - BERGASSE als Mitglied des ersten Verfassungskomitees einen Entwurf vor.
Ein halbes Jahr später, am 22.12.1789, unterbreitete auch das zweite Verfassungskomitee[107] einen Gesetzesvorschlag, dem bald ein weiterer[108] folgte. Dieser zweite Vorschlag basierte dann auf von der Nationalversammlung verabschiedeten Grundsätzen.
Im März 1790 schloß sich ein von SIEYES entworfener Gesetzesentwurf [109] an, den er im April mit Modifikationen versehen ergänzte[110].
Auch CHABROUD beteiligte sich durch einen eigenen Vorschlag an der lebhaften Diskussion über die neue Gerichtsverfassung[111].
Inwieweit sich die Entwürfe voneinander unterschieden, soll der folgenden Untersuchung überlassen bleiben.

Einer im März 1790 gehaltenen Rede des Abgeordneten THOURET ist jedenfalls deutlich zu entnehmen[112], daß man diesem Gesetz eine große Tragweite beimaß. Unter anderem führte THOURET aus, daß die Judikative die Staatsgewalt sei, "deren regelmäßige Ausübung den meisten Einfluß auf das Schicksal des Einzelnen, das Fortschreiten eines "esprit public", die Aufrechterhaltung der politischen Ordnung und die verfassungsrechtliche Stabilität"[113] haben werde. Seiner Meinung nach war vor allem wichtig, daß für die rechtsprechende Gewalt drei

---

106) vgl. 8. Kap. C I 1.

107) bestehend aus den Abgeordneten: DÉMEUNIER, LE CHAPELIER, RABAUT SAINT-ETIENNE, SIEYES, TALLEYRAND, TARGET, THOURET, TRONCHET.

108) Beide Vorschläge sind als Annex zum Sitzungsprotokoll vom 22. 12. 1789 beigefügt ("Projet de l'organisation du pouvoir judiciaire" in ARCHIVES PARL., 1ère série Bd. X, S. 725ff; "Nouveau projet sur l'ordre judiciaire", ibidem S. 735ff).

109) ARCHIVES PARL., 1ère série Bd. XII, S. 249ff, Sitzung vom 19. März 1790.

110) ibidem, S. 584ff, Sitzung vom 8. April 1790.

111) ibidem, S. 443ff, Sitzung vom 30. März 1790.

112) ibidem, S. 344ff, Sitzung vom 24. März 1790.

113) ibidem, S. 344: "Le pouvoir judiciaire est celui des pouvoirs publics dont l'exercice habituel aura le plus d'influence sur le bonheur des particuliers, sur le progrès de l'esprit public, sur le maintien de l'ordre politique et sur la stabilité de la constitution (vgl. 6. Kap. A II).

grundlegende Aspekte geklärt würden: erstens keine vererbbaren oder käuflichen Ämter, zweitens deutliche Unterscheidung zwischen judikativer und exekutiver Gewalt durch Ämtertrennung und drittens die Abschaffung jeglicher Privilegien. THOURET konstatierte die Notwendigkeit einer vollkommenen Neuordnung, da alle Gerichte mit Leuten besetzt seien, die ihr Amt entweder geerbt oder gekauft hätten. Er spricht sogar von "Amtserschleichung"[114], die "das unantastbare Recht der Nation", Recht zu sprechen, verletzt habe.[115]

Diese Ausführungen bestätigen, daß man nicht nur die Notwendigkeit einer Neuordnung erkannte, sondern sich auch durchaus über deren Stellenwert im Klaren war. Längst hatte man die Mißstände erkannt, die das seit langem praktizierte Gerichtswesen provoziert hatte. Das alt Bewährte stellte sich nicht nur als reformbedürftig heraus, das an die gegenwärtigen Verhältnisse angepaßt werden müßte. Vielmehr erkannte man die schon seit langer Zeit untragbare Situation im Justizwesen, die auf nicht mehr haltbaren Prinzipien basierte wie zum Beispiel Käuflichkeit der Ämter.

B) Der erste Gesetzesentwurf vom August 1789

Der erste Entwurf für eine neue Gerichtsverfassung wurde bereits am 17. August 1789 durch BERGASSE vorgestellt[116].
Die grundsätzlichen Ideen wie Geschworenengerichte, Öffentlichkeit und Verteidigungsmöglichkeiten für den Angeklagten waren bereits verankert. Nähere Ausführungen über Kriminalprozesse bezüglich Anklage und Ankläger wurden nicht gemacht, da diese einer neuen Kriminalprozeßordnung vorbehalten bleiben sollten.[117]

Allerdings soll das Augenmerk hier kurz auf eine Vorschrift gerichtet werden, die höchst widersprüchlich formuliert war, nämlich Artikel 5 des ersten Titels. Dieser lautete: "Zwar soll wie bisher praktiziert, das Recht im Namen des Königs

---

114) ibidem, S. 345: "Tous ceux qui nous jugent ont acquis, ou par succession ou par achat, ce terrible pouvoir de nous juger ... cette intrusion a violé le droit imprescriptible de la Nation ..."

115) Hier fließt ein Gedanke fast schon beiläufig ein, dem im nächsten Abschnitt unter B I Aufmerksamkeit geschenkt werden soll. Es geht um das "ius iudicandi", also das Recht, Recht zu sprechen. Dieses versteht THOURET infolge der Souveränität der Nation auch als Recht der **Nation**.

116) ARCHIVES PARL., 1ère série Bd. VIII, S. 446ff.

117) Titre III, art. 13 (ibidem, S. 448): "... il sera nommé incessamment par l'assemblée nationale une commission ... et cette commission sera chargé de la rédaction d'un nouveau code de procédure criminelle , d'après les principes de la procédure par les jurés.

gesprochen werden, aber in seiner Eigenschaft als oberster Verwalter der Exekutive."[118]

I) Rechtsprechung "im Namen des Königs"

Die Tatsache, daß bisher das Recht im Namen des Königs gesprochen wurde und werden sollte, ist insofern nicht erstaunlich, als Frankreich auch noch nach 1789 zunächst eine Monarchie blieb. Hatte es sich vor 1789 um eine absolute Monarchie gehandelt, in der der König die gesamte Staatsgewalt im eigenen Namen nach Gutdünken ausgeübt hatte, bestand Frankreichs Staatsform direkt nach der Revolution in einer konstitutionellen Monarchie[119].

Formal gesehen blieb der König zunächst in der Position des Staatsoberhauptes, allerdings war er auch als erster Diener des Staates dem Gesetz streng unterworfen. Aus dem König von Gottes Gnaden war der König von Volkes Gnaden geworden, der seine Legitimation von der Nation erhielt.[120] Auch das Recht, Recht zu sprechen, gehörte eigentlich der Nation.[121] Da jedoch der Begriff der 'Nation' zu abstrakt war, um in ihrem Namen Recht zu sprechen, wollte man den König an diese Stelle setzen. Die Bestimmung sollte somit Symbolcharakter haben.

Allerdings sei kurz der Hinweis erlaubt, daß es auch noch mehrere Monate später Stimmen gab, die diese Formulierung anders interpretierten: So äußerte DE CA-

---

118) Titre 1er Art. 5: La justice, ainsi qu'il s'est pratiqué jusqu'à présent, sera rendue au nom du Roi, comme suprême dépositaire du pouvoir exécutif (ibidem, S. 446).

119) Im 7. Kapitel unter A wurde ausgeführt, daß die Republik erst am 22. Sept. 1792 ausgerufen wurde. Bis dahin war Frankreich ein Königreich geblieben und hatte die Revolution um 3 Jahre überdauert. Das zweite Kapitel der Verfassung von 1791 trägt sogar im ersten Titel die Überschrift 'Über das Königreich und den König ('De la Royauté et du Roi').

120) Das Prinzip der Volkssouveränität war bereits in Art. 3 der 'Déclaration des Droits de l'homme et du citoyen' verankert (vgl. im 5. Kap. A II): "Le principe de toute souveraineté réside essentiellement dans la Nation. Nul corps, nul individu ne peut exercer d'autorité qui n'en émane expressément." (Der Ursprung jeder Staatsgewalt liegt im wesentlichen in der Nation. Weder eine Körperschaft noch ein Einzelner können Gewalt ausüben, die nicht ausdrücklich von ihr ausgeht.)
Zum Verständnis sei hier nochmals kurz auf die Unterscheidung zwischen 'souveraineté **nationale**' und 'souveraineté **populaire**' hingewiesen: Während die Erstgenannte die Nation als ein tatsächlich bestehendes Gebilde voraussetzt, durch das die Bürger mittelbar an der Souveränität teilhaben können, umschreibt die Zweitgenannte, daß jeder Bürger für sich als Träger eines Bruchteils dieser Souveränität sie unmittelbar ausüben kann (vgl. DUVERGER, "Eléments du droit public", S. 29f).

121) Das hatte auch THOURET so gesehen (s. o. unter A).

ZALES[122] mit größtem Bedauern über die Zerstörung eines in 800 Jahren gewachsenen Rechtssystems, daß ohne jeden Zweifel der König der oberste Richter der Nation sei, in dessen Namen das Recht gesprochen werde und von dem jedes Urteil abhänge. Schließlich hänge die Judikative nicht nur von der Exekutive ab, sondern sei auch aus ihr entstanden.[123]
Der Abgeordnete RICARD[124] behauptete sogar, daß diese Gesetzesbestimmung nur dann Sinn habe, wenn die rechtsprechende Gewalt ein Teil der Exekutive sei.[125]

II) König als oberster Verwalter der Exekutive

In demselben Artikel unterlief BERGASSE außerdem ein Formulierungsfehler, der aus Gewaltenteilungsaspekten bedenklich war. Er schlug nämlich vor, daß der König in seiner Eigenschaft als "oberster Verwalter der Exekutive" fungieren müsse.
Damit sollte jedoch keineswegs - wie man auf den ersten Blick denken könnte - das Gewaltenteilungsprinzip durchbrochen werden. Zum einen war die Notwendigkeit der Gewaltenteilung bereits in der Menschen- und Bürgerrechtserklärung festgelegt worden[126], zum anderen belegt eine wenige Tage später stattfindende Debatte[127], in der MOUNIER als Mitglied des ersten Verfassungskomitees Bericht

---

122) DE CAZALES war einer der aktivsten Politiker auf Seiten der konservativen Opposition. Als überzeugter Monarchist war er ein Gegner von Montesquieu und trat für eine mächtige Exekutive ein. Auf vielen Gebieten verteidigte er die althergebrachten Institutionen, so auch das Gerichtswesen, das er ehrfürchtig einen 'corps antique' nannte.

123) ARCHIVES PARL., 1ère série, Sitzung vom 24. März 1790 Bd. XII, S. 348: "Il faut sans doute que le pouvoir judiciaire dépende du pouvoir exécutif dont il émane: le roi est le juge suprême de la nation. C'est au nom du roi que la justice se rend; c'est le roi qui répond de tous les jugements".

124) Wenn auch Abgeordneter des dritten Standes, trat der streng katholische Advokat RICARD, für einen starken König ein, da die Justiz und das Königtum derselben väterlichen Autorität erwüchsen. König und Richter sei ursprünglich ein Synonym gewesen und deshalb untrennbar. RICARD war ein Gegner der Verfassung von 1791.

125) ARCHIVES PARL., 1ère série, Sitzung vom 24. März 1790 Bd. XII, S. 472: "Car le pouvoir judiciaire ... est assurément la partie la plus importante du pouvoir exécutif, qu'elle a déclaré résider exclusivement dans la main du roi. Elle a en outre décidé en termes exprès, que c'est au nom et sous l'autorité du roi que les tribunaux doivent rendre leurs jugements"

126) Art. 16: "Toute société dans laquelle la garantie des droits n'est pas assurée, ni la séparation des pouvoirs déterminée, n'a point de constitution." (Jede Gesellschaft, in der weder die Einhaltung der Gesetze verbürgt noch die Trennung der Gewalten festgelegt ist, hat gar keine Verfassung.)

127) ARCHIVES PARL., 1ère série, Sitzung vom 28. August 1789 Bd. VIII, S. 504.

erstattete, daß die genaueste Beachtung des Gewaltenteilungsprinzips erstrebt wurde.[128]

Deutlich getrennt voneinander waren die Bestimmungen, in **wessen Namen** das Recht gesprochen werden sollte und durch **wen** das Recht gesprochen werden sollte. Auch wenn das Recht im Namen des Königs gesprochen wurde, war es nicht der König, der die Richter legitimierte, Recht zu sprechen. Ihre Legitimation erhielten die Richter vielmehr durch das Volk, dem alleinigen Träger der Staatsgewalt.

Wenn also BERGASSE die Vorschrift damit erweiterte, daß der König 'als oberster Verwalter der Exekutive' fungierte, wollte er damit die Macht**beschränkung** des Königs unterstreichen. Aus dem allmächtigen 'König von Frankreich' war der 'König der Franzosen' geworden, dessen Funktion durch die Nation zugewiesen und dem Gewaltenteilungsprinzip folgend beschränkt worden war. Die von BERGASSE mißverständliche Formulierung sollte nicht das Gewaltenteilungsprinzip unterlaufen, sondern die Volkssouveränität unterstreichen. Insofern ist es nicht verwunderlich, daß dann die endgültige Gerichtsverfassung zwar festlegte, daß das Recht "im Namen des Königs" gesprochen werde[129], aber darauf verzichtete auf dessen Machtbeschränkung als Exekutivorgan hinzuweisen.

C) Entwürfe des Verfassungsausschusses

Dem BERGASSEschen Vorschlag folgten noch im Dezember 1789 zwei weitere Entwürfe des zweiten Ausschusses[130], die sich in den Grundzügen nicht bedeutend unterschieden.

I) allgemeine Vorschriften

Jeder Bürger hatte gleichermaßen Zugang zur Justiz[131], die nunmehr unentgeltlich[132] war. Die ortsansässigen Richter wurden gewählt[133] und waren nur im

---

128) Chapitre II, Art. 3 und 4 des Entwurfs lauteten:
"Die oberste **ausführende** Gewalt liegt ausschließlich in den Händen des Königs.
Die **rechtsprechende** Gewalt darf niemals durch den König ausgeübt werden, und die Richter, denen sie anvertraut ist, können von ihrer Aufgabe nicht entbunden werden ..."
("Le pouvoir exécutif suprême réside exclusivement dans les mains du Roi.
Le pouvoir judiciaire ne doit jamais être exercé par le Roi, et les juges auxquels il est confié ne pouront être dépossédés de leurs offices ...").

129) Titre II, Art. 1er: "La justice sera rendue au nom du roi" (ARCHIVES PARL., 1ère série, Bd. XVIII, S. 105), s. u. dazu 10. Kap. A I.

130) ARCHIVES PARL., 1ère série Bd. X, Annex zur Sitzung v. 22. Dez. 1789, S. 725ff (1. Vorschlag); 735ff (2. Vorschlag).

131) ibidem, 1. Vorschlag: Titre Ier Art. 16; 2. Vorschlag: Titre Ier Art. 18.

Falle einer Amtspflichtverletzung absetzbar[134]. Grundsätzlich standen zwei Instanzen zur Verfügung[135]. Für Strafverfahren war das Bezirksgericht die unterste Instanz, nur Rechtsstreitigkeiten wegen verbaler Beleidigung, Streiterei und Schlägerei wurden vom Friedensrichter abgeurteilt.[136] Das Bezirksgericht setzte sich zusammen aus mehreren Berufsrichtern und einem Prokurator des Königs[137] bzw. einem Beamten der Staatsanwaltschaft[138]. Die Urteile wurden nach öffentlicher Gerichtsverhandlung[139] unter Beteiligung von Geschworenen[140] gefällt.

II) königliche Prokuratoren und königliche Kommissare

Einen deutlichen Unterschied wiesen die beiden Vorschläge allerdings auf, nämlich bezüglich der Prokuratoren des Königs.
Während nämlich im ersten Vorschlag noch vom "procureur du Roi" die Rede war[141], ohne daß dessen Funktion näher ausgeführt wurde, verschwand im zweiten Vorschlag dieses Prozeßorgan vollständig.
Stattdessen tauchte ein neuer Titel auf mit der Überschrift "Von der Staatsanwaltschaft" (Titre VII "Du ministère public").
Deren Vertreter sollten die Bezeichnung "Kommissare des Königs" erhalten und ihre Funktion bestand allgemein darin, "bei den zu fällenden Urteilen die Beach-

---

132) ibidem, 1. Vorschlag: Titre Ier Art. 5; 2. Vorschlag: Titre Ier Art. 2.

133) ibidem, 1. Vorschlag: Titre Ier Art. 2; 2. Vorschlag: Titre Ier Art. 3.

134) ibidem, 1. Vorschlag: Titre Ier Art. 10; 2. Vorschlag: Titre Ier Art. 6.

135) Nur wenn der Streitwert unter 50 Livres lag, entschied der Friedensrichter in erster und letzter Instanz.
ibidem, 1. Vorschlag: Titre III Art. 9; 2. Vorschlag: Titre II Art. 9.

136) So sah es der 2. Vorschlag (ibidem) vor: Titre II, Art. 10: Il [le juge de paix] connaîtra de même ... 6^0 Des actions pour injures verbales, rixes et voies de fait, pour lesquelles il n'y aurait pas lieu à la poursuite criminelle.
titre III, art. 3: Les juges de district connaîtront en première instance de toutes les causes ... en toutes les matières, excepté seulement celles qui ont été déclarées ci-dessus être de la compétence des juges de paix ...

137) So sah es der 1. Vorschlag vor; ibidem, Titre IV, Art. 1er: Le tribunal de district sera composée de cinq juges, et d'un procureur du Roi ...

138) So sah es der 2. Vorschlag vor; ibidem, Titre III, Art. 1er: Il sera en chaque district un tribunal composé de trois juges, auprès duquel il y aura un officier chargé des fonctions du ministère public (ibidem).

139) ibidem, 1. Vorschlag: Titre Ier Art. 11; 2. Vorschlag: Titre Ier Art. 15.

140) ibidem, 1. Vorschlag: Titre XII Art. 1er; 2. Vorschlag: Titre Ier Art. 15.

141) Titre IV, Art. 1er: Le tribunal de district sera composé de cinq juges, et d'un procureur du Roi ... ; Titre V, Art. 1er: le tribunal de département sera composée de dix juges ... et d'un procureur du Roi.

tung der Gesetze durchzusetzen, die die allgemeine Ordnung betreffen und die Urteile vollstrecken zu lassen"[142]. Ernannt werden sollten sie vom König und waren nur im Falle einer Verurteilung wegen Amtspflichtverletzung absetzbar.[143] In einer Vorschrift dieses Titels über Zivilverfahren wurde dann deutlich, wie sich die Funktion der "Kommissare des Königs" zu denen der Prokuratoren des Königs verhielt, sie sollten die letztgenannten ablösen.

1) Zivilprozeß

Artikel 2 des VII. Titels bestimmte folgendes:

> *"In Zivilprozessen, in denen bisher die Klagen königlichen Prokuratoren anvertraut waren, finden diese entweder gar nicht mehr statt oder sind Verwaltungs- oder Gemeindekörperschaften zugeteilt. In diesen Prozessen sollen die Kommissare des Königs ihre Funktion nicht in Form einer Klageerhebung erfüllen, sondern nur durch Anträge im Verlauf der Prozesse, die bereits vor Gericht gebracht wurden."*[144]

Damit wurde deutlich, daß den königlichen Prokuratoren die Aufgaben entzogen wurden, indem bestimmte Prozesse gar nicht mehr stattfanden oder die Kommissare des Königs ihre Aufgaben in abgewandelter Form übernahmen.
Die Kommissare des Königs lösten damit die königlichen Prokuratoren in bestimmten Bereichen ab, hatten jedoch zumindest in Zivilverfahren geringere Kompetenzen, da sie kein Initiativrecht hatten[145].

2) Strafprozeß

Auch für Strafverfahren waren vergleichbare Regelungen vorgesehen worden: die Prokuratoren des Königs sollten den Kommissaren des Königs weichen, allerdings verbunden mit einer erheblichen Kompetenzveränderung.

---

142) Titre VII, Art. 1er: ... leurs fonctions consistent à faire observer, dans les jugements à rendre, les lois qui intéressent l'ordre général, et à faire exécuter les jugements rendus. Ils porteront le nom de commissaires du Roi.

143) Titre Ier, Art. 8: Les officiers chargés des fonctions du ministère public seront nommés par le Roi, et ne pourront être dépossédés que pour forfaiture dûment jugée par juge compétent.

144) Titre VII, Art. 2: Au civil, les actions précédemment confiées aux procureurs du Roi, ou n'existant plus, ou étant attribuées aux corps administratifs ou municipaux, les commissaires du Roi exerceront leur ministère, non par voie d'action, mais seulement par celle de réquisition, dans les procès dont les juges auront été saisis ...

145) Auf die Funktionsänderungen im Bereich der Zivilprozesse soll hier nicht weiter eingegangen werden. Das Augenmerk liegt auf der Funktion der königlichen Prokuratoren im Strafprozeß.

Artikel 4 des VII. Titels regelte nämlich folgendes:

> *"In Strafverfahren sollen die Kommissare des Königs zu allen Anklagen gehört werden, die entweder von einem einzelnen Bürger erhoben und verfolgt worden sind oder von dem Richter, den jährlich jedes Tribunal mit der Aufgabe des öffentlichen Anklägers zu betrauen hat. Sie sollen im Verlauf des Untersuchungsverfahrens über die Einhaltung der Formvorschriften wachen und vor der Urteilsfindung über die Anwendung des Gesetzes."*[146]

Bezüglich der zuletzt formulierten Aufgabe deckte sich die Funktion der "Kommissare des Königs" mit der der Prokuratoren, die als "partie publique", also als Vertreter des öffentlichen Interesses zu agieren hatten.[147] Insoweit kann die infolge dieser Funktion bereits oben[148] vorgenommene Einschätzung des Prokurators als "eigenständiges Prozeßorgan" für die Kommissare des Königs übernommen werden.[149]
Allerdings wurde im Gesetzesvorschlag eine andere wichtige Funktion erwähnt, die ursprünglich in den Kompetenzbereich des Prokurators gehörte, den Kommissaren des Königs jedoch nicht anvertraut wurde.
Die Rede ist von der Aufgabe des Anklägers, die ehemals von Prokuratoren erfüllt[150] wurde. Nunmehr sollte jedes Tribunal jährlich einem seiner Richter diese Aufgabe übertragen. Erstmals ist sogar vom **öffentlichen** Ankläger die Rede, vom "accusateur public".

Damit sollten erstmals die Funktionen der "öffentlichen Partei" vor Gericht geteilt werden: einerseits die Prozeßbeobachtung im öffentlichen Interesse, andererseits die Antragstellung[151] für das öffentliche Interesse. Hatte bisher die Staatsanwaltschaft, das "ministère public", diese beiden Aufgaben wahrgenom-

---

146) Titre VII, Art. 4: Dans les matières criminelles, les commissaires du Roi seront entendus sur toutes les accusations intentées et poursuivies, soit par les particuliers, soit par le juge que chaque tribunal revêtira annuellement de la commission d'accusateur public. Ils requerront, pendant le cours de l'instruction, pour la régularité des formes; et avant le jugement, pour l'application de la loi.

147) s. dazu im 2. Kap. A I und II 1b.

148) 2. Kap. A I 3.

149) Genauso kann auch die für den Prokurator geltende Verneinung als "objektiver Gesetzeswächter" mangels entsprechender Kompetenzen übernommen werden.

150) Zur Erinnerung sei kurz darauf verwiesen, daß eine wichtige Funktion des Prokurators darin bestand, einen Antrag auf eine konkrete Bestrafung zu stellen, da ein eventueller privater Kläger nur Schadensersatzforderungen geltend machen konnte.

151) Da diese Funktionsfestlegung noch im Rahmen des Inquisitionsprozesses erfolgte, ist von "Antragstellung" die Rede. Bereits im 2. Kapitel unter B I erfolgte eine abschließende Bewertung der 'conclusions' der Prokuratoren, denen manche Autoren durchaus den Stellenwert einer förmlichen Anklage beimaßen.

men durch ihre Beamten, die Prokuratoren,[152] wurden mit der Umbenennung der Beamten in "Kommissare des Königs" diese beiden Aufgabenbereiche voneinander getrennt.
Die Beamten der Staatsanwaltschaft sollten weiterhin nur noch die Prozeßbeobachtung betreiben. Die Anträge zur Schuldfrage[153] hingegen sollten künftig durch einen zusätzlichen öffentlichen Ankläger gestellt werden.
Aus dieser Aufgabenaufteilung läßt sich auch der erste Artikel dieses Titels einfacher verstehen, in dem die Beamten der Staatsanwaltschaft ausdrücklich als "Vertreter der Exekutive gegenüber den Richtern bezeichnet"[154] wurden.
Die bereits erwähnte Ernennung durch den König war insofern nur logisch[155], da dieser von der Nation als 'oberster Verwalter der Exekutive' eingesetzt worden war.

III) öffentlicher Ankläger

Dem oben zitierten Artikel 4 des VII. Titels ist zu entnehmen, daß es zwei unterschiedliche Arten der Anklage geben sollte: einerseits die von einem einzelnen Bürger und andererseits die vom öffentlichen Ankläger erhobene Anklage[156].

1) Organ der Judikative

Besondere Aufmerksamkeit verlangt die durch den öffentlichen Ankläger erhobene Anklage oder genauer gesagt derjenige, der die Aufgabe dieses öffentlichen Anklägers zu erfüllen hatte. Ein Richter des Tribunals wurde von den anderen Richtern dafür ausgesucht, um diese Aufgabe für ein Jahr zu erfüllen.
Damit sollte also einem Organ der Judikative die Funktion der öffentlichen Anklage übertragen werden. In deutlicher Abgrenzung dazu nahmen die Kommissare des Königs als Beamte der Staatsanwaltschaft die Funktion eines "Vertreters der Exekutive gegenüber den Richtern"[157] ein. Man ordnete folglich die Funktion der Anklageerhebung nicht der vollziehenden, sondern rechtsprechenden Gewalt zu.

---

152) vgl. oben 6. Kapitel C II.

153) Vom Antrag zur Schuldfrage war jedoch der Antrag auf die konkrete Strafe zu unterscheiden, der in den Kompetenzbereich der königlichen Kommissare fiel.

154) Titre VII, Art. 1er: Les officiers du ministère public sont agents du pouvoir exécutif auprès des juges ...

155) Titre Ier, Art. 8: Les officiers chargés des fonctions du ministère public seront nommés par le Roi ...

156) ... les accusations intentées et poursuivies, soit par les particuliers, soit par le juge que chaque tribunal revêtira annuellement de la commission d'accusateur public.

157) Titre VII, Art. 1er: Les officiers du ministère public sont agents du pouvoir exécutif auprès des juges ...

2) Vertreter des Volkes

Besonders hervorzuheben ist außerdem die Tatsache, daß damit einem vom Volk gewählten Organ die Aufgabe des öffentlichen Anklägers übertragen werden sollte. Dem Gesetzestext zufolge wurden die Richter durch die Bürger des Gerichtsbezirks gewählt.[158]

Die Aufgabe des öffentlichen Anklägers oblag somit also einem Vertreter des Volkes und nicht einem Beamten des Königs.

Über diese Besonderheit gibt am ehesten die "Menschen- und Bürgerrechtserklärung" vom August 1789 Aufschluß. In ihr wurde erstmals festgelegt, daß nur die Gesellschaft das Recht hat, durch das Gesetz Rechte zu beschränken[159] und nur im Rahmen dieser Gesetze ein Bürger angeklagt werden durfte[160]. Das Recht der Anklage war somit ein Recht der Gesellschaft, die frei darüber entscheiden konnte, wem sie dieses Recht übertragen würde. Einige Monate später, kurz vor der Verabschiedung der endgültigen Gerichtsverfassung sprach THOURET vor der Nationalversammlung sogar von einer "volkseigenen Funktion" (une fonction populaire)[161]. Genau dieser Gedanke schien sich bereits in dem hier fraglichen Entwurf niedergeschlagen zu haben. Indem dieses Amt für eine beschränkte Zeit einem Richter übertragen werden sollte, hatte man ein Organ gewählt, das von

---

158) Titre Ier Art. 1er: Les juges seront élus par les justiciables.

(Die Richter werden gewählt von den Bürgern des Gerichtsbezirks.)

159) Art. 4: ... l'exercice des droits naturels de chaque homme n'a de bornes que celles qui assurent aux autres membres de la société la jouissance de ces mêmes droits. Ces bornes ne peuvent être déterminées que par la Loi.

(... die Ausübung der natürlichen Rechte eines jeden Menschen hat keine anderen Grenzen als die, die den anderen Mitgliedern der Gesellschaft die Ausübung derselben Rechte sichern. Diese Grenzen können nur durch das Gesetz festgelegt werden.)

Art. 5: La loi n'a le droit de défendre que les actions nuisibles à la société. Tout ce qui n'est pas défendu par la loi ne peut être empêché, et nul ne peut être contraint à faire ce qu'elle n'ordonne pas.

(Das Gesetz darf nur die Handlungen verbieten, die der Gesellschaft schädlich sind. Alles das, was das Gesetz nicht verbietet, kann nicht verhindert werden und keiner kann zu etwas gezwungen werden, was das Gesetz nicht anordnet.)

160) Art. 7: Nul homme ne peut être accusé, arrêté ni détenu que dans les cas déterminés par la loi, et selon les formes qu'elle a prescrites.

(Jeder Mensch kann nur angeklagt, festgenommen und gefangengehalten werden in den gesetzlich festgesetzten Fällen und in der Art und Weise, in der es das Gesetz vorschreibt.)

161) Auf diese Rede ist bereits im 6. Kapitel (unter C II 2b) verwiesen worden (ARCHIVES PARL., 1ère série, Sitzung v. 4. August 1790, Bd. XVII, S. 609). Im 10. Kapitel (unter B II) wird auf sie genauer eingegangen werden.

den Bürgern des Gerichtsbezirks gewählt worden war. Damit wurde ein deutlicher Akzent gesetzt, durch wen der öffentliche Ankläger legitimiert werden sollte, nämlich durch die Bürger.

3) Strafverfolgungskompetenz

Inwieweit dem öffentlichen Ankläger in diesen Entwürfen bereits Strafverfolgungskompetenzen übertragen wurden, kann nicht eindeutig beantwortet werden, da es an einer ausdrücklichen Vorschrift fehlt. Allerdings bestimmte der bereits zitierte Artikel 4 des VII. Titels, daß die Kommissare des Königs zu den Anklagen gehört werden müßten,

> *"die entweder von einem einzelnen Bürger erhoben und verfolgt worden sind oder von dem Richter, den jährlich jedes Tribunal mit der Aufgabe des öffentlichen Anklägers zu betrauen hat."*[162]

Dieser Vorschrift ist zu entnehmen, daß entweder ein einzelner Bürger oder ein mit dem Amt des öffentlichen Anklägers betrauter Richter die Anklage erhob und verfolgte.
Inwieweit hieraus eine Strafverfolgungskompetenz geschlossen werden kann, kann nicht abschließend geklärt werden.
Gegen die Annahme einer solchen spricht die Reihenfolge der Partizipien: die erhobene und verfolgte Anklage[163]. Demzufolge könnte die gerichtliche Weiterverfolgung der Anklage nach ihrer Erhebung gemeint gewesen sein und nicht die der Anklageerhebung vorgelagerte Strafverfolgung. Allerdings müßte man sich dann fragen, was nach erfolgter Anklageerhebung zu verfolgen gewesen ist.
Insofern spricht mehr für die Auslegung, die trotz der gewählten Reihenfolge im Gesetzestext von der Strafverfolgung durch den betroffenen Bürger bzw. den öffentlichen Ankläger ausgeht mit sich anschließender Anklageerhebung.
Welche Auslegung allerdings den Vorzug verdient, muß offenbleiben und insofern auch die Frage, ob dem öffentlichen Ankläger Strafverfolgungskompetenz zugewiesen werden sollte oder nicht.

D) Gegenvorschlag von Robespierre

Wenn auch einige Monate später[164] nahm ROBESPIERRE[165] im Rahmen der Gesetzesdebatte direkten Bezug auf diese Entwürfe des Gesetzgebungsausschus-

---

162) s. o. unter 2.

163) "... les accusations intentées et poursuivies ..."

164) Sitzung v. 7. April 1790 in ARCHIVES PARL., 1ère série, Bd. XII, S. 574ff.

165) ROBESPIERRE, bekannt durch sein Wirken im Wohlfahrtausschuß bis zu seiner Exekution 1794, wirkte in keinem Gesetzgebungsausschuß mit und kritisierte stattdessen. Kaum äußerte er sich zu detaillierten Fragen, weshalb sein Beitrag zur neu-

ses.[166] Er äußerte nicht nur vernichtende Kritik, sondern setzte einen eigenen Vorschlag[167] dagegen, in dem er Bestimmungen aufnahm über den öffentlichen Ankläger und den königlichen Kommissaren eine deutliche Abfuhr erteilte.

I) Einleitende Äußerungen

Er bezeichnete zunächst die Funktion der königlichen Kommissare als nutzlos und gefährlich, da sie sich in jeden Prozeß einmischen könnten.[168] Desweiteren wollte er denjenigen, der die öffentliche Anklage vertrat, auf keinen Fall der Exekutive unterstellen. Nähme man diese Trennung nicht vor, bedeutete dieses nichts anderes, als dem König diese Aufgabe zurückzuübertragen, da er dann Anweisungen erteilen könnte für die Strafverfolgung. In den Händen des Königs könnte diese Funktion den gefährlichsten Einfluß auf das Schicksal der Bürger nehmen und auf die eifrigsten Kämpfer der Freiheit. Er spricht sogar von der 'Verfälschung' und 'Perversion' der Institution, um mit diesem niederträchtigen Instrument das Volk selbst, den Souverän, zu erniedrigen.[169]

II) Entwurf

Entsprechend formulierte ROBESPIERRE ausdrücklich in seinem Gegenentwurf, daß der alle zwei Jahre neu zu wählende öffentliche Ankläger[170] weder vom

---

en Gerichtsverfassung außergewöhnlich war. Grundsätzliche Haltung ROBESPIERREs bestand darin, für das Volk zu kämpfen, unabhängig von den Vermögensverhältnissen. Diese waren deshalb ausschlaggebend, weil nur der steuerzahlende Bürger aktiv war, also wählen und gewählt werden konnte. Für ein halbes Jahr fungierte ROBESPIERRE sogar selbst als öffentlicher Ankläger.

166) Deshalb erscheint es um des Verständnis willen angemessen, die rein chronologische Darstellungsweise zumindest an dieser Stelle zu durchbrechen.

167) ARCHIVES PARL., 1ère série, Bd. XII, Sitzung v. 7. April, S. 577f.

168) ibidem, S. 576: "Je ne veux point parcourir les autres vices dont leur projet est entaché; je ne veux pas même parler des fonctions inutiles et dangereuses du commissaire du roi, qu'ils mêlent à toute instruction ..."

169) ibidem, S. 576: "C'est donc en vain que vous avez retiré des mains du commissaire du roi le redoutable ministère de l'accusation publique, pour le confier à un officier nommé par le peuple; voilà que vos comités osent vous proposer de le remettre indirectement au roi lui-même, c'est-à-dire de remettre à la cour et au ministère la plus dangereuse influence sur le sort des citoyens et des plus zélés partisans de la liberté; de dénaturer, de pervertir l'institution de l'accusateur public, pour en faire un vil instrument des agents du pouvoir exécutif pour avilir le peuple lui-même, le souverain, en soumettant à leur empire le magistrat qu'il a choisi pour poursuivre, en son nom, les délits qui troublent la société."

170) ibidem, S. 578, 3. Abschnitt, Art. 6: L'accusateur public sera nommé tous les deux ans par les électeurs du département.

König[171] noch von der Nationalversammlung[172] Anweisungen erhalten dürfe, wie er seine Funktionen zu erfüllen habe. Das Gleiche würde hinsichtlich der königlichen Kommissare gelten, die weder Funktionen von ihm wahrnehmen noch in die Untersuchungen der strafrechtlichen Angelegenheiten sich einmischen könnten.[173]

Mit diesem Vorschlag war ROBESPIERRE den übrigen Abgeordneten in zweierlei Hinsicht voraus. Zum einen wollte er den königlichen Kommissaren als Exekutivbeamten jegliche Möglichkeit der Einflußnahme auf die Judikative nehmen. Zum anderen widmete er erheblich mehr Aufmerksamkeit der Institution der öffentlichen Anklage. Zwar hatte auch der Gesetzgebungsausschuß die Notwendigkeit erkannt, die Funktion der Anklage aus dem Aufgabenbereich der vom König kontrollierten Exekutivbeamten auszuklammern. Allerdings war dieses in eher unzulänglichem Umfang geschehen, da sie einen Richter dafür abstellen wollten anstatt diese Aufgabe zu einer selbständigen Institution zu machen. Genau das machte ROBESPIERRE, indem er einem vom Volk ernannten öffentlichen Ankläger die Vertretung der öffentlichen Partei übertragen wollte. Dieser sollte seinem Verständnis zufolge diese Aufgabe für das Volk und in dessen Namen ausüben.

(Der öffentliche Ankläger soll alle zwei Jahre durch die Wähler des Departements ernannt werden.)

171) 3. Abschnitt, Art. 8: Le Roi ne pourra lui adresser aucun ordre pour la poursuite des crimes; attendu que cette prérogative serait incomparable avec les principes constitutionnels sur la séparation des pouvoirs, et avec la liberté.

(Der König soll ihm keinerlei Anweisung geben können hinsichtlich der Strafverfolgung; angesichts der Tatsache, daß ein solches Recht mit den verfassungsrechtlichen Prinzipien hinsichtlich der Gewaltenteilung und der Freiheit unvereinbar wäre.)

172) 3. Abschnitt, Art. 9: Le Corps législatif lui-même ne pourra lui adresser de pareils ordres ; la Constitution renfermant sa compétence dans la poursuite des crimes de lèse-nation, devant le tribunal établi pour les punir.

(Selbst die Nationalversammlung soll ihm keine vergleichbaren Anweisungen geben können; die Verfassung beschränkt deren Kompetenz auf die Strafverfolgung von Landesverrat vor dem dafür eingerichteten Gerichtshof.)

173) ibidem, 3. Abschnitt, Art. 10: L'accusateur public étant nommé par le peuple, pour poursuivre, en son nom, les délits qui troublent la société, aucun commissaire du roi ne pourra partager avec lui aucune de ses fonctions, ni se mêler, en aucune manière, de l'instruction des affaires criminelles.

(Der öffentliche Ankläger wird direkt vom Volk gewählt, um in dessen Namen die Delikte zu verfolgen, die die Gesellschaft stören; kein königlicher Kommissar soll sich mit ihm irgendeine seiner Funktionen teilen können, noch sich in irgendeiner Weise einmischen in die Untersuchungen von strafrechtlichen Angelegenheiten.)

III) Besonderheit: Jury der Anklage

Die Kompentenzen des öffentlichen Anklägers sollten allerdings in ROBESPIERREs Entwurf durch eine 'erste Jury'[174], auch 'Jury der Anklage' (jury d'accusation) genannt[175], beschränkt werden, indem er nur für die Delikte Anklage erheben können sollte, die von den ersten Geschworenen zuvor angenommen worden waren.[176]

Zu deren Aufgabe gehörte es nämlich, nicht nur die Ermittlungsergebnisse einer Kontrolle zu unterziehen, sondern auch darüber zu entscheiden, ob das ermittelte Material für eine Anklageerhebung ausreichen würde.[177] Der öffentliche Ankläger hatte folglich die Anklage zu erheben, über deren Zulassung nicht er, sondern die Geschworenen der Anklage zu entscheiden hatten[178].

---

174) Die sogenannte **zweite** Jury, die den Beinamen 'jury de jugement' trug, trat erst für die Schuldfeststellung in Funktion.

175) Art. 1-9 des 1. Abschnitts, mit der Überschrift 'Formation du jury d'accusation' versehen, regelten einerseits wie sich diese Jury zusammensetzte und andererseits deren Aufgabengebiet und das Verfahren für die Zulassung einer Anklage.

176) ibidem, 3. Abschnitt, Art. 7: Ses fonctions se borneront à poursuivre les délits sur les actes d'accusation admis par les premiers jurés.

(Seine Funktion soll sich darauf beschränken, die Strafverfolgung der Delikte voranzutreiben, deren Anklage von der ersten Jury zugelassen wurde.)

[*'poursuivre'* ist in diesem Zusammenhang zu verstehen wie *'engager contre quelqu'un une action pénale'*, d. h. also mit anderen Worten *'accuser'*, vgl. "Le nouveau petit Robert", S. 1748 unter 'poursuivre' Nr. 5]

177) Abschnitt 1, Art. 5: Quand le jury sera assemblé, il prêtera devant le directeur du jury le serment suivant: "Nous jurons d'examiner, avec une attention scrupuleuse, les témoignages et les pièces qui nous seront présentées; et de nous expliquer sur l'accusation, selon notre conscience."

(Wenn die Jury zusammengerufen worden ist, soll sie vor dem Geschworenendirektor folgenden Schwur leisten: "Wir schwören, daß wir mit peinlich genauer Aufmerksamkeit die Zeugenaussagen und Schriftstücke, die uns vorgelegt werden, prüfen und uns unserem Gewissen entsprechend über die Anklage äußern.)

Abschnitt 1, Art. 6: Ensuite l'acte d'accusation leur sera remis; ils examineront les pièces, entendront les temoins, et délibéreront entre eux.

(Danach soll ihnen die Anklageschrift übergeben werden; sie sollen die Schriftstücke prüfen, Zeugen verhören und sich untereinander beraten.)

Abschnitt 1, Art. 7: Ils feront ensuite leur déclaration qui portera qu'il y a lieu ou qu'il n'y a pas lieu à l'accusation.

(Danach sollen sie eine Erklärung abgeben, die darüber entscheiden soll, ob eine Anklage erhoben wird oder nicht.)

178) vgl. oben Art. 7 des 3. Abschnitts (... les délits sur les actes d'accusation admis par les premiers jurés.)

Damit hatte ROBESPIERRE eine Institution in seinen Entwurf integriert, über die zu dem Zeitpunkt, als er ihn vortrug, bereits eifrig debattiert worden war, ohne jedoch konkrete Verfahrensvorschläge zu entwerfen. Die Institution der Geschworenen war zwar größtenteils bejaht worden, aber nicht in dieser sorgfältigen Unterscheidung zwischen Jury der Anklage ('Jury der Anklage') und Jury des Urteils ('jury de jugement'). Insofern ist es auch nicht verwunderlich, daß die letztgenannte Vorschrift, derzufolge der öffentliche Ankläger nur Anklage nach vorheriger Zulassung durch die Anklagejury erheben dürfe, beinah wörtlich in zwei unterschiedlichen Gesetzesbereichen übernommen wurde: zum einen in der neuen Kriminalprozeßordnung vom September 1791[179], und zum anderen im Verfassungsentwurf der Girondisten, durch CONDORCET im Februar 1793 vorgestellt[180]. Allerdings tauchte diese Verfahrensneuheit nicht in der endgültigen Gerichtsverfassung auf, was vermutlich daran lag, daß es sich dabei um eine spezifisch strafprozeßrechtliche Problematik handelte.

E) Grundprinzipien Duports

Interessante Auslegungshinweise für die ersten Gesetzesentwürfe finden sich außerdem in den Grundprinzipien, die noch in der Sitzung vom 22.12.1789 von DUPORT in der Nationalversammlung vorgetragen wurden[181].
Unter anderem führte er aus, welche Voraussetzungen für eine Festnahme und Untersuchungshaft erfüllt sein müßten[182] und welche Pflichten die Bürger gegenüber der Gesellschaft und die Gesellschaft den Bürgern gegenüber hätte[183].

---

179) ARCHIVES PARL., 1ère série, Bd. XXX, S. 696ff, Gesetz vom 16. Sept. 1791, Titre IV Art. 1er: L'accusateur public est chargé de poursuivre des délits sur les actes d'accusation admis par les premiers jurés (s. dazu 11. Kapitel).

180) ARCHIVES PARL., 1ère série Bd. LVIII, S. 616ff, Titre X, section III, Art. 10: Les fonctions de l'accusateur public seront ... 6° De poursuivre les délits sur les actes d'accusation admis par les premiers jurés. (vgl. 7. Kap. B II 1).

181) ARCHIVES PARL., 1ère série Bd. X, S. 744ff.

182) Art. 23: Ainsi; 1° pour un délit qui ne mérite qu'une peine pécuniaire ... une caution en argent doit suffire; ainsi: 2° la société n'a pas le droit de placer un citoyen dans les prisons malsaines ou incommodes, car un homme prévenu, même accusé, est toujours présumé innocent.

(Auf diese Weise gilt: 1. für ein Delikt, das nur mit einer Geldstrafe geahndet werden kann, muß eine Kaution in Geld genügen; 2. die Gesellschaft hat nicht das Recht, einen Bürger in gesundheitsschädlichen und unbequemen Gefängnissen unterzubringen, denn auch ein Beschuldigter, selbst wenn seine Anklage zugelassen worden ist, gilt immer als unschuldig.)

183) Art. 21: C'est un devoir pour tous les citoyens de se prêter au rétablissement de l'ordre, non seulement par sa propre modération, mais en s'employant à contenir les pertubateurs et à les arrêter, si cela est nécessaire ...

Prinzipiell stellte er das Verhältnis zwischen den Bürgern und der Gesellschaft als ein Wechselspiel von gegenseitigem Geben und Nehmen dar.[184] So kam er auch zu dem Ergebnis, daß eine Festnahme und Bestrafung eines zu Recht Verurteilten keinen Angriff auf dessen indiviuelle Freiheit und dessen Sicherheit bedeuteten.[185]

DUPORTs Ausführungen zufolge standen alle Bürger unter dem Schutz des Gesetzes, solange sie das Gesetz selbst respektierten. Gesetzesmißachtung bedeutete soviel wie Vertragsbruch, der von der Gesellschaft geahndet wurde.

F) Vorschlag von Sieyes

Im Frühjahr 1790 wurde die Debatte um die neue Gerichtsverfassung fortgesetzt mit einem weiteren Gesetzesentwurf des Abgeordneten SIEYES, der am 19. März und 8. April seinen Vorschlag vortrug.[186]

Die beiden Teilentwürfe ließen detaillierte Bestimmungen über die Staatsanwaltschaft vermissen. Weder Kommissare des Königs noch öffentliche Ankläger wurden erwähnt, stattdessen beschränkte sich SIEYES darauf, Angehörigen der Polizei zu ihren üblichen Funktionen zusätzlich die Aufgabe der Staatsanwalt-

---

(Es ist die Pflicht eines jeden Bürgers, sich für die Aufrechterhaltung der öffentlichen Ordung einzusetzen, nicht nur durch eigene Mäßigung, sondern auch dadurch, daß er sich um Zügelung von Unruhestiftern kümmert und, soweit das nötig ist, um deren Festnahme ...)

Art. 22: C'est aussi un devoir pour tout citoyen d'obéir à la police, et s'il refuse, il doit y être contraint; mais le devoir de la société envers tout citoyen est ...

(Ebenso ist es die Pflicht eines jeden Bürgers, der Polizei zu gehorchen, und er soll dazu gezwungen werden, wenn er es verweigert; allerdings ist es die Verpflichtung der Gesellschaft jedem Bürger gegenüber ...)

184) Art. 26: ... pour profiter des avantages de la société, il faut remplir les obligations qu'elle impose.

(... um von den Vorteilen der Gesellschaft zu profitieren, muß man die Verpflichtungen erfüllen, die sie einem auferlegt.)

185) Art. 25: Avec ces conditions, l'arrestation provisoire d'un particulier n'est pas plus un attentat à sa liberté individuelle que la punition d'un coupable condamnné n'est un attentat à sa sûreté. C'est une condition essentielle du contrat qu'ils ont fait avec la société.

(Unter diesen Bedingungen stellt sich die vorübergehende Festnahme eines Einzelnen ebensowenig als ein Angriff auf dessen individuelle Freiheit dar, wie die Bestrafung eines zu Recht Verurteilten auch kein Angriff auf dessen Sicherheit ist. Genau das ist eine essentielle Bedingung des Gesellschaftsvertrages, den die Bürger mit der Gesellschaft abgeschlossen haben.)

186) ARCHIVES PARL., 1ère série Bd. XII, S. 249ff; S. 573ff.

schaft zuzuweisen.[187] Worin deren Aufgabe bestehen würde, führte er jedoch nicht aus, sondern verwies auf - wo auch immer - "bereits erwähnte Funktionen der Staatsanwaltschaft" (les fonctions dites du ministère public).
Deutlich lag die Konzentration auf der Einführung von Geschworenengerichten, sowohl für Zivil- als auch für Strafprozesse.[188] Für die vorzunehmende Untersuchung allerdings ist dieser Gesetzesvorschlag von unerheblicher Bedeutung.

G) Das Memorandum von Duport

Die Ausführungen DUPORTs aus dem Frühjahr 1790[189] bestanden mit wenigen Ausnahmen[190] nicht in einem ausgefeilten Gesetzesentwurf, sondern beschrieben vielmehr die Hintergründe und Motive, die hinter der Gesetzesdebatte standen bzw. stehen sollten. DUPORT betonte, wie wichtig es sei, daß nicht das Interesse des Einzelnen, sondern der gemeinschaftliche Wille (la volonté générale) die Gesetzgebung lenken müsse. Die Basis der Judikative müsse vollkommen und ausnahmslos auf dem Interesse des Volkes liegen.[191]

---

187) Titre Ier Art. 8: Les **lieutenants de police** exerceront de plus, auprès de la justice primaire de leur ressort, les fonctions dites du ministère public.

Titre II Art. 74: Les trois membres du directoire dans la **chambre supérieure de police** seront chargés de plus, de remplir, auprès des trois chambres du tribunal, les fonctions du ministère public.

Titre IV Art. 141: Les fonctions de ministère public auprès du comité de justice seront exercées par **deux membres du bureau de police**.

188) Toute cause d'instance, tant au civil qu'au criminel, portée soit aux assises, soit aux chambres d'un tribunal de département, ne pourra être jugée que par le ministère d'un jury.

189) ARCHIVES PARL., 1ère série, Bd. XII, Sitzung v. 29. März 1790, S. 408ff.

190) Ausnahme bilden:
1.) ein aus 11 Artikeln bestehender Entwurf über allgemeine Vorschriften (ibidem, S. 432).
2.) 2 Entwürfe über die Funktion der Geschworenen in Straf- und Zivilverfahren (ibidem, S. 436ff; 438ff).

191) ibidem, S. 409: "... on vous propose un plan, sans vous parler des principes, d'où l'on est parti, ni des bases sur lesquelles il a été construit. Cette marche ne convient pas à des hommes libres, qui veulent savoir ce qu'on leur propose, et pourquoi on leur propose ...

Beaucoup d'interêts particuliers, le sort d'un grand nombre de membres de cette Assemblée se trouveront liés à cette discussion; mais, par cela même, je m'assure qu'ici, comme dans toutes nos délibérations, l'intérêt général sera seul écouté.

Ainsi, ce n'est pas sur l'intérêt d'une plus grande consommation dans les villes, ni sur l'intérêt des officiers de justice, que vous établirez la base de votre pouvoir judiciaire; vous la fonderez entièrement et uniquement sur l'intérêt du peuple."

I) Die allgemeinen Prinzipien

Die für ihn wichtigen Grundprinzipien faßte er so zusammen[192]: Geschworenengerichte für Zivil- und Strafverfahren, nicht ortsansässige Richter, eine öffentliche Partei[193] in jeder Stadt, in der Gerichte tagten[194], ein Vertreter der Krone in jedem Bezirk.[195]

Aus diesen Grundprinzipien läßt sich deutlich entnehmen, daß mittlerweile unterschieden wurde zwischen der Krone und der öffentlichen Partei. Hatte ursprünglich mal der König das öffentliche Interesse vertreten und waren es einst seine Vertreter, die gleichzeitig für eigene und königliche Belange eintraten, wurde nun zwischen der öffentlichen Partei und dem Vertreter der Krone unterschieden. Die Vermengung von königlichen und öffentlichen Interessen sollte bewußt und gezielt abgeschafft werden. Genau diese Vermengung hatte dazu einst geführt, daß die Prokuratoren einerseits als Vertreter der öffentlichen Partei, andererseits aber als königliche Beamte in Konflikte geraten mußten.

II) Trennung von Faktenermittlung und Gesetzesanwendung

DUPORTs Rede beinhaltete desweiteren auch Ausführungen über die Unterscheidung von Gesetz und Urteil.[196] Während das Gesetz eine generelle Regelung

---

192) ibidem, S. 409/410: "Mon plan est fort simple: des jurés au civil et au criminel, des juges ambulants ..., une partie publique dans chaque ville d'assises, et un officier de la couronne dans chaque chef-lieu.

193) Zur Erinnerung sei nochmals kurz die in der Enzyklopädie aufgeführte Definition von 'Öffentlicher Partei' erwähnt: "Es ist die Partei, deren Aufgabe es ist, für das öffentliche Interesse einzutreten ..." (2. Kap. A II 1b; 6. Kap. C II 1).

194) Die Übersetzung des im Deutschen nur sehr schwierig wiederzugebenden Ausdrucks 'une ville d'assises' bedarf einer Erläuterung, da sie sehr frei ist. Der Begriff 'assises' (wörtlich: *Sitzung*) war bereits Jahrhunderte zuvor in Gebrauch und umschrieb die in regelmäßigen Abständen stattfindenden Gerichtstage, die die Feudalherren abhielten (IMBS, "Trésor de la langue française", S. 704).

DUPORT übernahm diesen Ausdruck deshalb, um zu signalisieren, daß es pro Distrikt eine Stadt geben sollte, in der nicht ein ständiges Gericht sitzen, sondern an regelmäßig stattfindenden Gerichtstagen verhandelt werden sollte.

195) Auf diese unterschiedlichen Funktionen wird unter III) und IV) im Detail einzugehen sein.

196) ARCHIVES PARL., 1ère série Bd. XII, Sitzung v. 29. März 1790, S. 411: "... car la différence d'une loi et d'un jugement est que celle-là statue sur des questions générales, et celui-ci sur un fait déterminé.

... tant qu'un fait n'est pas éclairci, il n'est pas déterminé, et nous venons de voir que, tant que le fait n'est pas déterminé, les juges ne peuvent pas s'expliquer.

vornehme, bewertete das Urteil einen konkreten Sachverhalt. Folglich könne ein Urteil erst dann ergehen, wenn die Fakten so klar ermittelt werden konnten, daß auf sie das Gesetz anwendbar sei. Im Grunde sei also jedes Urteil ein Vergleich zwischen Gesetz und Fakten[197].

1) Gerechtigkeitsgründe

DUPORT zufolge waren allerdings diese beiden unterschiedlichen Schritte "Faktenermittlung" und "Gesetzesanwendung" so deutlich voneinander zu trennen, daß sie nicht in der Hand derselben Person liegen dürften. Kein Mensch könne sich von sich selbst so weit distanzieren, um unparteiisch gegenüber seinen eigenen Ermittlungsergebnissen zu sein.[198]
Ihm reichte die Unterschiedlichkeit der Personen nicht einmal aus, sondern er legte Wert darauf, daß sie unterschiedlichen Personengruppen angehörten, um nicht denselben Irrtümern und Vorurteilen zu erliegen. Folglich brauche man einerseits Geschworene, um Fakten zu ermitteln, und Richter, um das Gesetz auf diese Fakten anzuwenden.[199]

2) Bewahrung einer "öffentlichen Freiheit"

DUPORT untermauerte diese strikte Trennung von Faktenermittler und Gesetzesanwender damit, daß sie die 'öffentliche Freiheit' bewahren würde.

... tout jugement est une comparaison; en matière judiciaire, c'est la comparaison d'un fait à la loi, et l'on ne peut comparer que des objects certains et que l'on aperçoit clairement."

197) Mit der Annahme eines Vergleichs (ibidem, S. 413) verneinte DUPORT die Meinung, derzufolge es sich um einen Syllogismus handelte. Dessen Prämissen sollten der Sachverhalt und das Gesetz bilden, während das Urteil die Konklusion bedeutete.

198) ibidem, S. 413: "Ces deux opérations differentes, d'éclaircir le fait et d'appliquer la loi, doivent-elles être confiées aux mêmes individus? ... Je ne fais aucun doute de penser que ces deux opérations ne doivent pas être confiées aux mêmes personnes. Quelle que soit l'impartialité dont un individu puisse être doué, elle ne va jamais jusqu'à le séparer, pour ainsi dire de lui-même, et détruire tout contact, toute communication entre ses diverses facultés, entre son esprit et ses affections.

199) ibidem, S. 414: "On sait qu'en général il s'établit, entre des gens d'un même état, une sorte d'esprit général, qui se forme par opposition à l'esprit général de la société ... Je pense donc qu'il paraîtra convenable de ne pas attribuer à des hommes déjà réunis par leurs préjugés, les deux opérations dont nous avons parlé; mais qu'il est nécessaire d'établir des individus pour déterminer le fait, et d'autres pour appliquer la loi, c'est-à-dire des **jurés** et des **juges.**"

"Meine Herren, Ihnen muß derjenige noch vor Augen sein, der sagte, daß die gesamte Staatsgewalt ***durch*** *das Volk und* ***für*** *das Volk geschaffen werden soll. Nur die mangelnde Fähigkeit, sie in ihrer Gesamtheit auszuüben, hat es dazu gezwungen, einige Bereiche dieser Staatsgewalt zu delegieren. Aus diesem Grunde hat es die verfassungsgebende Gewalt an Repräsentanten, die legislative Gewalt an Abgeordnete, die exekutive Gewalt an den Monarchen delegiert; aber es muß aus demselben Grund die Bereiche für sich reservieren, die es selbst ausüben kann. Deshalb muß die Basis der rechtsprechenden Gewalt, die in der Aufklärung der Fakten besteht, für immer beim Volk bleiben. Es darf dieses Recht nicht delegieren, weil es dieses ausüben kann; im Gegenteil, es muß dieses verteidigen wie sein teuerstes Gut."*[200]

In diesem Zitat DUPORTs waren zwei Aussagen enthalten, die hervorzuheben sind: erstens die Feststellung, daß die gesamte Staatsgewalt nicht nur **vom** Volk ausging, sondern auch **für** das Volk eingerichtet wurde *("établis par le peuple pour le peuple")* und zweitens die daraus resultierende Schlußfolgerung, daß die Rechte, die das Volk selber ausüben könne, nicht delegiert werden sollten, sondern als teuerstes Gut zu bewahren seien *("sa plus chère propriété")*. Als eines dieser Rechte nannte er die Aufklärung von Fakten, die er als die Basis der Judikative darstellte.

Damit hatte DUPORT der Volkssouveränität ein deutlicheres Gesicht gegeben als bis dahin vorgenommen. Ihm reichte nicht die Aussage, daß alle Staatsgewalt vom Volk ausginge, sondern er betonte, in wessen Sinn die Gewalt ausgeübt werden müsse, nämlich für das Volk. In seiner Forderung, daß das Volk nur die Macht delegieren dürfe, die es selber nicht ausüben könne, lag ein gewisses Mißtrauen den Delegierten gegenüber. DUPORT erkannte die Notwendigkeit der Delegation bestimmter Machtbereiche, wollte diese jedoch nur in notwendigem Maße, da er die Machtausübung im Sinn des Volkes erstrebte.

In seinen Worten steckte die Aufforderung an das Volk, möglichst viele Bereiche der Staatsgewalt in eigenen Händen zu behalten. Dazu zählte DUPORT im judikativen Bereich die Faktenaufklärung, die jedem Urteil vorangehen müßte.

---

200) ibidem, S. 416: "Il est encore présent à vos esprits, Messieurs, celui qui veut que tous les pouvoirs, soient établis **par** le peuple et **pour** le peuple. L'impossibilité de les exercer tous l'a seule forcé à en déléguer quelques-uns. C'est ainsi qu'il délègue le pouvoir constituant à des représentants, le pouvoir législatif à des députés, et le pouvoir exécutif au monarque; mais il doit, par la même raison, se réserver ceux qu'il peut exercer par lui-même. Il faut donc que la base du pouvoir judiciaire, celle qui consiste dans l'éclaircissement des faits, reste éternellement dans le peuple. Ce droit, il ne doit pas le déléguer, puisqu'il peut l'exercer; il doit au contraire le défendre comme sa plus chère propriété ..."

III) Die öffentliche Partei

DUPORT erwähnte bereits bei der Aufzählung seiner Grundprinzipien "die öffentliche Partei" (la partie publique). Eine solche Partei war zwar nicht neu, denn bereits in der Ordonnanz von 1670 tauchte dieser Terminus auf.[201] Allerdings verlieh DUPORT der öffentlichen Partei einen anderen Stellenwert.
Er bezeichnete sie als "öffentliche Antragsteller" (solliciteur[202] public), die damit beauftragt seien, *"über die Anwendung des Gesetzes auf alle Prozeßparteien und in jedem Prozeßstadium zu wachen"*[203] und das gegebenenfalls zu beklagen. In ihrer Funktion als "öffentliche Kontrolleure" (censeurs publics) seien sie *"von der Gesellschaft dazu beauftragt, ein Regulator gegenüber allen Staatsgewalten"* zu sein.[204] DUPORT versprach sich davon, daß *"sie für alle Bürger eine allumfassende Wirkung des Gesetzes und die Herrschaft des gemeinschaftlichen Willens herbeiführten"*. Mehrmals betonte er allerdings, daß die öffentlichen Kontrolleure nicht zu entscheiden befugt seien. Stattdessen seien sie *"das Auge des Gesetzes, die Wächter der Gesellschaft"*, die *"weder Kopf noch Arm"*, weder *"Ausführende noch Richter"* seien.[205]
Er plante, an jedem Gerichtshof einen solchen Kontrolleur einzurichten, so daß die Geschworenen gegebenenfalls die Bedenken der öffentlichen Partei in ihre Entscheidung einbeziehen konnten.[206] Offensichtlich maß er der öffentlichen Partei einen großen Stellenwert bei, da er ihnen die Verteidigung des Gemeinschaftsgutes anvertraute, das er für eines der wichtigsten und nützlichsten hielt:

---

201) Im Inquisitionsprozeß bekleideten die Prokuratoren des Königs das Amt der öffentlichen Partei vor Gericht, um im Interesse der gesellschaftlichen Ordnung Strafantrag zu stellen. Selbst wenn nämlich durch den Tatgeschädigten Klage erhoben worden war, konnte der Private nur auf Schadensersatz klagen, eine Strafe konnte nur der Prokurator als Vertreter des öffentlichen Interesses beantragen (2. Kap. A II 1b). Hintergrund dafür, daß die Prokuratoren des **Königs** als Vertreter des **öffentlichen Interesses** fungierten, ist die Tatsache, daß in Frankreich das Königtum zunehmend der Träger der öffentlichen Sicherheit geworden war (2. Kap. A I).

202) Abgeleitet von 'solliciter', das aus dem Lateinischen stammend (sollicitare) u. a. bedeutet: veranlassen, auffordern, zu etwas bewegen.

203) ibidem, Sitzung v. 29. März 1790, S. 423: "... chargée aussi de veiller à l'exécution de la loi dans toutes les parties et tous les instants de la procédure, sous le nom de solliciteur public ...

204) ibidem: "... vous pouvez déjà la concevoir ... comme le censeur public, le régulateur délégué par la société auprès de tous les pouvoirs; n'ayant jamais celui de décider, mais toujours celui de se plaindre et de faire entendre ses plaintes.

205) De tels censeurs ... auront toujours le droit de critiquer, de se plaindre; d'autres décideront: ils seront, pour ainsi dire, l'oeil de la loi, et les surveillants de la société; mais ils ne seront ni la tête ni le bras, ils ne seront ni exécuteurs ni juges.

206) ibidem, S. 419/423.

das Gesetz. Seiner Meinung zufolge war die Gesellschaft auf ein funktionierendes Rechtssystem angewiesen, um zu gewährleisten, daß nicht der Wille Einzelner den gemeinschaftlichen unterdrückte.[207]
Die öffentliche Partei war für DUPORT folglich die Institution, die für die Öffentlichkeit darüber wachte, daß im Verlauf der Prozesse das Recht korrekt angewandt wurde, ohne jedoch entscheidungsbefugt zu sein. Im Namen der Öffentlichkeit sollte sie nur entsprechende Anträge stellen können.

IV) Vertreter der Krone

Unabhängig von der öffentlichen Partei, die für die Öffentlichkeit vor Gericht für eine gleichmäßige Anwendung des Gesetzes eintrat, wollte DUPORT für die Vollstreckung der Urteile einen Vertreter der Krone bzw. der Exekutive[208] pro Gerichtsbezirk einsetzen.
Für ihn stand fest, daß der Mann, der mit dieser Funktion betraut sein würde, *"durch die Exekutive ernannt und eingesetzt werde und ihr untergeordnet"* sei. Dieses sei notwendig *"für die Einheitlichkeit des Handelns und wegen der monarchischen Prinzipien, die letzten Endes fordern, daß jegliche Maßnahme der Gesetzesausübung nach festgesetzten Regeln vom Chef der Exekutive ausgeht und sich auf ihn beruft"*.[209]
Da er jedoch auch nicht wollte, daß diese Aufgabe vom Militär erfüllt würde[210], bedurfte es einer neuen Institution, deren Amtsbezeichnung insbesondere die Zugehörigkeit zur Exekutive signalisieren sollte.
Durchaus erkannte DUPORT die sich daraus ergebende Problematik mit der Gewaltenteilung, allerdings war er der Meinung, daß die Staatsgewalten jeweils so

207) ibdem, S. 425: " On ne me contestera pas, je l'espère, l'utilité des solliciteurs publics et l'importance de leurs fonctions; la loi ètant la plus importante et la plus utile de toutes les propriétés communes, quelqu'un doit être chargé spécialement de la défendre ... On saura un jour que, plus la loi est sévèrement exécutée chez un peuple, plus il est libre ... une société n'est heureuse, libre et florissante, que lorsque la loi, exprimant la volonté de tous, étouffe toutes les volontés particulières.

208) Tatsächlich benutzte er unter Betonung der monarchischen Staatsform den Begriff der Krone als Synonym für die Exekutive (ibidem, S. 419/425).

209) ibidem, S. 419: "L'homme qui sera chargé de cette fonction, doit nécessairement être nommé par le pouvoir exécutif, institué par lui, et lui être subordonné. Cela est nécessaire à l'unité d'action, et aux principes de la monarchie, qui veulent qu'en dernière analyse, avec des règles établies, toute sorte d'exécution vienne du chef du pouvoir exécutif, et s'y rapporte."

210) ibidem: "Sie werden leicht erkennen, meine Herren, daß dieser Mensch keinesfalls dem Militär angehören darf, weil die Vereinigung der Funktionen die Verantwortlichkeit zerstörte und man nie wüßte, welcher Sache die Militärs dienen; seine Funktion liegt in der Mitte zwischen ziviler und kriegerischer Funktion und muß sozusagen beiden Bereichen angehören."

organisiert sein müßten, daß man alle Möglichkeiten und Energie aufwenden sollte, um eine optimale Entwicklung der jeweiligen Staatsgewalt zu bewirken.[211]

V) Eigene Stellungnahme

Analysiert man diese Ausführungen, die des enormen Umfangs wegen nur in Auszügen zitiert werden konnten, erwecken einige Äußerungen großes Interesse. Dazu gehört als erstes die Faktenermittlung für den Prozeß, als Basis der Judikative bezeichnet, die seiner Meinung nach vom Volk nicht delegiert werden sollte. Zweitens fällt die öffentliche Partei ins Auge, die für die Öffentlichkeit im gesamten Prozeßverlauf mit ihren Anträgen zur Einhaltung der Gesetze mahnen sollte, ohne entscheidungsbefugt zu sein.
Drittens ist bemerkenswert, daß die Strafvollstreckung als Aufgabenbereich der Exekutive abgetrennt und einem Beamten der Krone übertragen werden sollte.

1) Faktenermittlung als Basis der Judikative

DUPORT machte diese Aussage im Zusammenhang mit den Geschworenen, die durch die abschließende Faktenaufklärung das durch den Richter zu fällende Urteil vorbereiten sollten. Dem Richter sollte letztlich nur noch die Anwendung des Gesetzes auf diese ermittelten Fakten überlassen bleiben. Damit war allerdings nur die Faktenermittlung im Rahmen des Prozesses abgedeckt. Offen dagegen blieb die Frage, wie die Geschworenen eigentlich an das Informationsmaterial kommen sollten, das eine Faktenauswertung überhaupt erst möglich machte.
Damit blieb bei DUPORT das dem Prozeß vorausgehende Ermittlungsverfahren auf den ersten Blick unbeachtet.
Allerdings wird in Anbetracht seiner näheren Ausführungen zu der Faktenaufklärung durch die Geschworenen deutlich, daß es ihm vornehmlich um die Trennung zwischen Ermittelndem und Urteilendem ging. Er sah das Hauptproblem darin, daß sich kein Mensch, so unparteiisch er auch sei, von sich selbst so weit lösen könne, daß er seine eigenen Ermittlungsergebnisse auswerten könne. Er unterschied nicht zwischen einer Faktenermittlung im Vorverfahren und Faktenauswertung im Hauptverfahren, sondern zwischen 'Faktenaufklärung' und 'Gesetzesanwendung'. Damit hatte er genau das angeprangert, was für den Inquisiti-

211) ibidem: "Keine Gewalt darf aus ihrem Bereich heraustreten außer unter dem Vorwand der Unterstützung des anderen; wäre das nicht, hätte man bald eine Vermengung der Gewalten: aber in der Organisation jeden Bereichs müssen sich die gesamte Energie und ausreichend Möglichkeiten befinden für eine Entwicklung, zu der er imstande ist. Die Macht, die neben den Richtern steht, darf nicht durch sie geleitet, sondern nur durch sie angespornt werden.

onsprozeß spezifisch gewesen war, nämlich die verheerende Vereinigung von den Prozeßrollen des Ermittelnden und des Urteilenden[212].
Besonderes Interesse erweckt aber außerdem die damit verbundene Aussage DUPORTs, daß es sich mit der Faktenermittlung um die Basis der Judikative handelte, deren Ausübung das Volk nicht delegieren dürfe. Keine Zweifel bestehen daran, daß die umfassende Ermittlung des zugrundeliegenden Sachverhalts die Basis für jeden Prozeß bietet und aufgrunddessen von nicht zu unterschätzender Wichtigkeit ist. Allerdings erscheint es höchst unrealistisch, diese Aufgabe vom Volk selbst ausüben zu lassen.
Anzunehmen ist jedoch, daß DUPORT für die Faktenermittlung auch in Erwägung gezogen hätte, diese Funktion zu delegieren.
Schließlich wollte auch er nur die Machtbereiche für das Volk reservieren, die von ihm auch auszuüben seien.
Fazit ist, daß Faktenaufklärung für DUPORT eine volkseigene Funktion darstellte, die von einem möglichst volksnahen Vertreter zu übernehmen war.

2) Die öffentliche Partei als öffentlicher Antragsteller

Die oben beschriebene Kontroll- und Antragsbefugnis der öffentlichen Partei ohne Entscheidungskompetenz erinnert an die Aufgabe der Prokuratoren im Inquisitionsprozeß[213].
Zwar war dessen Verlauf durch den Richter bestimmt, wurde aber immer wieder durch den Prokurator beeinflußt. Das überhaupt hat den Schluß zugelassen, die Funktion des Prokurators als eigenständiges Prozeßorgan einzustufen[214]. Hintergrund dessen war die Tatsache, daß der Prokurator immer wieder vom Richter in Kenntnis gesetzt werden mußte über den Ermittlungsstand und der Richter, ohne an die Anträge des Prokurators gebunden zu sein, dessen Anträge immer abzuwarten hatte und ohne diese das Verfahren nicht weiter fortführen konnte.[215]
Eine vergleichbare prozeßbegleitende Funktion hatte der öffentliche Antragsteller in dem von DUPORT entworfenen Gerichtsverfahren. Genausowenig wie der Prokurator hatte der öffentliche Antragsteller Entscheidungskompetenz, sollte aber für die Öffentlichkeit vor Gericht eintreten und gegebenenfalls durch seine Anträge Einfluß nehmen.
Die Parallelität der Bezeichnung als "öffentliche Partei" ist folglich nicht zufällig. DUPORT hatte sich diesen Begriff offensichtlich nicht grundlos aus dem Inquisitionsprozeß 'geliehen', um ihn mit einer vollkommen anderen Funktion zu

---

212) vgl. dazu die Ausführungen im 1. Kapitel.

213) vgl. dazu die Ausführungen im 2. Kapitel.

214) 2. Kap. unter B I 3).

215) 2. Kap. unter A II.

belegen. Vielmehr stand dahinter, daß er dieses Prozeßorgan mit entsprechenden Modifikationen beibehalten wollte.
Der wirklich gravierende Unterschied bestand darin, daß der öffentliche Antragsteller einzig und allein im Interesse der Gesellschaft seine Funktion einnehmen sollte[216], während der Prokurator gleichzeitig öffentliche wie königliche Interessen zu vertreten hatte.
Genau da spiegelte sich die politische Entwicklung wider: infolge der Revolution war aus der absoluten eine konstitutionelle Monarchie geworden. Der König war nicht mehr der absolute Herrscher, der über allem stand, sondern erster Diener des Staates.

3) Strafvollstreckung als Aufgabe der Exekutive

Schließlich ist an DUPORTs Vorschlag noch bemerkenswert, daß die Kontrolle über die Urteilsvollstreckung ausdrücklich in den Händen der Exekutive liegen sollte, um die Durchführung des "gemeinschaftlichen Willens" (la volonté générale) zu gewährleisten.
Allerdings ist es nicht die Einordnung als exekutive Aufgabe, die hervorzuheben ist, sondern die Abgrenzung zu den Aufgaben der öffentlichen Partei, die bis zur Urteilsfindung als "Auge des Gesetzes" waltete und *"... für alle Bürger die Herrschaft des gemeinschaftlichen Willens herbeiführte"*.
Was bezweckte DUPORT damit, daß er bis zur Urteilsfindung einen Vertreter der Gesellschaft mit der Verwirklichung des gemeinschaftlichen Willens beauftragte, während zum Zweck der Urteilsvollstreckung die Kontrolle über die Ausübung des gemeinschaftlichen Willens einem Beamten der Exekutive übertragen wurde?
Ein eindeutige Antwort kann den Ausführungen DUPORTs nicht entnommen werden. Deshalb sei hier ein eigener Erklärungsversuch gestattet. Auf der Hand liegt es, daß DUPORT eine größtmögliche Kontrolle der Verwirklichung des gemeinschaftlichen Willens bezweckte und den Interessen Einzelner möglichst wenig Spielraum lassen wollte. Insofern war die Taktik, in unterschiedlichen Prozeßphasen unterschiedlichen Organen die Kontrolle zu überlassen, nur logisch.
Allerdings sollte noch ein weiterer Aspekt beachtet werden, nämlich der Gedanke, daß DUPORT das Recht als Ausdruck des gemeinschaftlichen Willens verstand. Jedes Urteil also, das dieses Recht anwendete, war Teil dieses gemeinschaftlichen Willens und das Ergebnis eines anteiligen Willensbildungsprozesses.
Demgegenüber war dann die Urteilsvollstreckung als bloße Ausführungshandlung zu verstehen. Unter diesem Gesichtspunkt macht DUPORTs Differenzierung

---

216) s. o. unter G III.

durchaus Sinn: die Willens**bildung** sollte anders kontolliert sein als die Willens**ausübung.**

H) Vorschlag von Chabroud

Einen Tag nach DUPORTs ausführlichen Erläuterungen kam CHABROUD anläßlich der neuen Gerichtsverfassung zu Wort.[217] An seine Ausführungen fügte sich ein detaillierter Gesetzesvorschlag[218].

I) Allgemeine Erläuterungen

Ähnlich wie DUPORT leitete CHABROUD seinen Vorschlag damit ein, daß er die Hintergründe erläuterte. Dabei bezog er auch die bis dahin vorgestellten Entwürfe mit den folgenden Worten mit ein:

> *"Ich habe mich mit quälender Unruhe gefragt, warum ich in diesem neuen System alle Charakterzüge des alten wiederfänd? Ich habe mich gefragt, ob die Nation die Abschaffung eines alten Gebäudes wollte, um der lächerlichen Genugtuung willen zu zerstören und dann mit denselben Maßen wieder aufzubauen.*
>
> *Mir schien es, als hätte das Volk Besseres von der Nationalversammlung erwartet; und, um es so klar auszudrücken, es war nicht der Mühe wert, die Dekoration zu wechseln, wenn die Handlung auf der Bühne dieselbe bleiben mußte."*[219]

Nach solch vernichtender Kritik stellte CHABROUD zunächst seine Änderungen vor, die er mit den Forderungen beendete[220], daß

---

217) ARCHIVES PARL., 1ère série Bd. XII, Sitzung v. 30. März 1790, S. 443ff.

218) ibidem, S. 451ff.

219) ibidem, S. 443: ... je me suis demandé, avec une inquiétude pénible, pourquoi je retrouvais, dans ce nouveau système, tous les traits de l'ancien? Je me suis demandé, si la Nation avait voulu l'abolition d'un antique édifice, pour la ridicule satisfaction de détruire, et de réédifier dans le même cadre?

Il m'a semblé que le peuple avait attendu mieux de l'assemblée nationale; et, pour ainsi parler, que ce n'était pas la peine de changer la décoration, si la scène devait rester la même?

220) ibidem, S. 451: ... il soit décrété:
1° Que la justice sera administrée par des jurés et des juges d'assises;
2° Que le roi n'interviendra point dans la nomination des juges;
3° Que le peuple n'aura aucune part à la nomination des procureurs du roi;
4° Que les juges seront élus périodiqument par le peuple;
5° Qu'il n'y aura pas de dégrès de juridiction;
6° Que les juges seront rendus propres à connaître de toutes les matières

1. die Justiz von Geschworenen und juges d'assises[221] verwaltet werden soll;
2. der König in keiner Weise bei der Ernennung der Richter intervenieren darf;
3. das Volk keinen Anteil haben darf an der Ernennung der Prokuratoren des Königs;
4. die Richter in regelmäßigen Abständen vom Volk gewählt werden sollen;
5. es keine unterschiedlichen Instanzen in der Rechtsprechung geben soll;[222]
6. die Richter in die Lage versetzt werden sollen, in allen Dingen zu entscheiden.

Abgesehen von einer dieser Forderungen zeugen diese Maximen von CHABROUDs ausgeprägtem Innovationswillen. Welchen Nützlichkeitswert diese Vorschläge auch immer hatten, wollte sich CHABROUD wohl deutlich vom alten Prozeßrecht distanzieren.
Umso mehr muß dann die dritte Forderung ins Auge fallen, derzufolge das Volk kein Mitspracherecht bei der Ernennung der Prokuratoren des Königs haben sollte.
Diese Maxime ist insofern besonders bemerkenswert, als CHABROUD damit ein Institut des ancien régime übernehmen wollte, obwohl gerade er seine Rede damit begonnen hatte, daß die bisher vorgestellten Entwürfe viel zu viele Spuren des alten Systems trügen. Sogar die Amtsbezeichnung "procureurs du roi" wollte er übernehmen.

---

221) Bereits DUPORT hatte in seinem Vorschlag dieses Institut der juges d'assises angedeutet, hatte jedoch dazu keine Details ausgeführt. CHABROUD hingegen erläuterte die Funktion genauer und grenzte die juges d'assises deutlich von den bisherigen ständigen Gerichtshöfen ab. Demzufolge handelte es sich um solche Richter, die nur zu den festgelegten Gerichtstagen als solche fungierten. Er versprach sich davon eine Entlastung der Gerichte, da so mancher Streit bis zum Gerichtstag von allein beigelegt worden sei. Desweiteren glaubte er dadurch auch die Korruption eindämmen zu können, da unbekannt bliebe, welcher Richter an welchem Gerichtstag über welche Angelegenheit zu richten habe. Er erachtete es für sinnvoll, die juges d'assises nicht in dem Distrikt einzusetzen, in dem sie wohnten (ARCHIVES PARL., 1ère série Bd. XII, Sitzung v. 30. März 1790, S. 444).
Eine mögliche Übersetzung für den "juge d'assises" wäre "Gerichtstagsrichter", da - wie bereits erwähnt - mit "assises" (wörtlich: *Sitzung*) bereits im Mittelalter die in regelmäßigen Abständen stattfindenden Gerichtstage bezeichnet wurden, die die Feudalherren abhielten (IMBS, "Trésor de la langue française", S. 704). Allerdings trifft diese Übersetzung die Bedeutung nur partiell, weshalb der Terminus "juge d'assises" beibehalten wird.

222) CHABROUD war der Ansicht, daß eine zweite Tatsacheninstanz vollkommen sinnlos sei (ibidem, Sitzung v. 30. März 1790, S. 448f) und wollte lediglich eine Überprüfung des Urteils wegen falscher Gesetzesanwendung zulassen (Titre VI, Art. 18 d. Entwurfs: Pour demander la cassation d'un jugement il faudra alléguer qu'il est contraire à la loi.).

Offensichtlich bewertete CHABROUD die Funktion der königlichen Prokuratoren so hoch, daß er sie trotz aller Innovation beibehalten wollte.
Dafür spricht auch ein bereits erwähnter Ausschnitt aus CHABROUDs Rede[223], in dem er ausdrücklich die Prokuratoren des Königs als Beamte der Staatsanwaltschaft bezeichnete, die als Sachwalter des Königs für die unumschränkte Geltung des Gesetzes zu sorgen hätten. Diese Aufgabe sei dem König vom Volk übertragen worden, zu deren Erfüllung er sich seiner selbst ernannten Prokuratoren bedienen können sollte.[224]

II) Die Staatsanwaltschaft im Gesetzesvorschlag

In seinem Entwurf widmete CHABROUD sogar zwei Titel der Staatsanwaltschaft. Beide versah er mit der Überschrift "Über die Staatsanwaltschaft", von denen der erste den hierarchischen Aufbau regelte und die Amtsbezeichnungen auf den unterschiedlichen Ebenen.[225]
Der zweite Titel - Titel VII des Entwurfs - regelte in mehr oder minder vollständigem Maße die Organisation und konkreten Aufgaben der Staatsanwaltschaft:
Die Hauptkommissare des Königs, von denen es einen pro Departement gab, erhielten unmittelbar ihre Anweisungen von seiner Majestät, um diese an die königlichen Kommissare der Distrikte weiterzuleiten. Je nach vorliegendem Fall beauftragten auch die Hauptkommissare die Prokuratoren der Kommunen oder die königlichen Kommissare der Distrikte, um Mißbräuchen abzuhelfen, Klage

---

223) 6. Kapitel C I.

224) "... halte ich es für unbedingt erforderlich, dem König die freie und ausschließliche Wahl der Beamten der Staatsanwaltschaft zu überlassen.
Letztere sind unmittelbar Beauftragte der Exekutive. Sie befreien den Monarchen von der Pflicht, die ihm auferlegt worden ist, als ihm die Verantwortung für öffentliche Klagen vom Volk aufgebürdet wurde, dessen Sache sie eigentlich sind. Sie begleiten in seinem Namen die Gerichte, um dem Gesetz dauerhafte Geltung zu verschaffen, um Delikte, die das Gesetz verletzen, vor Gericht zu bringen, um die saubere Beachtung des Gesetzes aufrechtzuerhalten ..." (ARCHIVES PARL., 1ère série, Sitzung v. 30. März 1790, Bd. XII, S. 447).

225) Im III. Titel wurde bestimmt, daß die Beamten der Staatsanwaltschaft, die "procureurs du roi", sich in drei Ebenen unterteilten:
1. auf kommunaler Ebene die Prokuratoren der Kommunen ("procureurs des communes")
2. in jedem Distrikt ein Kommissar des Königs ("un commissaire du Roi")
3. in jedem Department ein Hauptkommissar des Königs ("un commissaire principal du Roi").
Zwar tauchte in diesem Titel der Begriff der "procureurs du roi" nicht mehr auf, allerdings hatte CHABROUD durch seine dem Gesetzesvorschlag vorangegangenen Ausführungen verdeutlicht, daß er mit den "procureurs du roi" allgemein die Beamten der Staatsanwaltschaft meinte.

zu erheben und die Strafverfolgungen aufzunehmen, die notwendig sein würden.[226]
Die Aufgabe der königlichen Kommissare der Distrikte bestand darin, im Rahmen der Prozesse gehört zu werden, die direkt oder indirekt die öffentliche Ordnung betrafen. Vorladungen gehörten ebenso in ihr Ressort wie Urteilsvollstrekkung, für die sie, falls notwendig, Zwangsmittel zur Verfügung stehen hatten.[227] Damit war deutlich, daß Strafverfolgung, Klageerhebung und Strafvollstreckung in den Aufgabenbereich derselben Institution fallen sollten, nämlich in den der Staatsanwaltschaft. Infolge einer strengen Hierarchie wurde das staatsanwaltliche Handeln in dem jeweiligen Departement durch den Hauptkommissar des Königs gesteuert, der seine Anweisungen direkt vom König erhielt.

III) eigene Stellungnahme

CHABROUDs Konzept ging folglich von einer Staatsanwaltschaft aus, die man schon fast eine königliche Behörde hätte nennen können. Zwar sollten die königlichen Kommissare in den Distrikten für Öffentlichkeit eintreten, wenn die öffentliche Ordnung betroffen war, jedoch war es letztlich der König, der die Anweisungen gab. CHABROUD hatte bereits in seinen vorangegangenen Ausführungen verdeutlicht, daß öffentliche Klagen zwar Sache des Volkes seien, die allerdings dem König überantwortet worden seien. Infolge dieser umfangreichen Pflichtenübertragung müsse er auch freie Handhabe darüber haben, mit wessen Unterstützung und wie er diesen Pflichten nachkommen würde.[228] Letztlich bestimmte der König, worin das öffentliche Interesse bestünde und wie es zu bewahren wäre.
Vergleicht man nun die Funktion der Prokuratoren in CHABROUDs Vorschlag mit der, die die Prokuratoren im Inquisitionsprozeß einnahmen, läßt sich ein nur

---

226) Titre VII "Du ministère public":
1. Le commissaire principal du roi recevra les ordres de Sa Majesté, et les fera aux commissaires du roi des districts.
2. Il recevra les dénonciations qui lui seront faites des délits de toute espèce ...
3. Il chargera, selon les cas les procureurs des communes ou les commissaires du roi des districts, de remédier aux abus, donner plaintes, et faire les poursuites qui pourront être nécessaires.

227) Titre VII:
7. Ils seront ouis dans les causes des mineurs ... et dans toutes celles qui intéressent directement ou indirectement l'ordre public.
8. Ils recevront les dénonciations qui leur seront faites, et en donneront avis au commissaire principal du roi.
9. Ils ordonneront, sur les réquisitions qui leur seront faites, les ajournements et l'exécution des jugements, à l'effet de quoi ils requerront mainforte, lorsqu'elle sera nécessaire.

228) vgl. 6. Kap. C I.

geringer Unterschied konstatieren: **Vor** der Revolution traten die Prokuratoren für königliche wie öffentliche Belange ein, weil sich in Frankreich das Königtum mehr und mehr zum Träger der öffentlichen Sicherheit entwickelt hatte und sich königliche mit öffentlichen Interessen vermengten. **Nach** der Revolution erhielt der König seine Legitimation vom Volk und sollte als erster Verwalter der Exekutive mit Hilfe der Prokuratoren für öffentliche Belange eintreten.
Im Gegensatz zu DUPORT, der je nach Funktion differenzierte und nach Möglichkeit das Volk selbst handeln lassen wollte, ging CHABROUD auch im Bereich der öffentlichen Klagen von einer generellen Delegation an den König aus, der entsprechend seine Prokuratoren dafür einsetzte.
CHABROUDs Vorschlag zufolge hätten also die Prokuratoren vor als auch nach der Revolution als Sachwalter des Königs gehandelt.

J) Reaktionen auf die Entwürfe

I) Überblick

Wenn auch die obigen Entwürfe teilweise deutliche Unterschiede aufwiesen, beschränkten diese sich vornehmlich auf Detailfragen, während die Basis dieselbe blieb. Unabhängigkeit der Justiz, Einrichtung von Geschworenengerichten[229], Öffentlichkeit und Zulassung eines Verteidigers schienen keiner Debatte mehr zu bedürfen . Allerdings wäre es falsch, wenn man daraus den Schluß von Einstimmigkeit in der Nationalversammlung zöge.
Vielmehr gab es Abgeordnete wie RICARD[230] und GARAT[231], die sogar die Dreigewaltenteilung in Frage stellten und die Judikative als Teil der Exekutive einstuften[232]. Logische Konsequenz dessen war die Abhängigkeit der Gerichte vom

---

229) Bereits in der Sitzung v. 30. April 1790 wurde die Grundsatzentscheidung für Geschworenengerichte in Strafsachen gefällt (ARCHIVES PARL., 1ère série, Bd. XV, S. 343).

230) RICARD zufolge waren König und Richter untrennbar, da sie ursprünglich ein Synonym gewesen seien. Als Monarchist war er ein Gegner der Verfassung von 1791.

231) GARAT war Jurist, und obwohl Abgeordneter des 3. Standes, maß er dem König die Rolle einer tragenden Säule des politischen Systems bei. Auch er war der Meinung, daß die Judikative als ein Teil der Exekutive vom König zu verwalten sei. Unter Hinweis auf England verneinte er vehement die Einsetzung von Geschworenen, da diese eine dauernde Quelle von Ungerechtigkeiten seien. Im Zusammenhang mit der Diskussion um den öffentlichen Ankläger trat er dafür ein, diese Funktion den königlichen Kommissaren zu überlassen.

232) GARAT äußerte wörtlich: "J'ai toujours pensé, malgré l'opinion de Montesquieu, que le pouvoir judiciaire était une dépendance du pouvoir exécutif. Je le crois inséparable" (26. Mai 1790 in ARCHIVES PARL., 1ère série Bd. XV, S. 679; ähnlich 5. Mai, ibidem, S. 392).

König als oberstem Richter wie zu Zeiten des Inquisitionsprozesses.[233]
Andere bezweifelten die Praktikabilität der vorgeschlagenen Reformen, insbesondere wegen der Unterscheidung von Tatsachenfestellung und Rechtsfragen[234]. Entsprechend wurde auch die Institution der Geschworenengerichte in Frage gestellt.[235] Insbesondere der Abgeordnete GARAT wandte sich dagegen, weil er erstens die Wahl der Geschworenen hinterfragte[236] und zweitens die Faktenaufklärung keinem Rechtsunkundigen überlassen wollte.[237]
Der Großteil der Abgeordneten trat allerdings für die Einrichtung der Geschworenen ein, wenn man sich auch uneins war, ob man diese Institution auf das Strafverfahren beschränken oder auch für zivile Prozesse einführen sollte.
Die Geschworenen waren das Sinnbild für die zivile Freiheit geworden[238], die man auch durch Machenschaften der Exekutivbeamten angegriffen sah[239]. Auch THOURET hielt eine flammende Rede für die Institution der Geschworenen, die

---

233) RICARD (ARCHIVES PARL., 1ère série Bd. XII, Sitzung v. 30. März 1790, S. 471ff, 472, 474): "Car le pouvoir judiciaire, dont l'objet est de maintenir les lois, est assurément la partie la plus importante du pouvoir exécutif ... Concluons que tous les tribunaux sans exception, doivent être subordonnés directement au roi, comme au juge suprême, ainsi que l'étaient, avant Philippe le Bel, les baillis et sénéchaux jugeant en dernier ressort."

234) ibidem, Sitzung v. 31. März 1790, S. 487.

235) ibidem, S. 489.

236) Er befürchtete, daß nicht die für ihre Weisheit und Aufgeklärtheit bekannten Bürger als Geschworene gewählt würden, sondern die, die am besten intrigieren könnten (... je crains beaucoup, au contraire, que dans ces élections, ainsi que dans beaucoup d'autres, les plus intrigants et de la même les moins sages, les moins délicats, les moins instruites, n'obtiennent souvent la majorité des suffrages; ibidem, Sitzung v. 31. März 1790, S. 492).

237) Zum einen erinnerte er an einzuhaltende Beweisführungsregeln (ibidem, S. 493: "... entend-il donc qu'on débarasse notre Code civil et notre Code criminel de toutes les règles, de tous les principes qu'ils tracent aux juges pour l'appréciation des faits contentieux?").
Zum anderen stellte er zur Diskussion, ob nicht schon mit der Festellung einer urteilserheblichen Tatsachen im Vorfeld geurteilt werde (ibidem, S. 495; "Quand j'ai terminé un fait, ne l'ai-je pas déjà jugé?").

238) BARON DE JESSE nannte die Geschworenen "eine gewinnbringende Institution, ohne die Freiheit ein leeres Wort und ein riesiges Hirngespinst" sein würde (ibidem, Sitzung v. 5. April 1790, S. 544).
Der Jakobiner ANTHOINE äußerte sich ähnlich (ibidem, S. 545).

239) DE SAINT MARTIN, ibidem, Sitzung v. 6. 4. 1790, S. 549: "... car si la procédure par jurés est une institution utile ... si elle est la sauvegarde de la liberté publique contre les entreprises des agents du pouvoir exécutif ... pourquoi différer de faire jouir la nation de si grands bienfaits?"

den bis zur "Unterjochung" führenden Terror der Richter und Gerichtshöfe[240] unterbinden könnten. Er sah allerdings auch die Notwendigkeit, zum Zweck einer erfolgreichen Einführung der Geschworenen das Vertrauen der Öffentlichkeit[241] zu gewinnen gegen den Widerstand derjenigen, die aus eigenem Interesse oder einfach aus Gewohnheit das alte System beibehalten wollten.
Bemerkenswert ist, daß allmählich die Stimmen lauter wurden, die zwei unterschiedliche Prozeßstadien unterschieden, in denen die Tatsachen festzustellen seien: erstens, ob überhaupt eine Anklage erhoben würde, und zweitens, ob die in der Anklage erhobenen Vorwürfe bewiesen wurden und zu einer Verurteilung führen könnten.[242] Für diese beiden unterschiedlichen Entscheidungen sollten auch zwei unterschiedliche Jurys eingesetzt werden, was sich auch in deren Benennung niederschlug.[243]

II) Prinzipienliste

Um die Arbeitsweise im Plenum zu optimieren, erstellte man im Verlauf der Debatte eine Liste von Fragen[244], die vor dem Erstellen einer endgültigen Fassung einer neuen Gerichtsverfassung zu klären seien. Dabei ging es um prinzi-

240) ibidem, S. 553: "Voulez-vous savoir comment les juges, dans les provinces, les grands tribunaux surtout, étaient parvenus à inspirer tant de terreur à leurs concitoyens, et à les réduire à une sorte d'asservissement?"

241) ibidem, S. 555: "Nous n'avons qu'une seule chance pour le succès de l'établissement, c'est que la confiance publique l'accueille."

242) ANTHOINE, ibidem, Sitzung v. 5. April 1790, S. 545: "1° s'il y a lieu à l'accusation; 2° si l'accusateur a prouvé le fait sur lequel repose sa dénonciation."
MOUGINS DE ROQUEFORT, ibidem S. 547, sprach von "einer einleitenden Entscheidung über die Anklage" (un jugement préliminaire sur l'accusation).

243) Bereits DUPORT hatte in seinem Vorschlag von der ersten und zweiten Jury gesprochen (ibidem, Sitzung v. 30. März 1790, S. 436f), während ROBESPIERRE von "Geschworenen der Anklage" und "Geschworenen des Urteils" sprach (ibidem, Sitzung v. 7. April 1790, S. 577f).

244) ibidem, Sitzung v. 31. März 1790, S. 489:

1° Etablira-t-on des jurés?

2° Les établira-t-on en matière civile et matière criminelle?

3° La justice sera-t-elle rendue par des tribunaux sédentaires, ou par des juges d'assises?

4° Y aura-t-il plusieurs degrés de juridiction, ou bien l'usage de l'appel sera-t-il aboli?

5° Les juges seront-ils établis à vie, ou seront-ils élus pour un temps déterminé?

6° Les juges seront-ils élus par le peuple, ou doivent-ils être institués par le roi?

7° Le ministère public sera-t-il établi entièrement par le roi?

pielle Entscheidungen wie Einrichtung von Geschworenengerichten, Gerichte mit festem Amtssitz, Abschaffung einer zweiten Tatsacheninstanz, Richter auf Zeit oder Lebenszeit, Wählbarkeit der Richter durch das Volk, Zusammensetzung der Revisionsgerichte und Spezialisierung der Richter. Die letzte und hier interessante Frage betraf die Entscheidung darüber, ob die Staatsanwaltschaft in ihrer Gesamtheit durch den König eingesetzt werden sollte.

1) Vom König ernannte Staatsanwaltschaft

Nachdem Anfang Mai die Entscheidung gefällt worden war, daß die Richter vom Volk gewählt werden sollten[245], widmete man sich den Beamten der Staatsanwaltschaft, jedoch in unerwartet kurzem Ausmaß. Schon nach wenigen Beiträgen war man sich darüber einig, als Gegenpol zu den vom Volk gewählten Richtern, dem König die Ernennung der Staatsanwälte auf Lebenszeit zu übertragen.
Zwar setzte sich der Abgeordnete MILSCENT[246] für die Wahl der Staatsanwälte durch das Volk ein, weil diese ihrer Zuständigkeit für öffentliche Angelegenheiten[247] entsprechend auch von der Öffentlichkeit legitimiert werden sollten.[248] Letztlich aber setzte sich CHABROUD durch, der in seinem Gesetzesentwurf vom 30.3.1790[249] die Staatsanwaltschaft direkt dem König unterstellte, indem in jedem Departement ein vom König angewiesener Hauptkommissar deren Handeln steuerte.
CHABROUD zufolge basierte die Zuordnung der Staatsanwaltschaft zum König auf zwei Gründen: zum einen sei der König mit der Leitung der Exekutive beauf-

---

245) ARCHIVES PARL., 1ère série Bd. XV, Sitzung vom 8. Mai 1790, S. 430.

246) Politisch eher unauffällig stand MILSCENT links und wollte vornehmlich, daß das Volk sein Auskommen habe.

247) An dieser Stelle ist nochmals auf die eigentlich wörtliche Übersetzung von "ministère public" mit "Dienststelle für öffentliche Angelegenheiten" hinzuweisen, auf die bereits im 6. Kap. (unter C II 1) Bezug genommen wurde.

248) ARCHIVES PARL., 1ère série, Bd. XV, Sitzung vom 8. Mai 1790, S. 430: "S'il n'y avait qu'un seul magistrat à faire nommer par le peuple, il faudrait que ce fût le magistrat chargé des fonctions du ministère public; le nom seul de ministère public l'annonce assez. Le peuple doit nommer le magistrat chargé des interêts de ceux qui n'ont pas de défenseurs, et de s'opposer à ce que l'ordre public ne soit pas troublé."

(Wenn es nur einen Amtsträger gäbe, der durch das Volk ernannt werden sollte, dann müßte das der Amtsträger sein, der die Funktionen der Staatsanwaltschaft erfüllt. Allein schon die Bezeichnung 'ministère public' sagt es ziemlich deutlich. Das Volk muß den Amtsträger ernennen, der die Interessen derer vertreten soll, die keinen anderen Verteidiger haben, und dafür eintreten, daß die öffentliche Ordnung nicht gestört wird.)

249) ARCHIVES PARL., 1ère série Bd. XII, Sitzung v. 30. März 1790, S. 451ff (vgl. bereits oben unter H).

tragt worden. Für diese Aufgabe benötige er Kooperatoren, die er selbst bestimmen müsse, um seine Pflichten gut erfüllen zu können.[250]

Da es sich bei dem Aufgabenbereich der Staatsanwaltschaft CHABROUDs Entwurf zufolge auch um gesetzesvollziehende Funktionen handelte[251], war es nur logisch, daß der König die Staatsanwälte ernennen können sollte.

Zum anderen hielt CHABROUD es für ratsam, daß das Volk sein Klagerecht auf den König übertrage. Klagen, die die Öffentlichkeit beträfen, seien zwar Angelegenheit des Volkes, aber könnten durch dieses nicht direkt geführt werden. Gegen die Übertragung an einen vom Volk gewählten Vertreter spreche jedoch, daß dieser in seinem Wirkungskreis auf den Distrikt beschränkt bliebe, der ihn gewählt habe. Auf diese Weise würden die einzelnen Vertreter uneinheitlich und zusammenhanglos in den Distrikten agieren, obwohl sie das eigentlich für das Allgemeininteresse zu tun hätten.[252]

---

250) ARCHIVES PARL., 1ère série, Sitzung v. 8. Mai 1790, Bd. XV, S. 430: "Le roi est chargé de veiller à l'exécution de la loi; il ne pourrait remplir cette tâche sans coopérateurs, et il la remplirait mal si ces coopérateurs n'étaient pas de son choix ..."

(Der König hat die Aufgabe, über die Ausführung des Gesetzes zu wachen; diese Aufgabe könnte er nicht ohne Kooperatoren erfüllen, und er würde sie schlecht erfüllen, wenn die Kooperatoren nicht nach seiner Wahl wären.)

251) Gemäß Titel VII des Gesetzesentwurfs fielen Strafverfolgung, Klageerhebung und Strafvollstreckung in den Aufgabenbereich der Staatsanwälte (vgl. oben unter H II).

252) ARCHIVES PARL., 1ère série, Sitzung v. 8. Mai 1790, Bd. XV, S. 431: "Je fuirais le lieu où le premier individu aurait le droit de m'accuser au nom du peuple: ce serait le moyen le plus sûr d'attenter à la liberté individuelle: Le peuple doit donc déléguer ses actions; il ne peut les déléguer qu'au roi.

En effet, s'il les déléguait à un individu choisi par le peuple, cet individu ne serait réellement, pour cet objet, que l'homme du district qui l'aurait choisi; il n'y aurait nulle unité, nulle cohérence entre plusieurs hommes qui agiraient séparément, ayant cependant tous l'interêt générale pour objet."

(Ich würde den Ort meiden, wo jeder das Recht hätte, mich im Namen des Volkes anzuklagen: das wäre das sicherste Mittel, die individuelle Freiheit anzutasten: das Volk muß also das Klagerecht delegieren; es kann dieses Recht nur an den König delegieren.

In der Tat, wenn es ein solches an einen vom Volk gewählten Einzelnen übertrüge, wäre derjenige zu diesem Zweck wirklich nur der Mann desjenigen Distrikts, der ihn gewählt hätte; es gäbe keine Einheit, keinen Zusammenhang zwischen den einzelnen Männern, die getrennt agieren würden, allerdings alle das Allgemeininteresse als Ziel verfolgten.)

Einzige Alternative dazu sei die Beauftragung des Königs, der als wahrer Treuhänder der Nation für die Gesamtheit des Volkes agieren könne dank einer straff und zentral organisierten Staatsanwaltschaft.[253]

2) Beschränkung der Ernennung

Allerdings wollte man dem König bei der Ernennung seiner Staatsanwälte einige Beschränkungen auferlegen.
Von Bedeutung ist dafür ein Vorschlag ANDRÉs, der ohne viel Aufhebens sofortige Zustimmung erlangte.
Aus Gewaltenteilungsprinzipien schloß er die Abgeordneten über ihr Mandat hinaus aus dem Kreis derer aus, die der König als Staatsanwälte ernennen konnte.[254] Aber auch die Prokuratoren des Königs sollten seiner Meinung zufolge nicht nur ihren Status verlieren, sondern ebenfalls nicht als Amtsträger der zu-

---

253) ibidem: "Le peuple ne peut exercer lui-même ses actions; il doit en déléguer l'exercice au roi: alors la nation aura un véritable mandataire, qui ne sera pas la mandataire d'un district, mais de l'universalité du peuple: ce mandataire aura un caractère digne d'elle et de lui-même. Alors les préposés seront soutenus par une grande autorité; ils seront forts, même contre les juges, et n'auront à se défendre que de la prévarication."

(Das Volk kann nicht selber seine Klagen führen; es muß diese an den König übertragen: so wird die Nation einen wahren Treuhänder haben, der nicht nur der Vertreter des Distrikts sein wird, sondern für die Gesamtheit des Volkes: dieser Treuhänder wird der Nation und seiner selbst würdig sein. So werden die Beauftragten durch eine große Autorität getragen; sie werden stark sein, selbst gegenüber den Richtern und werden sich sich nur im Fall von Amtsmißbrauch zu verteidigen haben.)

254) ibidem: "Je propose, en amendement, que le roi ne puisse choisir aucun membre de l'Assemblée nationale, que quatre ans après la clôture de la session, et aucun membre des législatures suivantes, que deux ans après la clôture de la chaque session.

C'est précisément parce que je suis orfèvre que j'ai présenté mon amendement; il est conforme aux principes que vous avez adoptés quand vous avez déclaré qu'aucun membre de cette Assemblée ne pourrait accepter des places du pouvoir exécutif ..."

(Ich schlage als Zusatz vor, daß der König ein Mitglied der Constituante erst vier Jahre nach Beendigung des Mandats auswählen darf und Abgeordnete der folgenden Legislaturperioden erst nach zwei Jahren.

Genau weil ich vom Fach bin, habe ich meinen Vorschlag gemacht; er stimmt mit den Prinzipien überein, die Sie aufgestellt haben, indem Sie bestimmt haben, daß kein Mitglied der Constituante eine Stellung der exekutiven Gewalt annehmen könnte ...)

künftigen Staatsanwaltschaft ernannt werden können.[255] Dieser Appell allerdings fand keinen Widerhall.
Stattdessen wurde durch den Abgeordneten MUGUET DE NANTHOU hinzugefügt, daß die vom König auszuwählenden Amtsträger ebenso nicht dem Gerichtshof angehören dürften, da Komplizenschaft anstatt Kontrolle die Folge sei.[256]
Diese Beschränkungen des Königs wurden einstimmig angenommen, so daß dem prinzipiellen Beschluß nichts mehr im Wege stand, demzufolge die Amtsträger der Staatsanwaltschaft auf Lebenszeit vom König ernannt würden.[257]
Dieser Beschluß galt als Richtlinie für den Gesetzgebungsausschuß, dessen Aufgabe nun darin bestand, unter Beachtung der Beschlüsse einzelner Fragen einen Gesetzestext zu erarbeiten.

---

255) ibidem: "On dit encore que les procureurs du roi perdent leur état, et je perds bien le mien! En empêchant les procureurs du roi, je m'empêche aussi moi-même, et je crois, pour moi et les autres, faire une chose très utile."

(Man sagt außerdem, daß die Prokuratoren des Königs ihren Status verlieren, und ich selbst verliere ihn! Indem ich die Prokuratoren des Königs daran hindere, hindere ich mich selbst, und ich glaube, daß ich für mich und die anderen etwas sehr Nützliches tue.)

256) ibidem: "... je propose d'arrêter que le roi ne puisse choisir les officiers publics parmi les officiers du tribunal; s'il y avait accord, il y aurait complicité, et dès lors, il ne pourrait y avoir surveillance."

(... ich schlage vor, zu bestimmen, daß der König die öffentlichen Amtsträger nicht unter den Amtsträgern des Gerichtshofes auswählen können soll; sollte es da Übereinstimmungen geben, wäre Komplizenschaft die Folge und ab dann könnte der König keine Kontrolle ausüben.)

257) ibidem: "L'Assemblée nationale a décrété et décrète:

1° Que les officiers chargés du ministère public seront nommé par le roi;

2° Qu'ils seront institués à vie, et ne pourront être destitués que par forfaiture;

3° Que les membres de l'Assemblée actuelle ne pourront être nommés par le roi, pour remplir lesdites fonctions, que quatre ans après la clôture de la présente session; et ceux des législatures suivantes, que deux ans apès la clôture des sessions respectives;

4° Ils ne pourront être membres des assemblées administratives, de district ou de département, non plus que des municipalités.

10. Kapitel: Die neue Gerichtsverfassung

Anfang Juli 1790 war es endlich so weit: der für die Gerichtsverfassung zuständige Ausschuß startete damit, durch seinen Berichterstatter THOURET den ausgearbeiteten Gesetzesentwurf vorzustellen.[258]

A) Allgemeine Vorschriften

Innerhalb einer Sitzung wurden dann die ersten 21 Artikel verabschiedet, die in die endgültige Fassung[259] als Titel II eingingen.
Inhaltlich ging es um allgemeine Vorschriften, von denen hier mit Ausnahme des ersten Artikels nur die erläutert werden sollen, die auch die Staatsanwaltschaft angingen.[260]

I) Artikel 1

Artikel 1 dieses Titels bestimmte das, was bereits BERGASSE im Dezember 1789 verankern wollte[261], nämlich, daß das Recht im Namen des Königs gesprochen werden solle.[262]
Zwar warf der Abgeordnete PETION ein, daß diese Bestimmung nicht mit den vereinbarten Prinzipien vereinbar sei und stattdessen das Recht im Namen der **gesamten Gesellschaft** gesprochen werden müsse, aber dieser Vorschlag wurde erstens wegen des deutlich zu vagen Ausdrucks[263] und zweitens mit dem Hinweis, daß Frankreich eine Monarchie (!) sei[264], abgewiesen.

---

258) ARCHIVES PARL., 1ère série, Bd. XVI, Sitzung v. 5. Juli 1790, S. 701ff.

259) Das "Décret sur l'ordre judiciaire" wurde in der Zeit vom 16. - 24. August 1790 endgültig und komplett verabschiedet (ARCHIVES PARL., 1ère série Bd. XVIII, S. 104ff).

260) Das endgültige Gesetz, insgesamt aus 12 Titeln bestehend, beinhaltete in Titel VIII spezielle Vorschriften über die Staatsanwaltschaft, denen im nächsten Abschnitt genaue Aufmerksamkeit geschenkt werden soll.

261) s. oben 9. Kap. B I.

262) Art. 1: "La justice sera rendue au nom du roi."

263) Abgeordneter FRETEAU: "Votre sagesse a prévenu les inconvénients de cette expression trop vague ..." (ARCHIVES PARL., 1ère série, Bd. XVI, Sitzung v. 5. Juli 1790, S. 701).

264) Abgeordneter DUFRAISSE-DUCHEY (ibidem): "Je ne connais pas de monarchie dans laquelle la justice ne soit pas rendue au nom du roi."

II) Artikel 8

Artikel 8 regelte zunächst den Status der Staatsanwälte:

> "Die Amtsträger, denen die Aufgaben der Staatsanwaltschaft anvertraut sind, werden vom König auf Lebenszeit ernannt und sollen nur entlassen werden können im Fall von Amtsmißbrauch, den ein kompetenter Richter beurteilt haben muß."[265]

Im vom Ausschuß vorgeschlagenen Artikel war zunächst die Ernennung auf Lebenszeit nicht vorgesehen und man sprach von Beschlagnahme des Amtes im Fall von Amtsmißbrauch.[266] Erst durch die Einwürfe von BARNAVE, der in Abgrenzung zu den auf Zeit gewählten Richtern die Ernennung auf Lebenszeit hervorhob und PRIEUR, der die Entlassung aus dem Amt vorschlug anstelle der Beschlagnahme des Amtes, erhielt die Bestimmung ihre endgültige Fassung.

III) Artikel 9

Artikel 9 legte die Beschränkungen des Personenkreises fest, die vom Volk weder zum Richter gewählt noch vom König zum Staatsanwalt ernannt werden konnten:

> "Zum Richter oder Ersatzrichter[267] kann nur gewählt oder mit den Aufgaben der Staatsanwaltschaft beauftragt werden, wer das 30. Lebensjahr vollendet hat und für fünf Jahre als Richter oder sonst als Jurist öffentlich an einem Gerichtshof fungiert hat."[268]

Wenn dieser Artikel auch letztlich in der vorgeschlagenen Fassung in das Gesetz einging, provozierte diese Vorschrift einige aufschlußreiche Äußerungen, insbesondere die Beschränkung der Wählbarkeit auf Juristen (les hommes de loi). PELERIN befürchtete, man habe die Prokuratoren vergessen, die durchaus nicht unwürdig, gewählt zu werden, der Rechtsprechung einiger Gerichtshöfe zufolge

---

265) ARCHIVES PARL., 1ère série, Bd. XVI, Sitzung v. 5. Juli 1790, S. 701: "Les officiers chargés des fonctions du ministère public, seront nommés 'à vie' par le roi et ne pourront être destitués que pour forfaiture dûment jugée par juge compétent."

266) ibidem, S. 702: "Les officiers chargés des fonctions du ministère public, seront nommés par le roi et ne pourront être dépossédés que pour forfaiture dûment jugée par juge compétent."

267) Diese waren für den Fall vorgesehen, daß ein Richter vor Beendigung seiner Amtszeit - aus welchen Gründen auch immer - ausschied.

268) ibidem, S. 703: "Nul ne pourra être élu juge, ou suppléant, ou chargé des fonctions du ministère public, s'il n'est âgé de trente ans accomplis, et s'il n'a pas été pendant cinq ans juge ou homme de loi exerçant publiquement auprès d'un tribunal.

auch vor Gericht vertreten hätten.[269] DEMEUNIER erklärte dazu nur, daß man bewußt diesen sehr weit gefaßten Ausdruck gewählt habe. Da noch einige andere Gesetze reformbedürftig seien, habe man einen gewissen Spielraum gelassen.
ANDRÉ und FOLLEVILLE[270] hingegen befürchteten, daß es verfassungsrechtlich höchst bedenklich sei, nicht alle Bürger zu diesen Aufgaben zuzulassen. Nicht nur Juristen, sondern alle Männer, die fähig und entsprechend angewiesen worden seien, müßten als Richter oder Staatsanwalt fungieren können.[271]
Dem entgegnete DEMEUNIER abschließend, daß dieser Vorschlag inakzeptabel sei, da man schließlich genausowenig einen Juristen bei der Marine einstellen könne.[272]
Damit wurde die Debatte um diesen Artikel beendet. Für die Zukunft sollten nur Juristen für das Amt des Richters und des Staatsanwaltes zugelassen werden, zu denen auch die bisherigen Prokuratoren zählten.
Offen dagegen blieb, wie der von der Constituante wenige Wochen zuvor gefaßte Beschluß zu den Ernennungsbeschränkungen[273] umgesetzt werden sollte. Zwar beinhaltete die neue Gerichtsverfassung außerdem Regelungen, die bestimmten, daß die Gerichtshöfe weder direkt noch indirekt in die Ausübung der legislativen Gewalt eingreifen dürften[274] und die judikativen Funktionen von den administrativen zu trennen seien[275]. Aber die Einschränkung, daß Abgeordnete über ihr

---

269) ibidem, S. 702: "On a oublié les procureurs, cette classe d'hommes qui ne sont pas indignes de l'éligibilité, puisque, par la jurisprudence de plusieurs cours, ils ont postulé un certain temps."

270) Im Gegensatz zu ANDRÉ paßte diese Äußerung wenig zu der sonst von FOLLEVILLE vertretenen Auffassung, insbesondere im Hinblick darauf, daß er im September 1791 gegen das Inkrafttreten der Verfassung opponierte, die er hier argumentativ heranzog.

271) ARCHIVES PARL., 1ère série, Bd. XVI, Sitzung v. 5. Juli 1790, S. 701: "Pour se conformer aux principes de la Constitution, il faut appeler tous les citoyens aux places de la magistrature et dire, en conséquence, "hommes capables et instruits".

272) ibidem: "Les propositions de MM. de Folleville et d'André sont inacceptables; elles ne tendent à rien moins qu'à vous faire décréter que pour être magistrat politique ... il n'y aura plus d'examen ni d'études préalables. On vous propose de décréter qu'un homme de loi pourra exercer une place dans la marine ..."

273) ARCHIVES PARL., 1ère série, Sitzung v. 8. Mai 1790, Bd. XV, S. 430f (vgl. 9. Kap. unter J II 2).

274) Art. 10: Les tribunaux ne pourront prendre directement ou indirectement aucune part à l'exercice du pouvoir législatif, ni empêcher ou retarder l'exécution des décrets du Corps législatif sanctionnés par le roi, à peine de forfaiture (verabschiedet in der Sitzung v. 5. Juli 1790, ARCHIVES PARL., 1ère série, Bd. XVI, S. 703).

275) Art. 13: Les fonctions judiciaires, sont distinctes et demeureront toujours séparées des fonctions administratives; les juges ne pourront, à peine de forfaiture, troubler, de quelque manière que ce soit, les opérations des corps administratifs, ni citer de-

Mandat hinaus vom König nicht zum Staatsanwalt ernannt werden dürften, fehlte.

B) Titel VIII: Über die Staatsanwaltschaft

I) Die Vorschriften dieses Titels

Bevor die konkreten Hintergründe und die Entstehungsgeschichte des Titels dargestellt werden, der zentrale Bedeutung für den gesamten Beitrag haben wird, sollen zuvor die wichtigsten Vorschriften wiedergegeben werden.

> Art. 1: Die Beamten der Staatsanwaltschaft sind Vertreter der Exekutive vor den Gerichtshöfen: ihre Funktion besteht darin, bei den zu fällenden Urteilen die Beachtung der Gesetze durchzusetzen, die die allgemeine Ordnung betreffen und die Urteile vollstrecken zu lassen. Sie tragen die Amtsbezeichnung "Kommissare des Königs".[276]
>
> Art. 2: In Zivilprozessen sollen die Kommissare des Königs ihre Funktion nicht in Form einer Klageerhebung erfüllen, sondern nur durch Anträge im Verlauf der Prozesse, die bereits vor Gericht gebracht wurden.[277]
>
> Art. 4: Die königlichen Kommissare fungieren ***keinesfalls*** als öffentliche Ankläger; aber sie sollen zu allen Anklagen, die erhoben und verfolgt werden, gehört werden in der Art und Weise, die sich die Nationalversammlung vorbehält festzulegen. Sie sollen im Verlauf des Untersuchungsverfahrens über die Einhaltung der Formvorschriften wachen und vor der Urteilsfindung über die Anwendung des Gesetzes.[278]

---

vant eux les administrateurs pour raison de leurs fonctions (verabschiedet in der Sitzung v. 5. Juli 1790, ibidem, S. 704).

276) Art. 1er: Les officiers du ministère public sont agents du pouvoir exécutif auprès des tribunaux; leurs fonctions consistent à faire observer, dans les jugements à rendre, les lois qui intéressent l'ordre géneral, et à faire exécuter les jugements rendus: ils porteront le nom de Commissaires du roi.

277) Art. 2: Au civil, les commissaires du roi exerceront leur ministère, non par voie d'action, mais seulement par celle de réquisition dans les procès dont les juges auront été saisis.

278) Art. 4: Les commissaires du roi **ne sont point** accusateurs publics; mais ils seront entendus sur toutes les accusations intentées et poursuivies suivant le mode que l'assemblée nationale se réserve de déterminer. Ils requerront pendant le cours de l'instruction pour la régularité des formes, et avant le jugement pour l'application de la loi.

Abgesehen von geringfügigen Änderungen stimmten diese Vorschriften mit denen überein, die bereits in dem zweiten Entwurf des Verfassungsausschusses[279] im Dezember 1789 der Nationalversammlung vorgestellt worden waren.
In beiden Gesetzestexten war vor allem die Neuigkeit wichtig, daß die nunmehr als königliche Kommissare bezeichneten Staatsanwälte, die im Entwurf vom Dezember 1789 sogar ausdrücklich die Nachfolge der Prokuratoren antraten[280], nicht als öffentliche Ankläger fungierten. Diese Aufgabe wurde im Entwurf vom Dezember 1789 einem auszuwählenden Richter zuerkannt[281], in der endgültigen Gerichtsverfassung beschränkte man sich ausdrücklich darauf hinzuweisen, daß die königlichen Kommissare **nicht** als öffentliche Ankläger fungierten[282]. Damit war die Staatsanwaltschaft in der Gerichtsverfassung einer wichtigen Funktion beraubt, ohne daß geklärt wurde, wer anstelle des Staatsanwaltes die Funktion der öffentlichen Anklage übernehmen sollte.
Über diese eher ungewöhnliche Vorgehensweise geben allerdings die Ausführungen THOURETs Auskunft, die er anläßlich der Konzeption des Titels "Über die Staatsanwaltschaft" einige Tage vor der endgültigen Verabschiedung der Gerichtsverfassung machte.[283]

II) Vorbereitende Berichterstattung durch Thouret

Bevor diese oben vorangestellten Vorschriften verabschiedet wurden, ergriff THOURET am 4.8.1790 die Gelegenheit der Berichterstattung, um systematisch die Aufgaben, die Stellung und Funktion der Staatsanwaltschaft darzustellen. Seine Ausführungen beschränkten sich nicht ausschließlich auf strafrechtliche Bereiche, sondern bezogen die bisherige Funktion der Staatsanwaltschaft mit ein und vor allem die neue staatsrechtliche Konzeption. Volkssouveränität, Gewaltenteilung und das Demokratieprinzip gehörten für ihn mit zu dieser Diskussion.
Diese Rede THOURETs spiegelte in so umfassendem Maße die Entstehungsgeschichte der Staatsanwaltschaft und des öffentlichen Anklägers nach der Revolution wider, daß eine wörtliche Wiedergabe, zumindest auszugsweise, unerläßlich erscheint.
Insbesondere zeigten THOURETs Ausführungen, daß die Staatsanwaltschaft keinesfalls eine Errungenschaft der Revolution war, sondern infolge der revolutionsbedingten staatsrechtlichen Umwälzungen eine grundlegende Umstrukturierung erfahren hatte. Nicht die Staatsanwaltschaft sollte die neue Erungenschaft

---

279) vgl. im 9. Kap. C II.

280) Titre VII, Art. 2 des 2. Vorschlags (ARCHIVES PARL., 1ère série Bd. X, S. 735 ff, S. 737.

281) Titre VII, Art. 4 des 2. Vorschlags, ibidem, S. 737.

282) Titre VIII Artikel 4 der neuen Gerichtsverfassung.

283) ARCHIVES PARL., 1ère série, Sitzung vom 4. August 1790, Bd. XVII, S. 608ff.

sein, sondern die Abkoppelung der öffentlichen Anklage vom Amt des Staatsanwaltes mit der Folge einer neuen Institution, nämlich dem öffentlichen Ankläger.

1) Exzerpt der Rede Thourets

Bevor nun ihrer Wichtigkeit wegen diese Rede passagenweise als Übersetzung zitiert werden wird, sei kurz darauf verwiesen, daß die folgenden Untergliederungen der Übersichtlichkeit halber vom Verfasser eingefügt wurden.

a) Einleitung

... zum fundamentalen Prinzip, auf dem die allgemeine Verfassung des Königreiches aufbaut: Dieses Prinzip beinhaltet, daß das Volk die öffentlichen Amtsträger wählt, denen es alle Vollmachten anvertraut, die es direkt delegieren kann ...

Daneben haben Sie ein anderes Prinzip verankert, nämlich daß immer dann, wenn das Volk durch Wahl delegiert, diese Delegation nur auf Zeit ist.

Die unzweifelhafte Konsequenz, die daraus folgt, lautet, daß die Beamten der Staatsanwaltschaft, weil sie auf Lebenszeit vom König ernannt werden, Vertreter sind, die von der exekutiven Gewalt im richterlichen Machtbereich eingesetzt wurden.

Indem deren Ernennung wieder dem König zugewiesen wird, haben Sie den Einfluß abgesteckt, den er in der Verwaltung der Justiz haben soll. Die Beamten des Hofes dürfen keinesfalls die Bezeichnung 'procureur du roi' (königliche Verwalter) tragen; denn der König, angesehen als Chef der Exekutive, darf keinesfalls vor den Gerichtshöfen so erscheinen, als wäre er eine Prozeßpartei, die vor Gericht agiert; in seiner Eigenschaft als erster Beamter aber soll er bei den Gerichtshöfen die Kommissare haben, damit sie in seinem Namen über die Beachtung der Gesetze wachen und die Vollstreckung der Urteile sichern.[284]

---

284) ... au principe fondamental sur lequel la Constitution générale du royaume est établie: Ce principe est que le peuple élise les fonctionnaires publics, auxquels il confie tous les pouvoirs qu'il peut déléguer directement ...

A côté de ce principe, vous en avez consacré un autre, qui est que toutes les fois que le peuple délègue par élection, sa délégation n'est que temporaire.

La conséquence indubitable qui sort de là, est que les officiers du ministère public étant nommés à vie par le roi, sont ainsi constitués agents du pouvoir exécutif dans l'ordre judiciaire ...

En remettant leur nomination au roi, vous avez marqué l'influence dont il jouira dans l'administration de la justice.

b) Funktionen der Staatsanwaltschaft

Laßt uns nun die Funktionen der Staatsanwaltschaft analysieren, die der aktuellen Verfassung zufolge essentiell nur noch von der Exekutive abhängen können. Der Ausschuß hat davon drei angemerkt, die ihm wichtig erschienen zu definieren und mit Exaktheit festzulegen.

Erstens muß der König als Chef der Exekutive bei der Ausübung der Justiz alle Gesetze aufrechterhalten, die die allgemeine Ordnung angehen; und weil es besser ist, den Verstößen vorzubeugen als sie durch Kassation von Urteilen zu bekämpfen, ist es weise, daß jedes Mal, wenn die Gerichte über die Anwendung allgemeiner Gesetze zu richten haben, die königlichen Kommissare gehört werden zur Aufrechterhaltung der Gesetze, mit deren Ausführung sie betraut sind.[285]

Zweitens muß der König als Chef der Exekutive für die Vollstreckung der Urteile sorgen, weil davon die Ausführung der Gesetze selbst abhängt, auf denen das Urteil basiert. Seine Kommissare sollen persönlich und von Amts wegen die Vollstreckung der Urteile verfolgen, die die öffentliche Ordnung direkt betreffen.

Drittens muß der König als Chef der Exekutive und der allgemeinen Polizei über das Verhalten der Richter wachen, und durch Verwarnungen und nützliche Verweise Verfehlungen bestrafen, die zwar noch nicht den Charakter von Untreue im Amt oder einer Amtspflichtverletzung haben, für die Zukunft aber dazu führen könnten oder zumindest in der öffentlichen Meinung das Vertrauen und den Respekt in die Justiz schmälern könnten. Diese unumgängliche Kontrolle kann nicht anders ausgeübt werden als durch die Vermittlung und Anweisungen der königlichen Kommissare.[286]

Ces agents de la couronne ne doivent point porter le nom de *procureurs du roi*; car le roi considéré comme chef du pouvoir exécutif, ne doit point paraître devant les tribunaux dans l'état d'une partie qui plaide; mais en qualité de premier magistrat, il doit avoir auprès des tribunaux des commissaires pour veiller, en son nom, à l'observation des lois, et assurer l'exécution des jugements.

285) Analysons maintenant les fonctions du ministère public, qui après sa constitution actuelle, ne peuvent plus être que celles qui dépendent essentiellement du pouvoir exécutif. Le comité en a remarqué trois qu'il lui a paru nécessaire de définir, et de fixer avec exactitude.

Premièrement, le roi, comme chef du pouvoir exécutif, doit maintenir, dans l'exercice de la justice, toutes les lois qui intéressent l'ordre général; et, comme il vaut mieux prévenir les infractions ... que de les réprimer par la cassation des jugements, il est sage que toutes les fois que les tribunaux ont à prononcer sur l'application des lois générales, les commissaires du roi soient entendus pour le maintien de ces lois, dont l'exécution lui est confiée.

286) Secondement, le roi, comme chef du pouvoir exécutif, doit faire exécuter les jugements, parce que c'est de cette exécution que dépend celle des lois mêmes sur les

c) Die Anklagefunktion

Eine andere Funktion erfüllen die öffentlichen Ankläger, die bisher durch die Prokuratoren des Königs ausgeübt wurde und die üblicherweise als die essentielle Funktion der Staatsanwaltschaft angesehen werden könnte. Seitdem jedoch die Staatsanwaltschaft eine Zweigstelle der Exekutive geworden ist, anstelle eines Dienstes für das Volk (ministère populaire)[287]*, verdient die Übertragung der Anklagefunktion höchste Aufmerksamkeit.*[288]

1. Als sie [Nationalversammlung] entschied, daß der König die Staatsanwaltschaft ernennen würde, beabsichtigte sie nicht damit, über die gesamte Breite und Autorität der Staatsanwaltschaft zu entscheiden. Es sind nicht auf einmal alle Details einer Verfassung zu entscheiden ...
Nun, ich frage mich also, ob man, indem man dem König die Ernennung der Staatsanwaltschaft zubilligte, darüber diskutiert hat, was dieses Amt nach allgemeiner Übereinkunft in der [damals] aktuellen Verfassung sein sollte, und was es [nun] sein soll, da es als Ministerium und auf Lebenszeit eingerichtet ist neben den auf Zeit gewählten Richtern.[289]

---

quelles les jugements sont fondés. Ses commissaires doivent poursuivre, personellement et d'office, l'exécution des jugements qui intéressent directement l'ordre public.

Troisièmement, le roi, comme chef du pouvoir exécutif et de la police générale, doit veiller sur la conduite des juges, et réprimer, par voie d'avertissements et de salutaires réprimandes, des écarts qui, n'ayant pas encore le caractère de la prévarication ou de la forfaiture, pourraient y conduire par la suite, ou du moins altérer, dans l'opinion publique, la confiance et le respect pour la justice. Cette surveillance indispensable ne peut plus être exercée que par l'entremise et sur les instructions des commissaires du roi ...

287) Wie bereits im 6. Kap. (unter II 1) erwähnt, kennzeichnet der Begriff 'ministère' etymologisch nur ein untergeordnetes Amt (Wortstamm: minor = weniger, Komparativ zu parvus im Gegensatz zu magis = mehr, Komparativ zu magnus).

288) Il est une autre fonction, celle d'accusateur public, que les procureurs du roi exerçaient, que l'habitude pourrait faire regarder comme essentielle au ministère public, et dont la délégation mérite l'attention la plus sérieuse depuis que le ministère public, au lieu d'être un ministère populaire, est devenu une agence du pouvoir exécutif.

289) 1e ... quand elle [l'assemblée nationale] a décidé que le roi nommerait le ministère public, elle n'a pas entendu décider quelle serait la latitude des fonctions et de l'autorité du ministère public. Tous les détails d'une Constitution ne se font pas à la fois ...

Or, je demande si, en accordant au roi la nomination du ministère public, on a discuté ce qu'il convenait que ce ministère fût dans la Constutuion actuelle, ce qu'il doit être, étant établi ministériel et à vie, auprès des juges électifs et temporaires;

2. ... wenn die Anklagefunktion in der letzten Zeit zur Staatsanwaltschaft gehörte, und durch die Leute des Königs ausgeübt wurde, darf uns diese äußere Hülle nicht die Substanz unseres Objekts verdecken, und es ist einfach, die Täuschung dieses falschen Scheins zu erkennen.
Die Könige haben, wie wir gesehen haben, eine Staatsanwaltschaft eingerichtet; sie waren es, die deren Aufgaben festlegten, und die deren Amtsträger nach Gutdünken qualifizierten, weil sie sie durch ihre Edikte schufen und durch ihre Provisionen unterhielten. Die Könige also, die einzigen Repräsentanten der Nation, übten alle Rechte und alle Gewalten der Nation ungetrennt von denen aus, die dem Königreich zugeteilt waren; aber sie waren wenig sorgfältig bei der Suche nach dem Ursprung und der Bewahrung der Unterscheidung der Staatsgewalten.
Genau deshalb finden sich im seinerzeitigen Aufbau der Staatsanwaltschaft, wie in so vielen anderen Einrichtungen des ancien régime, eine Gemengelage wirklich nationaler Funktionen mit denen, die von der ausführenden Gewalt stammen ...
Nun, wo der Tag der Gewaltenteilung gekommen ist, kehren Sie zurück zu den Prinzipien, um die Aufgaben ihrer Natur entsprechend zu verteilen und zum größten Wohl der Öffentlichkeit ...[290]

Ich fasse hier nun die Resultate zusammen, die mir schon jetzt als sicher erscheinen:
1. Sie haben die Staatsanwaltschaft dem König anvertraut, allerdings unter dem notwendigen Vorbehalt der Anpassung an die Verfassung;
2. Sie haben sie übertragen als Zweig der ausführenden Gewalt; in der verfassungsgemäßen Teilung darf sie aus keinen anderen Funktionen zu-

---

290) 2e que si la fonction d'accuser a fait, dans ces derniers temps, partie du ministère public, et a été exercée par les gens du roi, cette écorce ne doit pas nous dérober la substance de notre objet, et qu'il est facile de reconnaître l'illusion de cette fausse apparence.

Les rois ont établi le ministère public que nous avons reconnu; ce sont eux qui ont déterminé ses fonctions, et qui en ont qualifié les officiers à leur gré, puisqu'ils les créaient par leurs édits, et les instituaient par leurs provisions. Les rois alors, seuls représentants de la nation, exerçaient tous les droits et tous les pouvoirs nationaux confusément avec ceux délégués à la royauté; mais ils étaient peu soigneux de rechercher la source et de conserver la distinction de ces pouvoirs.

Voilà pourquoi, dans la précédente constitution du ministère public, comme dans tant d'autres établissements de l'ancien régime, il se trouve un mélange de fonctions vraiment nationales avec celles qui dérivent du pouvoir exécutif ...

Maintenant que le jour de la séparation des pouvoirs est arrivé, vous remontez aux principes pour départir les fonctions suivant leur nature, et pour le plus grand bien public ...

sammengesetzt bleiben als denen, die ausnahmslos der ausführenden Gewalt angehören;
3. aus der Tatsache, daß die Anklagefunktion zu der alten Staatsanwaltschaft gehörte, kann nicht zwingend die Konsequenz gezogen werden, daß sie in unserer neuen Organisation eine Kompetenz der Exekutive wird.[291]

d) Die Rechtsnatur der öffentlichen Anklage

Ich komme nun ohne Umschweife auf den wesentlichen Punkt der Diskussion zu sprechen; ich prüfe, was die öffentliche Anklage von ihrer Natur aus ist, und ich zögere nicht zu betonen, daß es eine volkseigene Funktion ist.

Es ist die soziale Gemeinschaft, die hauptsächlich verletzt wird durch die Nichtbestrafung von Verbrechen; sie ist es, die an deren Verfolgung und deren Bestrafung interessiert ist; es ist mehr zu ihrer Sicherheit als zur Genugtuung des verletzten Einzelnen, daß Züchtigung und Todesstrafen verhängt werden ...
es ist außerdem, weil die schwerwiegendsten Verbrechen die sind, die die Existenz des politischen Lebens angreifen, daß die Nation die Pflicht auf sich nehmen muß, die Schuldigen zu bestrafen.
Es ist letztlich wegen dieses dringenden Interesses, daß alle Völker, die nicht die erhabene Institution des öffentlichen Anklägers gekannt haben, die Anklage wegen einer Straftat eingereiht haben in die Liste der Popularklagen. Die öffentliche Anklage, Bewahrer der Freiheit gegen Mißbrauch durch den Verwaltungsapparat und aufrührerische Komplotte, war bei den antiken freien Völkern ein Recht von jedermann. Schauen Sie sich die griechischen und römischen Gesetze an und das, was ein Republikaner sagte, der gleichzeitig auch Magistrat, Redner, Publizist und Philosoph war, nämlich Cicero: Es ist nützlich, wenn in einer Bürgerschaft viele Ankläger sind.[292]

---

291) Je recueille ici les résultats qui me paraissent dès à présent constants:

1⁰ vous avez délégué au roi le ministère public mais sous la réserve nécessaire de l'approprier à la Constitution;

2⁰ vous l'avez délégué comme agence du pouvoir exécutif; il ne doit donc rester composé dans le partage constitutionnel des fonctions, que de celles qui appartiennent exclusivement au pouvoir exécutif;

3⁰ de ce que l'accusation a fait partie de l'ancien ministère public, la conséquence n'est pas nécessairement qu'elle doive devenir, dans notre organisation nouvelle, une attribution du pouvoir exécutif.

292) J'entre maintenant sans obstacle au fond de la discussion; j'examine ce que l'accusation publique est par sa nature, et je n'hésite pas à prononcer qu'elle est une fonction populaire.

Allerdings hat die Popularanklage einige schwerwiegende Nachteile. Wenn jedermann berufen ist, über die Einhaltung der Rechtsvorschriften zu wachen, kommt irgendwann der Moment, in dem keiner mehr wacht. Außerdem können unter dem Vorwand, die öffentliche Ruhe und Ordnung zu schützen, Parteigeist, allgemein verbreitete Voreingenommenheit oder persönliche Vorurteile und Ressentiments die öffentliche Ruhe und Ordnung stören.

Laßt uns die weise Einrichtung eines Amtsträgers beibehalten, dessen Aufgabe im Anklagen besteht. Wenn aber die öffentliche Anklage keine Aufgabe des gesamten Volkes bleibt, sondern vertretungshalber durch einen Amtsträger ausgeführt werden soll, kann es da überhaupt Zweifel darüber geben, daß dieser Amtsträger ein Mann des Volkes sein muß, beauftragt im Interesse der Nation mit der Ausübung ihrer Rechte?

Er muß einer der vom Volk gewählten und ernannten Amtsträger sein; seine Funktion nämlich ist eine der Aufgaben des Volkes, bei deren Übertragung das Volk ein erhebliches Interesse daran hat, daß sie nur an Menschen geht, derer man sich sicher sein kann und die kein anderes Interesse als das des Volkes von der genauen Beachtung ihrer Pflicht ablenken kann.[293]

C'est le corps social qui est principalement blessé par l'impunité des crimes; c'est lui que leur poursuite et leur punition intéressent; c'est pour sa sûreté, plus que pour la satisfaction des individus lésés, que les peines afflictives sont établies ...

c'est encore parce que les plus grands crimes sont ceux qui attaquent l'existence du corps politique, que la nation doit se charger d'office du châtiment des coupables.

C'est enfin par ce pressant interêt que tous les peuples, qui n'ont pas connu la sublime institution d'un accusateur public, ont rangé l'accusation criminelle au nombre des actions populaires. L'accusation publique, sauvegarde de la liberté contre l'abus des magistratures, et contre les complots des factieux, était chez les anciens peuples libres, un droit de chaque citoyen. Voyez les lois grecques, romaines, et ce qu'a dit un républicain, à la fois magistrat, orateur, publiciste et philosophe, Ciceron: *Accusatores multos esse in civitate utile est.*

293) Cependant, l'accusation populaire a de grands inconvénients. Quand tout le monde est chargé de veiller, il arrive un moment où personne ne veille; et quand chacun peut accuser, l'esprit de parti, les préventions vulgaires, les préjugés et les ressentiments individuels peuvent trop aisément troubler la tranquillité publique, sous le prétexte de l'assurer.

Conservons donc le sage établissement d'un officier public chargé d'accuser. Mais si l'accusation publique, au lieu de rester une action populaire, devient la commission d'un officier, peut-il rester douteux que cet officier est l'homme du peuple, préposé pour l'interêt de la nation à l'exércice de ses droits?

Il doit donc être un des fonctionnaires élus et nommés par le peuple, car sa fonction est une de celles que le peuple a spécialement intérêt de ne confier qu'à des hommes

Ich weiß, man könnte sagen, daß die exekutive Gewalt in ihrem Ursprung eine Staatsgewalt der Nation ist ... und daß der König genauso gut die öffentliche Anklage zum Vorteil des Volkes ausüben kann wie die anderen Funktionen des Königreiches.
Ich antworte, daß es richtig ist, daß die gesamte Staatsgewalt die der Nation ist ... und daß allerdings eine sehr essentielle Unterscheidung aufrechtzuerhalten ist zwischen den Befugnissen, die die Nation um der Effektivität willen der ausführenden Gewalt übertragen kann und den Befugnissen, die für sich zu reservieren sie speziell ein Interesse hat, um sie auf direkterem Wege durch ihre gewählten Vertreter auszuüben.
Wenn das erstgenannte Prinzip darin besteht, daß das Volk nur die Funktionen delegieren darf, die es nicht selbst erfüllen kann, lautet die zweite Maxime, daß das Volk ,in der Ausübung seiner Befugniserteilung, an den Repräsentanten durch Erbnachfolge das nicht abtreten darf, was es den Repräsentanten seiner Wahl anvertrauen könnte. Der erste [Repräsentant durch Erbnachfolge] agiert nur indem er Unterbevollmächtigte einsetzt: und so wird in der durch diesen Zirkelschluß getäuschten öffentlichen Meinung die nationale Staatsgewalt ganz einfach zur königlichen Staatsgewalt, weil sie durch den König weiter delegiert worden ist.
Lassen Sie uns zunächst festhalten, daß diese Funktion, von ihrer Natur aus, keine Befugnis sein kann, die nach der Verfassung der Krone zuzuordnen ist.[294]

---

dont il soit sûr, et qu'aucun intérêt différent du sien ne puisse écarter de l'exacte observation de leur devoir.

294) Je sais qu'on pourra dire que le pouvoir exécutif est dans sa source le pouvoir de la nation ... et que le roi peut aussi bien exercer l'accusation publique à l'avantage du peuple, que les autres fonctions de la royauté.

Je réponds qu'il est vrai que tous les pouvoirs publics sont ceux de la nation ... et que cependant il existe ... une distinction très essentielle à maintenir entre les attributions que la nation peut utilement faire au pouvoir exécutif, et celles qu'elle a spécialement intérêt de se réserver pour les exercer plus directement par ses délégués électifs.

Si le premier principe est que le peuple ne doit confier que les fonctions qu'il ne peut remplir lui-même, la seconde maxime est que, dans l'exercice de ses délégations, il ne doit pas abandonner à son représentant héréditaire, ce qu'il peut confier aux représentants de son choix. Le premier n'agit qu'en subdéléguant; et le pouvoir national subdélégué par le roi devient aisément, dans l'opinion trompée par ce circuit, pouvoir royal ...

nous reconnaîtrons d'abord, par la nature de cette fonction, qu'elle ne peut pas être une attribution constitutionelle de la couronne.

e) Bedeutung und Wirkung der öffentlichen Anklage

Diese Wahrheit erlangt eine neue Kraft durch die Ungebührlichkeit und Gefahr, die darin liegt, daß der Regierung die Rute der öffentlichen Anklage anvertraut wird. Diejenigen, die darin nicht eine der wirkungsvollsten Triebkräfte erkennen würden für die Aufrechterhaltung oder Umkehrung der Verfassung, würden sich von ihr eine falsche Vorstellung machen: durch sie erlangen die Strafgesetze ihre Wirkung, und ohne sie bleibt die öffentliche Macht der Gerichte gelähmt.
Diese Waffe ist umso grausamer, als daß man mit ihr doppelten Schaden anrichten kann; das heißt, ebenso wenn man sich ihrer nicht bedient, wie wenn man sie in böser Absicht benutzt.[295]

Es ist hauptsächlich durch den Einfluß der öffentlichen Anklage, daß die rechtsprechende Gewalt so tiefgründig auf den Charakter und die Sitten der Völker einwirkt. Nichts würdigt so herab, nichts erniedrigt mehr, nichts macht so zu Sklaverei bereit wie die Furcht.
... beim öffentlichen Ankläger bleibt immer ein Rest von Macht unabhängig von den Gerichten, die ausreicht, um Ihre ganze Sorge zu wecken. Diese Macht besteht darin, die Informationen, die ihn erreichen zu verschleiern, nicht anzuklagen oder zu spät anzuklagen und dadurch den Erfolg des Verbrechens zu fördern, oder zumindest Flucht und Straflosigkeit der Schuldigen. Diese Macht besteht aber auch im entgegengesetzten Sinn in der Vervielfachung der Anklagen gegen die Verteidiger der Freiheit.[296]
Was können Sie erwarten und was haben Sie nicht zu befürchten, wenn Sie sie [die öffentliche Anklage] den königlichen Kommissaren wieder zuweisen. So würden Sie Ihre Zustimmung dazu geben, daß sie ihre Aus-

---

295) Cette vérité acquiert une nouvelle force par l'inconvenance et le danger de confier au gouvernement la verge de l'accusation publique. Ceux qui n'y apercevraient pas un des ressorts les plus énergiques pour le maintien ou le renversement de la Constitution, s'en feraient une fausse idée: c'est par elle que les lois pénales reçoivent leur activité, et sans elle la force publique des tribunaux démeure paralysée. Cette arme est d'autant plus redoutable que par elle on peut nuire doublement; c'est-à-dire autant en ne s'en Servant pas, qu'en l'employant à mauvais dessein.

296) C'est principalement par l'influence de l'accusation publique que le pouvoir judiciaire agit si profondément sur le caractère et sur les moeurs des peuples. Rien ne dégrade, n'avalit et ne dispose à la servitude comme la crainte ...

... il reste toujours à l'accusateur public un pouvoir indépendant des tribunaux, qui suffit pour exciter toute votre sollicitude. Ce pouvoir est celui de dissimuler les connaissances qui lui parviennent, de ne pas accuser, ou d'accuser trop tard, et de favoriser par là le succès du crime, ou du moins l'évasion et l'impunité des coupables. Ce pouvoir est encore, mais dans le sens contraire, celui de multiplier les accusations contre les défenseurs de la liberté.

übung der Regierung abgegeben wird; denn das Volk wird nichts zählen und die Regierung wird alles bedeuten für die königlichen Kommissare ... Dank und Interesse werden sie ausnahmslos an den Minister binden, der sie eingestellt hat, und an die Regierung, von der sie Belohnungen und Beförderung erwarten ...
Sehen Sie also nicht eine Epoche voraus, in der die öffentliche Anklage sich im gesamten Königreich in einer Abhängigkeit befinden würde zu den Geschöpfen ministerieller Gunst, die nichts anderem gehorchen als dem Antrieb der Regierung und dieser gleichermaßen dienen werden, ob sie nun anklagen oder nicht, je nach deren Ansichten? Glauben Sie, daß öffentliche Ankläger, die so an das Amt gebunden worden sind, dazu neigen, wachen, beeinflussen, und agieren würden zur Aufrechterhaltung der Verfassung ...?[297]
Ihr Verfassungsausschuß ... verdankte Ihnen, meine Herren, diese Beobachtungen über die Natur und den Effekt der öffentlichen Anklage: daraus hat er geschlossen, daß es zunächst von der Natur dieser Funktion aus verfassungswirdrig wäre, sie der ausführenden Gewalt anzuvertrauen, und außerdem gefährlich wegen der Schwere des politischen und moralischen Einflusses.
... dem Prinzip treu, werden Sie vermeiden, eine ihrer Natur nach total volkseigene Funktion in den exekutiven Machtbereich hineinzudrängen.[298]

---

297) Que pouvez-vous attendre, et que n'avez pas à craindre, si vous la remettez aux commissaires du roi? Vous consentiriez donc à en abandonner l'exercice au gouvernement; car le peuple ne sera rien, et le gouvernement sera tout pour les commissaires royaux.

... la reconnaissance et l'intérêt les attacheront exclusivement au ministre qui les aura placés, et au gouvernement dont ils attendront des récompenses et de l'avancement ...

Ne prévoyez pas ainsi une époque à laquelle l'accusation publique se trouverait, dans tout le royaume, livrée à la merci de ces créatures de la faveur ministérielle, qui n'obéiront qu'à l'impulsion du gouvernement, et le serviront également, soit en accusant, soit en n'accusant pas, selon ses vues? ... Croyez-vous que des accusateurs publics, dévoués à ce ministère inclineraient, veilleraient, influeraient, agiraient pour le maintien de la Constitution? ...

298) Votre comité ... vous devait, Messieurs, ces observations sur la nature et les effets de l'accusation publique: il en a conclu qu'il serait d'abord inconstitutionnel par la nature de cette fonction, et de plus, dangereux par la gravité de son influence politique et morale de la confier au pouvoir exécutif ... fidèles au principe, vous éviterez d'engouffrer dans le pouvoir exécutif une fonction toute populaire par sa nature.

f) Anklagefunktion im Dekretsvorschlag

Sie werden einen Modus verabschieden, dessen Ausübung einfach ist; weil sich jedes Gericht aus fünf Richtern zusammensetzt, und jederzeit mit vier Richtern urteilen kann, ist es ohne Nachteil, den einen mit der Ausführung der öffentlichen Anklage zu beauftragen ...
Das, was der Ausschuß vorschlägt, ist keineswegs ohne Beispiel ...
Wenn die Prokuratoren des Königs nicht anklagen wollten, haben schließlich, nach unserer Praxis in jüngster Zeit, die Gerichte entweder einen der Richter benannt, um ihn zu vertreten, oder sie haben im Namen des königlichen Prokurators Informationen eingeholt und das Ermittlungsverfahren selbst geleitet, obwohl sie keinen Beitritt dazu erklärt hatten. Das Prinzip bestand folglich darin, daß der Richter mangels Prokurator des Königs in seiner Qualität als Richter den nötigen Mut und die nötige Fähigkeit zum Anklagen fand.[299]

2) Stellungnahme zu der Rede

Diese Ausführungen THOURETs lassen sich zusammenfassen in vier Thesen, denen sich ein Lösungsvorschlag anschloß.

a) StA: keine Errungenschaft der Revolution

Erstens wurde deutlich, wo bereits oben hingewiesen wurde, daß die Institution der Staatsanwaltschaft nicht erst im Rahmen der Gesetzesdiskussion eingeführt wurde, sondern bereits zu Zeiten des 'ancien régime' existierte. THOURET sprach in seiner Einleitung davon, dem König die Ernennung der Staatsanwälte **wieder** zu überlassen[300], beklagte die Zustände der Staatsanwaltschaft, wie in so vielen

---

299) Vous décréterez un mode dont l'exécution est facile; car chaque tribunal étant composé de cinq juges, et pouvant toujours juger à quatre, il est sans inconvénient d'en occuper un à l'exercice de l'accusation publique ... Ce que le comité propose n'est point sans exemple ... Enfin dans nos usages plus récents, quand les procureurs du roi ne voulaient pas accuser, les tribunaux pratiquaient, ou de nommer un des juges pour le suppléer, ou d'informer et de diriger eux-mêmes l'instruction sous le nom des procureurs du roi, quoiqu'ils n'y donnassent pas d'adhésion. Le principe était donc que le juge, au défaut du procureur du roi, trouvait, dans sa qualité de juge, le caractère et l'aptitude nécessaires pour accuser.

300) "En remettant leur nomination au roi ..." (ibidem, S. 608).

anderen Einrichtungen des 'ancien régime'[301], und berichtete von der 'alten Staatsanwaltschaft', die die Anklagefunktion ausgeübt habe[302].
Daraus erschließt sich außerdem, daß die Funktion der Anklage tatsächlich nicht neu war, sondern bereits im ancien régime ausgeübt wurde, nämlich von den Prokuratoren des Königs.[303]

b) StA: Organ der Exekutive ohne Anklagefunktion

Zweitens ordnete THOURET die Staatsanwaltschaft eindeutig der Exekutive zu. Zu diesem Schluß kam er zum einen durch die Tatsache, daß die Staatsanwälte nicht vom Volk zur Ausübung öffentlicher Macht eingesetzt worden seien, sondern als Vertreter der Exekutive im Bereich der Judikative.[304]
Zum anderen analysierte er die Funktionen der Staatsanwaltschaft, die typischerweise der Exekutive zuzuordnen seien: Aufrechterhaltung der Gesetze, die die öffentliche Ordnung angehen, Urteilsvollstreckung und Kontrolle richterlichen Verhaltens.[305] Ganz deutlich aber grenzte er davon die Funktion der Anklage ab, die weder ein Recht des Königs noch der Exekutive sei.

c) Die Anklagefunktion

Drittens stellte THOURET deutlich dar, daß er die Anklagefunktion von den übrigen Aufgaben der Staatsanwaltschaft unterschied. Ihrer Rechtsnatur zufolge sei sie eine volkseigene Funktion, die zwar üblicherweise der Staatsanwaltschaft zugeordnet worden sei. Die Übertragung dieser Funktion bedürfe allerdings nunmehr gesteigerter Aufmerksamkeit, weil die Staatsanwaltschaft als 'Zweigstelle der Exekutive' weniger die Interessen der Nation vertrete als die der Regierung.[306]

---

301) Voilà pourquoi, dans la précédente constitution du ministère public, comme dans tant d'**autres établissements de l'ancien régime**, il se trouve un mélange de fonctions vraiment nationales avec celles qui dérivent du pouvoir exécutif ... (s. o. unter 1c).

302) 3⁰ de ce que l'accusation a fait partie de **l'ancien ministère public**, la conséquence n'est pas nécessairement qu'elle doive devenir, dans notre organisation nouvelle, une attribution du pouvoir exécutif (s. o. unter 1c).

303) Il est une autre fonction, celle d'accusateur public, que les procureurs du roi exerçaient ... (s. o. unter 1c).

304) La conséquence indubitable qui sort de là, est que les officiers du ministère public étant nommés à vie par le roi, sont ainsi constitués agents du pouvoir exécutif dans l'ordre judiciaire ... (s. o. unter 1a).

305) s. o. unter 1b).

306) Il est une autre fonction, celle d'accusateur public, que les procureurs du roi exerçaient, que l'habitude pourrait faire regarder comme essentielle au ministère public,

Damit spielte THOURET offensichtlich auf die im ancien régime herrschenden Zustände an, in denen der König durch seine Prokuratoren gleichermaßen öffentliche wie königliche Interessen vertreten ließ. Dem absolutistischen Gefüge entsprechend gab es keine Differenzierung zwischen dem König und der Öffentlichkeit.
Mit der Unterscheidung der Interessen der Nation von denen des Königs bedurfte es nun aber eines Volksvertreters, um die volkseigenen Funktionen zu erfüllen. Vollkommen unzureichend war die Beauftragung durch den König, quasi als Unterbevollmächtigter des von der Nation beauftragten Königs. Vielmehr bedurfte der öffentliche Ankläger einer direkten und regelmäßigen Legitimation durch das Volk, um einer Konfusion nationaler mit königlichen Interessen vorzubeugen.
Basis dieser Argumentation war THOURETs These, daß durch die Nichtbestrafung eines Verbrechens vornehmlich die soziale Gemeinschaft gestört werde. Die Verbrechensahndung sei vielmehr zu deren Sicherheit als zur Genugtuung des verletzten Einzelnen. Wegen dieses dringenden Interesses müßte eigentlich jedermann ein Anklagerecht haben, das jedoch aus Effektivitätsgründen vertretungshalber ausgeführt werden sollte.[307] THOURET zufolge konnte es gar keine Zweifel daran geben, daß diese Aufgabe des gesamten Volkes durch einen Mann des Volkes ausgeübt werden müsse, der im Interesse der Nation und nicht des Königs bzw. der Regierung agiere.

d) Anklagewirkung

Viertens umschrieb THOURET die allgemeinen Auswirkungen der Anklage so, daß sich mittlerweile aus verfassungsrechtlicher Sicht verbiete, diese Funktion der Exekutive zuzuweisen. Infolge der neu eingeführten Gewaltenteilung dürfe ein Organ der Exekutive über diese Einflußnahmemöglichkeit in der Judikative nicht verfügen.[308]
Nicht nur die Einwirkung auf typische Eigenheiten und Sitten eines Volkes und auf die Geltung der Strafgesetze sei durch die Anklagefunktion möglich, sondern auch die öffentliche Macht der Gerichte könne gelähmt werden, sei es durch Nichtanklage, verspätete oder grundlose Anklage.

---

et dont la délégation mérite l'attention la plus sérieuse depuis que le ministère public, au lieu d'être un ministère populaire, est devenu une agence du pouvoir exécutif (in der Rede unter 1c).

307) s. o. unter 1d).

308) ... vous devait, Messieurs, ces observations sur la nature et les effets de l'accusation publique: il en a conclu qu'il serait d'abord inconstitutionnel par la nature de cette fonction, et de plus, dangereux par la gravité de son influence politique et morale de la confier au pouvoir exécutif ... fidèles au principe, vous éviterez d'engouffrer dans le pouvoir exécutif une fonction toute populaire par sa nature (s. o. unter 1e).

e) Thourets Lösungsvorschlag

Im Anschluß an diese Feststellungen, denen zufolge die Anklagefunktion nicht wie bisher der Staatsanwaltschaft zugewiesen werden durfte, sondern einem vom Volk direkt gewählten Amtsträger, verwies THOURET auf die gewählten Richter. Damit meinte er zwei Probleme gleichzeitig gelöst zu haben: einerseits wurde einem Organ der Exekutive die Anklagefunktion entzogen, um sie andererseits einem direkt vom Volk gewählten Amtsträger zuzuweisen. Problematisch an diesem Vorschlag war jedoch erstens, daß ein zum Ankläger bestellter Richter ein Organ der Judikative blieb.
Zwar war so die Gefahr der Einflußnahme durch ein Exekutivorgan auf die öffentliche Macht der Gerichte gebannt, dafür aber konnte ein judikatives Organ auf die Geltung der Strafgesetze einwirken und so auf indirektem Wege gesetzgeberisch tätig werden. Zweitens fehlte dem Richter, der von den anderen Richtern für ein Jahr mit dem Amt des öffentlichen Anklägers betraut werden sollte, die direkte Legitimation des Volkes.
Deshalb ist es nicht verwunderlich, daß sich im Anschluß an THOURETs Rede heftiger Widerstand regte, der im folgenden dargestellt soll.

III) Debatte um die Regelungen

1) Gegner Thourets

a) Kompetenzverlust der königlichen Kommissare

Infolge der von THOURET vorgeschlagenen Entziehung der Anklagefunktion wurde ihm unmittelbar nach seinen Ausführungen ein Verstoß gegen monarchische Prinzipien[309] vorgeworfen, und CHABROUD unterstellte ihm Aushöhlung des staatsanwaltlichen Amtes[310], das in Frankreich keineswegs neu, sondern einst von den Prokuratoren ausgeübt worden sei[311].
Von PEZOUS wurden ohne nähere Begründung Bedenken dahingehend geäußert, daß die Strafverfolgung und Anklage nicht voneinander zu trennen seien. Er bemängelte zusätzlich, daß es dann für die Anklage noch eines weiteren Beamten

---

309) DUFRAISSE-DUCHEY: "... il blesse directement les principes de la monarchie ..." (ARCHIVES PARL., 1ère série Bd. XVII, Sitzung v. 4. August 1790, S. 611).

310) ibidem, S. 611: "Si l'on ôtait aujourd'hui aux officiers nommés par le roi les fonctions d'accusateurs publics, ils ne retiendraient plus que le nom, la chose leur ayant échappé."

311) ibidem, S. 611: "Le ministère public n'est point en France une institution nouvelle : elle était autrefois exercée par les procureurs auprès des cours ... Les fonctions de ces officiers consistaient à poursuivre les crimes après les avoir dénoncés ..."

bedürfe.[312] Ähnlich äußerte sich auch CHABROUD, der die Einrichtung einer zusätzlichen Institution für überflüssig erachtete und stattdessen dem seit langem vom Volk geachteten Mitarbeiterstab des Königs diese Aufgabe zuweisen wollte.[313]

b) Willkürargument

Auch THOURETs Bedenken, daß die Übertragung der Anklagefunktion an die Exekutive zu einer Bedrohung werden könnte, wurden nicht von allen geteilt.
Im Gegenteil, es gab Stimmen, die durch die Übertragung der Anklagefunkion an das Volk - unter Hinweis auf den im antiken Athen praktizierten Ostrazismus[314] - willkürliche Justiz befürchteten, da eine Anklage durch das Volk schon Verurteilung bedeutete.[315]
Einer Staatsanwaltschaft mit Anklagekompetenz hingegen seien zum einen Grenzen gesetzt durch die Geschworenen[316] und die vom Volk gewählten Richter[317]. Zum anderen könnte für den Fall, daß die Strafverfolgung durch den 'Prokurator'[318] unterbliebe, durch Einführung eines **Anzeige**-rechts von jedermann

---

312) ibidem, Sitzung v. 9. August 1790, S. 674: "... dans un même procès, un magistrat accusateur et un autre magistrat réquisiteur. Ces deux opérations ne peuvent pas être séparées; alors il faudrait, dans chaque tribunal, un magistrat de plus ..."

313) ibidem, Sitzung v. 10. August 1790, S. 697: "... associer cette même fonction à celle d'une magistrature déjà subsistante, jouissant dès longtemps des respects du peuple, et que l'on soit accoutumé à voir exercer une grande autorité ... Si j'ai mis quelque logique dans la suite de mes réflexions, la conséquence est claire et naturelle. le roi seul exerce une magistrature suprême, rendue indépendante par la loi, consacrée par les habitudes et les voeux du peuple."

314) Ostrazismus bezeichnet das altathenische Volksgericht (sog."Scherbengericht"), das die Verbannung eines Bürgers beschließen konnte, indem bei der Abstimmung dessen Name von jedem ihn verurteilenden Bürger auf ein Ostrakon, eine Tonscherbe, geschrieben wurde.

315) L'ABBÉ MAURY (ibidem, Sitzung v. 10. August 1790, S. 698): "A-t-on donc réfléchi au danger qu'il y a de faire de l'accusation publique une accusation populaire? Quand le peuple accuse, il juge; et cependant le crime d'un accusateur devient le crime de tous. C'est ainsi que l'ostracisme, qui fit proscrire Aristide, fut le crime de tous les Athéniens ..."

316) GOUPIL (ibidem, Sitzung v. 9. August 1790, S. 664): "... mais l'institution des jurés nous rassure sur le danger de donner ce pouvoir aux officiers du roi."

317) PEZOUS (ibidem, S. 675): "... combien est utile au peuple l'autorité tutélaire d'un monarque dans une Constitution libre; ... laisser aux agents du pouvoir exécutif la fonction d'accuser, qu'ils ne peuvent pas abuser sous des juges que le choix du peuple aura placés dans les tribunaux."

318) Der hier zitierte Abgeordnete GOUPIL (ibidem, S. 664) wandte sich genauso wie der Abgeordnete PEZOUS (ibidem, S. 674) gegen die Umbenennung der "procureurs du

die Gefahr verringert werden.[319] BRIOIS DE BEAUMETZ schlug sogar neben dem Anklagerecht der Staatsanwaltschaft ein **Anklage**-recht für jedermann vor.[320]

c) Konsequenz der Rechtsnatur

Zustimmung erhielt THOURET mit seiner These, daß die öffentliche Anklage ein nationales Interesse sei, aber es sei falsch, daraus den Schluß zu ziehen, daß die Nation dieses Interesse selbst direkt ausüben wolle. Vielmehr sollte auch dieses Interesse wie viele andere durch die Exekutive ausgeübt werden.[321]
Man argumentierte außerdem auch damit, daß die Amtsträger der Staatsanwaltschaft Amtsträger der Nation seien. Schließlich sei der König, der oberste Diener der ausführenden Gewalt, mit der Verfassung eng verbunden und die Ausführung des Gesetzes stelle einen wirklich nationalen Dienst dar.[322]

---

roi" in "commissaires du roi" und behielt während seiner Rede die Amtsbezeichnung "procureurs" bei.
(GOUPIL: "Messieurs, je commence d'abord par m'élever contre la qualification odieuse du commissaire du roi, donnée aux procureurs du roi. Pourquoi ne pas leur conserver une appellation, qui de tout temps, a été la leur et qu'ils continueront à honorer ... ?"
PEZOUS: "Sur le titre VII, concernant le ministère public, je ne demanderai pas au comité pourquoi il a supprimé l'ancien nom de procureur de roi, qui était clair et juste, pour y substituer le nom vague de commissaire qui est même impropre ...")

319) GOUPIL (ibidem, S. 664): "Quant à la négligence de la poursuite des crimes, qui compromettrait la tranquillité des citoyens, vous pouvez rendre ce danger moins grand en ordonnant que, si le procureur du roi retardait ou négligeait la poursuite des crimes, chaque citoyen aura le droit de dénoncer et de stimuler les officiers du ministère public."

320) ibidem, S. 670: "Je propose de décréter que chaque citoyen aura le droit d'accuser, en se soumettant à la responsabilité; qu'il y aura, auprès de chaque tribunal de district, un commissaire du roi, chargé de poursuivre les délits qui n'auraient point été dénoncés par les citoyens."
Dieser Meinung stimmte dann auch CHABROUD in der Sitzung vom 10. 8. 1790 zu (ibidem, S. 696).

321) BRILLAT-SAVARIN (ibidem, S. 672): "le principe est vrai et la conséquence absolument fausse; car la nation n'est pas plus directement intéressée à diriger l'accusation publique que les autres parties du pouvoir exécutif délégué au roi."

322) L'ABBE MAURY (ibidem, Sitzung v. 4. 8. 1790, S. 612): "Les officiers, exerçant le ministère public, sont vraiment des officiers nationaux. Le roi n'est point étranger à la Constitution. L'exécution de la loi est un ministère vraiment national"

BOUCHOTTE allerdings zog eine andere Konsequenz aus dieser These: er stellte neben die Beamten der Staatsanwaltschaft sogenannte "nationale Kommissare", die für die Gesellschaft Anklage erheben sollten.[323]

d) Zum Lösungsvorschlag

Zu THOURETs Lösungsvorschlag, demzufolge vom Gerichtshof ein Richter als öffentlicher Ankläger bestimmt werden sollte, wurden Bedenken dahingehend geäußert, daß die Strafverfolgungskompetenz aus Gewaltenteilungsgründen von der rechtsprechenden Gewalt unbedingt zu trennen sei. So wie es verfassungswidrig sei, den Richter anklagen zu lassen, so widerspreche es ebenfalls der Verfassung, daß der Ankläger richte.[324]
Außerdem wurde auch geäußert, daß das Richteramt unvereinbar sei mit der Funktion des Anklägers, weil der Richter jeder Art von Anklage ein Mißtrauen entgegenbringen müßte. Dieses sei aber nicht mehr gewährleistet, wenn ein Richter anklage.[325]

2) Befürworter Thourets

THOURETs Ausführungen fanden allerdings auch große Zustimmung und wurden durch zusätzliche Argumente untermauert.

a) Verletzung des "corps social"

Zunächst wurde der Gedanke aufgegriffen, daß ein Gesetzesverstoß die soziale Gemeinschaft verletze[326].
MOUGINS zog diesen Gedanken als Argument dafür heran, daß die Anklage ein Recht des Volkes sei[327] und der öffentliche Ankläger entsprechend in dessen

323) ibidem, Sitzung v. 10. August 1790, S. 696: "Les commissaires du roi doivent intenter les accusations publiques; la société a aussi le droit de nommer des accusateurs particuliers, les plaintes seront faites à la requête du commissaire national et du commissaire royal."

324) BRILLAT-SAVARIN (ibidem, Sitzung v. 9. 8. 1790, S. 672): "C'est qu'il est d'une vérité éternelle que le pouvoir instigateur ne peut pas être confondu avec le pouvoir judiciaire et qu'il est aussi inconstitutionnel de faire le juge accusateur, qu'il répugne de faire l'accusateur juge."

325) PISON DU GALLAUD (ibidem, Sitzung v. 4. August 1790, S. 612): "Il doit y avoir incompatibilité entre les fonctions d'accusateur et celles de juge: les juges doivent s'armer de défiance contre toute espèce d'accusation;"

326) vgl. oben II 1d.

327) ibidem, Sitzung v. 9. August 1790, S. 664: "Le corps social, blessé par l'impunité des crimes, vous demande un homme chargé d'en poursuivre la vengeance et d'en découvrir les preuves. Cet homme doit être l'homme du peuple, parce que l'accusa-

Namen anstatt im Namen des Königs agieren müsse[328].
Auch ROBESPIERRE zog diesen Gedanken dafür heran, um damit zu begründen, daß selbst eine individuelle Anklage ein öffentlicher Akt sei. Da jede Verletzung der Gesellschaft auch einen Angriff auf die Nation darstelle, seien natürlich nationale Interessen berührt, die die Nation selbst vertreten wolle.[329]

b) Verfassungswidrigkeit

Ebenso wurde von LEPELLETIER der Gedanke der Verfassungswidrigkeit aufgegriffen für den Fall, daß die Anklagefunktion einem Organ der Exekutive übertragen würde. Nicht nur die Weisungsgebundenheit der Exekutivbeamten stelle ein Problem dar, weil der öffentliche Ankläger nur seinem Gewissen und dem Gesetz unterworfen sein solle.[330] Auch die mangelnde Kontrolle sei bedenklich, weil das Handeln der Exekutive nur solange ein Wohl der Nation darstelle, wie es offen geschehe.[331] Außerdem fehle die direkte Legitimation des Volkes, wenn ein Exekutivbeamter anklage, weil dieser nicht vom Volk gewählt, sondern vom König ernannt sei. Daraus sei der Schluß zu ziehen, daß das Volk zusätzlich ein Organ wählen solle, das die Anklagefunktion übernehme.[332]

c) öffentlicher Ankläger: ein zusätzliches Organ

Nicht nur LEPELLETIER, sondern auch BARRERE kamen zu dem Schluß, daß THOURETs Lösungsvorschlag, einen Richter mit der öffentlichen Anklage zu betrauen, nicht sinnvoll sei. Beide schlugen stattdessen die Wahl eines 'öffentli-

---

tion publique est le droit le plus sacré, et que, d'après tous les principes, il émane des droits du peuple, qui dès lors a contestablement le pouvoir d'en déléguer l'exercice."

328) ibidem, S. 664: "... c'est donc le peuple qui doit l'instituer encore aujourdhui; c'est donc au nom du peuple, et non à celui du roi, qu'il doit exercer son ministère ..."

329) ibidem; S. 672: "L'accusation individuelle est un acte public: tout délit qui attaque la société attaque la nation; c'est donc à la nation à en poursuivre seule la vengeance, ou à la poursuivre concurremment avec la partie lésée ..."

330) ibidem, S. 670: "... l'accusateur public n'a d'ordres à suivre que ceux de la loi et de sa conscience ..."

331) ibidem, S. 670: "Autant le développement plein et entier du pouvoir exécutif est un bienfait pour la nation lorsqu'il agit visiblement ... Je craindrais que trop souvent il ne dirigeât secrètement les accusations, si des agents choisis par lui, et dépendants de lui dans les surplus de leurs fonctions, étaient encore dépositaires du terrible droit d'accuser."

332) ibidem, S. 671: "... mais le peuple exercera le droit d'accuser par ses représentants, comme il se gouverne par ses représentants; il élira des censeurs publics, comme il élit les juges, les législateurs, les membres de ses administrations de département ..."

chen Kontrolleurs' (censeur public[333]) vor, der, direkt vom Volk legitimiert, dessen Anklagerecht vertretungshalber ausüben sollte.
Weder das Volk selbst, noch die Richter, noch die Exekutive könnten diese Funktion erfüllen. Eine Popularanklage führe, wie die Geschichte Athens und Roms gezeigt habe, zu einem Despotismus[334], die Richter dürften nichts als urteilen[335] und die politische Vernunft gebiete den Erfahrungen der Geschichte zufolge, nicht der Exekutive die Anklagefunktion zu übertragen[336].
Allerdings legte BARRERE ausdrücklich fest, daß dieser "öffentliche Kontrolleur" keine Strafverfolgungskompetenzen habe, da diese der Staatsanwaltschaft zuzuordnen seien.[337]
DUPORT schlug neben den königlichen Kommissaren einen von der Nation ernannten "öffentlichen Rächer" vor, der durch Anklageerhebung für deren Entschädigung eintreten solle.[338] Damit wollte er wegen Inkompatibilität vermeiden, daß - nicht wie bei den ehemaligen Prokuratoren des Königs - die Funktion der Anklage mit der der Überwachung der Gerichte vereinigt würde.[339]

---

333) Der Terminus "censeur public" wurde bereits wenige Monate zuvor (29. 3. 1790) von DUPORT in seinem Memorandum verwendet (vgl. oben 9. Kap. G III). Allerdings hatte DUPORT damit die "öffentliche Partei" bezeichnet, die seiner Konzeption zufolge damit beauftragt war, über die Anwendung des Gesetzes auf alle Prozeßparteien und in jedem Prozeßstadium zu wachen. Mehrmals betonte er allerdings, daß die öffentlichen Kontrolleure nicht entscheidungsbefugt sein sollten.

334) ibidem, S. 672: "... ne nous dissimulons pas cependant ses dangers, quand chaque citoyen l'excerce; elle perdit Athènes et Rome; elle devint l'arme la plus terrible du déspotisme et de la terreur des bons citoyens."

335) ibidem, S. 672: "Mais un juge ne doit que juger."

336) ibidem, S. 672: "L'histoire ne prouve pas que l'accusation publique fasse partie du pouvoir exécutif, la raison et la saine politique démontrent que cela ne doit pas être."

337) ibidem, S. 673: "L'accusation est le bien du peuple; la poursuite la fonction du ministère public; dans la poursuite le ministère public dispose à son gré de la marche de la procédure."

338) ibidem, Sitzung v. 10. August 1790: "Je conviens qu'il y a des crimes qui ne laissent point après eux de vengeurs. Il faut alors que ce soit un vengeur public; un vengeur nommé par la nation qui en poursuive la réparation."

339) ibidem, S. 696: "Rien n'est plus incompatible que les deux emplois que réunissaient les anciens procureurs du roi et qu'on propose de leur attribuer encore. Ils étaient chargés de plaider contre l'accusé au pied des tribunaux et de surveiller ces mêmes tribunaux."

d) Anklagerecht als Bürgerrecht

BREVET war es, der bei der Suche nach dem Ursprung des Anklagerechts auf den Gesellschaftsvertrag stieß und zu dem Ergebnis kam, daß es sich um ein Bürgerrecht[340] handele,[341] das als solches in der Verfassung zu verankern sei. Wenn auch ein solches Recht mit der monarchischen Regierungsform vereinbar sei, ließen die seinerzeitigen Umgangsformen die Ausübung des Anklagerechts durch jedermann nicht zu.[342] Aufgrund dieser mangelnden Reife der Gesellschaft zog auch er den Schluß, daß es eines Repräsentanten bedürfe, der allerdings keinesfalls der Exekutive angehören dürfe. Diese dürfe erstens kein Bürgerrecht

---

340) BARRERE sprach vom Herrschaftschaftsbereich und Eigentum eines freien Menschen (ibidem, S. 672: "Ainsi l'accusation publique doit être placée dans le domaine du citoyen; elle est une propriété de l'homme libre: ne nous dissimulons pas cependant ses dangers, quand chaque citoyen l'exerce; ... elle devint l'arme la plus terrible du despotisme, et la terreur des bons citoyens.").

341) ibidem, S. 665: "L'origine du droit d'accusation se trouve dans le contrat social même, dont il forme une des bases les plus essentielles. En vertu de ce contrat, des hommes ont mis en commun leurs forces et leurs volontés, pour garantir à chacun la plus grande aisance, les plus grandes sûretés, le plus grand bonheur possible. Mais, comme toute infraction à la loi jurée blesse à la fois chaque individu, et met en péril la société entière, chacun de ses membres a un intérêt égal à ce que l'ordre public soit constamment maintenu, à ce que la loi soit religieusement respectée ... Ainsi, tous les citoyens sont nécessairement des surveillants respectifs, les uns à l'égard des autres, et la liberté des accusations est, dans son origine, un véritable droit de cité, qui appartient également à chacun des individus qu'elle renferme."

(Der Ursprung des Anklagerechts findet sich im Gesellschaftsvertrag selbst, zu dessen wichtigsten Grundsteinen es gehört. Auf Grund dieses Vertrags haben die Menschen gemeinsam ihre Kräfte und ihren gesamten Willen dahinein gelegt, um jedem größtmöglichen Wohlstand, größtmögliche Sicherheiten und größtmögliches Glück zu garantieren. Aber so wie jeder Bruch förmlich verabschiedeten Rechts gleichzeitig jeden Einzelnen verletzt und die gesamte Gesellschaft in Gefahr bringt, hat jedes ihrer Mitglieder ein gleich großes Interesse daran, daß die öffentliche Ordnung konstant aufrechterhalten bleibt, daß das Gesetz gewissenhaft beachtet wird ... Auf diese Weise sind notwendigerweise alle Bürger gegenseitige Wächter, die einen gegenüber den anderen, und das Anklagerecht von jedermamnn ist in seinem Ursprung ein wahres Bürgerrecht, das gleichermaßen jedem Einzelnen zusteht, der davon erfaßt wird.)

342) ibidem, S. 666: "... le peuple ... serait incapable encore d'apprecier l'importance et les charges du droit que vous lui auriez rendu. L'exercice seul de ce droit l'épouvanterait, et vous le verriez nul entre ses mains ..."

(... das Volk ... wird noch nicht in der Lage sein, die Bedeutung und Verantwortung dieses Rechts zu schätzen, das Sie ihm überlassen würden. Allein die Ausübung dieses Rechts würde es erschrecken und, Sie würden sehen, in seinen Händen nichts bedeuten ...)

ausüben[343], zweitens fehle einem Exkutivbeamten infolge seiner Abhängigkeit die Qualität als Mann des Volkes, da er ein Mann des Hofes[344] sei.

3) Abschlußrede Thourets

Dieser zunehmend hitzigen Debatte setzte THOURET schließlich ein Ende, indem er den Streitpunkt eingrenzte auf die zentrale Frage, ob nun die öffentliche Anklage in den Zuständigkeitsbereich des Königs fallen sollte, so daß die von ihm ernannten Amtsträger die Anklagefunktion erfüllen würden.[345]
Er machte deutlich, daß der Vorschlag des Komitees, demzufolge einem Richter für ein Jahr das Anklageamt übertragen werden sollte, nicht zwingend sei, sondern vielmehr geklärt werden müsse, ob nun zukünftig den königlichen Kommissaren, den zukünftigen Amtsträgern der Staatsanwaltschaft, die Funktion der Anklage übertragen werden sollte oder nicht.
Seinen Gegnern setzte er folgende Argumente entgegen:

1. Die königlichen Kommissare erfüllten auch ohne öffentliche Anklage ausreichende Funktionen als objektive Gesetzeswächter vor Gericht und als Urteilsvollstrecker.[346] Im übrigen dürfe dieser vermeintliche Funktions-

---

343) ibidem, S. 667: "Mais en établissant que la liberté d'accuser est l'inaliénable propriété de chaque citoyen qui a droit, et qui même, dans un bon ordre de chose, et dans toute espèce de gouvernement, a intérêt de l'exercer par lui-même, j'ai prouvé, ce me semble, que le droit d'accusation publique ne fait pas, et ne peut pas faire partie des fonctions de la puissance exécutrice."

(Aber, wenn ich das Anklagerecht für jedermann als unveräußerliches Eigentum eines jeden Bürgers feststelle, der das Recht hat und, in guter Ordnung der Sachlage und in jeder Regierungsform sogar das Interesse hat, es selbst auszuüben, habe ich, wie mir scheint, bewiesen, daß das Recht der öffentlichen Anklage nicht Bestandteil der ausführenden Gewalt ist und nicht sein kann.)

344) ibidem, S. 667: "il y a, vous dis-je, toute raison d'apprehender qu'un tel personnage ne soit plutôt l'homme de la cour et du ministre que l'homme du peuple et du citoyen."

(Es gibt, behaupte ich, Grund genug zu befürchten, daß eine solche Persönlichkeit eher ein Mann des Hofes und des Ministers ist als ein Mann des Volkes und des Bürgers.)

345) ibidem, Sitzung v. 10. August 1789, S. 699: "Messieurs, il est devenu nécessaire de réduire la question à ses termes les plus simples: L'accusation publique sera-t-elle déléguée au roi et exercée par des officiers qu'il nommera?"

346) ibidem, S. 700: "... il reste aux commissaires du roi assez de fonctions sans celle d'accuser ... Placés auprès des tribunaux, comme régulateurs de tous leurs mouvements pour le maintien des principes et des formes, et pour prévenir, en rappelant toujours la loi, les erreurs judiciaires ... ; préposés exclusivement à l'exécution des jugements ... ; chargés enfin de veiller sur la discipline des tribunaux et sur la régu-

mangel nicht dazu führen, dem König eine volkseigene Aufgabe zu übertragen, um dessen Amtsträger zu beschäftigen und deren Einfluß zu verstärken.[347]

2. Folge des in der Verfassung verankerten Gewaltenteilungsprinzip sei, daß alle volkseigenen Funktionen dem Volk vorbehalten bleiben und durch direkt gewählte Repräsentanten ausgeführt werden sollten.[348]
3. Wenn die direkte Wahl der Richter damit begründet wurde, daß es sich um eine zu gewichtige und zu bedeutungsvolle Funktion handele, um sie dem König zu übertragen, der doch nur seine Beamten als Unterbevollmächtigte einsetzte, sei es nicht einzusehen, warum das nicht auch für die Anklage gelte, die ebenso die Freiheit und Sicherheit der Bürger ernsthaft gefährden könne.[349]
4. Genauso wenig wie die Exekutive darüber zu urteilen habe, ob jemand schuldig oder unschuldig sei, stehe ihr das Recht zu, Ermittlungen darüber anzustellen. Zu den Angelegenheiten der Exekutive gehöre es, dafür zu sorgen, daß das Recht, das über den Bürger gesprochen wurde, zur Anwendung zu bringen. Tatsachenermittlung, Anklage und Beweisführung vor Gericht beträfen die soziale Gemeinschaft und jedes ihrer Mitglieder.[350]

---

larité de leur service, il est impossible de ne pas compter ces officiers comme des fonctionnaires précieux dans l'administration de la justice."

347) ibidem, S. 700: "... en toute hypothèse, quelque resserrée que puisse être la fonction d'un agent du pouvoir exécutif, ce ne peut jamais être une raison de déléguer au roi une fonction populaire, pour qu'il en accroisse le pouvoir et l'influence de son agent."

348) ibidem, S. 700: "Le principe fondamental de notre Constitution ... est celui d'une distribution sage et régulière des pouvoirs, et cette attention soutenue tend à ne mettre dans le pouvoir exécutif que ce qui lui appartient essentiellement, et à réserver au peuple toutes les fonctions vraiment populaires, qu'il peut faire exercer par les fonctionnaires électifs."

349) ibidem, S. 700: "Vous avez reconnu le droit du peuple de nommer ses juges, parce que le pouvoir de juger émane de lui, parce qu'il était inutile et dangereux de le déléguer au roi pour qu'il le délégât aux juges; ... Est-ce que la fonction d'accuser n'est pas de même une fonction nationale, et par son principe , et par son objet? Est-ce que ce n'est pas un circuit également inutile et vicieux, de la déléguer au roi pour qu'il la subdélègue à ses agents? Est-ce qu'elle n'intéresse pas la liberté, la sûreté, le bonheur des citoyens?"

350) ibidem, S. 701: "Le pouvoir exécutif ne doit donc pas plus atteindre immédiatement les citoyens par l'accusation que par le jugement; car il ne lui appartient pas mieux de rechercher si tel individu est coupable, que de prononcer qu'il est ou n'est pas coupable. Ce qui lui appartient, est de faire exécuter la loi appliquée à tel individu. Quant à la recherche, à la plainte et aux poursuites, elles intéressent le corps social et chacun de ses membres."

5. Wenn man die große Gefahr erkannt habe, daß die Übertragung der Anklagefunktion an den König zur Abhängigkeit der Anklage von der Regierung führe und sie zu einer ministeriellen Funktion umwandele, reiche es nicht aus, daß man auf entsprechende Kontrolle durch die Geschworenen und Richter hoffe. Vielmehr müsse man dann von dieser Übertragung Abstand nehmen, um entsprechende Verhältnisse im Vorfeld zu vermeiden.[351]

Gleichgültig, für wie überzeugend man diese Argumente THOURETS einstuft, verfehlten sie vor der Nationalversammlung nicht ihre Wirkung, so daß noch am selben Tag die Sitzung mit dem folgenden Beschluß beendet wurde:

> *"Die öffentliche Anklage soll nicht den Kommissaren des Königs anvertraut werden: der Verfassungsausschuß soll, vereint mit dem Kriminalgesetzgebungsausschuß, damit beauftragt werden, Formen der öffentlichen Anklage darzulegen."*[352]

Damit war also endgültig die Entscheidung gefällt, daß die Amtsträger der "neuen Staatsanwaltschaft", die Kommissare des Königs, nicht die Funktionen der Anklage ausüben würden. Da jedoch nur in dieser Hinsicht Einigkeit erzielt werden konnte, fehlte es zunächst noch an der Festlegung der Institution, die an deren Stelle anklagen würde. Diese Entscheidung sollte erst mit Hinzuziehung des Kriminalgesetzgebungsausschusses gefällt werden.

4) Endgültige Annahme der Gesetzes

Bereits einen Tag später, am 11. August 1790, legte THOURET der Nationalversammlung die zu verabschiedenden Gesetzesvorschriften über die neue Staatsanwaltschaft vor, um eine möglichst schnelle Verabschiedung zu bewirken. Die bereits oben vorgestellten[353] Vorschriften deckten sich, wie schon gesagt, größtenteils mit den Vorschriften des Vorschlags, den der Ausschuß bereits im De-

---

351) ibidem, S. 701: "On n'a pas nié que tant d'effets désastreux ne puissent être les conséquences de l'accusation publique devenue ministerielle par sa délegation au roi: on a dit seulement que tous ces inconvénients théoriques seront affaiblis dans la pratique, parce que les jurés et les juges rectifieront, par de bons jugements, le mauvais exercice de l'accusation ... Or, puisque l'accusation a assez d'importance pour mériter une institution à part, il faut la faire bonne et sûre pour son objet spécial, et ne pas s'excuser, s'autoriser même, en la faisant mauvaise, sur ce que de bons jugements pourront empêcher les dangereux effets."

352) ibidem, S. 703: "L'accusation publique ne sera pas confiée aux commissaires du roi: les comités réunis de Constitution et de jurisprudence criminelle sont chargés de présenter les formes de l'accusation publique."

353) vgl. unter I zu Beginn des Abschnittes B.

zember 1789[354] vorgelegt hatte. Deshalb ist die prompte Reaktion THOURETs nicht verwunderlich.

Lediglich eine Vorschrift mußte revidiert werden, nämlich Artikel 4[355], demzufolge jedes Tribunal einen Richter für ein Jahr mit der Aufgabe des öffentlichen Anklägers betrauen sollte. Genau dieser Part der Vorschrift war auf so heftige Kritik gestoßen, daß sich THOURET gezwungen sah, diese Frage zunächst zurückzustellen, um zumindest festlegen zu können, daß nicht die Leute des Königs die Anklagefunktion erfüllen würden.

Genau so ergibt es auch einen Sinn, daß die neue Gerichtsverfassung zwar festlegte, wer die Funktion der öffentlichen Anklage **nicht** erfüllen sollte, nämlich die Staatsanwaltschaft, allerdings offen ließ, wer an ihrer Stelle zu handeln habe. THOURET ging es vornehmlich um die Unzuständigkeitserklärung der Staatsanwaltschaft. Das beweist vor allem auch die Anfrage des Abgeordneten BRILLAT-SAVARIN, der den königlichen Kommissaren das Recht einräumen wollte, im Falle der verspäteten oder gar nicht erhobenen Anklage die Amtsträger an ihre Pflicht zu erinnern oder sogar dem zuständigen Gericht die unterlassene Anklage anzeigen zu können.[356] Genau dieser Kontrolle aber wollte THOURET die zukünftigen Ankläger gerade nicht unterwerfen. Wenn nämlich den königlichen Kommissaren dieses Kontrollrecht den öffentlichen Anklägern gegenüber eingeräumt worden wäre, hätte man sie indirekt wieder an der Anklage beteiligt.

Es blieb also bei den von THOURET vorgeschlagenen Vorschriften über die Staatsanwaltschaft, die in die endgültige Fassung als VIII. Titel der Gerichtsverfassung eingingen. Diese wurde in der Sitzung vom 16. August 1790[357] verabschiedet und am 24. August 1790 erfolgte die Ausfertigung durch den König in Siegelbriefen (lettres patentes).

---

354) vgl. im 9. Kap. C II.

355) Titel VII, Art. 4 des 2. Vorschlags (vgl. ARCHIVES PARL., 1ère série Bd. X, Annex zur Sitzung v. 22. Dez. 1789, S. 737):
In Strafverfahren sollen die Kommissare des Königs zu allen Anklagen gehört werden, die entweder von einem einzelnen Bürger erhoben und verfolgt worden sind oder von dem Richter, den jährlich jedes Tribunal mit der Aufgabe des öffentlichen Anklägers zu betrauen hat. Sie sollen im Verlauf des Untersuchungsverfahrens über die Einhaltung der Formvorschriften wachen und vor der Urteilsfindung über die Anwendung des Gesetzes.

356) ARCHIVES PARL., 1ère série, Sitzung v. 11. August 1790, Bd. XVII, S. 720: "Je demande ... qu'il soit dit que les commissaires du roi auront le droit de requérir les officiers chargés de l'accusation publique de remplir leur fonction, s'ils sont en retard pour le faire, et en cas de refus de la part des accusateurs, de déférer à cette réquisition, les commissaires du roi pourront en porter leur plainte par-devant le tribunal qui prononcera après avoir demandé, aux officiers chargés des accusations publiques, les motifs de leur refus ou du retard."

357) ARCHIVES PARL., 1ère série, Bd. XVIII, S. 104ff.

11. Kapitel: Die neue Strafprozeßordnung

In diesem Kapitel soll nicht nur die neue Strafprozeßordnung im Vordergrund stehen, sondern auch ihre durchaus aufschlußreiche Entstehungsgeschichte.
Um des Verständnis willen soll allerdings das Ergebnis dieser Entwicklung vorweggenommen werden und zunächst eine Darstellung des Verfahrensablaufs in mehr oder minder groben Zügen erfolgen. Erst im Anschluß daran wird die Analyse der Debatte über dieses Gesetz in der Nationalversammlung eine Idee davon vermitteln, welche Ziele die Abgeordneten mit diesem Gesetz verfolgten.
Verabschiedet wurde dieses Gesetz im September 1791[358], obwohl der erste komplette Entwurf bereits im November 1790[359] durch DUPORT präsentiert worden war. Fast über ein Jahr debattierte man also über diese eilige Reform, deren inhaltliche Grundzüge im folgenden zusammengefaßt sind.[360]

A) Die neuen Strafverfahren

I) Das Schwurgerichtsverfahren

1) Das Ermittlungsverfahren

Grundsätzlich wurden die Ermittlungen von Friedensrichtern[361] (juges de paix) in der Funktion einer sogenannten Sicherheitspolizei[362] durchgeführt. Da es pro

358) "Loi sur la police de sûreté, la justice criminelle, et l'institution des jurés" vom 16. Sept. 1791 (ARCHIVES PARL., 1ère série, Bd. XXX, 696ff).

359) ARCHIVES PARL., 1ère série, Sitzung v. 27. Nov. 1790, Bd. XXI, S. 42ff.

360) Ein Auszug der neuen Strafprozeßordnung, insb. die zitierten Vorschriften befinden sich im Anhang.

361) Part. I, tit. Ier art. 1er.

362) Den einleitenden Worten DÉMEUNIERS, die er anläßlich der Ausnahmeregelungen zum Schwurgerichtsverfahren sagte, ist zu entnehmen, daß mit der Einführung des Schwurgerichts erst die Funktion einer Sicherheitspolizei eingeführt wurde. Sie beinhaltete die Verfolgung der Verbrechen, die wegen ihrer Schwere vor dem Schwurgericht verhandelt werden mußten (ARCHIVES PARL., 1ère série, Sitzung v. 19. Juli 1791, Bd. XXVIII, S. 425).

Kanton[363] nur einen Friedensrichter gab, wurden die Beamten der Staatspolizei zusätzlich[364] mit der Ermittlungstätigkeit beauftragt[365].
Mögliche Auslöser für ein Ermittlungsverfahren waren die Beschuldigung durch die verletzte Partei (la plainte)[366], eine Anzeige durch einen unbeteiligten Bürger (la dénonciation)[367], oder aber die Beamten ermittelten von Amts wegen[368].
Zu Ermittlungszwecken konnte entweder ein Vorführbefehl (mandat d'amener) erlassen werden[369], um den Verdächtigen zu befragen, oder wenn das nicht ausreichend erschien, bestand die Möglichkeit einer vorübergehenden Festnahme (mandat d'arrêt)[370]. Darunter verstand man unter Abgrenzung zum Haftbefehl (décrèt de prise de corps)[371] die Festnahme eines Verdächtigen für 24h im Arrestgebäude.
Die Kontrolle über die Polizei hatte der öffentliche Ankläger, von dem es pro Departement nur einen gab.[372] Im Falle von Nachlässigkeit konnte er verwarnen oder in gravierenderen Fällen den ermittelnden Polizisten vor das unterste Gericht stellen, das allerdings nur kurze Freiheitsstrafen oder Geldstrafen verhängen durfte.[373] Hatte sich aber ein ermittelnder Polizist eine Amtspflichtverletzung zuschulden kommen lassen, hatte der öffentliche Ankläger von Amts wegen, infolge der Klage des Geschädigten oder der Anzeige eines Unbeteiligten einen

---

363) Die ursprünglich 83 Departements von Frankreich waren in mehrere Distrikte unterteilt, in denen es mehrere Kantone gab. Die Kantone setzten sich aus mehreren Kommunen zusammen (MELCHIOR-BONNET, "Dictionnaire de la Révolution", Anm. 'administration' S. 10/11).

364) Anzumerken ist an dieser Stelle, daß diese 'gendarmes nationaux' nicht zur Unterstützung der Friedensrichter eingesetzt wurden, sondern auch als eine Art von Konkurrenz (vgl. im Gesetzestext: ... *concurremment* avec les juges des paix des divers cantons ...).

365) Part. I, tit. Ier, art. 2.

366) Part. I, tit. V, art. 1er.

367) Part. I, tit. VI, art. 1er.

368) Part. I, tit. IV, art. 1er.

369) Part. I, tit. II, art. 1er.

370) Part. I, tit. II, art. 5.

371) Der Haftbefehl konnte nur erteilt werden, wenn die über die Anklagezulassung zu entscheidende Jury das erklärt hatte (vgl. dazu unter 2c). Er wurde für die Dauer des Prozesses gefällt und der Häftling befand sich im Gefängnis.

372) Partie II (De la justice criminelle et l'institution des jurés), tit. IV, art. 2.

373) Zu diesen vereinfachten Verfahren, die die Ausnahme zu den Schwurgerichtsverfahren bildeten, vgl. unten.

Vorführbefehl zu erlassen.[374] Für das weitere Vorgehen war dann der Richter des Distriktsgerichts zuständig, der als Direktor der Anklagejury fungierte.[375]
Allerdings durfte der öffentliche Ankläger nicht an Stelle der Polizei ermitteln. Selbst wenn ihm durch die Legislative, den Gerichtshof oder den königlichen Kommissar eine Straftat angezeigt wurde, hatte er die Ermittlungen an die Sicherheitspolizei weiterzuleiten.[376]
Hatte diese ihre Ermittlungen abgeschlossen, endete ihr Zuständigkeitsbereich, und mit der Übergabe an den Jurydirektor begann ein neuer Verfahrensabschnitt.

2) Die Zulassung der Anklage

a) Entscheidung: Weiterleitung an Anklagejury

Mit Abschluß der Ermittlungen trat der Jurydirektor[377] in Funktion. Dabei handelte es sich nicht um den Chef der Anklagegeschworenen, sondern um einen der Richter des Distriktsgerichts, dem für sechs Monate diese Aufgabe zuerkannt wurde.[378] Er hatte auf der Basis des gesammelten Ermittlungsmaterials zu entscheiden, ob es sich um eine Tat handelte, die ihrer Schwere wegen mehr als nur eine Geldstrafe oder kurze Freiheitsstrafe nach sich ziehen würde. Nur dann hatte er der Anklagejury die Anklageschrift vorzulegen, damit diese über die Zulassung der Anklage entscheide.[379] Zuvor mußte er allerdings den königlichen Kommissar anhören, der entweder mit den Worten "das Gesetz erlaubt" zustimmte, oder mit den Worten "das Gesetz verbietet" ablehnte. War letzteres der Fall, hatte das Distriktsgericht über die Weiterleitung an die Anklagejury zu entscheiden.[380]
War der Jurydirektor der Meinung, daß nur Geldstrafe oder kurze Freiheitsstrafe zu erwarten sei, mußte das Distriktsgericht innerhalb von 24 Stunden darüber entscheiden, um die Angelegenheit gegebenenfalls dem untergeordneten Friedensrichter zuzuweisen. Auch für diese Entscheidung mußte das Distriktgericht

---

374) Part. II, tit. IV, art. 3.

375) vgl. dazu unten 4.

376) Part. II, tit. IV, art. 1er, S. 2.

377) Part. II, tit. Ier, art. 2.

378) Part. II, tit. Ier, art. 1er.

379) Part. II, tit. Ier, art. 4.

380) Part. II, tit. Ier, art. 13.

zuvor die Meinung des königlichen Kommissars einholen[381], ohne jedoch daran gebunden zu sein[382].

b) Bildung der Anklagejury

Erst wenn die Weiterleitung der Anklage an die Anklagejury beschlossen war, wurde die Jury zusammengerufen an dem vom Gericht festgelegten Tag.[383] Sie setzte sich zusammen aus acht Bürgern, die der Jurydirektor exakt eine Woche vorher per Los aus einer 30 Personen umfassenden Liste gezogen hatte[384].
Diese Liste potentieller Geschworener hatte ein Verwaltungsbevollmächtigter alle drei Monate zu erstellen und die, die darauf standen, davon in Kenntnis zu setzen.[385] Diejenigen, die per Los aus dieser Liste tatsächlich als Geschworene aufgestellt wurden, erfuhren davon erst vier Tage vor dem Zusammenruf und hatten, unter Androhung von einer Geldstrafe und zweijährigem Verlust des aktiven und passiven Wahlrechts für den Fall eines Ausbleibens, die Pflicht, der Aufgabe als Anklagegeschworener nachzukommen.[386]

c) Entscheidung der Anklagejury

Nachdem die Anklagejury zusammengerufen worden war, wurden die Geschworenen in Anwesenheit des königlichen Kommissars vereidigt[387] und wurden vom Jurydirektor in Kenntnis der Angelegenheit gesetzt.[388]
Sodann erhielten sie die Anklageschrift, die außer den ermittelten Fakten und Umständen der Tat auch Angaben über die Person des Täters beinhalteten.[389] Die Zeugen wurden von der Anklagejury nochmals vernommen, genauso wie eventuelle Opfer der Tat und Anzeigeerstatter.[390] Nicht anwesend und ungehört blieb allerdings der Täter selbst.

---

381) Part. II, tit. Ier, art. 6.

382) Grundsätzlich waren das Distriktgericht und der Jurydirektor nicht an die Entscheidung des königlichen Kommissars gebunden. Jedoch konnte der königliche Kommissar später gegen das ergangene Urteil Revision einlegen, wenn seinem Antrag nicht entsprochen worden war (s. dazu unten A I 7; B II 4d).

383) Part. II, tit. X, art. 3.

384) Part. II, tit. X, art. 4.

385) Part. II, tit. X, art. 1er.

386) Part. II, tit. X, art. 5.

387) Part. II, tit. Ier, art. 18.

388) Part. II, tit. Ier, art. 19.

389) Part. II, tit. Ier, art. 15.

390) Part. II, tit. Ier, art. 16.

An der sich daran anschließenden Beratung der Anklagegeschworenen nahm der Jurydirektor nicht teil, sondern die Anklagegeschworenen sollten unter sich beraten können.[391] Chef der Anklagejury war der Älteste unter ihnen, der für die Leitung und Stimmenauszählung verantwortlich war.[392]
Drei mögliche Entscheidungsvarianten hatte die Anklagejury: eine Anklagezulassung, eine komplette Anklageabweisung[393] oder nur die Abweisung der konkret vorliegenden Anklage[394]. Mit letzterem konnten die Anklagegeschworenen bewirken, daß der Jurydirektor nach nochmaliger Durchsicht des Ermittlungsmaterials eine neue Anklage verfaßte.[395]
Für die drei Entscheidungsvarianten gab es feststehende Formeln[396], so daß jegliches Mißverständis vermieden wurde.
Für eine Entscheidung reichte eine einfache Mehrheit[397], so daß eine Anklage mit mindestens fünf Ja-Stimmen zugelassen war.
Die Maßnahmen, die nach der Entscheidung der Anklagejury notwendig waren, übernahm der Jurydirektor. Bei Anklagezulassung hatte er einen Haftbefehl zu erlassen.[398]
Im Fall der Anklageabweisung war der ehemals Verdächtige gegebenenfalls freizulassen und konnte wegen desselben Sachverhalts nicht mehr verfolgt werden, es sei denn, daß neue Tatsachen auftauchten.[399]
Damit war die Funktion der Anklagegeschworenen erfüllt und mit der Zulassung der Anklage konnte die nächste Prozeßphase beginnen.

3) Vorbereitung der mündlichen Hauptverhandlung

a) Das erste Verhör

Mit der Anklagezulassung wurde das Verfahren auf Veranlassung des königlichen Kommissars dem Kriminalgerichtshof des Departements zugewiesen.[400]

---

391) Part. II, tit. Ier, art. 20.

392) Part. II, tit. Ier, art. 21.

393) Part. II, tit. Ier, art. 22.

394) Part. II, tit. Ier, art. 24.

395) Part. II, tit. Ier, art. 25.

396) Anklagezulassung: "ja, es findet statt"; Anklageabweisung: "nein, es findet nicht statt"; Abweisung zwecks Zulassung einer anderen Anklage: "nein, es findet nicht **diese** Anklage statt"

397) Part. II, tit. Ier art. 27.

398) Part. II, tit. Ier art. 29.

399) Part. II, tit. Ier art. 28.

400) Part. II, tit. VI, art. 2.

Dieses Gericht setzte sich zusammen aus vier Richtern, von denen einer der Präsident war. Abgesehen von letztgenanntem bekleideten abwechselnd alle 3 Monate neue Richter von den Distriktsgerichten diese Ämter.[401] Zum Gericht gehörten desweiteren der öffentliche Ankläger und ein Gerichtsschreiber, die genauso wie der Präsident des Gerichts direkt von den Wählern des Departments - allerdings für unterschiedlich lange Zeiträume[402] - gewählt wurden.[403]
24 Stunden nach Ankunft des Angeklagten und Erhalt der Ermittlungsakten sollte der Angeklagte vom Präsidenten oder einem Richter des Kriminalgerichtshofes in Gegenwart des öffentlichen Anklägers verhört werden.[404]
Weder ein Freund des Angeklagten noch ein Verteidiger durften anwesend sein.[405] Lediglich der Gerichtsschreiber fertigte ein Protokoll dieses Verhörs an, das der öffentliche Ankläger mitsamt den Ermittlungsakten zu Informationszwecken einsehen konnte.[406] Hatten der öffentliche Ankläger oder der Geschädigte, der zwecks Schadensersatz als klagende Partei auftreten konnte[407], noch weitere Belastungszeugen benannt, wurden auch diese gehört und deren Aussagen kamen zu den beim Präsidenten befindlichen Akten.[408]
Sodann bestand die Aufgabe des öffentlichen Anklägers darin, mit größter Sorgfalt die Hauptverhandlung so vorzubereiten, daß die Schuldgeschworenen möglichst beim ersten Zusammentreffen urteilen könnten.[409]

b) Bildung der Schuldgeschworenen

Diese Jury, die sich aus 12 Geschworenen zusammensetzte, wurde jeweils am 5. des Monats vom Präsidenten des Gerichtshofs aufgefordert, sich am 15. des Monats zusammenzufinden[410].
Ihrer Bildung ging allerdings ein kompliziertes Verfahren voraus:

---

401) Part. II, tit. II, art. 2.

402) Während der öffentliche Ankläger zunächst für 4 Jahre gewählt wurde und erst bei der Wiederwahl für 6 Jahre, wurde der Präsident des Gerichtshofs direkt für 6 Jahre gewählt. Der Gerichtsschreiber wurde auf Lebenszeit gewählt (vgl. tit. II, art. 5).

403) Part. II, tit. II, art. 4.

404) Part. II, tit. VI, art. 10.

405) Part. II, tit. VI, art. 13.

406) Part. II, tit. VI, art. 11.

407) Der Gerichtshof hatte auch die Kompetenz, über zivile Ansprüche, die sich aus dem Strafverfahren ergaben, zu entscheiden (vgl. Part. II, tit. VIII, art. 31). Insofern ist es durchaus angemessen, eine Parallele zum Adhäsionsverfahren gem. §§ 403ff StPO zu ziehen.

408) Part. II, tit. VI, art. 12.

409) Part. II, tit. VI, art. 19.

410) Part. II, tit. VI, art. 18.

Jedes Jahr hatten sich alle wahlberechtigten Bürger bis zum 15. Dezember in ein Register einzutragen.[411] Demjenigen, der das versäumte, wurden für die beiden folgenden Jahre das aktive und passive Wahlrecht im Bereich öffentlicher Funktionen abgesprochen.[412]
Ausgeschlossen waren Polizeibeamte, Richter, königliche Kommissare, öffentliche Ankläger und Verwaltungsbeauftragte, während sich Kleriker und über Siebzigjährige von dieser Pflicht befreien lassen konnten.[413] Alle drei Monate erstellte ein Verwaltungsbeauftragter des Departements auf der Basis dieses Registers eine Liste von 200 potentiellen Geschworenen, die davon unterrichtet wurden.[414] Nur mit seiner Zustimmung durfte ein Bürger im Verlauf eines Jahres mehrmals auf diese Liste gesetzt werden.[415]
Am ersten jeden Monats mußten vom Präsidenten des Gerichtshofes per Los 12 Geschworene von dieser Liste bestimmt werden[416], nachdem der öffentliche Ankläger bis zu 20 Bürger von der Liste streichen durfte.[417] Auch der Angeklagte hatte ein Zurückweisungsrecht, durfte das aber erst geltend machen, nachdem die Jury von 12 Geschworenen zusammengestellt worden war.[418]
Automatisch ausgeschlossen waren diejenigen, die bereits als Geschworene der Anklagejury in demselben Verfahren gedient hatten.[419] Desweiteren konnte sich ein Bürger mindestens 2 Tage vor der Losentscheidung für den folgenden Monat entschuldigen.[420]

4) Die mündliche Hauptverhandlung

Die mündliche Hauptverhandlung begann damit, daß der Präsident des Gerichtshofes die zusammengerufenen Schuldgeschworenen in Anwesenheit der Öffentlichkeit, des königlichen Kommissars, des öffentlichen Anklägers und des Angeklagten einzeln vereidigte.[421]

---

411) Part. II, tit. XI, art. 1.

412) Part. II, tit. XI, art. 3.

413) Part. II, tit. XI, art. 4.

414) Part. II, tit. XI, art. 5.

415) Part. II, tit. XI, art. 6.

416) Part. II, tit. VI, art. 17.

417) Part. II, tit. VI, art. 8.

418) Part. II, tit. VI, art. 9.

419) Part. II, tit. XI, art. 7.

420) Part. II, tit. XI, art. 13.

421) Part. II, tit. VI, art. 24.

Sodann wurde der Angeklagte ohne Ketten vor die Richterbank geführt[422] und nach der Befragung zur eigenen Person[423] verlas der Gerichtsschreiber auf Aufforderung durch den Präsidenten des Gerichts die Anklageschrift[424].
Erst danach trat der öffentliche Ankläger in Funktion, indem er dem Angeklagten und den übrigen Anwesenden die genauen Hintergründe der verlesenen Anklageschrift darlegte und die Belastungszeugen zu Wort kommen ließ.[425] Auch die zwecks Schadensersatz mitanklagende Partei konnte ihre Zeugen aufrufen. Die Liste dieser Belastungszeugen mußte dem Angeklagten allerdings mindestens 24 Stunden vorher bekannt gegeben worden sein[426], damit er in der mündlichen Hauptverhandlung nicht unvorbereitet attackiert werden konnte.
Nach jeder Zeugenbefragung durften er oder sein Verteidiger sich zu dem Zeugen selbst oder zu dessen Aussage äußern.[427]
Den Belastungszeugen folgten die Entlastungszeugen, die der Angeklagte zu Wort kommen lassen konnte.[428] Sowohl der öffentliche Ankläger als auch die geschädigte Partei, die aus Schadensersatzgründen mitangeklagt hatte, konnten über den Präsidenten des Gerichtshofs Fragen an die Zeugen des Angeklagten stellen.[429]
Hatten sich alle Zeugen geäußert, konnten der Angeklagte[430] oder der öffentliche Ankläger[431] eine nochmalige Zeugenbefragung veranlassen, in deren Rahmen die grundsätzlich getrennt voneinander zu verhörenden Zeugen nach Wahl gemeinsam oder getrennt vernommen wurden. Das sollte der Wahrheitsfindung insofern dienen, als diverse Widersprüche innerhalb einer einzigen oder mehrerer Zeugenaussagen aufgedeckt werden sollten.
Ausgeschlossen von dieser nochmaligen Zeugenbefragung war der private Mitankläger.[432]

---

422) Diese ausdrücklich im Gesetz (in tit. VII, art. 1er) genannte Regelung war keineswegs selbstverständlich, wie die Debatte am 22. 1. 1791 (vgl. ARCHIVES PARL., 1ère série, Bd. XXII, S. 418f) deutlich bewies.

423) Part. II, tit. VII, art. 1er.

424) Part. II, tit. VII, art. 2.

425) Part. II, tit. VII, art. 3.

426) Part. II, tit. VII, art. 4.

427) Part. II, tit. VII, art. 6.

428) Part. II, tit. VII, art. 9, 1. HS

429) Part. II, tit. VII, art. 9, 2. HS.

430) Part. II, tit. VII, art. 11.

431) Part. II, tit. VII, art. 12.

432) Das ist zwar nicht dem Gesetzestext, so aber der Debatte zu entnehmen (vgl. Sitzung v. 22. 1. 1791, ARCHIVES PARL., 1ère série, Bd. XXII, S. 420f).

Nach der Zeugenbefragung wurde dem öffentlichen Ankläger die letzte Gelegenheit gegeben, sich zu äußern, auch die mitanklagende Zivilpartei durfte darum bitten, Einwände zu äußern, jeweils gefolgt von den Erwiderungen des Angeklagten.[433]

Das letzte Wort hatte schließlich der Präsident des Gerichtshofes, indem er in einem abschließenden Resumee den Sachverhalt und die wichtigsten Beweise für und wider den Angeklagten benannte und den Schuldgeschworenen Anweisungen dazu erteilte, wie sie ihre Funktion zu erfüllen hätten und welche Fragen von ihnen in welcher Reihenfolge zu beantworten seien.[434]

5) Entscheidung der Schuldgeschworenen

Zum Zweck einer Entscheidungsfindung zogen sich die Schuldgeschworenen in ihren Beratungssaal zurück[435], um über drei unterschiedliche Fragenkomplexe zu beraten: erstens über den Tathergang laut Anklageschrift, zweitens über Täterschaft des Angeklagten[436] und drittens über mildernde oder auch erschwerende Begleitumstände der Tat, die sich aus der Anklageschrift oder der Zeugenbefragung ergeben hatten.[437] Wollte man diese Begleitumstände in heutige Terminologie fassen, verstand man darunter vor allem die Frage nach dem Vorsatz und nach dem Vorliegen oder auch Nichtvorliegen eventueller Rechtfertigungs- und Entschuldigungsgründe. Aber auch die Erfüllung eines anderen Straftatbestandes konnte in Erwägung gezogen werden.

Hatten die Schuldgeschworenen ihre Beratung beendet, verständigten sie den Präsidenten des Gerichtshof, der entweder selbst oder durch einen anderen Richter vertreten mit dem königlichen Kommissar die Geschworenen einzeln befragte.[438]

Zunächst hatte der Geschworene zu erklären, ob er mit dem in der Anklageschrift beschriebenen Tathergang übereinstimme. War das der Fall, wurde er sogleich weiter befragt, ob er den Angeklagten für den Täter halte. Verneinte der Geschworene eine dieser beiden Fragen, war die Befragung abgeschlossen und wurde zugunsten des Angeklagten gewertet.

Bejahte der Geschworene sowohl die Tatsachen der Anklageschrift als auch die Täterschaft des Angeklagten, hatte er auf die sonstigen Begleitumstände einzugehen, die der Präsident des Gerichtshofs in einzelne Fragen gefaßt hatte. Je nachdem, wie er über diese entschied, wurde seine Stimme zugunsten oder zula-

433) Part. II, tit. VII, art. 18.

434) Part. II, tit. VII, art. 19.

435) Part. II, tit. VII, art. 22.

436) Part. II, tit. VII, art. 20.

437) Part. II, tit. VII, art. 21; 27.

438) Part. II, tit. VII, art. 23.

sten des Angeklagten gewertet. Nahm er beispielsweise an, daß der Angeklagte vorsatzlos gehandelt habe, galt seine Stimme zugunsten des Angeklagten.
Die Wertung der einzelnen Stimmen war insofern von Bedeutung, als jeweils drei Stimmen zugunsten des Angeklagten ausreichten, um ihn für nicht überführt zu erklären, weil entweder der Tathergang ein anderer war oder der Angeklagte nicht der Täter. Ebenso reichten drei Stimmen, um zu erklären, daß der Angeklagte zwar der in der Anklageschrift beschriebenen Tat überführt worden sei, allerdings vorsatzlos gehandelt habe.[439]
Die Schuldgeschworenen erklärten aber nicht nur mündlich ihre Meinung, sondern manifestierten diese dadurch, daß sie bei einer Erklärung zugunsten des Angeklagten eine Kugel in eine weiße Dose legten oder zulasten des Angeklagten in eine schwarze Dose.[440] Auf diese Weise konnte ohne Preisgabe der Meinung des einzelnen Geschworenen ermittelt werden, ob mehr als zwei Geschworene der Meinung waren, daß die Tatsachen der Anklageschrift nicht korrekt seien, der Angeklagte nicht der Täter sei oder ein Grund vorliege, der die vorliegende Anklage aufhebe.
Je nach Stimmverteilung erklärte der Chef der Schuldgeschworenen auf die Frage des Präsidenten des Gerichtshofes, daß der Angeklagte nicht überführt worden sei, daß er überführt worden sei oder aber daß er zwar überführt worden sei, eine bestimmte Tat begangen zu haben, aber nicht vorsätzlich oder aus Notwehr oder Nothilfe gehandelt habe.[441]
Keinesfalls durften sich die Schuldgeschworenen zu einem Delikt äußern, das nicht in der Anklageschrift angeklagt war, auch wenn ein Zeuge entsprechend ausgesagt hatte.[442]
Nur der Präsident konnte von Amts wegen oder auf Antrag des öffentlichen Anklägers ein neues Verfahren einleiten, indem er den Fall zwecks Zulassung einer neuen Anklage an die Anklagejury des Distrikts verwies.[443]
Ähnlich war die Vorgehensweise für den Fall, daß ein Zeuge im Prozeß offensichtlich falsch ausgesagt hatte. Dann konnte nicht nur der öffentliche Ankläger, sondern auch der Angeklagte beantragen, die Zeugen sofort festzunehmen, um sie vor Ort der Anklagejury zu überlassen.[444]

---

439) Part. II, tit. VII, art. 28.

440) Part. II, tit. VII, art. 30.

441) Part. II, tit. VII, art. 33: ... la déclaration du juré est: un tel n'est pas convaincu, ou bien: un tel est convaincu. Un tel est convaincu d'avoir, etc., mais involontairemant, ou pour la légitime défense de soi ou d'autrui, etc.

442) Part. II, tit. VII, art. 37.

443) Part. II, tit. VII, art. 38; 39.

444) Part. II, tit. VII, art. 41.

6) Das Urteil

a) Freispruch

Hatten die Schuldgeschworenen erklärt, daß der Angeklagte wegen der angeklagten Tat nicht überführt worden war oder sich nach ihrer Ansicht herausgestellt hatte, daß er vorsatzlos oder gerechtfertigt[445] gehandelt hatte, sprach der Richter den Angeklagten von der vorgeworfenen Anklage frei und ordnete sofort seine Freilassung an.[446] Juristisch erwuchs dieser Freispruch in Rechtskraft, da der Angeklagte wegen desselben Sachverhalts nicht noch einmal angeklagt werden durfte und auch das Verfahren nicht wiederaufgenommen werden konnte.[447]
Auch eine Berufung war nicht möglich, da die Entscheidung der Schuldgeschworenen wenn überhaupt nur angreifbar war, wenn sie den Angeklagten für überführt erklärt hatten.[448]

b) Verurteilung

Hatten die Schuldgeschworenen den Angeklagten der Tat überführt erklärt, wurde das dem Angeklagten in Anwesenheit der Öffentlichkeit mitgeteilt.[449]
Sodann folgte in Anwendung des Gesetzes der Antrag auf die konkrete Strafe, der allerdings nicht durch den öffentlichen Ankläger gestellt wurde, sondern durch den königlichen Kommissar.[450]
Darauf konnten der Angeklagte oder sein Verteidiger sich ein letztes Mal äußern, jedoch durften sie nicht mehr die Tatsachen anzweifeln. Vielmehr konnten sie lediglich entweder in Frage stellen, ob das Handeln durch das Gesetz verboten, die Tat als Verbrechen einzustufen oder die Höhe der vom königlichen Kommissar geforderten Strafe angemessen sei.[451]
Dem letzten Wort des Angeklagten folgte die Urteilsfällung durch die Richter, die entweder ohne weitere Beratung die gesetzlich vorgesehene Strafe verhäng-

---

445) Hier ist der Gesetzestext durch heutige Terminologie ersetzt worden. Wörtlich wird im Gesetz aufgezählt: ohne Vorsatz, ohne Schädigungsabsicht oder aus Notwehr oder Nothilfe.

446) Part. II, tit. VIII, art. 1er.

447) Part. II, tit. VIII, art. 3: Tout particulier ainsi acquitté ne pourra plus être repris ni accusé du même fait.

448) Part. II, tit. VIII, art. 29 (vgl. dazu unter 7).

449) Part. II, tit. VIII, art. 4.

450) Part. II, tit. VIII, art. 5.

451) Part. II, tit. VIII, art. 6.

ten oder aber den Angeklagten freisprachen, wenn sie feststellten, daß die Tat, derer der Angeklagte überführt worden war, gesetzlich nicht verboten war.[452]
Ihre Meinung gaben die Richter einzeln in Anwesenheit der Öffentlichkeit ab, die Reihenfolge wurde durch das Alter bestimmt.[453] Bei Stimmengleichheit entschied die mildere Seite, blieben aber zwei Stimmen unentschieden, rief man das Distriktsgericht an, damit dieses den Ausschlag gebe.[454]
Mit der Urteilsverkündung teilte der Präsident dem Angeklagten mit, welche rechtlichen Schritte er zu seiner Verteidigung einleiten könne.[455] Legte der Angeklagte innerhalb von drei Tagen keine Revision ein, wurde 3 Tage nach Urteilsverkündung die Strafvollstreckung durch den königlichen Kommissar eingeleitet, der sich zu diesem Zweck der Streitmächte bedienen konnte.[456]
Der Kriminalgerichtshof hatte allerdings nicht nur die Kompetenz, über das Strafverfahren zu entscheiden, sondern gleichzeitig auch über eventuelle zivile Ansprüche, die sich aus dem Strafverfahren ergaben.[457] Daher war es auch sinnvoll, wenn Tatgeschädigte als mitanklagende Partei im Prozeß auftraten, so daß automatisch über ihre eventuellen Schadensersatzforderungen mit entschieden werden konnte.

7) Rechtsmittel

Eine zweite Tatsacheninstanz gab es grundsätzlich nicht, weil die von den Schuldgeschworenen einmal vorgenommenen Tatsachenfeststellungen nicht mehr hinterfragt wurden. Eine Ausnahme gab es dann, wenn der Gerichtshof einstimmig davon überzeugt war, daß die Geschworenen sich getäuscht hatten. Dann wurden der Jury drei weitere Geschworene zugeordnet und sie hatten erneut zu entscheiden. Gültig war die Entscheidung dann, wenn eine Mehrheit von vier Fünftel vorhanden war, also 12 von 15 Geschworenen einer Meinung waren.[458] Eine andere Möglichkeit, die Tatsachenfeststellung einer erneuten Prüfung zu unterziehen, gab es nicht, sondern es gab nur die Möglichkeit einer rechtlichen Prüfung durch eine Revision.

---

452) Part. II, tit. VIII, art. 7: Les juges prononceront ensuite, et sans désemparer, la peine établie par la loi, ou acquitteront l'accusé dans le cas où le fait dont il est convaincu, n'est pas défendu par elle.

453) Part. II, tit. VIII, art. 9.

454) Part. II, tit. VIII, art. 10.

455) Part. II, tit. VIII, art. 13.

456) Part. II, tit. VIII, art. 25; 26.

457) Part. II, tit. VIII, art. 31.

458) Part. II, tit. VIII, art. 27.

Berechtigt hierzu waren nicht nur der Angeklagte[459], sondern auch der königliche Kommissar[460], wenn seinem Antrag auf die konkrete Strafe nicht Genüge getan worden war[461], der Angeklagte mangels gesetzlichen Verbotes freigesprochen[462] oder im Laufe des Verfahrens gravierende Formfehler unterlaufen waren[463].
Mangels Überprüfbarkeit der Geschworenenentscheidung war grundsätzlich ein Freispruch irrevisibel, der aufgrund erwiesener Unschuld durch die Schuldgeschworenen erging, vorausgesetzt natürlich, daß keine gravierenden Formfehler unterlaufen waren.

Die Revisionseinlegungsfrist dauerte grundsätzlich 3 Tage[464], innerhalb derer gegenüber dem Gerichtsschreiber der Antrag formuliert werden mußte.
Die Revisionsanträge wurden durch den königlichen Kommissar dem Justizminister vorgelegt, der den Präsidenten des Gerichtshofes informierte, gegen dessen Entscheidung Revision eingelegt worden war. Über den königlichen Kommissar wurden der Angeklagte und sein Verteidiger von der Revision in Kenntnis gesetzt.[465]
Entschieden wurde die Revision durch das Revisionsgericht[466], nachdem sie zuvor zugelassen werden mußte[467]. Die mündlichen Verhandlungen waren öf-

---

459) Part. II, tit. VIII, art. 15.

460) Part. II, tit. VIII, art. 16.

461) Part. II, tit. V, art. 3; diese Vorschrift ließ desweiteren die Revision für den besonderen Fall zu, daß der Jurydirektor anläßlich der Weitergabe der Akten an die Anklagejury anders entschieden als der königliche Kommissar beantragt hatte.

462) vgl. oben 6b, Freispruch gem. Part. II, tit. VIII, art. 7.
Dieser Freispruch erging nicht aufgrund der Entscheidung der Schuldgeschworenen, die den Angeklagten für unschuldig hielten, sondern trotz festgestellter Schuld aufgrund einer rechtlichen Entscheidung durch den Gerichtshof.

463) Die Revisibilität des Urteils im Fall von gravierenden Formfehlern ergibt sich aus Part. II, tit. VIII, art. 24, der die Annullierung eines solchen Urteils vorsah.

464) Legte der königliche Kommissar Revision ein wegen Freispruchs mangels gesetzlichen Verbots, hatte er eine Frist von 24 Stunden zu beachten (Part. II, tit. VIII, art. 17).

465) Part. II, tit. VIII, art. 18.

466) Aus welchen Richtern sich dieses Revisionsgericht zusammensetzte, wurde in einem zusätzlichen Gesetz vom 27. November 1790 (vgl. ARCHIVES PARL., 1ère série, Bd. XXI, S. 38ff) geregelt:
Nachdem in einer Sitzung der Nationalversammlung beim ersten Mal per Los 42 Departements bestimmt wurden, die für die nächsten vier Jahre jeweils einen Platz am Revisionsgerichtshof besetzten, standen für die nächsten Wahlen die anderen 41 Departements fest. Wer diese Richterstelle besetzen sollte, entschieden die Wähler der jeweiligen Departements. Erforderlich war ein Mindestalter von 30 Jahren und eine mindestens sechsjährige Tätigkeit als Richter oder sog. 'homme de loi' eines

fentlich[468] und fanden nicht nur im Beisein des Angeklagten und dessen Verteidigern statt[469], sondern auch eines königlichen Kommissars[470].
Das Urteil wurde gefällt von einem aus 15 Richtern bestehenden Gremium, die mit der Revisionszulassung nichts zu tun gehabt haben durften. Zur Entscheidungsfindung reichte eine einfache Stimmenmehrheit aus.[471]
In Frage kamen nur zwei Entscheidungsalternativen: entweder wurde der Antrag zurückgewiesen oder das angegriffene Urteil annulliert und zu einem anderen Kriminalgerichtshof weiterverwiesen.[472]
Erfolgte die Urteilsaufhebung wegen falscher Gesetzesanwendung, entschied der "neue" Kriminalgerichtshof nach Anhörung des Angeklagten und der Zeugen auf der Basis der Tatsachen, die durch die Schuldgeschworenen im ersten Verfahren bereits festgestellt worden waren.[473]
Wurde aber das erstinstanzliche Urteil aufgehoben wegen Formfehlern im Verlauf der Verfahrensermittlungen, bedurfte es einer neuen Jury, die neu entscheiden mußte.[474]

II) Zwei Ausnahmeverfahren

Noch bevor es zur Verabschiedung des oben dargelegten Schwurgerichtsverfahrens kam, legte der Verfassungsausschuß am 4. Juli 1791[475] einen Entwurf der Nationalversammlung vor, der zwei Ausnahmeverfahren zum Schwurgerichtsverfahren beinhalten sollte. Hintergrund war die Tatsache, daß für kleinere Vergehen das Schwurgerichtsverfahren zu schwerfällig und zu langwierig erschien. Deshalb sollten Angelegenheiten der Gemeinde- und der "Ordnungspolizei" in kürzeren Verfahren verhandelt werden, in deren Verlauf nur kurze Freiheitsstrafen oder Geldstrafen verhängt werden durften.

---

höheren Gerichts, das heißt also in einer juristischen Tätigkeit (Part. II: art. 3, 4 und 6).

467) Dieses Kollegium, insgesamt aus 20 Richtern bestehend, wurde für 6 Monate vom Revisionsgerichtshof gewählt, um über die Zulassung aller Revisionen zu entscheiden. Die Zulassungsentscheidung wurde von mindestens 12 Richtern gefällt mit einer Mehrheit von 3/4 ((Part. I: art. 5, 6 und 7).

468) Gesetz über Organisation des Revisionsgerichtshofes: Part. I, art. 11.

469) ibidem, Part. I, art. 12.

470) ibidem, Part. I, art. 23.

471) ibidem, Part. I, art. 10.

472) Strafprozeßordnung vom 16. Sept. 1791: Part. II, tit. VIII, art. 20.

473) Part. II, tit. VIII, art. 23.

474) Part. II, tit. VIII, art. 24.

475) ARCHIVES PARL., 1ère série, Bd. XXVII, S. 720.

Schon in der Zeit vom 19.-22. Juli 1791[476] wurde dieses Dekret endgültig verabschiedet.

1) Das Verfahren des Gemeindepolizeigerichts

Der erste Titel behandelte die Aufgabe der Gemeindepolizei, die - allgemein formuliert - "in der üblichen Aufrechterhaltung von Ruhe und Ordnung"[477] bestand.

Dazu gehörte neben Erstellung eines Personenstandsregisters[478] auch die Erfassung derer, die Fremden Unterkünfte anboten.[479]

Desweiteren zählte dieser Titel in rund 15 Artikeln die von der Gemeindepolizei zu erfassenden Vergehen einschließlich der konkreten Strafandrohung auf.

Unter anderem handelte es sich um Vergehen wie unerlaubtes Glücksspiel[480] und unangemeldete Clubgründung[481], aber auch Verstöße gegen die Straßenreinigungspflicht vor dem Haus[482] oder Verstöße gegen die Straßenordnung wie durch zu schnell laufende Pferde[483] fielen darunter. Zuständig war die Gemeindepolizei auch für die Kontrolle von Lebensmittel[484]- und Medikamentenverkauf[485] und die Verwendung korrekter Gewichte[486]. Selbst die Tierhalterhaftung[487] fiel in ihren Zuständigkeitsbereich.

Schon diese nur exemplarische Aufzählung vermittelt den Gesamteindruck des gesamten Dekrets, nämlich eine Art Auffangbecken für alle die Vergehen, denen man offensichtlich nur geringe kriminelle Bedeutung beimaß.

Die Strafe wurde verhängt im Rahmen eines gemeindepolizeigerichtlichen Verfahrens, das dadurch eingeleitet wurde, daß ein Gerichtsdiener die vorgeworfenen Vergehen vortrug[488]. Es folgten eventuell angefertigte Protokolle, die Ver-

---

476) ARCHIVES PARL., 1ère série, Bd. XXVIII, S. 425.

477) DEMEUNIER: "... les règles, premièrement, de la police municipale, qui a pour objet le maintien habituel de l'ordre et tranquillité dans chaque lieu ..."

478) tit. I, art. 1er.

479) tit. I, art. 5.

480) tit. I, art. 7.

481) tit. I, art. 14.

482) tit. I, art. 15 S. 1.

483) tit. I, art. 16.

484) tit. I, art. 20.

485) tit. I, art. 21.

486) tit. I, art. 22.

487) tit. I, art. 15 S. 3.

488) tit. I, art. 37.

nehmung der Zeugen und der Vortrag zur Verteidigung.[489] Anwälte waren jedoch nicht zugelassen.[490]
Ein aus drei Verwaltungsbeamten bestehendes Gemeindepolizeigericht[491] verhängte sodann im Anschluß an den Antrag eines "kommunalen Prokurators" (procureur de la commune)[492] die Strafe.[493]
Gegen das Urteil dieses Polizeigerichts konnte sogar innerhalb von 8 Tagen Berufung eingelegt werden.[494] Wie das Berufungsverfahren ablief und wer darüber entschied, wurde im Gesetzestext nur mit den Worten umschrieben, daß ein erstinstanzliches Gerichtsverfahren stattfände.[495] Da auch der Entwurf vom 4. Juli keinen weiteren Aufschluß gibt, bleibt wohl keine andere Deutung, als daß damit ein erstinstanzliches Schwurgerichtsverfahren umschrieben werden sollte.
Auf diese Weise sollte wohl eventuellem Mißbrauch vorgebeugt werden, weil dieses oben beschriebene polizeigerichtliche Verfahren nur wenig Rechtsgarantien aufwies. Die summarische Vorgehensweise, die Zusammensetzung des Gerichts und Nichtzulassung eines Verteidigers waren Komponenten, die nicht gerade das Vertrauen in dieses Verfahren zu fördern vermochten.[496]

2) Das ordnungspolizeiliche Verfahren

Der zweite Titel des Dekrets vom 19. Juli 1791 widmete sich der Ordnungspolizei (police correctionnelle), die Vergehen gegen die guten Sitten[497] und Verstöße

489) tit. I, art. 39.

490) tit. I, art. 38.

491) tit. I, art. 42.

492) Von wem dieser "kommunale Prokurator"" ernannt wurde, ließ dieses Dekret genauso unerwähnt wie dessen sonstige Funktion. Lediglich im Zusammenhang mit dem dem Urteil vorausgehenden Antrag fand er Erwähnung.

493) tit. I, art. 43.

494) tit. I, art. 40.

495) tit. I, art. 41.

496) Infolge dieser Schwächen kritisiert HABER (in "Strafgerichtliche Öffentlichkeit", S. 241f) dieses Verfahren in massiver Weise und behauptet sogar, daß dieses Gesetz auf die "ausdrücklich benannten Unterschichten" zugeschnitten gewesen sei. Auch die "oppositionelle extreme Linke" sei betroffen gewesen, da Verstöße gegen die "zur Überwachung der politischen Klubs und Gesellschaften geschaffenen Meldevorschriften" unter dieses Gesetz fielen.
Auch wenn diese Bedenken HABERs nicht unberechtigt sind, fällt doch zumindest auf, daß er beispielsweise die Möglichkeit der Berufung schlichtweg ignoriert und auf diese Weise eine bedeutende Rechtsgarantie verschweigt.

497) tit. II, art. 8-10.

gegen Religionsausübung[498] zu verfolgen hatte. Aber auch fahrlässige Tötung[499] und Körperverletzung[500] fielen in ihren Kompetenzbereich, nebst Beleidigungsdelikten[501]. Über das Verhalten von Bettlern[502], Obdach- und Arbeitslosen[503] hatte sie zu wachen und Sachbeschädigungen[504] zu verfolgen. Ebenso fiel leichter Diebstahl, wie z.B. Erntediebstahl[505] in ihren Kompetenzbereich wie auch Hochstapelei[506], um gutgläubige Bürger vor dem Ruin zu schützen.
Die Urteile über diese Vergehen wurden von einem Gericht gefällt, das sich mindestens aus einem Friedensrichter und zwei Beisitzern zusammensetzte.[507] Ihnen ging eine öffentliche[508] und mündliche[509] Hauptverhandlung voraus, in deren Verlauf der Angeklagte, die Be- und Entlastungszeugen gehört wurden. Man ließ sogar einen Verteidiger zu[510], der genauso wie die öffentliche Partei[511] Anträge stellen konnte, die schriftlich fixiert wurden.[512]
Auch gegen die ordnungspolizeilichen Urteile konnte Berufung eingelegt werden, und zwar innerhalb von 15 Tagen bei dem Distriktsgericht.[513]
Im Gegensatz zum zuerst dargestellten Verfahren vor dem Gemeindepolizeigericht war das ordnungspolizeiliche Verfahren mit mehr Rechtsgarantien ausge-

---

498) tit. II, art. 11; 12.

499) tit. II, art. 15.

500) tit. II, art. 13; 14; 16.

501) tit. II, art. 18.

502) tit. II, art. 22-24.

503) tit. II, art. 28.

504) tit. II, art. 31 S. 1.

505) tit. II, art. 31 S. 2; 32.

506) tit. II, art. 35.

507) tit. II, art. 46. Soweit es die lokalen Verhältnisse zuließen, urteilten sogar zwei Friedensrichter und ein Beisitzer oder sogar drei Friedensrichter (art. 47).

508) tit. II, art. 56.

509) tit. II, art. 58.

510) tit. II, art. 60.

511) Wer in diesem ordnungspolizeilichen Verfahren die öffentliche Partei zu vertreten hatte, wurde nicht erwähnt. Jedoch taucht auch im Rahmen des ordnungspolizeilichen Verfahrens (in art. 44) der "kommunale Prokurator" auf, so daß in Anlehnung an das ähnliche Verfahren vor dem Gemeindepolizeigericht anzunehmen ist, daß der kommunale Prokurator als öffentliche Partei fungierend den Schlußantrag stellte.

512) tit. II, art. 59.

513) tit. II, art. 61.

stattet[514], wenn auch hier der summarische Charakter des Verfahrens unübersehbar war.[515]

B) Entstehungsgeschichte des Schwurgerichtsverfahrens

Nachdem der Verlauf der Verfahren in groben Zügen aufgezeichnet wurde und bevor das Augenmerk speziell auf die Funktion des öffentlichen Anklägers gerichtet sein wird, sollen zuvor einige Etappen der Entstehungsgeschichte nicht unerwähnt bleiben.

I) Berichterstattung durch Duport

Bereits am 27. November 1790[516] präsentierte DUPORT der Nationalversammlung den kompletten Entwurf einer neuen Strafprozeßordnung, der das Gemeinschaftswerk des Kriminalgesetzgebungs- und des Verfassungsausschusses war.
Abgesehen von Einzelheiten entsprach dieser Entwurf bereits der Grundidee des endgültigen Dekrets.

Dem aus fast 250 Artikeln bestehenden Entwurf schickte DUPORT grundlegende Ausführungen voraus, die er selbst in acht Thesen zusammenfaßte[517]:

1. generelle Unterscheidung von Polizei- und Justizwesen;[518]
2. die Polizei, durch die Friedensrichter und andere Beamte vertreten, hat zum Ziel, die Klagen und Anzeigen anzunehmen, Protokolle aufzunehmen, Angeschuldigte festzunehmen und sie vor das Distriktgericht zu bringen. Darin erschöpfen sich ihre Funktionen;[519]
3. eine Anklagejury in jedem Distrikt, die sich unverzüglich zusammenfindet, um darüber zu entscheiden, ob der Angeschuldigte angeklagt werden muß

514) Konkret gemeint ist damit: Zusammensetzung des Gerichts, Zulassung eines Verteidigers, Öffentlichkeit der Sitzung und Möglichkeit der Berufung.

515) Keinesfalls jedoch ist der Einschätzung HABERs (in "Strafgerichtliche Öffentlichkeit", S. 242) zuzustimmen, daß das Verfahren praktisch allein vom Friedensrichter beherrscht wurde.

516) ARCHIVES PARL., 1ère série, Bd. XXI, S. 42ff.

517) ibidem, S. 46.

518) 1° Division générale en police et en justice;

519) 2° La police, exercée par les juges de paix et autres officiers, a pour objet de recevoir les plaintes, les dénonciations, dresser les procès-verbaux, arrêter les prévenus et les remettre au trbunal de district. Là finissent ses fonctions;

oder nicht; ist letzteres der Fall, muß der Angeschuldigte freigelassen werden; andernfalls wird er dem Distriktgericht vorgeführt;[520]

4. ein Kriminalgerichtshof pro Departement, bestehend aus vier Richtern, nämlich einem vom Departement gewählten Präsidenten und drei anderen Richtern, die in den Distrikten unterhalten werden, und abwechselnd vor dem Gerichtshof ihren Dienst tun;[521]
5. ein öffentlicher Ankläger, ebenso durch das Departement ernannt, der damit betraut ist, diejenigen vor Gericht zu verfolgen, die die Anklagejury der Justiz überantwortet hat, und außerdem damit betraut ist, die Friedensrichter und andere Polizeibedienstete zu überwachen;[522]
6. eine Urteilsjury, die sich zusammenfindet, um darüber zu entscheiden, ob der Angeklagte des Verbrechens, das ihm vorgeworfen wird, überführt wurde oder nicht, während die Richter die Strafe festlegen auf der Grundlage der Entscheidung der Urteilsjury und nach der Antragstellung durch den königlichen Kommissar;[523]
7. ein königlicher Kommissar, dessen Funktion darin besteht, über die Ausführung des Gesetzes und Aufrechterhaltung der Formvorschriften zu wachen, und der genauso wie der Angeklagte das Recht hat, nach Urteilsfällung und innerhalb der gesetzlichen Frist, den Rechtsstreit dem Kassationsgerichtshof vorzulegen;[524]
8. endlich ein Gericht, das dieses Urteil kassieren kann wegen Verletzung wichtiger Formvorschriften oder falscher Anwendung des Gesetzes.[525]

Diesen Thesen DUPORTs folgten detaillierte Ausführungen, denen sich der erste Entwurf einer Strafprozeßordnung anschloß.

---

520) 3⁰ Un juré d'accusation dans chaque district, s'assemblant promptement pour décider si le prévenu doit ou non être accusé; dans le dernier cas, l'accusé est remis en liberté; dans le second, il est renvoyé au tribunal criminel;

521) 4⁰ Un seul tribunal criminel par département, composé de quatre juges, savoir du président élu par tout le département, et de trois autres juges pris dans les districts, et de service tour à tour auprès du tribunal;

522) 5⁰ Un accusateur public, également nommé par le département, chargé de poursuivre ceux que le juré d'accusation a remis à la justice, chargé aussi de surveiller les juges de paix et autres officiers du roi;

523) 6⁰ Un juré de jugement s'assemblant pour décider si l'accusé est ou non convaincu du crime qu'on lui impute, les juges appliquant la peine sur la déclaration du juré, et après la réquisition du commissaire du roi;

524) 7⁰ Le commissaire du roi, dont la fonction est de veiller à l'exécution de la loi, de maintenir l'observation des formes, ayant le droit, ainsi que l'accusé, après le jugement rendu, et pendant le sursis déterminé par la loi, de porter l'affaire au tribunal de cassation;

525) 8⁰ Enfin ce tribunal pouvant casser le jugement pour violation de formes importantes, ou mauvaise application de la loi.

II) Stellungnahme unter Einbeziehung der Debatte

1) Trennung von Polizei- und Justizwesen

Durch die Trennung von Polizei- und Justizwesen wurde eine deutliche Unterscheidung des Ermittlungsverfahrens vom Beweisverfahren möglich.
Diese Trennung spiegelte sich vor allem in personeller Hinsicht wider, da der urteilende Richter keine ermittelnde Tätigkeit mehr erfüllte. An seine Stelle trat der Friedensrichter, ein vom Volk gewählter Laienrichter, der im Schwurgerichtsverfahren ermittelnde Funktion zu erfüllen hatte.
Dieses Konzept stieß auf heftige Kritik, da man dem Friedensrichter nicht nur Unaufmerksamkeit, sondern bewußtes Nichtbeachten nachsagte. Mangels Ausführung hätte dann das Gesetz keine Wirkung und man müßte um den gesellschaftlichen Frieden bangen.[526] Als bedenklich stufte man insbesondere die Kompetenz des Friedensrichters ein, Verdächtige festnehmen oder einen Vorführbefehl ihnen gegenüber erlassen zu können.[527]

a) potentielle Konkurrenten des Friedensrichters

Dieser Kritik setzte DUPORT allerdings entgegen, daß die Friedensrichter nicht nach Gutdünken würden handeln können, da eine Kontrolle, die gleichzeitig als Unterstützung dienen sollte, eingerichtet worden sei.
Man habe die Notwendigkeit, dem ermittelnden Friedensrichter eine ihn kontrollierende Unterstützung zur Seite zu stellen, sogleich erkannt[528]. Unklar sei nur zunächst gewesen, welches Organ am besten dafür geeignet gewesen sei.
Ein Richter vom Distriktsgericht sei nicht in Frage gekommen, da ihm nicht nur für die Urteilsfällung die nötige Unparteilichkeit fehlte, sondern auch meistens die nötige Nähe zu dem Ort des Geschehens.[529] Auch der Kommune selbst könn-

---

526) BACO DE LA CHAPELLE in der Sitzung v. 26. 12. 1790 (ARCHIVES PARL., 1ère série, Bd. XXI, S. 670ff):
S. 671: "La tranquillité de la société et le repos des individus seront à la discrétion d'un juge de paix qui sera distrait, insouciant, ou redacteur ignorant, des faits qu'il aura vus ou entendus."
S. 672: "... la loi sera sans vigueur, puisqu'elle sera sans exécution."

527) MOUGINS in der Sitzung v. 27. Dez. 1790 (ibidem, S. 682): "Je demande si l'on croit qu'il soit prudent de confier à un cavalier de maréchaussée, à un juge de paix, le droit terrible de lancer un décret de prise de corps, ou ce qui est la même chose, un mandat d'amener?"

528) Sitzung v. 30. Dez. 1790, ibidem, S. 713f:
"La première idée que nous avons eue a été la nécessité d'une concurrence."

529) ibidem, S. 714: "On vous a proposé de donner dans ces cas, pour concurrent et pour suppléant au juge de paix, l'un des juges de district. Pourrait-il être présumé impar-

te man es noch nicht überlassen, einen ermittelnden Polizeiapparat zusammenzustellen, da man noch zu stark mit kommunalen Einzelinteressen verhaftet sei.[530]
Mit einem Satz erwähnte DUPORT die theoretische Möglichkeit, den öffentlichen Ankläger mit Ermittlungen zu beauftragen, um das aber aus vermeintlichen Evidenzgründen ohne weitere Begründung auszuschließen.[531]
Für DUPORT war diese Folgerung tatsächlich zwingend. Seinen Ausführungen vom 27. November 1790, die er vor dem Gesetzesentwurf den Abgeordneten gegenüber machte, ist eine grundsätzliche Feststellung zu entnehmen: der öffentliche Ankläger sollte nicht zu denen gehören, die bereits vor der Hauptverhandlung in Aktion getreten waren.[532] Angesichts dessen, daß es außerdem nur einen öffentlichen Ankläger pro Departement geben sollte, sprachen aber auch praktische Erwägungen gegen dessen ermittelnde Tätigkeit.
Auch THOURET griff den Gedanken auf, dem öffentlichen Ankläger Ermittlungsfunktion zuzuweisen, lehnte das aber sogar mit dem Argument der Verfassungswidrigkeit ab. Der öffentliche Ankläger könne nicht als Prozeßpartei die Ermittlungen führen, da dann nicht nur an der Authentizität der Beweise Zweifel aufkommen müßten, sondern auch an der Ausgewogenheit der Ermittlungen. Insbesondere die Möglichkeit der Festnahme führe zu einem Ungleichgewicht zwischen Verdächtigem und Ermittler.[533]

b) unterstützende Kontrolle durch Polizei

Als Kontrolle und Unterstützung des Friedensrichters sollte schließlich die nationale Polizei (gendarmerie nationale) bestimmt werden. Dabei handelte es sich um ein bereits bestehendes Polizeicorps des Königs (la maréchaussée), das sich

---

tial dans le jugement de ceux qu'il aura fait arrêter? S'il a erré comme officier de police, il sera partial comme juge. Nous avons remarqué qu'il serait souvent trop éloigné du lieu du délit."

530) ibidem, S. 714: "On a proposé de donner la concurrence aux maires. Lorsque les municipalités auront été, s'il est possible, réduites de manière à former des corps assez considérables pour mériter toute la confiance qu'exigent les fonctions de la police, on pourra les leur confier avec sûreté; mais nous ne sommes pas encore parvenus à ce point ... et peut-on attendre de l'officier municipal de campagne l'indépendance nécessaire? Peut-on espérer qu'il sera assez étranger aux petits intérêts de la communauté?"

531) ibidem, S. 714: "Quant à l'accusateur public, il est évident qu'il ne peut faire arrêter ..."

532) Diese Feststellung DUPORTS soll unter 3) näher erläutert werden.

533) Sitzung v. 30. Dez. 1790 (ARCHIVES PARL., 1ère série, Bd. XXI, S. 716): "La concurrence de l'accusateur public serait de toutes la plus inconstitutionelle. Celui qui accuse est la partie poursuivante; tous les principes et toutes les convenances seraient blessés, s'il avait le droit de donner l'authenticité aux preuves, et de décerner les mandats d'arrêt."

aus höheren Offizieren (les maréchaux) im Dienste des Königs zusammensetzte und vor der Revolution polizeiliche Aufgaben wahrgenommen hatte. Insbesondere ROBESPIERRE wandte sich gegen diese Übertragung, da er in den ehemaligen Marschällen königstreue, sogar regimetreue Militärs entdeckte, die das ancien régime überdauerten als Polizisten. Ihre Aufgabe könnte allenfalls darin bestehen, die Befehle der Polizei auszuführen, keinesfalls aber selber als Polizei zu fungieren, da es ansonsten zu einer Vereinigung inkompatibler Funktionen käme.[534]

THOURET war es schließlich, der die Kritiker des Vorverfahrens darauf hinwies, daß es um vorjustizielles Handeln gehe, das zur effektiven Vorbeugung und Verfolgung von Verbrechen notwendig sei.[535] Gäbe es keine Polizei, die Verbrechen verhinderte und für die Bestrafung begangener Taten sorgte, wäre die Aufrechterhaltung der öffentlichen Ordnung in Gefahr. Ohne einen Wächter des Friedens und der inneren Sicherheit könnte die Gesellschaft nicht weiter existieren, da eine solide Garantie für den Fortschritt fehlte.[536]
Desweiteren betonte THOURET die Bedeutung der Ermittlungstätigkeit durch die nationale Polizei, weil nicht nur eventuelle Schwäche, Zurückhaltung oder Unerfahrenheit des Friedensrichters abgefangen werden könnte, sondern auch dessen Parteilichkeit.[537] Er sprach sogar von einer der Strafjustiz "vorangehenden Waf-

---

534) Sitzung v. 26. Dez. 1790 (ibidem, S. 673f): "... n'attaque dans le projet du comité qu'une seule disposition: c'est celle qui associe les officiers de maréchaussée aux juges de paix."
Sitzung v. 27. Dez. 1790 (ibidem, S. 682ff), S. 682/3: "Je soutiens qui'ils ne peuvent être que les exécuteurs des ordonnances de la police ...
J'en tire d'abord la conséquence que des officiers militaires ne doivent pas être magistrats de police; ce n'est pas que sous le despotisme que des fonctions aussi disparates, que des pouvoirs aussi incompatibles peuvent être réunis ..."

535) Sitzung v. 28. Dez. 1790 (ibidem, S. 691): "En effet, la police de sûreté est **antéjudiciaire** ...
Dans tout pays bien organisé, quel que soit le système de la procédure criminelle, la police est nécessaire **primitivement pour détourner du crime** par la certitude de ne pas échapper à la peine, et **secondairement pour rechercher les crimes commis**, pour saisir les prévenus, et pour préparer ainsi sur les faits et sur les personnes l'activité de la justice."

536) Sitzung v. 30. Dez. 1790 (ibidem, S. 715): "La police qui prévient les crimes, et qui en assure la punition lorsqu'ils sont commis, est tellement essentielle au maintien de l'ordre public, que sans une bonne institution de cette police gardienne de la paix et de la sûreté intérieures, l'organisation sociale ne peut pas subsister."

537) ibidem, S. 716: "La concurrence est nécessaire pour remédier à la partialité du juge de paix, ... pour remédier à la faiblesse et à la timidité de certains juges de paix ... pour remédier à l'inexpérience des juges de paix dans la recherche de ces crimes ..."

fe", die wohlorganisiert sein müsse und nicht weniger wichtig sei als die Einrichtung der Geschworenen.[538]
Trotzdem wollte er das Polizei- und Justizwesen deutlich voneinander getrennt wissen, weil er in der Konzentration von zu viel Macht in einer Hand die Gefahr von Unterdrückung sah.[539]

2) Einführung einer Anklagejury

a) Kritik

Insbesondere die Einschaltung der Jury zum alleinigen Zweck der Anklagezulassung forderte die Gegner[540] der Reform heraus, da man das Verfahren als so umständlich bewertete, daß es nicht mehr praktikabel sei. MOUGINS sprach sogar von "metaphysischen Windungen"[541] und behauptete, davon überzeugt zu sein, daß DUPORT aus der Sicht des Philosophen und nicht eines Amtsträgers gewirkt habe.[542] BACO DE LA CHAPELLE bezeichnete den Entwurf als "anerkennungswürdige, aber auch gefährliche Träumerei", die ihm eine Menge Kopfzerbrechen bereitete bei dem Gedanken, daß die Institution der Geschworenen eingeführt würde.[543]

---

538) Sitzung v. 28. Dez. 1790 (ibidem, S. 690f), S. 691: "Les jurés ne sont évidemment qu'une partie dans l'établissement de la justice criminelle: cette partie y est essentielle sans doute, mais nous n'avons pas à la faire seule, il faut constituer l'établissement complet qui comprend aussi, comme **l'arme antécédente**, l'organisation de la police ..."

539) ibidem, S. 692: Quant à la séparation de la police et de la justice, les avantages en sont évidents, tant parce que l'institution de la justice a des principes et un esprit tout différents, que parce que les pouvoirs qui s'exercent immédiatement sur la personne du citoyen, sont ceux qu'il faut tenir divisés avec le plus grand soin, pour éviter qu'ils n'acquièrent, par leur réunion dans les mêmes mains, une intensité dangereuse et qui pourrait devenir oppressive.

540) insb. BACO DE LA CHAPELLE; MOUGINS; REY; MAURY; PRUGNON.

541) Sitzung v. 27. Dez. 1790 (ARCHIVES PARL., 1ère série, Bd. XXI, S. 682): "Quels circuits, quelles sinuosités métaphisyciennes on remarque dans le projet du comité!

542) ibidem, S. 682: "... je me suis convaincu qu'il avait tout vu en philosophe, et presque rien en magistrat.

543) ibidem, S. 672: "Cette perspective me brise la tête, et me ferait maudir cette belle institution des jurés, si je pouvais penser que l'Assemblée se déterminât à sanctionner la pieuse, mais dangereuse rêverie de ses comités.

Alle diese Kritiken waren geprägt von der Angst vor Erneuerung, und tatsächlich wurden Stimmen laut, die sich der Ordonnanz von 1670 erinnerten und deren Reformierung forderten anstelle einer kompletten Neuordnung.[544]
So sehr der Vorwurf der Trägheit und Verworrenheit des Vorverfahrens berechtigt gewesen sein mag, war diese Sichtweise allerdings zu einseitig und bezog die nun folgenden Beweggründe der Gesetzgebungsausschüsse nicht mit ein.

b) Kontrollfunktion

Nicht nur durch die Trennung von Ermittlungs- und Beweisverfahren, sondern auch durch die Einführung einer Anklagejury sollte möglichst große Objektivität das Verfahren bestimmen.
Infolge der Einführung dieser Jury, die über die Zulassung einer Anklage entschied, entstand nämlich ein Prozeßabschnitt, der heutzutage mit dem Zwischenverfahren vergleichbar wäre.
Das bedeutete, daß nicht die Ermittler selbst, sondern ein zusätzliches Organ über die Qualität der Ermittlungen entschied, also über die Frage nach einem für die Anklageerhebung hinreichenden Tatverdacht.
Nicht nur die Verurteilung eines Unschuldigen galt es zu verhindern, sondern bereits die Erhebung einer grundlosen Anklage.[545] Unter Hinweis auf MONTESQUIEU betonte DUPORT, daß bereits in der bloßen Anklage ein Angriff auf die Sicherheit läge. Deswegen müßte die Gesellschaft größtmögliche Vorsichtsmaßnahmen ergreifen, um Vorurteilen und Verleumdungen vorzubeugen, und die polizeilichen Kompetenzen wegen großer Mißbrauchsgefahr auf das notwen-

---

544) MOUGINS in der Sitzung v. 27. Dez. 1790 (ibidem, S. 682): "... je leur demande si l'ordonnance de 1670 ... ne présente pas, à quelques réformes près, un ensemble de vues, une unité de principes, capables de rassurer la société entière pour la protection de l'innocence et de la découverte des crimes; et ces réformes que cette ordonnance exigeait pour être perfectionnée, vous les avez opérées."

545) BEAUMETZ, in der Sitzung v. 28. Dez. 1790 (ibidem, S. 694): "... mais je ne puis m'empêcher d'observer qu'il s'agit ici d'un grand intérêt. Il ne suffit pas de n'être pas condamné quand on est innocent, mais il faut encore éviter à un citoyen la cruelle épreuve d'une procédure criminelle.

dige Maß beschränken.[546] Die Anklagejury bildete sozusagen "das Tor zur Justiz".[547]

c) Beteiligung der Bürger an der Anklage

Die Anklagejury hatte nicht nur Kontrollfunktion, sondern fungierte auch quasi als Vermittler zwischen Volk und Staat.
Anläßlich der neuen Gerichtsverfassung hatte THOURET als Berichterstatter ausgeführt[548], *"was die öffentliche Anklage von ihrer Natur aus"* sei, nämlich *"eine volkseigene Funktion".*[549]
Weil hauptsächlich die soziale Gemeinschaft durch die Nichtbestrafung von Verbrechen verletzt würde, sei sie an deren Verfolgung und Bestrafung interessiert. Die logische Konsequenz daraus wäre zwar wie bei den antiken Völkern ein Anklagerecht von jedermann, allerdings sei das nicht in die Praxis umzusetzen.
Genau dieses Praktikabilitätsproblem löste die Anklagejury, indem durch sie die Entscheidung über die öffentliche Anklage in der Hand des Volkes blieb.
In diesen Kontext ist auch folgende Erklärung DUPORTs einzuordnen:

> *"Das Initiationsrecht der Strafverfolgung ist allen gewährt; beruht doch die Erhebung der Anklage ausschließlich auf der Beruteilung von Bürgern; die Bürger haben nicht, wie in den antiken Republiken, das Recht vor Gericht anzuklagen, aber das Recht eine Anklage auszulösen."*[550]

Das Recht des Volkes beschränkte sich folglich darauf, eine Anklage vor Gericht zu initiieren, nicht aber selbst zu erheben.

---

546) Sitzung v. 27. Nov. 1790 (ibidem, S. 58f): "Jamais, dit Montesquieu, la sûreté n'est plus attaqué que dans les accusations." Il s'ensuit que la société doit prendre les plus grandes précautions pour faire que les accusations soient ... au moins plus justes, plus exemptes de prévention et de calomnie; ...
en plaçant le juré d'accusation, ou grand juré, presque au moment de l'arrestation nous avons fait ce que la raison et la justice indiquent, nous avons resserré et restreint le pouvoir nécessaire, mais facilement abusif de la police.

547) Sitzung v. 2. Jan. 1791 (ibidem, S. 753): "... mais il est une institution que nous avons cru devoir placer pour ainsi dire, à la porte de la justice: le juré d'accusation.

548) ARCHIVES PARL., 1ère série, Sitzung v. 4. Aug. 1790, Bd. XVII, 608ff (s. dazu im 10. Kap. B II 1).

549) 10. Kap. B II 1d.

550) Sitzung v. 27. Nov. 1790 (ARCHIVES PARL., 1ère série, Bd. XXI, S. 53): La première poursuite est ouverte à tout le monde; mais l'accusation ne résulte que d'un jugement de citoyens; les citoyens n'ont pas, comme dans les républiques anciennes, le droit d'accuser en justice, mais celui de provoquer l'accusation.

Die Volksnähe wurde also dadurch aufrechterhalten, daß die Entscheidung über die Anklageerhebung auf der Entscheidung der Anklagejury basierte, die sich aus Bürgern zusammensetzte.
Die "volkseigene" Funktion der Anklage nahmen die Bürger folglich über die Geschworenen der Anklagejury wahr.

d) Faktenermittlung durch Bürger

Die Anklagejury spielte außerdem eine Rolle für die Trennung von Fakenermittlung und Gesetzesanwendung. Diese hatte DUPORT in seinem Memorandum anläßlich der neuen Gerichtsverfassung bereits favorisiert.[551] Basis der Judikative sei die Aufklärung der Fakten, die im Gegensatz zur Gesetzesanwendung vom Volk selber ausgeführt werden könnte und infolgedessen als "teuerstes Gut" zu bewahren sei.
Genau diese Bewahrerfunktion führte ebenfalls die Anklagejury aus, indem sie zwar nicht alles selbst ermittelte, aber die ermittelten Fakten auswertete und über die Anklageerhebung entschied.
So war DUPORTs Forderung zufolge mit der Einführung der Anklagejury nicht nur die Faktenermittlung dadurch in der Hand des Volkes geblieben, daß ihre Auswertung auf hinreichenden Tatverdacht durch Bürger erfolgte. Vielmehr bewirkte das auch die personelle Trennung zwischen Ermittelndem und Urteilendem.

e) Vergleich zur englischen "grand jury"

Bereits im November 1790 anläßlich des ersten Entwurfs hatte DUPORT deutlich betont, daß man keinesfalls eine Jury nach englischem Vorbild vorschlagen, sondern den Natur- und Vernunftsgesetzen folgen wollte.[552]

aa) Parallelen

Damit spielte DUPORT auf die "große Jury" (grand jury)[553] an, die in England seit 1166 über die Zulassung von Anklagen vor Gericht entschied, um als "Puffer"[554]

---

551) ARCHIVES PARL., 1ère série, Sitzung v. 29. Mrz. 1790, Bd. XII, S. 408ff (s. o. im 9. Kap. unter G II).

552) Sitzung v. 27. Nov. 1790 (ARCHIVES PARL., 1ère série, Bd. XXI, S. 42): "Ce n'est pas le juré des Anglais que nous vous proposons d'adopter, Messieurs; nous avions devant nous Le Grand livre de la nature et de la raison: c'est là, que nous avons cherché nos principes ..."

553) In Anbetracht der Tatsache, daß sich die Anklagejury periodenweise aus 23 Geschworenen zusammensetzte (INCIARDI, "Criminal justice", S. 460), ist die Namensgebung "große Jury" erklärbar. Sie diente als Abgrenzung zu der Jury, die im Verlauf der Hauptverhandlung über die Schuldfrage zu entscheiden hatte und in äl-

zwischen staatlichen Verfolgungsorganen und den Bürgern zu dienen und unberechtigte Anklagen zu vermeiden.
Infolge der amerikanischen Unabhängigkeitserklärung am 4. Juli 1776 wurde auch in der amerikanischen Verfassung die Bestimmung[555] aufgenommen, daß keiner wegen eines Kapitalverbrechens oder anderen Verbrechens vor Gericht zur Rechenschaft gezogen werden dürfe, wenn nicht eine Anklage[556] der "grand jury" vorläge.[557]
Der Ausspruch[558] der Jury geschah in öffentlicher Gerichtssitzung und bedurfte der Übereinstimmung von 12 Geschworenen[559].

Zöge man an dieser Stelle den Vergleich zwischen der französischen Anklagejury und der englischen "großen Jury", ließe sich keinerlei Unterschied entdecken, denn auch die neue Strafprozeßordnung beinhaltete die Regel:

> *"Kein Mensch kann von einem Kriminalgerichtshof verfolgt und verurteilt werden, wenn nicht eine Anklage vorliegt, die durch eine aus 8 Bürgern bestehende Jury zugelassen worden ist."*[560]

bb) Unterschiede

Allerdings ergaben sich daraus Abweichungen zur französischen Anklagejury, daß sich die "große Jury" nur dann versammelte, wenn der Richter bestimmte

---

terer Rechtssprache die "petty jury" (= kleine Jury) genannt wurde (HAY, "Einführung in das amerikanische Recht", S. 217, s. Fn. 42).

554) INCIARDI, "Criminal justice", S. 460f: "Historically, therefore, the purposes of the grand jury were ... to act as a buffer between the state and its citizens in order to prevent the Crown from unfairly invoking the criminal process against its enemies.

555) Fith Amendment of the Constitution: No person shall be held to answer for a capital or otherwise infamous crime, unless on a presentment or indictment of a grand jury.

556) Unterscheide: indictment (Anklage aufgrund vorgelegter Ermittlungen) - presentment (Anklage nach eigenem Wissen); vgl. dazu MITTERMAIER, "Strafverfahren", S. 267.

557) Noch heute gilt im amerikanischen Recht für Bundesverfahren das Erfordernis, daß eine vom Staatsanwalt vorgeschlagene Anklage wegen Verbrechens (= felony; nach veralteter Terminologie = infamous crime) durch "die große Jury" bestätigt werden muß (vgl. HAY, "Einführung in das amerikanische Recht", S. 210/216).

558) Die Zulassung der Anklage wurde ausgesprochen mit dem Terminus "true bill", während sowohl "not bill', "not found" oder "ignored" (ignoramus) die Wirkung hatte, daß die Anklage nicht als zulässig erkannt wurde (MITTERMAIER, "Deutsche Strafverfahren", S. 276f; INCIARDI, "Criminal justice", S. 462).

559) MITTERMAIER, "Deutsche Strafverfahren", S. 277.

560) Part. II, tit. VI, Art. 1er: Nul homme ne peut être poursuivi devant le tribunal criminel, et jugé que sur une accusation reçue par un juré, composé de 8 citoyens.

festgelegte Gerichtstage oder die Vierteljahrssitzung eröffnete[561]. Das hatte zur Konsequenz, daß ein zwischenzeitlich festgenommener Beschuldigter unter Umständen mehrere Monate im Untersuchungsgefängnis verbrachte bis über die Anklage entschieden wurde.
Genau das sollte in Frankreich verhindert werden, indem bei Bedarf die Anklagejury durch den Jurydirektor zusammengerufen wurde und entschied. Die ermittelnden Organe konnten lediglich eine vorübergehende Festnahme (mandat d'arrêt) anordnen[562], während der Jurydirektor prinzipiell erst dann einen Haftbefehl erlassen konnte, wenn die Anklage durch die Jury zugelassen worden war.[563]
Zu Recht wies DUPORT darauf hin, daß eine große Gefahr darin läge, den Ermittlungsorganen zu umfassende Kompetenzen zuzuweisen. Wenn man einerseits um der öffentlichen Ordnung willen der Polizei umfassende Kompetenzen übertrage, müßte andererseits ohne zeitliche Verzögerung über das weitere Vorgehen entschieden werden.[564]

cc) Stellungnahme

Genau den oben beschriebenen Unterschied zwischen der "grand jury" der Engländer und der Anklagejury der Franzosen bewertete DUPORT als so bedeutend, daß die Anklagejury keine "grand jury" sei.
Zwar war die Differenzierung DUPORTs sachgemäß, allerdings erscheint die Bewertung eher fragwürdig.
Offensichtlich war die Tatsache, daß sich das französische System an das englische anlehnte. Die Bestimmung, daß ein Bürger nur dann gerichtlich belangt werden dürfe, wenn die Anklage durch eine Anklagejury zugelassen worden war, wurde von den Engländern seit langem praktiziert und war bereits ein Jahrzehnt zuvor in der amerikanischen Verfassung verankert worden.
Genau dieses Prinzip, nämlich ein Gremium des Volkes darüber entscheiden zu lassen, ob sich aus den Ermittlungen der staatlichen Verfolgungsorgane ein hinreichender Tatverdacht für eine Anklageerhebung ergebe, hatten die Franzosen übernommen. Die französischen Modifikationen ergaben sich weniger im grundsätzlichen Bereich als im Detail, da die französische Anklagejury genauso die "Pufferfunktion" erfüllen sollte wie die englische "große Jury".

---

561) MITTERMAIER, "Deutsche Strafverfahren", S. 268.

562) vgl. oben (unter A I 1).

563) Part. II, tit. Ier, art. 29: Lorsque le juré d'accusation aura déclaré qu'il y a lieu à accusation, le directeur du juré rendra sur-le-champ une ordonnance de prise de corps contre l'accusé ...

564) Sitzung v. 2. Jan. 1791 (ARCHIVES PARL., 1ère série, Bd. XXI, S. 753): "... s'il est nécessaire à la tranquillité publique de donner à la police une grande énergie, une action prompte, il faille décider sans délai sur le sort d'un citoyen arrêté. Voilà le motif de l'institution du juré d'accusation ..."

Wenn also diese Regel 1791 in die neue Strafprozeßordnung Einzug hielt, war dieses wohl keine Errungenschaft der Revolution Frankreichs, sondern lediglich eine Übernahme anderorts praktizierter Bestimmungen. Aus diesem Blickwinkel müssen auch DUPORTs Worte übertrieben erscheinen, der die Anklagejury als neue **französische** Errungenschaft darstellte, die nichts mit der "grand jury" zu tun habe.
Zwar hatte die französische Gesetzgebung die Erfahrungen der Engländer mit einbezogen und einige Modifikationen vorgenommen, allerdings offensichtlich ohne wesentliche Änderungen.
Die "fundamentale Neuregelung des Königreichs"[565] war also entgegen DUPORTs Ausführungen wohl nichts anderes als eine modifizierte Imitation des englischen Systems.[566]

3) öffentlicher Ankläger

Erst mit Abschluß der Anklagezulassung durch die Jury kam der öffentliche Ankläger ins Spiel, dessen Funktion - grob gesagt - in der gerichtlichen Verfolgung bestand.

a) Duports Umschreibung

Bevor DUPORT am 27. November 1790 den ersten Entwurf vorstellte, machte er auch zu der Institution des öffentlichen Anklägers Ausführungen, die dessen Funktion und Stellung kurz, aber doch aussagekräftig umrissen und hier als Ausgangsbasis dienen sollen:

> *"Bisher wurde der Verdächtige nur von der Polizei verfolgt, entweder beschuldigt durch Anzeigen der Betroffenen (plaintes) oder Anzeigen Unbeteiligter (dénonciations)*[567]*. Mittlerweile geschieht es durch die Entschei-*

---

565) Sitzung v. 27. Nov. 1790 (ibidem, S. 53): "Ce sera désormais une règle fondamentale dans l'empire, que nul n'y sera jugé criminellement que sur une accusation reçue par un premier juré."

566) An dieser Stelle sei der Hinweis erlaubt, daß der hier angestellte Vergleich letztlich einer genaueren Prüfung unterzogen werden müßte. Er setzte jedoch voraus, daß man die Entstehung der "grand jury" im 12. Jahrhundert und ihren Werdegang im Detail beleuchtete. Erst dann ließe sich abschließend klären, inwieweit die französische Anklagejury und die "grand jury" wirklich vergleichbar waren. Um jedoch nicht den Rahmen dieses Beitrags zu sprengen, sei ein Ergebnis unter Vorbehalt erlaubt.

567) Hierbei spielte DUPORT auf die im Inquisitionsprozeß herrschenden Verhältnisse an, die die Anzeige des Opfers "Klage" (la plainte) nannten, während die Anzeige eines unbeteiligten Dritten als "Denunziation" (la dénonciation) bezeichnet wurde (vgl.

dung seiner Mitbürger, daß er angeklagt wird. Die Gesellschaft wird einem öffentlichen Amtsträger die Aufgabe übertragen ihre Rechte wahrzunehmen und sie in ihrem Namen zu verfolgen.[568]

Dieser Amtsträger, der der öffentliche Ankläger sein soll, darf nicht einer von denen sein, die bereits gehandelt haben, nicht nur weil die Einleitung eines Ermittlungsverfahrens (action) und die Verfolgung vor Gericht (poursuite)[569] *ein anderes Wesen und einen anderes Ziel haben, vielmehr ist es nützlich, daß sie einem neuen Amtsträger anvertraut wird, nicht nur weil er dem Gerichtshof des Departements angehört, sondern auch weil ein solcher Mann bald mehr geachtet, mehr gefürchtet wäre als das Gesetz, wenn die Anzeigen Privater*[570] *seinen Nachforschungen genauso unterlägen wie die Anklagen seiner Verfolgung vor Gericht; und in einem Land, in dem nicht das Gesetz die am meisten respektierte Sache ist ..., gibt es keine Freiheit.*[571]

Der öffentliche Ankläger soll dem Kriminalgerichtshof angehören und wie jener dem ganzen Departement zur Verfügung stehen; er soll die Kontrolle über alle Polizeibeamten haben; er soll die Klagen gegen sie entgegennehmen und gegen sie im Falle von Amtspflichtverletzung sogar ermitteln; niemals aber soll er sie ersetzen können in der Ausübung ihrer

---

dazu im 2. Kap. A II 1a und b). Wenn auch unter Vorbehalt sind hier Parallelen zu § 158 StPO in der Unterscheidung von Strafantrag und -anzeige zu verzeichnen.

568) ARCHIVES PARL., 1ère série, Sitzung 27. Nov. 1790, Bd. XXI, S. 51f: "Jusque-là le prévenu n'était poursuivi que par la police, ou inculpé par des plaintes ou des dénonciations. Maintenant c'est par la décision de ses concitoyens qu'il est accusé. La société va remettre à un officier public la mission d'exercer ses droits, et de le poursuivre en son nom."

569) Die Übersetzung der Termini "action" und "poursuite" ist aufgrund ihrer mannigfachen Verwendung sehr schwierig und ihre Bedeutung in diesem Zusammenhang kann nur annähernd wiedergegeben werden.

570) Der Einheitlichkeit halber hätte eigentlich der Ausdruck "les actions des individus" wiedergegeben werden müssen mit den Worten "die Einleitung von Ermittlungsverfahren durch Private"Der Einfachheit halber ist hier allerdings von den "Anzeigen Privater" die Rede, denn genau die sind es, die zum Ermittlungsverfahren auf Veranlassung eines Privaten führen.

571) ARCHIVES PARL., 1ère série, Sitzung 27. Nov. 1790, Bd. XXI, S. 52: "Cet officier, qui sera l'accusateur public, ne doit être aucun de ceux qui ont déjà agi, non seulement parce que l'action et la poursuite ayant changé de caractère et d'effet, il est utile de la confier à un nouveau fonctionnaire, non seulement parce que ce fonctionnaire appartient au tribunal de tout le département; mais parce que si les actions des individus étaient soumises à ses recherches, comme les accusations à sa poursuite, un tel homme bientôt serait plus considéré, plus redoutable que la loi, et la liberté n'existe pas dans un pays où la loi n'est pas la chose la plus respectée ..."

Funktionen; schließlich soll er durch die Wähler des Departements ernannt werden.[572]

... der öffentliche Ankläger, der die Anklage durch die Geschworenen der Anklage entgegennimmt, wird also den Angeklagten im Namen des Gesetzes vor Gericht verfolgen; er ist es, der die Beweise sammeln, die Zeugen kommen lassen und gegenüber dem Angeklagten das Interesse der Gesellschaft verteidigen soll ...[573]"

Dieser Redeausschnitt war deshalb von großem Gewicht, weil er mit wenigen Worten die neue Institution des öffentlichen Anklägers charakterisierte:
Der öffentliche Ankläger, keinesfalls als Ermittler tätig, aber doch als Kontrolle über die ermittlenden Polizeibeamten eingesetzt, sollte die Interessen der Gesellschaft vor Gericht verteidigen, indem er die von der Polizei ermittelten Tatsachen vor Gericht bewies und den Täter der Tat überführte. Die Position, die der öffentliche Ankläger dabei einnahm, war die einer dem Gericht zugehörigen Prozeßpartei.
In seiner Eigenschaft als Interessenvertreter der Gesellschaft wurde der öffentliche Ankläger von den Wählern ernannt und verfügte so über eine demokratische Legitimation.

b) keine Strafverfolgungskompetenz

Nicht nur den Ausführungen DUPORTs, auch den gesetzlichen Regelungen konnte man ausdrücklich entnehmen, daß der öffentliche Ankläger keinesfalls als ermittelndes Organ eingesetzt werden sollte. So bestimmte die neue Strafprozeßordnung:

Der öffentliche Ankläger hat die Aufgabe, die Delikte zu verfolgen, die von den ersten Geschworenen zur Anklage zugelassen wurden, keine andere Anklage kann er unter Androhung einer Strafe wegen Amtspflichtverletzung vor dem Gericht erheben.
Wenn der öffentliche Ankläger eine Anzeige durch die Exekutive, durch den Kriminalgerichtshof oder den königlichen Kommissar erhalten hat, soll er sie an die Ermittlungspolizei weiterleiten und darüber wachen, daß

---

572) ibidem: "L'accusateur public fera partie du tribunal criminel, et, comme lui, sera commun à tout le département; il aura la surveillance sur tous les officiers de police; il recevra les plaintes contre eux, et pourra même les poursuivre en cas de prévarication; mais jamais il ne pourra les suppléer dans l'exercice de leurs fonctions; enfin il sera nommé par les électeurs du département."

573) ibidem: "...l'accusateur public recevant des premiers jurés l'accusation, va donc poursuivre l'accusé au nom de la loi; c'est lui qui rassemblera les preuves, fera venir les témoins, défendra contre l'accusé l'intérêt de la société ..."

die Angelegenheit verfolgt wird mit den Mitteln und entsprechend den Formen, die oben festgesetzt wurden.[574]

Sehr deutlich zeigt Satz 1 dieser Vorschrift den Beginn der anklägerischen Tätigkeit an, nämlich erst nach der Anklagezulassung durch die Anklagegeschworenen, also nach Abschluß der Ermittlungen. Selbst eine Anzeige gegenüber dem öffentlichen Ankläger eröffnete ihm keine Kompetenz zu ermitteln, da er laut Satz 2 der Vorschrift auch diese Angelegenheit an die zuständigen Ermittlungsbeamten weiterzuleiten hatte.

c) Überwacherfunktion über die Ermittlungsbeamten

Auffällig ist jedoch einerseits die deutliche Betonung der Tatsache, daß der öffentliche Ankläger keinerlei Ermittlungsbefugnisse haben sollte, andererseits aber die Übertragung der Aufsicht über die ermittelnden Polizisten an ihn.
Beachtenswert ist dieser Umstand insoweit, als der öffentliche Ankläger auf diese Weise zumindest indirekte Einflußnahmemöglichkeit auf die Ermittlungen haben konnte.
Dem wurde allerdings auf zweierlei Art und Weise entgegengewirkt: einerseits durfte der öffentliche Ankläger, selbst wenn er eine Unregelmäßigkeit im Rahmen der Ermittlungen entdeckt hatte, die Ermittler in ihrer Funktion nicht ersetzen und die Ermittlungen nicht selber fortführen[575] und andererseits konnte er selbst kaum eigene Sanktionen ergreifen.

aa) Einschränkungen möglicher Sanktionen

Die Aktionsmöglichkeiten des öffentlichen Anklägers gegenüber den Ermittlungsbeamten waren wie folgt eingeschränkt:

Art. 2: Der öffentliche Ankläger hat die Aufsicht über alle Polizeibeamten des Departement; im Falle von Nachlässigkeit ihrerseits soll er sie ermahnen; im Falle größerer Verfehlungen soll er sie vor den Kriminalgerichtshof

---

574) Part. II, tit. IV, art. 1, Sätze 1 und 2:
L'accusateur public est chargé de poursuivre les délits sur les actes d'accusation admis par les premiers jurés, et il ne peut porter au tribunal aucune autre accusation à peine de forfaiture.
Lorsque l'accusateur public aura reçu une dénonciation du pouvoir exécutif, ou du tribunal criminel ou d'un commissaire du roi, il la transmettra aux officiers de police, et veillera à ce qu'elle soit poursuivie par les voies et suivant les formes ci-dessus établies.

575) DUPORT (s. o., Sitzung v. 27. Nov. 1790): "... mais jamais il ne pourra les suppléer dans l'exercice de leurs fonctions ..."

bringen, der dem Delikt entsprechende Gefängnis- oder Geldstrafen verhängen soll, die das Gesetz bestimmt.[576]

Art. 3: Wenn von Amts wegen oder auf die Anzeige eines Geschädigten oder eines Dritten[577] der öffentliche Ankläger den Eindruck hat, daß ein Ermittlungsbeamter wegen Amtspflichtverletzung zu verfolgen ist, soll er gegen ihn einen Vorführbefehl erlassen. Wenn dazu Anlaß besteht, soll er dem Geschworenendirektor die Notiz über die Fakten, die Akten und die Zeugenaussagen geben, falls er welche erlangt haben sollte, damit dieser die Anklageschrift verfaßt und den Geschworenen in der oben vorgeschriebenen Form die Angelegenheit präsentiert.[578]

Unter diesen Umständen war eine echte Kontrolle der Ermittlungen durch den öffentlichen Ankläger nur schwer vorstellbar:
Wie den obigen Vorschriften nämlich zu entnehmen ist, übte er selbst diese Kontrolle nur im Falle von Nachlässigkeit aus, indem er Verwarnungen erteilte. Bei schwereren Vergehen allerdings hatte er die Entscheidung an das Gericht abzugeben.
Ursprünglich war im Gesetzesentwurf vorgesehen, daß der öffentliche Ankläger im Falle von Nachlässigkeit nicht nur verwarnen, sondern auch Verweise erteilen konnte[579]. Nach kurzer Debatte in der Nationalversammlung verzichtete man

---

576) Part. II, tit. IV, art. 2: L'accusateur aura la surveillance sur tous les officiers de police du département; en cas de négligence de leur part, il les avertira; en cas de faute plus grave, il les déférera au tribunal criminel, lequel, selon la nature du délit, prononcera les peines correctionnelles déterminées par la loi.

577) Hier sei nochmals kurz erwähnt, daß sowohl 'la plainte' und 'la dénonciation' die Anzeige einer Privatperson umschrieben. Während jedoch 'la plainte' die Anzeige des Tatgeschädigten bezeichnete, der als 'partie plaignante' im Strafprozeß zwecks Schadensersatz mitanklagen konnte, meinte 'la dénonciation' die Anzeige eines unbeteiligten Dritten. Insofern könnte man unter Vorbehalt die Unterscheidung des § 158 StPO von Strafanzeige und Strafantrag aufgreifen und folglich 'la plainte' mit Strafantrag und 'la dénonciation' mit Strafanzeige übersetzen.

578) Part. II, tit. IV, art. 3: Si d'office, ou sur la plainte ou dénonciation d'un particulier, l'accusateur public trouve qu'un officier est dans le cas d'être poursuivi pour prévarication dans ses fonctions, il décernera contre lui le mandat d'amener, et s'il y a lieu, il donnera au directeur du juré la notice des faits, les pièces, et la déclaration des témoins, au cas qu'il en ait reçu, pour que celui-ci dresse l'acte d'accusation et le présente au juré dans la forme ci-dessus prescrite.

579) Part. II, tit. IV, art. 2: "... en cas de négligence de leur part, il les avertira *ou les réprimander a ...*"

allerdings darauf, da man dem öffentlichen Ankläger damit zu viel Macht einzuräumen glaubte[580] und eine zu große Mißbrauchsmöglichkeit befürchtete[581].

bb) Befugnis zur Erteilung eines Vorführbefehls

Heftige Kritik erntete außerdem die Befugnis des öffentlichen Anklägers, im Falle einer Verfolgung wegen Amtspflichtverletzung einen Vorführbefehl erteilen zu können (Art. 3). Zum einen wurde argumentiert, daß jegliche Art von juristischem Befehl gewisse Zweifel und Spuren hinterlasse, die an der Rechtschaffenheit eines öffentlichen Amtsträgers aufkommen ließen.[582] Zum anderen zog man Vergleiche zu vorrevolutionären Zeiten, in denen die Gerichte, die sog. "Parlamente", jedermann zu jeder Zeit vor das Gericht zitieren konnten. Diese "Tyrannei der Parlamente" würde durch die "Tyrannei des öffentlichen Anklägers" ersetzt.[583]
Beide Argumente konnten widerlegt werden, da es zum einen keinesfalls als schändlich gelten konnte, vor Gericht zitiert zu werden, um über sein Verhalten Rechenschaft abzugeben.[584] Zum anderen aber unterstrich vor allem DUPORT, wie wichtig es sei, daß die Träger öffentlicher Gewalt einer strengen Kontrolle unterlägen, um jeglichen Autoritätsmißbrauch zu unterbinden.[585]
Von Bedeutung war außerdem, daß sich die Kompetenz des öffentlichen Anklägers darin erschöpfte, den vorgeführten Ermittlungsbeamten zu verhören und den Sachverhalt zu erforschen. Die Auswertung und eventuelle Anklageerhebung gehörte nicht in sein Aufgabengebiet, sondern in das des Direktors des Anklagejury. Nicht etwa der öffentliche Ankläger, sondern der Jurydirektor hatte die Anklageschrift zu verfassen.

---

580) GAULTIER-BIAUZAT (Sitzung v. 21. Jan. 1791, ARCHIVES PARL., 1ère série, Bd. XXII, S. 363): "Je trouve que cet article donne trop de pouvoir à l'accusateur public."

581) DE LACHEZE (Sitzung v. 21. Jan. 1791, ibidem, S. 363): "... je ne puis m'empêcher de vous représenter combien les accusateurs publics pourraient facilement abuser de ce droit de réprimande."

582) POPULUS in der Sitzung v. 21. Jan. 1791 (ibidem, S. 363): "Un mandat quelconque laisse toujours quelque doute, quelque nuage sur un fonctionnaire public, et fait soupçonner sa probité."

583) POPULUS in der Sitzung v. 21. Jan. 1791 (ibidem, S. 363): "... à la tyrannie des parlements, vous substituez la tyrannie des accusateurs."

584) BUZOT (ibidem, S. 363): "Le mandat d'amener n'est jamais ignominieux, et dans un pays libre un citoyen ne doit jamais rougir de venir rendre compte de sa conduite."

585) ibidem, S. 363f: "Je pense, au contraire, que si la loi doit être sévère, c'est surtout envers les fonctionnaires publics qu'elle doit rendre responsables de tous les abus d'autorité qu'ils peuvent exercer envers les simples citoyens sur lesquels se réunissent tous les pouvoirs des agents de la loi."

d) Tätigkeitsbeschränkung

Genauso wie der Tätigkeitsbeginn des öffentlichen Anklägers abgesteckt war mit der Anklagezulassung durch die Anklagejury, wurde auch das Ende seiner Tätigkeit abgesteckt, nämlich mit dem Ende des Beweisverfahrens und der Übergabe an die Schuldgeschworenen.
Dadurch beschränkte sich also sein Tätigkeitsbereich darauf, ermittelte Tatsachen vor Gericht zu beweisen und die Gesellschaft vor Gericht zu vertreten, damit Gesetzesüberschreitungen nicht ungeahndet blieben. Sein Wirken wurde quasi eingerahmt von den Entscheidungen der jeweiligen Geschworenen: vorher durch die Geschworenen der Anklagejury zwecks Anklagezulassung und nachher durch die Schuldgeschworenen zwecks Entscheidung über die Schuldfrage.

aa) Aufholen des Kenntnisstands

Infolge der strengen Teilung von Ermittlungs- und Hauptverfahren hatte der öffentliche Ankläger erst nach der Anklagezulassung die Möglichkeit, Akteneinsicht zu nehmen und sich über den bisherigen Kenntnisstand in der Angelegenheit zu informieren.
Von nicht zu unterschätzender Bedeutung war deshalb noch vor Eröffnung der öffentlichen Verhandlung das erste Verhör des Angeklagten, das der Präsident des Kriminalgerichtshofes in Gegenwart des öffentlichen Anklägers und des Gerichtsschreibers führte.[586] Dieses Verhör bot dem öffentlichen Ankläger erstmals Gelegenheit, den Angeklagten kennenzulernen und eine Anklagestrategie auszuarbeiten. Dazu gehörte für ihn und den eventuell mitanklagenden Geschädigten auch die Möglichkeit, weitere Zeugen zu benennen.
Auf diese Weise wurde der öffentliche Ankläger also nicht erst während der Hauptverhandlung mit der Angelegenheit konfrontiert, sondern hatte trotz Ausschluß von den Ermittlungen vorher ausreichend Gelegenheit, sich über den Kenntnisstand der Ermittlungen hinaus sogar noch weitere Informationen zu beschaffen.

bb) Prozeßpartei

Auch während der Hauptverhandlung war die Funktion des öffentlichen Anklägers keinesfalls als nebensächlich einzustufen, da er als gewählter Interessenvertreter der Gesellschaft die Position einer Prozeßpartei[587] innehatte. Bereits bei der Vorlage des ersten Gesetzesentwurfs im November 1790 hatte DUPORT berichtet:

---

586) vgl. oben (in diesem Kap. unter A I 3a).

587) In seinen Ausführungen am 27. Nov. 1790 äußerte sich DUPORT darüber, was wäre, wenn der königliche Kommissar *"Ankläger und folglich auch Prozeßpartei"* wäre. (ARCHIVES PARL., 1ère série, Bd. XXI, S. 52: "... le commissaire du roi étant ac-

"Die Gesellschaft wird einem öffentlichen Amtsträger die Aufgabe übertragen, ihre Rechte wahrzunehmen und sie in ihrem Namen zu verfolgen. Dieser Amtsträger, der der öffentliche Ankläger sein soll ..."[588]

Im Januar 1791 umschrieb er das Aufgabenfeld des öffentlichen Anklägers wie folgt:

"... wir halten es für notwendig, am Gerichtshof einen öffentlichen Amtsträger zu haben, der dafür sorgen soll, daß die Zeugen gehört werden, der die Auseinandersetzung mit dem Angeklagten führen soll, der - in einem Wort gesagt - die Angelegenheit vor Gericht verfolgen soll."[589]

Infolge dieser Rolle als Interessenvertreter der Gesellschaft wurden sogar Stimmen laut, die die Amtsbezeichnung des öffentlichen Anklägers wegen ihres vermeintlich "widerwärtigen Charakters" umwandeln wollten in "öffentlichen Verteidiger" (défenseur public), sogar "öffentlicher Rächer" (vengeur public) wurde vorgeschlagen.[590]

Diese Umbenennung hätte jedoch den falschen Eindruck der Funktion des öffentlichen Anklägers vermittelt, der nicht als Rächer der Allgemeinheit auftreten sollte, sondern eventuelle Gesetzesverstöße aufdecken sollte. Seine Aufgabe bestand darin, die Wahrheit herauszufinden, indem er Zeugen benannte und sich mit dem Angeklagten im Rahmen einer kontradiktorischen Verhandlung auseinandersetzte.

Seine Unvoreingenommenheit sollte dadurch gestärkt werden, daß nur ein Strafgericht pro Departement, nicht pro Distrikt eingerichtet werden sollte. Man versprach sich weniger Vorurteile allein durch die geographischen Gegebenheiten und Entfernung von jeglichen lokalen Interessen und Verpflechtungen.[591]

Der öffentliche Ankläger sollte desweiteren über eine regelmäßige demokratische Legitimation verfügen. Deshalb wurde auch die ursprünglich vorgesehene

---

cusateur, et conséquemment partie ..."). Damit war klar, daß der Ankläger als Prozeßpartei einzustufen war.

588) ARCHIVES PARL., 1ère série, Sitzung 27. Nov. 1790, Bd. XXI, S. 52: "La société va remettre à un officier public la mission d'exercer ses droits, et de le poursuivre en son nom. Cet officier, qui sera l'acusateur public ..."

589) Sitzung v. 21. Jan. 1791 (ARCHIVES PARL., 1ère série Bd. XXII, S. 362): "... nous croyons nécessaire qu'il y ait dans le tribunal criminel un officier public qui fasse entendre les témoins, qui établisse la contradiction avec l'accusé, qui en un mot, poursuive l'affaire."

590) Sitzung v. 20. Jan. 1791 (ARCHIVES PARL., 1ère série Bd. XXII, S. 347)

591) DUPORT in der Sitzung v. 20. Jan. 1791 (ARCHIVES PARL., 1ère série Bd. XXII, S. 343): "Si on établissait un tribunal criminel dans chaque district, il en résulterait aussi l'inconvénient de multiplier le nombre des accusateurs publics, d'affaiblir leur caractère, et de les rendre moins étrangers à toutes les affections locales ..."

Amtsperiode von 10 Jahren verkürzt auf 4 Jahre mit der Möglichkeit auf Wiederwählbarkeit für weitere 6 Jahre.[592]

cc) keine Antragsbefugnis zum Strafmaß

Mit dem Abschluß der Beweisaufnahme trat der öffentliche Ankläger ein letztes Mal in Funktion, indem er sich abschließend zum Stand der Dinge äußerte und eine Bewertung abgab. Dieser Schlußvortrag war durchaus mit dem der heutigen Staatsanwaltschaft[593] vergleichbar, allerdings beschränkte er sich auf die Schuldfrage, so daß er auf ein "Schuldinterlokut" zugeschnitten war.
Die Rechtsfolgenfrage hingegen wurde erst nach der Entscheidung der Schuldgeschworenen vom königlichen Kommissar behandelt[594].
Damit beschränkte sich also die Tätigkeit des öffentlichen Anklägers darauf, die Tatsachen und Beweisergebnisse auszuwerten, die Gegenstand der mündlichen und öffentlichen Hauptverhandlung waren.[595] Der Antrag auf die konkrete Strafe durfte erst nach Klärung der Schuldfrage gestellt werden und gehörte somit nicht in den Kompetenzbereich des öffentlichen Anklägers.
Mit der Weitergabe der Entscheidung an die Schuldgeschworenen endete die Zuständigkeit des öffentlichen Anklägers.

e) Monopol der Anklage

Auch wenn der öffentliche Ankläger nur in einem deutlich eingegrenzten Bereich agierte, konnte er darin frei walten, da er weder weisungsgebunden war noch es jemanden gab, der neben ihm anklagen konnte. Seine Kontrolle waren die Wähler, die ihn abwählen konnten.
In zweierlei Hinsicht ließ sich dieses Monopol konstatieren, in seinem Verhältnis zu anderen Staatsorganen und zum privaten Mitankläger (partie plaignante).

aa) Verhältnis zu anderen Staatsorganen

In der endgültigen Fassung des Gesetzes war der öffentliche Ankläger weder der Exekutive noch der Legislative gegenüber weisungsgebunden und hatte nur eventuelle Anzeigen an die ermittelnden Polizeibeamten weiterzuleiten.[596]

---

592) Sitzung v. 20. Jan. 1791 (ibidem, S. 348).

593) Gem. § 258 Abs. 1 StPO erhält der Staatsanwalt nach dem Schluß der Beweisaufnahme das Wort.

594) s. dazu unten unter 4).

595) Darin spiegelt sich gleichzeitig auch das neu eingeführte "Mündlichkeitsprinzip" wider.

596) vgl. oben Part. II, tit. IV, art. 1er (unter 3b).

Ursprünglich jedoch hatte DUPORT eine andere Regelung vorgesehen, die er im Januar 1791[597] vorstellte:

> Art. 2: *Der öffentliche Ankläger soll ebenso damit betraut werden, für die Ausführung der Anweisungen zu sorgen, die ihm erteilt werden können durch die Legislative und durch den König zum Zweck der Strafverfolgung von Verbrechen.*[598]
>
> Art. 3: *In dem Fall, daß die Ermittlungen eines Verbrechens, abgesehen vom Verbrechen des Landesverrats, durch die Legislative oder den König angeordnet wurden, sollen die Anweisungen direkt an den öffentlichen Ankläger gerichtet werden; er soll sie weiterleiten an die Polizeibeamten und darüber wachen, daß sie ausgeführt werden mit den Mitteln und entsprechend den Formen, die oben festgesetzt wurden.*[599]

Damit wäre nicht nur aus Gewaltenteilungsaspekten ein überdenkenswerter Zustand eingetreten, sondern auch die Position des öffentlichen Anklägers wäre stark geschwächt worden.
Durch die Weisungsgebundenheit gegenüber der Legislative sowie dem König, dem Chef der Exekutive, wäre der öffentliche Ankläger zum Handlanger, zum Instrument politischer Machenschaften geworden. Seine Rolle hätte überhaupt nichts mehr mit dem gemein gehabt, was er eigentlich verkörpern sollte: ein Vertreter öffentlicher Interessen vor Gericht, der die volkseigene Funktion der Anklage stellvertretend für das Volk ausüben sollte.[600]
Der öffentliche Ankläger wäre genau zu dem geworden, was THOURET ankündigte für den Fall, daß man *"der Regierung die Rute der öffentlichen Anklage"* anvertraute: *"Geschöpfe ministerieller Gunst, die nichts anderem gehorchen als dem Antrieb der Regierung und dieser gleichermaßen dienen werden, ob sie nun anklagen oder nicht."*[601]
Damit hatte THOURET zwar nur den Fall umschrieben, daß die Funktion der öffentlichen Anklage in den Händen der königlichen Kommissare geblieben wären, aber die von THOURET favorisierte Abspaltung der Anklagefunktion soll-

---

597) ARCHIVES PARL., 1ère série Bd. XXII, S. 362.

598) Gesetzesvorschlag von tit. IV, art. 2:
L'accusateur public sera également chargé de suivre l'exécution des ordres qui pourront lui être adressés par la législature et par le roi pour la poursuite des crimes.

599) Gesetzesvorschlag von tit. IV, art. 3:
Dans le cas où la recherche de quelque crime, autre que le crime de lèse-nation, aura été ordonnée par la législature ou par le roi, les ordres seront adressés directement à l'accusateur public; il les transmettra aux officiers de police et veillera à ce qu'ils soient exécutés par les voies et suivant les formes ci-dessus établies.

600) vgl. dazu die Rede THOURETs vom 4. Aug. 1790 (10. Kap. B II 1).

601) s. o. im 10. Kap. (unter B II 1e).

te verhindern, daß ein dem König gegenüber weisungsgebundenes Organ diese Funktion erfüllte.
Wäre man dem Vorschlag DUPORTs gefolgt und hätte den öffentlichen Ankläger nicht nur den Weisungen des Königs, sondern sogar auch noch der Legislative unterstellt, wäre die Abspaltung der Anklagefunktion sinnlos geworden. Gerade die Unabhängigkeit von anderen Staatsorganen, insbesondere von der Regierung, sollte gewährleisten, daß die Anklage im Sinne des Volkes und nicht im Sinne der Regierung geführt würde.
Der Vorschlag DUPORTs fand dementsprechend auch keine Unterstützung, sondern erntete schärfste Kritik. Stellvertretend sei hier CHABROUD mit den Worten zitiert:

> *Wenn die Legislative Anweisungen geben könnte für die Strafverfolgung von Verbrechen, verfielen wir erneut in einen so entsetzlichen Despotismus wie der, dessen Ketten wir zerschlagen haben.*[602]

Damit war das Thema der Weisungsgebundenheit des öffentlichen Anklägers zunächst zwar nur vertagt[603], um aber letztlich nicht wieder aufgegriffen zu werden.

bb) Verhältnis zum privaten Mitankläger

Das Monopol des öffentlichen Anklägers zeichnete sich aber nicht nur dadurch aus, daß er weisungsfrei von anderen Staatsorganen war, sondern, daß neben ihm keine weitere Person als zusätzlicher Ankläger agierte. Wie bereits oben erwähnt[604], konnte der Tatgeschädigte ein Ermittlungsverfahren durch eine Anzeige (plainte) einleiten[605], eigene Belastungszeugen benennen[606] und auch im Laufe der öffentlichen mündlichen Hauptverhandlung zu Wort kommen lassen[607]. Das allerdings sollte ausschließlich zur Durchsetzung eines eventuellen Schadensersatzanspruches dienen, nicht aber womöglich zur Diffamierung des Angeklagten führen. DUPORT befürchtete, daß der private Mitankläger aus rein materiellen Erwägungen in der Öffentlichkeit eine verletzende und zudringliche Aus-

---

602) Sitzung v. 21. Jan. 1791 (ARCHIVES PARL., 1ère série Bd. XXII, S. 362): "Si la législature pouvait donner des ordres pour la poursuite des crimes, nous retomberions sous un despotisme aussi affreux que celui dont nous avons brisé les fers."

603) vgl. Protokoll v. 21. Jan. 1791 (ibidem, S. 363).

604) in diesem Kapitel unter A I.

605) vgl. oben A I unter 1.

606) vgl. oben A I unter 3.

607) vgl. oben A I unter 4.

einandersetzung provozieren könnte, während beim Angeklagten Leben und Ehre auf dem Spiel stehen würden.[608]

Bewußt wollte man Waffengleichheit zwischen Angeklagtem und Ankläger schaffen[609], um eine optimale Wahrheitsfindung zu gewährleisten. Dieses sei durch den öffentlichen Ankläger möglich, der als Vertreter der Gesellschaft ohne privates Interesse die Wahrheit herauszufinden bemüht sei.[610]
Der private Mitankläger hingegen agiere ausschließlich zu eigenen Gunsten und versuche die Geschworenen zu beeinflussen. Dadurch bestehe die Gefahr, daß aus einer rechtlichen Untersuchung ein grausamer Prozeß würde.[611]
Aus diesem Grunde sollte der private Mitankläger kein zweiter Ankläger sein, sondern lediglich die Möglichkeit haben, die Beweisführung zu ergänzen. Genau deshalb sollte er zwar eigene Belastungszeugen benennen dürfen, war aber im Gegensatz zum öffentlichen Ankläger und dem Angeklagten nicht berechtigt, eine nochmalige Zeugenbefragung[612] zu veranlassen.
Zwar wurde in der Gesetzesdebatte beantragt, auch der mitanklagenden Privatpartei dieses Recht gesetzlich zuzusichern, allerdings wurde dieses mehrheitlich abgelehnt.[613]

---

608) DUPORT in der v. Sitzung v. 22. Jan. 1791 (ARCHIVES PARL., 1ère série Bd. XXII, S. 420): "Je ne sais s'il ne résulterait pas un très violent et très fâcheux scandale de ce combat direct fait devant le juré et le public entre un homme qui poursuit une réparation en matière civile et celui qui risque sa vie et son honneur."

609) TUANT DE LA BOUVERIE (in der Sitzung v. 22. Jan. 1791, ibidem, S. 421): "Il ne s'agit pas dans une procédure criminelle, de perdre un coupable ... Il s'agit de découvrir la verité qui se cache; il faut donc donner des moyens égaux aux accusés et aux accusateurs."

610) LE CHAPELIER (ibidem, S. 420): "Si, au contraire, l'accusateur public est chargé de cette fonction au nom de la société, alors la défiance est bannie de l'esprit des jurés."

611) LE CHAPELIER: "Dans votre instruction criminelle bannissez autant que vous le pourrez tous les accessoires qui tendraient à faire de l'instruction judiciaire un affreux procès. Aussitôt qu'un homme, maltraité dans sa personne ou dans ses biens, en a fait la dénonciation à la justice, il doit disparaître pour que l'accusateur public vienne prendre sa place et parle au nom de la société.
S'il était possible qu'un homme devînt l'adversaire de celui qui l'a attaqué dans sa personne ou dans ses biens, autrement qu'en prenant des conclusions civiles contre lui, alors les jurés devraient apercevoir dans cet homme un adversaire excité par la haine ou l'animosité."

612) Zur Erinnerung sei darauf hingewiesen, daß diese dazu dienen sollte, eventuelle Widersprüche innerhalb einer Aussage oder mehrerer Zeugenaussagen zu klären, indem die Zeugen nach Wahl gemeinsam und getrennt nochmals gehört werden konnten (s. o. A I 4).

613) ARCHIVES PARL., 1ère série Bd. XXII, S. 420.

Aus den gleichen Erwägungen wurde auch das Äußerungsrecht der mitanklagenden Privatpartei am Ende des Beweisverfahrens wie folgt beschränkt:

> Im Anschluß an die Zeugenverhöre soll der öffentliche Ankläger gehört werden, die mitanklagende Privatpartei soll darum bitten können, Einwände zu äußern ...[614]

Demzufolge bestand zwar die Möglichkeit für den privaten Mitankläger, Stellung zu nehmen, allerdings mußte er darum ersuchen und sein Äußerungsrecht war nur punktuell.
Damit standen seine Handlungsbefugnisse im Laufe der Hauptverhandlung weit hinter denen des öffentlichen Anklägers zurück. Während jener die Position einer Prozeßpartei ohne Eigeninteresse für die Allgemeinheit innehatte, begleitete der private Mitankläger die Hauptverhandlung nur als unterstützendes Element. Bewußt und gezielt hatte man dem Tatgeschädigten, der Schadensersatz einfordern konnte, nicht als Prozeßpartei zugelassen, weil man dessen Eigeninteresse als Hindernis für die Wahrheitsermittlung einstufte.

f) Stellungnahme zur Anklägerfunktion

In der Nationalversammlung waren die Reaktionen auf die Aufgabenbeschränkung des öffentlichen Anklägers unterschiedlich:
So zum Beispiel schätzte ein Abgeordneter trotz der Einschränkung die Rolle des öffentlichen Anklägers als bedeutend ein, da er mit nichts Geringerem als "öffentlichen Anklagen" betraut sei.[615] Offensichtlich gab es also Stimmen, die der Funktion des öffentlichen Anklägers als Interessenvertreter der Gesellschaft durchaus ihren Wert beimaßen.
Ein anderer Abgeordneter dagegen stellte provokativ die Frage, ob es überhaupt noch eine "öffentliche Partei" gäbe, die die Verbrechen anklagte und vor Gericht verfolgte[616]. Diese Funktion, die im alten Strafprozeß von essentieller Bedeutung gewesen sei, habe man abgeschafft und wolle sie offensichtlich durch den öffentlichen Ankläger ersetzen, dessen Funktion beinahe überflüssig sei.[617]

---

614) Part. II, tit. VII, art. 18: A la suite des dépositions, l'accusatur public, sera entendu, la partie plaignante pourra demander à faire des observations ...

615) Sitzung v. 21. Jan. 1791 (XXII, S. 362): "... les fonctions de l'accusateur ne commencent qu'après que les premiers jurés ont rendu leur jugement sur l'accusation, de manière que l'accusateur public n'est chargé de rien moins que de faire les accusations publiques."

616) SENTETZ in der Sitzung v. 28. Dez. 1790 (ARCHIVES PARL., 1ère série Bd. XXI, S. 689): "Y aurait-il une partie publique chargée de rendre plainte et de poursuivre les crimes?"

617) ibidem: "Il me parait de la première importance, dans tous les systèmes, que vous fixiez vos regards sur l'utilité de cet officier, que votre comité supprime et qui jouait

Diese beiden Reaktionen zählten sicherlich zu den extremen Standpunkten, anhand derer man allerdings einiges ablesen konnte. Insbesondere die zuletzt genannte Anfrage von SENTETZ beinhaltete eine bemerkenswerte Überlegung: bereits zu Zeiten des ancien régime gab es Vertreter öffentlicher Interessen vor Gericht. Wie bereits mehrmals erwähnt[618], bekleideten dieses Amt die Prokuratoren des Königs, da sich königliche und öffentliche Interessen zunehmend gedeckt hatten.
SENTETZ zufolge sollte nun der öffentliche Ankläger dessen Nachfolge antreten. Zwar war er der Meinung, daß dessen Aufgabengebiet so begrenzt sei, daß er schon überflüssig geworden sei, aber nicht das ist hier der bemerkenswerte Aspekt, sondern die Überlegung, daß der öffentliche Ankläger die Nachfolge der Prokuratoren antreten sollte. Bisher nämlich galten die königlichen Kommissare in ihrer Eigenschaft als Staatsanwälte als die Nachfolger der königlichen Prokuratoren.

Hier fragt es sich nun, ob nur einer der beiden Standpunkte der richtige war oder ob vielleicht beide Standpunkte vereint der Realität am nächsten kamen. Tatsächlich hatte der öffentliche Ankläger mit seiner Funktion als Interessenvertreter der Gesellschaft vor Gericht einen Aufgabenbereich der öffentlichen Partei zu erfüllen. Das allerdings war eben nur ein Teil, da er von den Ermittlungen ausgeschlossen war und mit einem auf die Schuld beschränkten Schlußantrag seine Aufgaben erfüllt waren. Stufte man also den öffentlichen Ankläger als alleinigen Vertreter der öffentlichen Partei und somit als alleinigen Nachfolger der königlichen Prokuratoren ein, hätte SENTETZ mit seiner Einschätzung, daß es die öffentliche Partei schon fast gar nicht mehr gebe, Recht gehabt.
In Erwägung zu ziehen ist jedoch außerdem, daß die Funktion der königlichen Prokuratoren als Vertreter öffentlicher Interessen infolge der Revolution auf zwei unterschiedliche Organe verteilt wurde, einerseits auf die öffentlichen Ankläger, die im Rahmen der Gerichtsverhandlung die öffentlichen Anklagen zu vertreten hatten und andererseits auf die königlichen Kommissare. Deren Funktion soll allerdings erst im folgenden Abschnitt genauer beleuchtet werden, so daß an dieser Stelle keine endgültige Klärung möglich ist.
Festzuhalten ist zunächst, daß man offensichtlich der öffentlichen Anklage einen so großen Wert beigemessen hatte, daß man sie von den anderen Funktionen losgelöst und einem zusätzlich geschaffenen Organ zugewiesen hatte.

---

un rôle si essentiel dans l'ancienne procédure criminelle; car on ne prétendra pas sans doute qu'il est remplacé par l'accusateur public qui vous est proposé, et qui ne serait chargé de fonctions presque inutiles."

618) Erstmals im 2. Kap. (unter A I).

4) königliche Kommissare

a) Ausführungen Duports

Auch hinsichtlich der königlichen Kommissare bestand Erklärungsbedarf, so daß bei der Vorstellung des ersten Gesetzesentwurfes DUPORT die Gelegenheit für längere Erläuterungen ergriff[619]:

> *In England ist der König selbst die exekutive Gewalt. Sind die Gesetze einmal im Parlament verabschiedet, läßt er selbst sie ausüben; zu diesem Zweck ernennt er alle Beauftragten für die Durchführung ...*
> *In Frankreich ist der König nur der oberste Chef der exekutiven Gewalt; er ernennt die Amtsträger nicht ..., er bedient sich nur ihrer; es ist das Volk, das diese für ihn bestimmt, das diese in die Hand des Königs legt, damit sie von ihm beschäftigt werden; sie erhalten von ihm lediglich ihr Wirken, nicht aber ihre Existenz ...*[620]
> *Seine Kommissare sind die Organe, durch die er sieht, durch die er erfährt, ob das Gesetz überall Anwendung findet; aber sie sind keine direkten Mittel zur Ausführung, aber sie sollen über eingerichtete Instiutionen auf dem Weg von Anträgen agieren, niemals aber direkt gegenüber Einzelnen. Weit davon entfernt besteht die fundamentale Maxime unserer Regierung darin, daß die exekutive Macht des Monarchen niemals Einzelne treffen kann, es sei denn durch notwendige Vermittlung vom Volk gewählter Amtsträger; im übrigen würde dieses Prinzip verletzt, wenn die königlichen Kommissare die Bürger anklagen könnten.*[621]
> *Sie können alle diejenigen auffordern, herausfordern und stimulieren, die ein Recht haben zu handeln; sie selbst aber können nicht agieren: sie sind die Beauftragten der gesamten Gesellschaft, jeder ihrer Gruppierungen*

---

619) Sitzung v. 27. Nov. 1790, ARCHIVES PARL., 1ère série Bd. XXI, S. 52f.

620) ibidem: "En Angleterre, le roi est à lui seul le pouvoir exécutif. Les lois une fois faites dans le parlement, lui seul les fait exécuter; et, à cet effet, il nomme tous les agents d'exécution ...
En France, le roi n'est que le chef suprême du pouvoir exécutif; il ne nomme pas les agents ... il s'en sert seulement, c'est le peuple qui les lui désigne, qui les remet dans la main du roi pour être employés par lui; ils ne reçoivent de lui que le mouvement, et non l'existence;"

621) Ses commissaires sont les organes par lesquels il voit, il apprend si la loi est partout exécutée; mais ils ne sont pas des moyens directs d'exécution, ils agissent sur les corps constitués par voie de réquisition, mais jamais sur les individus directement. Bien loin de là, la maxime fondamentale de notre gouvernement, c'est que la force exécutive du monarque ne puisse jamais atteindre les individus que par l'intermédiaire nécessaire des agents élus par le peuple; or ce principe serait violé, si les commissaires du roi pouvaient accuser les citoyens.

[gleich] nahestehend; sie gehören dem Zentrum an, und nicht zu den Bereichen, in denen sie ausüben ...[622]
... aber wenn die Tatsachen bewiesen sind, bemächtigen sie sich ihrer und fassen sie unter das Gesetz; ihre Aufgabe beginnt nicht eher als die Tatsachen feststehen. So zum Beispiel sind sie es, die, nachdem die Schuldgeschworenen einen Angeklagten für überführt erklärt haben, die Verhängung der Strafe beantragen.
Es ist nicht das lokale Interesse oder die einzelne Angelegenheit, die sie angeht, sondern das allgemeine Interesse oder das Gesetz, das sie verteidigen.
... ihre Funktion beginnt nicht, bevor nicht die Tatsachen feststehen ...[623]
Wenn es anders wäre, könnte der königliche Kommissar als Ankläger und folglich Prozeßpartei, nicht mehr die Kontrolle über das Urteil ausüben, die ihm anvertraut ist. Er verfügte nicht mehr über die für seine Funktionen notwendige Unabhängigkeit, die Kette der Verantwortung wäre unterbrochen und ließe sich nur wieder anfügen an das volksvertretende Parlament, ein zu weit hergeholtes und zu spät wirkendes Hilfsmittel für die täglichen und lokalen Mißstände.[624]

Diese Ausführungen DUPORTs legten einerseits das Verständnis dar, das der Rolle der königlichen Kommissare zugrundelag und beschrieben andererseits dessen Funktionen. Allerdings bedürfen diese einiger Erläuterungen und auch Ergänzungen.

---

622) Ils peuvent requérir, provoquer et stimuler tous ceux qui ont le droit d'agir; mais non pas agir eux-mêmes: ils sont les officiers de toute la société, près de chacune de ses parties; ils appartiennent au centre, et non aux lieux dans lesquels ils exercent ...

623) ... mais lorsque les faits sont prouvés, ils s'en emparent et les rallient à la loi; leur ministère ne commence que lorsque le fait est constant. Ainsi, par exemple, lorsque les jurés ont déclaré un accusé convaincu, ce sont eux qui requerront l'application de la peine.
Ce n'est pas l'intérêt local ou l'affaire particulière qui les concerne, mais l'intérêt général ou la loi qui défendent.
... leur ministère ne commence que lorsque le fait est constant ...

624) S'il en était autrement, le commissaire du roi étant accusateur, et conséquemment partie, ne pourrait plus exercer sur le jugement cette surveillance qui lui est confiée. Il n'aurait plus l'indépendance nécessaire à ses fonctions, la chaîne de la responsabilité serait rompue, et ne pourrait plus venir se rattacher qu'à la législature, remède trop éloigné et trop tardif à des inconvénients journaliers et locaux."

b) mittelbare Aktionsmöglichkeit

Von Bedeutung ist zunächst die Tatsache, daß der königliche Kommissar nicht selbst agieren konnte, sondern nur die Möglichkeit hatte, durch Anträge bestimmte Aktionen herauszufordern.
Gesetzliche Grundlage bildete zum einen der ausdrücklich dem königlichen Kommissar gewidmete V. Titel und zum anderen im Gesetz verstreute Aufgabenzuweisungen.

aa) gemäß Titel V der Strafprozeßordnung

Der V. Titel der Strafprozeßordnung wies dem königlichen Kommissar allgemeine Aufgaben wie folgt zu:

> Art. 1: Im Verlauf jeden Kriminalprozesses, sei es vor dem Distriktsgericht oder vor dem Kriminalgerichtshof, soll der königliche Kommissar gehalten sein, von allen Urkunden und Schriftstücken Kenntnis zu nehmen und am Beweisverfahren und an der Urteilsfindung teilzunehmen.[625]
>
> Art. 2: Der königliche Kommissar soll immer gegenüber den Richtern im Namen des Gesetzes alle die Anträge stellen können, die er für angebracht hält und über die ihm ein Protokoll ausgehändigt werden soll.[626]
>
> Art. 4: Wenn trotzdem irgendeine Rechtsangelegenheit, die so geartet wäre, daß sie dem Parlament vorbehalten wäre, beim Kriminalgerichtshof vorgelegt werden sollte, soll der königliche Kommissar gehalten sein, Aussetzung und Weiterverweisung an das Parlament zu beantragen, und der Präsident soll unter Androhung von Strafe wegen Amtspflichtverletzung gehalten sein diese anzuweisen.[627]

Daraus folgte, daß sich der königliche Kommissar auf dem Laufenden zu halten hatte durch Kenntnisnahme der Akten, aber der Beweisaufnahme und anschließender Urteilsfindung nur beiwohnte ohne eigene Handlungsbefugnis. Seine Aktionsmöglichkeiten beschränkten sich prinzipiell auf Anträge gegenüber Handlungsbefugten.

---

625) Part. II, tit. V, art. 1er: Dans tous les procès criminels, soit au tribunal de district, soit au tribunal criminel, le commissaire du roi sera tenu de prendre communication de toutes les pièces et actes, et d'assister à l'examen et au jugement.

626) Part. II, tit. V, art. 2: Le commissaire du roi pourra toujours faire aux juges, au nom de la loi, toutes les réquisitions qu'il jugera convenables, desquelles il lui sera délivré acte.

627) Part. II, tit. V, art. 4: Si néanmoins quelque affaire de la nature de celles qui sont réservées au Corps législatif était présentée au tribunal criminel, le commissaire de roi sera tenu d'en requérir la suspension et le renvoi au Corps législatif, et le président de l'ordonner, à peine de forfaiture.

Einzige Ausnahme dieser nur mittelbaren Handlungskompetenz bildete der in Art. 4 beschriebene Fall, daß eine dem Parlament vorbehaltene Rechtsangelegenheit[628] versehentlich beim Kriminalgerichtshof vorgelegt wurde. Dann nämlich mußte der Gerichtspräsident das Verfahren aussetzen und weiterverweisen.

Man überlegte sogar dieses mittelbare Handeln zu erschweren, indem man im Rahmen der Gesetzesdebatte in Erwägung zog, diese Anträge sogar der Schriftform zu unterwerfen.[629]
Den Vorschlag verwarf man jedoch zum einen aus Praktikabilitätserwägungen, da der königliche Kommissar nicht immer Unterbrechung der Verhandlung verlangen könnte und zum anderen befürchtete man, daß das dazu führe, daß der königliche Kommissar gar keine Anträge mehr stelle.[630] Stattdessen fand man den Kompromiß, daß der Antrag im Verfahrensprotokoll festgehalten werden sollte.[631]

bb) Einzelzuweisungen

Daneben gab es allerdings einige ausdrückliche Aufgaben des königlichen Kommissars:

1. nach Abschluß der Ermittlungen seine Stellungnahme anläßlich der Aktenweitergabe an die Anklagejury[632],
2. nach der Anklagezulassung seine Zuweisungskompetenz an den Kriminalgerichtshof[633],
3. sein Anwesenheitsrecht bei der Entscheidungsbefragung der Schuldgeschworenen[634] und schließlich
4. die Strafantrags- und Rechtsmittelbefugnis, die später[635] genauer besprochen werden.

---

628) Damit war insbesondere der Fall des Landesverrats (lèse-nation) gemeint.

629) GAULTIER-BIAUZAT in der Sitzung v. 22. 1. 1791 (ARCHIVES PARL., 1ère série Bd. XXII, S. 416): "Je crois qu'il pourrait y avoir un inconvénient à ce que les réquisitions fussent faites verbalement seulement. Je propose de dire: 'Le commissare du roi pourra toujours faire au juge toutes les réquisitions convenables. Ces réquisitions seront faites par écrit et il lui en sera délivré acte'."

630) Dahingestellt sei die Überlegung, daß bezüglich der letztgenannten Bedenken es gerade beabsichtigt gewesen sein könnte, die Antragsform so zu erschweren, daß gar keiner mehr gestellt würde.

631) Sitzung v. 22. 1. 1791, ARCHIVES PARL., 1ère série Bd. XXII, S. 416.

632) Part. II, tit. Ier, art. 13 (s. o. A 2a).

633) Part. II, tit. VI art. 2 (s. o. A 3a).

634) Part. II, tit. VII, art. 23 (s. o. A 5).

635) s. u. 4e.

Diesen ausdrücklichen Einzelzuweisungen darf nicht zu große Bedeutung beigemessen werden, weil sie dem königlichen Kommissar keine unmittelbaren Handlungsbefugnisse einräumten. Wie im folgenden gezeigt wird, bewirkten die Anträge und Stellungnahmen des Kommissars de facto noch gar nichts, weil sie nicht bindend waren und der königliche Kommissar kein Druckmittel zur Verfügung stehen hatte, um sie durchzusetzen:

ad 1) Selbst wenn er nach Abschluß der Ermittlungen gegen die Weiterreichung der Akten an die Anklagejury beantragte, konnte das Distriktgericht anders entscheiden. Der königliche Kommissar hatte dann nur die Möglichkeit der Revision[636], konnte aber das Verfahren nicht stoppen.

ad 2) Auch die Zuweisung an den Kriminalgerichtshof war letztlich eine Formalität, weil die Entscheidung über die Anklagezulassung alleinige Angelegenheit der Anklagejury war und die Zuständigkeitsfrage gesetzlich geregelt[637] war.

ad 3) Bei der Entscheidungsbefragung der Schuldgeschworenen nahm der königliche Kommissar nur die Rolle des objektiven Beobachters ein.
Bezüglich der Strafantrags- und Rechtsmittelbefugnis sollen unten weitere Ausführungen folgen.

cc) Bewertung

DUPORT beschrieb diese Aufgabenverteilung des königlichen Kommissars so, daß kein Prozeßabschnitt hätte ablaufen können, ohne daß der königliche Kommissar zugegen gewesen oder zumindest in Kenntnis gesetzt worden wäre[638]. Aber weil nicht er selbst das Gesetz durchsetzen konnte, sondern den zur Handlung Befugten den Anstoß geben mußte durch entsprechende Anträge, gab DUPORT ihm den Titel des "Gesetzeswächters"[639]. Gezielt wollte er die königlichen Kommissare abgrenzen von den durch das Volk legitimierten Amtsträgern, derer sich der König bedienen mußte, um seiner Aufgabe als Chef der Exekutive nachzukommen.
Die königlichen Kommissare wurden vom König selbst ernannt, durften mangels Legitimation des Volkes nicht unmittelbar handeln, waren aber die Handlanger

---

636) s. u. 4e.

637) Part. II, tit. VI., art. 3-5.

638) DUPORT in der Sitzung v. 27. Nov. 1790 (ARCHIVES PARL., 1ère série Bd. XXII, S. 50): "... aucun acte de la procédure ne peut être fait que sous ses yeux, ou après avoir été communiqué, s'il est écrit: il peut toujours réquerir la stricte exécution de la loi, et les juges ne peuvent des dispenser de faire droit sur cette réquisition."

639) ibidem, wörtlich: "Bewahrer der wichtigsten Formvorschriften der Justiz" (*conservateur des formes essentielles de la justice*).

des Königs, sozusagen dessen verlängerter Arm. Genau das meinte DUPORT mit den Worten:

> *Seine Kommissare sind die Organe, durch die er sieht, durch die er erfährt, ob das Gesetz überall Anwendung findet; aber sie sind keine direkten Mittel zur Ausführung, aber sie sollen über eingerichtete Insitutionen auf dem Weg von Anträgen agieren, niemals aber direkt gegenüber Einzelnen.*

Genau diese Position der königlichen Kommissare spiegelte sich in seinen oben aufgeführten Aufgaben wider. Seine eher beratende oder auch assistierende Tätigkeit machte ihn zum objektiven Prozeßbeobachter und kontinuierlichem Prozeßbegleiter, aber auch zum Gesetzeswächter. Für ihn ging es nicht um den Einzelfall, sondern um das allgemeine Interesse. Seine Aufgabe bestand in der Vertretung der gesamten Gesellschaft ohne Beachtung von Einzelinteressen.[640]

c) Vermittler

Infolge der Tatsache, daß der königliche Kommissar Handlanger des Königs war, erhielt er auch die Position eines Vermittlers. Dieses war an einer Stelle sogar gesetzlich geregelt:

> *Die Anzeige durch die Exekutive kann an den öffentlichen Ankläger nur über den königlichen Beamten gelangen.*[641]

Bereits oben wurde die Unabhängigkeit und Ungebundenheit des öffentlichen Anklägers von Weisungen betont[642]. Das galt auch und insbesondere gegenüber dem König, der keinerlei Anweisungen geben durfte, sondern nur eine Anzeige erheben. Selbst diese durfte er nicht direkt an den öffentlichen Ankläger richten, sondern mußte seinen Kommissar als Vermittler dafür einsetzen. Damit wurde die Position des Königs noch stärker geschwächt, während die des öffentlichen Anklägers und des königlichen Kommissars gestärkt wurde.
Worin der Grund für diese eher umständliche Regelung lag, ist nicht auf Anhieb erklärbar. Allerdings ist als Hintergrund ein Prinzip in Erwägung zu ziehen, daß

---

640) DUPORT hatte das in seiner Rede mit folgenden Worten umschrieben:
... sie sind die Beauftragten der gesamten Gesellschaft, jede ihrer Gruppierungen [gleich] nahestehend; sie gehören dem Zentrum an, und nicht zu den Bereichen, in denen sie ausüben ...
Es ist nicht das lokale Interesse oder die einzelne Angelegenheit, die sie angeht, sondern das allgemeine Interesse oder das Gesetz, das sie verteidigen.

641) Part. II, tit. IV, art. 1, Satz 3:
La dénonciation du pouvoir exécutif ne pourra être transmise à l'accusateur public que par l'intermédiaire du commissaire du roi.

642) unter 3e).

DUPORT andeutete, nämlich *"die fundamentale Maxime ... daß die exekutive Macht des Monarchen niemals Einzelne treffen kann ..."* [643]
Auf Anhieb ließe sich an dieser Stelle einwenden, daß durch eine direkte Anzeige des Königs beim öffentlichen Ankläger keineswegs ein Einzelner von der königlichen Macht betroffen sei, weil Handlungsbefugter schließlich der vom Volk gewählte öffentliche Ankläger sei. Aber letztlich verbarg sich hinter der von DUPORT genannten Maxime die Tatsache, daß keinem, selbst dem König nicht, eine Generalvollmacht erteilt werden sollte. Jeder durfte nur in dem Maße agieren, wie ihm Handungsbefugnis erteilt worden war.
Dem König war die Aufgabe des obersten Chefs der exekutiven Gewalt zugeteilt worden, die er durch seine ihm zur Hand gegebenen Amtsträger erfüllen sollte. Seine Funktion bestand folglich in Leitung und Führung der Handlungsbefugten. Dazu gehörte allerdings nicht der öffentliche Ankläger, da er keine Exekutivaufgaben zu erfüllen hatte.
Nur der königliche Kommissar war von Gesetzes wegen dazu befugt, durch Anträge an andere heranzutreten, um den einen oder anderen Anstoß zu geben. Auch als oberster Chef der Exekutive war der König dazu nicht befugt. Insofern war es folglich systemtreu, daß der König weder durch Anweisung noch durch Antrag an den öffentlichen Ankläger herantreten konnte.

d) Antragsbefugnis zum Strafmaß

Im Gegensatz zu den bisher behandelten Funktionen des königlichen Kommissars mußte allerdings ein Aufgabengebiet Aufsehen erregen: die Befugnis, den Antrag auf die konkrete Strafe zu stellen.

Wenn die Schuldgeschworenen entschieden hatten, daß der Angeklagte im Laufe der Hauptverhandlung der angeklagten Tat überführt worden sei, bedurfte es noch eines konkreten Strafantrags, da am Ende der Hauptverhandlung der Schlußantrag des öffentlichen Anklägers sachlich begrenzt war auf die Schuld.[644]
Diesen noch notwendigen Antrag auf eine konkrete Strafe stellte jedoch nicht etwa der öffentliche Ankläger, da dessen Kompetenzen mit der Entscheidung der Schuldgeschworenen endeten[645]. Vielmehr fiel dieser Antrag in den Zuständigkeitsbereich des königlichen Kommissars.
Diese Unterscheidung mußte zunächst Befremden auslösen, waren doch die Frage nach der Schuld und die nach der daraus folgenden Strafe eng miteinander verknüpft.

---

643) Sitzung v. 27. Nov. 1790 (ARCHIVES PARL., 1ère série Bd. XXI, S. 52): "... la maxime fondamentale de notre gouvernement, c'est que la force exécutive du monarque ne puisse jamais atteindre les individus que par l'intermédiaire nécessaire des agents élus par le peuple;"

644) s. o. 3d cc.

645) s. o. 3d cc.

So befremdlich diese Trennung jedoch auf Anhieb erschienen sein mag, so einleuchtend wurde sie durch den Wortlaut des Gesetzes im VIII. Titel:

> Art. 4: Wenn der Angeklagte der Tat überführt erklärt worden ist, soll der Präsident diesen in Anwesenheit der Öffentlichkeit vorführen lassen und ihm Kenntnis verschaffen von der Entscheidung der Geschworenen.[646]
>
> Art. 5: Im Anschluß daran soll der königliche Kommissar dem Gerichtshof gegenüber seinen Antrag stellen, um das Gesetz zur Anwendung kommen zu lassen.[647]

Dieser in Artikel 5 erwähnte Antrag betraf die Rechtsfolgen, die das Gericht im Anschluß an den Schuldspruch der Geschworenen von Gesetzes wegen zu verhängen hatte. Dieses folgte zum einen aus dem ihm folgenden Artikel 6, der bestimmte, daß der Angeklagte sich gegen die "Strafe" wenden konnte, deren Verhängung der königliche Kommissar beantragt habe.[648] Zum anderen war auch den Ausführungen DUPORTs, die er dem ersten Gesetzesentwurf voranstellte, zu entnehmen, daß es die königlichen Kommissare *seien, "die, nachdem die Schuldgeschworenen einen Angeklagten für überführt erklärt haben, die Verhängung der Strafe beantragen"*[649].

Desweiteren war an der Formulierung von Artikel 5 auffällig, daß man davon auszugehen schien, daß es beim Antrag auf die konkrete Strafe durch den königlichen Kommissar um bloße schematische Gesetzesanwendung ginge und nicht um die Abwägung einer im Einzelfall angemessenen Strafe.
Auch dieser Gedanke war den Erläuterungen DUPORTs zur neuen Strafprozeßordnung wie folgt zu entnehmen:
Die königlichen Kommissare sollte nicht *"das lokale Interesse oder die einzelne Angelegenheit"* angehen, sondern *"das allgemeine Interesse oder das Gesetz"*[650].
Wenn man nun diese allgemeinen Interessenvertreter bzw. Gesetzeswächter im Gesetz mit der Beantragung der Strafe beauftragte, sollte der Rechtsfolgenausspruch offensichtlich nichts mehr mit dem entsprechenden Einzelfall zu tun

---

646) Part. II, tit. VIII, art. 4: Lorsque l'accusé aura été déclaré convaincu, le président, en présence du public, le fera comparaître, et lui donnera connaissance de la déclaration du juré.

647) Part. II, tit. VIII, art. 5: Sur cela le commissaire du roi fera sa réquisition a tribunal pour l'application de la loi.

648) Part. II, tit. VIII, art. 6: Le Pésident demandera à l'accusé s'il n'a rien à dire pour sa défense: lui, ses amis ou conseils ne pourront plus plaider ... qu'on ne mérite pas la peine dont le commissaire du roi a requis l'application.

649) Sitzung v. 27. Nov. 1790 (ARCHIVES PARL., 1ère série Bd. XXI, S. 52): "... lorsque les jurés ont déclaré un accusé convaincu, ce sont eux qui requerront l'application de la peine."

650) s. oben DUPORTs Ausführungen (unter 4a).

haben. Gleichzeitig hatte das auch die Trennung von der erhobenen Anklage zur Folge.
Nach dem "Schuldinterlokut" durch die Geschworenen sollte es nur noch um die Anwendung des Gesetzes auf ermittelte Tatsachen gehen.

e) Rechtsmittelbefugnis

Nicht nur die Aufgabe des königlichen Kommissars, den Antrag auf konkrete Strafe zu stellen, sondern auch das Recht, Revision einzulegen, stand auf Anhieb im Gegensatz zu seiner oben beschriebenen Rolle des objektiven Gesetzesbeobachters, der nur auf mittelbare Weise agierte[651].
Dieses Recht hatte sonst nur noch der Angeklagte. Weder der öffentliche Ankläger noch der private Mitankläger konnten gegen das einmal gefällte Urteil angehen.
Wie bereits oben[652] erläutert, konnte der königliche Kommissar u. a. dann gegen das Urteil Revision einlegen, wenn seinem konkreten Antrag nicht gefolgt worden war oder wenn bereits der Jurydirektor nach den Ermittlungen wegen der Weiterleitung an die Anklagejury anders entschieden hatte. Dieses regelte Art. 3 des V. Titels mit folgendem Wortlaut:

> Wenn der Jurydirektor oder der Kriminalgerichtshof es nicht für angebracht halten, dem Antrag des königlichen Kommissars zu entsprechen, sollen weder die Ermittlungen gestoppt noch das Urteil vorläufig außer Kraft gesetzt werden können, es sei denn, daß der königliche Kommissar des Kriminalgerichtshof nach dem Urteil Revision so einlegt, wie es unten im Detail beschrieben werden soll.[653]

Diesem Wortlaut ist zum einen zu entnehmen, daß die Anträge des königlichen Kommissars nicht bindend waren und zum anderen, daß er ihre Durchsetzung nicht etwa erzwingen konnte. Vielmehr mußte er den indirekten Weg der Revision einschlagen.
Auf diese Weise konnte zwar rechtlich geprüft werden, ob das Nichtbefolgen des Antrags gegen das Gesetz verstoßen hatte, aber selbst wenn das bestätigt wurde, hatte das die Annullierung des Urteils und die Verweisung an ein anderes Gericht zur Folge. Damit war dann auch ein anderer königlicher Kommissar zuständig.

---

651) unter 4b cc).

652) A I 7).

653) Part. II, tit. V, art. 3: Lorsque le directeur du juré, ou le tribunal criminel, n'auront pas jugé à propos de déférer à la réquisition du commissaire du roi, l'instruction ni le jugement n'en pourront être ni arrêtés ni suspendus, sauf au commissaire du roi du tribunal criminel à se pourvoir en cassation après le jugement, ainsi qu'il va être détaillé ci-après.

Letztlich stellte also das Recht, Revision einlegen zu können, auch nur eine mittelbare Reaktionsmöglichkeit dar. Der königliche Kommissar konnte nicht durchsetzen, daß seinem Antrag direkt gefolgt würde.
Andererseits stellte natürlich das Recht des königlichen Kommissars, Revision einlegen zu können, ein gewisses Druckmittel dar. Zumindest konnte damit erreicht werden, daß der Jurydirektor und der Richter den Anträgen des königlichen Kommissars mehr Gewicht beimaßen.
Abschließend ist festzuhalten, daß das Recht des königlichen Kommissars, Revision einzulegen, durchaus zu seiner Rolle als mittelbar agierender Prozeßbeobachter und Gesetzeswächter paßte, da seine Anträge trotz der Revisibilität nicht direkt durchsetzbar waren.

f) königlicher Verantwortungsbereich

Zuletzt ist noch auf eine Besonderheit in DUPORTs Ausführungen einzugehen. Gemeint ist damit die Verantwortungskette, von deren Unterbrechung er für den Fall spricht, daß der königliche Kommissar als Ankläger und folglich als Prozeßpartei fungieren würde.[654]
Daraus folgte, daß der König nach DUPORTs Konzeption letztlich die Verantwortung für das Handeln des königlichen Kommissars trug, den er ernannt hatte. Damit mußte er das Handeln desjenigen verantworten, der die Gerichtsverfahren und das darauf ergehende Urteil auf Rechtmäßigkeit kontrollierte.
Indirekt also trug er die Verantwortung für die Einhaltung der Gesetze bei der Urteilsfällung, weil ein von ihm eingesetztes Organ diese Kontrolle ausüben sollte. Auf diese Weise ist es auch leichter nachvollziehbar, daß die Urteile im Namen des Königs gesprochen wurden.[655]
Um diese Verantwortungskette nachvollziehen zu können, bedarf es einer kurzen Erläuterung über folgenden theoretischen Hintergrund[656]:
Das Urteil sollte auf einem Vergleich zwischen dem abstraktem Gesetz und dem konkret ermittelten Sachverhalt basieren. Dieser Vergleich sollte von den Richtern als Rechtskundigen angestellt werden, in deren alleinigen Aufgabenbereich die Entscheidung gehörte, ob und inwieweit das Gesetz auf diese Tat anwendbar

---

654) "Wenn es anders wäre, könnte der königliche Kommissar als Ankläger und folglich Prozeßpartei, nicht mehr die Kontrolle über das Urteil ausüben, die ihm anvertraut ist. Er verfügte nicht mehr über die für seine Funktionen notwendige Unabhängigkeit, die Kette der Verantwortung wäre unterbrochen und ließe sich nur wieder anfügen an das volksvertretende Parlament, ein zu weit hergeholtes und zu spät wirkendes Hilfsmittel für die täglichen und lokalen Mißstände." (vgl. oben unter a).

655) Titel II, art. 1 der Gerichtsverfassung: La justice sera rendue au nom du roi (s. dazu 10. Kap. A I).

656) vgl. Memorandum DUPORTs v. 29. Mrz. 1790 (ARCHIVES PARL., 1ère série, Bd. XII, S. 408ff) im 9. Kap. G II.

sei. Hatten sich die Richter dafür entschieden, daß der ermittelte Sachverhalt unter den abstrakt formulierten Gesetzestext paßte, ging es nunmehr um die bloße Gesetzesanwendung, die der königliche Kommissar im Auftrag des Königs zur überwachen hatte.

Wenn nun aber der königliche Kommissar als Prozeßpartei die öffentliche Anklage zu vertreten gehabt hätte, hätte er mangels Objektivität keine Kontrollfunktion mehr ausüben können. Stattdessen wäre er in einen Aufgabenbereich des Volkes geglitten, weil die öffentliche Anklage als 'volkseigene Funktion' (fonction populaire) verstanden wurde[657]. Folglich hätte der königliche Kommissar der Kontrolle des Volkes und nicht des Königs unterlegen. Da man jedoch das Volk nur über seine Vertretung, das Parlament, zur Verantwortung hätte ziehen können, wäre diese Vorgehensweise nicht nur umständlich, sondern auch ineffektiv gewesen. Das Geschehen im Gerichtssaal wäre viel zu weit entfernt und das Parlament viel zu schwerfällig gewesen für eine prompte Reaktion.
Genau diese Konstellation hatte DUPORT verhindern wollen und betonte die Trennung der Funktion der öffentlichen Anklage von den Aufgaben der königlichen Kommissare. Auf diese Weise konnte der König indirekt durch seine Kommissare verantwortlich gemacht werden für die Nichteinhaltung der Gesetze bei der Urteilsfällung.

---

657) vgl. Ausführungen THOURETs im 10. Kap. B II 1c).

4. Hauptteil: Die weitere Entwicklung

12. Kapitel: Die Hochphase des öffentlichen Anklägers

Wenn auch die Nationalversammlung bereits im Februar 1791 über die letzten Artikel der neuen Strafprozeßordnung abgestimmt hatte[1], wurde sie erst im September 1791 wenig später als die Verfassung endgültig verabschiedet[2].
Damit war die Institution des öffentlichen Anklägers sowohl in der Verfassung[3] als auch im einfachen Gesetz[4] verankert.

A) Werdegang des Schwurgerichtsverfahrens

Allein bis 1793 sollte die erst im September 1791 verabschiedete Strafprozeßordnung bereits mehrmals reformiert werden. Diese Reformen wirkten sich insbesondere auf die Rolle des öffentlichen Anklägers aus, der bis zum Jahre 1795 auf dem Höhepunkt seiner Macht stand. Dieser Machtausbau war allerdings mit der Entmachtung eines anderen Organs verbunden, nämlich der königlichen Kommissare, die der Gerichtsverfassung vom August 1790 zufolge das Amt der Staatsanwaltschaft bekleideten[5].

I) Ersatz der königlichen Kommissare

Infolge der geschichtlichen Ereignisse[6] bestand bereits im August 1792 das Bedürfnis, die Strafprozeßordnung zu reformieren. Nachdem zunächst keine Zweifel mehr daran bestanden, daß der prompte Ersatz der königlichen Kommissare an den Gerichtshöfen eilte[7], beschloß die Nationalversammlung ein entsprechendes Dekret:

---

1) ARCHIVES PARL., 1ère série, Sitzung v. 7. Febr. 1791, Bd. XXIII, S. 39.

2) ARCHIVES PARL., 1ère série, Sitzung v. 16. Sept. 1791, Bd. XXX, S. 696ff.

3) titre III, chap. V, Art. 2: ... L'accusateur public sera nommé par le peuple (s. dazu 6. Kap. B).

4) tit. IV der neuen Strafprozeßordnung (s. dazu 11. Kap. B II 3).

5) tit. VIII der neuen Gerichtsverfassung (s. dazu 10. Kap. B I).

6) 10. August 1792: Sturm auf die Tuilerien, in dessen Folge die Nationalversammlung unter dem Druck der Sansculotten den König für abgesetzt erklärten.

7) ARCHIVES PARL., 1ère série, Sitzung v. 18. Aug. 1792, Bd. XLVIII, S. 335: "L'assemblée nationale, considérant que l'intérêt public réclame la suspension et le prompt remplacement des commissaires du roi près les tribunaux, décrète qu'il y a urgence.

Art. 1: *Die königlichen Kommissare, sowohl an den Zivil- als auch Kriminalgerichtshöfen sollen aus ihren Funktionen ausscheiden und bleiben ausgeschieden von dem Tag dieses Dekretes an.*[8]

Im folgenden wurde auf provisorischem Wege geregelt, wie die Aufgaben der ehemaligen königlichen Kommissare vorübergehend erfüllt würden, nämlich durch "Exekutivkommissare" (commissaires du pouvoir exécutif [9]). Für die Kommissare an den Kriminalgerichtshöfen wurde vom jeweiligen Rat des Departments[10] ein Bürger bestimmt, der vor dem Kriminalgerichtshof als Kommissar fungierte.[11]
Diese provisorische Regelung wurde schon bald wieder Gegenstand einer Debatte in der Nationalversammlung[12], da man mit der Proklamation der Republik[13] eine endgültige Regelung anstrebte. Mehrere Abgeordnete[14] stellten die Forderung, daß die Nachfolger der königlichen Kommissare vom Volk zu wählen seien.[15] Auch die Terminologie hatte sich im Rahmen der Debatten um eine endgültige Regelung dahingehend geändert, daß von "nationalen Kommissaren am Kriminalgerichtshof" (commissaires nationaux près les tribunaux criminels)[16] die Rede war.

---

8) ibidem (S. 335), art. 1er: Les commissaires du roi, près les tribunaux civils et criminels, seront et demeureront suspendus de leurs fonctions à compter du jour du présent décret.

9) Wenig später, am 26. Aug. 1792, wurde ihre Bezeichnung als "Exekutivkommissar" festgelegt (ARCHIVES PARL., 1ère série, Bd. XLIX, S. 35): "Les commissaires provisoirement commis près les tribunaux, pour remplir les fonctions des commissaires du roi, seront désignés sous le nom de commissaires du pouvoir exécutif."

10) Jedes Department wurde von einem aus 36 Mitgliedern zusammengesetzten Rat (le conseil général du départment) verwaltet. Sie waren für 2 Jahre gewählt und bestimmten unter sich ein achtköpfiges Direktorium, das an der Spitze des Rates stand (MELCHIOR-BONNET, "Dictionnaire de la Révolution", Anm. administration, S. 10/11).

11) ARCHIVES PARL., 1ère série, Sitzung v. 18. Aug. 1792, Bd. XLVIII, S. 335: "Les conseils généraux des départements nommeront également un citoyen réunissant les conditions d'éligibilité exigées par la loi, pour remplir provisoirement, près le tribunal criminel de leur ressort, les fonctions de commissaire du pouvoir exécutif."

12) Mittlerweile war die seit Oktober zusammengetretene gesetzgebende Nationalversammlung abgelöst worden durch den Nationalkonvent (4. Kap. C IV).

13) 22. Sept. 1792 (7. Kap. unter A).

14) u. a. GOUPILLEAU, LASOURCE (ARCHIVES PARL., 1ère série, Sitzung v. 23. Sept. 1792, Bd. LII, S. 100).

15) GOUPILLEAU (ibidem): "... je propose qu'il soit exprimé que les commissaires du roi pourront être élus par le peuple."

16) ibidem, S. 100/101.

Mitte Oktober stellte der Berichterstatter des zuständigen Gesetzgebungsausschusses LOUVET der Nationalversammlung ein Dekret vor[17], das regelte, welche Bereiche im staatlichen Verwaltungsapparat erneuert werden müßten. Dazu gehörte auch das Gerichtswesen:

> Art. 1: *Einer Erneuerung ...werden unterzogen: 1. ...; 2. die Zivil-, Straf- und Handelsgerichte, die nationalen Kommissare, die öffentlichen Ankläger ...*[18]

Noch in derselben Sitzung wurde jedoch von einem im Protokoll unbenannten Abgeordneten der Antrag gestellt, die nationalen Kommissare zumindest an den Kriminalgerichten vollkommen abzuschaffen und den Gesetzgebungsausschuß mit dem Entwurf eines neuen Dekrets zu beauftragen.[19] Dieser Antrag wurde zumindest dem Protokoll zufolge ohne irgendeinen Widerspruch oder eine Diskussion angenommen. Damit hatte man en passant die bedeutende Entscheidung gefällt, daß es für die königlichen Kommissare an den Kriminalgerichtshöfen keinen Nachfolger geben würde. Denn die als Nachfolger auserkorenen nationalen Kommissare wurden an den Kriminalgerichten abgeschafft, bevor sie offiziell in Funktion treten konnten.

II) Abschaffung der Kommissare am Kriminalgericht

1) Bedeutung für die Staatsanwaltschaft

Auch nach der Beschlußfassung über die Abschaffung der Kommissare an den Kriminalgerichtshöfen kam es zu keiner weiteren Debatte. Dieses ist deshalb so erstaunlich, da dieser Beschluß weitreichende Folgen für die Staatsanwaltschaft haben mußte.
Wie oben beschrieben[20], war in der Gerichtsverfassung vom August 1790 verankert worden, daß die Kommissare des Königs in deutlicher Abgrenzung zu den öffentlichen Anklägern[21] als Beamte der Staatsanwaltschaft fungierten[22].

---

17) ibidem, Sitzung v. 13. Okt. 1792, S. 488.

18) Art. 1er: Il sera ... procédé au renouvellement: 1° ... 2° des tribunaux civils,, criminels et de commerce, commissaires nationaux, accusateurs publics ...

19) ibidem, S. 488: *Un membre* fait la motion de supprimer les commissaires nationaux près les tribunaux criminels et de renvoyer ensuite au comité de législation, pour présenter un projet de décret sur le mode de remplacement de l'exercice de leurs fonctions.

20) im 10. Kapitel B I.

21) Art. 4: Die königlichen Kommissare fungieren **keinesfalls** als öffentliche Ankläger ...

Wenn nun infolge der Abschaffung der Monarchie kein Platz mehr für die Kommissare des Königs war, hätte das auch die Abschaffung der Staatsanwaltschaft bedeuten können. Allerdings hatte man erkannt, daß die staatsanwaltlichen Funktionen, die die königlichen Kommissare zu erfüllen hatten, in keinem Zusammenhang zu der Monarchie standen und auch in Zukunft ohne König ein Organ vonnöten sein würde, diese Funktion zu erfüllen.
Die Abschaffung der königlichen Kommissare bedeutete also keineswegs die gleichzeitige Abschaffung der staatsanwaltschaftlichen Funktion. Vielmehr war es nun Angelegenheit des Gesetzgebungsausschusses dem Beschluß über die Abschaffung der königlichen Kommissare entsprechend, eine neue Funktionszuweisung vorzunehmen.

2) Der öffentliche Ankläger als "Ersatzmann"

Schon am 22. Oktober 1792 wurde folgender Vorschlag des Ausschusses[23] vorgestellt, der noch in derselben Sitzung als Gesetz verabschiedet wurde:

> Art. 1: *Die nationalen Kommissare an den Kriminalgerichtshöfen werden abgeschafft, und die Funktionen, die sie erfüllten, werden den öffentlichen Anklägern zugewiesen.*[24]
>
> Art. 2: *Die in letzter Instanz gefällten Urteile der Kriminalgerichtshöfe werden auf Betreiben der nationalen Kommissare vollstreckt, die an den Distriktsgerichten der Orte sind, wo die Anklagejury sich versammelt hatte.*[25]

Damit war endgültig geklärt:

1. die nationalen Kommissare an den Kriminalgerichtshöfen waren abgeschafft;
2. deren Aufgabe wurde von den öffentlichen Anklägern übernommen, allerdings mit der Ausnahme, daß

---

22) Art. 1: Die Beamten der Staatsanwaltschaft sind Vertreter der Exekutive vor den Gerichtshöfen: ihre Funktion besteht darin, bei den zu fällenden Urteilen die Beachtung der Gesetze durchzusetzen, die die allgemeine Ordnung betreffen und die Urteile vollstrecken zu lassen. Sie tragen die Amtsbezeichnung "Kommissare des Königs".

23) ARCHIVES PARL., 1ère série, Sitzung v. 20. Okt. 1792, Bd. LII, S. 590ff.

24) Art. 1er: Les commissaires nationaux près les tribunaux criminels sont supprimés, et les fonctions qu'ils exerçaient sont attribuées aux accusateurs publics.

25) Art. 2: Les jugements définitifs rendus par les tribunaux criminels seront exécutés à la diligence des commissaires nationaux près les tribunaux de districts des lieux où le juré d'accusation aura été assemblé.

3. die Strafvollstreckung rechtskräftiger Urteile des Kriminalgerichtshofes von den nationalen Kommissaren an den Distriktsgerichten[26] vollzogen werden sollte.

Die nationalen Kommissare wurden also nicht alle abgeschafft, sondern die, die an den Kriminalgerichtshöfen Aufgaben zu erfüllen hatten und somit für Strafverfahren von Bedeutung waren.
Auf Distriktsebene gab es sie folglich weiterhin, sie hatten jedoch im Verlauf von Strafverfahren nur noch eine Bedeutung für die Strafvollstreckung. Ansonsten übernahmen die öffentlichen Ankläger die Aufgaben der Kommissare an den Kriminalgerichtshöfen.

3) funktionsvereinigende Bedeutung

Die Abschaffung der Kommissare sollte folglich nicht nur eine umfassende Kompetenzerweiterung für den öffentlichen Ankläger bedeuten, sondern gab ihm auch einen neuen Stellenwert. Trotz seiner beibehaltenen Bezeichnung als öffentlicher Ankläger bekleidete er nämlich kein geringeres Amt als das der Staatsanwaltschaft. Infolge der Übernahme der kommissarischen Funktionen an den Kriminalgerichtshöfen führte er weit mehr Funktionen aus als die der öffentlichen Anklage.
Damit hatte man also die Funkionsvereinigung der öffentlichen Anklage mit den Aufgaben der Staatsanwaltschaft beschlossen und dieselbe Aufgabenverteilung wiederhergestellt wie sie schon vor der neuen Gerichtsverfassung für die königlichen Prokuratoren gegolten hatte.[27]
Die öffentliche Anklage, auf deren Abspaltung von der Staatsanwaltschaft THOURET anläßlich der neuen Gerichtsverfassung so großen Wert gelegt hatte[28], war also wieder vereint mit den Aufgaben der Staatsanwaltschaft.
Allerdings hatte man damit nicht THOURET zuwider gehandelt, da er diese Abspaltung in Hinblick darauf gefordert hatte, daß die Staatsanwaltschaft "eine Zweigstelle der Exekutive"[29] geworden sei "anstelle eines Dienstes für das

---

26) Die ursprünglich 83 Departements von Frankreich waren in mehrere Distrikte unterteilt, in denen es mehrere Kantone gab (MELCHIOR-BONNET, "Dictionnaire de la Révolution", s. Anm. administration S. 10/11). Pro Kanton gab es einen Friedensrichter, der für die Strafverfolgung zuständig war (dazu 11. Kap. A I 1). Waren die Ermittlungen beendet, wurde auf Distriktsebene über die Zulassung der Anklage entschieden (dazu 11. Kap. A I 2) und im Kriminalgericht des Departements das Hauptverfahren eröffnet (dazu 11. Kap. A I 4).

27) s. dazu 2. Kapitel unter A II und B I.

28) s. dazu seine Rede v. 4. Aug. 1790 (10. Kap. B II 1).

29) "agence de pouvoir exécutif" (10. Kap. B II 1c).

Volk"[30]. Damit hatte THOURET die Abhängigkeit der königlichen Prokuratoren vom König thematisieren und für die Zukunft unterbinden wollen.
Wenn man aber nun den öffentlichen Anklägern - wie seinerzeit den königlichen Prokuratoren - diesen gesamten Aufgabenbereich anvertraute, bedeutete das zunächst einmal offiziell die Übertragung an einen Volksvertreter und nicht an einen Abkömmling der Exekutive.
Wie dann letztlich diese Funktionsvereinigung mißbraucht wurde, wird im Anschluß an die folgende Debatte um die Funktionsvereinigung dargestellt werden.

III) Die Debatte um die Funktionsvereinigung

Wurde die Abschaffung der nationalen Kommissare an den Kriminalgerichtshöfen ohne weitere Debatte in der Nationalversammlung beschlossen, stieß hingegen die Vereinigung der Funktion des öffentlichen Anklägers mit der der Kommissare trotz einer ausgewogenen Einführung durch den Girondisten CAMBACÉRÈS zunächst auf diverse Kritik.

1) Die Einführung durch Cambacérès

CAMBACÉRÈS stellte zunächst klar, daß die Abschaffung der Kommissare an den Kriminalgerichtshöfen keinesfalls die Einrichtung neuer Beamter bedeute, sondern vielmehr bezweckt worden sei, die Funktionen bereits institutionalisierten Organen zu übertragen. Bei der Suche nach einem geeigneten Funktionsträger sei der Gesetzgebungsausschuß auf den öffentlichen Ankläger gestoßen, dessen Kompetenzerweiterung mit den wenigsten Nachteilen und dem geringsten Aufwand verbunden sein würde.[31]
Die Vereinigung der öffentlichen Anklage mit den meisten Funktionen der nationalen Kommissare wirke vielmehr kostensenkend und prozeßbeschleunigend, da wegen der wechselseitigen Kompetenzen der Prozeßverlauf häufig durch

---

30) "ministère populaire" (ibidem).

31) CAMBACERES in der Sitzung v. 20. Okt. 1792 (ARCHIVES PARL., 1ère série, Bd. LII, S. 590f): "En supprimant les commissaires nationaux près les tribunaux criminels, il n'a point été dans votre intention de leur substituer de nouveaux fonctionnaires; il a donc fallu chercher parmi les officiers existants, ceux, qui par la nature de leurs fonctions, semblaient appelés à les remplacer. Après avoir examiné les differents partis, votre comité a reconnu que celui qui prétendait le moins d'inconvénients et le plus de simplicité, était d'investir les accusateurs publics des fonctions qui étaient ci-devant exercées par les commissaires nationaux."

Streitigkeiten zwischen öffentlichem Ankläger und dem Kommissar behindert worden sei.[32]

Zusätzlich führte er für die Vereinigung der Funktionen das Argument an, daß sie von derselben Rechtsnatur seien. Damit wollte er betonen, daß es sich sowohl bei den Funktionen des öffentlichen Anklägers wie denen des Kommissars um wahre Aufgaben des Volkes ('fonction populaire')[33] handele.[34]

Nur eine Ausnahme machte er bei seiner Funktionsvereinigung, nämlich bei der Strafvollstreckungskompetenz. Künftig sollten die Kommissare der Distriktsgerichte die rechtskräftigen Urteile des Kriminalgerichtshofes vollstrecken.[35] Bisher war auch diese den Kommissaren an den Kriminalgerichtshöfen anvertraut worden.[36] Nunmehr sollte die Strafe auf der Verwaltungsebene des Distrikts vollstreckt werden, auf der auch die Anklage zugelassen worden war. Hatte also der Kriminalgerichtshof des Departements das Urteil gefällt, wurde der weitere Verlauf wieder auf die Distriktsebene verwiesen.

2) Alternativvorschläge

Trotz der Argumente, die CAMBACÉRÈS für die Funktionsvereinigung der öffentlichen Anklage mit den Aufgaben der Kommissare an den Kriminalgerichtshöfen äußerte, meldeten sich mehrere Abgeordnete zu Wort, um wegen Inkompatibilität der unterschiedlichen Aufgaben andere Funktionsträger zu benennen.

Der hauptsächliche Kritikpunkt bestand darin, daß der öffentliche Ankläger, der den Angeklagten wegen eines Verbrechens überführen solle, nicht gleichzeitig die Funktion eines Gesetzeswächters ausüben könne. Vorgeschlagen wurde deshalb, anstelle des öffentlichen Anklägers die Kommissare an den zivilen Di-

---

32) ibidem: "Il n' y a point d'inconvénient à réunir à l'accusation publique, la plupart des fonctions attribuées aux commissaires nationaux. Cette réunion a, d'ailleurs, l'avantage de réduire les dépenses de la République ... et de ne point retarder la marche des procès criminels qui était souvent embarrassée par les contestations qui s'élevaient entre l'accusateur public et le commissaire national, à raison de leurs pouvoirs respectifs ..."

33) vgl. dazu THOURETs Rede am 4. Aug. 1790 anläßlich der neuen Gerichtsverfassung (10. Kap. B II 1c).

34) ibidem: "Le corps social n'est-il pas essentiellement intéressé à la punition du crime, et l'accusation publique n'est-elle pas une véritable fonction populaire?"

35) ibidem: "... mais en vous proposant d'investir les accusateurs publics des fonctions confiées aux commissaires nationaux, le comité a pensé que cette attribution ne devait pas s'entendre jusqu'à l'exécution des jugements définitifs qui doit toujours rester au commissaire national près le tribunal du district du lieu dans lequel le juré d'accusation aura été assemblé ..."

36) Part. II, tit. VIII, art. 26 der Strafprozeßordnung v. Sept. 1791.

striktsgerichten einzusetzen.[37] Das allerdings wehrte CAMBACÉRÈS schon unter Hinweis auf rein gerichtsorganisatorische Probleme ab, da die Kommissare der Zivilgerichte nicht gleichzeitig an zwei Verfahren teilnehmen könnten[38].

Mehr Aufmerksamkeit wurde der Variante geschenkt, derzufolge ein Richter mit den Aufgaben der Kommissare beauftragt werden sollte. Da sich der Kriminalgerichtshof aus vier Richtern zusammensetze, meinte OSSELIN, könne einer von ihnen die Aufgaben des Kommissars erfüllen.[39]
Zwar wurde auch dieser Vorschlag von der Nationalversammlung abgelehnt, jedoch sei hier kurz ein Hinweis auf die bereits besprochene Gerichtsverfassung[40] erlaubt. In deren Entstehungsverlauf hatte THOURET unter Hinweis auf die Gerichtspraxis im ancien régime vorgeschlagen, einem der Richter die Aufgabe des öffentlichen Anklägers zu übertragen[41]. Diesem Vorschlag wurde seinerzeit Verstoß gegen die Gewaltenteilung vorgeworfen.[42]
Wenn auch dieser Vorschlag THOURETs mit der obigen Idee OSSELINs nicht direkt vergleichbar war, weil es in der Gerichtsverfassung um den öffentlichen Ankläger ging und nicht um den Kommissar, ist eine Parallelität unübersehbar.
Beiden Vorschlägen war nämlich gemein, eine gewisse Anlehnung an das ancien régime zu beinhalten. Schon im vorrevolutionären Recht fielen zwar Anklage- als auch Prozeßbeobachtungsfunktion grundsätzlich in den Kompetenzbereich der königlichen Prokuratoren und nicht in den der Richter[43], aber THOURETs Ausführungen zufolge sah die Gerichtspraxis anders aus[44]. In Ermangelung des Prokurators übernahmen die Richter deren Funktion teilweise selbst.

---

37) LANJUINAIS in der v. Sitzung v. 20. Okt. 1792 (ARCHIVES PARL., 1ère série, Bd. LII, S. 591): "Ces fonctions ne me paraissent pas compatibles; les accusateurs cherchent la conviction du coupable, ils ne doivent donc pas être chargés de la surveillance de l'exécution des lois. Je crois que les fonctions des commissaires près des tribunaux criminels doivent être attribuées aux commissaires civils près des tribunaux de districts ..."

38) ibidem, S. 591: "Comment le commissaire civil, qui doit être présent aux deux tribunaux à la fois, pourrait-il suffire?"

39) OSSELIN (ibidem, S. 591): "Les juges ne font qu'appliquer la loi; trois suffiront, et ils sont quatre; l'un de ces juges pourrait donc faire les fonctions de commissaire de commissaire national."

40) décret sur l'ordre judiciaire vom 16. - 24. August 1790 (s. o. 9. /10. Kapitel).

41) 10. Kap. B II 1f.

42) 10. Kap. B II 2e; III 1d.

43) s. dazu die Verfahrensanalye im 2. Kap. unter B I.

44) THOURET in der Sitzung v. 4. Aug. 1790 (s. dazu im 10. Kap. B II 1f): "Wenn die Prokuratoren des Königs nicht anklagen wollten, haben schließlich, nach unserer Praxis in jüngster Zeit, die Gerichte entweder einen der Richter benannt, um ihn zu vertreten, oder sie haben im Namen des königlichen Prokurators Informationen ein-

Wenn also nach der Revolution im Rahmen von Reformen erst von THOURET angeregt wurde, die Anklagefunktion einem Richter zu übertragen, und danach ein ähnlicher Vorschlag durch OSSELIN für die Prozeßbeobachtung folgte, liegt der Verdacht nahe, daß auch noch nach der Revolution immer wieder die vorrevolutionären Verhältnisse als Beispiel dienten. Aus gesetzesgeberischer Sicht war die Revolution also keine "Stunde Null", sondern leitete einen Prozeß ein, in dessen Verlauf es immer wieder Spuren des alten Systems zu überwinden galt.

Als weitere Variante wurde von einem Abgeordneten noch die Möglichkeit erwogen, die Funktionen der Kommissare zu unterteilen und dem Organ zuzuweisen, dessen Aufgabengebiet mit der jeweiligen Funktion am ehesten harmoniere.[45] Auf diese Kompromißlösung ging man jedoch in der Nationalversammlung überhaupt nicht ein.

Die Debatte beschränkte sich vielmehr darauf, den Funktionsträger festzustellen, dem man am ehesten die gesamten Aufgaben der Kommissare an den Kriminalgerichtshöfen zuweisen konnte. Dazu auserkoren waren die öffentlichen Ankläger, denen man am 20.10.1792 mit Ausnahme der Vollstreckungskompetenz den gesamten Aufgabenbereich der Kommissare an den Kriminalgerichtshöfen übertrug.

IV) Einordnung in historische Ereignisse

Sowohl die Umbenennung als auch die komplette Entmachtung der Kommissare an den Kriminalgerichtshöfen ist leichter nachzuvollziehen, wenn man diese gesetzlichen Umstrukturierungen in die historischen Ereignisse einordnet.
Obwohl der König im Juni 1791 vergeblich versucht hatte zu fliehen, richtete man entgegen diverser republikanischer Strömungen[46] im September 1791 zunächst noch eine konstitutionelle Monarchie ein. Der König, der mittlerweile gezwungenermaßen im Stadtschloß residierte, hatte auf die Verfassung einen Eid zu leisten, und ihm wurde sein Amt von Volkes Gnaden verliehen[47].

---

geholt und das Ermittlungsverfahren selbst geleitet, obwohl sie keinen Beitritt dazu erklärt hatten. Das Prinzip bestand folglich darin, daß der Richter mangels Prokurator des Königs in seiner Qualität als Richter den nötigen Mut und die nötige Fähigkeit zum Anklagen fand."

45) Un membre (ibidem, S. 591): "Or, je dis que s'il y a des fonctions du commissaire spécial qui peuvent appartenir à l'accusateur public, il en est d'autres qui peuvent appartenir à des juges, ou même être déléguées au président du tribunal. Je propose cette division des fonctions ..."

46) s. dazu 5. Kap. B I 2b/2c.

47) s. dazu im Detail im 5. Kap. B I 2b.

In diese Phase sind die königlichen Kommissare einzuordnen, die DUPORT zufolge diejenigen waren, durch die der König sah und erfuhr, ob das Gesetz überall Anwendung fände, ohne allerdings direkt handlungsbefugt zu sein[48].
Aber schon ein Jahr später, am 10. August 1792, stürmte das aufgebrachte Volk die Tuilerien, aus denen die königliche Familie bereits geflohen war. Unter dem Druck der Sansculotten[49] erklärte die Nationalversammlung den König für abgesetzt und die gesamte königliche Familie wurde im Temple-Gefängnis eingekerkert.
Genau in diese Phase fällt der Ersatz der königlichen Kommissare durch die provisorischen Exekutivkommissare, die durch den Rat des Departments bestimmt wurden[50].
Mit der Abschaffung des Königs war einerseits klar, daß die Kommissare nicht mehr vom König ernannt werden konnten. Andererseits aber entfielen damit nicht deren Funktionen.

Etwa einen Monat nach Einrichtung dieses Provisoriums, am 21. September 1792, trat an die Stelle der gesetzgebenden Versammlung der Nationalkonvent[51], dessen erste Amtshandlung in der Proklamation einer Republik[52] bestand.[53] Damit war die Abschaffung des Königs endgültig, und folglich strebte man auch für die Kommissare eine abschließende Gesetzesregelung an.
Man sprach nunmehr von den "nationalen Kommissaren" und erwog sogar deren Ernennung durch das Volk. Allerdings dauerte es wieder nur einen Monat[54] bis der Nationalkonvent beschloß, die Kommissare an den Kriminalgerichtshöfen ganz abzuschaffen.

---

48) DUPORT in der Sitzung v. 27. Nov. 1790 (s. dazu im 11. Kap. B II unter 4a).

49) Ursprgl. eine Spottbezeichnung der Aristokraten für Republikaner bzw. Revolutionäre, die anstelle von Kniebundhosen (culottes) nur noch lange Hosen trugen. Später verstand man darunter im Rahmen der städtischen Sektionsversammlungen organisierte Volksmassen, hauptsächlich bestehend aus Handwerkern und kleinen Geschäftsleuten. Politische Ziele waren Volkssouveränität, imperatives Mandat und direkte Demokratie.

50) Sitzung v. 18. Aug. 1792, s. o. unter I.

51) Die gesetzgebende Versammlung (assemblée nationale législative) war im Oktober 1791 für ein Jahr an die Stelle der verfassungsgebenden Nationalversammlung (la Constituante) getreten. Ihr folgte am 21. Sept. 1792 die neue Kammer, der sog. Nationalkonvent (la Convention); s. dazu 4. Kapitel.

52) 22. Sept. 1792 (7. Kap. unter A).

53) Wenige Monate später folgte die Verurteilung und Hinrichtung des Königs als Bürger Louis Capet (Dez. 92/Jan. 93).

54) Sitzung v. 13. Okt. 1792 (ARCHIVES PARL., 1ère série, Bd. LII, S. 488).

Die nun folgende Revolutionsphase, die als "die jakobinische Revolution"[55] bezeichnet wird, zeichnete sich zunächst durch die Differenzen zwischen Girondisten[56] und der Bergpartei (les montagnards) aus und sodann durch die Hegemonie innerhalb der Bergpartei[57].
Der im Nationalkonvent zunächst tonangebenden Rolle[58] entsprechend, waren es die Girondisten, die nach dem endgültigen Sturz der Monarchie den ersten Verfassungsentwurf in der Republik (Februar 1793)[59] vorstellten. Insofern war es auch kein Zufall, daß sowohl die Reformbestrebungen im Kriminalgerichtswesen[60] als auch die konkrete Umsetzung[61] jeweils durch Girondisten vorgetragen wurden. Hinzuweisen ist insbesondere auf die Übereinstimmung der girondistischen Verfassung mit der neu beschlossenen Rolle der öffentlichen Ankläger. Wie bereits oben erwähnt[62], wurden in diesem Verfassungsentwurf die Aufgaben des öffentlichen Anklägers von der Strafverfolgung bis zur konkreten Beantra-

---

55) VOVELLE, "Die französische Revolution", S. 32.

56) Ursprünglich rechter Flügel der Jakobiner, bildeten sie eine gemäßigte Fraktion des kleineren und mittleren Bürgertums, das angeführt wurde durch die Abgeordneten des Girondedepartements. Mit etwa 150 Abgeordneten (von insg. 718) formierten sie eine nicht unerhebliche Strömung im Nationalkonvent. Aus ihnen setzte sich zum Großteil der provisorische Exekutivrat (conseil exécutif provisoire) zusammen, der nach Aug. 1792 die exekutive Gewalt ausüben sollte. Zu ihnen gehörten u. a. CONDORCET, BRISSOT, BUZOT, LASSOURCE, LEBRUN, LOUVET, PÉTION, ROLAND, SERVAN etc. Im Gegensatz zu den Anhängern der Bergpartei stimmten sie für Milde gegenüber dem König und traten gegen die zentralistische Vormachtstellung von Paris ein. Nachdem ein Diffamierungsversuch gegen MARAT fehlgeschlagen war, konnte die Bergpartei mit der Verhaftung von 29 führenden girondistischen Deputierten im Juni 1793 die Girondisten endgültig ausgeschalten.

57) Die Bergpartei (les montagnards), mittlerer und linker Flügel der Jakobiner, spaltete sich im August 1792 von den Girondisten ab unter der Führung von ROBESPIERRE, DANTON, MARAT. Nach ihrem Sieg über die gemäßigte Gironde im Juni 1793 nahm die Revolution zunehmend radikalere Züge an (Sept. 93: Verkündung der "terreur" = Schreckensherrschaft gegen Aristokraten und Revolutionsfeinde). Dagegen wandte sich DANTON mit der Folge zunehmender Spannungen mit ROBESPIERRE, der die radikale Linie von HEBERT verteidigte. Bis Ende 1793 waren die 'montagnards' in drei Lager geteilt: HEBERT (linker Flügel), ROBESPIERRE, DANTON (rechter Flügel).

58) VOVELLE ("Die französische Revolution", S. 35) stufte die Girondisten sogar als "tonangebende Konventsfraktion und Regierungspartei" ein.

59) 7. Kap. B II.

60) Am 13. Oktober 1792 erfolgte diese Mitteilung durch LOUVET (s. o. unter I).

61) Am 22. Oktober 1792 war es CONDORCET, der die beiden Artikel vorstellte, die zur endgültigen Abschaffung der Kommissare vor den Kriminalgerichtshöfen führten (s. o. II).

62) 7. Kap. B II.

gung der Strafe im Detail aufgeführt. Diese detaillierte Funktionsbeschreibung auf Verfassungsebene wurde bereits oben[63] als wenig praktikabel bewertet, allerdings könnte man sie auch aus dem Blickwinkel der Sicherheit betrachten. Da sich die Spannungen zwischen Girondisten und den Montagnards Dezember 1792/Januar 1793 verschärften, liegt die Vermutung nahe, daß die Girondisten einen zu mächtigen öffentlichen Ankläger fürchteten und durch detaillierte Kompetenzzuweisungen dessen Allmacht verhindern wollten. Wie sehr diese vermutete Angst berechtigt gewesen war, zeigt sich im folgenden Abschnitt.

B) Der öffentliche Ankläger in der Schreckensherrschaft

Bevor im Detail ausgeführt wird, worin die neue Rolle des öffentlichen Anklägers in der Schreckensherrschaft bestand, soll kurz umrissen werden, welcher zeitliche Abschnitt damit gemeint ist.
Man unterscheidet grundsätzlich die fast zweijährige Phase der jakobinischen Schreckensherrschaft vom September 1792 bis Juli 1794 (*la terreur*) von der Terrorherrschaft ROBESPIERREs im Juni/Juli 1794 (*la grande terreur*). Dieser "große Schrecken vom Messidor", wie man die Geschehnisse im Sommer 1794 auch nannte[64], stellte den Höhepunkt und gleichzeitig auch das Ende der jakobinischen Herrschaft dar und bedeutete den Auftakt zu einer bürgerlichen Republik, die im August 1795 mit der Direktorialverfassung verankert wurde.
Hier soll nun die Rolle des öffentlichen Anklägers in der Phase der jakobinischen Schreckensherrschaft untersucht werden.

I) Seine neue Rolle

Zwei zusätzliche, aber zu differenzierende Zuständigkeiten des öffentlichen Anklägers lassen sich in dieser Phase konstatieren: erstens die gewichtige Beteiligung an den Verfahren vor dem Revolutionstribunal und zweitens vor den bisherigen Kriminalgerichtshöfen die Steigerung seiner Bedeutung infolge der Verkürzung bestimmter Verfahren.

1) Zugehörigkeit zu den Revolutionstribunalen

Offiziell wurde zwar erst im September 1793 auf den Druck der Sansculotten die "Schreckensherrschaft gegen Aristokraten und Revolutionsfeinde" (la terreur) verkündet, de facto aber hatte bereits im März 1793[65] DANTON mit der Einführung des Revolutionstribunals zwecks Ahndung politischer Vergehen die Jagd

---

63) 7. Kap. B II 2a.

64) HARTMANN, "Geschichte Frankreichs", S. 51.

65) Décret relatif à la formation d'un tribunal criminel extraordinaire v. 10. 3. 1793 (in DUVERGIER, "Collection complète des lois", Bd. 5, S. 190).

auf politische Gegner begonnen[66]. Damit hielten die Montagnards das Geschehen fest in ihrer Hand, da es leicht war, die Zuständigkeit des Revolutionstribunals zu begründen.[67]

Die aus fünf Richtern und einem öffentlichen Ankläger bestehenden Revolutionstribunale wurden von der Nationalversammlung bestimmt[68], genauso wie die 12 Geschworenen[69], die öffentlich und mündlich mit absoluter Mehrheit entschieden[70].
Dem Dekret vom 10. März 1793 zufolge sollte die Schlüsselrolle allerdings eine Kommission von 6 Mitgliedern des Nationalkonvents spielen. Sie nämlich wurde damit betraut, Strafanzeigen nachzugehen, Bericht zu erstatten, Anklageschriften zu verfassen, gerichtliche Untersuchungen zu verfolgen, mit dem öffentlichen Ankläger und Richtern regelmäßig zu kontaktieren und den Nationalkonvent in Kenntnis zu setzen.[71] Gegen die innerhalb von 24 Stunden[72] vollstreckbaren Urteile gab es keine Rechtsmittel[73].

In einem solchen Prozeßablauf wäre die Rolle des öffentlichen Ankläger als nebensächlich einzustufen gewesen, da es Angelegenheit des Nationalkonvents

---

66) art. 1er d. Dekrets v. 10. 3. 1793: Il sera établi à Paris un tribunal criminel extraordinaire, qui connaîtra de toute entreprise contre-révolutionnaire, de tous attentats contre la liberté, l'égalité, l'unité, l'indivisibilité de la République, la sûreté intérieure et extérieure de l'Etat, et de tous les complots tendant à rétablir la royauté, où à établir toute autre autorité ...

67) Allein die in Art. 1 gemachte Aufzählung läßt keinen Zweifel daran aufkommen, daß in den Zuständigkeitsbereich des Revolutionstribunals alles fallen konnte, solange man nur wollte.

68) art. 2. Le tribunal sera composé d'un jury, et de cinq juges ...
art. 5. Les juges seront nommés par la Convention nationale, ...
art. 6. Il y aura auprès du tribunal un accusateur public ... qui seront nommés par la Convention nationale ...

69) art. 7. Il sera nommé dans la séance de demain, par la Convention nationale, douze citoyens ... qui rempliront les fonctions de jurés ...

70) art. 12. Les jurés voteront et formeront leur déclaration publiquement à haute voix, et et à la pluralité des suffrages.

71) art. 10. Il sera formé une commission de six membres de la Convention nationale, qui sera chargée de l'examen de toutes les pièces, d'en faire le rapport, et de rédiger et présenter les actes d'accusation, de surveiller l'instruction qui se fera dans le tribunal extraordinaire, d'entretenir une correspondance suivie avec l'accusateur public et les juges, sur toutes les affaires publiques qui seront envoyées au tribunal, et d'en rendre compte à la Convention nationale.

72) MELCHIOR-BONNET, "Dictionnaire de la Révolution", Anm. 'Tribunal révolutionaire', S. 305.

73) art. 13. Les jugements seront exécutés sans recours au tribunal de cassation.

gewesen wäre, über die Anklage zu entscheiden und dem Gericht vorzulegen. Deshalb auch kam HELIE[74] zu dem Ergebnis, daß der öffentliche Ankläger nur als Beauftragter der Kommission einzustufen gewesen sei.

Tatsächlich aber wurde kurze Zeit später ein weiteres Dekret verabschiedet als Ergänzung zum erstgenannten[75], das dem öffentlichen Ankläger umfassende Kompetenzen einräumte:

> Art. 2: *Der öffentliche Ankläger an diesem Gericht ist autorisiert, alle wegen der besagten Verbrechen Beschuldigten festnehmen zu lassen, zu verfolgen und über die Anzeige der eingerichteten Behörden oder der Bürger zu urteilen.*[76]

Damit war klar, daß der öffentliche Ankläger keineswegs eine nebensächliche Rolle an dem Revolutionstribunal spielte, da er offensichtlich gezielt selbständig agieren können sollte. Ohne ein aufwendiges Vorverfahren war man gegenüber politischen Gegnern schlagfertiger und konnte effizienter gegen sie agieren. Wichtig war nur, daß der jeweilige öffentliche Ankläger regimetreu war und seine Machtposition entsprechend ausspielte. Dieses war insofern gewährleistet, als der öffentliche Ankläger nunmehr vom Nationalkonvent für ungewisse Zeit ernannt wurde und so jederzeit ausgetauscht werden konnte.[77]

Bis September 1793 agierte man in gemäßigten Bahnen, danach aber vervielfachten sich die Hinrichtungen. Hintergrund dessen war das im September erlas-

---

74) in "Traité de l'instruction criminelle", Bd. II, S. 114.

75) décret relatif à la poursuite des crimes de conspiration et des délits nationaux par le tribunal extraordinaire vom 5. April 1793 (in DUVERGIER, "Collection complète des lois", Bd. 5, S. 239).

76) art. 2. L'accusateur public près dudit tribunal est autorisé à faire arrêter, poursuivre et juger tous prévenus desdits crimes sur la dénonciation des autorités constituées ou des citoyens.

77) s. o. Art. 6 d. Dekrets v. 10. Mrz. 1793.

sene "Gesetz der Verdächtigen"[78], das massenhafte Inhaftierungen[79] und Hinrichtungen nach sich zog.[80]
Dramatisch wurde die Situation im Juni 1794[81], nachdem per Dekret die Zuständigkeit der Revolutionstribunale ins Unendliche ausgeweitet[82], dem Angeklagten das Recht auf Verteidigung genommen[83] und das Urteil nur auf Freispruch oder Todesstrafe lauten konnte[84].
Mittlerweile gab es nicht nur in Paris, sondern auch in der Provinz diese Tribunale[85], so daß die politischen Gegenströmungen systematisch unterbunden werden konnten.

Als Hauptagitator wird immer wieder der öffentliche Ankläger des Pariser Revolutionstribunals FOUQUIER-TINVILLE[86] genannt, der die Blutbefehle des Wohl-

---

78) Diese Loi des suspects vom 17. Sept. 1793 ermöglichte es, jeden unter dem Vorwand verhaften zu lassen, verdächtig zu sein, die Revolution zu gefährden. Dazu gehörten vor allem Kleriker, Royalisten, Emigranten und Föderalisten, also jeder, der politisch im Wege war (in DUVERGIER, "Collection complète des lois", Bd. 6, S. 172f).
Man zählte in Frankreich bis zu 800. 000 "Verdächtige". Erst im Oktober 1795 schaffte man dieses den Terror ermöglichende Gesetz wieder ab.

79) Art. 1er Immédiatement après la publication du présent décret, tous les gens suspects qui se trouvent dans le territoire de la République, et qui sont encore en liberté, seront mis en état d'arrestation.

80) HARTMANN ("Geschichte Frankreichs", S. 50) berichtet von der Einkerkerung von 500. 000 Menschen (entspricht ca. 2,5% der Bevölkerung).
VOVELLE ("Die französische Revolution", S. 38) nennt als Gesamtbilanz 50. 000 Tote in ganz Frankreich.

81) Loi du 22 prairial an II (10. Juni 1794), bekannt geworden als Gesetz vom Prairial (in DUVERGIER, "Collection complète des lois", Bd. 7, S. 190). Mit ihm begann die Ära der "grande terreur", die den "Schrecken vom Messidor" nach sich zog. Mit der Verhaftung ROBESPIERRES am 27. Juli (la chute du thermidor) ging diese Ära zu Ende.

82) art. 4. Le tribunal révolutionnaire est institué pour punir les ennemis du peuple.

83) art. 16. La loi donne pour défenseurs aux patriotes calomniés des jurés patriotes ...

84) art. 7. La peine portée contre tous les délits dont la connaissance appartient au tribunal révolutionnaire, est la mort.

85) Unter anderem in Rochefort, Brest, Nancy, Strasbourg (MELCHOIR-BONNET, "Dictionnaire de la Révolution", S. 306).

86) FOUQUIER-TINVILLE, 1746 als Sohn eines Landarbeiters geboren, hatte sich bereits vor der Revolution das Amt eines Prokurators gekauft. Sein Vetter Camille Desmoulins, ein Anhänger DANTONS und dessen Sekretär im Justizministerium (1792), verschaffte ihm zunächst ein Amt in der Jury, die nach dem Sturm auf die Tuilerien für die Verurteilung der Royalisten zuständig war. Ab März 1793 zeigte er sein

fahrtsausschusses[87] unter dem Deckmantel der Unbestechlichkeit mit unverhüllter Grausamkeit ausführte.[88]

2) verkürzte Verfahren vor Kriminalgerichtshöfen

Auch an den bisherigen Kriminalgerichtshöfen ging die jakobinische Herrschaft nicht spurlos vorüber.
Für Eigentumsdelikte an Gütern und Immobilien der Republik wurde per Dekret das zugegebenermaßen hochkomplizierte Vorverfahren ebenfalls abgeschafft.[89] Der öffentliche Ankläger konnte Haftbefehl erlassen und die Anklageschrift verfassen, ohne daß es eines aufwendigen Vorverfahrens bedurfte. Weder Ermittlungen durch den Friedensrichter noch eine Anklagezulassung oder ähnliche Autorisierung waren Voraussetzung. Die zu entscheidende Angelegenheit konnte den Schuldgeschworenen direkt vorgelegt werden.[90]

Auch hier bedarf es nur wenig Phantasie, um sich die Machtposition des öffentlichen Anklägers in dieser Konstellation vorzustellen. Im Grunde konnte er nach Gutdünken schalten und walten, Hauptsache war seine Regimetreue.

---

wahres Gesicht als öffentlicher Ankläger des Revolutionstribunals: es rollten bis zu 200 Köpfe pro Tag.

87) Der "Wohlfahrtsausschuß" (comité de salut public) war ursprgl. Nachfolger des "comité de défense générale" das im Januar 1793 als Vermittler zwischen der Nationalversammlung und dem nach der Absetzung des Königs im August 1792 gegründeten Exekutivrat fungieren sollte. Als im April 1793 der girondistisch geprägte Exekutivrat abgeschafft wurde, nannte man das "comité de défense générale" nicht nur um in "comité de salut public", sondern änderte auch seine politische Bedeutung. Die 12 Regierungskommissionen, die an die Stelle des Exekutivrates getreten waren, wurden nämlich von je zwei Kommissaren kontrolliert, die der Wohlfahrtsausschuß zu benennen hatte. Ab Juni 1793 bildeten je 12 Mitglieder des Wohlfahrtsausschusses die Revolutionsregierung (MELCHIOR-BONNET, "Dictionnaire de la Révolution", S. 87f).

88) MELCHIOR-BONNET, "Dictionnaire de la Révolution", Anm. tribunal révolutionaire, S. 305.

89) Dekret vom 27. November 1793, in DUVERGIER, "Collection complète des lois", Bd. 6, S. 304f.

90) art. 1er Toute procédure ayant pour objet des soustractions, divertissements ou malversations quelconques commis dans la garde, régie ou vente des meubles ou immeubles appartenant à la République ... sera portée directement au tribunal criminel du lieu du délit, sans instruction préalable, soit par-devant le juge-de-paix, soit par-devant le jury d'accusation, et sans qu'il soit besoin de renvoi spécial ni d'autorisation particulière.
art. 2. A cet effet, les accussateurs publics des tribunaux criminels décerneront les mandats d'arrêt, et dresseront les actes d'accusation contre les prévenus.

II) Funktionsbewertung

Die beiden zusätzlichen Funktionen des öffentlichen Anklägers waren insoweit klar voneinander zu unterscheiden, als es sich um zwei unterschiedliche Gerichte handelte: zum einen die Tätigkeit am üblichen Kriminalgerichtshof, zum anderen am außerordentlichen Revolutionstribunal. In beiden Tätigkeitsbereichen war für den öffentlichen Ankläger ein deutlicher Machtzuwachs zu verzeichnen, andererseits aber muß man eine eventuelle Instrumentalisierung seiner Funktion problematisieren.

1) Machtzuwachs

In zweierlei Hinsicht erfuhr der öffentliche Ankläger einen deutlichen Machtzuwachs, einerseits durch die oben beschriebene Funktionsvereinigung von öffentlicher Anklage und den kommissarischen Funktionen an den Kriminalgerichtshöfen[91], andererseits durch den Verzicht eines aufwendigen Vorverfahrens für Verfahren vor dem Revolutionstribunal[92] und für bestimmte Strafverfahren vor den Kriminalgerichtshöfen[93].

Er verfügte über ein enormes Machtpotential, indem er autorisiert war, Haftbefehle zu erlassen, Strafverfolgung aufzunehmen und Anklageschriften zu verfassen. Auf diese Weise lag die Einleitung eines Strafverfahrens in seinem Ermessen. Er konnte nach Gutdünken darüber entscheiden, wann gegen wen wegen welchen Delikts aufgrund welcher Beweise Anklage erhoben werden sollte.

Insbesondere an der Rolle FOUQUIER-TINVILLEs, dem öffentlichen Ankläger des Pariser Revolutionstribunals, ließ sich dessen Machtposition ablesen: nicht nur die Hinrichtung von 15.000 Menschen sollten auf sein Konto gehen[94], sondern sowohl die Hinrichtung von DANTON als auch die von ROBESPIERRE geschahen auf seinen Antrag hin. Seine Macht ging also sogar so weit, daß er diejenigen, deren Befehle er über ein Jahr befolgte, selbst auf die Guillotine brachte. Damit hatte der Handlanger seine Herren, denen er ursprünglich diente, überlebt, wenn auch nicht lange, weil er nach ROBESPIERREs Sturz im Juli 1794 selbst inhaftiert und 1795 nach einem langwierigen Prozeß hingerichtet wurde.

2) Instrumentalisierung

Diese oben beschriebene Machtposition stand jedoch in einem krassen Gegensatz zu dem, was FOUQUIER-TINVILLE zu seiner eigenen Funktion gesagt haben

---

91) In diesem Kapitel unter A).

92) wie unter I 1) beschrieben.

93) wie unter I 2) beschrieben.

94) CARATINI, "Dictionnaire des personnages", S. 283.

soll. Im Prozeß gegen ihn verteidigte er sich selbst wohl damit, daß er nur "ausführendes Organ des Nationalkonvents" gewesen sei, so daß nicht er die Grausamkeiten während der Schreckensherrschaft zu verantworten gehabt hätte.[95]
Zu hinterfragen ist folglich, ob im oben beschriebenen System der öffentliche Ankläger nur die Rolle eines Handlangers, eines Befehlsempfängers spielte oder ob FOUQUIER-TINVILLE damit eine bloße Schutzbehauptung aufgestellt hatte.

HELIE kommt zu dem Ergebnis, daß für die Verfahren vor dem Revolutionstribunal der öffentliche Ankläger nichts weiter als ein Beauftragter gewesen sei.[96]
Auch ZACHARIÄ beschrieb ihn als "furchtbarstes **Werkzeug** des Terrorismus unter der Schreckensherrschaft"[97].

Keinesfalls darf das Abhängigkeitsverhältnis übersehen werden, in dem der öffentliche Ankläger zum Nationalkonvent stand. Dieser nämlich ernannte ihn und setzte ihn ab. Handelte der öffentliche Ankläger also nicht in dem Sinne, wie er sollte, konnte er jederzeit ausgetauscht werden.
Angesichts dieses Abhängigkeitsverhältnisses wurde der öffentliche Ankläger zum Machtinstrument. Auslöser dafür war vor allem die Kontrolle der Gerichte durch den Nationalkonvent. Zwar wurde noch im Juni 1793[98] pro forma die Verfassung der Bergpartei (la constitution montagnarde) beschlossen, die eine solche Konstellation hätte unterbinden können. Allerdings ist sie nie in Kraft getreten[99], und es konnte sich eine revolutionäre Diktatur etablieren.
Wurde ursprünglich die Funktion des öffentlichen Anklägers als Interessenvertreter der Öffentlichkeit vor Gericht verstanden, diente er nunmehr als Handlanger der Machthaber. Im Grunde wurde der öffentliche Ankläger während der Schreckensherrschaft mißbraucht, seiner eigentlichen Funktion beraubt, um einem anderen Zweck zu dienen.
Der gerade noch etablierte öffentliche Ankläger, eine der Errungenschaften der Revolution, der als Volksvertreter die Interessen der Öffentlichkeit vor Gericht vertreten sollte, war zum austauschbaren Machtinstrument geworden.

---

95) CARATINI zufolge ("Dictionnaire des personnages", S. 283) hat er selbst sich als Axt des Nationalkonvents (*hache de la Convention*) bezeichnet.

96) "Traité de l'instruction criminelle", Bd. II, S. 114: "L'accusateur public n'était que son agent."
Diese Aussage macht er allerdings im Hinblick auf das Dekret v. 10. 3. 1793, ohne das Ergänzungsdekret vom 5. April 1793 einzubeziehen.

97) im "Handbuch", S. 200.

98) 24. Juni 1793, s. dazu 7. Kap. A.

99) s. dazu 7. Kap. B III.

3) Funktionsauf- oder -abwertung?

Nachdem nun einerseits ein beachtenswerter Machtzuwachs für den öffentlichen Ankläger konstatiert werden konnte, andererseits aber auch dessen Abhängigkeit vom Nationalkonvent, ist eine abschließende Bewertung offengeblieben.
Tatsächlich muß hinterfragt werden, welche eigenständige und politische Bedeutung der öffentliche Ankläger während der Schreckensherrschaft überhaupt noch hatte.
Welchen Stellenwert hatte die oben beschriebene Machtposition für den öffentlichen Ankläger? Waren es eher die "Schreckens"- oder die "Glanzstunden" des öffentlichen Anklägers? Bedeutete der Machtzuwachs tatsächlich eine Art von Funktionsaufwertung oder eher eine Abwertung bedingt durch den Mißbrauch seiner Funktion?
Kann ein Organ angesichts dieses Abhängigkeitsverhältnisses wirklich als so mächtig eingestuft werden oder ist ihm vielleicht doch nur die Qualität eines Befehlsempfängers zuzuschreiben?

Keine der beiden Alternativen kann für sich allein wirklich die Rolle umschreiben, die der öffentliche Ankläger spielte. Er war weder allmächtiges Organ noch bloßer Bepfehlsempfänger, da er innerhalb der ihm gewährten Kompetenzen frei entscheiden konnte.
Infolge seines Machtzuwachses hatte sich allerdings seine Funktion gewandelt. Der Volksvertreter, der vor Gericht im Namen der Öffentlichkeit agieren und für die Aufrechterhaltung von Recht und Ordnung eintreten sollte, diente nunmehr dazu, durch gezieltes Ausschalten politischer Gegner die Machtposition seiner Auftraggeber aufrechtzuerhalten. Recht und Ordnung war kein objektiv zu bemessender Maßstab mehr, da die Verfassung außer Kraft gesetzt war.
Genau in diesem Terrorregime blühte der öffentliche Ankläger auf, geriet allerdings in genau die Abhängigkeit, die THOURET in seiner Rede am 4. August 1790[100] prognostiziert hatte: *"Abhängigkeit ... zu den Geschöpfen ministerieller Gunst, die nichts anderem gehorchen als dem Antrieb der Regierung und dieser gleichermaßen dienen werden, ob sie nun anklagen oder nicht, je nach deren Ansichten.*[101]*"* THOURET hatte diese Gedanken mit der provokativen Frage ausklingen lassen: *"Glauben Sie, daß öffentliche Ankläger, die so an das Amt gebunden worden sind, dazu neigen, wachen, beeinflussen, und agieren würden zur Aufrechterhaltung der Verfassung?"*
Damit hatte THOURET genau das erfaßt, was dann tatsächlich so vielen zum Verhängnis werden sollte und dem Terror "Tür und Tor" öffnete.

---

100) ARCHIVES PARL., 1ère série, Bd. XVII, 608ff.

101) s. dazu 10. Kap. B II 1e.

Abschließend ist die neue Position für den öffentlichen Ankläger so zu bewerten, daß er nie über so viel Macht verfügte wie während der Schreckensherrschaft, aber das auf Kosten einer Funktionsumwandlung geschah.
Der Preis, den der öffentliche Ankläger für seinen Machtzuwachs zahlte, war hoch: Verlust der Eigenständigkeit und der politschen Bedeutung als Vertreter der Öffentlichkeit.
Stattdessen half er das Terrorregime zu konsolidieren durch gezieltes Ausschalten politischer Gegner und entwickelte sich zum Handlanger der jeweiligen Machthaber.
Auf diese Weise war die revolutionäre Diktatur gleichzeitig Höhepunkt und Verhängnis für den öffentlichen Ankläger.

4) Vergleich mit den Prokuratoren

Bisher beschränkte sich die Bewertung nur auf den Vergleich der Anklägerfunktion vor und während der Schreckensherrschaft. Jedoch darf nicht übersehen werden, daß nicht lange vor Beginn der Schreckensherrschaft die Funktionsvereinigung von öffentlicher Anklage und kommissarischen Aufgaben stattfand[102]. Damit hatte man die so mühsam erkämpfte Trennung von der Anklage und den sonstigen Aufgaben der Staatsanwaltschaft wieder abgeschafft und eine Funktionsvereinigung herbeigeführt, wie sie bereits bei den königlichen Prokuratoren im ancien régime bestanden hatte.
Insofern scheint an dieser Stelle auch ein Funktionsvergleich mit den Prokuratoren angemessen.
Diese nahmen im Rahmen des Inquisitionsprozesses zwar die Position eines eigenständigen Prozeßorgans ein[103], aber sie waren Beamte des Königs und insofern von ihm abhängig. Der König als die Quelle allen Rechts bediente sich seiner Prokuratoren, um seine Interessen durchzusetzen. Zwar sollten die königlichen Prokuratoren auch öffentlichen Interessen dienen, die jedoch mit den königlichen gleichzusetzen waren. Auf diese Weise waren die Prokuratoren nichts anderes als die "Handlanger des Königs"[104].
Insoweit läßt sich die Rolle des öffentlichen Anklägers während der Schreckensherrschaft durchaus mit der der Prokuratoren vergleichen. Der öffentliche Ankläger, der eigentlich öffentliche Interessen vertreten sollte, war abhängig geworden von der alles bestimmenden Exekutive.

---

102) s. o. unter II.

103) s. dazu 2. Kap. B I.

104) Siehe dazu das bereits im 2. Kapitel (unter B III) Zitat aus einem Protokoll der Ordonnanz: "Das wahre Wesen der Strafjustiz ... ist ein Recht der Blutrache des Königs gegenüber seinen Untertanen, das - genau gesagt - in der Hand seiner Majestät liegt, der es seinen Beamten überträgt."

So wie die Prokuratoren die Handlanger des Königs waren, wurden die öffentlichen Ankläger zur Zeit der Schreckensherrschaft die Handlanger der jeweiligen revolutionären Machthaber.
Paradoxerweise bedienten sich die Revolutionäre zur Bekämpfung der Royalisten und anderer Konterrevolutionäre eines Organs, das Seinesgleichen bereits im ancien régime finden konnte.

Dieser Vergleich zwischen dem Prokurator und dem öffentlichen Ankläger zeigt desweiteren deutlich, wie Recht THOURET haben sollte mit seiner Einschätzung, daß die Anklagefunktion nicht in die falschen Hände fallen dürfe. Seine Ausführungen waren zwar seinerzeit gegen die königlichen Prokuratoren gerichtet, jedoch beinhalteten sie offensichtlich auch generelle Bedeutung. THOURET hatte vorhergesagt, was entstehe, wenn "der Regierung die Rute der öffentlichen Anklage anvertraut" wäre, ein Willkürregime[105]. Genau damit sollte er Recht behalten, mehr als ihm selbst lieb sein konnte.[106]

---

105) THOURET umschrieb das so (s. im 10. Kap. B II 1e):
"Diese Wahrheit erlangt eine neue Kraft durch die Ungebührlichkeit und Gefahr, die darin liegt, daß der Regierung die Rute der öffentlichen Anklage anvertraut wird. Diejenigen, die darin nicht eine der wirkungsvollsten Triebkräfte erkennen würden für die Aufrechterhaltung oder Umkehrung der Verfassung, würden sich von ihr eine falsche Vorstellung machen: durch sie erlangen die Strafgesetze ihre Wirkung, und ohne sie bleibt die öffentliche Macht der Gerichte gelähmt.
Diese Waffe ist umso grausamer, als daß man mit ihr doppelten Schaden anrichten kann; das heißt, ebenso wenn man sich ihrer nicht bedient, wie wenn man sie in böser Absicht benutzt."

106) Als Sympathisant DANTONS wurde auch THOURET vom Revolutionstribunal 1794 verurteilt und guillotiniert.

13. Kapitel: Der Niedergang des öffentlichen Anklägers

Dem im vorangegangenen Kapitel beschriebenen kometenhaften Aufstieg des öffentlichen Anklägers folgte bald ein Abstieg, der sich allerdings in Etappen vollzog und 1799 sein endgültiges Ende fand in der Konsulatsverfassung.

A) Machtbegrenzung im Code de Brumaire

I) Zur Entstehungsgeschichte

Nachdem ROBESPIERRE die politischen Strömungen von links[107] und rechts[108] ausgeschaltet hatte, wurden die Abgeordneten MERLIN und CAMBACÉRÈS vom Nationalkonvent beauftragt, die Kriminalgesetze neu zu kodifizieren.[109] Die bisher erlassenen Gesetze sollten sie beibehalten, soweit sie nicht wegen Konfusion aufzuheben waren.

Insbesondere die Beauftragung von MERLIN war insofern delikat, als es sich bei ihm um denjenigen handelte, der durch die Ausarbeitung der Loi des suspects[110] einen Grundstein für die Terrorherrschaft gelegt hatte. Insbesondere durch dieses Gesetz, das diese massenhaften Verhaftungen, Einkerkerungen und Hinrichtungen ermöglichte, konnte ROBESPIERRE seine Alleinherrschaft konsolidieren, indem er seine politischen Gegner nacheinander systematisch ausschaltete.

Ausgerechnet derjenige, der also eine gewisse Verantwortung trug für diese unkontrollierbaren Zustände in der Strafgerichtsbarkeit, sollte für die Neukodifizierung der Kriminalgesetze sorgen.

18 Monate nach seiner Beauftragung[111] stellte MERLIN allein einen Entwurf vor. Aus diesem Entwurf ging der "Code des délits et des peines" vom 3 Brumaire Jahr IV der Revolution (=25. Okt.1795) hervor.

---

107) Aufstand gegen die Regierung im März 1794 durch HEBERT und seine Anhänger endete mit deren Verhaftung und Hinrichtung.

108) Der am 31. Mrz. 1794 verhaftete DANTON wurde mit seinen Anhängern Anfang April hingerichtet.

109) Sitzung v. 3 Floréal an II (=22. April 1794) in ARCHIVES PARL., 1ère série, Bd. LXXXIX, S. 169.

110) Loi des suspects vom 17. Sept. 1793 ermöglichte es, jeden unter dem Vorwand verhaften zu lassen, verdächtig zu sein, die Revolution zu gefährden (vgl. oben 12. Kap. B I 1).

111) 10 Vendémiaire an IV (=2. Okt. 1795).

15 Jahre war dieses "Gesetzbuch über Verbrechen und Strafen" in Kraft, bis es von der napoleonischen Strafprozeßordnung ("code d'instruction criminelle") 1811 abgelöst wurde. Diese neue Prozeßordnung war zwar bereits 1804 vom Staatsrat, einem beratenden Gremium des Konsuls Bonaparte, erarbeitet worden, aber erst 1808 verabschiedet worden, um 1811 in Kraft zu treten.[112]
Der Einfluß des "Gesetzbuches über Verbrechen und Strafen" auf die napoleonische Gesetzgebung war unverkennbar[113], nicht zuletzt auch infolge der Mitarbeit von MERLIN im Staatsrat.

II) Inhaltlicher Überblick

Das "Gesetzbuch über Verbrechen und Strafen", das allein 598 von 644 Artikeln der Strafprozeßordnung widmete, entsprach in den wesentlichen Grundzügen der Kriminalprozeßordnung vom September 1791. FELDHAUSEN bewertete sie als eine 'Verfeinerung des Werkes der Konstituierenden', die das Verfahrensrecht genauer und erschöpfender regelte.[114] ESMEIN dagegen stufte sie zwar als *außergewöhnliches Werk*[115] ein, die die Verteidigungsgarantien vervielfachte und Schritt für Schritt das Prozeßgeschehen regelte, aber auch gleichzeitig als unpraktikabel. Ein bewundernswerter Mechanismus sei entworfen worden, ohne daß eine Schwierigkeit einkalkuliert worden sei.[116]

1) vermeintliche Abweichungen

ESMEIN meinte im Detail einige gravierende Unterschiede zur Strafprozeßordnung vom September 1791 entdeckt zu haben, die er sogar als partielle Rückkehr zur alten Tradition einstufte[117]. Dem kann hier allerdings nicht zugestimmt werden, wie sich aus dem folgenden ergeben wird.

---

112) FIERRO/PALLUEL-GUILLARD/TULARD, "Histoire et dictionnaire", S. 636.

113) FELDHAUSEN, "Geschichte der Strafprozeßrechts in Frankreich", S. 111.

114) ibidem, S. 109/111.

115) "Histoire", S. 441: "... un travail prodigieux."

116) ibidem, S. 442: "... ce mécanisme admirable avait été conçu sans qu'on tînt compte du frottement."

117) ibidem.

a) Bereich des Vorverfahrens

Gemäß Art. 21 des Gesetzbuches[118] hatten neben Polizeikommissaren, Friedensrichtern und Leutnanten der nationalen Gendarmerie auch die Jurydirektoren der Anklagejury eine Strafverfolgungskompetenz[119]. Dabei handelte es sich um einen Richter, nämlich den Präsidenten des Strafgerichts für kleinere Vergehen[120], dem für 6 Monate diese Funktion übertragen wurde[121]. Keineswegs erfüllte er - wie man irrtümlicherweise denken könnte - die Funktion eines Jurymitgliedes. Seine Aufgabe bestand neben der Strafverfolgung genauso wie in der Prozeßordnung vom September 1791[122] darin, die Anklageschrift zu verfassen[123], die Geschworenen der Anklage zusammenzurufen[124] und über die zu entscheidende Angelegenheit zu informieren[125]. Genauso wie im September 1791 wurde festgelegt, daß der Jurydirektor nur die Fälle der Anklagejury zur Entscheidung vorlegen konnte, in denen eine entehrende und körperliche Strafe zu erwarten war.[126]

Neu war im Vergleich zum Gesetz vom September 1791 also die Beteiligung der Jurydirektoren an den Ermittlungen, und in ihrer Eigenschaft als Richter hätte die Bezeichnung des "Untersuchungsrichters" (juge d'instruction) nahegelegen. Trotzdem war damit aber noch keine Annäherung an die alte Tradition des Inqui-

---

118) art. 20. La police judiciaire recherche les délits que la police administrative n'a pas pu empêcher de commettre, en rassemble les preuves, et en livre les auteurs aux tribunaux chargés par la loi.
art. 21. La police judiciaire est exercée, suivant les distinctions qui vont être établies, par les commissaires de police, ... par les juges-de-paix, par les directuers des jurys d'accusation, par les capitaines et lieutenants de la gendarmerie nationale.

119) In Titel VII (art. 140-149) des "code des délits" wurden die Strafverfolgungskompetenzen im Detail geregelt.

120) Pro Departement wurden mindestens drei, höchstens sechs Strafgerichte für kleinere Vergehen eingeführt (art. 167 code des délits), die in summarischen Verfahren Strafen bis zu drei Tagen Gefängnis verhängen konnten.

121) art. 171. le président du tribunal correctionel est pris tous les six mois, ...
art. 211. Il y a, dans chaque département, autant de directeurs de jurys d'accusation que de tribunaux correctionnels. Les présidents des tribunaux correctionnels en sont les directeurs, chacun dans son arrondissement.

122) vgl. dazu im 11. Kap. A I 2.

123) art. 223 ... le directeur du jury dresse l'acte d'accusation.

124) art. 491. Le jury d'accusation s'assemble chaque décade, sur la convocation du directeur du jury d'accusation.

125) art. 237. Le directeur du jury expose ensuite aux jurés l'objet de l'accusation; il leur explique avec clarté et simplicité les fonctions qu'ils ont à remplir ...

126) art. 228. Il peut être dressé d'acte d'accusation que pour délit emportant peine afflictive ou infamante.

sitionsprozesses zu verzeichnen, in dessen Verlauf der Richter ermittelte und verurteilte. Im vorliegenden Verfahren endete die Kompetenz des Jurydirektors mit der Übergabe an den Kriminalgerichtshof.

b) Bereich des Hauptverfahrens

Sowohl ESMEIN[127] als auch FELDHAUSEN[128] verzeichneten eine Abkehr vom "Mündlichkeitsprinzip", das in der Strafprozeßordnung vom September 1791 ausnahmslos gegolten habe.
Sie zitierten drei Konstellationen, in denen von Gesetzes wegen angeblich das Prinzip der Mündlichkeit nicht mehr eingehalten worden sei:

Erstens die Möglichkeit, einen sehr weit entfernt wohnenden Zeugen durch einen Polizeibeamten oder Jurydirektor vor Ort zu befragen und das Protokoll dieser Vernehmung zum Gegenstand der Hauptverhandlung zu machen;[129]
zweitens im Fall von Widersprüchen, Abänderungen, Unterschieden von Aussagen die Möglichkeit eines Vorhalts;[130]
drittens die Übergabe der Verhandlungsprotokolle an die Schuldgeschworenen zum Zweck der Entscheidungsfindung[131].

Alle genannten Konstellationen widersprachen nicht dem Grundsatz der Mündlichkeit. Im ersten Fall handelte es sich um einen Urkunds-, nicht aber Zeugenbeweis, da das schriftliche Protokoll das Beweismittel darstellte. Der angesprochene Vorhalt diente dazu, den Zeugen zu einer Aussage über eventuelle Widersprüche zu bewegen. Erst diese mündliche Äußerung auf den Vorhalt stellte den erforderlichen Beweis dar. Auch die Heranziehung der Verhandlungsprotokolle verstieß nicht gegen den Mündlichkeitsgrundsatz, weil deren Inhalt Gegenstand der mündlichen Verhandlung gewesen war, an der die Schuldgeschworenen teilgenommen hatten.

Die Behauptung also, das Prinzip sei nicht "in konsequenter Reinheit"[132] befolgt worden, kann nicht nachgewiesen werden. Vielmehr war auch noch im "Gesetz-

---

127) "Histoire", S. 448.

128) "Geschichte der Strafprozeßrechts in Frankreich", S. 109.

129) art. 318. Si les témoins à entendre résident hors du canton dans l'arrondissement duquel siège le tribunal criminel, le président peut, pour recevoir ces déclarations, commettre un directeur du jury ou un officier de police judiciaire, qui ... les envoie dûment scellées et cachetées au greffe du tribunal criminel.

130) art. 366. Quant aux déclarations écrites que les témoins présents ont faites, et aux notes écrites des interrogatoires que l'accusé a subis devant l'officier de police ... il n'en peut être lu, dans le cours des débats, que ce qui est nécessaire pour faire observer, soit aux témoins, soit à l'accusé, les variations, les contrariétés et les différences ...

131) art. 382. Il leur remet aussi toutes les pièces de procès ...

buch über Verbrechen und Strafen" ein Verfahren mit Mündlichkeitsgrundsatz verankert.[133]

c) Rolle der mitanklagenden Privatpartei

Schließlich meinte ESMEIN[134] einen grundlegenden Unterschied in der Rolle der mitanklagenden Privatpartei gefunden zu haben, da in den Artikeln 5, 6 und 8[135] des "Gesetzbuches über Verbrechen und Strafen", ausdrücklich geregelt worden sei, daß die private Partei ihren Antrag ausschließlich auf Schadensersatz hätte richten können, auch wenn dieser Anspruch vor demselben Gericht wie der öffentliche Strafantrag gestellt werden konnte.

Aber auch dieser Unterscheidung kann nicht beigepflichtet werden, weil auch im Strafverfahren vom September 1791 nur der öffentlichen Prozeßpartei die gerichtliche Verfolgung zum Zweck der Bestrafung oblag. Der private Mitankläger hingegen konnte nur wegen eventueller Schadensersatzansprüche dem Verfahren beitreten.[136]

2) Kommissare an den Kriminalgerichtshöfen

Unter der Bezeichnung Exekutivkommissar (commissaire du pouvoir exécutif) wurden an den Kriminalgerichtshöfen wieder die Kommissare eingeführt[137], die man im Oktober 1792 abgeschafft hatte und deren Aufgaben zwischenzeitlich von den öffentlichen Anklägern übernommen worden waren[138].

---

132) FELDHAUSEN, "Geschichte der Strafprozeßrechts in Frankreich", S. 109.

133) titre VI code des délits.

134) "Histoire", S. 442.

135) art. 5. L'action publique a pour objet de punir les atteintes portées à l'ordre social. Elle appartient essentiellement au peuple. Elle est exercée en son nom par des fonctionnaires spécialement établis à cet effet.
art. 6. L'action civile a pour objet la réparation du dommage que le délit a causé. Elle appartient à ceux qui ont souffert ce dommage.
art. 8. L'action civile peut être poursuivie en même temps et devant les mêmes juges que l'action publique ...

136) s. dazu im 11. Kap. B II 3e bb.

137) Im IV. Titel war ein ganzer Abschnitt (Art. 292-296 'code des délits') den 'Fonctions du commissaire du pouvoir exécutif' gewidmet.

138) s. dazu im 12. Kap. A II.

Sie hatten dieselben Aufgabenbereiche zu erfüllen wie jene: Überwachung des gesamten Verfahrens auf korrekte Gesetzesanwendung[139], Antragstellen zur konkreten Strafe[140], Einlegen von Rechtsmitteln[141] und Strafvollstreckung[142]. Genauso wie im Strafverfahren vom September 1791[143] war der Kommissar bei allen Prozeßabschnitten zugegen oder wurde zumindest in Kenntnis gesetzt von den ergriffenen Maßnahmen. Aber er selbst konnte das Gesetz nicht durchsetzen, sondern den zur Handlung Befugten den Anstoß geben durch entsprechende Anträge[144]. Auch im "Gesetzbuch über Verbrechen und Strafen" nahm der Kommissar die Position eines "Gesetzeswächters" ein.
Nur einen kleinen Unterschied gab es, nämlich die Ernennung und Entlassung durch das Direktorium[145], da gemäß der Direktorialverfassung vom August 1793 (Constitution du 5 Fructidor l'an III) die Exekutive in der Hand eines 5-köpfigen Direktoriums[146] lag[147]. Damit blieb der Kommissar ein Mann der Exekutive.

---

139) art. 292. Dans tous les procès portés au tribunal criminel ... décerné à la suite d'une déclaration du jury d'accusation, le commissaire du pouvoir exécutif près le tribunal civil est tenu de prendre, par lui-même ... communication de toutes les pièces et actes, et d'assister à l'instruction publique, ainsi qu'à la pronociation du jugement.

140) art. 429. Sur cela, le commissaire du pouvoir exécutif fait sa réquisition au tribunal pour l'application de la loi.

141) art. 294. Lorsque le tribunal ne juge pas à propos de déférer à la réquisition du commissaire du pouvoir exécutif, l'instruction ni le jugement n'en peuvent être arrêtés ni suspendus; mais le commissaire du pouvoir exécutif peut, après le jugement, et dans les cas déterminés par la loi, se pourvoir en cassation, ainsi qu'il est dit ci-après.
art. 441. Le commissaire du pouvoir exécutif peut déclarer ... la cassation du jugement.

142) art. 444. Cette exécution se fait par les ordres du commissaire du pouvoir exécutif, qui a le droit de requérir pour cet effet l'assistance de la force publique.

143) vgl. dazu im 11. Kap. unter B II 4.

144) art 293. Il fait, au nom de la loi, toutes les réquisitions qu'il juge convenables, et le tribunal est tenu de lui en délivrer acte et d'en délibérer.

145) art. 234 Const. III.

146) Dieses wurde bestimmt von der aus zwei Kammern (Rat der Alten und der Fünfhundert) bestehenden Legislative.

147) art. 132. Le pouvoir exécutif est délégué à un directoire de cinq membres, nommé par le corps législatif, faisant alors les fonctions d'assemblée électorale, au nom de la nation.

3) Der öffentliche Ankläger

a) Kompetenzen

Die während der Schreckensherrschaft so weit ausgedehnten Machtbefugnisse des öffentlichen Anklägers wurden in bedeutendem Maße wieder eingeschränkt. Zum einen verlor er jeglichen Einfluß im außerordentlichen Gerichtswesen durch die Abschaffung der Revolutionstribunale im Oktober 1795.

Zum anderen aber wies man ihn auch im üblichen Kriminalprozeß wieder zurück in seine Schranken.[148] Dazu trug nicht nur die Wiedereinführung der Kommissare an den Kriminalgerichtshöfen bei, sondern auch der kategorische Ausschluß des öffentlichen Anklägers vom Vorverfahren. Erst wenn die Anklagejury die Zulassung der Anklage bejaht hatte, trat der öffentliche Ankläger in Funktion[149], der keine andere als die genehmigte Anklage vortragen durfte[150]. Einzige Einflußmöglichkeit im Bereich des Vorverfahrens bestand in der Aufsicht über die ermittelnde Polizei[151].

Die im Hauptverfahren zu erfüllende Funktion entsprach exakt denen der Kriminalprozeßordnung vom September 1791[152], nämlich die Vertretung der öffentlichen Partei vor Gericht.

Dazu gehörte zunächst nach dem ersten Angeklagtenverhör eine umfassende Aufbereitung der Akten[153]. Im Verlauf der mündlichen Hauptverhandlung blieb es Angelegenheit des öffentlichen Anklägers, nach dem Verlesen der Anklageschrift durch den Gerichtsschreiber die Anklagepunkte zu erläutern und die Belastungszeugen aufzurufen.[154] Nachdem auch die Entlastungszeugen verhört worden waren, äußerten sich der öffentliche Ankläger und die eventuell mitan-

---

148) Im IV. Titel war ein ganzer Abschnitt (Art. 278-291 code des délits) den 'Fonctions de l'accusateur public' gewidmet.

149) art. 278. L'accusateur public poursuit les délits devant le tribunal criminel, sur les actes d'accusation admis par les premiers jurés.

150) art. 279. Il ne peut porter au tribunal criminal aucune autre accusation, à peine de forfaiture.

151) art. 22. Tous les officiers de police judiciaire sont sous la surveillance générale de l'accusateur public.

152) vgl. dazu im 11. Kap. unter B II 3.

153) art. 331. L'accusateur public, dès que les pièces lui ont été remises ... est tenu de faire ses diligences pour que l'accusé puisse être jugé à la première assemblée du jury de jugement qui sera convoqué après son arrivée.

154) art. 346. L'accusateur public expose le sujet de l'accussation, et présente la liste des témoins qui doivent être entendus, soit à sa requête, soit à celle de la partie plaignante.

klagende Privatpartei noch ein letztes Mal, um die den Schuldvorwurf unterstützenden Aspekte hervorzuheben[155].
Nach der danach folgenden Entscheidung der Schuldgeschworenen hatte der öffentliche Ankläger keine Funktion mehr zu erfüllen, da der Antrag auf die konkrete Strafe durch den Exekutivkommissar erfolgte.[156]

b) Status

Mit Abschaffung der Revolutionstribunale wurde auch die Regelung abgeschafft, derzufolge der öffentliche Ankläger nicht vom Volk, sondern vom Nationalkonvent einzusetzen sei[157]. Stattdessen sollte er durch vom Volk bestimmte Wahlgremien[158] gewählt werden[159].
Damit wurde der öffentliche Ankläger offiziell wieder zum Vertreter des Volkes, der vor Gericht für das öffentliche Interesse eintreten sollte. Im Grunde aber mußte man ihn als Vertreter des Besitzbürgertums einstufen, da das einfache Volk keine Zulassung zu den Wahlgremien erhielt.[160]

B) Abschaffung des öffentlichen Anklägers

Diese Phase, die die Kompetenzen auf das 1791 vorgesehene Maß zurückschraubte, war jedoch nur vorübergehend. Sehr bald schon müssen FELDHAUSEN zufolge Stimmen laut geworden sein, die einer Beibehaltung des bisherigen öffentlichen Anklägers zuwiderliefen.

---

155) art. 370. A la suite des dépositions orales des témoins, et des dires respectifs auxquels elles donnent lieu, l'accusateur public, et la partie plaignante, s'il y en a une, sont entendus, et developpent les moyens qui appuient l'accusation.

156) s. o. unter 2).

157) s. o. im 12. Kap. B I 1; II 2.

158) Diese Wahlgremien setzten sich zwar aus Bürgern zusammen, jedoch erhielt nur derjenige diesen Status, der entsprechenden Zensus gezahlt hatte und desweiteren nachgewiesen, kein Analphabet zu sein und einem Beruf nachzugehen (art. 8 und 16 d. Const. l'an III).

159) Constitution du 5 fructidor An III (vgl. DEBBASCH/PONTIER, "Les constitutions", S. 44ff):
Art. 41: "Les assemblées électorales élisent ... 5⁰ Le président, accusateur public et greffier du tribunal criminel ..."

160) Das veranlaßt auch VOVELLE ("Die französische Revolution", S. 45f) dazu, von der Herrschaft der "revolutionären Bourgeoisie" zu sprechen, die vor allem ihre Stellung bewahren wollte, indem sie die für sie profitablen gesellschaftlichen Errungenschaften verteidigte.

I) Stimmungsumschwung

Trotz der Beibehaltung des öffentlichen Anklägers im "Gesetzbuch über Verbrechen und Strafen" konstatiert FELDHAUSEN nämlich einen allmählichen Stimmungsumschwung. Er begründet ihn mit einer im Oktober 1797 begonnenen Debatte über einen neuen Gesetzesentwurf.[161] Gegenstand dieser Debatte sei u. a. auch die Amtszeit des öffentlichen Anklägers gewesen. Besonderes Interesse verdienten in diesem Zusammenhang zwei Artikel des Entwurfs, die allerdings nie als Gesetz verabschiedet worden seien.
Art. VI habe bestimmt: "Die öffentlichen Ankläger können durch das Direktorium abgesetzt werden. Art. VIII habe vervollständigt: "Das Direktorium kann im Falle der Absetzung einen zeitweiligen Vertreter benennen."[162]
Auf wen dieser Versuch einer schrittweisen Wiederherstellung einer weisungsgebundenen Anklagebehörde zurückging, muß zwar offenbleiben, jedoch spiegelt er deutlich wieder, daß man sich von der ursprünglichen Konzeption eines weisungsfreien Volksvertreters entfernte.

II) Die neue Verfassung

Dieser oben beschriebene Stimmungsumschwung erhielt schließlich in der Konsulatsverfassung vom Dezember 1799 (Constitution de l'an VIII)[163] zum ersten Mal ein deutlicheres Gesicht.
Artikel 63 der Konsulatsverfassung ersetzte den öffentlichen Ankläger mit den Worten:

> "Die Funktion des öffentlichen Anklägers am Kriminalgerichtshof wird durch den Regierungskommissar erfüllt."[164]

1) Übertragung der öffentlichen Anklage

Damit also war der endgültige Untergang des öffentlichen Anklägers zugunsten des Regierungskommissars besiegelt.
Dabei handelte es sich um die Nachfolger der Exekutivkommissare, deren Ernennung und auch Abberufung gemäß Art. 41[165] der Konsulatsverfassung in den

---

161) "Geschichte der Strafprozeßrechts in Frankreich", S. 114; unter Hinweis auf das Sitzungsprotokoll des "Rates der Fünfhundert" vom 11 Brumaire an VI (= 2. Nov. 1797).

162) ibidem.

163) s. dazu 7. Kap. B V).

164) Titre V, art. 63 der Konsulatsverfassung: La fonction d'accusateur public près un tribunal criminel, est remplie par le commissaire du Gouvernement.

direkten Machtbereich der Regierung fielen, genauer gesagt: in den des Ersten Konsuls Bonaparte, der nach Belieben entscheiden konnte. Bereits im Rahmen der verfassungsgeschichtlichen Entwicklung ist diese Konstellation einer genaueren Prüfung unterzogen worden und hat zu dem Ergebnis geführt, daß die Funktionsübertragung der öffentlichen Anklage an die Regierungskommissare die Institution des öffentlichen Anklägers gänzlich auslöschte.[166] Die Funktion eines Volksanwaltes, der die öffentlichen Interessen vor Gericht vertreten sollte, war umgewandelt worden in eine Kontrollfunktion der Regierung.[167]

Die Funktionsübertragung hatte aber auch die funktionsvereinigende Wirkung von öffentlicher Anklage mit den Aufgaben der ursprünglich königlichen, später nationalen Kommissare. Diese Funktionsvereinigung, vor der einst THOURET gewarnt hatte[168], war bereits im Oktober 1792 beschlossen worden. Sollten seinerzeit die öffentlichen Ankläger die Funktionen der nationalen Kommissare übernehmen, wurde 1799 beschlossen, die Nachfolger der nationalen Kommissare, nämlich die Regierungskommissare, die öffentliche Anklage übernehmen zu lassen.
Hatte die Funktionsvereinigung einmal in Richtung Volksvertreter gezeigt, wurde sie nun in Richtung Regierungsvertreter gelenkt.

2) Ideologische Hintergründe

Aus politischen Erwägungen war die Funktionsvereinigung 1799 genauso erklärbar wie die im Jahre 1792.
1792 war das Jahr der Proklamation der Republik. Vom Absolutismus geprägt scheute man eine starke und mächtige Exekutive, vertraute vielmehr einer starken Legislative und einer möglichst direkten Demokratie.[169]
1799 hingegen hatte Frankreich über vier Jahre wirtschaftliche, finanzielle und politische Probleme hinter sich, die sich in mehreren Staatsstreichen entladen hatten.[170] In dieser innenpolitischen Instabilität wurde eine Verfassung verkündet mit einem auf 10 Jahre gewählten Ersten Konsul Bonaparte an der Spitze.

Vermag es da noch zu verwundern, daß 1792 eine Funktionsvereinigung zugunsten eines vom Volk gewählten öffentlichen Anklägers vollzogen wurde, wäh-

---

165) Titre IV, Art. 41. Le premier consul ... nomme et révoque à volonté ... les commissaires du Gouvernement près les tribunaux. Il nomme tous les juges criminels ...

166) vgl. im 7. Kapitel B V).

167) im 7. Kapitel B V 2 und 3).

168) vgl. Exzerpt der schon häufig ziterten Rede v. 4. 8. 1790 im 10. Kap. B II.

169) Zur Tatsache, daß auch diese Konstellation zu einer Diktatur führte (Schreckensherrschaft der Jakobiner) vgl. oben im 12. Kap. B).

170) HARTMANN, "Geschichte Frankreichs", S. 52.

rend man 1799 einem von der Exekutive ernannten Kommissar diese Aufgaben übertrug?

Offensichtlich gab es einen Zusammenhang zwischen der Position der Exekutive und den Funktionen der Kommissare[171] am Kriminalgerichtshof. Je stärker die Exekutive, desto umfassender die Aufgaben der Kommissare.
Ein vergleichbares Verhältnis hatte auch STEIN bereits vor der Revolution zwischen den königlichen Prokuratoren und dem König mit den Worten festgestellt[172]: "das Maass der Rechte der Procureurs du Roi bezeichnet daher die Stellung des Königthums selber"[173]. Damit meinte STEIN die ab dem 16. Jahrhundert zunehmende Konsolidierung des französischen Königs als Chef und Herrscher des Staats[174], die sich in der Aufgabenerweiterung der königlichen Prokuratoren widerspiegelte.

Die Phase des Konsulats stellte ebenfalls eine zunehmende Konsolidierung Bonapartes als Chef und Herrscher Frankreichs dar und nichts anderes als die Weichenstellung in Richtung eines Kaiserreichs (Premier Empire)[175]. Auch WEIS[176] spricht von einer "Diktatur", in die die Revolution nach zehnjährigen Experimenten hinübergeglitten sei. Genau in diesem Stadium verabschiedete man sich von der Institution des öffentlichen Anklägers, um seine Funktion der öffentlichen Anklage einem von der Exekutive kontrollierten Organ zu übertragen.
Der öffentliche Ankläger mußte als Errungenschaft der Revolution weichen. In einem Staatssystem, in dem die Exekutive eine solche Vormachtstellung einnahm, konnte die Funktion der öffentlichen Anklage nicht als Amt für das Volk

---

171) Nannte man sie erst königliche bzw. nationale Kommissare führten sie zu Zeiten des Direktoriums die Bezeichnung Exekutivkommissar und ab 1799 Regierungskommissare.

172) Damit hatte STEIN die zunehmende Parallelität zwischen königlichem und öffentlichem Interesse gemeint (2. Kap. A I).

173) STEIN, S. 484.

174) Für Heinrich IV. (1589-1610), aus dem Haus Bourbon, galt es vor allem nach den Religionskriegen das Königreich und den inneren Frieden zu konsolidieren. Ihm folgte Ludwig XIII. (1610-1643), der Kardinal de Richelieu in den Staatsrat berief und unter dem alles der Staatsräson, d. h. dem Interesse und der Ehre der Krone untergeordnet wurde. Ludwig XIV. (1643-1715) schließlich verkörperte wie kein anderer in seiner Person die Souveränität des absoluten Monarchen (s. dazu HARTMANN, "Geschichte Frankreichs", S. 29ff).

175) Nachdem sich Napoleon 1802 zunächst als Konsul auf Lebenszeit ernennen ließ, wurde er am 18. Mai 1804 als erblicher Kaiser der Franzosen mit monarchischem Recht und entsprechendem Hofstaat bestätigt. HARTMANN ("Geschichte Frankreichs", S. 55) spricht sogar von einem diktatorischen Militärregime, das in der Praxis absoluter war als das monarchische Regime des Sonnenkönigs Ludwigs XIV.

176) in "Durchbruch d. Bürgertums", S. 170.

bestehen. Die Exekutive vereinnahmte die Funktion der öffentlichen Anklage für ihre Zwecke. Nicht der Wille des Volkes regierte, sondern der des ersten Konsuls Bonaparte.

So wie vor der Revolution der König seine Prokuratoren kontrollierte und die öffentliche Anklage bestimmte, so hatte ab 1799 Napoleon als Erster Konsul seine Regierungskommissare in der Hand.

III) einfaches Gesetz

Die Abschaffung auf verfassungsrechtlicher Ebene wurde wenige Monate später in einfachem Gesetz ebenfalls berücksichtigt, zum einen im Gerichtsorganisationsgesetz vom März 1800, zum anderen in einem Ergänzungsgesetz zur Strafprozeßordnung vom Januar 1801.

1) Gerichtsorganisationsgesetz

Dieses Gesetz vom 18.3.1800[177] schaffte erst einmal neben anderen die Kriminalgerichte der Departements und die Strafgerichte für Vergehen[178] ab.[179]
Künftig sollte es pro Arrondissement[180] ein Strafgericht für Vergehen geben[181], dem je nach Größe drei oder mehr Richter[182] und ein Regierungskommissar angehörten[183].
Andere Straftaten wurden von den Kriminalgerichtshöfen der Departments verhandelt. Auch zu diesen Gerichten gehörte jeweils ein Regierungskommissar und, soweit für nötig befunden, ein Vertreter.[184]

---

177) "loi sur l'organisation des tribunaux" vom 27 ventôse an VIII, in DUVERGIER, "Collection complète des lois", Bd. 12, S. 151ff.

178) Deren Kompetenz endete bei 3 Tagen Gefängnisstrafe (s. o. A II 1a).

179) Art. 1er Les tribunaux ... criminels de département, et les tribunaux de police correctionnelle, sont supprimés ...

180) Während in der Phase des Direktoriums die Einteilung Frankreichs in Departements, Kantone und Kommunen erfolgte, sah das Konsulat die Gliederung in Departements, Arrondissements und Kommunen vor (MELCHIOR-BONNET, "Dictionnaire de la Révolution", S. 12).

181) art. 7. Les tribunaux de première instance connaîtront ... des matières de police correctionelle ...

182) Art. 8 - 11 regelten die Anzahl der Richter für die einzelnen Arrondissements.

183) art. 13. Il y aura près de chaque tribunal de première instance un commissaire du Gouvernement ...

184) art. 35. Il y aura près du tribunal criminel un commissaire du Gouvernement ... Il sera établi un substitut du commissaire dans les villes où le Gouvernement le croira utile.

In welcher Funktion die Regierungskommissare am Gericht eingesetzt wurden, regelte das Gerichtsorganisationsgesetz nicht. Allerdings war im Zusammenhang mit dem Berufungsgericht der folgenden Vorschrift inzident zu entnehmen, daß der Regierungskommissar als Funktionsträger der Staatsanwaltschaft angesehen wurde.

> Art. 26: *Im Falle der Verhinderung des Regierungskommissars und seiner Stellvertreter am Berufungsgericht, werden durch den zuletzt ernannten Richter die Funktionen der Staatsanwaltschaft umgehend erfüllt.*[185]

Noch eine weitere Vorschrift war in diesem Zusammenhang von Bedeutung, nämlich die für den Regierungskommissar am Revisionsgericht bestehende Möglichkeit, einen "Mitarbeiter der Staatsanwaltschaft" (commis de parquet[186]) zu benennen und abzusetzen.[187] Die Zugehörigkeit dieser Mitarbeiter zur Staatsanwaltschaft (parquet) war ein weiterer Hinweis darauf, daß der Regierungskommissar als Staatsanwalt fungieren sollte.

Zuletzt sei noch erwähnt, daß im Titel über das Revisionsgericht andeutungsweise die Aufgaben der Regierungskommissare umrissen wurden, nämlich zum einen die Gesetzeswächterfunktion[188] und zum anderen die des Anwalts für die Öffentlichkeit[189].

Hauptsächlich diente dieses Gesetz seiner Bezeichnung entsprechend der Neuordnung der Gerichte, die nicht nur neu besetzt wurden, sondern durch die neue Verwaltungsstruktur[190] teilweise neu eingeteilt wurden. Im Zusammenhang mit

---

185) Art. 26. En cas d'empêchement du commissaire du Gouvernement et des substituts près les tribunaux d'appel, les fonctions du ministère public seront momentanément remplies par le dernier nommé des juges.

186) "le parquet" umschrieb ursprünglich (14. Jh.) den Teil des Gerichtssaales, der sich hinter der Gerichtsschranke befand, also der Bereich, in dem sich die Richter und Rechtsanwälte aufhielten.
Später (16. Jh.) aber umschrieb dieser Begriff den der Staatsanwaltschaft vorbehaltenen Bereich des Gerichtssaales. Infolgedessen ist "le parquet" zum Synonym für die Staatsanwaltschaft geworden.

187) Art. 69. Il y aura un commis de parquet, nommé et révocable par le commissaire du Gounerment.

188) Art. 88. Si le commissaire du Gouvernement apprend qu'il ait été rendu en dernier ressort un jugement contraire aux lois et aux formes de procéder, ou dans lequel un juge ait excédé ses pouvoirs, ... il en donnera connaissance au tribunal de cassation ...

189) Art. 89. Le commissaire du Gouvernemnt sera entendu dans toutes les affaires; il sera chargé de défendre celles qui intéressent la République ...

190) Insbesondere die Neueinteilung der Departements in 3 bis 5 Arrondissements wirkte sich gerichtsorganisatorisch aus.

der Neubesetzung der Gerichte hatte man auch die Abschaffung des öffentlichen Anklägers insofern berücksichtigt, als sie unerwähnt blieben. Der öffentliche Ankläger gehörte weder zum Kriminalgerichtshof des Departements noch zu irgendeinem anderen Gericht.

2) Ergänzungsgesetz zur Strafprozeßordnung

Dieses Ergänzungsgesetz vom 27.1.1801[191] regelte nicht allgemein den gesamten Strafprozeß neu, sondern betraf nur das Vorverfahren. Entsprechend trug es den Titel "Gesetz bezüglich der Verfolgung von Verbrechen und Vergehen"[192]. Trotzdem aber war ihm zu entnehmen, daß - so wie es die Verfassung von 1799 vorgesehen hatte[193] - die Regierungskommissare die Aufgaben der öffentlichen Ankläger zu erfüllen hatten, indem Art. 1 bestimmte:

> *"Der Regierungskommissar, der die **Funktionen des öffentlichen Anklägers am Kriminalgerichtshof erfüllt**, soll an jedem Zivilgericht ... einen Stellvertreter haben, der mit Ermittlung und Strafverfolgung der Delikte betraut sein wird, deren Aburteilung in den Kompetenzbereich der Gerichte für Vergehen oder in den des Kriminalgerichtshofes fallen."*[194]

a) Der Regierungskommissar im Vorverfahren

Wie im folgenden zu sehen sein wird, agierte der Regierungskommissar im Vorverfahren hauptsächlich durch seinen Stellvertreter, der wie er selbst[195] durch den ersten Konsul Bonaparte nach Gutdünken ernannt und abgesetzt wurde.[196]

---

191) Loi du 7 pluviôse an IX, in DUVERGIER, "Collection complète des lois", Bd. 12, S. 361ff.

192) Loi relative à la poursuite des délits en matière criminelle et correctionnelle. Die Übersetzung der Termini "matière criminelle et correctionnelle" mit "Verbrechen und Vergehen" ist zwar nur sinngemäß, soll aber unterstreichen, daß man schon seinerzeit damit die Gesetzesüberschreitungen je nach Strafandrohung unterschied.

193) Art. 63 der Konsulatsverfassung (s. o. II).

194) Art. 1er. Le commissaire du Gouvernement faisant les fonctions d'accusateur public près le tribunal criminel, aura, près du tribunal civil de chaque arrondissement ... un substitut chargé de la recherche et de la poursuite de tous les délits dont la connaissance appartient soit au tribunal de police correctionnelle, soit aux tribunaux criminels.

195) Art. 41 der Konsulatsverfassung: Le premier consul ... il nomme et révoque à volonté ... les commissaires du Gouvernement près les tribunaux ...

196) art. 24. Le substitut du commissaire près le tribunal criminel est à la nomination du premier Consul, et révocable à sa volonté.

Die Aufgaben des stellvertretenden Regierungskommissars waren im Ergänzungsgesetz so umfassend, daß er im Vorverfahren eine führende Position einnahm. Nicht nur die Strafanzeigen Privater[197] wurden ihm zugeleitet, sondern auch die Anzeigen von Amts wegen, die von Friedensrichtern, Beamten der Gendarmerie, Bürgermeistern etc. stammten.[198] Er konnte sogar eine vorübergehende Festnahme verhängen[199], mußte dann aber innerhalb von 24 Stunden den Jurydirektor davon in Kenntnis setzen[200].
Letzterer war dann zwar für die Weiterführung des Ermittlungsverfahrens zuständig, allerdings konnte er keine Maßnahme ergreifen, ohne zuvor den Vertreter des Regierungskommissars gehört zu haben.[201]

Meinte der Jurydirektor ausreichend ermittelt zu haben, leitete er das an den Vertreter des Regierungskommissars weiter, der innerhalb von drei Tagen eine Stellungnahme mit einem entsprechenden Antrag abzugeben hatte.[202] Bestand Einigkeit zwischen Jurydirektor und dem vertretenden Regierungskommissar, erließ der Jurydirektor den entsprechenden Beschluß. Dieser konnte folgende Varianten beinhalten: Freilassung des Verdächtigten, Weiterverweisung an ein niedrigeres Gericht[203] oder Übergabe an die Anklagejury zwecks Anklagezulassung am Kriminalgerichtshof.[204] Sollte letzteres erfolgen, war es nicht mehr die Aufgabe des Jurydirektors, sondern die des stellvertretenden Regierungskommis-

---

197) Dahinter standen nicht nur die Anzeigen unbeteiligter Dritter, sondern auch auch die betroffener Bürger, die als private Partei mit anklagen konnten.

198) art. 3; 4 de la loi 7 Pluviôse an IX.
art. 6. Dans tous les cas, l'envoi soit des plaintes, dénonciations, procès-verbaux et déclarations, soit du prévenu, sera fait, sans délai, au substitut du commissaire près le tribunal criminel.

199) art. 7. Le substitut du commissaire près le tribunal criminel décernera contre le prévenu un mandat de dépôt ...

200) art. 7 ... il en avertira, dans les vingt-quatre heures, le directeur du jury ...

201) art. 12. Aucun acte de procédure et d'instruction ne sera fait par le directeur du jury, sans avoir entendu le substitut du commissaire près le tribunal criminel.

202) art. 15. Quand le directeur du jury trouve l'affaire suffisamment instruite, il en ordonne la communication au substitut du commissaire près le tribunal criminel, lequel est tenu, dans trois jours au plus, de donner ses réquisitions par écrit.

203) Nicht nur das Gericht für Vergehen (tribunal correctionnelle) kam in Frage, sondern auch das darunter stehende Polizeigericht (tribunal de simple police), das aus heutiger Sicht am ehesten mit einem für Ordnungswidrigkeiten zuständigen Gericht vergleichbar wäre.

204) art. 15 ... ensuite desquelles le directeur du jury rend une ordonnance par laquelle ... il met le prévenu en liberté, ou le renvoie devant le tribunal de simple police, ou devant le tribunal de police correctionnelle, ou devant le jury d'accusation.

sars, die Anklageschrift zu verfassen.[205] Der Jurydirektor hatte diese Anklageschrift nur noch der Anklagejury mitsamt den dazugehörigen Urkunden vorzulegen.[206]

Waren sich der Jurydirektor und der Vertreter des Regierungskommissars nicht einig, mußte das Gericht des Arrondissements innerhalb von 24 Stunden durch eine Art von Zwischenurteil entscheiden.[207] Wollte sich der Vertreter des Regierungskommissars dagegen wehren, konnte er zu diesem Zeitpunkt den Regierungskommissar am Kriminalgerichtshof einschalten, der die Abänderung des Zwischenurteils durch den Kriminalgerichtshof verlangen konnte.[208] Gegen das daraufhin ergehende Urteil des Kriminalgerichtshofes stand dem Regierungskommissar - wenn auch nur eingeschränkt - der Weg einer Revision offen.[209]

b) Regierungskommissar im Hauptverfahren

In dem oben beschriebenen Vorverfahren erschöpfte sich der Regelungsgehalt des Ergänzungsgesetzes, während das Hauptverfahren weiterhin in dem seit Oktober 1795 geltenden "Gesetzbuch über Verbrechen und Strafen"[210] geregelt war. Für den Regierungskommissar am Kriminalgericht hatte das zur Folge, daß mit dem Vorverfahren auch die Kompetenzen des stellvertretenden Regierungskommissars endeten und er selbst in Funktion trat.
Seine Aufgaben während des Hauptverfahrens bestanden zum einen in der Erfüllung der kommissarischen Funktion[211] und zum anderen in der des öffentlichen Anklägers[212].
Zwar war in der Konsulatsverfassung bestimmt worden, daß der Regierungskommissar die Funktionen des öffentlichen Anklägers in Zukunft erfüllen würde, aber deshalb hatte man nicht die gesamte Strafprozeßordnung umgestellt. Wo also die Strafprozeßordnung ein Handeln des öffentlichen Anklägers vorsah, hatte man dieses als Kompetenz des Regierungskommissars zu verstehen.

---

205) art. 20. L'acte d'accusation est dressé par le substitut du commissaire près le tribunal criminel ...

206) art. 20 ... le directeur du jury en fait lecture aux jurés en sa présence, ainsi que de toutes les pièces qui y sont relatives.

207) art. 16. Dans tous les cas où l'ordonnance n'est pas conforme aux réquisitions, l'affaire est soumise au tribunal de l'arrondisement ...

208) art. 18. Si le commissaire près le tribunal criminel est de l'avis du jugement ... dans le cas contraire, il en réfère au tribunal criminel, qui peut réformer le jugement ...

209) art. 19. Le commissaire près le tribunal criminel peut se pourvoir en cassation contre ce jugement du tribunal criminel ...

210) vgl. oben A II.

211) vgl. oben A II 2.

212) vgl. oben A II 3.

Das hatte zur Konsequenz, daß auch die Vertretung der öffentlichen Partei vor Gericht Angelegenheit der Regierungskommissare wurde.

C) Funktionsbewertung der Regierungskommissare

Im Verlauf einer abschließenden Bewertung der Funktionen, die die Regierungskommissare erfüllten, wird folgendes deutlich:

- Die Regierungskommissare am Kriminalgerichtshof übernahmen die Funktionen der Exekutivkommissare am Kriminalgerichtshof, waren aber doch mehr als nur deren Nachfolger.
- Sie übernahmen ebenso die Funktionen der öffentlichen Ankläger, waren aber auch mehr als nur deren Nachfolger.

Vielmehr übernahmen die Regierungskommissare sowohl die kommissarischen Funktionen als auch die Aufgaben der öffentlichen Ankläger am Kriminalgerichtshof, und spielten zusätzlich durch ihre Vertreter eine führende Rolle in der Strafverfolgung. Auf diese Weise fiel ihnen während des gesamten Verfahrensverlaufs eine gewichtige Rolle zu, die mehr als nur die gemeinsame Nachfolge der öffentlichen Ankläger und der Kommissare bedeutete.

I) Rekonstituierung oder Refusionierung?

Sowohl ESMEIN[213] als auch FELDHAUSEN[214] sprachen von der *"Wiedererrichtung der Staatsanwaltschaft"*. Beide spielten bei dieser Einschätzung zwar auf die Funktionsvereinigung von öffentlicher Anklage mit den kommissarischen Aufgaben an. Mit ihrer Wortwahl *"Rekonstitution"* setzten sie aber nicht nur voraus, daß es die Institution der Staatsanwaltschaft schon einmal gegeben hatte, sondern auch deren spätere Abschaffung.

1) Die Staatsanwaltschaft - eine neue alte Institution

In der Verwendung des Begriffs **Re**konstitution steckte also bereits die Annahme, daß es sich nach Ansicht von ESMEIN und FELDHAUSEN um die Einrichtung einer bereits bekannten Institution handelte. Allerdings gingen beide darauf nicht näher ein und untermauerten ihre These nicht weiter.

Deshalb bleibt hier zu erörtern, inwieweit die 1799 errichtete Institution der Staatsanwaltschaft schon einmal existierte und wann und wodurch sie gegebenenfalls abgeschafft worden sein könnte.

---

213) "reconstitution du ministère public" ("Histoire", S. 451).

214) in "Geschichte der Strafprozeßrechts in Frankreich", S. 111.

a) Die königlichen Prokuratoren

Als potentielle Vorgänger kommen die königlichen Prokuratoren in Betracht. Bereits im ersten Teil des vorliegenden Beitrags blieb nach intensivem Studium der Funktion der königlichen Prokuratoren im Inquisitionsprozeß kein Zweifel mehr daran, daß der königliche Prokurator nicht nur als Strafverfolgungsorgan fungierte, sondern auch als "eigenständiges Prozeßorgan"[215]. Bestätigt wurde dieses in der Enzyklopädie, die die königlichen Prokuratoren als diejenigen definierten, die als "öffentliche Partei" vor Gericht für das öffentliche Interesse eintraten.[216] Diese Funktion der Vertretung öffentlicher Interessen bzw. diejenigen, die diese Funktion der öffentlichen Partei erfüllten, definierte die Enzyklopädie wiederum als "ministère public"[217], üblichlicherweise als "Staatsanwaltschaft" übersetzt.
Knüpft man also nun als Vorgänger der Staatsanwaltschaft an die Institution der Prokuratoren an, stellt sich die Frage, ob erst die 1799 institutionalisierten Regierungskommissare die Nachfolge dieser königlichen Prokuratoren antraten oder ob sie am Ende einer längeren Entwicklungskette standen, deren letztes Bindeglied sie waren. Denkbar wäre aber auch, daß die königlichen Prokuratoren mit der Abschaffung des Königs ohne Nachfolger untergingen.

b) Die königlichen Kommissare

Inwieweit von einer kontinuierlichen Entwicklung gesprochen werden kann oder von einem klaren Bruch, hängt davon ab, wie man den Übergang von den königlichen Prokuratoren zu den königlichen Kommissaren bewertet.
Diese nämlich übernahmen mit der Gerichtsverfassung vom August 1790 die Funktionen der königlichen Prokuratoren[218]. Ihre im Gesetz festgelegte Hauptfunktion bestand darin, "bei den zu fällenden Urteilen die Beachtung der Gesetze durchzusetzen, die die allgemeine Ordnung betreffen und die Urteile vollstrecken zu lassen"[219].

---

215) vgl. 2. Kapitel B I 3).

216) "Encyclopédie", Bd. XXIV, Artikel "Parties", S. 329: "Partie publique, c'est lui qui est chargé de l'intérêt public, tels sont ... les procureurs ..."(s. o. 6. Kap. C II 1).

217) "Encyclopédie", Bd. XXI, Artikel "ministère", S. 894: "Ce terme pris dans une étroite signification, veut dire service ou emploi public, fonction publique. Mais on entend plus ordinairement par ce terme, ceux qui remplissent la fonction de partie publique ... Le ministère public requiert tout ce qui est nécessaire pour l'intérêt du public ... (s. o. 6. Kap. C II 1).

218) Titel VIII, Art. 1 d. Gerichtsverfassung v. August 1790:
Die Beamten der Staatsanwaltschaft ... tragen die Amtsbezeichnung "Kommissare des Königs".

219) Titel VIII, Art. 1 d. Gerichtsverfassung v. August 1790 (10. Kap. B I).

Ausdrücklich ausgenommen wurde allerdings die Funktion der öffentlichen Anklage[220], die ein Jahr später in der Strafprozeßordnung vom September 1791 dem öffentlichen Ankläger zugewiesen wurde[221].
Bei der öffentlichen Anklage handelte es sich aber keineswegs nur um eine nebensächliche Zusatzfunktion, sondern um eine zentrale Aufgabe. Man muß deshalb zunächst zu dem Schluß kommen, daß die königlichen Kommissare zumindest nicht allein die Nachfolge der königlichen Prokuratoren antraten, sondern nur gemeinsam mit den öffentlichen Anklägern.

2) Stellenwert der öffentlichen Anklage für die StA

An die Feststellung, daß die königlichen Kommissare die Nachfolge der königlichen Prokuratoren nicht allein antraten, sondern nur gemeinsam mit den öffentlichen Anklägern, schließen sich konsequenterweise folgende Frage an:
Hat die Abspaltung der Anklagefunktion von den Aufgaben der königlichen Kommissare deren Funktion so nachhaltig beeinflußt, daß sie einen anderen Stellenwert erhielten? Konnten die königlichen Kommissare, so wie es der Gesetzestext vorsah, als Staatsanwaltschaft fungieren, obwohl ihnen die Anklagefunktion genommen wurde? Gibt es überhaupt eine Staatsanwaltschaft ohne Anklagefunktion?

a) Nach Auffassung der Gesetzesautoren

Zweifellos waren die Gründer der neuen Prozeßordnung der Auffassung, daß es auch eine Staatsanwaltschaft ohne Anklagefunktion gebe.
Dieses läßt sich zu einen am Gesetzestext selbst mit Leichtigkeit ablesen, weil die königlichen Kommissare als die Beamten der Staatsanwaltschaft bezeichnet wurden, die nicht als öffentliche Ankläger fungierten.
Zum anderen ist erneut die Rede THOURETs vom August 1790[222] heranzuziehen. In deren Verlauf hatte er so vehement die bisherige Übertragung der Anklagefunktion an die Staatsanwaltschaft gerügt, daß in der kurz darauf verabschiedeten Gerichtsverfassung die Trennung der öffentlichen Anklage von der Staatsanwaltschaft verankert wurde.[223] Sein Hauptargument betraf die Rechtsnatur der öffentlichen Anklage, die er, ohne zu zögern, als "volkseigene Funktion" (fonction

220) Titel VIII, Art. 4: Die königlichen Kommissare fungieren ***keinesfalls*** als öffentliche Ankläger ... (10. Kap. B I).

221) Part. II, tit. IV, art. 1, Satz 1: Der öffentliche Ankläger hat die Aufgabe, die Delikte zu verfolgen, die von den ersten Geschworenen zur Anklage zugelassen wurden ... (11. Kap. B II 3b).

222) s. dazu Exzerpt im 10. Kap. B II 1).

223) s. o. 10. Kapitel B I.

populaire) einstufte[224]. Infolgedessen müsse diese Funktion einem Volksvertreter übertragen werden, keinesfalls aber einem Regierungsvertreter, der nichts anderem gehorchte als dem Antrieb der Regierung.
Gegenstimmen hatten ihm zwar seinerzeit die totale Aushöhlung des staatsanwaltlichen Amtes vorgeworfen[225], fanden allerdings keine Beachtung.
So galten die königlichen Kommissare als Beamte der Staatsanwaltschaft, ohne die Funktion der öffentlichen Anklage auszuüben.

b) eigene Stellungnahme

So konsequent und logisch die Argumentation THOURETs auch gewesen sein mag, bedarf sie trotzdem einer Erläuterung.
Wie bereits oben in der Stellungnahme zu THOURETs Rede ausgeführt[226], hatte er offensichtlich die Konfusion öffentlicher mit königlichen Interessen vor Augen. Solange der König oberster Chef der Exekutive blieb, war klar, daß die Staatsanwaltschaft als Exekutivbehörde königlichen Interessen zu dienen hatte. Einleuchtend war insofern THOURETs Schlußfolgerung, als die öffentliche Anklage als volkseigene Funktion nicht von einer durch königliche Interessen gelenkten Institution ausgeübt werden sollte.
Nahe liegt es nun zu hinterfragen, ob mit dieser Ausgliederung der öffentlichen Anklage aus dem staatsanwaltlichen Aufgabenbereich eine so wesentliche Funktion betroffen worden war, daß der zurückbleibende Aufgabenteil nicht mehr charakteristisch für eine Staatsanwaltschaft hätte sein können. Unter Hinweis darauf, daß die königlichen Kommissare weiterhin als Gesetzeswächter und Vollstrecker dienten und eine Kontrollfunktion über die Richter übernahmen[227], ist eine Abschaffung der Staatsanwaltschaft zu verneinen.
Daran anschließend ist zu überlegen, ob nicht letztlich die Kommissare mit den öffentlichen Anklägern gemeinsam die Aufgabe der Staatsanwaltschaft übernahmen. Auch wenn die Gerichtsverfassung von 1790 ausdrücklich bestimmte, daß nur die königlichen Kommissare die Beamten der Staatsanwaltschaft seien, schließt das nicht aus, daß die öffentlichen Ankläger zumindest ein Aufgabengebiet der Staatsanwaltschaft übernahmen.
Die Zuweisung der Anklagefunktion an ein anderes Organ als dem königlichen Kommissar hatte nicht gleich den Untergang der Staatsanwaltschaft zur Folge, sondern eine - wenn auch erhebliche - Kompetenzminderung, die zu einer deutlichen Schwächung führte.

---

224) ... ich prüfe, was die öffentliche Anklage von ihrer Natur aus ist, und ich zögere nicht zu betonen, daß es eine volkseigene Funktion ist (10. Kap. B II 1d).

225) s. dazu im 10. Kapitel (unter B III 1a).

226) im 10. Kap. B II 2c).

227) s. dazu im 11. Kap. B II 4).

Dieser Zustand änderte sich kurzfristig für die Phase der Jakobinerherrschaft, während der der öffentliche Ankläger auch die kommissarischen Aufgaben am Kriminalgerichtshof erfüllte[228] und vorübergehend die staatsanwaltlichen Aufgaben in vollem Umfang zu erfüllen hatte.
Aber schon der Code de Brumaire vom Oktober 1795 machte dieses rückgängig, so daß die staatsanwaltlichen Funktionen wieder getrennt und von zwei unterschiedlichen Organen ausgeführt wurden, nämlich den Exekutivkommissaren und den öffentlichen Anklägern.
Mit deren beider Ablösung durch die Regierungskommissare im Jahre 1799 wurden dann endgültig die staatsanwaltlichen Funktionen, die über mehrere Jahre von zwei unterschiedlichen Organen ausgeführt wurden, in den Verantwortungsbereich eines einzigen Organs gelegt.
Die alleinige Zuständigkeit des Regierungskommissars bedeutete folglich keine **Rekonstituierung** der Staatsanwaltschaft, sondern eine **Refusionierung** staatsanwaltlicher Aufgaben.
War man bisher der Ambivalenz staatsanwaltlicher Aufgaben entgegengetreten, indem man unterschiedlichen Organen die Aufgaben zuwies, setzte man sich nach 1799 darüber hinweg, um diese Institution als wirksames Machtinstrument einsetzen zu können.

II) Umkehrung der Doktrin

Die Vereinigung staatsanwaltlicher Funktionen beleuchtete HELIE aus einem anderem Blickwinkel. Er bewertete sie als "Umkehrung der Doktrin der Constitutante", die zu einer Zusammenführung zweier inkompatibler Funktionen geführt habe.[229]

1) Inhalt der Doktrin

Um die Richtigkeit dieser Aussage bestätigen zu können, bedarf es eines kurzen Rückblicks in vorhergehende Kapitel. In deren Verlauf konnte anhand der Sitzungsprotokolle herausgearbeitet werden, welche Grundsätze die Abgeordneten der Constituante[230] bei der Erarbeitung der Verfassung und der Gerichtsverfassung zugrundelegten.

---

228) s. dazu im 12. Kap. B I.

229) "Traité de l'instruction criminelle", Bd. II, S. 119f.

230) Zur Erinnerung sei nochmals darauf verwiesen, daß in der Zeit von 1789-1799 die Nationalversammlung (assemblée nationale) unterschiedliche Bezeichnungen trug (4. Kapitel C IV):
Juli 89 - Sept. 91 : verfassungsgebende Versammlung (Constituante)
Okt. 91 - Sept. 92: gesetzgebende Versammlung (assemblée nat. législative)
Sept. 92 - Aug. 95: Nationalkonvent (la Convention)

a) verfassungsrechtliche Ebene

Wie im 6. Kapitel detailliert erläutert, wurde die Institution des öffentlichen Anklägers erstmals in der Verfassung von 1791 im III. Titel, Kapitel V verankert.[231]

Allein durch die Einführung in die Verfassung - anstatt nur in einfachem Ge setz - wurde dem öffentlichen Ankläger eine nicht zu unterschätzende Bedeutung zuteil. Da eine Normenhierarchie bereits galt[232], konnte ohne Einhaltung der restriktiven Vorschriften für eine Verfassungsänderung die Institution des öffentlichen Anklägers nicht abgeschafft werden.

Mit der Regelung im V. Kapitel gehörte der öffentliche Ankläger außerdem unmißverständlich der judikativen Gewalt an, da dieses Kapitel die Überschrift "Über die judikative Gewalt" trug.

THOURET zog in seiner schon häufig zitierten Rede vom August 1790 den Schluß, daß es verfassungswidrig sei, die Funktion der öffentlichen Anklage der Exekutive zu überlassen.[233]

Daraus ergab sich logischerweise die Konsequenz, daß der König keinerlei Einfluß auf die Ernennung der öffentlichen Ankläger haben konnte, da er, nach 1789 Staatsoberhaupt von Volkes Gnaden[234], auch oberster Chef der Exekutive war[235].

Die Ernennung des öffentlichen Anklägers durch das Volk war dann aber die Konsequenz aus der Annahme, daß es sich um eine volkseigene Funktion (fonction populaire) handele. Da man eine Popularanklage für unpraktikabel hielt, sollte ein Vertreter des Volkes für die Öffentlichkeit vor Gericht agieren, aller-

---

bis Dez. 1799: Conseil des Cinq-Cents + Conseil des Anciens.

231) V. Kapitel (Du pouvoir judiciaire) Art. 2: Das Recht wird unentgeltlich durch Richter gesprochen. Die Richter sind auf Zeit vom Volk gewählt ... Der öffentliche Ankläger wird vom Volk ernannt.

232) 6. Kap. D I.

233) ARCHIVES PARL., 1ère série, Sitzung v. 4. Aug. 1790, Bd. XVII, S. 609: "Ihr Verfassungsausschuß ... verdankte Ihnen, meine Herren, diese Beobachtungen über die Natur und den Effekt der öffentlichen Anklage: daraus hat er geschlossen, daß es zunächst von der Natur dieser Funktion aus verfassungswirdrig wäre, sie der ausführenden Gewalt anzuvertrauen, und außerdem gefährlich wegen der Schwere des politischen und moralischen Einflusses ... dem Prinzip treu, werden Sie vermeiden, eine ihrer Natur nach total volkseigene Funktion in den exekutiven Machtbereich hineinzudrängen" (s. dazu 10. Kap. B II 1e).

234) Art. 3 déclaration de droits de l'homme: Le principe de toute souveraineté réside essentiellement dans la Nation.

235) Tit. III, Chap. IV Art. 1er d. Const. 1791: Le pouvoir exécutif réside exclusivement dans la main du Roi ...

dings erst nach Zulassung der Anklage durch eine Jury[236]. Auf diese Weise wurde durch die Geschworenen der Anklagejury eine gewisse Volksnähe bewahrt.

b) einfachgesetzliche Ebene

Aber nicht nur in der Verfassung, sondern auch auf einfachgesetzlicher Ebene trat die Doktrin der Constituante zutage. Sowohl die Gerichtsverfassung vom August 1790 als auch die neue Strafprozeßordnung vom September 1791 übernahmen die in der Verfassung verankerte Konzeption.
Sauber trennte man die Aufgaben des öffentliche Anklägers von denen der Kommissare, die offiziell als die Nachfolger der Staatsanwaltschaft bezeichnet wurden.
Der öffentliche Ankläger, keinesfalls als Ermittler tätig, aber doch als Kontrolle über die ermittlenden Polizeibeamten eingesetzt, sollte die Interessen der Gesellschaft vor Gericht verteidigen, indem er die von der Polizei ermittelten Tatsachen vor Gericht bewies und den Täter der Tat überführte. Die Position, die der öffentliche Ankläger dabei einnahm, war die einer dem Gericht zugehörigen Prozeßpartei.[237]
Die königlichen Kommissare hingegen fungierten als "Gesetzeswächter"[238], die als Vertreter der Exekutive vor Gericht dem Gesetz dauerhafte, regelmäßige und korrekte Geltung verschaffen sollten.[239]

Während also die königlichen Kommissare als die Beamten der Staatsanwaltschaft generelle Gesetzeswächterfunktion innehielten, und als Vertreter der Exekutive bei Gericht fungierten, sollte die Aufgabe der öffentlichen Ankläger darin bestehen, im konkreten Fall für die Öffentlichkeit vor Gericht als Prozeßpartei auftreten.

2) Abkehr von der Doktrin

Setzt man dieser oben dargestellten Konzeption Art. 63 der Konsulatsverfassung entgegen, der bestimmte, daß die Funktion des öffentlichen Anklägers am Kri-

---

236) Tit. III, Chap. V art. 9: En matière criminelle, nul citoyen ne peut être jugé que sur une accusation reçue par des jurés ...

237) 11. Kap. B II 3a.

238) DUPORT verwendete Sitzung v. 27. Nov. 1790 wörtlich den Ausdruck "conservateur des formes essentielles de la justice" (ARCHIVES PARL., 1ère série, Bd. XXI, S. 50; s. dazu 11. Kap. B II 4b cc).

239) So sagte CHABROUD in einer Rede anläßlich der neuen Gerichtsverfassung am 30. Mrz. 1790 (ARCHIVES PARL., 1ère série, Bd. XII, S. 447, s. dazu 6. Kap. C I): "Sie begleiten ... die Gerichte, um dem Gesetz dauerhafte Geltung zu verschaffen, um Delikte, die das Gesetz verletzen, vor Gericht zu bringen, um die saubere Beachtung des Gesetzes aufrechtzuerhalten."

minalgerichtshof durch den Regierungskommissar erfüllt würde, ist der Wechsel nicht sofort offensichtlich. Deutlicher wird er dann allerdings, wenn sich in Art. 41 der Konsulatsverfassung klärt, daß der Erste Konsul Bonaparte nach Gutdünken die Regierungskommissare ernennen und absetzen konnte. Wenn sich auch die Exekutive aus drei Konsuln zusammensetzte, spielten der 2. und 3. Konsul wegen bloß beratender Funktion eine nur untergeordnete Rolle, während Bonaparte als erster Konsul eine Fülle von Vollmachten erhielt.[240]

Damit war die Bedeutung von Art. 63 der Verfassung klar. Mit der Übertragung der Anklagefunktion an die Regierungskommissare, geriet sie in den alleinigen Machtbereich des Ersten Konsuls, der letztlich die exekutive Gewalt allein kontrollierte und mit der Kontrolle über die Anklagefunktion über ein effektives Machtinstrument verfügte.

Diese Kontrollmöglichkeit war nicht nur vorübergehend, sondern wurde auch auf einfachgesetzlicher Ebene verankert. Selbst als 1811 die neue Strafprozeßordnung (code d'instruction criminelle) in Kraft trat, wurde zwar die Umbenennung der Regierungskommissare in Prokuratoren[241] vorgenommen, die Funktionsvereinigung von öffentlicher Anklage mit den kommissarischen Aufgaben blieb jedenfalls dauerhaft bestehen.[242]

Die verfassungsrechtlich als Judikative verankerte Institution des öffentlichen Anklägers, der mit demokratischer Legitimation in deutlicher Abgrenzung zu den Kommissaren die volkseigene Funktion der Anklage vertretungshalber für die Öffentlichkeit vor Gericht ausüben sollte, gab es nicht mehr. Stattdessen wurde diese Funktion eingegliedert in den Aufgabenbereich der von Bonaparte ernannten und kontrollierten Regierungskommissare.

---

240) eingehender dazu im 7. Kap. V.

241) Die Regierungskommissare am Schwurgericht nannte man dann "procureurs généraux" (art. 217 code d'instruction criminelle; abgedr. in HAEBERLIN, "Sammlung", S. 29), an den unteren Gerichten "procureurs impériaux" (art. 22 code d'instruction criminelle; ibidem, S. 7).

242) Inwieweit Vergleiche zwischen den königlichen Prokuratoren des ancien régime und den napoleonischen Prokuratoren zulässig sind, muß im Rahmen dieser Arbeit offen bleiben, da sie zunächst ein intensives Studium des code d'instruction criminelle und weiterer Quellen erforderten. Zumindest ESMEINs Bemerkung (in "Histoire", S. 481: "Le ministère public **reprenait** ses anciens titres.") läßt diverse Rückschlüsse zu.

Nicht die geringste Kleinigkeit der Doktrin der Constituante war übrig geblieben, quasi so, als habe sie nie existiert. Sämtliche Überlegungen, die die Abgeordneten angestellt hatten, wurden einfach ignoriert. 10 Jahre Prozeßrechtsgeschichte wurden für nichtig erklärt mit dem einzigen Satz:

"Die Funktion des öffentlichen Anklägers am Kriminalgerichtshof wird durch den Regierungskommissar erfüllt."[243]

243) Titre V, art. 63 der Konsulatsverfassung: "La fonction d'accusateur public près un tribunal criminel, est remplie par le commissaire du Gouvernement.

Zusammenfassung

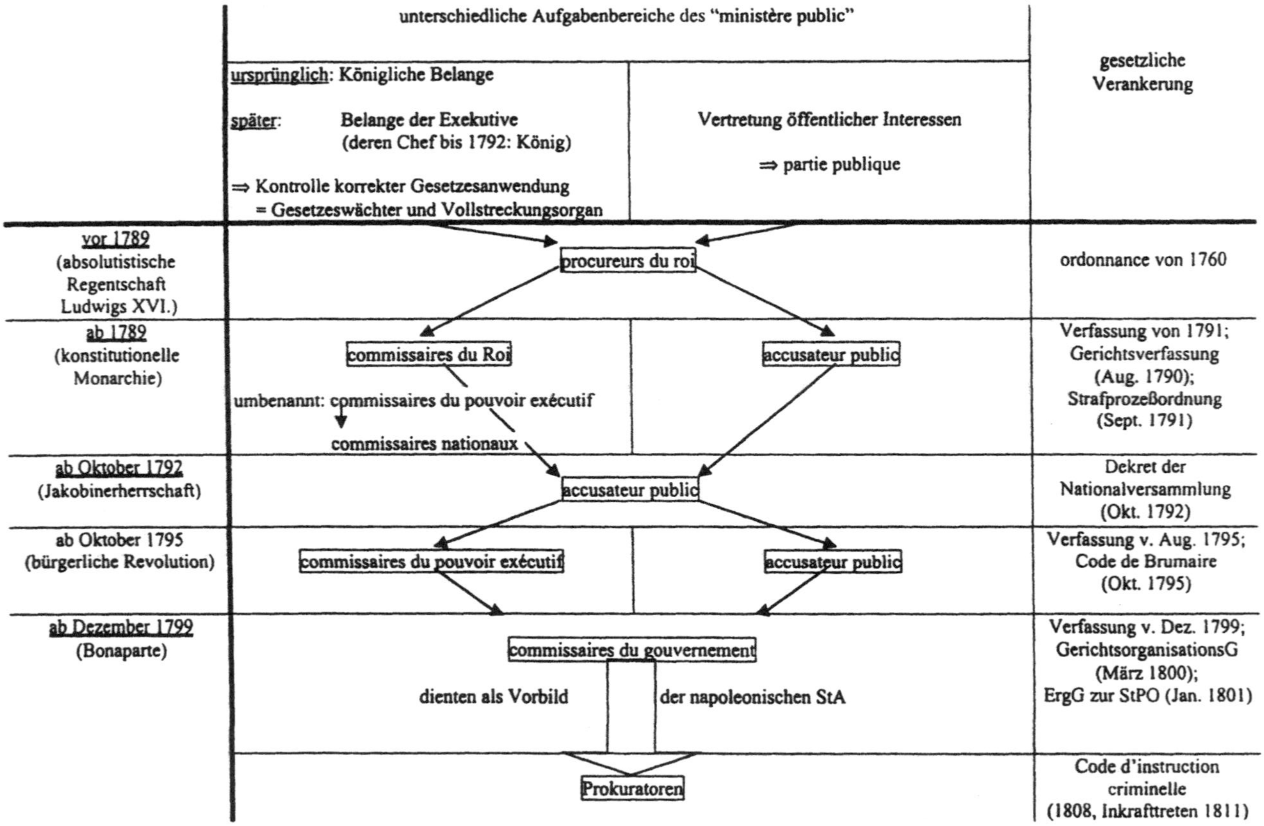
unterschiedliche Aufgabenbereiche des "ministère public"
gesetzliche Verankerung
ursprünglich: Königliche Belange
später: Belange der Exekutive (deren Chef bis 1792: König)
⇒ Kontrolle korrekter Gesetzesanwendung = Gesetzeswächter und Vollstreckungsorgan
Vertretung öffentlicher Interessen
⇒ partie publique
vor 1789 (absolutistische Regentschaft Ludwigs XVI.)
procureurs du roi
ordonnance von 1760
ab 1789 (konstitutionelle Monarchie)
commissaires du Roi
accusateur public
umbenannt: commissaires du pouvoir exécutif
commissaires nationaux
Verfassung von 1791; Gerichtsverfassung (Aug. 1790); Strafprozeßordnung (Sept. 1791)
ab Oktober 1792 (Jakobinerherrschaft)
accusateur public
Dekret der Nationalversammlung (Okt. 1792)
ab Oktober 1795 (bürgerliche Revolution)
commissaires du pouvoir exécutif
accusateur public
Verfassung v. Aug. 1795; Code de Brumaire (Okt. 1795)
ab Dezember 1799 (Bonaparte)
commissaires du gouvernement
dienten als Vorbild
der napoleonischen StA
Verfassung v. Dez. 1799; GerichtsorganisationsG (März 1800); ErgG zur StPO (Jan. 1801)
Prokuratoren
Code d'instruction criminelle (1808, Inkrafttreten 1811)

Seinen Vortrag über den Staatsanwalt in der Braunschweiger Justizgeschichte begann KINTZI mit einem Zitat von Horaz: "Die Geschichte handelt von dir, nur der Name ist geändert."
KINTZI fügt hinzu, er habe bei seiner Materialsuche festgestellt, daß "mancher Gedanke schon früher gedacht, manche Forderung schon früher erhoben, manche Reform schon früher in Angriff genommen worden ist".[244]

Diese Worte spiegeln im Grunde genau das wieder, was die vorliegende Untersuchung ergeben hat.

1. Die Staatsanwaltschaft ist kein "Kind der Revolution", da ihr Grundstein in Frankreich in der Institution der Prokuratoren bereits im 14. Jahrhundert gelegt wurde.

Ursprünglich dienten die Prokuratoren des Königs als dessen Vertreter vor Gericht ausnahmslos königlichen Interessen. Im Vordergrund standen vornehmlich die Einziehung von Geldbußen und Konfiskationen, eine der Haupteinnahmequellen des Königs.
Da sich das Königtum zunehmend zum Träger der öffentlichen Sicherheit entwickelte, gewannen mit zunehmender Macht des Königs auch seine Prokuratoren öffentliche Bedeutung.
Die ständig zunehmende Zahl der königlichen Vertreter, die seit 1302 einen beamtenähnlichen Status verliehen bekamen, machten eine Hierarchisierung und Bürokratisierung notwendig. So entwickelten sich die königlichen Prokuratoren zu Staatsprokuratoren, die in einer hierarchisierten Staatsbehörde organisiert wurden.
Ihre dominierende Stellung im Strafverfahren nahmen sie etwa ab dem 17. Jahrhundert ein, nachdem ihnen in der Ordonnanz von 1670 entsprechende Funktionen zugeteilt worden waren.
Die Bewertung ihrer Aufgaben ergab, daß sie die Position eines eigenständigen Prozeßorgans als "öffentliche Partei" (partie publique) einnahmen, die für die Vertretung öffentlicher Interessen vor Gericht eintraten. Sie sollten aber auch kontrollierende Funktion gegenüber den Richtern ausüben, damit diese als Vertreter des Königs das Recht korrekt anwendeten.
Genau diese Staatsbehörde bezeichnete man bereits vor der Revolution mit dem Begriff "ministère public", heute üblicherweise mit "Staatsanwaltschaft" übersetzt, wörtlich aber "Dienststelle für öffentliche Angelegenheiten". Trotz der Abhängigkeit vom König und trotz ihrer Entstehung aus königlichen Vertretern agierte die Staatsanwaltschaft auch für die Öffentlichkeit, da es einen Unterschied öffentlicher und königlicher Belange in einem absolutistischen Staatsgefüge nicht gab.

---

244) DRiZ 1988, 86ff.

2. Die Revolution hinterließ sichtbare Spuren, indem sie eine Teilung staatsanwaltlicher Funktionen vornahm. Anstelle der königlichen Prokuratoren agierten nach 1789 königliche Kommissare und öffentliche Ankläger am Gerichtshof.

Die öffentliche Anklage wurde einem vom Volk gewählten öffentlichen Ankläger (accusateur public) übertragen, der vor Gericht die Rolle einer Prozeßpartei für die Öffentlichkeit (partie publique) übernahm. Der Verfassung zufolge gehörte der öffentliche Ankläger der Judikative an und wurde vom Volk direkt ernannt, da er mit der Anklage für die Öffentlichkeit eine Funktion des Volkes (fonction populaire) übernahm.
Die Funktion des Gesetzeswächters während des gesamten Verfahrens, einschließlich der Rechtsmittelbefugnis, und die Aufgabe des Urteilsvollstreckers waren dagegen den königlichen Kommissaren anvertraut, die vom obersten Chef der Exekutive, dem König, ernannt wurden.

3. Der Trennung staatsanwaltlicher Funktionen lagen zwei unterschiedliche Argumente zugrunde: Gewaltenteilung und Interessenskollision.

In der Nationalversammlung ging der Funktionstrennung eine intensive Debatte voraus, aus der die Ausführungen THOURETs vom 4. August 1790 deutlich hervorstachen.
Er prangerte zum einen die Doppelrolle der bisherigen Staatsanwaltschaft an, die gleichzeitig als Gesetzeswächter und öffentliche Partei im Prozeß fungieren sollte. Während nämlich die erstgenannte Funktion dem exekutiven Bereich zuzuordnen sei, handele es sich bei der Vertretung der Öffentlichkeit vor Gericht um eine judikative Aufgabe. Als Teil der Exekutive dürfe die Staatsanwaltschaft keine anderen Funktionen ausführen als gesetzesvollziehende Aufgaben.
Zum anderen wies er darauf hin, daß die Staatsanwaltschaft, eigentlich eine Dienststelle für öffentliche Angelegenheiten, nicht im Dienst des Volkes handele, sondern nunmehr im Dienst des Königs stehe, dem obersten Chef der Exekutive.
Vor 1789 war der König als Souverän des Staates für die Bewahrung des öffentlichen Interesses verantwortlich und hatte sich zum Zweck dieser Aufgabenerfüllung dieser Dienststelle für öffentliche Angelegenheiten bedient. Mit Einführung der Volkssouveränität wurde es aber Sache des Volkes, für das öffentliche Interesse einzutreten, während dem König als Chef der Exekutive nur noch gesetzesvollziehende Aufgaben oblagen.
Trotzdem wollte THOURET die Dienststelle für öffentliche Angelegenheiten (le ministère public) beibehalten, die der König vor 1789 zwecks Bewahrung öffentlicher Interessen eingeführt hatte, aber unter dem neuen Vorzeichen der Volkssouveränität. Das hatte zur Folge, daß die Funktionen, die nunmehr dem Volk (fonction populaire) oblagen, ausgegegliedert werden mußten, da es sonst zu Interessenskonflikten kommen würde. Zu den ausschließlich dem Volk oblie-

genden Funktionen zählte THOURET die Erhebung der öffentlichen Anklage, die zukünftig von öffentlichen Anklägern erfüllt wurde.

4. Da die Funktionsteilung zu einer Schwächung der Institution Staatsanwaltschaft führte, hoben die Jakobiner diese Funktionsteilung auf, indem sie den öffentlichen Anklägern die gesamten staatsanwaltlichen Funktionen anvertraute.

Die Aufhebung der Funktionsteilung hatte allerdings verheerende Folgen, weil der Wohlfahrtsausschuß, dem der Nationalkonvent legislative und exekutive Funktion übertragen hatte, damit ein effektives Kontrollinstrument der Judikative in den Händen hielt. Gezielt konnten die Mitglieder des Wohlfahrtsausschusses den von ihnen zu ernennenden öffentlichen Ankläger als Handlanger einsetzen.

5. Mit dem Sturz Robespierres begann die Phase der bürgerlichen Republik, während derer die Gesetzeswächterfunktion von der Anklagefunktion erneut getrennt wurde. Neben dem vom Volk zu ernennenden öffentlichen Anklägern standen nun Exekutivkommissare.

Wie schon die Bezeichnung vermuten läßt, wurden die Exekutivkommissare - wie einst die königlichen Kommissare - von der Exekutive ernannt. Ihre Aufgaben bestanden darin, über die Einhaltung der Gesetze während des gesamten Strafverfahrens zu wachen, in Anwendung des Gesetzes die konkrete Strafe zu beantragen, eventuelle Rechtsmittel einzulegen und für die Vollstreckung der Strafe zu sorgen. Die öffentlichen Ankläger hingegen, durch das Volk legitimiert, erfüllten die Funktion der öffentlichen Partei vor Gericht.

6. Mit der neuen Verfassung im Dezember 1799 wurde endgültig die Trennung der Anklagefunktion vom Gesetzeswächteramt aufgehoben und die Institution des öffentlichen Anklägers sollte für immer verschwinden. Das war die Geburtsstunde der modernen Staatsanwaltschaft.

Mit der Abschaffung des öffentlichen Anklägers verschwanden allerdings nicht die dogamtischen Probleme, deretwegen seinerzeit die Funktionstrennung vollzogen worden war, nämlich die Vereinigung exekutiver und judikativer Aufgaben in einem Amt, das - richtig eingesetzt - zum effektiven Machtinstrument werden konnte.
Die Frage, inwieweit dieses Napoleon gelungen ist, und wie stark dieses Machtkalkül die Regierungen der deutschen Partikalarstaaten beeinflußte, stellt eine weitere wissenschaftliche Herausforderung dar, die im Rahmen dieser Arbeit offenbleiben muß.

Als Schlußthese dieser Arbeit ist festzuhalten:

Die Ambivalenz staatsanwaltlicher Funktionen und ihre Zwitterstellung zwischen Exekutive und Judikative liegen in ihrem Ursprung verborgen. Die Vorgänger der Staatsanwaltschaft, die Prokuratoren des Königs, fungierten in einem absolutistischen Staatsgefüge ohne Gewaltenteilung. Dieses spiegelte sich wider in ihrem Aufgabenbereich und in ihrer Abhängigkeit vom König, der das öffentliche Interesse bestimmte.

Mit Übernahme dieser Institution der Prokuratoren in ein Staatsgefüge mit Dreigewaltenteilung und einer Volkssouveränität wurden 1790 Angleichungsmaßnahmen notwendig. Durch die Ausgliederung der öffentlichen Anklage versuchte man die vom ancien régime geprägte Institution anzupassen.
Obwohl oder gerade weil die Refusionierung staatsanwaltlicher Aufgaben 1792-1795 so verheerende Folgen hatte, indem die Jakobiner mit dem öffentlichen Ankläger über ein schlagkräftiges Machtinstrument verfügten, wurde 1799 diese 1790 beschlossene Trennung staatsanwaltlicher Aufgaben für immer rückgängig gemacht. Insofern kann man mit Abschaffung des öffentlichen Anklägers von der Geburt der modernen Staatsanwaltschaft sprechen.

Gleichzeitig lebten die schon 1790 von THOURET angesprochenen Probleme wieder auf, sind aber bis heute offengeblieben, so daß das Erscheinungsbild der Staatsanwaltschaft als "trojanisches Pferd" aufrechterhalten bleibt: Vordergründig eine Errungenschaft des Liberalismus, verbirgt sich im Inneren eine vom ancien régime geprägte Struktur.

Anhang

Anhang A: Geschichtlicher Überblick

5. Juli 1788: Zusammentritt der Generalstände gefordert
Ständevertreter sollen die philosophischen Grundforderungen nach Vernunft und Menschlichkeit in Gesetze fassen
= Forderung Neckers (Genfer Bankier), der 1777-'81 bereits Finanzminister und 1788 wieder berufen

8. Aug. 1788: Einberufung d. Generalstände für Mai 1789 durch Ludwig XVI.

1789

(Jahr der Revolution)

5. Mai: Zusammentreten d. Generalstände in Versailles, eröffnet von Necker
3. Stand: 578 Abgeordnete aus gebildetem Bürgertum
(Bürger u. Bauern, 98% d. Bevölkerung)
2. Stand: 270 (Geistliche, 0,5% d. Bevölkerung)
1. Stand: 291 (Adel, 1,5% d. Bevölkerung)
!!! keine Abstimmung nach Köpfen

20. Juni: "Ballhausschwur" (serment du Jeu de Paume)
Da Adel und Geistlichkeit die Forderung des dritten Standes, nach Köpfen abzustimmen, ablehnten, konstituierte sich der dritte Stand als Nationalversammlung (assembleé nationale), die zur Beratung einer Verfassung berufen sei. Beim Versuch der Regierung, die Versammlung aufzulösen, begaben sich die Abgeordneten zum "Ballhaus" und schworen auf Veranlassung Sieyès', nicht eher auseinanderzugehen, bis die neue Verfassung beschlossen sei.

9. Juli: Nationalversammlung konstituiert sich als "verfassungsgebende Versammlung" (assemblée constituante)
bis 1791: assemblée nationale constituante (kurz: la Constituante)

14. Juli: Sturm auf die Bastille, das alte Pariser Staatsgefängnis, als Symbol absolutistischer Macht
→ Nationalversammlung stellt sich an Spitze der gesamten Revolutionsbewegung, um Kontrolle zu behalten

4. August: Adel opfert freiwillig in Nationalversammlung seine Vorrechte: Abschaffung der Feudalordnung, Bauernbefreiung, Ämter- und Gewerbefreiheit, Klassenstaat

→ Dekret vom 11. August = Ende des Ancien Régime social
→ König = Erneuerer der französischen Freiheit

20./26. Aug.: Nationalversammlung:
"Déclaration des Droits de l'homme et du citoyen"
Beeinflussung durch Aufklärungsphilosophie und amerikanische Erklärung (1776)

5. Oktober: Volk stürmt das Versailler Schloß
König residiert in Zukunft in Paris (Tuilerien)

2. November: auf Vorschlag Talleyrand's werden die Güter des Klerus der Nation zur Verfügung gestellt

November: Gründung der "Société des Amis de la Constitution"
(= Vorgänger der Jakobiner)
JAKOBINER: ein von bretonischen Abgeordneten gegründeter Club, dessen Versammlungsort im aufgelösten Kloster St. Jakob
ursprgl. Köpfe: Duport, Barnave, de Lameth (Triumvirat)

1790

(Jahr der Gegenrevolution)

7. Januar: Ausruf der "Vereinigten belgischen Staaten" nach dem Ausbruch der Revolution von Brabant im Dez. 1789
(damit erklärten die österreichischen Niederlande die Unabhängigkeit vom österreich. Kaiser Leopold II., dem Bruder Marie-Antoinettes)

4. Februar: König erklärt vor der Constituante seine Treue zu Verfassung
wahre Haltung lt. Michelet: Vertrauen heucheln, 5-6 Monate verstreichen lassen, um die Neuwahlen der Nationalversammlung abzuwarten (Vollmacht vieler Abgeordneter auf ein Jahr beschränkt!!)

15. März: neuer Präsident der Nationalversammlung = Rabaut Saint-Etienne, ein Protestant

1. April: Veröffentlichung des "Roten Buches" durch Camus vor der Nationalversammlung unter Ausschluß der Öffentlichkeit. Dadurch wurde offen gelegt, an welche Emigranten Ludwig XVI. ungeheuere Pensionen zahlte. Der Verbleib von 60 Mill. Livres konnte somit geklärt werden.

13. April: Weigerung der Nationalversammlung, den Katholizismus zur herrschenden Staatsreligion zu erklären mit 495 gegen 400 Stimmen
Mirabeau erinnert an die Bartholomäusnacht und das Edikt von Nantes

12. April:	Gründung des "Clubs von 1789" (Bailly, Démeunier, Dupont de Nemours, Lafayette, La Rochefoucauld, La Rochefoucauld-Liancourt, Le Chapelier, Sieyès, Talleyrand)
16. April:	Nationalversammlung beschließt die Ausgabe von Assignaten als Pfandverschreibungen auf die Güter des Klerus → klerikale Güter dienten Papiergeld zum Pfand
18. April:	Konterrevolution in Toulouse
19. April:	"katholische Erklärung" = Aufforderung an die Nationalversammlung, dem König die Macht und der katholischen Religion das Kultusmonopol wiederzugeben (307 Abgeord.: 168 Klerus, 113 Adel, 25 Communes) Mirabeau: über die Legitimation der Abgeordneten → Verlängerung befristeter Abgeordnetenmandate
20. April:	Konterrevolution in Nîmes
27. April:	Gründung des Clubs der Cordeliers CORDELIERS = "Strickträger", so genannt nach ihrem Versammlungsort in einem Franziskanerkloster, einer Sektion der Jakobiner in der Hauptstadt Anführer: Danton, Desmoulins, Marat, Hébert, Chaumette
3. Mai:	Aufruhr in Toulon
10. Mai:	Mirabeau schließt Vertrag mit der Krone: "Ich verpflichte mich, mit meinem ganzen Einfluß den wirklichen Interessen des Königs zu dienen, ...erkläre ich, daß ich eine Gegenrevolution für ebenso gefährlich und verbrecherisch halte, wie ich in Frankreich die Hoffnung oder den Plan wahnhaft finde, irgendeine Regierung zu haben, ohne einen mit der nötigen Macht ausgestatteten Chef, um die ganze öffentliche Gewalt zur Ausführung des Gesetzes anzuwenden." (Mirabeau, "Redner der Revolution" [Hrsg. Günther], S. 255ff)
10./11. Juni:	Konterrevolution in Avignon → Revolution siegt
13. Juni:	Konterrevolution in Nîmes niedergeschlagen
12. Juli:	Verabschiedung der sog. Zivilverfassung (Constitution civile du clergé = CCC)
14. Juli:	"La fête de la fédération" (Bundes-, Föderationsfest)

27. Juli: "Konvention von Reichenbach": Bündnis zwischen Preußen, Großbritanien, Niederlanden und Österreich

(Damit bezweckte Leopold II. die Isolation des aufständischen Belgiens von den restlichen europäischen Staaten und konnte so die von Frankreich beeinflußte Revolution niederschlagen)

Nationalversammlung erfährt, daß der König den Österreichern den Durchzug durch französisches Gebiet gestattet hat zum Zweck der Niederschlagung der belgischen Revolution

28. Juli: Nationalversammlung verweigert den Durchzug

1791

4. Januar: Eidesverweigerung des Klerus auf die Zivilverfassung

10. März/13. April: Päpstliches Breve, das die Zivilverfassung verurteilt

→ Schisma (bis zum Konkordat 1801)

20. Juni: Flucht der königlichen Familie nach Varennes

22. Juni: Gefangennahme der königlichen Familie in Varennes

Konsequenzen der Flucht: König wurde des Amtes enthoben
→ Gedanke der Republik kommt auf

17. Juli: Petition einer Republik ausgehend vom Club der Cordeliers, zahlreiche Bürger wollen signieren

der einen Aufstand befürchtende Bürgermeister proklamiert das Kriegsrecht und läßt bei Ausschreitungen auf dem Champ-de-Mars durch die Nationalgarde 50 Demonstranten niederschießen

→ Nationalversammlung, dadurch alarmiert, will jegliche demokratische Bewegung unterdrücken
Verbot einiger Zeitungen, u. a. "L'ami du peuple" (Hrsg. Marat)

→ Abspaltung des Clubs der "Feuillants" (gemäßigte Jakobiner)
→ Jakobiner werden radikale Republikaner unter Brissot, Pétion, Robespierre (genannt: 'Brissotins', spätere 'Girondins')

2./3.Sept.: Verabschiedung der 1. französischen Verfassung

14. Sept.: Louis XVI. auf die neue Verfassung vereidigt und sein Amt wird ihm von Volkes Gnaden verliehen (titre III, chap.II, sect.1re, Art. 1er)

Inkrafttreten der neuen Verfassung: **Konstitutionelle** Monarchie

→ damit glaubte die "Constituante" mit einem Schlag nicht nur das ancien régime, sondern auch die Republikaner überlistet zu haben

30. Sept.:	"Constituante" geht auseinander mit dem Ausruf: "Vive le Roi, vive la Nation!" Nachfolger: gesetzgebende Versammlung bis Sept. 1792

1792

April:	Franz II. stellt Frankreich Ultimatum, die Monarchie wieder einzuführen → Kriegserklärung Frankreichs gegenüber Österreich treibende Kraft: Girondisten unter Brissot
6. Juni:	Preußen tritt in den Krieg mit ein auf Seiten Österreichs
10. August:	Sturm auf die Tuilerien → Nationalversammlung, in deren Schutz sich König mit Familie begeben hat, erklärt unter dem Druck der Sansculotten den König für abgesetzt → Einkerkerung des Königs im Temple → Einsetzung eines provisorischen Exekutivrats (conseil exécutif provisoire), bestehend aus 6 Ministern, der exekutive Gewalt ausüben soll; setzte sich vornehmlich zusammen aus Girondisten, aber Danton als Justizminister (GIRONDISTEN: gemäßigte Fraktion des kleinen und mittleren Bürgertums, geführt von Abgeordneten des Girondedepartements) → Bildung eines revolutionären Gemeinderats
18. August:	Bildung außerordentlicher Gerichtshöfe kontrollierte Hinrichtung v. Royalisten + unvereidigten Priestern 140 Anhänger trennen sich von den Girondisten als "Berg"→ les Montagnards, die weiter links stehende "Bergpartei" unter Robespierre, Danton und Marat (ursprgl. bildeten Jakobiner die mittlere u. linke Gruppe der Legislative)
2.-5. Sept.:	"Septembermorde" auf Betreiben Marats, mit Duldung Dantons an 1400 politischen Gefangenen (Royalisten + Geistliche) aufgebrachte Menge stürmt Pariser Gefängnisse unter Berufung auf eine Gerichtsfarce (Volksjustiz)

20. Sept.: "Kanonade von Valmy" → die gegen Frankreich Verbündeten brechen ihren Vormarsch ab

(militärisch geringfügiger Sieg, der historische Bedeutung haben sollte, da es den unerfahrenen, schlecht ausgebildeten Truppen Frankreichs gelungen war, das Feuer der preußischen Armee zu erwidern → Auftakt zu ideologischem Krieg)

21. Sept.: Zusammentritt der neu gewählten Nationalversammlung, der Nationalkonvent (la Convention), 750 Abgeordnete

22. Sept.: Proklamation der Republik = jakobinische Revolution → Schreckensherrschaft unter dem Nationalkonvent
(Führung unter: Marat, Robespierre, Danton)
Robespierre bis Juli 1794

Einführung des Revolutionskalenders (bis 31.12.1805)
→ 22.9.1792 = 1er vendémiaire An I
(10 Tage-Woche, Ersetzen aller christlichen Feiertage durch Fest der Arbeit / der Tugend / der Revolution u. a.)

25. Sept.: Robespierre fordert den Tod des Königs (=Louis Capet) wegen Landesverrats

6. November: Sieg bei Jemappes unter Dumouriez →
Eroberung der Österreichischen Niederlande, des linken Rheinufers, Königreich Sardinien mit Savoyen, Nizza
→ außenpolitisches Programm: Erreichung sog. natürlicher Grenzen (Rhein, Alpen, Pyrenäen)

Dezember: Ludwig XVI. vom Konvent zum Tode verurteilt (387 von 718 Stimmen), maßgeblich für das Todesurteil: Bergpartei
(Girondisten neigten zur Milde)

1793

1. Januar: Gründung des comité de défense génerale (18 Mitgl.) = Vermittler zwischen Exekutivrat und Nationalversammlung

21. Januar: Enthauptung Ludwigs XVI.

1. Februar: Kriegserklärung gegenüber England und Holland

15. Februar: Condorcet präsentiert Verfassungsentwurf, der infolge der Auseinandersetzungen zwischen Bergpartei und Girondisten scheitert (constitution girondine)

Februar:	Aufstände der Royalisten und Girondisten gegen die Jakobiner grausam niedergeschlagen
März/April:	Aufstand der Bauern in der Vendée → 120.000 Tote Österreicher stürmen im Norden frz. Linien
10. März:	Danton schafft Revolutionstribunal zwecks Bestrafung politischer Vergehen (Tod oder Freispruch) dessen öffentlicher Ankläger: Fouquier-Tinville, Antoine-Quentin (1746-95), Justizbeamter (Schreiber) führte unter der Maske der Unbestechlichkeit die Blutbefehle des Wohlfahrtausschusses (= Regierung: Danton u. Robespierre) mit unverhüllter Grausamkeit aus auf seinen Antrag wurden Danton u. später Robespierre guillotiniert, 1794 selbst verhaftet, 1795 hingerichtet
1. April:	Abschaffung des provisorischen Exekutivrates (Aug. 1792) stattdessen 12 Regierungskommissionen, bestehend jeweils aus 2 vom Wohlfahrtsausschuß zu bestimmenden Kommissaren
6. April:	Robespierre gründet den "Wohlfahrtsausschuß" (9 Mitgl., deren Sprecher: Barère) = Nachfolger des comité de défense générale (Jan.1793) → allmähliche Ausschaltung der Girondisten
2. Juni:	Aufstand gegen den Konvent unter dem Druck der Pariser Nationalgarde beschließen die Abgeordneten die Verhaftung von 29 führenden girondistischen Deputierten → Sieg der Bergpartei →Bildung d. Revolutionsregierung: ■ Großes Komitee (12 Mitgl. d. Wohlfahrtsausschusses) = Exekutionsorgan ■ Komitee der allg. Sicherheit = Träger der Polizeigewalt außenpolitische Lage: Republik ähnelt belagerter Festung nördliche Grenze durch Österreich überschritten Preußen stehen im Rheinland Piemonteser + Spanier im Süden "Bürgerkrieg" im Osten
24. Juni:	Nationalkonvent verabschiedet neue Verfassung (Constitution de L'An I), die nie in Kraft getreten ist
14. Juli:	Ermordung Marats durch Girondisten → Marat: Märtyrer → strengstes Vorgehen gegen girondistische oder kath./royalistische Provinzen (Vendée, Loire, Lyon u. a.)

August:	Ratifizierung der Verfassung durch das Volk
September:	stärker werdender Einfluß der Sansculotten durch Hungersnot, Inflation, wirtschaftliche Probleme → auf den Druck der Sansculotten: "Maximum général" = Begrenzung der Preise u. Löhne Verkündung der "terreur" (Schreckensherrschaft gegen Aristokraten und Revolutionsfeinde) Sansculotten: im Rahmen der städtischen Sektionsversammlungen organisierte Volksmassen Hauptteil bildeten Handwerker + kleine Geschäftsleute Ziel: ausreichend Eigentum für jedermann, um eine gesicherte Existenzgrundlage zu haben politische Ziele: Volkssouveränität, imperatives Mandat, direkte Demokratie
17. Sept.:	"Loi des Suspects" (Gesetz der Verdächtigen), von Merlin entworfen, diente dazu, jegliche Art von politischem Gegner unter Vorwand auszuschalten, "verdächtig" zu sein (u. a. Kleriker, Royalisten, Emigranten, Föderalisten)
November:	Danton wendet sich gegen Hébertisten, um die Radikalisierung der Revolution (Massenhinrichtungen und -einkerkerungen) einzudämmen (HÉBERTISTEN: benannt nach Hébert, der mit Chaumette an der Spitze radikalster Jakobiner stand; wollten gesamte Gewalt auf Pariser Kommune übertragen)
10. Nov.:	Umwidmung der Kathedrale "Nôtre Dame" in Tempel der Vernunft
Dezember:	Aufhebung der Religionsfreiheit → Verbot d. Christentums, stattdessen: republikanische Religion (Tugend + Terror)
4. Dezember:	Dekret vom 14-Frimaire Jahr II ("Krieg der Freiheit gegen ihre Feinde")
25. Dez.:	Robespierre verteidigt die radikale Revolutionspolitik mit der Folge zunehmender Spannung mit Danton → Dreiteilung der Bergpartei: HEBERT ROBESPIERRE DANTON

1794

März:	Aufstand gegen Regierung durch Hébertisten → Verhaftung u. Hinrichtung von Hébert u. Anhängern
31. März:	auf Robespierres Bestreben Verhaftung Dantons mit Desmoulins, Lacroix, Philippeau wegen Verbindung mit Ausland
4. April:	Verkündung des Todesurteils, hingerichtet am 5. April
10. Juni:	Gesetz vom 22-Prairial (an II): Pariser Revolutionstribunal erhält unter Fouquier-Tinville weitere Vollmachten → der große Schrecken vom "Messidor": 50.000 Tote geschätzt (unter Vorwurf, ein Verdächtiger [suspect] zu sein, konnte jeder verhaftet und guillotiniert werden)
27. Juli:	Verhaftung Robespierres auf Befehl des Konvents ("la chute du thermidor") → Machtübernahme durch "Thermidorianer"
28. Juli:	Hinrichtung von Robespierre auf der Guillotine mit 100 Anhängern, ohne Verhandlung und ohne Urteil
Winter :	wirtschaftliche Probleme: Inflation und Hungersnot

1795

22. August:	Constitution de l'an III (= Direktorialverfassung): Zweikammersystem + 5-köpfiges Direktorium als Exekutive, Zensuswahlrecht, gebilligt drch Volksentscheid (in Kraft bis 1799)
5. Oktober:	13-Vendémiaire (an IV) Aufstand der Rechten gegen "Zweidritteldekret" ("Zweidritteldekret" besagte, daß zwei Drittel der Abgeordneten aus den Reihen des seit drei Jahren amtierenden Nationalkonvents zu wählen waren) → Barras, seit 1792 Abgeordneter, holte Generalmajor Bonaparte zu Hilfe, den er von der Belagerung Toulons kannte
27. Oktober:	Einrichtung eines Direktoriums von 5 Männern, die den Gemäßigten angehörten (einzig unabsetzbarer Direktor: Barras) damit hatte Besitzbürgertum, die Girondisten, seine Ziele durchgesetzt =====> bürgerliche Republik

1797

März: (Ergänzungs-) Wahlen: → Sieg der Rechten
jedes Jahr 1/3 d. Abgeordneten

4. September: = Staatsstreich von 18-Fructidor
→ Die beiden weiter rechts stehenden Direktoren, Carnot und François de Barthélemy, wurden mit ihren engsten Mitarbeitern unter Anklage gestellt.

Hintergrund der Anklage: eine aus Royalisten und Gemäßigten zusammengesetzte Mehrheit in den beiden Parlamentskammern planten unter General Charles Pichegru einen Staatsstreich mit Hilfe Englands, um Bonapartes Einfluß und den annexionistischen Kurs des linken Flügels des Direktoriums zu stoppen
→ Ende des "1. Direktoriums"
→ frz. Innenpolitik machte damit Wende nach links:
- Gesetze gegen ehemalige Jakobiner aufgehoben
- Gesetze gegen Emigranten, Royalisten, eidesverweigernde Priester wieder in Kraft
- Wahl von 198 Volksvertretern, die nicht linken Flügel angehörten, für ungültig erklärt
- Entfernung von Gemäßigten und Royalisten aus Verwaltung

Oktober: General Bonaparte schließt nach eigenem Gutdünken mit Österreich Frieden ("Frieden von Campo Formio")
→ durch Geheimartikel willigt Kaiser in Abtretung des linken Rheinufers

1798

April: (Ergänzungs-) Wahlen: → Sieg der Jakobiner

11. Mai: Staatsstreich vom Floréal (l'an VI):
102 neu gewählte jakobinische Abgeord. werden ausgeschlossen, stattdessen 53 "ernannt"

21. Juli: Sieg Napoléons bei den Pyramiden Kairo
Napoléon hatte das Direktorium davon überzeugt, daß ohne Überlegenheit zur See die geplante Landung in England unmöglich sei
→ englischer Handel sollte durch die Rückeroberung Ägyptens nachhaltig geschwächt werden

(Direktorium hatte trotz mancher Bedenken auf Vorschlag des Außenministers Talleyrand zugestimmt, um den mittlerweile unbequem-mächtig gewordenen General loszuwerden.)

1. August: Vernichtung der frz. Flotte durch Nelson bei Abukir
→ frz. Armee in Ägypten vom Mutterland abgeschnitten
Franzosen führten Studien zur sowohl politischen, wirtschaftlichen und sozialen Neuorganisation Ägyptens
→ Bildung einer antifranzösischen Koalition (England, Österreich, Rußland, Portugal, Türkei, Neapel), da man Bonaparte ausgeschaltet glaubte

1799

April: "Rastatter Gesandtenmord" → 2. Koalitionskrieg
(Kongreß zu Rastatt: Neuordnung des frz. Reiches, insb. Entschädigung der weltlichen Staaten für die Abtretungen auf linkem Rhein-Ufer durch Säkularisationen)

16. Mai: Abbé Sieyès zum Direktor gewählt

18. Juni: Staatsstreich vom 30-Prairial (l'an VII)
Jakobiner, die in beiden Kammern wieder die Mehrheit hatten, ersetzten unter Führung von Lucien Bonaparte, einem Bruder Napoléon Bonapartes, drei Direktoren (Treilhard, Merlin, Larevelliere) durch ihnen nahestehende Männer (Gohier, Ducos, Moulin) → Aufflammen antijakobinischer Unruhen

Oktober: Rückkehr Napoléons von Ägypten
trotz mißlungenem Ägyptenfeldzug gelingt es Bonaparte, als der Retter Frankreichs aufzutreten, da mittlerweile Franzosen aus Italien und Deutschland vertrieben
("Ich habe Euch Siege hinterlassen und finde Niederlagen.")

9. November: Staatsstreich vom 18-Brumaire (l'an VIII)
Kommando der Truppen von Paris General Bonaparte unterstellt, um die Republik zu retten

10. Nov.: Beginn des Konsulats:
drei Konsuln (Bonaparte, Sieyès, Ducos) sollten mit Hilfe von 2 Kommissionen neue Verfassung ausarbeiten
→ Ausschaltung der Legislative

15. Dez.: Verkündung einer neuen Verfassung mit den Worten: "Bürger, die Revolution hält an den Grundsätzen fest, die an ihrem Beginn standen. Sie ist beendet."

→ Constitution de l'an VIII: 95 Artikel
(Bonaparte als 1.Konsul, Staatsoberhaupt,
zwei beratende Konsuln: Cambacérès, Lebrun)

Anhang B: Liste häufig zitierter Abgeordneter und wichtiger Persönlichkeiten der Revolution

ANSON, Pierre-Hubert, 1744-1810, Abgeordneter des 3. Standes von Paris, war Jurist, der sich insbesondere durch seine Mitgliedschaft im Finanzausschuß hervortat, deren Berichterstatter er war. Er war ein überzeugter Verfechter der Assignaten, dem neuen Papiergeld, zum Zweck eines wirtschaftlichen Aufschwungs (vgl. LEMAY, "Constituants", S. 22f).

ANDRÉ, Antoine de, 1759-1825, Abgeordneter des Adels, von Berufs wegen Jurist, gehörte zu den liberalen Adeligen, der gegen die Abstimmung nach Ständen war, stattdessen pro Kopf-Abstimmung favorisierte. Mehrere Male bekleidete er das Amt des Präsidenten der Constituante, seine kurzen, aber prägnanten Beiträge ließen manche Debatte effektiver werden. Obwohl er selbst davon betroffen wurde, trat er dafür ein, daß die dem alten Regime entstammenden Prokuratoren des Königs nicht mehr als Amtsträger der Staatsanwaltschaft ausgewählt werden durften. Häufig plädierte er für die Einhaltung der Gewaltenteilung, war allerdings vom Königtum überzeugt. Für ihn war, im Gegensatz zu Robespierre, die Revolution beendet. Er gehörte, seiner gemäßigt politischen Haltung entsprechend, zunächst dem im April 1790 gegründeten "Club von 1789" an und sodann den "Feuillants", die sich im Juli 1791 von den Jakobinern infolge einer Petition zugunsten einer Republik abgespalten hatten. 1792 emigrierte er zunächst nach England, dann in die Schweiz, von wo aus er die Royalisten unterstützte. Für ein Jahr nach Frankreich zurückgekehrt, flüchtete er erneut wegen des Staatsstreichs vom 18-Fructidor (= 4.Sept.1797) nach Österreich. Erst 1814 kehrte er nach Frankreich zurück, folgte aber Louis XVIII. nach Gent (vgl. LEMAY, "Constituants", S. 17ff).

BACO DE LA CHAPELLE, René-Gaston, 1751-1800, Abgeordneter des 3. Standes, gehörte zu den gemäßigten Linken. Nur einmal tat er sich durch einen längeren Diskurs hervor, nämlich im Dez. 1790 im Anschluß an Duports Vorschlag für eine neue Strafprozeßordnung. Er war ein Gegner der Geschworenengerichte im Strafverfahren, verlangte einfachere Gesetze und warf Duports Konzept mangelnde Praktikabilität vor. Trotzdem übernahm er im August 1791 das Amt eines Geschworenen am Revisionsgericht. 1793 bekleidete er für 10 Monate das Amt des Bürgermeisters von Nantes und verteidigte die Stadt gegen die Konterrevolutionäre der Vendée. Während der Jakobinerherrschaft blieb er inhaftiert bis Ende 1794, um während des Direktoriums für 2 Jahre Mitglied des "Rats der Fünfhundert" zu sein. Seine letzten Jahre verbrachte er als Abgesandter in den Kolonien, zuletzt auf Guadeloupe (vgl. LEMAY, "Constituants", S. 46).

BARAILLON, Jean-François, 1743-1816, war von Beruf Arzt und gehörte im Nationalkonvent zur Mitte (la plaine [= Ebene], so genannt nach der Anordnung der Sitze). Er stimmte zwar für die Inhaftierung des Königs, aber für dessen Verbannung und nicht für das Todesurteil. Trotzdem überlebte er politisch und blieb sogar über den Staatsstreich Bonapartes (1799) hinaus Mitglied der Legislative. Wegen seiner Konzessionen und seines Kalküls, dank derer er alle politischen Unwetter überlebte, nannte man ihn "un véritable thermomètre" (vgl. CARATINI, "Dictionnaire des personnages", S. 61)

BAILLY, Jean Sylvain, 1736-1793 (guillotiniert), Astronom und Mitglied der Académie française, war Abgeordneter des 3. Standes und erster Präsident der Nationalversammlung. Nach dem 14. Juli wurde er erster Bürgermeister von Paris und Kommandeur der Pariser Miliz. Auf sein Konto sollte später das Massaker vom Champ-de-Mars (17. Juli 1791) gehen (vgl. CARATINI, "Dictionnaire des personnages", S. 56f).

BARERE, Bertrand, 1755-1841, Abgeordneter des 3. Standes von Tarbes, Jurist, ursprünglich Anhänger einer konstitutionellen Monarchie, näherte sich als Verfechter der Volkssouveränität der extremen Linken. Im Zusammenhang mit der Diskussion um eine neue Gerichtsverfassung und Strafprozeßordnung stellte er sich dagegen, den "accusateur public" der Exekutive zuzuordnen. Vielmehr setzte er sich für dessen direkte Wahl durch das Volk ein (9.8.1790). Desweiteren versuchte er zu verhindern, daß der König durch die Wahl der Friedensrichter judikative Macht ausüben konnte. Das Recht zu strafen habe nur das Volk. Als Präsident des Konvents während des Prozesses gegen Louis XVI. stimmte er im Dez. 1792 für dessen Todesurteil, 1793 wurde er Sprecher des Wohlfahrtsausschusses. 1795 vom Konvent angeklagt und eingekerkert, konnte er sich durch Flucht seiner Deportation entziehen und blieb bis zur Amnestie (1799) in Frankreich versteckt. Bis 1807 blieb er in napoleonischen Diensten. 1815-1830 lebte er im Exil in Brüssel, um unter Louis-Philippe bis 1840 dem "conseil général" anzugehören (vgl. LEMAY, "Constituants", S. 54ff).

BARNAVE, Antoine, 1761-1793 (exekutiert), aus einer protestantischen Familie stammend, war Advokat in Grenoble und wurde als 28-Jähriger in den 3. Stand gewählt. Er galt als Gemäßigter in der Constituante. Als Schüler Montesquieus erkannte er die Wichtigkeit von Rousseau. Hauptziel für ihn stellte die Verfassung, einschließlich einer Menschenrechtserklärung und Sicherung der Freiheit dar. Das Recht des Volkes, seine Richter zu wählen, verglich er mit der Wahl der Abgeordneten. Er unterstützte die Verstaatlichung der Kirchengüter. Mit A. de Lameth und Duport gehörte er zum "Triumvirat", das bis zum 17. Juli 1791 den Club der Jakobiner prägte. Zusammen mit Petion und Latour-Maubourg war er beauftragt, die königliche Familie nach der Flucht am 21. Juni 1791 wieder nach Paris zurückzubegleiten. Seitdem war er heimlicher Berater des Hofes (vgl. CARATINI, "Dictionnaire des personnages", S. 65f; LEMAY, "Constituants", S. 59ff).

BARRAS, Paul, comte de, 1755-1829, ursprünglich adliger Offizier des ancien Régime wurde er 1792 Abgeordneter des Nationalkonvents, der nicht nur für den Tod des Königs, sondern auch für alle terroristischen Dekrete stimmte. Die blutige Rückeroberung Toulons 1793 hatte er u. a. zu verantworten. Durch seine rechtzeitige Abkehr von Robespierre, überlebte er dessen Sturz und trug sogar zur Verhaftung und Hinrichtung seines früheren Chefs bei. Unter dem Direktorium war er der einzig unabsetzbare Direktor, während seine Kollegen turnusmäßig abgelöst wurden. Auch wenn er als einer der linken Direktoren galt, bediente er sich je nach Opportunität auch rechter Kräfte (Okt. 1795; Sept. 1797). Als ursprünglicher Gönner Napoleons ließ jener ihn fallen, entfernte ihn aus der Politik und verbannte ihn nach Belgien. Erst nach Napoleons Sturz kehrte er nach Frankreich zurück. (vgl. CARATINI, "Dictionnaire des personnages", S. 66f; WEIS, Eberhard, "Der Durchbruch des Bürgertums", S. 223f).

BEAUHARNAIS, Alexandre, vicomte de, 1760-1794 (exekutiert), liberaler Abgeordneter des Adels, wurde im amerikanischen Unabhängigkeitskrieg ausgezeichnet. Seine Gattin Josephine (1763-1814) war die spätere Gattin Napoleons ("impératrice des Français"). Sein Sohn Eugène (1781-1824) wurde durch den Stiefvater Vize-König Italiens (1805). Seine Tochter Hortense (1783-1837) heiratete Louis-Napoléon, den Bruder Napoléon Bonapartes. Sein parlamentarisches Engagement betraf vornehmlich Fragen des Militärs. Er stimmte gegen ein Mitbestimmungsrecht des Königs in Fragen über Krieg und Frieden (Mai 1790). Seine Kommentare anläßlich der Flucht des Königs werden als schwülstig bzw. schmeichlerisch (flatteuses) eingestuft. Im Mai 1793 wurde er General der Rheinarmee, demissionierte jedoch im August anläßlich des Ausschlusses der Adeligen von militärischen Ämtern. Er wurde wegen angeblichen Desertierens verurteilt (vgl. LEMAY, "Constituants", S. 69ff).

BERGASSE, Nicolas, 1750-1832, Abgeordneter des 3. Standes, pflegte Kontakte sowohl zu Rousseau als auch Voltaire. In "*lettre sur les Etats généraux*" (Nov. 1789) kritisierte er die Unterscheidung nach Ständen und verglich sie mit den Kasten der indischen Gesellschaft. Trotzdem plädierte er für eine Erbmonarchie. Bereits im Sept. 1790 bezeichnete er die Verfassungsentwürfe als "monströse Konfusion der drei Staatsgewalten". Als Ex-Constituant 1793 festgenommen wurde er 1795 befreit, um sich unter Napoleon der Landwirtschaft zu widmen. Gemeinsam mit Chateaubriand gehörte er 1816 zur ultra-royalistischen Opposition (vgl. LEMAY, "Constituants", S. 84).

BOUCHOTTE, Pierre-Paul, 1754-1821, Abgeordneter des 3. Standes, erfüllte seit 1779 als königlicher Prokurator vornehmlich finanzielle Aufgaben. Auch nach 1789 galt sein größtes Interesse den Finanzen, aber auch kirchlichen Fragen und widersetzte sich dem Vorschlag, den Katholizismus zur Staatsreligion zu machen. Im Zusammenhang mit den Kolonien setzte er sich für die Freiheit der Ureinwohner ein, wenn sie auch nicht dieselben Rechte erhielten wie die Kolonialherren. In strafprozessualer Hinsicht vertrat er die Auffassung, daß zwar die königlichen Kommissare öffentliche Anklagen führen sollten, spezielle Ankläger aber von der Gesellschaft zu ernennen seien. Nach 1816 fungierte er als beisitzender Richter (vgl. LEMAY, "Constituants", S. 126f).

BREVET, Louis-Etienne, 1763-1794 (exekutiert), Abgeordneter des 3. Standes, interessierte sich seinem Beruf als Advokat entsprechend vornehmlich für juristische Themen. Er gehörte zu denen, die für die Wahl eines öffentlichen Anklägers durch das Volk eintraten (9.8.1790). Ursprünglich Mitglied des Jakobinerclubs, wechselte er später zu den gemäßigten "Feuillants" (Abspaltung Juli 1791 infolge der jakobinischen Forderung einer Republik). 1793 wurde er als "Anti-montagnard" angeklagt, da er die radikale Revolutionspolitik der Bergpartei nicht unterstützte (vgl. LEMAY, "Constituants", S. 146f).

BRILLAT-SAVARIN, Jean-Anthelme, 1755-1826, Abgeordneter des 3. Standes, vielseitig gebildet und interessiert, äußerte sich zu juristischen, finanziellen und militärischen Fragen. Er war kein Befürworter der Geschworenengerichte, konstatierte dagegen, daß sich in den letzten Jahren vor der Revolution die Zustände bei Gericht verbessert hätten. Er sprach sich gegen einen einzigen Kriminalgerichtshof pro Departement aus und befürwortete stattdessen sog. "ambulante Gerichte", die an festen Gerichtstagen zum jeweiligen Ort fuhren. Im Juni 1793 entzog er sich der Festnahme durch seine Flucht nach Amerika, von wo er erst nach dem Sturz Robespierres wieder zurückkehrte. Von 1800 bis zu seinem Tod bekleidete er das Amt eines Revisionsrichters (LEMAY, "Constituants", S. 148ff).

BRIOIS de BEAUMETZ, Bon-Albert, 1755-1801, Abgeordneter des Adels, tat sich bereits vor der Revolution als Reformer hervor, indem er einen "juristischen Zirkel" ins Leben rief, der sich mit juristischen Fragen auseinandersetzte (aus diesem Zirkel wurde 1788 Robespierre ausgeschlossen). Seit August 1789 gehörte er dem Kriminalgesetzgebungsaussschuß an, in den er viele Vorschläge nach englischem Vorbild einbrachte. Neben Geschworenengerichten plädierte er für eine Popularanklage, d. h. jeder Bürger konnte einen anderen Bürger anzeigen wegen eines Vergehens gegen die öffentliche Ordnung, dem die vom König ernannten Beamten der Staatsanwaltschaft nachzugehen hatten (Sitzung v. 9.8.1790). Ursprünglich Mitglied der Jakobiner entschied er sich 1791 für die "Feuillants", dem gemäßigten Flügel der Jakobiner (radikaler Flügel unter Führung von Brissot, Pétion, Robespierre). Nach dem Sturm auf die Tuilerien im August 1792 emigirierte er ins Exil zunächst nach Österreich, dann England, dann Amerika, um in Kalkutta zu sterben (vgl. LEMAY, "Constituants", S. 150ff).

BRISSOT de Warville, Jacques Pierre, 1754-1793 (guillotiniert), fiel bereits vor der Revolution auf durch seine erfolgreiche Teilnahme an Preisausschreiben zur Lösung kriminalpolitischer Fragen (1777 Berner ökonomische Gesellschaft). Als Mitglied des Jakobinerclubs, gründete er die Zeitschrift "Le Patriote français". Als Abgeordneter der Nationalversammlung (= Nachfolger der Constituante) gehörte er zur Linken, die durch ihn zunächst die "Brissotins" genannt wurden (später: "Girondins"). Nach dem Sturz Louis' XVI. trat er im Gegensatz zu Robespierre für den Krieg gegen Österreich ein. Er stolperte über die Affäre "La Fayette" (neben Bürgermeister Bailly galt er als Hauptakteur des Massakers auf dem Marsfeld im Juli 1791) und wurde unter vorgehaltener Hand als Verräter und Führer einer aufrührerischen Gruppe bezeichnet. Im Oktober 1791 schloß man ihn aus dem Jakobinerclub aus. Die abgespaltene Bergpartei bezeichnete er als Aufwiegler, die den Konvent zersetzten. Im Prozeß gegen Louis XVI. trat er zwar für die Todesstrafe ein, forderte aber die Legitimation durch das Volk. Seine Verhaftung am 2. Juni 1793 bedeutete sein endgültiges Ende und den Sieg der Bergpartei (vgl. CARATINI, "Dictionnaire des personnages", S. 130f).

BUZOT, François-Nicolas, 1760-1794 (Selbstmord, um der Exekution zu entgehen), Abgeordneter des 3. Standes war Advokat in Paris und gehörte dem am 23. Sept.1790 gegründeten Revisionsausschuß an. Er äußerte sich vornehmlich zu Verfassungsfragen, Interessen des Volkes und zu einer neuen Gerichtsordnung. Er trat gegen die Immunität des Königs ein. Als vehementer Verfechter der Dreigewaltenteilung mißtraute er einer zu großen Macht der Minister. Eine "Vetternwirtschaft" der Minister mit den Richtern befürchtend, trat er zwar für die Wiederwählbarkeit der Richter ein, aber gegen deren Ernennung auf Lebenszeit. Ebenfalls betonte er, daß Minister keine Sanktionsmöglichkeiten gegen gesetzgebende Akte haben dürften. Die Macht der durch den König zu ernennenden "Gerichtskommissare" (Titel III, Kap. IV, Art. 2, S.6 d. Const. 1791), die beobachtende bzw. assistierende Funktion hatten (Titel V, Art. 1 d. Kriminalgerichtsordnung v. Sept. 1791) wollte er ebenfalls klar beschränken. Er trat für Geschworenengerichte sowohl im Zivil- als auch im Strafverfahren ein. 1792 wurde er Abgeordneter des Nationalkonvents. Als 1793 gegen ihn als Girondisten (= gemäßigter Jakobiner) Haftbefehl erlassen wurde, hatte er bereits Paris verlassen (LEMAY, "Constituants", S. 165f).

CAMBACERES, Jean-Jacques-Régis, 1753-1824, erstmals 1792 in die Nationalversammlung gewählt, gehörte er zur politischen Mitte. Bis 1794 wirkte er im Gesetzgebungsausschuß und es gelang ihm, geschickt zwischen Girondisten und der Bergpartei zu "navigieren". Nach dem Sturz Robespierres gehörte er dem (thermidorianischen) Wohlfahrtsausschuß an, bekleidete jedoch nie das Amt eines Direktors. Seine politische Laufbahn begann mit dem Konsulat, da er an der Seite Napoléons mit Lebrun beratender Konsul wurde. Er spielte eine Schlüsselrolle für das Konkordat (1801), für die Einführung des Konsulats auf Lebenszeit (1802) und als bedeutender Jurist auch für die Ausarbeitung des Code civil (1804). Während Napoleons militärisch bedingter Abwesenheit fungierte er als dessen Vertreter, der tägliche Briefwechsel belegt jedoch die vollkommene Unterordnung und den Mangel an eigenen Entscheidungsbefugnissen. Nach der Schlacht bei Waterloo (1815) ging er ins Exil nach Bruxelles, durfte die letzten Jahre seines Lebens aber in Paris verleben (vgl. CARATINI, "Dictionnaire des personnages", S. 146f).

CAMUS, Armand-Gaston, 1740-1804, Abdeordneter des 3. Standes, Advokat, aus Paris stammend, galt als Experte des Kirchenrechts und wird beschrieben als Kanonist jansenistischer Tendenz (= antijesuitisch infolge der Verneinung der augustinischen Gnadenlehre). Im Oktober 1789 appellierte er anstelle einer Verstaatlichung der Kirchengüter an eine Reform des Klerus. Er verteidigte die Zivilverfassung des Klerus (Constitution civile du clergé), derzufolge jeder Geistliche zum Eid auf die Verfassung verpflichtet wurde. Er gehörte zu den moderaten Abgeordneten des 3. Standes. Bekannt wurde er durch die Veröffentlichung des "Livre rouge" (1.4.1790), das die Liste der Pensionäre beinhaltete, die Ludwig XVI. im Ausland finanzierte. So konnte der Verbleib ungeheurer Geldsummen geklärt werden (vgl. LEMAY, "Constituants", S. 168f).

CAZALES, Jacques-Antoine de (1758-1805), Abgeordneter des Adels, wandte sich gegen die Vereinigung der Stände und gehörte zu den eifrigsten Verfechtern der konservativen Opposition. Als überzeugter Gegner von Montesquieu trat er für eine gefestigte Monarchie ein, die eigentlich der wahre Wunsch des französischen Volkes sei. Für die Unruhen in der Provinz machte er die Schwäche der Streitkräfte und der Exekutive verantwortlich, die er nachhaltig zu stärken gedachte. Das brachte ihm von Seiten der Linken den Vorwurf einer Diktatur ein. Er war dafür bekannt, althergebrachte Institutionen hochzuhalten, so auch das seit 800 Jahre praktizierte Gerichtswesen. Er war gegen die Abschaffung des Adels und demissionierte im Juli 1791 noch vor Inkrafttreten der ersten Verfassung, um schließlich nach England zu demissionieren. Erst 1803 kehrte er nach Frankreich zurück (vgl. LEMAY, "Constituants", S. 179ff).

CHABROUD, Jean-Baptiste, 1750-1816, Abgeordeter des 3. Standes war Advokat. Nachdem er während des ersten Jahres eher schweigsam war, äußerte er sich später lebhaft insbesondere über die Organisation der Judikative und die militärische Disziplin. Sein Vorbild waren die Engländer, die seiner Meinung nach zu Recht althergebrachte Institutionen bewahrten. Er trat für Geschworenengerichte ein, während die vom Volk gewählten Richter nur über Rechtsfragen zu entscheiden hatten. Die Aufgaben der Staatsanwalt ordnete er der exekutiven Staatsgewalt zu. In Übereinstimmung mit Robespierre wollte er den König für die Flucht zur Verantwortung ziehen, die er als Hochverrat einstufte. Von 1791 bis 1797 bekleidete er das Amt eines Richters. Bis 1814 war er als Anwalt tätig (vgl. LEMAY, "Constituants", S. 186f).

CHAMPION DE CICE, Jérôme-Marie, 1735-1810, war Erzbischof von Bordeaux. Seine Hauptaufgabe als Abgeordneter des Klerus bestand in der Berichterstattung über die Arbeit des Verfassungsausschusses. Im August 1789 ernannte Ludwig XVI. ihn zu seinem Justizminister. Von da an wandte er sich nur noch in dieser Funktion an die Constituante, um eine möglichst gute Verbindung zwischen König und Abgeordneten aufrechtzuerhalten. Unter seinem Druck akzeptierte der König die Zivilverfassung des Klerus (la constitution civile du clergé), derzufolge alle Geistlichen einen Eid auf die Verfassung zu leisten hatten. Im Oktober 1790 trat er zurück. Er emigrierte nach Belgien, dann Holland, um schließlich von 1795-1802 in London zu leben, wo er andere Monarchisten antraf (Malouet, Lally-Tollendal). Von 1802-1810 bekleidete er das Amt des Erzbischofs von Aix, 1808 wurde ihm der Titel "comte de l'Empire" verliehen (vgl. LEMAY, "Constituants", S. 193f).

CONDORCET, Antoine, Marquis de, 1743-1794 (vermutlich Selbstmord durch Gift), wurde bekannt durch brillante mathematische Arbeiten und war als Enzyklopädist eines der bekanntesten Mitglieder der "philosophischen Partei". Bis zum Ausbruch der Revolution widmete er sich philosophischen Themen. Ursprünglich ein Verfechter der konstitutionellen Monarchie, wandelte er sich nach der Flucht des Königs zum Republikaner. Erst 1791 wurde er Abgeordneter und entwarf einen Plan für eine staatliche Erziehung. Zwar gehörte er keiner Partei richtig an, sympathisierte aber mit den Girondisten. Der im Februar 1793 vorgestellte Verfassungsentwurf entstammte seiner Feder und wurde auch "la constitution girondine" genannt. Als Sympathisant der Girondisten eingekerkert soll er Selbstmord begangen haben (vgl. CARATINI, "Dictionnaire des personnages", S. 191ff; MELCHIOR-BONNET, "Dictionnaire de la Révolution", S. 96).

DANTON, Georges Jacques, 1759-1794 (guillotiniert), wurde als Sohn gutbürgerlicher Herkunft nach Paris zum Jurastudium geschickt, das er in Reims beendete. 1787 erwarb er ein sehr lukratives Amt als Advokat im königlichen Rat, das ihm seinen sehr ausschweifenden Lebenswandel ermöglichte. Ins politische Leben trat er erst 1790 ein mit der aktiven Verteidigung von Marat und gründete den "Club de Cordeliers". Seit 1791 agierte er auch im Jakobinerclub, obwohl er zunächst noch Anhänger einer konstitutionellen Monarchie war! Nach dem "Sturm auf die Tuilerien" (Aug. 1792) wurde er Justizminister neben 4 weiteren Ministern, die die königlichen zu ersetzen hatten. Offiziell ohne Premierminister war er für 6 Wochen der Kopf dieses Krisenministeriums. Im September 1792 wurde er als Abgeordneter in den Nationalkonvent gewählt, wo er genauso wie im Jakobinerclub zunächst die Führung der politischen Linken übernahm. Im April 1793 wurde er Mitglied im Wohlfahrtsausschuß, offiziell das Bindeglied zwischen Legislative und Exekutive, de facto aber Exekutivorgan, das durch die Minister agierte. In dieser Phase brachen die Konflikte zwischen "Montagnards" und "Girondins" aus, in deren Verlauf Letztgenannte zum Opfer fielen. Ende 1793 führte die zunehmende Radikalisierung der Revolution zu den Spannungen zwischen Robespierre und Danton, die im April 1794 zu Dantons Verhaftung und Verurteilung führten (vgl. CARATINI, "Dictionnaire des personnages", S. 208ff).

DEMEUNIER, Jean-Nicolas, 1751-1814, Abgeordneter des 3. Standes, war seit 1771 in Paris für eine literarische Karriere. Er spielte häufig eine Vermittlerrolle in den Debatten und wollte das Werk der Constituante durch Mäßigung und Weisheit vollenden. Am 13. August 1789 gehörte er zu den Fünfen, die die Menschenrechtserklärung formulierten. Er war wie Le Chapelier und Thouret ein Gegner der Republik und trat für eine konstitutionelle Monarchie ein. Entsprechend plädierte er nach der Flucht des Königs für dessen Wiedereinsetzung unter der Voraussetzung eines Treueeids auf die Verfassung. 1792 floh er über die Schweiz nach Amerika, konnte aber schon 1795 wieder zurückkehren. 1799 er wurde Mitglied des Tribunats, der die Legislative unter Napoleons Konsulat vertrat. 1808 erhielt er den Titel des "comte d'Empire" (LEMAY, "Constituants", S. 278f).

DUPORT, Adrien, 1759-1798, Abgeordneter des Adels, war Anwalt in Paris. Er gehörte zu den Adeligen, die die Vereinigung der Generalstände begrüßten, auch wenn er strikt für die Abstimmung nach Ständen eintrat. Er war Mitglied in sechs Ausschüssen. Als Gegner einer absoluten Monarchie trat er ein für strikte Gewaltenteilung, politische Verantwortlichkeit der Minister, eine starke Legislative und regelmäßige Wahlen, da er eine direkte Demokratie für gefährlich einstufte. Trotzdem trat er in der Diskussion um die Reform des Strafprozesses für die Anklage durch einen vom Volk gewählten Vertreter ein (10.8.1790). Er setzte sich für gerechte und milde Strafen ein. Er war zunächst Mitglied des Jakobinerclubs, den er gemeinsam mit Barnave und A. de Lameth stark beeinflußte

("Triumvirat"). Nach dem Juli 1791 übernahm Robespierre die führende Rolle im mittlerweile republikanisch geprägten Jakobinerclub, während das "Triumvirat" den gemäßigten Club der "Feuillants" gründete. 1792 wurde Duport verhaftet, auf Veranlassung Dantons freigelassen emigrierte er nach England. Die letzten Lebensjahre verbrachte er in der Schweiz (vgl. LEMAY, "Constituants", S. 317ff).

FOLLEVILLE, Antoine-Charles, Marquis de (1749-1835), seinem Status als Abgeordneter des Adels entsprechend, war er politisch rechts einzuordnen. Er machte sich teilweise sehr unbeliebt durch ironische Beiträge, die von der Hauptdiskussion zu Detailfragen ablenkten. Dem Zeitgeist entgegen agierte er gegen die Abmilderungen von Strafen, protestierte gegen die Aufgabe des Adelsstands und die neue Verfassung von 1791. Er emigrierte nach England, von wo aus er erst zu Restaurationszeiten nach Frankreich zurückkehrte (vgl. LEMAY, "Constituants", S. 359f).

FOUQUIER-TINVILLE, 1746 als Sohn eines Landarbeiters geboren, hatte er sich bereits vor der Revolution das Amt eines Prokurators gekauft. Sein Vetter Camille Desmoulins, ein Anhänger Dantons und dessen Sekretär im Justizministerium (1792), verschaffte ihm zunächst ein Amt in der Jury, die nach dem Sturm auf die Tuilerien für die Verurteilung der Royalisten zuständig war. Ab März 1793 zeigte er sein wahres Gesicht als öffentlicher Ankläger des Revolutionstribunals: es rollten bis zu 200 Köpfe pro Tag (vgl. CARATINI, "Dictionnaire des personnages", S. 245f).

GARAT (der Ältere), Dominique, 1735-1799, war Jurist, und obwohl er Abgeordneter des 3. Standes war, maß er dem König die Rolle einer tragenden Säule des politischen Systems bei. Mehrmals äußerte er sich dahingehend, daß entgegen der Annahme Montesquieus die Judikative ein Teil der Exekutive sei und deshalb auch vom König zu verwalten. Er wandte sich gegen die Bildung von Gesetzgebungsausschüssen, weil dadurch ein "Adelsstand innerhalb der Legislative" geschaffen würde. Im Rahmen der Diskussionen über das neue Prozeßrecht setzte er sich für ständige Gerichtshöfe ein, verneinte aber vehement die Einsetzung von Geschworenen, da diese eine dauernde Quelle von Ungerechtigkeiten bildeten. Bezüglich des öffentlichen Anklägers äußerte er sich dahingehend, daß diese Rolle die Kommissare des Königs übernehmen sollten (vgl. LEMAY, "Constituants", S. 388f).

GAULTIER-BIAUZAT, Jean-François, 1739-1815, Abgeordneter des 3. Standes, von Beruf Advokat, war insgesamt in 8 Gesetzesausschüssen tätig. Charakterlich als aufbrausend, reizbar, jähzornig beschrieben, verwundert es nicht, daß seine Beiträge vor der Nationalversammlung eher durch Quantität denn Qualität auffielen. Er trat zwar für eine konstitutionelle Monarchie ein, aber begrenzte das Aufgabenfeld des Königs darauf, den Willen der Allgemeinheit auszuüben. Politisch war er links einzuordnen und gehörte zum Jakobinerclub. Nach 1791 fungierte er hauptsächlich als Richter (vgl. LEMAY, "Constituants", S. 393f).

GREGOIRE, Baptiste-Henri, Abbé, 1750-1831, als Abgeordneter des Klerus, legte er im Juni 1789 die gemeinsamen Machenschaften der klerikalen Adeligen mit dem Adel offen. Im Zusammenhang mit der Menschenrechtserklärung wollte er betont wissen, daß es auch bürgerliche Pflichten gebe. Im Gesetzgebungsverfahren gestand er dem König nur die Rolle des Ausfertigenden zu. Er setzte sich für die Anerkennung der Juden ein und bemühte sich, die Arbeitsbedingungen der einfachen Priester zu verbessern, die er als immer arbeitsam, nützlich und respektabel beschrieb. Er unterstützte mit allen Kräften die Zivilverfassung des Klerus und wurde im Februar 1792 zum Bischof von Blois gewählt. Als Abgeordneter des Nationalkonvents trat er für die Abschaffung der Monarchie ein. 1795-1798 hatte er einen Sitz im "Rat der Fünfhundert", 1801 wurde er Senator. Da er sich weigerte, das 1801 zwischen Napoleon und Pius VII. ausgehandelte Konkordat anzuerkennen, legte er sein Bischofsamt nieder. Bis zu seinem Lebensende blieb er Bibliothekar (vgl. LEMAY, "Constituants", S. 427ff).

HEBERT, Jacques René, 1757-1794 guillotiniert, war zwar kein Abgeordneter, aber dennoch spielte er eine erwähnenswerte Rolle während der Revolution. Als Publizist verteidigte er bei Ausbruch der Revolution die in den politischen Clubs zunächst favorisierte konstitutionnelle Monarchie, entwickelte sich aber zu einem der ersten Republikaner. Das von ihm herausgegebene Journal nannte sich "Le Père Duchesne". Nach der Proklamation der Republik (Sept. 1792) entwickelte er sich zu einem strengen Gegner der gemäßigten Girondisten, die ihn vergebens auszuschalten versuchten. Nach dem Sieg der Bergpartei über die Girondisten im Juni 1793 schlug er einen ultra-revolutionären Weg ein, so daß Robespierre befürchtete, gestürzt zu werden. Er bewirkte deshalb Héberts Verhaftung und Hinrichtung mitsamt seinen Anhängern im März 1794 (vgl. CARATINI, "Dictionnaire des personnages", S. 333f).

LALLY-TOLLENDAL, Trophime, comte de, 1751-1830, als Abgeordneter des Adels unterstützte er die Aufrechterhaltung der drei Stände. Er gehörte zur Fraktion der Monarchisten und trat nach englischem Muster für ein Zweikammersystem in der Legislative ein. Er stimmte mit Mirabeau für ein aktives Vetorecht des Königs im Gesetzgebungsverfahren, ohne das er lieber in Konstantinopel als in Frankreich leben wollte ("*il vaudrait mieux vivre à Constatinople qu'en France, si l'on pouvait y faire des lois sans la sanction royale*"; vgl. LEMAY, "Constituants", S. 505).

LAMETH, Alexandre, chevalier de, 1760-1829, Abgeordneter des Adels, hatte mit seinem Bruder Théodore am amerikanischen Unabhängigkeitskrieg mitgewirkt. Als Mitglied der Generalstände gehörte er zu den wenigen liberalen Adeligen, die den Zusammenschluß der drei Stände unterstützten. Er trug hauptsächlich zu verfassungsrechtlichen und militärischen Debatten bei und unterstützte die Verstaatlichung der Kirchengüter. Er trat für eine starke Legislative ein und betonte die Bindung des Königs an die Verfassung, der von der Nation legitimiert sei. Er unterstrich eine natürliche, heilige und dauerhafte Allianz zwischen König und Volk. Seine Mitgliedschaft in 8 verschiedenen Ausschüssen bezeugt sein erstaunliches parlamentarisches Engagement. 1792 angeklagt versuchte er mit La Fayette, bei den Feinden Frankreichs unterzukommen, wurde jedoch erst von den Preußen und dann von den Österreichern eingekerkert. 1795 emigrierte er nach England. Unter Napoleon bekleidete er führende Positionen, und ihm wurde der Titel "Baron d'Empire" verliehen. Nach 1820 vertrat er als Abgeordneter der Opposition liberale Ideen (vgl. LEMAY, "Constituants", S. 509ff).

LA ROCHEFOUCAULD, Dominique de (1712-1800), Bischof von Rouen und Kardinal, aus einer traditionsreichen und klerikalen Familie stammend war Abgeordneter des Klerus. Er gehört zum rechten Flügel der Constituante, wo er nur wenig in Erscheinung trat. Im Juni geriet er in Verruf, da er durch Briefe an Priester in der Provinz versucht haben sollte, die Entscheidungen der Constituante in Frage zu stellen und das Volk aufzuhetzen. Seiner konservativen Haltung entsprechend protestierte er gegen die Verfassung von 1791. 1792 emigrierte er nach England (vgl. LEMAY, "Constituants", S. 529f).

LASOURCE, Marc David, 1763-1793 (exekutiert), im Juni 1784 zum Priester geweiht, gehörte politisch zu den Girondisten, stimmte aber für den Tod des Königs. Zusammen mit Collot d'Herbois und Goupilleau gehörte er von Januar bis April 1793 zum Ausschuß der allgemeinen Sicherheit. Im Juni '93 wurde er verhaftet, am 3. Oktober vor dem Revolutionstribunal verurteilt. Seinen politischen Gegnern soll er gesagt haben: "Ich sterbe an dem Tag, an dem das Volk die Vernunft verloren hat; Ihr aber werdet an dem Tag sterben, an dem es sie wiedergefunden hat" (CARATINI, "Dictionnaire des personnages", S. 367).

LEBRUN, Charles-François, 1739-1824, Advokat, begann seine politische Laufbahn als Abgeordneter des 3. Standes, der sich v. a. um die Finanzgesetzgebung verdient machte. 1793 wurde er inhaftiert, da er Anhänger einer konstitutionellen Monarchie war. Während des "Direktoriums" bekleidete er ein Amt im Rat der Alten, nahm 1799 eine neutrale Haltung gegenüber dem Staatsstreich ein und erarbeitete mit anderen die neue Verfassung (l'an VIII = Dez.1799). Als 3. Konsul wurde er mit der finanziellen Neuordnung und inneren Verwaltung betraut. 1807 zog er sich aus dem politischen Leben zurück, blieb Napoleon allerdings treu, selbst noch während der 100-Tage-Herrschaft. (FIERRO, Alfred in "Histoire et Dictionnaire du consulat et de l'empire" [Hrsg.: Fierro/Palluel-Guillard/Tulard], S. 895; LEMAY, "Constituants", S. 559f).

LE CHAPELIER, Isaac-René, 1754-1794 exekutiert, Advokat, aus einer bretonischen Advokatenfamilie stammend, war Abgeordneter des 3. Standes und trat radikal für die Vereinigung der Generalstände ein. Er konkurrierte mit Sieyès um das Amt des Präsidenten der Nationalversammlung. Er war ein großer Verfechter der strikten Dreigewaltenteilung, wandte sich deshalb gegen den König als "co-législateur" und ein absolutes Vetorecht. Er trat allerdings zugunsten einer konstitutionellen Monarchie gegen republikanische Strömungen ein. Infolgedessen überwarf er sich zunehmend mit Robespierre, der ihn verhaften ließ wegen angeblicher Emigrationsabsichten (LEMAY, "Constituants", S. 562f).

LE PELLETIER, Louis Michel, 1760-1793 (ermordet), Abgeordneter des Adels, paßte sich schnell den revolutionären Ideen an. Als Mitglied des Kriminalgesetzgebungsausschusses vertrat er die Abschaffung der Todes- und der Galeerenstrafe. Aus Gewaltenteilungsgründen setzte er sich außerdem dafür ein, daß nicht vom König ernannte Beamte die öffentliche Anklage erheben könnten (9.8.1790). Er gehörte den Jakobinern an, deren Präsident er sogar war (Nov./Dez. 1792). Da er für den Tod des Königs gestimmt hatte, wurde er von einem leidenschaftlichen Royalisten niedergestochen. Sterbend soll er gesagt haben: "Ich sterbe zufrieden, ich sterbe für die Freiheit meines Landes" (CARATINI, "Dictionnaire des personnages", S. 382f).

LOUVET, Pierre Florent, 1757-1818, erst nach 1791 Abgeordneter, gehörte politisch zu den Gemäßigten. Als Advokat war er Mitglied in mehreren Ausschüssen. Nach dem Sturz von Robespierre verteidigte er die Idee der Republik, gehörte im Direktorium zum "Rat der Fünfhundert" und bis 1814 zur Legislative, so daß er an der Erarbeitung des "Code civil" und "Code pénal" beteiligt war. Nach 1815 zog er sich aus dem politischen Leben zurück. (CARATINI, "Dictionnaire des personnages", S. 391).

MARAT, Jean-Paul, 1743-1793 ermordet, gebürtiger Schweizer, war spanischer Abstammung (ursprgl. Name: Mara). Seine Leidenschaft galt zwar der Philosophie, trotzdem erlangte er von seinem Vater medizinische Grundkenntnisse, die er in Paris bis 1765 vervollkommnete. Er siedelte als Arzt nach England über, um erst 1776 als Leibarzt des Grafen von Artois (= Bruder Ludwigs XIV.) wieder nach Paris zurückzukehren. In England entstand sein Werk "The chains of sclavery", in dem er Versuche "der Fürsten" schildert, das Volk zu unterdrücken und ihm Ketten der Sklaverei anzulegen. Angeregt durch das "Berner Preisausschreiben" vom Febr. 1777, das die Einsendung eines vollständigen Planes der Kriminalgesetzgebung forderte, verfaßte er einen "Plan de législation criminelle", in dem er über den Strafzweck hinaus materielles Strafrecht und Beweis- und Verfahrenrecht behandelte. Enttäuscht über den völligen Mißerfolg seiner Abhandlung, widmete er sich in den nächsten 10 Jahren nur den Naturwissenschaften. Ab September 1789 veröffentlichte er die Zeitung "L'ami du peuple", jener Name, unter dem er später selbst bekannt wurde. Dort fanden sich zunächst Berichte und Kommentare zu den Beratungen der Nationalversammlung. Wegen seiner immer heftiger werdenden Kritik und Aufrufen zum Blutvergießen mußte er zunehmend aus dem Untergrund agieren. Im September 1792 als Jakobiner in den Nationalkonvent gewählt, wurde er von Beginn an scharf angegriffen als Aufwiegler und Unruhestifter. Von der im April 1793 gegen ihn erhobenen Anklage sprach ihn das Revolutionstribunal frei. Im Juli 1793 fiel er dem Dolch Charlotte Cordays zum Opfer (LOHMANN, S. 19ff, S. 105ff).

MARTINEAU, Louis-Simon, 1733-1799, Abgeordneter des 3. Standes von Paris, war Advokat. Er setzte sich für eine starke Exekutive ein, neben der die Legislative nur das Gesetzesinitiativrecht haben sollte. Er war Mitglied im Ausschuß für kirchliche Belange und war gegen die

Verstaatlichung der Kirchengüter, die seiner Meinung nach den Armen dienten. Er unterstrich die Funktion der Sitten, womit eine Gesellschaft vornehmlich miteinander verbunden sei. Im Bereich der Justiz trat er für harte Strafen ein. 1795 wurde er als Friedensrichter gewählt (vgl. LEMAY, "Constituants", S. 638f).

MERCIER, Louis-Sébastien, wurde 1740 in Paris als Sohn eines Handel treibenden Poliers geboren. Seine häufigen Besuche von Theater und literarischen Cafés ermöglichten ihm eine Annäherung an Rousseau und Diderot. Im Alter von 20 Jahren veröffentlichte er seine ersten Gedichte, mit 30 Jahren schrieb er einen futuristischen Roman ("L'an 2440"), in dem er ein von der Aufklärung geprägtes Paris im Jahre 2440 darstellt. Die jakobinische Schreckensherrschaft (1793/4) verbrachte er im Gefängnis, während des Direktoriums war er im "Rat der Fünfhundert". Während dieser Zeit veröffentlichte er "Le Nouveau Paris", eine Art Tagebuch der revolutionären Geschehnisse. Er verstarb nach der Abdankung Napoleons im April 1814, so daß er das weiter fortgeführte "Le Nouveau Paris" mit folgendem Vorwort versehen konnte: Menschen aller Länder, begehrt mein Schicksal: als Untertan geboren, bin ich frei und in einer Republik gestorben! (vgl CARATINI, "Dictionnaire des personnages", S. 412).

MERLIN, Philippe-Antoine, 1754-1838, war bereits 1778 erfolgreicher Advokat und 1782 persönlicher Berater des Herzogs von Orléans (Philippe Egalité genannt, da er trotz seiner Herkunft 1791 den Jakobinern beitrat und sogar für die Todesstrafe Ludwigs XVI. stimmte). Als Abgeordneter des 3. Standes machte er sich insbesondere verdient um die Abschaffung der Feudalrechte. Nach intensiver Mitarbeit im Finanzausschuß widmete er sich ab 1793 nur noch dem Gesetzgebungsausschuß. Seiner Feder entstammte das "Loi des Suspects" vom 17.9.1793, das eine Schlüsselrolle für die Schreckensherrschaft der Jakobiner spielen sollte und ihm den Beinamen "Merlin-Suspect" einbrachte. Am Sturz Robespierres zwar nicht aktiv beteiligt, gehörte er danach zu den "rédacteurs thermidoriens" und veranlaßte die Schließung des Jakobinerclubs. Nachdem er den Aufstand vom 5. Okt. 1795 geholfen hatte niederzuschlagen, bekleidete er zunächst das Amt des Justizministers und nach dem 4. Sept. 1797 das eines Direktors. Napoléon Bonaparte nominierte ihn 1801 zum Generalprokurator am Berufungsgericht. Nach Napoléons endgültigen Sturz ging er bis 1832 ins Exil (vgl. LEMAY, "Constituants", S. 659ff).

MILSCENT, Marie-Joseph (1752-1821), Abgeordneter des 3. Standes, war von Beruf Jurist, allerdings erfolglos. Politisch eher unauffällig stand er links und wollte, daß das Volk sein Auskommen habe. Entgegen Thouret setzte er sich für einen festen Amtssitz der Richter ein und gehörte zu denjenigen, die das Privileg des Königs, die Beamten der Staatsanwaltschaft zu benennen, abschaffen wollten. Nach 1790 wurde er Richter. 1802 wählte man ihn als Senator in die Legislative (vgl. LEMAY, "Constituants", S. 670f).

MIRABEAU, Honoré Gabriel Riquetti, comte de (1749-1791), Abgeordneter in Generalständen und Mitglied der Rechten in der Nationalversammlung. Als Edelmann geboren, wegen seiner skandalösen Affären und mehrfachen Einkerkerung von seiner Familie als "mißratener Kerl" verstoßen, in der Nationalversammlung als überspannt, Verbrecher und ungeheuerlicher Schwätzer ausgebuht, war er doch ein Mann des Volkes. Er regierte die Abgeordnetensitze durch die Zuschauertribüne, da er als Mensch vom Volk geliebt wurde. (vgl. HUGO, "Mirabeau, eine Studie" in MIRABEAU, "Der Redner der Revolution" [Hrsg. u. Übersetzer, GÜNTHER], S. 9ff). Er war nicht nur enger Vertrauter Talleyrands (vgl. ORIEUX, "Talleyrand", S. 58), sondern auch heimlicher Berater des Königs (vgl. NEUMANN [Hrsg.], "Zur historischen Einführung", in LAMARTINE, "Girondisten und Jakobiner").

MOUGINS DE ROQUEFORT, Jean-Joseph 1742-1822, Abgeordneter des 3. Standes, seinem Beruf als Advokat entsprechend äußerte er sich vornehmlich zu juristischen Themen, meist in Form von kurzen Einwänden. Er trat ein für Geschworenengerichte in Strafverfahren, favorisierte jedoch nicht das englische, sondern das römische Vorbild, demzufolge die Geschworenen für ein ganzes Jahr gewählt wurden und nicht neu für jeden Prozeß. Zum Zweck einer bürgernahen Justiz sollten die Prozesse durch reisende Richter vor Ort stattfinden. Gegen Robespierre setzte er sich für die Bewahrung des Eigentums ein unter Berufung auf die Menschen- und Bürgerrechtserklärung. Im Juni 1794 inhaftiert, wurde er durch den Sturz Robespierres wieder befreit, zog sich dann aber zugunsten seiner Anwaltstätigkeit aus der Politik zurück (vgl. LEMAY, "Constituants", S. 702f).

MOUNIER, Jean-Joseph (1758-1806), Advokat, Abgeordneter des 3. Standes, verließ bereits die Nationalversammlung infolge der Ereignisse am 5./6.Okt.1789 (Sturm auf das Versailler Schloß, wonach Ludwig XVI. auf den Wunsch des Volks in Paris in den Tuilerien wohnte). Trotz dieses kurzen Mandats, wirkte er vor allem im 1. Verfassungsausschuß mit. Im Gegensatz zu seinem Jugendfreund Barnave blieb er ein Mann des ancien régime, ein überzeugter - wenn auch konstitutioneller - Monarchist, der Rousseaus "Contrat social" als absurden Traum von Demokratie einstufte. 1790 emigrierte er in die Schweiz, von wo aus er publizierte, 1795-1801 lehrte er in Weimar Philosophie, öffentliches Recht und Geschichte, wonach er nach Frankreich zurückkehrte. 1805 trat er dem "conseil d'Etat" bei (vgl. LEMAY, "Constituants", S. 703ff).

MUGUET DE NANTHOU, Hyacinthe-François (1760-1808), Abgeordneter des 3. Standes, von Beruf Jurist, distanzierte sich vehement vom ancien régime. Er äußerte sich zu den unterschiedlichsten Themen, u. a. auch zur Staatsanwaltschaft, deren Amtsträger auf Lebenszeit ernannt werden sollten. In der Affäre des Kardinals de La Rochefoucauld (s. dort) gehörte er zu den Verfechtern einer entsprechenden Strafe. Ursprünglich Jakobiner, schloß er sich im Juli 1791 dem gemäßigten Flügel der Feuillants an. Nach mehreren Gefängnisaufenthalten wurde er 1795 zum Kommandanten der Nationalgarde gewählt (vgl. LEMAY, "Constituants", S. 707f).

NOAILLES, Louis, vicomte de, 1756-1804, war ehemaliger Offizier, der mit La Fayette im amerikanischen Bürgerkrieg (1779-81) mitkämpfte. Als Abgeordneter des Adels in den Generalständen versuchte er den Bruch mit den Communes zu vermeiden. Politisch bekannt wurde er insbesondere durch seinen Vorschlag am 4. August 1789, die Feudalrechte aufzugeben. Er setzte sich für eine allgemeine Wehrpflicht ein, um eine volksoffene Armee unter königlicher Führung zu schaffen (vgl. LEMAY, "Constituants", S. 716).

OSSELIN, Charles-Nicolas (1752-1794 guillotiniert), wurde erst 1792 Abgeordneter der Nationalversammlung. 1793 wurde er Mitglied des "Komitees für allg. Sicherheit" (s. dazu Anhang A). Zweimal bezichtigte man ihn, politischen Häftlingen zur Flucht verholfen zu haben, weshalb er aus dem Jakobinerclub ausgeschlossen, vor das Revolutionstribunal gestellt und zum Tode verurteilt wurde (vgl. CARATINI, "Dictionnaire des personnages", S .431).

PELERIN de la Buxière, Louis-Jean (1731-1796), promovierter Arzt, Abgeordneter des 3. Standes, äußerte sich insgesamt nur dreimal in seiner parlamentarischen Karriere. Er gehörte den "Feuillants" (=gemäßigte Abspaltung der Jakobiner) an (vgl. LEMAY, "Constituants", S. 736).

PETION (de Villeneuve), Jérôme (1756-1794), von Beruf Jurist, stand als Abgeordneter des 3. Standes politisch weit links. Der König war seiner Diktion zufolge ein Bürger wie jeder andere, der genauso dem Gesetz unterworfen war. Er setzte sich immer ein für eine starke Legislative, aber eine strikte Gewaltenteilung ein. 1792 wurde er wieder gewählt, entzog sich 1793 seiner Verhaftung durch Flucht und beging schließlich Selbstmord (vgl. LEMAY, "Constituants", S. 747f).

PEZOUS, Jean-Pierre, 1758-1841, Jurist, seit 1789 Abgeordneter des 3. Standes, hat sich nur zweimal in seiner nur bis 1791 dauernden parlamentarischen Karriere hervorgetan: in Testamentsfragen und wegen einer Vereinfachung der Justizorganisation. Er trat allerdings dem Gewaltenteilungsprinzip Montesquieus folgend für die Wahl der Richter ein (vgl. LEMAY, "Constituants", S. 750).

PRIEUR, Pierre-Louis, 1756-1827, Jurist, Abgeordneter des 3. Standes war wie viele der Meinung, daß die Revolution erst begonnen habe und fortgeführt werden müsse. Er war ein überzeugter Verfechter der Geschworenen, die die einzige Garantie für zivile Freiheit böten. Zunächst schloß er sich den gemäßigten "Feuillants" an (Juli 1791), um dann aber auf die radikalen Jakobiner umzuschwenken. Fast ein Jahr gehörte er dem Wohlfahrtsausschuß an, konnte sich aber durch Flucht seiner Festnahme entziehen, um 1795 durch eine Amnestie gerettet zu werden. 1814 ging er ins Exil nach Belgien (vgl. LEMAY, "Constituants", S. 772ff).

RABAUT SAINT-ETIENNE, Jean-Paul, 1743-1793 (exekutiert), Abgeordneter des 3. Standes, von Nîmes aus einer protestantischen Familie stammend, studierte Philosophie und Theologie in Genf. Er engagierte sich nicht nur insbesondere für die Akzeptanz der Protestanten in Frankreich, sondern auch für andere Nicht-Katholiken wie die Juden. Sein erstes Werk, "Triomphe de l'intolérance", veröffentlichte er in London. Unter anderem war er Mitglied im Verfassungsausschuß. 1792 wurde er Abgeordneter des Nationalkonvents, dessen Präsident er sogar zeitweise war (vgl. LEMAY, "Constituants", S. 782ff).

RICARD, Louis-Etienne, 1740-1814, Advokat und Abgeordneter des 3. Standes, trat für einen starken König ein, da die Justiz und das Königtum derselben väterlichen Autorität entstammten. König und Richter sei ursprünglich ein Synonym gewesen und deshalb untrennbar. Er setzte sich für den Katholizismus als Staatsreligion ein und protestierte gegen die Verfassung von 1791, die eine konstitutionelle Monarchie mit einer Dreigewaltenteilung vorsah. Politisch war er deutlich rechts einzuordnen (vgl. LEMAY, "Constituants", S. 805f)

ROBESPIERRE, Maximilien-Marie-Isidore, 1758-1794 (exekutiert), hauptsächlich bekannt geworden durch die Schreckensherrschaft des Wohlfahrtsausschusses (s. Anhang A: April 1793), war Advokat, der sich als Abgeordneter für die schwächsten Mitglieder der Gesellschaft einsetzte bzw. für die nicht-aktiven Bürger, d. h. diejenigen, die aus Armut keine Steuern zahlten und deshalb weder wählen noch gewählt werden konnten. Der Grund allen Übels lag für ihn in der Aristokratie, das Volk war immer gut, die ehemaligen Herren immer schlecht. Auch die Besitzstände des Bürgertums griff er stark an. Er war in keinem Gesetzgebungsausschuß Mitglied, sondern konzentrierte seine Tätigkeit mehr auf die praktischen Probleme des Alltags. Auf lange Sicht strebte er eine Umkehr der Menschen zur Tugendhaftigkeit an, glaubte allerdings, daß zunächst einmal die Revolution zu Ende geführt werden müsse. Vom Nov. 1791 bis April 1792 bekleidete er selbst das Amt des öffentlichen Anklägers vor dem Kriminalgerichtshof in Paris (vgl. CARATINI, "Dictionnaire des personnages", S .475f).

SALLE, Jean-Baptiste, 1759-1794 (exekutiert), Abgeordneter des 3. Standes, von Beruf eigentlich Arzt, beteiligte sich nach Aneignung juristischer Kenntnisse intensiv an Debatten über verfassungsrechtliche Grundprinzipien (z.B. Volkssouveränität, konstitutionelle Monarchie, Einkammersystem). Er gehörte zu den Girondisten, deren Inhaftierung am 2. Juni 1793 den endgültigen Sieg der Bergpartei über die Girondisten bedeutete (vgl. LEMAY, "Constituants", S. 847f).

SENTETZ, Blaise-Thérèse, 1753-1840, Abgeordneter des 3. Standes, von Beruf Jurist, bekleidete vor der Revolution das Amt eines "königlichen Advokaten". Als Abgeordneter kritisierte er heftig, daß ein erstinstanzliches Urteil bis zu 50 Livres gerichtlich nicht anfechtbar sei, obwohl diese Summe für die Armen eine Menge Geld bedeutete. Im Strafverfahren wandte er sich gegen das Vorhaben, dem privaten Mitankläger jegliches Äußerungsrecht zu nehmen (vgl. LEMAY, "Constituants", S. 858).

SIEYES, Emmanuel Joseph, Abbé, 1748-1836, obwohl aus dem Volk stammend, wurde Abgeordneter des Klerus (Orléans), doch die Spitzenpositionen blieben ihm als Nichtadeligen versagt. Im Mai 1789 wurde er auch als Abgeordneter des 3. Standes in die Generalstände gewählt. Er galt als einer der führenden Köpfe der frühen Nationalversammlung, wenn er auch wenig im Blickpunkt der Öffentlichkeit stand. Für Europa wurde er zum Wegbereiter der Konzeption der verfassungsgebenden Gewalt und ist bis heute einer der wichtigsten Theoretiker der Nationalrepräsentation und des freien Mandats. Er gehörte zu den wenigen, die die französische Geschichte von 1789 bis 1815 in führenden Positionen miterlebte und prägte. Indem er jedoch im Herbst 1799 Napoleons Staatsstreich vorbereitete und ihm zum Gelingen verhalf, hat Sieyes auch zur Beendigung der Revolution, der er ursprünglich zum Durchbruch verhalf, aktiv beigetragen (vgl. CARATINI, "Dictionnaire des personnages", S. 506).

TARGET, Guy, Jean-Baptiste (1733-1806), Advokat und Abgeordneter des 3. Standes, wirkte intensiv bei der Ausarbeitung der Verfassung von 1791 mit und gehörte dem Kriminalgesetzgebungsausschuß von Sept. 1789 - Januar 1790 an. Als ihn Ludwig XVI. 1792 um seine Verteidigung bat, wies er diese "schicksalsträchtige Ehre" zurück. Von 1797-1806 war er Richter am Revisionsgericht (vgl. CARATINI, "Dictionnaire des personnages", S. 516; LEMAY, "Constituants", S. 876ff).

TRONCHET, François-Denis (1706-1806), Advokat und Abgeordneter des 3. Standes, war Mitglied in 6 Gesetzgebungsausschüssen, unter anderem im Kriminalgesetzgebungsausschuß vom Sept. 1789 - Januar 1790. Dort trat er für ein schriftliches Ermittlungsverfahren ein und erinnerte daran, daß selbst die Engländer nicht an die Unfehlbarkeit des Geschworenenverfahrens glaubten. Sein parlamentarisches Wirken zeichnete sich insbesondere durch juristische Kompetenz aus. 1793 zog er sich aus dem politischen Leben zurück, um 1795 in den "Rat der Alten" gewählt zu werden. Seit 1801 gehörte er dem Senat an (vgl. LEMAY, "Constituants", S. 904f).

THOURET, Jacques-Guillaume, 1746-1794 (exekutiert), Advokat in Rouen, war Abgeordneter des 3. Standes. Er war nicht nur im Verfassungsausschuß, sondern auch im Komitee für die Kriminalgesetzgebung. Er äußerte sich in der Constituante vornehmlich zu folgenden Themen: Neustrukturierung des Königreiches, Justizreform, Güter des Klerus, nationale Souveränität und Verfassung. Er spielte eine federführende Rolle in der radikalen Neuordnung der Justiz. Seit April 1791 fungierte er als Richter am Revisionsgericht bis er im Nov. 1793 denunziert und als Sympathisant Dantons vom Revolutionstribunal verurteilt und guillotiniert wurde (vgl. LEMAY, "Constituants", S. 890f).

TALLEYRAND-PERIGORD, Charles-Maurice de, 1754-1838, war infolge eines Unfalls als Baby verkrüppelt. Als Neffe des Erzbischofs von Reims war ihm trotz einer Menge Skandale eine steile Karriere als Geistlicher möglich. Im Januar 1789 empfing er die Bischofsweihe, wodurch er als Abgeordneter des Klerus in die Generalstände gewählt werden konnte. Er war der Hauptverfasser des "cahier de doléances" von Autun. In der Nationalversammlung wurde er bekannt durch seine Ausführungen über das imperative Mandat (Sitzung v. 7.7.1789), durch seine Mitwirkung an der Abfassung der Menschenrechte, insb. Art. VI (21.8.1789), und durch den Gesetzesentwurf über öffentlichen Unterricht (Sitzung v. 13.9.1790). Bedeutende Folgen hatte sein Antrag vom 10.10.1789, als er aufgrund der schlechten Finanzlage die Einziehung der Kirchengüter verlangte, da nicht der Klerus gewöhnlicher Eigentümer sei, sondern nur zur Ausübung seiner Ämter daraus Nutzen ziehen dürfe, ohne wirklich darüber verfügen zu dürfen. Am 2.11.1789 wurden die Güter des Klerus der Nation zur Verfügung gestellt. Durch ein Dekret (14./15. Nov.1790) wurde die sog. Zivilverfassung in Kraft gesetzt, wonach alle Geistlichen einen Eid auf die Verfassung zu schwören hatten. Talleyrand überwarf sich deshalb mit Rom und trat im Januar 1791 von seinem Bischofsamt zurück. Im Frühjahr 1792 wurde er exkommuniziert. Mit Dantons Hilfe emigrierte er im Sept. 1792 zunächst nach England, da er vom Konvent als Anhänger des Königs angeklagt war. Von England im Januar 1794 als Revolutionär ausgewiesen, reiste er mit Beaumetz nach Amerika, wo er zwei Jahre in Philadelphia lebte. Unter Napoleon war er über 10 Jahre Außenminister (1797-1807). 1814/15 wirkte er beim Wiener Kongreß mit. Bevor er 1834 in den Ruhestand trat war er für 3 Jahre Botschafter in London. Kurz vor seinem Tod versöhnte er sich wieder mit der Kirche (vgl. LEMAY, "Constituants", S. 873ff).

Anhang C: Loi sur la police de sûreté, la justice criminelle, et l'institution des jurés

PARTIE I

DE LA POLICE DE SÛRETÉ

Titre I

De la police de sûreté

Art. 1er: Le juge de paix de chaque canton sera chargé des fonctions de la police de sûreté, ainsi qu'elles seront ci-après détaillées.

Art. 2: Il y aura, de plus, un ou plusieurs fonctionnaires publics chargés d'exercice concurremment avec les juges de paix des divers cantons, les fonctions de la police de sûreté.

Titre II

Du mandat d'amener et du mandat d'arrêt

Art. 1er: L'ordre d'un officier de police de sûreté, pour faire comparaître les prévenus de crime ou délit, s'appellera *mandat d'amener*.

Art. 5: Si l'officier de police de sûreté, devant qui l'inculpé est amené, trouve, après l'avoir entendu, qu'il y a lieu à le poursuivre criminellement, il donnera ordre qu'il soit envoyé à la maison d'arrêt du district: cet ordre s'appellera *mandat d'arrêt.*

Titre III

Fonctions générales de l'officier de police

Art. 1er: Tous ceux qui auront connaissance d'un meutre ou d'une mort dont la cause est inconnue ou suspecte, seront tenus d'en donner avis sur-le- champ à l'officier de police de sûreté du lieu, ou, à son défaut, au plus voisin, lequel se rendra incontinent sur les lieux.

Titre IV

Du flagrant délit

Art. 1er: Lorsqu'un officier de police apprendra qu'il se commet un délit grave dans un lieu, ou que la tranquillité publique y aura été violemment troublée, il sera tenu de s'y transporter aussitôt, d'y dresser procès-verbal détaillé du corps du délit, quel qu'il soit, et de toutes ses circonstances; enfin de tout ce qui peut servir à conviction ou à décharge.

Titre V

De la dénonciation du tort personnel,
ou de la plainte

Art. 1er: Tout particulier qui se prétendra lésé par le délit d'un autre particulier pourra porter ses plaintes à la police, devant un juge de paix ou un des officiers de gendarmerie désignés plus haut.

Titre VI

De la dénonciation civique

Art. 1er: Tout homme qui aura été témoin d'un attentat, soit contre la liberté et la vie d'un autre homme, soit contre la sûreté publique ou individuelle, sera tenu d'en donner aussitôt avis à l'officier de police du lieu du délit.

PARTIE II

DE LA JUSTICE CRIMINELLE
ET DE L'INSTITUTION DES JURÉS

Titre I

De la procédure devant le tribunal du district,
et du juré d'accusation

Art. 1er: Il sera désigné dans chaque tribunal, un des juges pour remplir dans les matières criminelles les fonctions qui vont être détaillées. En cas d'absence ou d'empêchement, ce juge sera remplacé par celui qui le suit dans l'ordre du tableau.

Art. 2: Ce juge s'appellera *directeur du juré*; il sera pris à tour de rôle, tous les 6 mois, parmi les membres composant le tribunal, le président excepté.

Art. 3: Celui qui, sur le mandat d'arrêt d'un officier de police, aura fait au gardien de la maison d'arrêt remise du prévenu, en prendra reconnaissance; il remettra les pièces au greffier du tribunal, et en prendra pareillement reconnaisssance: il rapportera à l'officier de police ces deux actes visés dans le jour par le directeur du juré.

Art. 4: Aussitôt après avoir délivré son visa, ou au plus tard dans les 24 heures, le directeur du juré examinera les pièces remises, pour vérifier si l'inculpation est de nature à être présentée au juré: il pourra même à cet effet entendre le prévenu.

Art. 5: Aucun acte d'accusation ne pourra être présenté au juré, que pour un délit emportant peine afflictive ou infamante.

Art. 6: Dans le cas où il n'y a point de partie plaignante ou dénonciatrice, soit que l'accusé soit présent ou non, si le directeur du juré trouve, par la nature du délit, que l'accusation ne doit pas être présentée au juré, il assemblera dans les 24 heures le tribunal, lequel prononcera sur cette question, après avoir entendu le commissaire du roi.

Art. 7: Si, dans le même cas, il trouve que, par la nature du délit, l'accusation doit être présentée au juré, ou si, contre son opinion, le tribunal l'a décidé ainsi, il dressera l'acte d'accusation.

Art. 8: Dans le cas où il y a une partie plaignante ou dénonciatrice, le directeur du juré ne pourra ni dresser l'acte d'accusation, ni porter au tribunal la question mentionnée en l'article 6, si ce n'est après 2 jours révolus depuis la remise du prévenu en la maison d'arrêt, ou des pièces au greffe du tribunal; mais, ce délai passé sans que la partie ait comparu, il sera tenu d'agir ainsi qu'il est prescrit par les articles précédents.

Art. 13: Les actes d'accusation seront toujours communiqués au commissaire du roi avant d'être présentés au juré: si le commissaire du roi trouve que, d'après la loi, le délit est de nature à mériter peine afflictive ou infamante, il exprimera son adhésion par ces mots: La loi autorise. Au cas contraire, il exprimera son opposition par ceux-ci: La loi défend; dans ce dernier cas, la question pourra être portée au tribunal de district, qui la décidera dans les 24 heures.

Art. 15: L'acte d'accusation contiendra le fait et toutes ses circonstances: celui ou ceux qui en font l'objet y seront clairement désignés et dénommés; la nature du délit y sera déterminée aussi précisément qu'il sera possible; il sera dit qu'il a été commis méchamment et à dessein.

Art. 16: Les témoins qui n'auront pas fait leur déclaration devant l'officier de police la feront devant le directeur du juré: ces déclarations seront reçues par écrit avant que les témoins soient examinés de vive-voix par le juré d'accusation.

Art. 18: Les jurés étant assemblés au jour indiqué, le directeur du juré leur fera prêter d'abord, en présence du commissaire au roi, le serment suivant:

> Citoyens, vous jurez et promettez d'examiner avec attention les témoins et pièces qui vous seront présentés, et en garder le secret; vous vous expliquerez avec loyauté sur l'acte d'accusation qui va vous être remis:

suivrez ni les mouvements de la haine et de la méchanceté, ni ceux de la crainte ou de l'affection.

Art. 19: Le directeur du juré exposera aux jurés l'objet de l'accusation, et leur expliquera avec clarté et simplicité les fonctions qu'ils ont à remplir: les pièces de la procédure leur seront remises, à l'exception de la déclaration écrite des témoins.

Art. 20: Les pièces seront lues d'abord, ensuite les témoins produits seront entendus de vive-voix, ainsi que la partie plaignante ou dénonciatrice si elle est présente; cela fait, le directeur du juré se retirera et laissera les jurés délibérer entre eux.

Art. 21: Le plus ancien d'âge sera leur chef, les présidera, et sera chargé de recueillir les voix.

Art. 22: Si les jurés trouvent que l'accusation doit être admise, leur chef mettra au bas de l'acte cette formule affirmative: *La déclaration du juré est: Oui, il y a lieu.* S'ils trouvent que l'accusation ne doit pas être admise, il mettra au bas de l'acte cette formule négative: *La déclaration du juré est: Non, il n'y a pas lieu.*

Art. 23: Dans le cas mentionné en l'article 10, où le directeur du juré et la partie plaignante ou dénonciatrice auraient présenté chacun un acte d'accusation séparé, les jurés détermineront celle des deux accusations qui doit avoir lieu, en mettant au bas de l'acte la formule affirmative, et au bas de l'autre acte la formule négative; et, si aucune des deux accusations ne leur paraît devoir être admise, leur chef mettra la formule négative au bas des deux actes.

Art. 24: S'ils estiment qu'il y a lieu à une accusation, mais différente de celle qui est portée dans l'acte ou dans les actes d'accusation, le chef du juré mettra au bas: *La déclaration du juré est: Il n'y a pas lieu à la présente accusation.*

Art. 25: Dans ce cas, le directeur du juré pourra, sur les déclarations écrites des témoins, et sur les autres renseignements, dresser un nouvel acte d'accusation.

Art. 26: Dans tous les cas, le directeur du juré pourra, sur les déclarations écrites des témoins, et sur les autres renseignements, dresser un nouvel acte d'accusation.

Art. 27: Le nombre de 8 jurés sera absolument nécessaire pour former un juré d'accusation, et la majorité des suffrages pour déterminer qu'il y a lieu à accusation.

Art. 28: Si les jurés prononcent qu'il n'y a pas lieu à accusation, le prévenu sera mis en liberté, et ne pourra plus être poursuivi à raison du même fait, à moins que sur de nouvelles charges il ne soit présenté un nouvel acte d'accusation.

Art. 29: Lorsque le juré d'accusation aura déclaré qu'il y a lieu à accusation, le directeur du juré rendra sur-le-champ une ordonnance de prise de corps contre l'accusé, d'après laquelle, s'il n'est pas déjà arrêté, il sera saisi en quelque lieu qu'il soit trouvé, et amené devant le tribunal criminel.

Titre II

Formation du tribunal criminel

Art. 1er: Il y aura un tribunal criminel par chaque département.

Art. 2: Ce tribunal est composé d'un président et de 3 juges, pris chacun tous les 3 mois, et par tour, dans les tribunaux de districts, le président excepté.

Art. 3: Il y aura près du tribunal criminel un accusateur public, un commissaire du roi et un greffier.

Art. 4: Le président du tribunal criminel, l'accusateur public et le greffier seront nommés par les électeurs du département.

Art. 5: L'accusateur public sera nommé à la prochaine élection pour 4 ans seulement, et à la suivante pour 6 années: le président sera nommé pour 6 années; l'un et l'autre pourront être réélus: Le greffier sera à vie, le tout conformément à la loi du 29 mai 1791.

Titre IV

Fonctions de l'accusateur

Art. 1er: L'accusateur public est chargé de poursuivre les délits sur les actes d'accusation admis par les premiers jurés, et il ne peut porter au tribunal aucune autre accusation à peine de forfaiture.
Lorsque l'accusateur public aura reçu une dénonciation du pouvoir exécutif, ou du tribunal criminel ou d'un commissaire du roi, il la transmettra aux officiers de police, et veillera à ce qu'elle soit poursuivie par les voies et suivant les formes ci-dessus établies.
La dénonciation du pouvoir exécutif ne pourra être transmise à l'accusateur public que par l'intermédiaire du commissaire du roi.

Art. 2: L'accusateur public aura la surveillance sur tous les officiers de police du département; en cas de négligence de leur part, il les avertira; en cas de faute plus grave, il les déférera au tribunal criminel, lequel, selon la nature du délit, prononcera les peines correctionnelles déterminées par la loi.

Art. 3: Si d'office, ou sur la plainte ou dénonciation d'un particulier, l'accusateur public trouve qu'un officier de police est dans le cas d'être poursuivi pour prévarication dans ses fonctions, il décernera contre lui le mandat d'amener, et lieu, il donnera au directeur du juré la notice des faits, les pièces, et la déclaration des témoins, au cas qu'il en ait reçu, pour que celui-ci dresse l'acte d'accusation et le présente au juré dans la forme ci-dessus prescrite.

Titre V

Fonctions du commissaire du roi

Art. 1er: Dans tous les procès criminels, soit au tribunal de district, soit au tribunal criminel, le commissaire du roi sera tenu de prendre communication de toutes les pièces et actes, et d'assister à l'examen et au jugement.

Art. 2: Le commissaire du roi pourra toujours faire aux juges, au nom de la loi, toutes les réquisitions qu'il jugera convenables, desquelles il lui sera délivré acte.

Art. 3: Lorsque le directeur du juré, ou le tribunal criminel, n'auront pas jugé à propos de déférer à la réquisition du commissaire du roi, l'instruction ni le jugement n'en pourront être ni arrêtés ni suspendus, sauf au commissaire du roi du tribunal criminel à se pourvoir en cassation après le jugement, ainsi qu'il va être détaillé ci-après.

Art. 4: Si néanmoins quelque affaire de la nature de celles qui sont réservées au Corps législatif était présentée au tribunal criminel, le commissaire du roi sera tenu d'en requérir la suspension et le renvoi au Corps législatif, et le président de l'ordonner, à peine de forfaiture.

Titre VI

Procédure devant le tribunal criminel

Art. 1er: Nul homme ne peut être poursuivi devant le tribunal criminel, et jugé que sur une accusation reçue par un juré, composé de 8 citoyens.

Art. 2: Si le juré a déclaré qu'il y a lieu à accusation, le procès et l'accusé, dans le cas où il sera détenu, seront envoyés par les ordres du commissaire du roi au tribunal criminel du département, et ce dans les 24 heures de la signification qui aura été faite à l'accusé de l'ordonnance de prise de corps.

Art. 8: Le porteur de l'ordonnance, après avoir remis l'accusé dans la maison de justice du tribunal direct, ou de celui qu'il aura choisi, remettra également au greffe la déclaration de l'accusé, ainsi que l'ordonnance de prise de corps.

Art. 9: Le greffier donnera connaissance de ces deux actes à l'accusateur public; et si le tribunal que l'accusé a préféré n'est pas le tribunal direct, l'accusateur public fera notifier ces actes au greffe du tribunal du district où l'accusation a été reçue; et sur la réquisition qu'il en fera par l'acte même de notification, les pièces lui seront aussitôt renvoyées.

Art. 10: Dans tous les cas, 24 heures au plus tard après son arrivée et la remise des pièces au greffe, l'accusé sera entendu par le président ou par l'un des juges qu'il commettra à cet effet, en présence de l'accusateur public. Le greffier tiendra note de ses réponses, laquelle sera remise au président.

Art. 11: Les notes de l'interrogatoire, ainsi que les éclaircissements par écrit qui auront été pris par les officiers de police et le directeur du juré, seront envoyées au greffe du tribunal criminel, et remises au président, lequel en donnera connaissance à l'accusateur public: le tout, pour servir de renseignements seulement.

Art. 12: Si l'accusateur public ou la partie produisent des témoins nouveaux, leurs dépositions seront faites et reçues par écrit par le président ou par le juge qu'il commettra à cet effet: il en sera de même à l'égard de ceux qui sont produits par l'accusé, le tout sans préjudice des témoins que l'accusé pourra toujours faire entendre lors de l'examen: ces nouvelles dépositions, ainsi que les anciennes, seront toutes remises au président, pour servir de renseignements seulement.

Art. 13: Tout accusé pourra faire choix d'un ou deux amis pour l'aider et lui servir de conseil dans sa défense, sinon le président lui en désignera un; mais les conseils ne pourront jamais communiquer avec l'accusé, que lorsqu'il aura été entendu.

Art. 14: Les témoins seront tenus de comparaître sur l'assignation qui leur sera donnée, sous peine d'amende et de contrainte par corps, lesquelles peines seront prononcées par les officiers de police, tribunal de district ou tribunal criminel, devant lesquels les témoins auront été assignés pour déposer, à moins qu'ils ne présentent une excuse, laquelle sera jugée par le tribunal qui l'aura assigné.

Art. 15: Chaque témoin qui demandera une indemnité sera taxé, par l'officier qui l'aura fait assigner, suivant un tarif uniforme qui sera dressé à cet effet par les directoires de département.

Art. 16: Les témoins pourront néanmoins être entendus dans le débat, quoiqu'ils n'aient pas été assignés ni reçus à déposer préalablement par écrit.

Art. 17: Le 1er de chaque mois, le président du tribunal criminel fera former le tableau des jurés de la manière qu'il sera dit au titre XI.

Art. 18: Le 15 de chaque mois, s'il y a quelque affaire à juger, le juré de jugement s'assemblera sur la convocation qui en sera faite le 5 du même mois.

Art. 19: L'accusateur public sera tenu, aussitôt après l'interrogatoire, de faire ses diligences de manière que l'accusé puisse être jugé à la première assemblée du juré, qui suivra son arrivée.

Art. 20: Si l'accusateur public ou l'accusé ont des motifs de demander que l'affaire ne soit pas portée à la première assemblée du juré, ils présenteront leur requête en prorogation de délai au tribunal criminel, lequel décidera si cette prorogation doit ou non être accordée.

Art. 21: Si le tribunal criminel juge qu'il y a lieu d'accorder la demande, ce délai ne pourra être néanmoins prorogé au delà de l'assemblée des jurés, qui aura lieu le 15 du mois suivant.

Art. 22: La requête en prorogation de délai sera présentée avant le 5 de ce mois, époque de la convocation du juré.

Art. 23: Le nombre de 12 jurés sera absolument nécessaire pour former un juré de jugement.

Art. 24: Le président, en présence du public, du commissaire du roi, de l'accusateur et de l'accusé, fera prêter à chaque juré séparément, le serment suivant:
Citoyen, vous jurez et promettez d'examiner, avec l'attention la plus scrupuleuse, les charges portées contre un tel ..., de n'en communiquer avec personne, jusqu'après votre déclaration; de n'écouter ni la haine ou la méchanceté, ni la crainte ou l'affection; de vous décider d'après les charges et moyens de défense, et suivant votre conscience et votre intime conviction, avec l'impartialité et la fermeté qui conviennent à un homme libre.

Art. 25: Le serment prêté, les jurés prendront place tous ensemble sur les sièges séparés du public et des parties, et ils seront placés en face de l'accusé et des témoins.

Titre VII

De l'examen et de la conviction

Art. 1er: En présence des juges, de l'accusateur public, du commissaire du roi, des jurés et du public, l'accusé comparaîtra à la barre, libre et sans fers: le président lui dira qu'il peut s'asseoir, lui demandera son nom, âge, profession et demeure, dont il sera tenu note par le greffier.

Art. 2: Le président avertira l'accusé d'être attentif à tout ce qu'il va entendre; il ordonnera au greffier de lire l'acte d'accusation, d'après quoi, il dira à l'accusé: "Voilà de quoi l'on vous accuse: vous allez entendre les charges qui seront produites contre vous."

Art. 3: L'accusateur public exposera le sujet de l'accusation, il fera entendre ses témoins, ainsi que la partie plaignante, s'il y en a; les témoins, avant de déposer, prêteront serment de parler sans haine et sans crainte, de dire la vérité, toute la vérité, rien que la vérité.

Art. 4: La liste des témoins qui doivent déposer sera notifiée à l'accusé, 24 heures au moins avant l'examen.

Art. 5: L'examen des témoins sera toujours fait de vive voix et sans que leurs dépositions soient écrites.

Art. 6: Après chaque déposition, le président demandera à l'accusé s'il veut répondre à ce qui vient d'être dit contre lui; l'accusé pourra, ainsi que ses amis ou conseils, dire, tant contre les témoins que contre leur témoignage, ce qu'il jugera utile à sa défense.

Art. 7: Le témoin sera toujours tenu de déclarer d'abord si c'est de l'accusé présent qu'il entend parler et s'il connaissait l'accusé avant le fait qui a donné lieu à l'accusation

Art. 8: Il sera demandé au témoin s'il est parent, allié, serviteur et domestique d'aucune des parties.

Art. 9: Lorsque les témoins de l'accusateur public et de la partie plaignante, s'il y en a, auront été entendus, l'accusé pourra faire entendre les siens; l'accusateur public ou la partie plaignante pourront également s'adresser au président pour les questionner et dire sur eux, ou leur témoignage, tout ce qu'ils jugeront nécessaire.

Art. 10: Les témoins ne pourront jamais s'interpeller entre eux.

Art. 11: Les témoins seront entendus séparément: néanmoins, l'accusé pourra par lui-même, ou par ses amis ou conseils, demander qu'ils soient entendus en présence les uns des autres; il pourra demander encore, après qu'ils auront déposé, que ceux qu'il désignera se retirent de l'auditoire et qu'un ou plusieurs d'entre eux soient introduits et entendus de nouveau, séparément, ou en présence les uns des autres.

Art. 12: L'accusateur public aura la même faculté à l'égard des témoins produits par l'accusé.

Art. 13: Les conseils prêteront serment de n'employer que la vérité dans la défense des accusés, et seront tenus de s'exprimer avec décence et modération.

Art. 14: L'accusé pourra faire entendre des témoins pour attester qu'il est homme d'honneur, et une conduite irréprochable; les jurés auront tel égard que de raison à ce témoignage.

Art. 15: Ne pourront être entendus en témoignage les ascendants contre leurs descendants et réciproquement, les frères et soeurs contre leurs frères et soeurs, un mari, et les alliés au même degré.

Art. 16: Pendant l'examen, les jurés et les juges pourront prendre note de ce qui leur paraîtra important, pourvu que la discussion n'en soit pas interrompue.

Art. 17: Tous les effets trouvés lors du délit ou depuis, pouvant servir à conviction, seront représentés à l'accusé, et lui sera demandé de répondre personnellement s'il les reconnaît.

Art. 18: A la suite des dépositions, l'accusateur public sera entendu, la partie plaignante pourra demander à faire des observations; l'accusé ou ses amis pourront leur répondre.

Art. 19: Le président résumera l'affaire, fera remarquer aux jurés les principales preuves pour et contre l'accusé; il terminera en leur rappelant avec simplicité les fonctions qu'ils ont à remplir, et en posant nettement les diverses questions qu'ils doivent décider relativement au fait, à son auteur et à l'intention.

Art. 20: Le président dira aux jurés qu'ils doivent d'abord déclarer, si le fait de l'accusation est constant ou non, ensuite si un tel qui est accusé, est ou non convaincu de l'avoir commis.

Art. 21: Le président posera ensuite les questions relatives à l'intention, résultant de l'acte d'accusation, ou qu'il jugera résulter de la défense de l'accusé, ou du débat; il disposera ces questions, suivant l'ordre dans lequel elles doivent être décidées, en commençant par les plus favorables à l'accusé; il les remettra par écrit au chef des jurés, lesquels seront tenus d'y délibérer.

Art. 22: Le président ordonnera aux jurés de se retirer dans leur chambre; ils y resteront sans pouvoir communiquer avec personne; le premier inscrit sur le tableau sera leur chef.

Art. 23: Lorsque les jurés se trouveront en état de donner leurs déclarations, ils feront avertir le président, qui commettra l'un des juges, lequel, avec le commissaire du roi, passera dans la chambre du conseil, où le chef du juré se rendra pareillement; les jurés successivement, et en l'absence les uns des autres, feront chacun devant eux leurs déclarations particulières de la manière qui va être expliquée.

Art. 24: Chaque juré, en commençant par leur chef, donnera d'abord sa déclaration sur le fait pour décider si le fait porté dans l'acte d'accusation, est constant ou non; si cette première déclaration est affirmative, il en fera sur-le-champ une seconde sur l'accusé, pour déclarer s'il est, ou non, convaincu.

Art. 25: Ceux des jurés qui auront déclaré que le fait n'est pas constant, n'auront pas d'autre déclaration à faire, et leurs voix seront comptées en faveur de l'accusé pour les déclarations suivantes. Ceux qui, ayant trouvé le fait constant, auront déclaré que l'accusé n'en est pas convaincu, n'auront aucune autre déclaration à faire, et leurs voix seront également comptées en faveur de l'accusé pour les déclarations qui pourront suivre.

Art. 26: Ceux des jurés dont les premières déclarations auront été affirmatives en feront une troisième, relative à l'intention, sur les questions posées par le président.

Art. 27: Dans les délits qui renferment des circonstances indépendantes entre elles, tels que dans une accusation de vol, pour savoir s'il a été commis de nuit, avec effraction, par une personne domestique avec récidive, le président posera séparément ces diverses questions, et il sera fait sur chacune d'elles une déclaration distincte et séparée par tous ceux des jurés qui auront fait une déclaration affirmative sur le fait de l'accusation et sur l'auteur.

Art. 28: L'opinion de 3 jurés suffira toujours en faveur de l'accusé, soit pour décider que le fait n'est pas constant, soit que l'accusé n'est pas convaincu, soit pour décider en sa faveur les questions relatives à l'instruction, posées par le président.

Art. 29: Chaque juré prononcera les diverses déclarations ci-dessus dans la forme suivante; il mettra la main sur son coeur et dira: *Sur mon honneur et ma conscience, le fait est constant*, ou *le fait ne me paraît pas constant;*
l'accusé est convaincu ou: *l'accusé ne me paraît pas convaincu*. La même forme sera observée dans les autres déclarations.

Art. 30: Pour constater les diverses déclarations, des boîtes blanches, et des boîtes noires seront placées sur le bureau de la chambre du conseil: les boîtes blanches serviront pour exprimer que *le fait n'est pas constant*, que *l'accusé n'est pas convaincu* et la décision favorable à l'accusé sur les questions relatives à l'intention, posées par l président.

Art. 31: Après chacune de ses déclarations, chaque juré, en témoignage de son opinion qu'il aura prononcée à haute voix, déposera ostensiblement dans les boîtes, des boules d'une couleur semblable.

Art. 32: Cela fait, les jurés seront appelés, et en leur présence, il sera fait ouverture des boîtes; les boules seront comptées, les déclarations partielles seront rassemblées, pour former la déclaration générale du juré.

Art. 33: Les jurés rentreront dans l'auditoire, et après avoir repris leurs places, le président leur demandera si un tel est convaincu d'avoir, etc. etc., le chef du juré dira: *Sur mon honneur et ma conscience, la déclaration du juré est:* UN TEL N'EST

PAS CONVAINCU, *ou bien:* UN TEL EST CONVAINCU. UN TEL EST CONVAINCU D'AVOIR, etc., MAIS INVOLONTAIREMENT, OU POUR LA LEGITIME DEFENSE DE SOI OU D'AUTRUI, etc.

Art. 34: La déclaration du juré sera reçue par le greffier, signée de lui et du président.

Art. 35: Tous les accusés compris dans le même acte d'accusation seront soumis au même juré.

Art. 36: S'il y a plusieurs coaccusés, le tribunal déterminera celui qui sera le premier présenté au débat en commençant toujours par le principal accusé, s'il y en a un; les autres coaccusés y seront présents, pourront y faire leurs observations; il sera fait ensuite un débat pour chacun d'eux sur les circonstances qui lui seront particulières.

Art. 37: Le juré ne pourra donner de déclaration sur un délit qui ne serait pas porté dans l'acte d'accusation, quelle que soit la déposition des témoins.

Art. 38: Si l'accusé est déclaré non convaincu du fait porté dans l'acte d'accusation et qu'il ait été inculpé sur un autre par les dépositions des témoins, le président, d'office ou sur la demande de l'accusateur public, ordonnera qu'il soit arrêté de nouveau; il recevra les éclaircissements que le prévenu donnera sur le nouveau fait, et s'il y a lieu, il délivrera un mandat d'arrêt et renverra le prévenu ainsi que les témoins, devant un juré d'accusation, pour être procédé à une nouvelle instruction.

Art. 39: Dans ce cas, le juré d'accusation pourra être celui du district dans le chef-lieu duquel siège le tribunal criminel.

Art. 40: Si l'accusé est déclaré convaincu du fait porté dans l'acte d'accusation, il pourra encore être poursuivi à raison du nouveau fait; mais s'il est déclaré convaincu du second délit, il n'en subira la peine qu'autant qu'elle serait plus forte que celle du premier, auquel cas, il sera sursis à l'exécution du premier jugement.

Art. 41: Si la déposition d'un témoin est évidemment fausse, le président d'office en fera dresser procès-verbal, et pourra, sur la réquisition de l'accusateur public ou de l'accusé, faire arrêter sur-le-champ le témoin et, après avoir reçu les éclaircissements, délivrer un mandat d'arrêt contre lui et le renvoyer devant le juré d'accusation du lieu; l'acte d'accusation dans ce cas, sera dressé par le président.

Titre VIII

Du jugement et de l'exécution

Art. 1er: Lorsque l'accusé aura été déclaré non convaincu, le président prononcera qu'il est acquitté de l'accusation, et ordonnera qu'il soit mis sur-le-champ en liberté.

Art. 2: Il en sera de même, si les jurés ont déclaré que le fait a été commis *involontairement, sans aucune intention de nuire*, ou: *pour la légitime défense de soi ou d'autrui*.

Art. 3: Tout particulier ainsi acquitté ne pourra plus être repris ni accusé du même fait.

Art. 4: Lorsque l'accusé aura été déclaré convaincu, le président, en présence du public, le fera comparaître, et lui donnera connaissance de la déclaration du juré.

Art. 5: Sur cela, le commissaire du roi fera sa réquisition au tribunal pour l'application de la loi.

Art. 6: Le président demandera à l'accusé s'il n'a rien à dire pour sa défense; lui, ses amis ou conseils ne pourront plus plaider que le fait est faux, mais seulement qu'il n'est pas défendu, ou qualifié crime par la loi, ou qu'il ne mérite pas la peine dont le commissaire du roi a requis l'application.

Art. 7: Les juges prononceront ensuite, et sans désemparer, la peine établie par la loi, ou acquitteront l'accusé dans le cas où le fait dont il est convaincu n'est pas défendu par elle; il sera libre aux juges de se retirer dans une chambre pour y délibérer.

Art. 8: Lorsque les jurés auront déclaré que le fait de l'excuse proposée par le président est prouvé, les juges prononceront ainsi qu'il est dit dans l'article du code pénal.

Art. 9: Les juges donneront leur avis à haute voix en présence du public, en commençant par le plus jeune et finissant par le président.

Art. 10: Si les juges étaient partagés pour l'application de la foi, l'avis le plus doux passera; s'il y a plus de deux avis ouverts, et si 2 juges sont réunis à l'avis le plus sévère, ils appelleront des juges du tribunal de district pour les départager, à commencer par le premier après le président, et ainsi de suite, par ordre du tableau.

Art. 11: Le président, après avoir recueilli les voix et avant de prononcer le jugement, lira le texte de la loi sur laquelle il est fondé.

Art. 12: Le greffier écrira le jugement, dans lequel sera inséré le texte de la loi lu par le président.

Art. 13: Le président prononcera à l'accusé son jugement de condamnation; il lui retracera la manière généreuse et impartiale avec laquelle il a été jugé: il pourra l'exhorter à la fermeté et à la résignation, et lui rappellera les voies de droit qu'il peut encore employer pour sa défense.

Art. 14: Lorsque le jugement de condamnation aura été prononcé à l'accusé, il sera sursis pendant 3 jours à son exécution.

Art. 15: Le condamné aura le droit de se pourvoir en cassation contre le jugement du tribunal; à cet effet, il sera tenu, dans le susdit délai de 3 jours, de remettre sa requête en cassation au greffier, lequel lui en délivrera reconnaissance: celui-ci remettra la requête au commissaire du roi, qui sera tenu de l'envoyer aussitôt au ministre de la justice, après en avoir délivré reconnaissance au greffier.

Art. 16: Le commissaire du roi pourra également demander, au nom de la loi, la cassation du jugement: il sera tenu, dans le même délai de 3 jours, d'en passer la déclaration au greffe.

Art. 17: Néanmoins, dans le cas d'absolution par un jugement, le commissaire du roi n'aura que 24 heures pour se pourvoir, pendant lequel temps il sera sursis à élargissement du prisonnier.

Art. 18: Les requêtes en cassation seront adressées directement au ministre de la justice, lequel sera tenu, dans les 3 jours, d'en donner avis au président, et d'en accuser la réception au commissaire du roi, qui en donnera connaissance au condamné et à son conseil.

Art. 19: Dans le cas où la demande en cassation aura été présentée par le condamné, elle ne pourra être jugée qu'après 1 mois révolu, à compter du jour de l'admission de la requête; et pendant ce délai, le condamné pourra faire parvenir au tribunal de cassation, par le ministre de la justice, les moyens qu'il voudra employer.

Art. 20: Le tribunal de cassation rejettera la requête, ou annulera le jugement: dans ce dernier cas, il exprimera sa décision, le motif de la cassation, et renverra le procès à un autre tribunal criminel.

Art. 21: Le ministre de la justice enverra sans délai la décision du tribunal de cassation au président du tribunal criminel et au commissaire du roi, lequel en donnera connaissance à l'accusé et à son conseil.

Art. 22: Lorsque le jugement aura été annulé, l'accusé sera toujours renvoyé en personne devant le tribunal criminel indiqué par le tribunal de cassation.

Art. 23: Dans le cas où le jugement aura été annulé à sa raison de fausse application de la loi, le tribunal criminel rendra son jugement sur la déclaration déjà faite par le juré, après avoir entendu l'accusé ou ses conseils, ainsi que le commissaire du roi.

Art. 24: Dans le cas où le jugement aura été annulé à raison de violation ou d'omission de formes essentielles dans l'instruction du procès, l'accusé ainsi que les témoins seront présentés à l'examen d'un nouveau juré qui sera assemblé à cet effet.

Art. 25: Passé le délai de 3 jours, mentionné en l'article 15, s'il n'y a point eu de demande en cassation, ou dans les 24 heures après la réception de la décision qui aura rejeté cette demande, la condamnation sera exécutée.

Art. 26: Cette exécution se fera sur les ordres du commissaire du roi, qui aura le droit à cet effet de requérir l'assistance de la force publique.

Art. 27: La décision des jurés ne pourra jamais être soumise à l'appel; si néanmoins le tribunal est unanimement convaincu que les jurés se sont trompés, il ordonnera que 3 jurés seront adjoints aux 12 premiers pour donner une déclaration aux quatre cinquièmes des voix.

Art. 28: A cet effet, après avoir formé le tableau du juré, il en sera toujours tiré au sort 3 de plus, lesquels seront placés séparément dans l'auditoire; ils prêteront serment, lorsqu'ils seront requis de se joindre aux autres jurés.

Art. 29: Le nouvel examen ne pourra avoir lieu que dans le cas seulement où l'accusé aurait été convaincu, et jamais lorsqu'il aurait été acquitté.

Art. 30: Le silence le plus absolu sera observé dans l'auditoire: si quelque particulier s'écartait du respect dû à la justice, le président pourra le reprendre, le condamner à une amende, ou même à garder prison jusqu'au terme de 8 jours, suivant la gravité des faits.

Art. 31: Le tribunal criminel sera compétent pour connaître des intérêts civils résultant des procès criminels, et il statuera sur-le-champ en dernier ressort.

Art. 32: Le tribunal criminel sera également compétent pour prononcer les peines correctionnelles résultant des procès portés devant lui.

Titre X

De la manière de former le juré d'accusation

Art. 1er: Le procureur syndic formera tous les 3 mois la liste de 30 citoyens pour servir de jurés dans les accusations ; elle sera approuvée par le directoire, et envoyée à chacun des membres qui la composeront.

Art. 2: Nul ne pourra être placé sur la liste, s'il ne réunit les conditions requises pour être électeur.

Art. 3: Le tribunal de district indiquera un des jours de la semaine pour l'assemblée du juré d'accusation.

Art. 4: Huitaine avant ce jour, le directeur du juré fera tirer au sort, en présence du commissaire du roi et du public, 8 citoyens sur la liste des 30 pour en former le tableau du juré d'accusation.

Art. 5: S'il y a lieu d'assembler le juré d'accusation, ceux qui doivent le composer seront avertis, 4 jours d'avance, de se rendre au jour fixé, sous peine de 30 livres d'amende et d'être privés du droit d'éligibilité et de suffrage pendant 2 ans.

Titre XI

De la manière de former le juré de jugement

Art. 1er: Nul citoyen désigné par la loi pour servir de juré ne peut se refuser à cette obligation.
Tout citoyen ayant les conditions requises pour être électeur, se fera inscrire avant le 15 décembre de chaque année, pour servir de juré de jugement, sur un registre, qui sera tenu à cet effet par le secrétaire greffier de chaque district.

Art. 2: Le procureur syndic du district enverra, dans les 15 derniers jours de décembre, copie de ce registre au procureur général syndic du département et en fera remettre un exemplaire à chaque municipalité de son arrondissement.

Art. 3: Ceux qui auront négligé de se faire inscrire pendant le mois de décembre au plus tard, sur le registre du district dans l'arrondissement duquel ils exercent les droits de citoyens actifs, seront privés des droits de suffrage et d'éligibilité à toutes fonctions publiques, pendant le cours des 2 années suivantes.

Art. 4: Ne pourront être jurés les officiers de police, les juges, les commissaires du roi, l'accusateur public, les procureurs généraux syndics et procureurs syndics des administrations, ainsi que tous les citoyens qui n'ont pas les conditions requises pour être électeurs: les ecclésiastiques et les septuagénaires pourront s'en dispenser.

Art. 5: Sur tous les citoyens ayant les qualités susdites, inscrits dans les registres des directoires, le procureur général syndic de département en choisira, tous les 3 mois 200 qui formeront la liste du juré du jugement; cette liste sera approuvée par le directoire, imprimée et envoyée à tous ceux qui la composeront.

Art. 6: Un citoyen ne pourra jamais, sans son consentement, être placé plus d'une fois sur la liste pendant la révolution d'une année; et si, pendant les 3 mois que son nom sera sur la liste, il a assisté à une assemblée de jurés, il pourra s'excuser d'en remplir une seconde fois les fonctions; le tout à moins qu'il n'habite la ville même où siège le tribunal criminel.

Art. 7: Nul ne pourra être juré de jugement dans la même affaire où il aurait été juré d'accusation.

Art. 13: Lorsque les citoyens inscrits sur la liste des 200, prévoiront, pour le 13 du mois suivant, quelque obstacle qui pourrait les empêcher de se rendre à l'assemblée du juré, s'il arrivait qu'ils fussent appelés par le sort, ils en donneront connaissance au président du tribunal criminel, 2 jours au moins avant le 1er du mois pendant lequel ils désirent d'être excusés.

Anhang D: Code de police municipale et de police correctionnelle

19.- 22. Juli 1791 (Archives parlementaires, Bd.XXVIII, S. 425ff)

Titre 1er

Art. 1er: Dans les villes et dans les campagnes, les corps municipaux feront constater l'état des habitants ... Chaque année ... cet état sera vérifié de nouveau, et on y fera les changements nécessaires ...

Art. 3: Ceux qui, étant en état de travailler n'auront ni moyens de subsistance, ni métier, ni répondants, seront inscrits avec la note de gens sans aveu.
Ceux qui refuseront toute déclaration, seront inscrits, sous leur signalement et demeure, avec la note de gens suspects.
Ceux qui seront convaincus d'avoir fait de fausses déclarations, seront inscrits avec la note de gens malintentionnés.
...

Art. 5: Dans les villes et dans les campagnes, les aubergistes, les maîtres d'hôtels garnis et logeurs seront tenus d'inscrire en suite, et sans aucun blanc, sur un registre en papier timbré et paraphé par un officier municipal ou un commissaire de police, les noms, qualités, domicile habituel, date d'entrée et de sortie de tous ceux qui coucheront chez eux, même une seule nuit, de représenter ce registre tous les 15 jours ...

Art. 7: Les jeux de hasard où l'on admet, soit le public, soit des affiliés, sont défendus, sous les peines qui seront désignées ci-après.

Art. 14: Ceux qui voudront former des sociétés ou clubs seront tenus, à peine de 200 livres d'amende, de faire préalablement au greffe de la municipalité la déclaration des lieux et jours de leur réunion, et en cas de récidive ils seront condamnés à 500 livres d'amende.

Art. 15: Ceux qui négligeront d'éclairer et de nettoyer les rues devant leurs maisons, dans les lieux où ce soin est laissé à la charge des citoyens;
Ceux qui embarrasseront ou dégraderont les voies publiques;
Ceux qui contreviendront à la défense de rien exposer sur les fenêtres ou devant leur maison sur la voie publique ...
Ceux qui laisseront divaguer des insensés ou furieux, ou des animaux malfaisants ou féroces,
seront, indépendamment des réparations et indemnités envers les parties lésées, condamnés à une amende qui ne pourra être au-dessous de 40 sous, ni excéder 50 livres ...

Art. 16: Ceux qui, par imprudence ou par la rapidité de leurs chevaux, auront blessé quelqu'un dans les rues ou voies publiques, seront, indépendamment des indemnités, condamnés à 8 jours de détention et à une amende égale à la totalité de leur contribution mobilière ...

Art. 20: En cas d'exposition en vente de comestibles gâtés, corrompus ou nuisibles, ils seront confisqués et détruits, et le délinquant condamné à une amende du tiers de sa contribution mobilière ...

Art. 21: En cas de vente de médicaments gâtés, le délinquant sera renvoyé à la police correctionnelle, et puni de 100 livres d'amende ...

Art. 22: En cas d'infidélité des poids et mesures dans la vente des denrées ou autres objets qui se débitent à la mesure, au poids ou à l'aune, les faux poids et fausses mesures seront confisqués et brisés, l'amende sera ...

Art. 37: Les défauts seront signifiés par un huissier commis par le tribunal de police municipale ...

Art. 38: ... il n'y aura point d'avoués aux tribunaux de police municipale.

Art. 39: Les procès-verbaux, s'il y en a, seront lus; les témoins, s'il faut en appeler, seront entendus; la défense sera proposée ...

Art. 40: L'appel des jugements ne sera pas reçu, s'il est interjeté après 8 jours depuis la signification des jugements à la partie condamnée.

Art. 41: La forme de procéder sur l'appel en matière de police sera la même qu'en première instance.

Art. 42: Le tribunal de police sera composé de 3 membres que les officiers municipaux choisiront parmi eux, de 5 dans les villes où il y a 60000 âmes ou davantage, de 9 à Paris.

Art. 43: Aucun jugement ne pourra être rendu que par 3 juges, et sur les conclusions du procureur de la commune ...

Titre II

Art. 8: Ceux qui seraient prévenus d'avoir attenté publiquement aux moeurs, par outrage à la pudeur des femmes, par actions déshonnêtes. ... pourront être saisis sur-le-champ, et conduits devant le juge de paix lequel est autorisé à les faire retenir ...

Art. 9: Si le délit est prouvé, les coupables seront condamnés ...

Art. 10: Les peines portées en l'article précédent, seront doublées en cas de récidive.

Art. 11: Ceux qui auraient outragé les objets d'un culte quelconque, soit dans un lieu public, soit dans les lieux destinés à l'exercice de ce culte, ou ses ministres en fonctions, ou interrompu par un trouble public les cérémonies religieuses de quelque culte que ce soit, seront condamnés ...

Art. 12: Les auteurs de ces délits doivent être saisis sur-le-champ et conduits devant le juge de paix.

Art. 13:Ceux qui, hors les cas de légitime défense, et sans excuse suffisante, auraient blessé ou même frappé des citoyens, si le délit n'est pas de la nature de ceux qui sont punis des peines portées au code pénal, seront jugés par la police correctionnelle, et, en cas de conviction, condamnés ...

Art. 14: La peine sera plus forte si les violences ont été commises envers des femmes ou des personnes de 70 ans et au-dessus, ou des enfants de 16 ans et au-dessous, ou par des apprentis, compagnons ou domestiques à l'égard de leurs maîtres ...

Art. 15: En cas d'homicide dénoncé comme involontaire, ou reconnu tel par la déclaration du juré, s'il est la suite de l'imprudence ou de la négligence de son auteur, celui-ci sera condamné ...

Art. 16: Si quelqu'un ayant blessé un citoyen dans les rues ou voies publiques, par l'effet de son imprudence ou de sa négligence, soit par la rapidité de ses chevaux, soit de toute autre manière, il en résulte fracture de membre, ou si, d'après le certificat des gens de l'art, la blessure est telle qu'elle exige un traitement de 15 jours, le délinquant sera condamné ...

Art. 18: Quant aux simples injures verbales, si elles ne sont pas adressées à un fonctionnaire public en exercice de ses fonctions, elles seront jugées dans la forme établie ...

Art. 22: Les mendiants valides pourront être saisis et conduits devant le juge de paix; pour être statué à leur égard conformément aux lois sur la répression de la mendicité.

Art. 23: Les circonstances aggravantes seront: 1^0 De mendier avec menaces et violences; 2^0 De mendier avec armes ...

Art. 24: Les mendiants contre lesquels il se réunira une ou plusieurs de ces circonstances aggravantes, pourront être condamnés ...

Art. 28: Les personnes comprises dans les 3 classes mentionnées en l'article 3 du titre Ier, qui seront surprises dans un rixe, un attroupement ou un acte quelconque de simple violence, seront punies ...

Art. 31: Tous dégâts commis dans les bois, toutes violations de clôtures, de murs, haies et fosses, quoique non suivis de vol; les larcins de fruits et de productions d'un terrain cultivé, autres que ceux mentionnés dans le code pénal, seront punis ...

Art. 32: Les larcins, filouteries et simples vols qui n'appartiennent ni à la police rurale, ni au code pénal, seront, outre les restitutions, dommages et intérêts, punis ...

Art. 35: Ceux qui, par dol ou à l'aide de faux noms ou de fausses entreprises, ou d'un crédit imaginaire, ou d'espérances et de craintes chimériques, auraient abusé de la crédulité de quelques personnes et escroqué la totalité ou partie de leurs fortunes, seront poursuivis devant les tribunaux de district; et si l'escroquerie est prouvée, le tribunal de district, après avoir prononcé les restitutions et dommages et intérêts, est autorisé à condamner ...

Art. 44: La poursuite de ces délits sera faite soit par les citoyens lésés, soit par le procureur de la commune ou ses substituts, s'il y en a, soit par des hommes de loi, commis à cet effet par la municipalité.

Art. 46: Dans les lieux où il n'y a qu'un juge de paix, le tribunal de police correctionnelle sera composé du juge de paix et de 2 assesseurs. S'il n'y a que 2 juges de paix, il sera composé de 2 juges de paix et d'un assesseur.

Art. 47: Dans les villes où il y 3 juges de paix, le tribunal de police correctionnelle sera composé de ces 3 juges; et en cas d'absence de l'un d'eux, il sera remplacé par un des assesseurs.

Art. 56: Les audiences de chaque tribunal seront publiques et se tiendront dans le lieu qui sera choisi par la municipalité.

Art. 58: L'instruction se fera à l'audience, le prévenu y sera interrogé, les témoins pour et contre entendus en sa présence, les reproches et défenses proposés, les pièces lues, s'il y en a, et le jugement prononcé de suite, ou au plus tard à l'audience suivante.

Art. 59: Les témoins prêteront serment à l'audience; le greffier tiendra note du nom, de l'âge, des qualités des témoins, ainsi que de leurs principales déclarations et des principaux moyens de défense. Les conclusions des parties et celles de la partie publique seront fixées par écrit, et les jugements seront motivés.

Art. 60: Il ne sera fait aucune autre procédure, sans préjudice du droit qui appartient à chacun d'employer le ministre d'un défendeur officieux.

Art. 61: Les jugements en matière de police correctionnelle pourront être attaqués par la voie de l'appel. L'appel sera porté au tribunal de district; il ne pourra être reçu après les 15 jours du jugement signifié à la personne du condamné, ou à son dernier domicile.

Literaturverzeichnis

ALFF, Wilhelm: Zur Einführung in Beccarias Leben und Denken in: Beccaria, C., "Über Verbrechen und Strafen", nach der Ausgabe von 1766 übersetzt von W. Alff, Frankfurt 1988.

AMELUNG, Knut: Rechtsgüterschutz und Schutz der Gesellschaft, Diss. Frankfurt 1972.

ARCHIVES PARLEMENTAIRES: Recueil complet des débats législatifs et politiques des chambres françaises, de 1787-1860, 1ère série (1789 à 1800), Paris 1881, Neudr. Nendeln/Liechtenstein 1969.

BECCARIA, Cesare: Über Verbrechen und Strafen, nach der Ausgabe von 1766 übersetzt von Wilhelm Alff, Frankfurt 1988.

BEULKE, Werner: Strafprozeßrecht, 5. Auflage Heidelberg 2001, Reihe: Schwerpunkte, Band 20.

BIECHTLER, Hans: Die geschichtliche Entwicklung des Eröffnungsverfahrens in Strafprozeß, Diss. Marburg 1947.

BIENER, Friedrich August: Beiträge zu der Geschichte des Inquisitionsprozesses und der Geschworenengerichte, Leipzig 1827, Neudr. Aalen 1965.

BLANKENBURG, Eberhard/ *TREIBER*, Hubert: Die Einführung der Staatsanwaltschaft in Deutschland, in Levithan 6 (1978), S. 161ff.

BÖHMER, Georg Wilhelm: Handbuch der Litteratur des Criminalrechts in seinen allgemeinen Beziehungen, mit besonderer Rücksicht auf Criminalpolitik nebst wissenschaftlichen Bemerkungen, Göttingen 1816, Neudr. Goldbach 1996, aus: Bibliothek des deutschen Strafrechts/Meister der Moderne Nr. 6.

CARATINI, Roger: Dictionnaire des personnages de la Révolution, Paris 1988.

CARBASSE, Jean-Marie: Introduction historique au droit pénal, Paris 1990.

CARSTEN, Ernst: Die Geschichte der Staatsanwaltschaft in Deutschland bis zur Gegenwart, Diss. Breslau 1932, Neudr. Aalen 1971, aus: "Strafrechtl. Abhandlungen", Heft 299.

CHAMBON, Pierre: La chambre d'accusation, Théorie et pratique de la procédure, Paris 1978.

CLARAC, Pierre: Hsrg., Le XVIIIe Siècle, Paris 1954, Textes choisis et commentés par Pegon et Grand.

COLLIN, Peter: "Wächter der Gesetze" oder "Organ der Staatsregierung", Konzipierung, Einrichtung und Anleitung der Staatsanwaltschaft durch das preußische Justizministerium, Frankfurt/Main 2000 aus: Rechtsprechung Materialien und Studien Bd. 16.

CONRAD, Hermann: Richter und Gesetz im Übergang vom Absolutismus zum Verfassungsstaat, Graz 1971, aus: Arbeitsreihe des Instituts für europäische und vergleichende Rechtsgeschichte, Heft 3.

CREIFELDS, Carl: Rechtswörterbuch, 15. Aufl., München 1999.

CREIFELDS/LICHTENBERGER: Staatsbürgertaschenbuch, 27. Aufl. München 1994.

DANN, Otto: Hrsg., Was ist der Dritte Stand, übersetzt von J.G. Ebel 1796, Essen 1988.

DEBBASCH, Charles/ *PONTIER*, Jean-Marie: Hrsg., Les Constitutions de la France, Paris 1983.

DELON, Michel: Hrsg., Paris le jour, Paris la nuit, Paris 1990.

DIDEROT/d'ALEMBERT: Hrsg., Encyclopédie ou dictionnaire raisonné des sciences, des arts et des métiers, Lausanne et Berne 1780-1782, chez les Societés typograghiques, in 36 Textbänden.

DITTRICH, Ottmar: Geschichte der Ethik, Die Systeme der Moral vom Altertum bis zur Gegenwart, in 4 Bänden, Leipzig 1932, Neudr. Aalen 1964
Bd. 4: Von der Kirchenreformation bis zum Ausgang des Mittelalters.

DUVERGER, Maurice: Eléments de droit public, Paris 1988.

DUVERGIER, J. B.: Hrsg., Collection complète des lois, décrets, ordonnances, réglemens et avis du conseil-d'état de 1788 à 1824, 1. Aufl. Paris 1825, Bd. 8, Neudruck d. 2. Aufl. 1835, Bad Feilnbach 1995, Bd. 12.

DYSERINCK-SIECKE, Gerda: Hrsg., Le siècle des lumières, Frankfurt 1962, Neusprachliche Textausgaben, Heft 41.

EHLERS, Joachim: Geschichte Frankreichs im Mittelalter, Stuttgart 1987.

EISENHARDT, Ulrich: Deutsche Rechtsgeschichte, 3. Aufl., München 1999.

ELLENBERGER, H.: Beitrag in Kriminologie-Heute (Hrsg. A. Mergen), Hamburg 1961, aus Kriminologische Schriftenreihe, Bd. 2.

ENGISCH, Karl: Auf der Suche nach Gerechtigkeit, München 1971.

ERHARD, Christian D.: Pastorets Betrachtungen über die Strafgesetze, 2 Bände, Leipzig 1792/1796.

ERLER/KAUFMANN: Hrsg., Handwörterbuch zur deutschen Rechtsgeschichte, Berlin 1978.

ESMEIN, A.: Histoire de la proçédure criminelle en France et spécialement de la proçédure inquisitoire depuis le XIIIe siècle jusqu'à nos jours, Paris 1978.

FAVIER, Jean: Frankreich im Zeitalter der Lehensherrschaft 1000-1515, Stuttgart 1989 aus: Geschichte Frankreichs, Bd. 2.

FELDHAUSEN, Peter: Zur Geschichte des Strafprozeßrechts in Frankreich von der Revolution bis zum Erlaß des code d'instruction criminelle (1789-1808), Diss. Bonn 1966.

FIERRO/ PALLUEL-GUILLARD/TULARD: Histoire et dictionnaire du consulat et de l'Empire, Paris 1995.

FISCHL, Otto: Der Einfluß der Aufklärungsphilosophie, Breslau 1913, Neudr. Aalen 1973, aus: "Strafrechtl. Abhandlungen", Heft 169.

GARRAUD, R.: Précis de droit criminel, Paris 1921.

GAUCHET, Marcel: Die Erklärung der Menschenrechte - Die Debatte um die bürgerlichen Freiheiten -, Hamburg 1991, übersetzt von W. Kaiser.

GLUECK, Sheldon: Beccaria und die Strafjustiz, in: "Zweihundert Jahre später", Jubiläums-Festschrift zu Ehren Beccarias (Hrsg. A. Mergen), Hamburg 1965.

GÖRCKE, Hans-Helmuth: Weisungsgebundenheit und Grundgesetz, in ZStW 73 (1961), S. 561ff.

GÖSSEL, Karl Heinz: Überlegungen über die Stellung der Staatsanwaltschaft im rechtsstaatlichen Strafverfahren und über ihr Verhältnis zur Polizei, in: GA 1980, S. 325ff.

GÜNTHER, Hans: Staatsanwaltschaft, Kind der Revolution, Frankfurt/Main 1973.

GÜNTHER, Horst: Hrsg., Der Redner der Revolution, Reden - Briefe - Schriften Mirabeaus, Frankfurt 1989.

HABER, Günter: Strafgerichtliche Öffentlichkeit und öffentlicher Ankläger in der französischen Aufklärung, Berlin 1979, aus: Strafrechtliche Abhandlungen, Bd. 32.

HAFT, Fritjof/ *HILGENDORF*, Eric: Strafverfolgung und Strafverzicht, in: Festschrift zum 125-jährigen Bestehen der Staatsanwaltschaft Schleswig-Holstein (Hrsg. H. Ostendorf), Köln 1992, S. 279ff.

HAEBERLIN, C.F.W.: Sammlung der neuen deutschen Strafprozessordnungen, Greifswald 1852.

HAENSCH, G./*TÜMMERS*, H.J.: Frankreich, 3. Aufl., München 1998, aus: Becksche Reihe Länder.

HARTMANN, Peter C.: Geschichte Frankreichs, München 1999.

HAY, Peter: Einführung in das amerikanische Recht, Darmstadt, 3. Aufl. 1990.

HEFFTER, Heinrich: Die deutsche Selbstverwaltung im 19. Jahrhundert, Stuttgart 1950.

HEITSCH, Berhard: Beweis und Verurteilung im Inquisitionsprozeß Benedikt Carpzovs, Zur Geschichte des Inquisitionsprozesses von der Constitutio Criminalis Carolina bis zu Benedikt Carpzovs Practica nova imperialis Saxonica rerum criminalium, Göttingen 1964.

HÉLIE, M. Faustin: Traité de l'instruction criminelle, ou théorie du code d'instruction criminelle
1ère partie: Histoire et théorie de la procédure criminelle, Paris 1845
2ième partie: De l'action publique et de l'action civile, Paris 1846.

HENSMANN, Folkert: Staat und Absolutismus im Denken der Physiokraten, Beitrag zur physiokratischen Staatsauffassung von Quesnay bis Turgot, Frankfurt 1976.

HERTZ, Adolf: Die Geschichte des Legalitätsprinzips, Diss. Freiburg 1935.

HERTZ, Eduard: Voltaire und die französische Strafrechtspflege im 18. Jahrhundert, Stuttgart 1887.

HETTNER, Hermann: Geschichte der französischen Literatur im achtzehnten Jahrhundert, 7. Aufl. Braunschweig 1913.

HOLTZMANN, Robert: Französische Verfassungsgeschichte, Von der Mitte des 9. Jahrhunderts bis zur Revolution, München 1910, Neudr. Darmstadt 1965, aus: Handbuch des mittelalterlichen und neueren Geschichte, Abt. III.

HUGO, Victor: Mirabeau, eine Studie, in: Der Redner der Revolution, Hrsg. H. Günther, Frankfurt 1989.

IMBS, Paul: Hrsg., Trésor de la langue française, tome III, Paris 1974.

INCIARDI, James: Criminal justice, 1. Aufl. Orlando (Florida) 1984.

ISAMBERT/DECRUSY/TAILLANDIER: Hrsg., Recueil général des anciennes lois françaises, depuis l'an 420, jusqu'à la révolution de 1789, Tome XVIII., Paris 1829.

JOUVENEL, Bertrand de: Essai sur la politique de Rousseau, aus: Oeuvres immortelles, Du contrat social de J.-J. Rousseau, Genf 1947.

KERSEBAUM, Paul Friedrich: Die Strafverfolgungspflicht des Staatsanwalts im geltenden Recht unter dem Gesichtspunkte des Legalitätsprinzips, Diss. Leipzig 1906.

KINTZI, Heinrich: Staatsanwaltschaft - objektive Behörde und Anwalt des Staates, in DRiZ 1987, S. 457ff.

ders. Der unabhängige Staatsanwalt - Ein Streifzug durch die Braunschweiger Justizgeschichte, in DRiZ 1988, S. 86ff.

KLEINKNECHT, Th./ *MEYER-GOSSNER*, L.: Strafprozeßordnung, Nebengesetze und ergänzende Bestimmungen, 44. Aufl. 1999.

KLOSE, Peter: ius puniendi und das Grundgesetz, in ZStW 1974 (Bd. 86), S. 33ff.

KNOLLMANN, Johann Wilhelm: Die Einführung der Staatsanwaltschaft im Königreich Hannover, Studien zur Entstehung des reformierten Strafprozesses, Berlin 1994, in: Schriften zur Rechtsgeschichte, Heft 62.

KÖHLER, Jochen: Hrsg., Geschichte der französischen Revolution, Frankfurt 1988.

KÖBLER, Gerhard: Deutsche Rechtsgeschichte, 5. Aufl., München 1996.

KOHLHAAS, Max: Stellung der Staatsanwaltschaft als Teil der rechtsprechenden Gewalt, Neuwied 1963.

KOLLER, Christoph: Die Staatsanwaltschaft - Organ der Judikative oder Exekutivbehörde?, Frankfurt 1997,
Frankfurter kriminalwissenschaftliche Studien, Bd. 57.

KREY, Volker: Strafverfahrensrecht, Bd. I, Stuttgart 1988.

KRIES, August von: Lehrbuch des deutschen Strafprozeßrechts, Freiburg 1892.

KÜHNE, Hans-Heiner: Strafprozeßrecht, 5. Auflage 1999.

LAMARTINE, Alphons-Marie-Louis de: Girondisten und Jakobiner, Extraktion aus dem Werk "Histoire des Girondins, 1847", Hrsg. A. Neumann, München 1972.

LEMAY, Edna Hindie: Dictionnaire des Constituants, 1789-1791, in zwei Teilbänden, Paris 1991.

LOHMANN, Friedrich: Jean Paul Marat und das Strafrecht in der französischen Revolution, Bonn 1963, aus: Bonner Rechtswissenschaftliche Abhandlungen, Bd. 59.

MALBLANK, D. Julius Friedrich: Geschichte der peinlichen Gerichtsordnung Kaiser Karls V. von ihrer Entstehung und ihren weitern Schicksalen bis auf unsere Zeit, Nürnberg 1783.

MANDROU, Robert: Staatsräson und Vernunft: 1649-1775, in Propyläen-Geschichte Europas, Bd. 3, Frankfurt/Berlin/Wien 1982.

MAUNZ, Theodor/ *ZIPPELIUS*, Reinhold: Deutsches Staatsrecht, 30. Auflage München 1998.

MECKBACH, Friedrich: Inquisitionsrichter und Staatsanwalt - ein Vergleich- Aspekte zur Entwicklung der Staatsanwaltschaft auf Grund des 1. StVRG hin zu der Stellung des Inquisitionsrichters des gemeinen deutschen Inquisitionsprozesses, Diss. Augsburg 1976.

MELCHIOR-BONNET, Bernadine: Dictionnaire de la Révolution et de L'Empire, Paris 1965.

MERCIER, Louis-Sébastien/*BRETONNE*, Restif de la: Paris le jour, Paris la nuit, Tableau de Paris, Le nouveau Paris (Mercier)
Les Nuits de Paris (Bretonne), Paris 1990.

MERGEN, Armand: Hrsg., Zweihundert Jahre später, Jubiläums-Festschrift zu Ehren Beccarias, Hamburg 1965.

ders.: Hrsg., Kriminologie - Heute, Hamburg 1961, aus: Kriminologische Schriftenreihe, Bd.2.

MICHELET, Jules: Geschichte der französischen Revolution, (Hrsg. J. Köhler, übersetzt von Richard Kühn) Frankfurt 1988, in 5 Textbänden.

MIECK, Ilja: Die Entstehung des modernen Frankreich 1450-1610, - Strukturen, Institutionen, Entwicklungen -, Stuttgart 1982.

MIKOLETZKY, Hanns Leo: Österreich - Das große 18. Jahrhundert - Von Leopold I. bis Leopold II., Wien 1967.

MIRABEAU, Honoré-Gabriel: Reden - Briefe - Schriften, Hrsg. H. Günther unter dem Titel "Der Redner der Revolution", Frankfurt 1989.

MITTEIS, Heinrich/ *LIEBERICH*, Heinz: Deutsche Rechtsgeschichte, 19. Aufl., München 1992.

MITTERMAIER, C.J.A: Handbuch des peinlichen Processes mit beständiger vergleichender Darstellung des gemeinen deutschen Rechts, und der Bestimmungen der französischen, österreichischen, preussischen und baierischen Criminalgesetzgebung, 2 Bände, Heidelberg 1810/1812.

ders.: Deutsche Strafverfahren in der Fortbildung durch Gerichtsgebrauch und Landesgesetzbücher und in genauer Vergleichung mit dem englischen und französischen Strafverfahren, 2 Bände, 4. Aufl. Heidelberg 1845/1846, Neudr. Goldbach 1996, aus: Bibliothek des deutschen Strafrechts/Meister der Moderne Nr. 37.

ders.: Die Mündlichkeit, das Anklageprinzip, die Öffentlichkeit und das Geschworenengericht in ihrer Durchführung in den verschiedenen Gesetzgebungen, Stuttgart/Tübingen 1845.

ders.: Das englische, schottische und nordamerikanische Strafverfahren, Erlangen 1851.

MONTESQUIEU, Charles de: De L'esprit des lois, Genf 1748.

ders.: Der Geist der Gesetze, übersetzt von A. Fortmann, Leipzig 1891.

NASS, Gustav: Cesare Beccaria und die Kriminologie, in: "Zweihundert Jahre später", Jubiläums-Festschrift zu Ehren Beccarias (Hrsg. A. Mergen), Hamburg 1965.

NAVES, Raymond: Hrsg., Lettres choisis de Voltaire, Paris 1955.

NEUMANN, Alfred: Hrsg., Girondisten und Jakobiner, München 1972.

ODERSKY, Alfred: Staatsanwaltschaft, Rechtsplege und Politik in: Festschrift für Karl Bengl (Hrsg. A. Lang), München 1984, S. 54ff.

ders.: Aktuelle Überlegungen zur Stellung der Staatsanwaltschaft, in: Festschrift für Karl Rebmann, München 1989, S. 343ff.

ORIEUX, Jean: Talleyrand - Die unverstandene Sphinx -, Übersetzung der Originalausgabe von 1970, Frankfurt 1987.

OVERBECK, Alfred, Freih. v.:Das Strafrecht der französischen Encyclopädie - Ein Beitrag zur Geschichte der Aufklärung im achtzehnten Jahrhundert -, Diss. Freiburg, Karlsruhe 1902.

PALLUEL-GUILLARD, André: Histoire et Dictionnaire du consulat et de l'empire [Hrsg.: Fierro/Palluel-Guillard/Tulard], Paris 1995.

PASTORET Jules: Des lois pénales, Paris 1790, in der Übersetzung von Chr. D. Erhard.

PEHAM, Helga: Leopold II. - Herrscher mit weiser Hand -, Graz 1987.

PETERS, Karl: Strafprozeß, Ein Lehrbuch, 4. Aufl.1985.

RANFT, Otfried: Strafprozeßrecht, 2. Aufl., Stuttgart 1995.

RICHTER, Erich: Die Entwicklung des Legalitätsprinzips, Diss. Göttingen 1925.

RICHTER, Karl Thomas: Staats- und Gesellschaftsrecht der französischen Revolution von 1789 bis 1804, in 2 Teilbänden, Berlin 1865, Neudr. Aalen 1989.

ROBERT, Paul: Le nouveau petit Robert, Paris 1996.

ROSCHER, Wilhelm: Geschichte der Nationalökonomik in Deutschland, München 1874.

ROUSSEAU, Jean-Jacques: Du contrat social ou les principes du droit politique, Genf 1762.

ders.: Der Gesellschaftsvertrag, übersetzt von H. Denhardt und W. Bahner, Frankfurt 1978.

ders.: Discours sur l'origine et les fondements de l'inégalité parmi les hommes, aus: "Le siècle des lumières" (Hrsg. G. Dyserinck-Siecke), Frankfurt 1962.

ders.: Discours sur l'économie politique aus: "Écrits politiques", Hrsg. G. Mairet, Paris 1992.

ROXIN, Claus: Strafverfahrensrecht, 25. Auflage München 1998.

ders.: Rechtsstellung und Zukunftsaufgaben der Staatsanwaltschaft, in DRiZ 1969, S. 385ff.

ders.: Zur Rechtsstellung der Staatsanwaltschaft damals und heute, in DRiZ 1997, S. 109ff.

RÜPING, Hinrich: Die Geburt der Staatsanwaltschaft in Deutschland, in GA 139 (1992), S. 147ff.

SAMWER, Sigmar-Jürgen: Die französische Erklärung der Menschen- und Bürgerrechte von 1789/91, Hamburg 1970.

SCHMIDT, Eberhard: Einführung in die Geschichte der deutschen Strafrechtspflege, 3. Auflage, Göttingen 1965.

ders.: Die Rechtsstellung der Staatsanwälte im Rahmen der rechtsprechenden Gewalt und ihre Einbeziehung in das Richtergesetz, in DRiZ 1957, S. 273ff.

ders.: Rechtsauffassung der Staatsanwaltschaft und Legalitätsprinzip, in MDR 1961, S. 269ff.

ders.: Zur Rechtsstellung und Funktion der Staatsanwaltschaft als Justizbehörde, in MDR 1964, S. 629ff, 713ff.

SCHMITT, E./ *REICHARDT*, R.: Hrsg. Politische Schriften 1788-1790, München 1981.

SCHUBERT, Werner: Französisches Recht in Deutschland zu Beginn des 19. Jahrhunderts, Köln/Wien 1977, aus: Forschungen der neuen Privatrechtsgeschichte, Bd. 24.

SCHÜRER, Karl-Heinz: Die Entwicklung des Legalitätsprinzips seit der Emmingerschen Verordnung, Diss. 1965.

SIEYES, Emmanuel Joseph: Was ist der Dritte Stand?, Hrsg. O. DANN, Übers. v. J.G. Ebel 1796, Essen 1988.

ders.: Politische Schriften 1788-1790, Hrsg. E. Schmitt/R. Reichardt, München 1981, aus: Ancien Régime, Aufklärung und Revolution, Bd. 5.

STACKELBERG, Jürgen von: Diderot, München 1983, aus: Artemis Einführungen Band 4.

STAHL, Friedr. Julius: Die Philosophie des Rechts, in 2 Bänden, 6. unveränd. Aufl., Hildesheim 1963, Bd. 1: Geschichte der Rechtsphilosophie.

STEIN, Lorenz von: Geschichte des französischen Strafrechts und des Prozesses, 2. Ausgabe Basel 1875, Neudr. Aalen 1968, aus: Französische Staats- und Rechtsgeschichte, in 3 Bänden, Bd. 3.

STERN, Klaus: Das Staatsrecht der Bundesrepublik Deutschland, Band I, Grundbegriffe und Grundlagen des Staatsrechts, Strukturprinzipien der Verfassung, München 1977.

STRÖMHOLM, Stig: Kurze Geschichte der abendländischen Rechtsphilosophie, Göttingen 1991 aus dem Engl. von Christian Schäfer.

TOCQUEVILLE, Alexis de: Der alte Staat und die Revolution, Übersetzung v. T. Oelckers der Originalausgabe "L'Ancien Régime et la Révolution (Paris 1856), München 1978.

VOLTAIRE, alias Arouet, François M.: Dictionnaire philosophique portatif, Genf 1764.

ders.: Commentaire sur le livre des délits et des peines, 1766, abgedr. in Mélanges, Paris 1961, Texte établi et annoté par J. van den Heuvel.

VOVELLE, Michel: Die französische Revolution - soziale Bewegung und Umbruch der Mentalitäten, München/Wien 1982.

WAGNER, Walter: Zur Weisungsgebundenheit der Staatsanwälte, in NJW 1963, S. 8ff.

WALDER, Ernst: Hrsg., Religionsvergleiche des 16. Jahrhunderts, Berlin 1961, aus: Quellen zur neueren Geschichte, Heft 8.

WARNKÖNIG/ STEIN: Französische Staats- und Rechtsgeschichte, 2. Aufl. Basel 1875, Neudr. Aalen 1968.

WARTBURG, Walther von: Französisches Etymologisches Wörterbuch, 24 Bände, Basel 1959.

WEIS, Eberhard: Geschichtsschreibung und Staatsauffassung in der französischen Enzyklopädie, Wiesbaden 1956, aus: Veröffentlichungen des Instituts für europäische Geschichte Mainz, Band 14.

ders.: Cesare Beccaria (1738-1794), Mailänder Aufklärer und Anreger der Strafrechtsreformen in Europa, München 1992, aus: Bayerische Akademie der Wissenschaften, Sitzungsberichte, 1992 Heft 5.

ders.: Der Durchbruch des Bürgertums: 1776-1847 in Propyläen-Geschichte Europas, Bd. 4, Frankfurt/Berlin/Wien 1982.

WOHLERS, Wolfgang: Entstehung und Funktion der Staatsanwaltschaft - Ein Beitrag zu den rechtshistorischen und strukturellen Grundlagen des reformierten Strafverfahrens, aus: Hamburger Rechtsstudien, Heft 84, Berlin 1994.

WOLF, Erik: Große Rechtsdenker der deutschen Geistesgeschichte, 4. Aufl., Tübingen 1963.

ZACHARIÄ, Heinrich Albert: Grundlinien des gemeinen deutschen Criminalprocesses, Göttingen 1837, Bibliothek d. dt. Strafrechts: Meister der Moderne Nr.70, Goldbach 1997.

ders.: Die Gebrechen und die Reform des deuschen Strafverfahrens, Göttingen 1846 Bibliothek d. dt. Strafrechts: Meister der Moderne Nr.40, Goldbach 1996.

ders.: Handbuch des deutschen Strafprocesses Göttingen 1861, Bibliothek d. dt. Strafrechts: Meister der Moderne Nr.39, Goldbach 1996.

ZIPPELIUS, Reinhold: Allgemeine Staatslehre, 13. Auflage München 1999.

FSC
www.fsc.org
MIX
Papier | Fördert gute Waldnutzung
FSC® C083411

Kolibri 360 GmbH
Ferdinand-Jühlke-Straße 7
99095 Erfurt, Deutschland
produktsicherheit@kolibri360.de

Druck:
CPI Druckdienstleistungen GmbH
im Auftrag der
Kolibri 360 GmbH
Ferdinand-Jühlke-Str. 7
99095 Erfurt